TUSCULUM-BÜCHEREI
Herausgeber: Karl Bayer, Max Faltner, Gerhard Jäger

Die Hauptwerke des

LUKIAN

Griechisch und deutsch

Herausgegeben und übersetzt von Karl Mras

HEIMERAN VERLAG

Titelvignette nach der sog. Schulmeister-Vase
(um 500 v. Chr.)

2. Auflage 1980
© Heimeran Verlag, München 1954
Alle Rechte vorbehalten einschließlich
der fotomechanischen Wiedergabe
Satz und Druck: Laupp & Göbel, Tübingen
Bindung: G. Lachenmaier Realwerk, Reutlingen
Archiv 210 ISBN 3-7765-2198-8

INHALT

Text und Übersetzung
Traum oder Lukians Lebensgang .. 6
Göttergespräche 22
Seegöttergespräche 120
Totengespräche 162
Ikaromenipp 282
Wahre Geschichten.. 328
Lügenfreund 420
Des Peregrinos Lebensende.. 470
Anhang
Lukian und seine Schriften.. 506
Erläuterungen.. 508
Zur Textgestaltung.. 539
Register 550
Nachwort 556

ΠΕΡΙ ΤΟΥ ΕΝΥΠΝΙΟΥ
ΗΤΟΙ ΒΙΟΣ ΛΟΥΚΙΑΝΟΥ

Ἄρτι μὲν ἐπεπαύμην εἰς τὰ διδασκαλεῖα φοιτῶν ἤδη 1
τὴν ἡλικίαν πρόσηβος ὤν, ὁ δὲ πατὴρ ἐσκοπεῖτο μετὰ
τῶν φίλων, ὅ τι καὶ διδάξαιτό με. τοῖς πλείστοις οὖν
ἔδοξε παιδεία μὲν καὶ πόνου πολλοῦ καὶ χρόνου μακροῦ
καὶ δαπάνης οὐ μικρᾶς καὶ τύχης δεῖσθαι λαμπρᾶς, τὰ
δ' ἡμέτερα μικρά τε εἶναι καὶ ταχεῖάν τινα τὴν ἐπι-
κουρίαν ἀπαιτεῖν· εἰ δέ τινα τέχνην τῶν βαναύσων
τούτων ἐκμάθοιμι, τὸ μὲν πρῶτον εὐθὺς ἂν αὐτὸς ἔχειν
τὰ ἀρκοῦντα παρὰ τῆς τέχνης καὶ μηκέτ' οἰκόσιτος
εἶναι τηλικοῦτος ὤν, οὐκ εἰς μακρὰν δὲ καὶ τὸν πατέρα
εὐφρανεῖν ἀποφέρων ἀεὶ τὸ γιγνόμενον. δευτέρας οὖν 2
σκέψεως ἀρχὴ προὐτέθη, τίς ἀρίστη τῶν τεχνῶν καὶ
ῥᾴστη ἐκμαθεῖν καὶ ἀνδρὶ ἐλευθέρῳ πρέπουσα καὶ πρό-
χειρον ἔχουσα τὴν χορηγίαν καὶ διαρκῆ τὸν πόρον.
ἄλλου τοίνυν ἄλλην ἐπαινοῦντος, ὡς ἕκαστος γνώμης
ἢ ἐμπειρίας εἶχεν, ὁ πατὴρ εἰς τὸν θεῖον ἀπιδών –
παρῆν γὰρ ὁ πρὸς μητρὸς θεῖος, ἄριστος ἑρμογλύφος
εἶναι δοκῶν καὶ λιθοξόος ἐν τοῖς μάλιστα εὐδόκιμος –
»Οὐ θέμις«, εἶπεν, »ἄλλην τέχνην ἐπικρατεῖν σοῦ παρόντος, ἀλλὰ τοῦτον ἄγε« – δείξας ἐμέ – »καὶ δίδασκε
παραλαβὼν λίθων ἐργάτην ἀγαθὸν εἶναι καὶ συναρ-
μοστὴν καὶ ἑρμογλυφέα· δύναται γὰρ καὶ τοῦτο φύ-
σεώς γε, ὡς οἶσθα, ἔχων δεξιῶς«. ἐτεκμαίρετο δὲ ταῖς ἐκ
τοῦ κηροῦ παιδιαῖς· ὁπότε γὰρ ἀφεθείην ὑπὸ τῶν διδασκάλων, ἀποξέων ἂν τὸν κηρὸν ἢ βόας ἢ ἵππους ἢ καὶ
νὴ Δί' ἀνθρώπους ἀνέπλαττον, ἐοικότας, ὡς ἐδόκουν
τῷ πατρί· ἐφ' οἷς παρὰ μὲν τῶν διδασκάλων πληγὰς
ἐλάμβανον, τότε δὲ ἔπαινος ἐς τὴν εὐφυΐαν καὶ ταῦτα
ἦν, καὶ χρηστὰς εἶχον ἐπ' ἐμοὶ τὰς ἐλπίδας, ὡς ἐν βραχεῖ

DER TRAUM
ODER LUKIANS LEBENSGANG

Ich hatte soeben meine Schulzeit beendet und war dem Knabenalter entwachsen, da beriet sich mein Vater mit seinen Freunden, was er mich sollte lernen lassen. Den meisten kam es nun vor, Bildung bedürfe vieler Mühe, langer Zeit, keines geringen Aufwandes und einer glänzenden Stellung; unsere Verhältnisse jedoch seien klein und verlangten eine rasche Beihilfe. Sollte ich aber eine Handwerkskunst erlernen, würde ich sofort von meinem Gewerbe ein genügendes Einkommen haben und meine Ernährung in diesem Alter der Familie nicht mehr zur Last fallen, ja bald würde ich auch meinen Vater mit der jeweiligen Ablieferung meiner Einnahmen erfreuen. In zweiter Linie wurde nun die Frage aufgeworfen, welche Handwerkskunst am besten sei, am leichtesten zu erlernen, für einen freien Mann passend, mit baldigem Einkommen und einem hinreichenden Auskommen. Indem nun der eine dieses, der andere ein anderes Gewerbe lobte, je nachdem ein jeder Kenntnis oder Erfahrung besaß, sprach der Vater mit einem Blick auf meinen Oheim — es war nämlich mein mütterlicher Oheim zugegen, der im Rufe eines ausgezeichneten Bildhauers und hochangesehenen Steinmetzes stand —: ,,Es wäre nicht recht, wenn in deiner Gegenwart ein anderes Gewerbe den Sieg davontrüge, vielmehr nimm ihn" — wobei er auf mich zeigte — ,,und bilde ihn aus zu einem guten Steinmetz, Bildhauer und Verfertiger von Götterstatuen; er kann ja auch das, da er, wie du weißt, dazu die entsprechende Veranlagung besitzt." Er schloß das nämlich aus meinen Spielsachen, die ich mir aus Wachs verfertigte; so oft ich nämlich aus der Schule nach Hause kam, schnitzte ich am Wachs herum und bildete daraus Rinder, Pferde oder sogar Menschen, naturgetreu, wie es meinem Vater vorkam. Dafür bekam ich zwar von meinen Lehrern Schläge, damals sprach aber auch das zugunsten meines Talentes und man setzte auf Grund meiner künst-

μαθήσομαι τὴν τέχνην, ἀπ' ἐκείνης γε τῆς πλαστικῆς.

Ἅμα τε οὖν ἐπιτήδειος ἐδόκει ἡμέρα τέχνης ἐνάρχεσθαι, κἀγὼ παρεδεδόμην τῷ θείῳ μὰ τὸν Δί' οὐ σφόδρα τῷ πράγματι ἀχθόμενος, ἀλλά μοι καὶ παιδιάν τινα οὐκ ἀτερπῆ ἐδόκει ἔχειν καὶ πρὸς τοὺς ἡλικιώτας ἐπίδειξιν, εἰ φαινόμην θεούς τε γλύφων καὶ ἀγαλμάτια μικρά τινα κατασκευάζων ἐμαυτῷ τε κἀκείνοις, οἷς προῃρούμην. καὶ τό γε πρῶτον ἐκεῖνο καὶ σύνηθες τοῖς ἀρχομένοις ἐγίγνετο· ἐγκοπέα γάρ τινά μοι δοὺς ὁ θεῖος ἐκέλευσεν ἠρέμα καθικέσθαι πλακὸς ἐν μέσῳ κειμένης, ἐπειπὼν τὸ κοινὸν »ἀρχὴ δέ τοι ἥμισυ παντός«. σκληρότερον δὲ κατενεγκόντος ὑπ' ἀπειρίας κατεάγη μὲν ἡ πλάξ, ὁ δὲ ἀγανακτήσας σκυτάλην τινὰ πλησίον κειμένην λαβὼν οὐ πράως οὐδὲ προτρεπτικῶς μου κατήρξατο, ὥστε δάκρυά μοι τὰ προοίμια τῆς τέχνης. ἀποδρὰς οὖν ἐκεῖθεν ἐπὶ τὴν οἰκίαν ἀφικνοῦμαι συνεχὲς ἀναλύζων καὶ δακρύων τοὺς ὀφθαλμοὺς ὑπόπλεως, καὶ διηγοῦμαι τὴν σκυτάλην καὶ τοὺς μώλωπας ἐδείκνυον· καὶ κατηγόρουν πολλήν τινα ὠμότητα, προσθεὶς ὅτι ὑπὸ φθόνου ταῦτα ἔδρασε, μὴ αὐτὸν ὑπερβάλωμαι κατὰ τὴν τέχνην. ἀγανακτησαμένης δὲ τῆς μητρὸς καὶ πολλὰ τῷ ἀδελφῷ λοιδορησαμένης, ἐπεὶ νὺξ ἐπῆλθε, κατέδαρθον ἔτι ἔνδακρυς καὶ τὴν νύκτα ὅλην ἐννοῶν.

Μέχρι μὲν δὴ τούτων γελάσιμα καὶ μειρακιώδη τὰ εἰρημένα· τὰ μετὰ ταῦτα δὲ οὐκέτι εὐκαταφρόνητα, ὦ ἄνδρες, ἀκούσεσθε, ἀλλὰ καὶ πάνυ φιληκόων ἀκροατῶν δεόμενα· ἵνα γὰρ καθ' Ὅμηρον εἴπω,
 θεῖός μοι ἐνύπνιον ἦλθεν ὄνειρος
 ἀμβροσίην διὰ νύκτα
ἐναργὴς οὕτως, ὥστε μηδὲν ἀπολείπεσθαι τῆς ἀλη-

lerischen Versuche gute Hoffnungen auf mich, daß ich in Kürze das Gewerbe erlernen würde.

Sobald also der für den Beginn der Lehrzeit geeignete Tag gekommen schien, wurde ich gleich meinem Oheim übergeben, was mir keineswegs unangenehm war, ja es schien mir damit sogar eine kurzweilige Unterhaltung verbunden zu sein, mit der ich mich vor meinen Altersgenossen sehen lassen könnte, wenn man mir zusah, wie ich Götterbilder meißelte und kleine Statuen für mich und jene unter ihnen verfertigte, die ich für solche Geschenke auserkor. Und zuerst ging es so, wie das gewöhnlich bei Anfängern der Fall ist; mein Oheim gab mir einen Meißel und hieß mich sacht auf eine mir vorgelegte Platte schlagen, wobei er das Sprichwort gebrauchte: „Der Anfang ist die Hälfte des Ganzen." Da ich aber infolge meiner Unerfahrenheit einen zu starken Schlag der Platte versetzte, zerbrach diese, mein Oheim aber wurde unwillig, ergriff einen in der Nähe befindlichen Knüttel und weihte mich in mein Gewerbe so wenig sanft und so wenig aufmunternd ein, daß Tränen die Einleitung dazu bildeten. Ich laufe also fort, komme nach Hause, fortwährend schluchzend, die Augen voller Tränen und erzähle vom Knüttel und zeigte meine Striemen; dabei beschwerte ich mich über die Roheit meines Oheims und vergaß nicht hinzuzufügen, daß er das aus neidischer Besorgnis tat, ich könnte ihn an Kunstfertigkeit übertreffen. Meine Mutter war empört und schmähte laut ihren Bruder, ich aber schlief, sobald die Nacht gekommen war, noch unter Tränen ein, machte mir dann aber doch die ganze Nacht hindurch Gedanken.

Soweit ist das Gesagte lächerlich und kindisch; was ihr aber weiter zu hören bekommen werdet, das ist, meine Herren, nicht mehr verächtlich, sondern braucht sogar recht aufmerksame Zuhörer. Um nämlich mit Homer zu sprechen,

    ein göttlicher Traum erschien mir im Schlummer
  durch die ambrosische Nacht,

so deutlich, daß er in keiner Weise hinter der Wirklichkeit

περὶ τοῦ ἐνυπνίου

θείας· ἔτι γοῦν καὶ μετὰ τοσοῦτον χρόνον τά τε σχήματά μοι τῶν φανέντων ἐν τοῖς ὀφθαλμοῖς παραμένει καὶ ἡ φωνὴ τῶν ἀκουσθέντων ἔναυλος· οὕτω σαφῆ πάντα ἦν. δύο γυναῖκες λαβόμεναι ταῖν χεροῖν εἷλκόν 6 με πρὸς ἑαυτὴν ἑκατέρα μάλα βιαίως καὶ καρτερῶς· μικροῦ γοῦν με διεσπάσαντο πρὸς ἀλλήλας φιλοτιμούμεναι· καὶ γὰρ [καὶ] ἄρτι μὲν ἂν ἡ ἑτέρα ἐπεκράτει καὶ παρὰ μικρὸν ὅλον εἶχέ με, ἄρτι δ' ἂν αὖθις ὑπὸ τῆς ἑτέρας εἰχόμην. ἐβόων δὲ πρὸς ἀλλήλας ἑκατέρα, ἡ μέν, ὡς αὑτῆς ὄντα με κεκτῆσθαι βούλοιτο, ἡ δέ, ὡς μάτην τῶν ἀλλοτρίων ἀντιποιοῖτο. ἦν δὲ ἡ μὲν ἐργατικὴ καὶ ἀνδρικὴ καὶ αὐχμηρὰ τὴν κόμην, τὼ χεῖρε τύλων ἀνάπλεως, διεζωσμένη τὴν ἐσθῆτα, τιτάνου καταγέμουσα, οἷος ἦν ὁ θεῖος, ὁπότε ξέοι τοὺς λίθους· ἡ ἑτέρα δὲ μάλα εὐπρόσωπος καὶ τὸ σχῆμα εὐπρεπὴς καὶ κόσμιος τὴν ἀναβολήν. τέλος δ' οὖν ἐφιᾶσί μοι δικάζειν, ὁποτέρᾳ βουλοίμην συνεῖναι αὐτῶν. προτέρα δὲ ἡ σκληρὰ ἐκείνη καὶ ἀνδρώδης ἔλεξεν·

»Ἐγώ, φίλε παῖ, Ἑρμογλυφικὴ τέχνη εἰμί, ἣν χθὲς ἤρξω 7 μανθάνειν, οἰκεία τέ σοι καὶ συγγενὴς οἴκοθεν· ὅ τε γὰρ πάππος σου« — εἰποῦσα τοὔνομα τοῦ μητροπάτορος — »λιθοξόος ἦν καὶ τὼ θείω ἀμφοτέρω καὶ μάλα εὐδοκιμεῖτον δι' ἡμᾶς. εἰ δ' ἐθέλοις λήρων μὲν καὶ φληνάφων τῶν παρὰ ταύτης ἀπέχεσθαι« — δείξασα τὴν ἑτέραν — »ἕπεσθαι δὲ καὶ συνοικεῖν ἐμοί, πρῶτα μὲν θρέψῃ γεννικῶς καὶ τοὺς ὤμους ἕξεις καρτερούς, φθόνου δὲ παντὸς ἀλλότριος ἔσῃ καὶ οὔποτε ἄπει ἐπὶ τὴν ἀλλοδαπήν, τὴν πατρίδα καὶ τοὺς οἰκείους καταλιπών, οὐδὲ ἐπὶ λόγοις ἐπαινέσονταί σε πάντες. μὴ μυσαχθῇς δὲ τοῦ 8 σχήματος τὸ εὐτελὲς μηδὲ τῆς ἐσθῆτος τὸ πιναρόν· ἀπὸ γὰρ τοιούτων ὁρμώμενος καὶ Φειδίας ἐκεῖνος ἔδειξε τὸν Δία καὶ Πολύκλειτος τὴν Ἥραν εἰργάσατο καὶ Μύρων

zurückblieb; noch nach so langer Zeit schweben mir die Gestalten der Erscheinungen vor Augen und klingt mir das, was ich damals gehört, in den Ohren; so deutlich war alles. Zwei Frauen suchten mich bei den Händen mit großer Gewalt und Stärke an sich zu ziehen, fast hätten sie mich in ihrem Eifer zerrissen; bald hatte nämlich die eine die Oberhand und besaß mich beinahe ganz, bald war ich wieder im Besitz der anderen. Beide schrien einander an, die eine, daß mich, obwohl ich ihr gehöre, ihre Rivalin besitzen wolle, die andere, daß ihre Gegnerin zwecklos auf fremdes Eigentum Anspruch erhebe. Es war aber die eine eine Arbeiterin, kräftig und derb wie ein Mann, mit struppigem Haar, die Hände voller Schwielen, mit aufgeschürztem Gewand, voller Kalkstaub, wie mein Oheim war, so oft er an den Steinen meißelte. Die andere jedoch war sehr schön, von hübschem Äußeren und mit Anstand gekleidet. Schließlich überlassen sie mir die Entscheidung, bei welcher von ihnen ich sein wolle. Zuerst nun sprach jene harte und männliche Frau:

„Ich bin, liebes Kind, die Bildnerei, die du gestern zu erlernen begannst, dir von Haus aus vertraut und verwandt; denn dein Großvater" — wobei sie den Namen meines mütterlichen Großvaters nannte — „war ein Steinmetz, auch deine beiden Oheime und sie verdankten mir einen großen Ruf. Willst du auf Geschwätz und Nichtigkeiten, die dir die da" — wobei sie auf die andere zeigte — „spenden kann, verzichten und mir folgen und mit mir leben, so wirst du vor allem eine kräftige Kost erhalten und starke Schultern bekommen, jeglicher Neid wird dir fremd sein, du wirst nie deine Heimat und deine Angehörigen verlassen, um in die Fremde zu ziehen, Du wirst auch deinen Ruhm nicht bloßen Wörtern verdanken. Verabscheue nicht mein unscheinbares Äußeres und meine schmutzige Kleidung; solcherart waren die Anfänge eines Phidias, der uns den Zeus sehen ließ, eines Polyklet, der das

ἐπηνέθη καὶ Πραξιτέλης ἐθαυμάσθη· προσκυνοῦνται γοῦν οὗτοι μετὰ τῶν θεῶν. εἰ δὴ τούτων εἷς γένοιο, πῶς μὲν οὐ κλεινὸς αὐτὸς παρὰ πᾶσιν ἀνθρώποις δόξεις, ζηλωτὸν δὲ τὸν πατέρα ἀποδείξεις, περίβλεπτον δὲ ἀποφανεῖς καὶ τὴν πατρίδα«; ταῦτα καὶ ἔτι τούτων πλείονα, διαπταίουσα καὶ βαρβαρίζουσα πάμπολλα, εἶπεν ἡ Τέχνη, μάλα δὴ σπουδῇ συνείρουσα καὶ πείθειν με πειρωμένη· ἀλλ' οὐκέτι μέμνημαι· τὰ πλεῖστα γὰρ ἤδη μου τὴν μνήμην διέφυγεν. ἐπεὶ δ' οὖν ἐπαύσατο, ἄρχεται ἡ ἑτέρα ὧδέ πως·

»Ἐγὼ δέ, ὦ τέκνον, Παιδεία εἰμί, ἤδη συνήθης σοι καὶ 9 γνωρίμη, εἰ καὶ μηδέπω εἰς τέλος μου πεπείρασαι. ἡλίκα μὲν οὖν τὰ ἀγαθὰ ποριῇ λιθοξόος γενόμενος, αὕτη προείρηκεν· οὐδὲν γὰρ ὅτι μὴ ἐργάτης ἔσῃ τῷ σώματι πονῶν κἀν τούτῳ τὴν ἅπασαν ἐλπίδα τοῦ βίου τεθειμένος, ἀφανὴς μὲν αὐτὸς ὤν, ὀλίγα καὶ ἀγεννῆ λαμβάνων, ταπεινὸς τὴν γνώμην, εὐτελὴς δὲ τὴν πρόοδον, οὔτε φίλοις ἐπιδικάσιμος οὔτε ἐχθροῖς φοβερὸς οὔτε τοῖς πολίταις ζηλωτός, ἀλλ' αὐτὸ μόνον ἐργάτης καὶ τῶν ἐκ τοῦ πολλοῦ δήμου εἷς, τὸν ἀεὶ προὔχοντα ὑποπτήσσων καὶ τὸν λέγειν δυνάμενον θεραπεύων, λαγὼ βίον ζῶν καὶ τοῦ κρείττονος ἕρμαιον ὤν. εἰ δὲ καὶ Φειδίας ἢ Πολύκλειτος γένοιο καὶ πολλὰ θαυμαστὰ ἐξεργάσαιο, τὴν μὲν τέχνην ἅπαντες ἐπαινέσονται, οὐκ ἔστι δὲ ὅστις τῶν ἰδόντων, εἰ νοῦν ἔχοι, εὔξαιτ' ἂν σοὶ ὅμοιος γενέσθαι· οἷος γὰρ ἂν ᾖς, βάναυσος καὶ χειρῶναξ καὶ ἀποχειροβίωτος νομισθήσῃ. ἢν δ' ἐμοὶ 10 πείθῃ, πρῶτον μέν σοι πολλὰ ἐπιδείξω παλαιῶν ἀνδρῶν ἔργα, καὶ πράξεις θαυμαστὰς καὶ λόγους αὐτῶν

Standbild der Hera schuf, des berühmten Myron, des bewunderten Praxiteles; man verehrt ja diese Männer mitsamt ihren Götterstatuen. Solltest du einer von ihnen werden, wie könnte dir Ruhm auf der ganzen Welt fehlen? Ja sogar dein Vater würde beneidenswert erscheinen und aller Augen würden sich auf deine Vaterstadt richten." Das und noch mehr sprach die Handwerkskunst, mit sehr viel Verstößen gegen den richtigen Sprachgebrauch, unter eifrigem Geplapper, mit dem sie mich zu überreden suchte; aber ich erinnere mich nicht mehr daran, da das meiste meinem Gedächtnis bereits entschwunden ist. Nachdem sie geendet, hub die andere etwa folgendermaßen an:

„Ich, mein Kind, bin die Bildung, dir bereits vertraut und bekannt, wenn du mich auch nicht vollständig kennen gelernt hast. Welche Vorteile du dir verschaffen wirst, solltest du ein Bildhauer werden, hat dir diese Frau gesagt. Du wirst ja nichts als ein Arbeiter sein, der sich körperlich plagen und darauf die ganze Hoffnung seines Lebensunterhaltes setzen muß, selber unscheinbar, mit geringem und gemeinem Verdienst, mit niedriger Gesinnung, eine minderwertige Person in der Öffentlichkeit, weder den Freunden vor Gericht nützlich noch den Feinden schädlich noch seinen Mitbürgern beneidenswert, sondern eben nichts weiter als bloß ein Arbeiter und einer aus der großen Menge, der jedesmal vor dem gerade Mächtigen sich duckt, dem guten Redner scherwenzelt, ein Hasenleben führt und die Beute des Mächtigen ist. Selbst wenn du aber ein Phidias oder Polyklet werden und viele bewundernswerte Werke ausführen solltest, wird deine Kunst zwar allgemeinen Beifall finden, niemand aber von denen, die deine Werke sehen, könnte, wenn er bei Trost ist, wünschen, deinesgleichen zu werden. Magst du nämlich noch so bedeutend sein, du bist und bleibst in den Augen der Welt ein Handwerker, der von seiner Handarbeit lebt. Folgst du hingegen mir, so werde ich dir fürs erste viele Taten der Männer der Vorzeit zeigen, dir ihre bewundernswerten Handlungen und

απαγγέλλουσα και πάντων ως ειπείν έμπειρον αποφαίνουσα, και την ψυχήν, όπερ σοι κυριώτατόν έστι, κατακοσμήσω πολλοίς και αγαθοίς κοσμήμασι, σωφροσύνη, δικαιοσύνη, ευσεβεία, πραότητι, επιεικεία, συνέσει, καρτερία, τω των καλών έρωτι, τη προς τα σεμνότατα ορμή· ταύτα γάρ έστιν ο της ψυχής ακήρατος ως αληθώς κόσμος. λήσει δέ σε ούτε παλαιόν ουδέν ούτε νύν γενέσθαι δέον, αλλά και τα μέλλοντα προόψει μετ' εμού, και όλως άπαντα, όπόσα έστί, τά τε θεία τά τ' ανθρώπινα, ούκ εις μακράν σε διδάξομαι. και 11 ο νύν πένης, ο του δεινός, ο βουλευσάμενός τι περί αγεννούς ούτω τέχνης μετ' ολίγον άπασι ζηλωτός και επίφθονος έση, τιμώμενος και επαινούμενος και επί τοις αρίστοις ευδοκιμών και υπό των γένει και πλούτω προύχόντων αποβλεπόμενος, εσθήτα μεν τοιαύτην αμπεχόμενος« — δείξασα την εαυτής· πάνυ δε λαμπράν εφόρει — »αρχής δε και προεδρίας αξιούμενος· κάν που αποδημής, ουδ' επί της αλλοδαπής αγνώς ουδ' αφανής έση· τοιαύτά σοι περιθήσω τα γνωρίσματα, ώστε των ορώντων έκαστος τον πλησίον κινήσας δείξει σε τω δακτύλω »ούτος εκείνος« λέγων. άν δέ τι 12 σπουδής άξιον ή τους φίλους ή και την πόλιν όλην καταλαμβάνη, εις σε πάντες αποβλέψονται· κάν πού τι λέγων τύχης, κεχηνότες οι πολλοί ακούσονται, θαυμάζοντες και ευδαιμονίζοντες σε της δυνάμεως των λόγων και τον πατέρα της ευποτμίας· ο δε λέγουσιν, ως άρα και αθάνατοι γίγνονταί τινες εξ ανθρώπων, τούτό σοι περιποιήσω· και γάρ ήν αυτός εκ του βίου απέλθης, ούποτε παύση συνών τοις πεπαιδευμένοις

Worte verkünden und dich sozusagen mit allem Wissenswerten bekanntmachen, ich werde aber auch deiner Seele — was für dich das Wichtigste ist — vielen schönen Schmuck verleihen, Anstands- und Gerechtigkeitsgefühl, Frömmigkeit, Sanftmut, Rechtlichkeit, Verstand, Standhaftigkeit, Liebe zum Guten und Streben nach den erhabensten Dingen; das ist ja der wirklich echte Schmuck der Seele. Du wirst dir über nichts im unklaren sein, weder über ein Ereignis der Vorzeit noch über etwas, was jetzt geschehen soll, ja du wirst im Bunde mit mir sogar die Zukunft voraussehen, mit einem Wort, ich werde dich in allen göttlichen und menschlichen Dingen in Kürze unterweisen. Und auf dich, der du jetzt noch ein armer Schlucker bist, eines unbekannten Mannes Sohn, der soeben an die Erlernung einer so unedlen Handwerkskunst gedacht hat, wird bald die ganze Welt mit Neid und Eifersucht blicken, du wirst Ehren, Lob und Ruhm wegen deiner Vorzüge ernten und Ansehen bei den durch ihre Abkunft und ihren Reichtum Mächtigen genießen, mit einem solchen Kleide angetan" — bei welchen Worten sie auf das ihrige zeigte, sie trug aber ein sehr prunkvolles Gewand —, „Ämter und Ehrensitze werden dir zuteil werden, und unternimmst du eine Reise ins Ausland, so wirst du nicht einmal in der Fremde unbekannt und ohne Ansehen sein. Solche Kennzeichen werde ich dir verleihen, so daß jeder, der dich sieht, seinen Nachbar stupfen, auf dich mit dem Finger zeigen und dabei sagen wird: ‚Das ist der.' Wenn aber eine ernste Sache deinen Freunden oder auch der ganzen Stadt zustößt, werden alle auf dich blicken; und solltest du dich zu einer Rede entschließen, so wird dir die große Menge mit offenem Munde zuhören, man wird dich bewundern und dich wegen deiner Redegabe glücklich preisen, deinen Vater wegen des Glückes, einen solchen Sohn zu haben. Die Meinung, daß einige unter den Menschen Unsterblichkeit erlangen, will ich an dir bewahrheiten; denn wenn du auch selber aus dem Leben scheidest, wirst du doch nimmer aufhören, mit den Gebildeten zu-

καὶ προσομιλῶν τοῖς ἀρίστοις. ὁρᾷς τὸν Δημοσθένην ἐκεῖνον, τίνος υἱὸν ὄντα ἐγὼ ἡλίκον ἐποίησα; ὁρᾷς τὸν Αἰσχίνην, ὃς τυμπανιστρίας υἱὸς ἦν, ὅπως αὐτὸν δι' ἐμὲ Φίλιππος ἐθεράπευσεν; ὁ δὲ Σωκράτης, καὶ αὐτὸς ὑπὸ τῇ ἑρμογλυφικῇ ταύτῃ τραφείς, ἐπειδὴ τάχιστα συνῆκε τοῦ κρείττονος καὶ δραπετεύσας παρ' αὐτῆς ηὐτομόλησεν ὡς ἐμέ, ἀκούεις ὡς παρὰ πάντων ᾄδεται. ἀφεὶς δὲ σὺ τοὺς τηλικούτους καὶ τοιούτους 13 ἄνδρας καὶ πράξεις λαμπρὰς καὶ λόγους σεμνοὺς καὶ σχῆμα εὐπρεπὲς καὶ τιμὴν καὶ δόξαν καὶ ἔπαινον καὶ προεδρίας καὶ δυνάμεις καὶ ἀρχὰς καὶ τὸ ἐπὶ λόγοις εὐδοκιμεῖν καὶ τὸ ἐπὶ συνέσει εὐδαιμονίζεσθαι, χιτώνιόν τι πιναρὸν ἐνδύσῃ καὶ σχῆμα δουλοπρεπὲς ἀναλήψῃ καὶ μοχλία καὶ γλυφεῖα καὶ κοπέας καὶ κολαπτῆρας ἐν ταῖν χεροῖν ἕξεις κάτω νενευκὼς εἰς τὸ ἔργον, χαμαιπετὴς καὶ χαμαίζηλος καὶ πάντα τρόπον ταπεινός, ἀνακύπτων δὲ οὐδέποτε οὐδὲ ἀνδρῶδες οὐδὲ ἐλεύθερον οὐδὲν ἐπινοῶν, ἀλλὰ τὰ μὲν ἔργα ὅπως εὔρυθμα καὶ εὐσχήμονα ἔσται σοι προνοῶν, ὅπως δὲ αὐτὸς εὔρυθμος τε καὶ κόσμιος ἔσῃ, ἥκιστα πεφροντικώς, ἀλλ' ἀτιμότερον ποιῶν σεαυτὸν λίθων.«

Ταῦτα ἔτι λεγούσης αὐτῆς οὐ περιμείνας ἐγὼ τὸ τέλος 14 τῶν λόγων ἀναστὰς ἀπεφηνάμην, καὶ τὴν ἄμορφον ἐκείνην καὶ ἐργατικὴν ἀπολιπὼν μετέβαινον πρὸς τὴν Παιδείαν μάλα γεγηθώς, καὶ μάλιστα ἐπεί μοι καὶ εἰς νοῦν ἦλθεν ἡ σκυτάλη καὶ ὅτι πληγὰς εὐθὺς οὐκ ὀλίγας ἀρχομένῳ μοι χθὲς ἐνετρίψατο. ἡ δὲ ἀπολειφθεῖσα τὸ μὲν πρῶτον ἠγανάκτει καὶ τὼ χεῖρε συνεκρότει καὶ τοὺς ὀδόντας συνέπριε, τέλος δέ, ὥσπερ τὴν Νιόβην ἀκούομεν, ἐπεπήγει καὶ εἰς λίθον μετεβέβλητο. εἰ δὲ παράδοξα ἔπαθε, μὴ ἀπιστήσητε· θαυματοποιοὶ γὰρ οἱ ὄνειροι.

sammenzuleben und mit den Besten zu verkehren. Hast du
nicht den Demosthenes vor Augen: wessen Sohn war er und
wozu habe ich ihn gemacht! Oder den Aeschines, der der Sohn
einer Paukenschlägerin war: wie hat ihm um meinetwillen
Philipp den Hof gemacht! Sokrates aber, der gleichfalls bei
der Bildhauerei aufgewachsen ist, lief, sobald er das Bessere
erfaßte, von ihr fort zu mir: hörst du, welche Lobgesänge ihm
allgemein zuteil werden? Läßt du jedoch von solchen Männern
und ihren glänzenden Taten und erhabenen Worten ab und
verzichtest du auf ein stattliches Äußeres, auf Ehre, Ruhm,
Lob, Ehrensitze, Ämter und den Ruhm deiner Beredsamkeit
und deines Verstandes, so wirst du einen schmutzigen Kittel
anziehen, ein knechtisches Äußeres annehmen und Hebel,
Schabeisen, Schlägel und Meißel in den Händen haben, abwärts
zur Arbeit gebückt, am Boden und an der Erde klebend,
in jeder Hinsicht ein niedriger Mensch; denn dein Haupt
würdest du nimmermehr aufwärts richten, nie eine eines
freien Mannes würdige Denkart haben, sondern deinen Werken
würdest du zwar Ebenmaß und Wohlgestalt zu verleihen dich
bemühen, daß aber dein Ich ebenmäßig und wohlanständig sei,
würde dir die geringste Sorge machen, kurz und gut, du würdest weniger geachtet sein als die Steine, die du bearbeitest."

Während sie noch dieses sprach, wartete ich das Ende ihrer
Worte nicht ab, sondern stand auf, entschied mich, ließ jene
unansehnliche Frau, die wie eine Handwerkerin aussah, stehen
und ging voller Freude zur Bildung hinüber, besonders auch
deshalb, weil mir der Knüttel eingefallen war und daß er mir
gleich zu Beginn nicht wenige Schläge verabreicht hatte. Die
Verlassene war zuerst darüber empört, schlug die Hände zusammen und knirschte mit den Zähnen, schließlich aber erstarrte sie, ehe man sich dessen versah, und ward in einen
Stein verwandelt, wie es in der Sage von Niobe heißt. Wenn
sie damit etwas Wunderbares erlebt hat, seid deswegen
doch nicht ungläubig: die Träume sind ja Wundertäter.

Ἡ ἑτέρα δὲ πρός με ἀπιδοῦσα, »Τοιγαροῦν ἀμείψομαί 15
σε«, ἔφη, »τῆσδε τῆς δικαιοσύνης, ὅτι καλῶς τὴν δίκην
ἐδίκασας. καὶ ἐλθὲ ἤδη, ἐπίβηθι τούτου τοῦ ὀχήματος«
– δείξασά τι ὄχημα ὑποπτέρων ἵππων τινῶν τῷ Πηγάσῳ ἐοικότων – »ὅπως εἰδῇς, οἷα καὶ ἡλίκα μὴ ἀκολουθήσας ἐμοὶ ἀγνοήσειν ἔμελλες«. ἐπεὶ δὲ ἀνῆλθον,
ἡ μὲν ἤλαυνε καὶ ὑφηνιόχει, ἀρθεὶς δὲ εἰς ὕψος ἐγὼ ἐπεσκόπουν, ἀπὸ τῆς ἕω ἀρξάμενος ἄχρι πρὸς τὰς ἑσπερίας πόλεις καὶ ἔθνη καὶ δήμους, καθάπερ ὁ Τριπτόλεμος
ἀποσπείρων τι ἐς τὴν γῆν. οὐκέτι μέντοι μέμνημαι, ὅ
τι τὸ σπειρόμενον ἐκεῖνο ἦν, πλὴν τοῦτο μόνον, ὅτι
κάτωθεν ἀφορῶντες ἄνθρωποι ἐπῄνουν καὶ μετ' εὐφημίας, καθ' οὓς γενοίμην τῇ πτήσει, παρέπεμπον. δεί- 16
ξασα δέ μοι τὰ τοσαῦτα κἀμὲ τοῖς ἐπαινοῦσιν ἐκείνοις,
ἐπανήγαγεν αὖθις οὐκέτι τὴν αὐτὴν ἐσθῆτα ἐκείνην
ἐνδεδυκότα, ἣν εἶχον ἀφιπτάμενος, ἀλλά μοι ἐδόκουν
εὐπάρυφός τις ἐπανήκειν. καταλαβοῦσα οὖν τὸν πατέρα
ἑστῶτα καὶ περιμένοντα ἐδείκνυεν αὐτῷ ἐκείνην τὴν
ἐσθῆτα κἀμέ, οἷος ἥκοιμι, καί τι καὶ ὑπέμνησεν, οἷα
μικροῦ δεῖν περὶ ἐμοῦ ἐβουλεύσαντο. ταῦτα μέμνημαι
ἰδὼν ἀντίπαις ἔτι ὤν, ἐμοὶ δοκεῖν ἐκταραχθεὶς πρὸς
τὸν τῶν πληγῶν φόβον.

Μεταξὺ δὲ λέγοντος, »Ἡράκλεις«, ἔφη τις, »ὡς μακρὸν 17
τὸ ἐνύπνιον καὶ δικανικόν.« εἶτ' ἄλλος ὑπέκρουσε,
»Χειμερινὸς ὄνειρος, ὅτε μήκισταί εἰσιν αἱ νύκτες, ἢ τάχα
που τριέσπερος ὥσπερ ὁ Ἡρακλῆς καὶ αὐτός ἐστι.
τί δ' οὖν ἐπῆλθεν αὐτῷ ληρῆσαι ταῦτα πρὸς ἡμᾶς καὶ
μνησθῆναι παιδικῆς νυκτὸς καὶ ὀνείρων παλαιῶν καὶ
γεγηρακότων; ἕωλος γὰρ ἡ ψυχρολογία· μὴ ὀνείρων
τινὰς ὑποκριτὰς ἡμᾶς ὑπείληφεν«; Οὔκ, ὠγαθέ· οὐδὲ
γὰρ ὁ Ξενοφῶν ποτε διηγούμενος τὸ ἐνύπνιον, ὡς

Die andere aber sprach mit einem Blick auf mich: „So will ich dich denn für deine gerechte Entscheidung belohnen; komm jetzt und besteige diesen Wagen" — dabei zeigte sie mir einen mit Flügelrossen, ähnlich dem Pegasus, bespannten Wagen — „auf daß du wissest, was für herrliche Dinge dir, wärest du mir nicht gefolgt, hätten verborgen bleiben müssen." Nachdem ich hinaufgestiegen war, kutschierte sie, ich hingegen sah von der Höhe hinab von Osten angefangen bis zu den Städten, Völkern und Gauen im Westen, wobei ich wie Triptolemos einen Samen auf die Erde streute. Ich erinnere mich allerdings nicht mehr, was das für ein Samen war, nur soviel weiß ich noch, daß die von unten aufblickenden Leute mich priesen und mir überall, wo ich auf meinem Fluge vorbeikam, mit frohen Rufen das Geleite gaben. Nachdem sie mir so viele Dinge gezeigt hatte und andererseits mich denen, die mich priesen, führte sie mich wieder zurück, doch hatte ich nicht mehr jenes gleiche Gewand an wie beim Abflug, vielmehr kehrte ich, wie mir vorkam, in einem prächtigen Gewande zurück. Da traf sie meinen Vater, wie er so dastand und wartete, zeigte ihm das prächtige Kleid, das ich jetzt trug, und mich, in welchem Aufzug ich gekommen war, und machte eine Anspielung auf den Beschluß, den sie beinahe über mich gefaßt hätten. Soweit erinnere ich mich an diesen Traum, den ich in früher Jugend hatte; anscheinend war er durch die Angst vor den Schlägen verursacht worden.

Während ich noch spreche, mag einer sagen: „Was ist das für ein langer und advokatenhafter Traum!" Dann fällt ihm ein andrer ins Wort: „Das ist ein Winternachtstraum, aus der Jahreszeit, wo die Nächte am längsten sind; oder ist er am Ende gar dreinächtig wie Herakles? Was fiel ihm ein, das vor uns zu faseln und eine Nacht zu erwähnen mit ihren kindischen Träumen, die mittlerweile altersgrau geworden sind? Das ist eine schale, frostige Geschichte; er hat uns doch nicht am Ende für Traumdeuter gehalten?" Nein, mein Lieber! Auch Xenophon erwähnte, als er einmal seinen

ἐδόκει αὐτῷ ⟨πυρ⟩καϊ⟨ὰ εἶναι⟩ ἐν τῇ πατρῴᾳ οἰκίᾳ καὶ τὰ ἄλλα — ἴστε γὰρ — οὐχ ὑπόκρισιν τὴν ὄψιν οὐδ' ὡς φλυαρεῖν ἐγνωκὼς αὐτὰ διεξῄει, καὶ ταῦτα ἐν πολέμῳ καὶ ἀπογνώσει πραγμάτων, περιεστώτων πολεμίων, ἀλλά τι καὶ χρήσιμον εἶχεν ἡ διήγησις. καὶ τοίνυν 18 κἀγὼ τοῦτον τὸν ὄνειρον ὑμῖν διηγησάμην ἐκείνου ἕνεκα, ὅπως οἱ νέοι πρὸς τὰ βελτίω τρέπωνται καὶ παιδείας ἔχωνται, καὶ μάλιστα, εἴ τις αὐτῶν ὑπὸ πενίας ἐθελοκακεῖ καὶ πρὸς τὰ ἥττω ἀποκλίνει, φύσιν οὐκ ἀγεννῆ διαφθείρων· ἐπιρρωσθήσεται εὖ οἶδ' ὅτι κἀκεῖνος ἀκούσας τοῦ μύθου, ἱκανὸν ἑαυτῷ παράδειγμα ἐμὲ προστησάμενος, ἐννοῶν, οἷος μὲν ὢν πρὸς τὰ κάλλιστα ὥρμησα καὶ παιδείας ἐπεθύμησα, μηδὲν ἀποδειλιάσας πρὸς τὴν πενίαν τὴν τότε, οἷος δὲ πρὸς ὑμᾶς ἐπανελήλυθα, εἰ καὶ μηδὲν ἄλλο, οὐδενὸς γοῦν τῶν λιθογλύφων ἀδοξότερος.

Traum erzählte, daß ihm eine Feuersbrunst in seinem Vaterhaus zu wüten schien usw. — ihr kennt ja die Stelle —, also auch Xenophon erzählte seinen Traum nicht als leere Deklamation oder um zu schwätzen — im Krieg, in einer verzweifelten Lage, von Feinden umringt! —, vielmehr verfolgte er mit dieser Erzählung auch einen nützlichen Zweck. Und so erzählte auch ich meinen Traum deshalb, um die jungen Leute zum Guten und zum Streben nach Bildung aufzumuntern, besonders, falls unter ihnen einer sich befindet, der aus Armut sich mit einer schlechten Absicht trägt und nach der entgegengesetzten Seite abschwenken will, wodurch er seine nicht unedle Veranlagung verderben würde. Ich weiß wohl, auch er wird sich beim Anhören meiner Erzählung gestärkt fühlen, wenn er mich sich als passendes Beispiel vor Augen hält und daran denkt, wer ich war, als ich die herrliche Bahn der Bildung einschlug, ohne trotz meiner damaligen Armut zu verzagen, und wer ich jetzt bin, zu euch zurückgekehrt, wenn schon sonst nichts, sicherlich nicht weniger berühmt als irgendein Steinmetz.

ΘΕΩΝ ΔΙΑΛΟΓΟΙ

1.

Προμηθέως καὶ Διός

ΠΡΟΜ. Λῦσόν με, ὦ Ζεῦ· δεινὰ γὰρ ἤδη πέπονθα.

ΖΕΥΣ. Λύσω σε, φῄς, ὃν ἐχρῆν βαρυτέρας πέδας ἔχοντα καὶ τὸν Καύκασον ὅλον ὑπὲρ κεφαλῆς ἐπικείμενον ὑπὸ ἑκκαίδεκα γυπῶν μὴ μόνον κείρεσθαι τὸ ἧπαρ, ἀλλὰ καὶ τοὺς ὀφθαλμοὺς ἐξορύττεσθαι, ἀνθ' ὧν τοιαῦθ' ἡμῖν ζῷα τοὺς ἀνθρώπους ἔπλασας καὶ τὸ πῦρ ἔκλεψας καὶ γυναῖκας ἐδημιούργησας; ἃ μὲν γὰρ ἐμὲ ἐξηπάτησας ἐν τῇ νομῇ τῶν κρεῶν ὀστᾶ πιμελῇ κεκαλυμμένα παραθεὶς καὶ ἀμείνω τῶν μοιρῶν σεαυτῷ φυλάττων, τί χρὴ λέγειν;

ΠΡΟΜ. Οὔκουν ἱκανὴν ἤδη τὴν δίκην ἐκτέτικα τοσοῦτον χρόνον τῷ Καυκάσῳ προσηλωμένος τὸν κάκιστα ὀρνέων ἀπολούμενον ἀετὸν τρέφων τῷ ἥπατι;

ΖΕΥΣ. Οὐδὲ πολλοστημόριον τοῦτο ὧν σε δεῖ παθεῖν.

ΠΡΟΜ. Καὶ μὴν οὐκ ἀμισθί με λύσεις, ἀλλά σοι μηνύσω τι, ὦ Ζεῦ, πάνυ ἀναγκαῖον.

ΖΕΥΣ. Κατασοφίζῃ με, ὦ Προμηθεῦ.

ΠΡΟΜ. Καὶ τί πλέον ἕξω; οὐ γὰρ ἀγνοήσεις αὖθις ἔνθα ὁ Καύκασός ἐστιν, οὐδὲ ἀπορήσεις δεσμῶν, ἤν τι τεχνάζων ἁλίσκωμαι.

ΖΕΥΣ. Εἰπὲ πρότερον, ὅντινα μισθὸν ἀποτίσεις ἀναγκαῖον ἡμῖν ὄντα.

GÖTTERGESPRÄCHE

1.

Prometheus und Zeus

PROM. Laß mich los Zeus; ich habe ja schon lange genug Schreckliches erduldet.

ZEUS. Ich soll dich loslassen, dich, der noch schwerere Fesseln und den ganzen Kaukasus auf dem Haupt tragen und dem sechzehn Geier nicht nur an der Leber nagen, sondern auch die Augen auskratzen sollten, dafür, daß du uns solche Wesen, wie es die Menschen sind, ins Leben gerufen, das Feuer uns gestohlen und die Weiber erschaffen hast? Denn von deinen Betrügereien, die du an mir bei der Verteilung des Opferfleisches verübt hast, indem du mir Knochen unter einer dünnen Fettschicht vorsetztest und den besseren Teil für dich aufspartest, was brauche ich davon auch nur zu reden?

PROM. Habe ich dafür nicht schon genugsam dadurch gebüßt, daß ich solange Zeit bereits am Kaukasus angeschmiedet bin und den verdammten Adler mit meiner Leber füttere?

ZEUS. Das ist nicht einmal ein Bruchteil von dem, was du eigentlich erleiden solltest.

PROM. Du sollst mich aber nicht umsonst loslassen, sondern ich werde dir dafür etwas Wichtiges mitteilen.

ZEUS. Du willst mir etwas weismachen, Prometheus.

PROM. Und was hätte ich davon für einen Vorteil? Du würdest dich ja wieder besinnen, wo der Kaukasus liegt, und es würde dir auch nicht an Fesseln fehlen, falls es sich herausstellt, daß ich zu einer List gegriffen habe.

ZEUS. Sag mir zuerst, was für ein so wichtiges Entgelt ich von dir zu erwarten habe.

ΠΡΟΜ. Ἢν εἴπω ἐφ' ὅ τι βαδίζεις νῦν, ἀξιόπιστος ἔσομαί σοι καὶ περὶ τῶν ὑπολοίπων μαντευόμενος;

ΖΕΥΣ. Πῶς γὰρ οὔ;

ΠΡΟΜ. Παρὰ τὴν Θέτιν, συνεσόμενος αὐτῇ.

ΖΕΥΣ. Τουτὶ μὲν ἔγνως· τί δ' οὖν τὸ ἐπὶ τούτῳ; δοκεῖς γὰρ ἀληθές τι ἐρεῖν.

ΠΡΟΜ. Μηδέν, ὦ Ζεῦ, κοινωνήσῃς τῇ Νηρηΐδι· ἢν γὰρ αὕτη κυοφορήσῃ ἐκ σοῦ, τὸ τεχθὲν ἴσα ἐργάσεταί σε οἷα καὶ σὺ ἔδρασας —

ΖΕΥΣ. Τοῦτο φής, ἐκπεσεῖσθαί με τῆς ἀρχῆς;

ΠΡΟΜ. Μὴ γένοιτο, ὦ Ζεῦ. πλὴν τοιοῦτό γε ἡ μῖξις αὐτῆς ἀπειλεῖ.

ΖΕΥΣ. Χαιρέτω τοιγαροῦν ἡ Θέτις· σὲ δὲ ὁ Ἥφαιστος ἐπὶ τούτοις λυσάτω.

2.

"Ερωτος καὶ Διός

ΕΡΩΣ. Ἀλλ' εἰ καί τι ἥμαρτον, ὦ Ζεῦ, σύγγνωθί μοι· 1 παιδίον γάρ εἰμι καὶ ἔτι ἄφρων.

ΖΕΥΣ. Σὺ παιδίον ὁ Ἔρως, ὃς ἀρχαιότερος εἶ πολὺ Ἰαπετοῦ; ἢ διότι μὴ πώγωνα μηδὲ πολιὰς ἔφυσας, διὰ ταῦτα καὶ βρέφος ἀξιοῖς νομίζεσθαι γέρων καὶ πανοῦργος ὤν;

ΕΡΩΣ. Τί δαί σε μέγα ἠδίκησα ὁ γέρων ὡς φὴς ἐγώ, διότι με καὶ πεδῆσαι διανοῇ;

ΖΕΥΣ. Σκόπει, ὦ κατάρατε, εἰ μικρά, ὃς ἐμοὶ μὲν οὕτως

PROM. Wenn ich dir sage, in welcher Absicht du jetzt fortgehst, wirst du dann auch meinen sonstigen Prophezeiungen Glauben schenken?

ZEUS. Warum nicht?

PROM. Du gehst zur Thetis, um mit ihr zu verkehren.

ZEUS. Das hast du getroffen; was nun weiter? Es scheint, daß du etwas Wahres sagen wirst.

PROM. Laß dich, Zeus, mit der Nereïdin nicht ein; wenn sie nämlich von dir schwanger wird, so wird das Kind, das sie zur Welt bringt, dir das Gleiche antun, was du — —

ZEUS. Du meinst damit, ich werde um die Weltherrschaft kommen?

PROM. Möge es, Zeus, dazu nicht kommen! Jedoch aus dem Verkehr mit ihr droht dir so etwas.

ZEUS. Also fort mit der Thetis! Dich soll dafür Hephaist losmachen.

2.

Eros und Zeus

EROS. Ja, wenn ich etwa gefehlt habe, Zeus, so verzeihe mir; ich bin ja noch ein Kind und unvernünftig.

ZEUS. Du, Eros, ein Kind, der du viel älter als Iapetos bist? Oder weil du keinen Bart und keine grauen Haare bekommen hast, deshalb willst du für ein Baby gelten, du alter Schelm?

EROS. Was für ein großes Leid habe ich dir denn angetan, ich, der alte Schelm, wie du sagst, daß du sogar beabsichtigst, mich zu fesseln?

ZEUS. Schau, du Verruchter, ob das Kleinigkeiten sind, die du mir angetan hast, wo du doch mit mir so mutwillig dein

ἐντρυφᾷς, ὥστε οὐδέν ἐστιν ὃ μὴ πεποίηκάς με, Σάτυρον, ταῦρον, χρυσόν, κύκνον, ἀετόν· ἐμοῦ δὲ ὅλως οὐδεμίαν ἥντινα ἐρασθῆναι πεποίηκας, οὐδὲ συνῆκα ἡδὺς γυναικὶ διὰ σὲ γεγενημένος, ἀλλά με δεῖ μαγγανεύειν ἐπ᾽ αὐτὰς καὶ κρύπτειν ἐμαυτόν· αἱ δὲ τὸν μὲν ταῦρον ἢ κύκνον φιλοῦσιν, ἐμὲ δὲ ἢν ἴδωσι, τεθνᾶσιν ὑπὸ τοῦ δέους.

ΕΡΩΣ. Εἰκότως· οὐ γὰρ φέρουσιν, ὦ Ζεῦ, θνηταὶ οὖσαι 2 τὴν σὴν πρόσοψιν.

ΖΕΥΣ. Πῶς οὖν τὸν Ἀπόλλω ὁ Βράγχος καὶ ὁ Ὑάκινθος φιλοῦσιν;

ΕΡΩΣ. Ἀλλὰ ἡ Δάφνη κἀκεῖνον ἔφευγε καίτοι κομήτην καὶ ἀγένειον ὄντα. εἰ δ᾽ ἐθέλεις ἐπέραστος εἶναι, μὴ ἐπίσειε τὴν αἰγίδα μηδὲ τὸν κεραυνὸν φέρε, ἀλλ᾽ ὡς ἥδιστον ποίει σεαυτὸν ἁπαλὸν ἑκατέρωθεν καθειμένος βοστρύχους, τῇ μίτρᾳ τούτους ἀνειλημμένος, πορφυρίδα ἔχε, ὑποδέου χρυσίδας, ὑπ᾽ αὐλῷ καὶ τυμπάνοις εὔρυθμα βαῖνε, καὶ ὄψει ὅτι πλείους ἀκολουθήσουσί σοι τῶν Διονύσου Μαινάδων.

ΖΕΥΣ. Ἄπαγε· οὐκ ἂν δεξαίμην ἐπέραστος εἶναι τοιοῦτος γενόμενος.

ΕΡΩΣ. Οὐκοῦν, ὦ Ζεῦ, μηδὲ ἐρᾶν θέλε· ῥᾴδιον γὰρ τοῦτό γε.

ΖΕΥΣ. Οὔκ, ἀλλὰ ἐρᾶν μέν, ἀπραγμονέστερον δὲ αὐτῶν ἐπιτυγχάνειν· ἐπὶ τούτοις αὐτοῖς ἀφίημί σε.

Spiel treibst, daß es nichts gibt, wozu du mich nicht gemacht hast, zum Satyr, zum Stier, zum Goldregen, zum Schwan, zum Adler. In mich haben sich aber überhaupt keine Frauen verliebt — das verdanke ich dir —, ich habe auch noch nicht gemerkt, daß ich um deinetwillen einer Frau lieb geworden bin, nein, ich muß allerhand Zauber gegen sie gebrauchen und mich selbst verstecken; sie lieben zwar den Stier oder den Schwan, wenn sie mich aber sehen, so sterben sie vor Angst.

EROS. Natürlich; sie können ja, da sie sterbliche Frauen sind, deinen Anblick nicht ertragen.

ZEUS. Wieso hat sich also in Apollo ein Branchos und ein Hyakinth verliebt?

EROS. Aber die Daphne wollte auch von ihm nichts wissen, trotz seiner langen Haare und seiner Bartlosigkeit. Wenn du begehrenswert sein willst, dann schüttle nicht die Aegis und nimm auch den Blitz nicht mit, sondern mach dich möglichst lieb und zart, laß dir beiderseits lange Locken wachsen und fasse sie mit einem Stirnband zusammen, trage einen Purpurmantel und goldene Schuhe und schreite rhythmisch unter Flöten- und Paukenschall einher: dann werden dir, du wirst es sehen, mehr Frauen nachlaufen als dem Dionysos seine Mänaden.

ZEUS. Fort damit! Unter solchen Umständen möchte ich nicht begehrenswert sein.

EROS. Also dann, Zeus, wolle auch nicht lieben; das wäre ja leicht.

ZEUS. Nein, lieben will ich schon, aber ohne viel Umstände es erreichen; nur unter dieser Bedingung lasse ich dich los.

3.

Διὸς καὶ Ἑρμοῦ

ΖΕΥΣ. Τὴν τοῦ Ἰνάχου παῖδα τὴν καλὴν οἶσθα, ὦ Ἑρμῆ;

ΕΡΜ. Ναί· τὴν Ἰὼ λέγεις.

ΖΕΥΣ. Οὐκέτι παῖς ἐκείνη ἐστίν, ἀλλὰ δάμαλις.

ΕΡΜ. Τεράστιον τοῦτο· τῷ τρόπῳ δ' ἐνηλλάγη;

ΖΕΥΣ. Ζηλοτυπήσασα ἡ Ἥρα μετέβαλεν αὐτήν. ἀλλὰ καὶ καινὸν ἄλλο τι δεινὸν ἐπιμεμηχάνηται τῇ κακοδαίμονι· βουκόλον τινὰ πολυόμματον Ἄργον τοὔνομα ἐπέστησεν, ὃς νέμει τὴν δάμαλιν ἄϋπνος ὤν.

ΕΡΜ. Τί οὖν ἡμᾶς χρὴ ποιεῖν;

ΖΕΥΣ. Καταπτάμενος ἐς τὴν Νεμέαν — ἐκεῖ δέ που ὁ Ἄργος βουκολεῖ — ἐκεῖνον ἀπόκτεινον, τὴν δὲ Ἰὼ διὰ τοῦ πελάγους ἐς τὴν Αἴγυπτον ἀγαγὼν Ἴσιν ποίησον· καὶ τὸ λοιπὸν ἔστω θεὸς τῶν ἐκεῖ καὶ τὸν Νεῖλον ἀναγέτω καὶ τοὺς ἀνέμους ἐπιπεμπέτω καὶ σῳζέτω τοὺς πλέοντας.

4.

Διὸς καὶ Γανυμήδους

ΖΕΥΣ. Ἄγε, ὦ Γανύμηδες — ἥκομεν γὰρ ἔνθα ἐχρῆν — 1 φίλησόν με ἤδη, ὅπως εἰδῇς οὐκέτι ῥάμφος ἀγκύλον ἔχοντα οὐδ' ὄνυχας ὀξεῖς οὐδὲ πτερά, οἷος ἐφαινόμην σοι πτηνὸς εἶναι δοκῶν.

ΓΑΝ. Ἄνθρωπε, οὐκ ἀετὸς ἄρτι ἦσθα καὶ καταπτάμενος ἥρπασάς με ἀπὸ μέσου τοῦ ποιμνίου; πῶς οὖν

3.

Zeus und Hermes

ZEUS. Hermes, kennst du das schöne Mädchen, die Tochter des Inachos?

HERM. Ja; du meinst die Io.

ZEUS. Sie ist kein Mädchen mehr, sondern eine Kuh.

HERM. Das geht nicht mit rechten Dingen zu; auf welche Weise wurde sie verwandelt?

ZEUS. Sie hat ihre Verwandlung der Eifersucht der Hera zu verdanken. Aber diese hat der Unglücklichen noch einen außerordentlich schlimmen Streich gespielt: einen vieläugigen Hirten namens Argos hat sie ihr zum Wächter bestellt, der von Schlaf nichts weiß und auf sie aufpassen muß.

HERM. Was sollen wir also da machen?

ZEUS. Flieg nach Nemea hinab – dort treibt sich nämlich irgendwo der Hirt Argos herum –, töte ihn, bring die Io übers Meer nach Ägypten und mach sie zur Isis. Künftighin soll sie zu den dortigen Göttern gehören, den Nil steigen und die Winde wehen lassen und die Schiffer schirmen.

4.

Zeus und Ganymed

ZEUS. Heda, Ganymed – wir sind nämlich bereits am Ziel –, küsse mich nun, damit du weißt, daß ich keinen krummen Schnabel mehr habe, keine scharfen Krallen und keine Flügel, so wie ich mich dir in Vogelgestalt gezeigt habe.

GAN. Mensch, warst du nicht eben noch ein Adler, der herabflog und mich mitten aus meiner Herde raubte? Wieso sind

τὰ μὲν πτερά σοι ἐκεῖνα ἐξερρύηκε, σὺ δὲ ἄλλος ἤδη ἀναπέφηνας;

ΖΕΥΣ. 'Αλλ' οὔτε ἄνθρωπον ὁρᾷς, ὦ μειράκιον, οὔτε ἀετόν, ὁ δὲ πάντων βασιλεὺς τῶν θεῶν οὗτός εἰμι πρὸς τὸν καιρὸν ἀλλάξας ἐμαυτόν.

ΓΑΝ. Τί φής; σὺ γὰρ εἶ ὁ Πὰν ἐκεῖνος; εἶτα πῶς σύριγγα οὐκ ἔχεις οὐδὲ κέρατα οὐδὲ λάσιος εἶ τὰ σκέλη;

ΖΕΥΣ. Μόνον γὰρ ἐκεῖνον ἡγῇ θεόν;

ΓΑΝ. Ναί· καὶ θύομέν γε αὐτῷ ἔνορχιν τράγον ἐπὶ τὸ σπήλαιον ἄγοντες, ἔνθα ἕστηκε· σὺ δὲ ἀνδραποδιστής τις εἶναί μοι δοκεῖς.

ΖΕΥΣ. Εἰπέ μοι, Διὸς δὲ οὐκ ἤκουσας ὄνομα οὐδὲ βωμὸν 2 εἶδες ἐν τῷ Γαργάρῳ τοῦ ὕοντος καὶ βροντῶντος καὶ ἀστραπὰς ποιοῦντος;

ΓΑΝ. Σύ, ὦ βέλτιστε, φὴς εἶναι, ὃς πρῴην κατέχεας ἡμῖν τὴν πολλὴν χάλαζαν, ὁ οἰκεῖν ὑπεράνω λεγόμενος, ὁ ποιῶν τὸν ψόφον, ᾧ τὸν κριὸν ὁ πατὴρ ἔθυσεν; εἶτα τί ἀδικήσαντά με ἀνήρπασας, ὦ βασιλεῦ τῶν θεῶν; τὰ δὲ πρόβατα ἴσως οἱ λύκοι διαρπάσονται ἤδη ἐρήμοις ἐπιπεσόντες.

ΖΕΥΣ. Ἔτι γὰρ μέλει σοι τῶν προβάτων ἀθανάτῳ γεγενημένῳ καὶ ἐνταῦθα συνεσομένῳ μεθ' ἡμῶν;

ΓΑΝ. Τί λέγεις; οὐ γὰρ κατάξεις με ἤδη ἐς τὴν Ἴδην τήμερον;

ΖΕΥΣ. Οὐδαμῶς· ἐπεὶ μάτην ἀετὸς εἴην ⟨ἂν⟩ ἀντὶ θεοῦ γεγενημένος.

ΓΑΝ. Οὐκοῦν ἐπιζητήσει με ὁ πατὴρ καὶ ἀγανακτήσει μὴ εὑρίσκων, καὶ πληγὰς ὕστερον λήψομαι καταλιπὼν τὸ ποίμνιον.

also deine Flügel verschwunden, so daß du jetzt ganz anders aussiehst?

ZEUS. Aber du hast, Bürschchen, weder einen Menschen vor dir noch einen Adler, ich bin der König aller Götter, verwandelt habe ich mich nur zu dem besonderen Zweck.

GAN. Was sagst du? Du bist also der Pan? Wie kommt es dann, daß du keine Hirtenflöte hast, keine Hörner und keine zottigen Schenkel?

ZEUS. Nur ihn hältst du für einen Gott?

GAN. Ja; wir pflegen ja bei der Grotte, wo sein Bild steht, einen unverschnittenen Bock ihm als Opfer darzubringen. Du scheinst mir ein Sklavenhändler zu sein.

ZEUS. Sag mir, Zeus' Namen hast du nicht gehört und auf dem Garganonberg keinen Altar gesehen des Gottes, der Regen, Donner und Blitz schickt?

GAN. Du, mein Lieber, behauptest, der zu sein, der uns kürzlich das große Hagelwetter geschickt hat, der, wie es heißt, über den Wolken wohnt, wo er das Krachen verursacht, der, dem mein Vater einen Schafbock geopfert hat? Was habe ich dir denn angetan, daß du mich entführt hast, du König der Götter? Meine Schafe werden unterdessen vielleicht die Wölfe zerreißen, da sie nun niemand haben, der sie beschützt.

ZEUS. Kümmerst du dich noch immer um die Schafe, wo du doch unsterblich geworden bist und hier mit uns leben sollst?

GAN. Was sagst du? Du wirst mich also nicht heute noch auf den Idaberg zurückbringen?

ZEUS. Keineswegs; sonst hätte es für mich keinen Zweck gehabt, aus einem Gott ein Adler zu werden.

GAN. Mein Vater wird mich halt suchen und wird bös sein, wenn er mich nicht findet, und dann werde ich noch Schläge dafür kriegen, daß ich die Herde im Stich gelassen habe.

ΖΕΥΣ. Ποῦ γὰρ ἐκεῖνος ὄψεταί σε;

ΓΑΝ. Μηδαμῶς· ποθῶ γὰρ ἤδη αὐτόν. εἰ δὲ ἀπάξεις με, ὑπισχνοῦμαί σοι καὶ ἄλλον παρ' αὐτοῦ κριὸν τυθήσεσθαι λύτρα ὑπὲρ ἐμοῦ. ἔχομεν δὲ τὸν τριετῆ, τὸν μέγαν, ὃς ἡγεῖται πρὸς τὴν νομήν.

ΖΕΥΣ. Ὡς ἀφελὴς ὁ παῖς ἐστι καὶ ἁπλοϊκὸς καὶ αὐτὸ 3 δὴ τοῦτο παῖς ἔτι. – ἀλλ', ὦ Γανύμηδες, ἐκεῖνα μὲν πάντα χαίρειν ἔα καὶ ἐπιλάθου αὐτῶν, τοῦ ποιμνίου καὶ τῆς Ἴδης. σὺ δὲ – ἤδη γὰρ ἐπουράνιος εἶ – πολλὰ εὖ ποιήσεις ἐντεῦθεν καὶ τὸν πατέρα καὶ τὴν πατρίδα, καὶ ἀντὶ μὲν τυροῦ καὶ γάλακτος ἀμβροσίαν ἔδῃ καὶ νέκταρ πίῃ· τοῦτο μέντοι καὶ τοῖς ἄλλοις ἡμῖν αὐτὸς παρέξεις ἐγχέων· τὸ δὲ μέγιστον, οὐκέτι ἄνθρωπος, ἀλλ' ἀθάνατος γενήσῃ, καὶ ἀστέρα σου φαίνεσθαι ποιήσω κάλλιστον, καὶ ὅλως εὐδαίμων ἔσῃ.

ΓΑΝ. Ἢν δὲ παίζειν ἐπιθυμήσω, τίς συμπαίξεταί μοι; ἐν γὰρ τῇ Ἴδῃ πολλοὶ ἡλικιῶται ἦμεν.

ΖΕΥΣ. Ἕξεις κἀνταῦθα τὸν συμπαιξόμενόν σοι τουτονὶ τὸν Ἔρωτα καὶ ἀστραγάλους μάλα πολλούς. θάρρει μόνον καὶ φαιδρὸς ἴσθι καὶ μηδὲν ἐπιπόθει τῶν κάτω.

ΓΑΝ. Τί δαὶ ὑμῖν χρήσιμος ἂν γενοίμην; ἢ ποιμαίνειν 4 δεήσει κἀνταῦθα;

ΖΕΥΣ. Οὔκ, ἀλλ' οἰνοχοήσεις καὶ ἐπὶ τοῦ νέκταρος τετάξῃ καὶ ἐπιμελήσῃ τοῦ συμποσίου.

ΓΑΝ. Τοῦτο μὲν οὐ χαλεπόν· οἶδα γὰρ ὡς χρὴ ἐγχέαι τὸ γάλα καὶ ἀναδοῦναι τὸ κισσύβιον.

ΖΕΥΣ. Ἰδού, πάλιν οὗτος γάλακτος μνημονεύει καὶ ἀνθρώποις διακονήσεσθαι οἴεται· ταυτὶ δ' οὐρανός ἐστι,

ZEUS. Wo soll dich denn der wiedersehen?

GAN. Niemals? Nein, ich wünsche ihn sofort wiederzusehen! Wenn du mich zurückbringst, verspreche ich dir, daß er dir zum Entgelt für mich einen anderen Schafbock opfern wird. Wir haben ja daheim einen dreijährigen großen, der der Herde zur Weide vorangeht.

ZEUS. Wie harmlos und einfältig der Bube ist, noch ein völliges Kind! – Aber, Ganymed, jene Dinge schlage dir ganz und gar aus dem Sinn und vergiß sie, die Herde und den Idaberg! Du wirst von nun an – bereits bist du nämlich ein Himmelsbewohner – deinem Vater und deiner Heimat viel Gutes erweisen und statt Käse und Milch Ambrosia essen und Nektar trinken; den sollst du aber mir und den übrigen Göttern selber einschenken. Was aber das Wichtigste ist, du sollst kein Mensch mehr, sondern unsterblich sein und ich werde einen wunderschönen Stern deines Namens am Himmel erscheinen lassen, kurz und gut, du sollst in jeder Hinsicht glücklich sein.

GAN. Falls ich aber Lust zu spielen habe, wer wird mit mir spielen? Auf dem Idaberg hatte ich nämlich viele Kameraden.

ZEUS. Du sollst auch hier einen Spielkameraden haben, den Eros, der hier steht, und recht viele Würfel zum Spiel. Sei nur getrost und heiter und sehne dich nicht mehr nach den Dingen auf der Erde.

GAN. Worin könnte ich euch nützlich sein? Oder soll ich auch hier Schafe hüten?

ZEUS. Nein, sondern du sollst Mundschenk sein, die Obhut über den Nektar haben und für das Zechgelage sorgen.

GAN. Das ist nicht schwer; ich weiß ja, wie man die Milch einschenken und den hölzernen Becher kredenzen muß.

ZEUS. Schau, er denkt wieder an die Milch und meint, daß er Menschen wird bedienen müssen. Das hier aber ist der

καὶ πίνομεν, ὥσπερ ἔφην, τὸ νέκταρ.

ΓΑΝ. Ἥδιον, ὦ Ζεῦ, τοῦ γάλακτος;

ΖΕΥΣ. Εἴσῃ μετ' ὀλίγον καὶ γευσάμενος οὐκέτι ποθήσεις τὸ γάλα.

ΓΑΝ. Κοιμήσομαι δὲ ποῦ τῆς νυκτός; ἢ μετὰ τοῦ ἡλικιώτου Ἔρωτος;

ΖΕΥΣ. Οὔκ, ἀλλὰ διὰ τοῦτό σε ἀνήρπασα, ὡς ἅμα καθεύδοιμεν.

ΓΑΝ. Μόνος γὰρ οὐκ ἂν δύναιο, ἀλλὰ ἥδιόν σοι καθεύδειν μετ' ἐμοῦ;

ΖΕΥΣ. Ναί, μετά γε τοιούτου οἷος εἶ σύ, Γανύμηδες, οὕτω καλός.

ΓΑΝ. Τί γάρ σε πρὸς τὸν ὕπνον ὀνήσει τὸ κάλλος; 5

ΖΕΥΣ. Ἔχει τι θέλγητρον ἡδὺ καὶ μαλακώτερον ἐπάγει αὐτόν.

ΓΑΝ. Καὶ μὴν ὅ γε πατὴρ ἤχθετό μοι συγκαθεύδοντι καὶ διηγεῖτο ἕωθεν, ὡς ἀφεῖλον αὐτοῦ τὸν ὕπνον στρεφόμενος καὶ λακτίζων καί τι φθεγγόμενος μεταξὺ ὁπότε καθεύδοιμι· ὥστε παρὰ τὴν μητέρα ἔπεμπέ με κοιμησόμενον ὡς πολλά. ὥρα δή σοι, εἰ διὰ τοῦτο, ὡς φῄς, ἀνήρπασάς με, καταθεῖναι αὖθις ἐς τὴν γῆν, ἢ πράγματα ἕξεις ἀγρυπνῶν· ἐνοχλήσω γάρ σε συνεχῶς στρεφόμενος.

ΖΕΥΣ. Τοῦτ' αὐτό μοι τὸ ἥδιστον ποιήσεις, εἰ ἀγρυπνήσαιμι μετὰ σοῦ φιλῶν πολλάκις καὶ περιπτύσσων.

ΓΑΝ. Αὐτὸς ἂν εἰδείης· ἐγὼ δὲ κοιμήσομαι σοῦ καταφιλοῦντος.

Himmel und wir trinken, wie ich sagte, den Nektar.

GAN. Zeus, ist der süßer als Milch?

ZEUS. Das wirst du bald wissen; hast du einmal davon gekostet, so wirst du nach der Milch kein Verlangen mehr haben.

GAN. Wo werde ich aber in der Nacht schlafen? Mit meinem Kameraden Eros?

ZEUS. Nein, sondern deshalb habe ich dich entführt, damit wir zusammen schlafen.

GAN. Allein kannst du nicht schlafen, sondern es ist dir lieber, mit mir zu schlafen?

ZEUS. Ja, mit einem so hübschen Bürschchen, wie du bist, Ganymed.

GAN. Was soll dir denn die Schönheit zum Schlaf verhelfen?

ZEUS. Sie hat einen süßen Zauber und bringt einen sanften Schlaf.

GAN. Mein Vater hingegen ärgerte sich, sooft ich bei ihm schlief, und erzählte dann in der Früh, daß ich ihm den Schlaf raubte, weil ich mich hin und her wälzte, ihn mit der Ferse stieß und ab und zu im Schlaf aufschrie; deshalb schickte er mich meistens zur Mutter schlafen. Wenn du also deshalb, wie du sagst, micht entführt hast, wäre es für dich an der Zeit, mich wieder zur Erde zu befördern, oder du wirst Schereien mit mir haben und nicht schlafen können; ich werde dich nämlich durch mein ununterbrochenes Hin- und Herwälzen belästigen.

ZEUS. Gerade das wird mir am liebsten sein, wenn ich mit dir aufsein, dich oft küssen und umarmen werde.

GAN. Das magst du selber ausprobieren; ich werde jedenfalls bei deinen Küssen schlafen.

ΖΕΥΣ. Εἰσόμεθα τότε ὃ πρακτέον. — νῦν δὲ ἄπαγε αὐτόν, ὦ Ἑρμῆ, καὶ πιόντα τῆς ἀθανασίας ἄγε οἰνοχοήσοντα ἡμῖν διδάξας πρότερον ὡς χρὴ ὀρέγειν τὸν σκύφον.

5.

Ἥρας καὶ Διός

ΗΡΑ. Ἐξ οὗ τὸ μειράκιον τοῦτο, ὦ Ζεῦ, τὸ Φρύγιον 1 ἀπὸ τῆς Ἴδης ἁρπάσας δεῦρο ἀνήγαγες, ἔλαττόν μοι προσέχεις τὸν νοῦν.

ΖΕΥΣ. Καὶ τοῦτο γάρ, ὦ Ἥρα, ζηλοτυπεῖς ἤδη ἀφελὲς οὕτω καὶ ἀλυπότατον; ἐγὼ δὲ ᾤμην ταῖς γυναιξὶ μόναις χαλεπήν σε εἶναι, ὁπόσαι ἂν ὁμιλήσωσί μοι.

ΗΡΑ. Οὐδ' ἐκεῖνα μὲν εὖ ποιεῖς οὐδὲ πρέποντα σεαυτῷ, 2 ὃς ἁπάντων θεῶν δεσπότης ὢν ἀπολιπὼν ἐμὲ τὴν νόμῳ γαμετὴν ἐπὶ τὴν γῆν κάτει μοιχεύσων χρυσίον ἢ Σάτυρος ἢ ταῦρος γενόμενος. πλὴν ἀλλ' ἐκεῖναι μέν σοι κἂν ἐν γῇ μένουσι, τὸ δὲ Ἰδαῖον τουτὶ παιδίον ἁρπάσας ἀνέπτης, ὦ γενναιότατε θεῶν, καὶ συνοικεῖ ἡμῖν ἐπὶ κεφαλήν μοι ἐπαχθέν, οἰνοχοοῦν δὴ τῷ λόγῳ. οὕτως ἠπόρεις οἰνοχόων, καὶ ἀπηγορεύκασιν ἄρα ἥ τε Ἥβη καὶ ὁ Ἥφαιστος διακονούμενοι; σὺ δὲ καὶ κύλικα οὐκ ἂν ἄλλως λάβοις παρ' αὐτοῦ ἢ φιλήσας πρότερον αὐτὸν ἁπάντων ὁρώντων, καὶ τὸ φίλημά σοι ἥδιον τοῦ νέκταρος, καὶ διὰ τοῦτο οὐδὲ διψῶν πολλάκις αἰτεῖς πιεῖν· ὁτὲ δὲ καὶ ἀπογευσάμενος μόνον ἔδωκας ἐκείνῳ, καὶ πιόντος ἀπολαβὼν τὴν κύλικα ὅσον ὑπόλοιπον ἐν αὐτῇ πίνεις, ὅθεν καὶ ὁ παῖς ἔπιε καὶ ἔνθα προσήρμοσε τὰ χείλη, ἵνα καὶ πίνῃς ἅμα καὶ φιλῇς. πρῴην δὲ ὁ βασι-

ZEUS. Ich werde dann schon wissen, was ich zu tun habe. — Hermes, führe ihn jetzt weg, gib ihm den Trank der Unsterblichkeit zu kosten und führe ihn in sein Schenkenamt ein, nachdem du ihm vorher beigebracht hast, wie man den Becher kredenzen muß.

5.

Hera und Zeus

HERA. Zeus, seitdem du dieses phrygische Bürschchen vom Idaberg entführt und hieher gebracht hast, bist du weniger aufmerksam gegen mich.

ZEUS. Auch auf dieses so schlichte und harmlose Bürschchen bist du, Hera, schon eifersüchtig? Ich glaubte, du würdest nur auf alle Weiber bös, die mit mir verkehren.

HERA. Auch das ist nicht schön von dir und gehört sich nicht für dich, daß du, der Herr aller Götter, mich, deine rechtmäßige Gattin, im Stich läßt und auf die Erde hinabsteigst, um dort Buhlschaft zu treiben in Gestalt eines Satyrs oder eines goldenen Regens oder eines Stieres. Allein jene Frauen bleiben dir wenigstens auf der Erde, diesen Buben aber vom Ida hast du, edles Oberhaupt der Götter, als Vogel heraufgeholt, hast ihn mir auf den Hals geladen und jetzt wohnt er mit uns zusammen, angeblich als Mundschenk. Dir gebrach es ja so sehr an Mundschenken, offenbar sind Hebe und Hephaist ihres Mundschenkenamtes müde geworden! Den Becher nimmst du nicht anders von ihm entgegen als so, daß du den Buben vorher vor aller Augen küßt, und dieser Kuß schmeckt dir besser als der Nektar, so daß du oft, ohne Durst zu haben, zu trinken verlangst. Manchmal nippst du nur davon und gibst den Becher ihm wieder zurück; hat er dann daraus getrunken, so nimmst du ihn wieder und trinkst den ganzen Rest aus, und zwar gerade an der Stelle des Bechers, die der Knabe beim Trinken mit seinen Lippen berührt hat, damit du beim Trinken zugleich küssen kannst. Unlängst

λεύς καί άπάντων πατήρ άποθέμενος τήν αίγίδα καί τόν κεραυνόν έκάθησο άστραγαλίζων μετ' αύτοϋ ό πώγωνα τηλικοΰτον καθειμένος. άπαντα οΰν όρώ ταΰτα, ώστε μή οϊου λανθάνειν.

ΖΕΥΣ. Καί τί δεινόν, ώ Ήρα, μειράκιον ούτω καλόν 3 μεταξύ πίνοντα καταφιλεϊν καί ήδεσθαι άμφοϊν καί τώ φιλήματι καί τώ νέκταρι; ήν γοΰν έπιτρέψω αύτώ κάν άπαξ φιλήσαί σε, ούκέτι μέμψη μοι προτιμότερον τοΰ νέκταρος οίομένω τό φίλημα είναι.

ΗΡΑ. Παιδεραστών ούτοι λόγοι. έγώ δέ μή ούτω μανείην, ώς τά χείλη προσενεγκεϊν τώ μαλθακώ τούτω Φρυγί ούτως έκτεθηλυμμένω.

ΖΕΥΣ. Μή μοι λοιδοροΰ, ώ γενναιοτάτη, τοϊς παιδικοϊς· ούτοσί γάρ ό θηλυδρίας, ό βάρβαρος, ό μαλθακός, ήδίων έμοί καί ποθεινότερος – ού βούλομαι δέ είπεϊν, μή σε παροξύνω έπί πλέον.

ΗΡΑ. Είθε καί γαμήσειας αύτόν έμοΰ γε ένεκα· μέμνησο 4 γοΰν οίά μοι διά τόν οίνοχόον τοΰτον έμπαροινεϊς.

ΖΕΥΣ. Ούκ, άλλά τόν Ήφαιστον έδει τόν σόν υίόν οίνοχοεϊν ήμϊν χωλεύοντα, έκ τής καμίνου ήκοντα, έτι τών σπινθήρων άνάπλεων, άρτι τήν πυράγραν άποτεθειμένον, καί άπ' έκείνων αύτοΰ τών δακτύλων λαμβάνειν ήμάς τήν κύλικα καί έπισπασαμένους γε φιλήσαι μεταξύ, όν ούδ' άν ή μήτηρ σύ ήδέως φιλήσειας ύπό τής άσβόλου κατηθαλωμένον τό πρόσωπον. ήδίω ταΰτα· ού γάρ; καί παρά πολύ ό οίνοχόος έκεϊνος έμπρέπει τώ συμποσίω τών θεών, ό Γανυμήδης δέ καταπεμπτέος αύθις ές τήν ''Ιδην· καθάριος γάρ καί ροδοδάκτυλος καί έπισταμένως όρέγει τό έκπωμα, καί ό σε λυπεί μάλιστα, καί φιλεϊ ήδιον τοΰ νέκταρος.

legte unser aller König und Vater die Ägis und den Blitz beiseite und saß trotz seines langen Bartes mit ihm beim Würfelspiel. Ich sehe das alles, glaube ja nicht, daß es mir verborgen bleibt.

ZEUS. Und was ist denn, Hera, dabei so schrecklich, ein so hübsches Bürschchen beim Trinken abzuküssen und einen doppelten Genuß zu haben sowohl am Kuß als auch am Nektar? Sollte ich ihm nun erlauben, dich wenigstens einmal zu küssen, wirst du mich nicht mehr tadeln, wenn ich seinen Kuß dem Nektar vorziehe.

HERA. Das sind Reden von Knabenliebhabern! Möge ich nie so verrückt werden, mit meinen Lippen die dieses so weichlichen und weibischen Phrygers zu berühren!

ZEUS. Schmähe mir nicht, edle Gattin, auf meinen Liebling! Denn dieser weibische Knabe, dieser Barbar und Weichling ist mir lieber und begehrenswerter – ich will das weitere nicht sagen, um dich nicht noch mehr zu erbittern.

HERA. Nun so heirate ihn halt meinetwegen! Denke aber daran, was du mir wegen dieses Mundschenken in deinem Sinnenrausch antust!

ZEUS. Nein, nicht er, sondern dein Sohn Hephaist sollte hinkend uns den Wein einschenken, noch voller Feuerfunken, wie er aus der Schmiede kommt, wo er eben die Feuerzange abgelegt hat, und aus seinen Fingern sollten wir den Becher nehmen und ihn beim Trinken herzen und küssen, ihn, den nicht einmal du, seine Mutter, gern küssen magst, weil er im Gesicht voller Ruß ist. Das wäre eine größere Wonne, nicht wahr? Und der Mundschenk ist eine große Zierde für die Göttertafel, Ganymed aber sollte wieder auf den Idaberg zurückgeschickt werden; er ist ja reinlich und rosenfingrig, kredenzt verständig den Pokal und küßt – was dich am meisten kränkt – süßer, als der Nektar ist.

ΗΡΑ. Νῦν καὶ χωλός, ὦ Ζεῦ, ὁ Ἥφαιστος καὶ οἱ δάκτυλοι 5
αὐτοῦ ἀνάξιοι τῆς σῆς κύλικος καὶ ἀσβόλου μεστός ἐστι,
καὶ ναυτιᾷς ὁρῶν αὐτόν, ἐξ ὅτου τὸν καλὸν κομήτην
τοῦτον ἡ Ἴδη ἀνέθρεψε· πάλαι δὲ οὐχ ἑώρας ταῦτα,
οὐδ' οἱ σπινθῆρες οὐδὲ ἡ κάμινος ἀπέτρεπόν σε μὴ οὐχὶ
πίνειν παρ' αὐτοῦ.

ΖΕΥΣ. Λυπεῖς, ὦ Ἥρα, σεαυτήν, οὐδὲν ἄλλο, κἀμοὶ
ἐπιτείνεις τὸν ἔρωτα ζηλοτυποῦσα· εἰ δὲ ἄχθῃ παρὰ
παιδὸς ὡραίου δεχομένη τὸ ἔκπωμα, σοὶ μὲν ὁ υἱὸς οἰνοχοείτω,
σὺ δέ, ὦ Γανύμηδες, ἐμοὶ μόνῳ ἀναδίδου τὴν
κύλικα καὶ ἐφ' ἑκάστῃ δὶς φίλει με, καὶ ὅτε πλήρη ὀρέγοις
κᾆτα αὖθις ὁπότε παρ' ἐμοῦ ἀπολαμβάνοις. — τί
τοῦτο; δακρύεις; μὴ δέδιθι· οἰμώξεται γάρ, ἤν τίς σε
λυπεῖν θέλῃ.

6.

Ἥρας καὶ Διός

ΗΡΑ. Τὸν Ἰξίονα τοῦτον, ὦ Ζεῦ, ποῖόν τινα τὸν τρόπον 1
ἡγῇ;

ΖΕΥΣ. Ἄνθρωπον εἶναι χρηστόν, ὦ Ἥρα, καὶ συμποτικόν·
οὐ γὰρ ἂν συνῆν ἡμῖν ἀνάξιος τοῦ συμποσίου ὤν.

ΗΡΑ. Ἀλλὰ ἀνάξιός ἐστιν, ὑβριστής γε ὤν· ὥστε μηκέτι
συνέστω.

ΖΕΥΣ. Τί δαὶ ὕβρισε; χρὴ γάρ, οἶμαι, κἀμὲ εἰδέναι.

ΗΡΑ. Τί δ' ἄλλο; — καίτοι αἰσχύνομαι εἰπεῖν αὐτό·
τοιοῦτόν ἐστιν ὃ ἐτόλμησε.

ΖΕΥΣ. Καὶ μὴν διὰ τοῦτο καὶ μᾶλλον εἴποις ἄν, ὅσῳ
καὶ αἰσχροῖς ἐπεχείρησε. μῶν οὖν ἐπείρα τινά; συν-

HERA. Jetzt ist, Zeus, Hephaist lahm und voller Ruß, seine Finger sind es nicht wert, deinen Becher zu berühren, und dir graust, wenn du ihn siehst, das alles, seitdem dir der Idaberg diesen schönen kraushaarigen Buben aufgezogen hat. Vorher sahst du das nicht und weder die Feuerfunken noch die Schmiede hielt dich ab, von ihm den Trank zu empfangen.

ZEUS. Du machst dir, Hera, nur selber Verdruß, sonst gar nichts, und steigerst durch deine Eifersucht meine Liebe. Wenn es dir zuwider ist, von einem schönen Knaben den Pokal entgegenzunehmen, so soll dir dein Sohn einschenken, du aber, Ganymed, reich mir allein den Becher, küsse mich bei jedem Trunk zweimal, wann du mir den Becher gefüllt reichst und dann wieder, wann du ihn von mir zurückerhältst. – Was soll das? Du weinst? Habe keine Angst! Wenn einer dich kränken will, dem soll es schlecht ergehen!

6.

Hera und Zeus

HERA. Diesen Ixion, Zeus, für was für einen Mann hältst du ihn?

ZEUS. Für einen Biedermann, der für unsere Tafel paßt; sonst würde er ja nicht bei uns sein, wenn er es nicht verdiente.

HERA. Aber er verdient es nicht, da er ein Frevler ist; darum soll er nicht mehr bei uns sein.

ZEUS. Worin hat er denn gefrevelt? Ich muß es halt doch ebenfalls wissen.

HERA. Worin sonst – indes schäme ich mich, es zu sagen; solcherart ist das, was er gewagt hat.

ZEUS. Dann solltest du es mir um so eher sagen, je schändlicher sein Unterfangen war. Er versuchte doch nicht am

ἵημι γὰρ ὁποῖόν τι τὸ αἰσχρόν, ὅπερ ἂν σὺ ὀκνήσειας εἰπεῖν.

ΗΡΑ. Αὐτὴν ἐμέ, οὐκ ἄλλην τινά, ὦ Ζεῦ, πολὺν ἤδη 2 χρόνον. καὶ τὸ μὲν πρῶτον ἠγνόουν τὸ πρᾶγμα, διότι ἀτενὲς ἀφεώρα ἐς ἐμέ· ὁ δὲ καὶ ἔστενε καὶ ὑπεδάκρυε, καὶ εἴ ποτε πιοῦσα παραδοίην τῷ Γανυμήδει τὸ ἔκπωμα, ὁ δὲ ᾔτει ἐν αὐτῷ ἐκείνῳ πιεῖν καὶ λαβὼν ἐφίλει μεταξὺ καὶ πρὸς τοὺς ὀφθαλμοὺς προσῆγε καὶ αὖθις ἀφεώρα ἐς ἐμέ· ταῦτα δὲ ἤδη συνίην ἐρωτικὰ ὄντα. καὶ ἐπὶ πολὺ μὲν ᾐδούμην λέγειν πρὸς σὲ καὶ ᾤμην παύσεσθαι τῆς μανίας τὸν ἄνθρωπον· ἐπεὶ δὲ καὶ λόγους ἐτόλμησέ μοι προσενεγκεῖν, ἐγὼ μὲν ἀφεῖσα αὐτὸν ἔτι δακρύοντα καὶ προκυλινδούμενον, ἐπιφραξαμένη τὰ ὦτα, ὡς μηδὲ ἀκούσαιμι αὐτοῦ ὑβριστικὰ ἱκετεύοντος, ἀπῆλθον σοὶ φράσουσα· σὺ δὲ αὐτὸς ὅρα, ὅπως μέτει τὸν ἄνδρα.

ΖΕΥΣ. Εὖ γε ὁ κατάρατος ἐπ' ἐμὲ αὐτὸν καὶ μέχρι τῶν 3 Ἥρας γάμων; τοσοῦτον ἐμεθύσθη τοῦ νέκταρος; ἀλλ' ἡμεῖς τούτων αἴτιοι καὶ πέρα τοῦ μετρίου φιλάνθρωποι, οἵ γε καὶ συμπότας αὐτοὺς ἐποιησάμεθα. συγγνωστοὶ οὖν, εἰ πιόντες ὅμοια ἡμῖν καὶ ἰδόντες οὐράνια κάλλη καὶ οἷα οὔ ποτε εἶδον ἐπὶ γῆς, ἐπεθύμησαν ἀπολαῦσαι αὐτῶν ἔρωτι ἁλόντες· ὁ δ' ἔρως βίαιόν τί ἐστι καὶ οὐκ ἀνθρώπων μόνον ἄρχει, ἀλλὰ καὶ ἡμῶν αὐτῶν ἐνίοτε.

ΗΡΑ. Σοῦ μὲν καὶ πάνυ οὗτός γε δεσπότης ἐστὶ καὶ ἄγει σε καὶ φέρει τῆς ῥινός, φασίν, ἕλκων, καὶ ἕπῃ αὐτῷ ἔνθα ἂν ἡγῆταί σοι, καὶ ἀλλάττῃ ῥᾳδίως ἐς ὅ τι ἂν κελεύσῃ, καὶ ὅλως κτῆμα καὶ παιδιὰ τοῦ ἔρωτος σύ γε· καὶ νῦν τῷ Ἰξίονι οἶδα καθότι συγγνώμην ἀπονέμεις

Ende, jemand zu verführen? Ich verstehe nämlich, von welcher Art das Schändliche ist, das du nicht gern sagen möchtest.

HERA. Mich selber, Zeus, keine andere, schon seit langem. Und zuerst wußte ich nicht, warum er fortwährend unverwandt auf mich blickte; er seufzte und weinte heimlich, und sooft ich einmal getrunken hatte und dann dem Ganymed den Becher reichte, verlangte er aus jenem selben Becher zu trinken, nahm ihn, küßte ihn beim Trinken, näherte ihn seinen Augen und blickte wieder auf mich; da begriff ich nunmehr, daß das Zeichen der Liebe waren. Und lange schämte ich mich, es dir zu sagen, und glaubte, der Mensch werde mit seiner Verrücktheit Schluß machen. Nachdem er aber mich sogar anzureden wagte und sich unter Tränen mir zu Füßen warf, habe ich mir die Ohren verstopft, um sein frevelhaftes Flehen nicht anzuhören, habe ihn stehen lassen und ging zu dir, um es dir mitzuteilen. Du sieh nun selbst zu, wie du den Mann bestrafen wirst.

ZEUS. Bravo! Der Verruchte wagt sich an mich und meine Ehe mit Hera heran? Stieg ihm der Nektar so sehr in den Kopf? Aber wir sind selber daran schuld, wir sind eben über die Maßen menschenfreundlich, haben wir sie doch sogar zu unseren Zechgenossen gemacht. Es ist also verzeihlich, wenn sie, da sie dasselbe wie wir trinken und die himmlischen Schönheiten sehen, dergleichen sie auf Erden nie sahen, von Verlangen überwältigt, sie zu genießen wünschen. Die Liebe ist ja eine mächtige Gewalt und beherrscht nicht bloß die Menschen, sondern zuweilen auch uns.

HERA. Deine Herrin ist sie ganz besonders, sie führt dich bei der Nase herum, wie man zu sagen pflegt, und du folgst ihr überallhin, wo sie dir den Weg weist, und verwandelst dich auf ihr Geheiß in jegliche Gestalt, kurz und gut, du gehörst ihr an und bist ihr Spielzeug; darum weiß ich, warum du jetzt dem Ixion Verzeihung gewährst; hast du ja doch

ἅτε καὶ αὐτὸς μοιχεύσας ποτὲ αὐτοῦ τὴν γυναῖκα, ἥ σοι τὸν Πειρίθουν ἔτεκεν.

ΖΕΥΣ. Ἔτι γὰρ σὺ μέμνησαι ἐκείνων, εἴ τι ἐγὼ ἔπαιξα 4 ἐς γῆν κατελθών; ἀτὰρ οἶσθα ὅ μοι δοκεῖ περὶ τοῦ Ἰξίονος; κολάζειν μὲν μηδαμῶς αὐτὸν μηδὲ ἀπωθεῖν τοῦ συμποσίου· σκαιὸν γάρ· ἐπεὶ δὲ ἐρᾷ καὶ ὡς φῂς δακρύει καὶ ἀφόρητα πάσχει –

ΗΡΑ. Τί, ὦ Ζεῦ; δέδια γάρ, μή τι ὑβριστικὸν καὶ σὺ εἴπῃς.

ΖΕΥΣ. Οὐδαμῶς· ἀλλ' εἴδωλον ἐκ νεφέλης πλασάμενοι αὐτῇ σοι ὅμοιον, ἐπειδὰν λυθῇ τὸ συμπόσιον κἀκεῖνος ἀγρυπνῇ, ὡς τὸ εἰκός, ὑπὸ τοῦ ἔρωτος, παρακατακλίνωμεν αὐτῷ φέροντες· οὕτω γὰρ ἂν παύσαιτο ἀνιώμενος οἰηθεὶς τετυχηκέναι τῆς ἐπιθυμίας.

ΗΡΑ. Ἄπαγε, μὴ ὥρασιν ἵκοιτο τῶν ὑπὲρ αὐτὸν ἐπιθυμῶν.

ΖΕΥΣ. Ὅμως ὑπόμεινον, ὦ Ἥρα. ἢ τί γὰρ ἂν καὶ πάθοις δεινὸν ἀπὸ τοῦ πλάσματος, εἰ νεφέλῃ ὁ Ἰξίων συνέσται;

ΗΡΑ. Ἀλλὰ ἡ νεφέλη ἐγὼ εἶναι δόξω, καὶ τὸ αἰσχρὸν 5 ἐπ' ἐμὲ ποιήσει διὰ τὴν ὁμοιότητα.

ΖΕΥΣ. Οὐδὲν τοῦτο φής· οὔτε γὰρ ἡ νεφέλη ποτὲ Ἥρα γένοιτ' ἂν οὔτε σὺ νεφέλη· ὁ δ' Ἰξίων μόνον ἐξαπατηθήσεται.

ΗΡΑ. Ἀλλὰ οἱ πάντες ἄνθρωποι ἀπειρόκαλοί εἰσιν· αὐχήσει κατελθὼν ἴσως καὶ διηγήσεται ἅπασι λέγων συγγεγενῆσθαι τῇ Ἥρᾳ καὶ σύλλεκτρος εἶναι τῷ Διί, καί που τάχ' ἂν ἐρᾶν με φήσειεν αὐτοῦ, οἱ δὲ πιστεύσουσιν οὐκ εἰδότες ὡς νεφέλῃ συνῆν.

selber einmal Buhlschaft mit seiner Frau getrieben, die dir den Pirithoos gebar.

ZEUS. Erinnerst du dich denn noch an diese alten Geschichten aus der Zeit, wo ich mich auf Erden ein bißchen unterhielt? Aber weißt du, was mir betreffs des Ixion gut dünkt? Keineswegs, ihn zu bestrafen oder von der Tafel wegzuweisen; das wäre ja zu grob. Nachdem er aber verliebt ist und, wie du sagst, weint und Unerträgliches leidet –

HERA. Was, Zeus? Ich fürchte nämlich, du könntest etwas Beleidigendes sagen.

ZEUS. Keineswegs. Machen wir aus einer Wolke ein dir gleiches Ebenbild; wenn er nun nach Beendigung der Tafel als Verliebter, wie natürlich, schlaflos ist, so legen wir es ihm zur Seite; so mag seine Qual ein Ende haben, wird er doch meinen, sein Verlangen gestillt zu haben.

HERA. Fort damit! Verrecken soll er mit seinen Lüsten, weil er so hoch hinaus will.

ZEUS. Aber so laß es doch geschehen, Hera! Was kann dir den Schlimmes von deinem Ebenbild widerfahren, wenn Ixion mit einer Wolke verkehren sollte?

HERA. Aber es wird so aussehen, als ob die Wolke ich wäre, und die Schande wird sich wegen der Ähnlichkeit gegen mich richten!

ZEUS. Da hast du unrecht, denn weder könnte die Wolke je zur Hera werden noch du zur Wolke. Es wird nur Ixion der Gefoppte sein.

HERA. Aber alle Menschen sind doch undelikat. Er wird sich vielleicht auf Erden rühmen und erzählen, mit der Hera verkehrt zu haben und Bettgenosse des Zeus zu sein, vielleicht könnte er sogar behaupten, daß ich in ihn verliebt bin; die Menschen aber werden es glauben, da sie ja nicht wissen können, daß er mit einer Wolke verkehrte.

ΖΕΥΣ. Οὐκοῦν, ἤν τι τοιοῦτον εἴπῃ, ἐς τὸν ᾅδην ἐμπεσὼν τροχῷ ἄθλιος προσδεθεὶς συμπεριενεχθήσεται μετ' αὐτοῦ ἀεὶ καὶ πόνον ἄπαυστον ἕξει δίκην διδοὺς οὐ τοῦ ἔρωτος – οὐ γὰρ δὴ δεινὸν τοῦτό γε – ἀλλὰ τῆς μεγαλαυχίας.

7.

Ἡφαίστου καὶ Ἀπόλλωνος

ΗΦ. Ἑώρακας, ὦ Ἄπολλον, τὸ τῆς Μαίας βρέφος τὸ 1 ἄρτι τεχθέν; ὡς καλόν τέ ἐστι καὶ προσμειδιᾷ πᾶσι καὶ δηλοῖ ἤδη μέγα τι ἀγαθὸν ἀποβησόμενον.

ΑΠ. Ἐκεῖνο τὸ βρέφος, ὦ Ἥφαιστε, ἢ μέγα ἀγαθόν, ὃ τοῦ Ἰαπετοῦ πρεσβύτερόν ἐστιν ὅσον ἐπὶ τῇ πανουργίᾳ;

ΗΦ. Καὶ τί ἂν ἀδικῆσαι δύναιτο ἀρτίτοκον ὄν;

ΑΠ. Ἐρώτα τὸν Ποσειδῶνα, οὗ τὴν τρίαιναν ἔκλεψεν, ἢ τὸν Ἄρη· καὶ τούτου γὰρ ἐξείλκυσε λαθὸν ἐκ τοῦ κολεοῦ τὸ ξίφος, ἵνα μὴ ἐμαυτὸν λέγω, ὃν ἀφώπλισε τοῦ τόξου καὶ τῶν βελῶν.

ΗΦ. Τὸ νεογνὸν ταῦτα, ὃ μόλις ἕστηκε, τὸ ἐν τοῖς 2 σπαργάνοις;

ΑΠ. Εἴσῃ, ὦ Ἥφαιστε, ἤν σοι προσέλθῃ μόνον.

ΗΦ. Καὶ μὴν προσῆλθεν ἤδη.

ΑΠ. Τί οὖν; πάντα ἔχεις τὰ ἐργαλεῖα καὶ οὐδὲν ἀπόλωλεν αὐτῶν;

ΗΦ. Πάντα, ὦ Ἄπολλον.

ΑΠ. Ὅμως ἐπίσκεψαι ἀκριβῶς.

ΗΦ. Μὰ Δία, τὴν πυράγραν οὐχ ὁρῶ.

ZEUS. Also wenn er so etwas sagt, soll er in den Hades hinabgestoßen, an ein Rad gebunden, mit ihm ewig herumgedreht werden und so eine unaufhörliche Qual erleiden zur Buße nicht für seine Verliebtheit (das wäre ja nichts Schlimmes), sondern für seine Prahlerei.

7.

Hephaist und Apollo

HEPH. Hast du, Apollo, das neugeborene Kind der Maja schon gesehen? Es ist so schön, lächelt alle an und gibt zu erkennen, daß aus ihm etwas recht Gutes werden wird.

AP. Aus dem Baby, Hephaist, soll etwas recht Gutes werden, das, was Schelmerei anbelangt, älter als Iapetos ist?

HEPH. Und was könnte es denn Schlechtes tun, ein neugeborenes Kind!

AP. Frag den Poseidon, dem er den Dreizack stahl, oder den Ares; dem zog er nämlich heimlich das Schwert aus der Scheide heraus; von mir zu schweigen, dem er den Bogen und die Pfeile wegnahm.

HEPH. Solche Streiche macht das neugeborene Kind, das kaum stehen kann, das noch in den Windeln liegt?

AP. Du wirst es begreifen, Hephaist, wenn er nur in deine Nähe kommt.

HEPH. Er ist aber schon in meine Nähe gekommen.

AP. Was also? Hast du alle deine Werkzeuge und ist kein Stück davon verlorengegangen?

HEPH. Alle, Apollo.

AP. Trotzdem schau genau nach.

HEPH. Beim Zeus, meine Feuerzange sehe ich nicht.

ΑΠ. Ἀλλ' ὄψει που ἐν τοῖς σπαργάνοις αὐτὴν τοῦ βρέφους.

ΗΦ. Οὕτως ὀξύχειρ ἐστὶ καθάπερ ἐν τῇ γαστρὶ ἐκμελετήσας τὴν κλεπτικήν;

ΑΠ. Οὐ γὰρ ἤκουσας αὐτοῦ καὶ λαλοῦντος ἤδη στω- 3
μύλα καὶ ἐπίτροχα· ὁ δὲ καὶ διακονεῖσθαι ἡμῖν ἐθέλει. χθὲς δὲ προκαλεσάμενος τὸν Ἔρωτα κατεπάλαισεν εὐθὺς οὐκ οἶδ' ὅπως ὑφελὼν τὼ πόδε· εἶτα μεταξὺ ἐπαινούμενος τῆς Ἀφροδίτης μὲν τὸν κεστὸν ἔκλεψε προσπτυξαμένης αὐτὸν ἐπὶ τῇ νίκῃ, τοῦ Διὸς δὲ γελῶντος ἔτι τὸ σκῆπτρον· εἰ δὲ μὴ βαρύτερος ὁ κεραυνὸς ἦν καὶ πολὺ τὸ πῦρ εἶχε, κἀκεῖνον ἂν ὑφείλετο.

ΗΦ. Γοργόν τινα τὸν παῖδα φής.

ΑΠ. Οὐ μόνον, ἀλλ' ἤδη καὶ μουσικόν.

ΗΦ. Τῷ τοῦτο τεκμαίρεσθαι ἔχεις;

ΑΠ. Χελώνην που νεκρὰν εὑρὼν ὄργανον ἀπ' αὐτῆς 4
συνεπήξατο· πήχεις γὰρ ἐναρμόσας καὶ ζυγώσας, ἔπειτα κολλάβους ἐμπήξας καὶ μαγάδα ὑποθεὶς καὶ ἐντεινάμενος ἑπτὰ χορδὰς ἐμελῴδει πάνυ γλαφυρόν, ὦ Ἥφαιστε, καὶ ἐναρμόνιον, ὡς κἀμὲ αὐτῷ φθονεῖν πάλαι κιθαρίζειν ἀσκοῦντα. ἔλεγε δὲ ἡ Μαῖα, ὡς μηδὲ μένοι τὰς νύκτας ἐν τῷ οὐρανῷ, ἀλλ' ὑπὸ περιεργίας ἄχρι τοῦ ᾅδου κατίοι, κλέψων τι κἀκεῖθεν δηλαδή. ὑπόπτερος δ' ἐστὶ καὶ ῥάβδον τινὰ πεποίηται θαυμασίαν τὴν δύναμιν, ᾗ ψυχαγωγεῖ καὶ κατάγει τοὺς νεκρούς.

ΗΦ. Ἐγὼ ἐκείνην ἔδωκα αὐτῷ παίγνιον εἶναι.

ΑΠ. Τοιγαροῦν ἀπέδωκέ σοι τὸν μισθόν, τὴν πυράγραν –

AP. Aber du wirst sie irgendwo in den Windeln des Kleinen sehen.

HEPH. Eine so flinke Hand hat er, als ob er im Mutterleib das Diebshandwerk studiert hätte?

AP. Du hast ihm nämlich noch nicht zugehört, wie zungenfertig und geläufig er bereits spricht; ja er will uns sogar als Götterbote dienen. Gestern forderte er den Eros zum Ringen auf und rang ihn nieder, indem er ihm, ich weiß nicht wie, ein Bein stellte. Dann stahl er, während er von der Aphrodite gelobt wurde, ihr den Zaubergürtel, als sie ihn wegen seines Sieges umarmte, und dem Zeus, während dieser darüber noch lachte, das Szepter, und wäre der Donnerkeil nicht zu schwer und zu glühend gewesen, hätte er auch den entwendet.

HEPH. Furchtbar lebhaft ist nach deinen Worten der Bube.

AP. Nicht nur das, sondern auch musikalisch,

HEPH. Woraus kannst du das schließen?

AP. Als er irgendwo eine tote Schildkröte gefunden hatte, verfertigte er daraus ein Instrument. Er fügte nämlich zwei Seitenteile an, verband sie miteinander, setzte hierauf Wirbel ein und machte einen Steg, um darüber sieben Saiten zu spannen, und dann, Hephaist, spielte er so melodisch und harmonisch, daß sogar ich ihm neidisch war, wo ich mich doch schon solang mit dem Zitherspiel abgebe. Es erzählte aber die Maja, daß er nicht einmal in den Nächten im Himmel bleibe, sondern aus Vorwitz bis zum Hades hinabsteige, offenbar um auch dort etwas zu stehlen. Er hat aber Flügelschuhe und hat sich eine Rute von wunderbarer Zauberkraft gemacht, mit der er die Seelen der Toten hinabführt.

HEPH. Ich habe sie ihm als Spielzeug gegeben.

AP. Darum hat er dich dafür belohnt, indem er dir die Zange –

ΗΦ. Εὖ γε ὑπέμνησας· ὥστε βαδιοῦμαι ἀποληψόμενος αὐτήν, εἴ που ὡς φὴς εὑρεθείη ἐν τοῖς σπαργάνοις.

8.

Ἡφαίστου καὶ Διός

ΗΦ. Τί με, ὦ Ζεῦ, χρὴ ποιεῖν; ἥκω γάρ, ὡς ἐκέλευσας, 1 ἔχων τὸν πέλεκυν ὀξύτατον, εἰ καὶ λίθον δέοι μιᾷ πληγῇ διακόψαι.

ΖΕΥΣ. Εὖ γε, ὦ Ἥφαιστε· ἀλλὰ δίελέ μου τὴν κεφαλὴν ἐς δύο κατενεγκών.

ΗΦ. Πειρᾷ μου, εἰ μέμηνα; πρόσταττε δ' οὖν τι ἄλλο ὅπερ ἐθέλεις σοι γενέσθαι.

ΖΕΥΣ. Τοῦτο αὐτό, διαιρεθῆναί μοι τὸ κρανίον· εἰ δὲ ἀπειθήσεις, οὐ νῦν πρῶτον ὀργιζομένου πειράσῃ. ἀλλὰ χρὴ καθικνεῖσθαι παντὶ τῷ θυμῷ μηδὲ μέλλειν· ἀπόλλυμαι γὰρ ὑπὸ ὠδίνων, αἵ μοι τὸν ἐγκέφαλον ἀναστρέφουσιν.

ΗΦ. Ὅρα, ὦ Ζεῦ, μὴ κακόν τι ποιήσωμεν· ὀξὺς γὰρ ὁ πέλεκύς ἐστι καὶ οὐκ ἀναιμωτὶ οὐδὲ κατὰ τὴν Εἰλείθυιαν μαιώσεταί σε.

ΖΕΥΣ. Κατένεγκε μόνον, ὦ Ἥφαιστε, θαρρῶν· οἶδα ἐγὼ τὸ συμφέρον.

ΗΦ. Ἄκων μέν, κατοίσω δέ· τί γὰρ χρὴ ποιεῖν σοῦ κελεύοντος; — τί τοῦτο; κόρη ἔνοπλος; μέγα, ὦ Ζεῦ, κακὸν εἶχες ἐν τῇ κεφαλῇ· εἰκότως γοῦν ὀξύθυμος ἦσθα τηλικαύτην ὑπὸ τῇ μήνιγγι παρθένον ζῳογονῶν καὶ ταῦτα ἔνοπλον· ἦ που στρατόπεδον, οὐ κεφαλὴν ἐλε-

HEPH. Gut, daß du mich daran erinnerst, ich will also gehen, um sie ihm wegzunehmen, falls sie sich etwa, wie du meinst, in seinen Windeln fände.

8.

Hephaistos und Zeus

HEPH. Zeus, was soll ich tun? Ich bin nämlich auf deinen Befehl mit einem besonders scharfen Beil gekommen, sollte es auch gelten, einen Stein mit einem einzigen Hieb zu spalten.

ZEUS. Sehr gut Hephaist; so hau mir mein Haupt entzwei!

HEPH. Du stellst mich wohl auf die Probe, ob ich verrückt bin? Trage mir also etwas anderes auf, das nach deinem Willen dir geschehen soll.

ZEUS. Gerade das, daß du mir den Schädel spalten sollst; wenn du nicht folgst, sollst du jetzt nicht zum ersten Male meinen Zorn fühlen. Aber du mußt mit aller Macht den Hieb führen und ohne zu zaudern; ich vergehe nämlich vor Geburtswehen, die mir das Gehirn umdrehen.

HEPH. Sieh zu, Zeus, daß wir da nicht schlecht verfahren; das Beil ist ja scharf und wird deine Entbindung nicht unblutig und nicht so sanft wie die Eileithyia (die Geburtsgöttin) herbeiführen.

ZEUS. Hau nur getrost zu, Hephaist; ich weiß schon, was mir frommt.

HEPH. Ich will den Streich führen, ungern allerdings, aber was soll man da machen, wenn du es befiehlst? – Was ist das? Eine reisige Maid? Ein großes Übel hattest du, Zeus, in deinem Haupt. Begreiflich also, daß du jähzornig warst, da du mit einer solchen Maid und noch dazu einer in vollem Waffenschmuck unter der Hirnhaut schwanger warst; man merkte gar nicht, daß du anstatt eines Kopfes ein Heer

λήθεις ἔχων. ἡ δὲ πηδᾷ καὶ πυρριχίζει καὶ τὴν ἀσπίδα τινάσσει καὶ τὸ δόρυ πάλλει καὶ ἐνθουσιᾷ, καὶ τὸ μέγιστον, καλὴ πάνυ καὶ ἀκμαία γεγένηται ἤδη ἐν βραχεῖ· γλαυκῶπις μέν, ἀλλὰ κοσμεῖ καὶ τοῦτο ἡ κόρυς. ὥστε, ὦ Ζεῦ, μαίωτρά μοι ἀπόδος ἐγγυήσας ἤδη αὐτήν.

ΖΕΥΣ. Ἀδύνατα αἰτεῖς, ὦ Ἥφαιστε· παρθένος γὰρ ἀεὶ ἐθελήσει μένειν. ἐγὼ δ' οὖν τό γε ἐπ' ἐμοὶ οὐδὲν ἀντιλέγω.

ΗΦ. Τοῦτ' ἐβουλόμην· ἐμοὶ μελήσει τὰ λοιπά, καὶ ἤδη συναρπάσω αὐτήν.

ΖΕΥΣ. Εἴ σοι ῥᾴδιον, οὕτω ποίει· πλὴν οἶδα ὅτι ἀδυνάτων ἐρᾷς.

9.

Ποσειδῶνος καὶ Ἑρμοῦ

ΠΟΣ. Ἔστιν, ὦ Ἑρμῆ, νῦν ἐντυχεῖν τῷ Διί; 1

ΕΡΜ. Οὐδαμῶς, ὦ Πόσειδον.

ΠΟΣ. Ὅμως προσάγγειλον αὐτῷ.

ΕΡΜ. Μὴ ἐνόχλει, φημί· ἄκαιρον γάρ, ὥστε οὐκ ἂν ἴδοις αὐτὸν ἐν τῷ παρόντι.

ΠΟΣ. Μῶν τῇ Ἥρᾳ σύνεστιν;

ΕΡΜ. Οὔκ, ἀλλ' ἑτεροῖόν τί ἐστι.

ΠΟΣ. Συνίημι· ὁ Γανυμήδης ἔνδον.

ΕΡΜ. Οὐδὲ τοῦτο· ἀλλὰ μαλακῶς ἔχει αὐτός.

ΠΟΣ. Πόθεν, ὦ Ἑρμῆ; δεινὸν γὰρ τοῦτο φής.

ΕΡΜ. Αἰσχύνομαι εἰπεῖν, τοιοῦτόν ἐστιν.

hattest. Sie aber hüpft, führt einen Waffentanz auf, schüttelt den Schild, schwingt die Lanze, ist ganz begeistert und, was das Wichtigste ist, in so kurzer Zeit ist sie bereits eine sehr schöne und blühende Maid geworden; sie hat zwar einen stechenden Blick, aber zum Helm steht ihr auch das gut. Drum, Zeus, gewähre mir als Hebammenlohn die Verlobung mit ihr.

ZEUS. Du verlangst Unmögliches, Hephaist, denn sie will ewig Jungfrau bleiben. Von mir aus allerdings verwehre ich's dir keineswegs.

HEPH. Das wollte ich; das weitere soll meine Sache sein, ich werde sie schon darankriegen.

ZEUS. Wenn's dir leicht vorkommt, so handle demgemäß; allein ich weiß, daß du Unmögliches begehrst.

9.

Poseidon und Hermes

POS. Kann man, Hermes, jetzt Zeus sprechen?

HERM. Unmöglich, Poseidon.

POS. Trotzdem melde mich bei ihm an.

HERM. Sei nicht lästig, sage ich; es wäre ja unpassend, du kannst ihn also gegenwärtig nicht sehen.

POS. Ist er bei der Hera?

HERM. Nein, es ist etwas anderes.

POS. Ich verstehe: Ganymed ist drinnen.

HERM. Auch das nicht, sondern er ist unwohl.

POS. Woher, Hermes? Das wäre schlimm, was du da sagst.

HERM. Ich schäme mich, es zu sagen, so etwas ist es.

ΠΟΣ. Ἀλλὰ οὐ χρὴ πρὸς ἐμὲ θεῖόν γε ὄντα.

ΕΡΜ. Τέτοκεν ἀρτίως, ὦ Πόσειδον.

ΠΟΣ. Ἄπαγε, τέτοκεν ἐκεῖνος; ἐκ τίνος; οὐκοῦν ἐλελήθει ἡμᾶς ἀνδρόγυνος ὤν; ἀλλὰ οὐδὲ ἐπεσήμανεν ἡ γαστὴρ αὐτῷ ὄγκον τινά.

ΕΡΜ. Εὖ λέγεις· οὐ γὰρ ἐκείνη εἶχε τὸ ἔμβρυον.

ΠΟΣ. Οἶδα· ἐκ τῆς κεφαλῆς ἔτεκεν αὖθις ὥσπερ τὴν Ἀθηνᾶν· τοκάδα γὰρ τὴν κεφαλὴν ἔχει.

ΕΡΜ. Οὔκ, ἀλλὰ ἐν τῷ μηρῷ ἐκύει τὸ ἐκ τῆς Σεμέλης βρέφος.

ΠΟΣ. Εὖ γε ὁ γενναῖος, ὡς ὅλος ἡμῖν κυοφορεῖ καὶ πανταχόθι τοῦ σώματος. ἀλλὰ τίς ἡ Σεμέλη ἐστί;

ΕΡΜ. Θηβαία, τῶν Κάδμου θυγατέρων μία. ταύτῃ 2 συνελθὼν ἐγκύμονα ἐποίησεν.

ΠΟΣ. Εἶτα ἔτεκεν, ὦ Ἑρμῆ, ἀντ' ἐκείνης;

ΕΡΜ. Καὶ μάλα, εἰ καὶ παράδοξον εἶναί σοι δοκεῖ· τὴν μὲν γὰρ Σεμέλην ὑπελθοῦσα ἡ Ἥρα – οἶσθα δὲ ὡς ζηλότυπός ἐστι – πείθει αἰτῆσαι παρὰ τοῦ Διὸς μετὰ βροντῶν καὶ ἀστραπῶν ἥκειν παρ' αὐτήν· ὡς δὲ ἐπείσθη καὶ ἧκεν ἔχων καὶ τὸν κεραυνόν, ἀνεφλέγη ὁ ὄροφος, καὶ ἡ Σεμέλη μὲν διαφθείρεται ὑπὸ τοῦ πυρός, ἐμὲ δὲ κελεύει ἀνατεμόντα τὴν γαστέρα τῆς γυναικὸς ἀνακομίσαι ἀτελὲς ἔτι αὐτῷ τὸ ἔμβρυον ἑπτάμηνον· καὶ ἐπειδὴ ἐποίησα, διελὼν τὸν ἑαυτοῦ μηρὸν ἐντίθησιν, ὡς ἀποτελεσθείη ἐνταῦθα, καὶ νῦν τρίτῳ ἤδη μηνὶ ἐξέτεκεν αὐτὸ καὶ μαλακῶς ἀπὸ τῶν ὠδίνων ἔχει.

POS. Vor mir, deinem Oheim, brauchst du dich nicht zu schämen.

HERM. Er hat soeben geboren, Poseidon.

POS. Geh weg, er hat geboren? Wer ist denn der Vater? Also war er, ohne daß wir es wußten, ein Mannweib? Ja aber sein Bauch ließ doch nicht auf eine Schwangerschaft schließen.

HERM. Du hast recht; der Bauch enthielt ja nicht den Fötus.

POS. Ich verstehe; er hat wieder aus seinem Haupte geboren, wie das bei der Athene der Fall war. Sein Haupt ist ja wie eine Gebärmutter.

HERM. Nein, sondern im Oberschenkel war er mit dem Kinde von der Semele schwanger.

POS. Ausgezeichnet, das macht er gut, er ist uns also zur Gänze trächtig und an allen Stellen seines Leibes. Aber wer ist die Semele?

HERM. Eine Thebanerin, eine von den Töchtern des Kadmos. Er hat mit ihr verkehrt und sie geschwängert.

POS. Und da hat er an ihrer Stelle geboren?

HERM. Ja freilich, wenn es dir auch seltsam vorkommen mag. Die Hera — du weißt ja, wie eifersüchtig sie ist — stiftete die Semele an, von Zeus zu verlangen, unter Donner und Blitz zu ihr zu kommen; wie er sich aber bereden ließ und auch den Donnerkeil mitbrachte, geriet das Dach in Brand und die Semele geht durch das Feuer zugrunde, mich aber beauftragt er, den Bauch der Frau aufzuschneiden und ihm den noch unentwickelten Siebenmonatfötus zu bringen; und nachdem ich es getan hatte, schnitt er sich den Oberschenkel auf und legte den Fötus hinein, damit er da sich vollständig entwickeln könne, und jetzt — es ist nunmehr der 3. Monat — hat er ihn zur Welt gebracht und ist infolge der Geburtswehen unwohl.

ΠΟΣ. Νῦν οὖν ποῦ τὸ βρέφος ἐστίν;

ΕΡΜ. Ἐς τὴν Νῦσαν ἀποκομίσας παρέδωκα ταῖς Νύμφαις ἀνατρέφειν Διόνυσον ἐπονομασθέντα.

ΠΟΣ. Οὐκοῦν ἀμφότερα τοῦ Διονύσου τούτου καὶ μήτηρ καὶ πατὴρ ὁ ἀδελφός ἐστιν;

ΕΡΜ. Ἔοικεν. ἄπειμι δ' οὖν ὕδωρ αὐτῷ πρὸς τὸ τραῦμα οἴσων καὶ τὰ ἄλλα ποιήσων ἃ νομίζεται ὥσπερ λεχοῖ.

10.

Ἑρμοῦ καὶ Ἡλίου

ΕΡΜ. Ὦ Ἥλιε, μὴ ἐλάσῃς τήμερον, ὁ Ζεύς φησι, μηδὲ 1 αὔριον μηδὲ ἐς τρίτην ἡμέραν, ἀλλὰ ἔνδον μένε, καὶ τὸ μεταξὺ μία τις ἔστω νὺξ μακρά· ὥστε λυέτωσαν μὲν αἱ Ὧραι αὖθις τοὺς ἵππους, σὺ δὲ σβέσον τὸ πῦρ καὶ ἀνάπαυε διὰ μακροῦ σεαυτόν.

ΗΛ. Καινὰ ταῦτα, ὦ Ἑρμῆ, καὶ ἀλλόκοτα ἥκεις παραγγέλλων. ἀλλὰ μὴ παραβαίνειν τι ἔδοξα ἐν τῷ δρόμῳ καὶ ἔξω ἐλάσαι τῶν ὅρων, κᾆτά μοι ἄχθεται καὶ τὴν νύκτα τριπλασίαν τῆς ἡμέρας ποιῆσαι διέγνωκεν;

ΕΡΜ. Οὐδὲν τοιοῦτον, οὐδὲ ἐς ἀεὶ τοῦτο ἔσται· δεῖται δέ τι νῦν αὐτὸς ἐπιμηκεστέραν γενέσθαι οἱ τὴν νύκτα.

ΗΛ. Ποῦ δὲ καὶ ἔστιν ἢ πόθεν ἐξεπέμφθης ἀγγελῶν ταῦτά μοι;

ΕΡΜ. Ἐκ Βοιωτίας, ὦ Ἥλιε, παρὰ τῆς Ἀμφιτρύωνος, ᾗ σύνεστιν ἐρῶν αὐτῆς.

ΗΛ. Εἶτα οὐχ ἱκανὴ νὺξ μία;

POS. Wo ist also jetzt das Kind?

HERM. Ich habe es nach Nysa gebracht und unter dem Namen Dionysos den dortigen Nymphen zum Aufziehen übergeben.

POS. Also mein Bruder ist Mutter und Vater zugleich dieses Dionysos?

HERM. Anscheinend. Ich will ihm also Wasser für seine Wunde bringen und alles übrige besorgen, was bei einer Wöchnerin üblich ist.

10.

Hermes und Helios

HERM. Helios, fahr heute nicht aus, sagt Zeus, auch morgen und übermorgen nicht, sondern bleib daheim und die Zwischenzeit soll eine einzige lange Nacht sein. Drum sollen die Horen wieder deine Rosse ausspannen, du lösch das Feuer aus und raste dich nach langem wieder aus.

HEL. Das ist, Hermes, ein neuartiger und seltsamer Befehl, mit dem du da kommst. Er glaubt doch hoffentlich nicht, daß mir auf meiner Bahn ein Verstoß unterlaufen ist und ich über meine Grenzen hinausgefahren bin, ist mir deshalb gram und hat beschlossen, die Nacht dreimal solang als den Tag zu machen?

HERM. Nichts derartiges, das soll auch nicht für immer gelten. Er hat es nur jetzt nötig, heute über eine längere Nacht zu verfügen.

HEL. Wo ist er denn oder woher wurdest du ausgesandt, um mir das zu vermelden?

HERM. Aus Böotien, aus dem Gemach der Gemahlin des Amphitryon, mit der er eine Liebschaft hat.

HEL. Und da ist eine Nacht nicht genug?

ΕΡΜ. Οὐδαμῶς· τεχθῆναι γάρ τινα δεῖ ἐκ τῆς ὁμιλίας ταύτης μέγαν καὶ πολύαθλον θεόν· τοῦτον οὖν ἐν μιᾷ νυκτὶ ἀποτελεσθῆναι ἀδύνατον.

ΗΛ. Ἀλλὰ τελεσιουργείτω μὲν ἀγαθῇ τύχῃ. ταῦτα 2 δ᾽ οὖν, ὦ Ἑρμῆ, οὐκ ἐγίνετο ἐπὶ τοῦ Κρόνου – αὐτοὶ γὰρ ἡμεῖς ἐσμεν – οὐδὲ ἀπόκοιτός ποτε ἐκεῖνος παρὰ τῆς Ῥέας ἦν οὐδὲ ἀπολιπὼν ἂν τὸν οὐρανὸν ἐν Θήβαις ἐκοιμᾶτο, ἀλλὰ ἡμέρα μὲν ἦν ἡμέρα, νὺξ δὲ κατὰ μέτρον τὸ αὑτῆς ἀνάλογον ταῖς ὥραις, ξένον δὲ ἢ παρηλλαγμένον οὐδέν, οὐδ᾽ ἂν ἐκοινώνησέ ποτε ἐκεῖνος θνητῇ γυναικί· νῦν δὲ δυστήνου γυναίου ἕνεκα χρὴ ἀνεστράφθαι τὰ πάντα καὶ ἀκαμπεστέρους μὲν γενέσθαι τοὺς ἵππους ὑπὸ τῆς ἀργίας, δύσπορον δὲ τὴν ὁδὸν ἀτριβῆ μένουσαν τριῶν ἑξῆς ἡμερῶν, τοὺς δὲ ἀνθρώπους ἀθλίως ἐν σκοτεινῷ διαβιοῦν. τοιαῦτα ἀπολαύσονται τῶν Διὸς ἐρώτων καὶ καθεδοῦνται περιμένοντες, ἔστ᾽ ἂν ἐκεῖνος ἀποτελέσῃ τὸν ἀθλητήν, ὃν λέγεις, ὑπὸ μακρῷ τῷ ζόφῳ.

ΕΡΜ. Σιώπα, ὦ Ἥλιε, μή τι κακὸν ἀπολαύσῃς τῶν λόγων. ἐγὼ δὲ παρὰ τὴν Σελήνην ἀπελθὼν καὶ τὸν Ὕπνον ἀπαγγελῶ κἀκείνοις ἅπερ ὁ Ζεὺς ἐπέστειλε, τὴν μὲν σχολῇ προβαίνειν, τὸν δὲ Ὕπνον μὴ ἀνιέναι τοὺς ἀνθρώπους, ὡς ἀγνοήσωσι μακρὰν οὕτω τὴν νύκτα γεγενημένην.

11.

Ἀφροδίτης καὶ Σελήνης

ΑΦΡ. Τί ταῦτα, ὦ Σελήνη, φασὶ ποιεῖν σε; ὁπόταν κατὰ 1 τὴν Καρίαν γένῃ, ἱστάναι μέν σε τὸ ζεῦγος ἀφορῶσαν ἐς τὸν Ἐνδυμίωνα καθεύδοντα ὑπαίθριον ἅτε κυνηγέτην ὄντα, ἐνίοτε δὲ καὶ καταβαίνειν παρ᾽ αὐτὸν ἐκ μέσης τῆς ὁδοῦ;

HERM. Keineswegs; es soll nämlich dieser Verkehr die Geburt eines großen und sieggewaltigen Gottes zustande bringen; unmöglich, daß das in einer einzigen Nacht zustandekommt.

HEL. Glück und Segen zur Vollbringung! So was freilich geschah unter Kronos nicht — wir sind ja unter uns —, er schlief nie getrennt von seiner Rhea und verließ nie den Himmel, um in Theben zu schlafen, sondern Tag war eben Tag, die Nacht aber entsprechend den Jahreszeiten; eine seltsame Veränderung gab es nicht, er verkehrte auch niemals mit einer sterblichen Frau. Jetzt aber muß wegen eines elenden Frauenzimmers im All das Unterste zu oberst gekehrt werden, meine Rosse infolge der Untätigkeit ihre Gelenkigkeit verlieren und meine Bahn, wenn sie drei Tage nacheinander unbefahren bleibt, schwieriger werden, die Menschen aber im Dunkel ein jämmerliches Leben führen. So etwas werden sie davon haben, daß Zeus verliebt ist, und voller Erwartung dasitzen, bis er in dem langen Dunkel den sieggewaltigen Ringer, von dem du sprichst, zustande bringt.

HERM. Schweig, Helios, damit dir deine Worte nicht übel bekommen. Ich aber werde zur Mondgöttin und zum Schlafgott gehen und auch ihnen den Auftrag des Zeus mitteilen: sie soll am Himmel sacht dahinwandeln, der Schlaf aber die Menschen nicht loslassen, damit sie nicht merken, daß die Nacht so lang ausgefallen ist.

11.

Aphrodite und Selene

APHR. Was soll das heißen, was man dir, Selene, nachsagt? Sooft du in das Gebiet von Karien kommst, sollst du dein Gespann anhalten und auf den Endymion hinabblicken, der als Jäger unter freiem Himmel schläft, zuweilen aber sogar zu ihm mitten aus deiner Bahn hinabsteigen.

ΣΕΛ. Ἐρώτα, ὦ Ἀφροδίτη, τὸν σὸν υἱόν, ὅς μοι τούτων αἴτιος.

ΑΦΡ. Ἔα· ἐκεῖνος ὑβριστής ἐστιν· ἐμὲ γοῦν αὐτὴν τὴν μητέρα οἷα δέδρακεν, ἄρτι μὲν ἐς τὴν Ἴδην κατάγων Ἀγχίσου ἕνεκα τοῦ Ἰλιέως, ἄρτι δὲ ἐς τὸν Λίβανον ἐπὶ τὸ Ἀσσύριον ἐκεῖνο μειράκιον, ὃ καὶ τῇ Φερσεφάττῃ ἐπέραστον ποιήσας ἐξ ἡμισείας ἀφείλετό με τὸν ἐρώμενον· ὥστε πολλάκις ἠπείλησα, εἰ μὴ παύσεται τοιαῦτα ποιῶν, κλάσειν μὲν αὐτοῦ τὰ τόξα καὶ τὴν φαρέτραν, περιαιρήσειν δὲ καὶ τὰ πτερά· ἤδη δὲ καὶ πληγὰς αὐτῷ ἐνέτεινα ἐς τὰς πυγὰς τῷ σανδάλῳ· ὁ δὲ οὐκ οἶδ' ὅπως τὸ παραυτίκα δεδιὼς καὶ ἱκετεύων μετ' ὀλίγον ἐπιλέλησται ἁπάντων. ἀτὰρ εἰπέ μοι, καλὸς ὁ Ἐνδυμίων ἐστίν; 2 εὐπαραμύθητον γὰρ οὕτως τὸ δεινόν.

ΣΕΛ. Ἐμοὶ μὲν καὶ πάνυ καλός, ὦ Ἀφροδίτη, δοκεῖ, καὶ μάλιστα ὅταν ὑποβαλόμενος ἐπὶ τῆς πέτρας τὴν χλαμύδα καθεύδῃ τῇ λαιᾷ μὲν ἔχων τὰ ἀκόντια ἤδη ἐκ τῆς χειρὸς ὑπορρέοντα, ἡ δεξιὰ δὲ περὶ τὴν κεφαλὴν ἐς τὸ ἄνω ἐπικεκλασμένη ἐπιπρέπῃ τῷ προσώπῳ περικειμένη, ὁ δὲ ὑπὸ τοῦ ὕπνου λελυμένος ἀναπνέῃ τὸ ἀμβρόσιον ἐκεῖνο ἆσθμα. τότε τοίνυν ἐγὼ ἀψοφητὶ κατιοῦσα ἐπ' ἄκρων τῶν δακτύλων βεβηκυῖα, ὡς ἂν μὴ ἀνεγρόμενος ἐκταραχθείη – οἶσθα· τί ἂν οὖν σοι λέγοιμι τὰ μετὰ ταῦτα; πλὴν ἀπόλλυμαί γε ὑπὸ τοῦ ἔρωτος.

12.

Ἀφροδίτης καὶ Ἔρωτος

ΑΦΡ. Ὦ τέκνον Ἔρως, ὅρα οἷα ποιεῖς· οὐ τὰ ἐν τῇ γῇ 1 λέγω, ὁπόσα τοὺς ἀνθρώπους ἀναπείθεις καθ' αὑτῶν ἢ κατ' ἀλλήλων ἐργάζεσθαι, ἀλλὰ καὶ τὰ ἐν τῷ οὐρανῷ,

SEL. Frage, Aphrodite, deinen Sohn, der mir daran schuld ist.

APHR. Hm, das ist ein schlimmer Junge; was hat er doch mir, seiner eigenen Mutter angetan, die er bald auf den Idaberg hinabführt wegen des Trojaners Anchises, bald auf den Libanon zu dem assyrischen Bürschchen, in das er auch die Phersephatta verliebt gemacht hat, wodurch er mir zur Hälfte meinen Geliebten geraubt hat. Darum habe ich ihm oft gedroht, wenn er mit solchem Tun nicht aufhört, werde ich ihm seinen Bogen und seinen Köcher zerbrechen und ihm auch seine Flügel stutzen; ich habe ihm auch bereits mit der Sandale Schläge auf den Hintern versetzt. Sein Benehmen dabei ist mir unerklärlich; für den Augenblick ist er voller Angst und bittet um Verzeihung, bald aber hat er alles vergessen. Aber sag mir, ist der Endymion schön? So könnte man sich nämlich über den Skandal trösten.

SEL. In meinen Augen ist er sogar sehr schön und am meisten, wann er auf seinem Mantel, den er auf dem Fels ausgebreitet hat, schläft, in seiner Linken mit zwei Wurfspeeren, die ihm bereits aus der Hand gleiten, während sein rechter um sein Haupt geschlungener Arm, nach oben leicht gebogen, von seinem Antlitz absticht, von dem er einen Teil verdeckt, und er selbst, im Schlaf ausruhend, einen göttlichen Odem ausatmet. Dann steige ich lautlos auf den Zehenspitzen hinab, damit er nicht aus dem Schlaf aufschrecke – du weißt, was folgt, was soll ich dir's also sagen? Nur soviel! ich bin ganz weg vor lauter Liebe.

12.

Aphrodite und Eros

APHR. Eros, mein Kind, schau, was du treibst! Ich spreche nicht von dem, was du auf Erden anstellst, wie oft du den Menschen einredest, gegen ihr eigenes oder ihr gegenseitiges

θεῶν διάλογοι

ὃς τὸν μὲν Δία πολύμορφον ἐπιδεικνύεις ἀλλάττων ἐς ὅ τι ἄν σοι ἐπὶ τοῦ καιροῦ δοκῇ, τὴν Σελήνην δὲ καθαιρεῖς ἐκ τοῦ οὐρανοῦ, τὸν Ἥλιον δὲ παρὰ τῇ Κλυμένῃ βραδύνειν ἐνίοτε ἀναγκάζεις ἐπιλελησμένον τῆς ἱππασίας· ἃ μὲν γὰρ ἐς ἐμὲ τὴν μητέρα ὑβρίζεις, θαρρῶν ποιεῖς. ἀλλὰ σύ, ὦ τολμηρότατε, καὶ τὴν Ῥέαν αὐτὴν γραῦν ἤδη καὶ μητέρα τοσούτων θεῶν οὖσαν ἀνέπεισας παιδεραστεῖν καὶ τὸ Φρύγιον μειράκιον ποθεῖν, καὶ νῦν ἐκείνη μέμηνεν ὑπὸ σοῦ καὶ ζευξαμένη τοὺς λέοντας, παραλαβοῦσα καὶ τοὺς Κορύβαντας ἅτε μανικοὺς καὶ αὐτοὺς ὄντας, ἄνω καὶ κάτω τὴν Ἴδην περιπολοῦσιν, ἡ μὲν ὀλολύζουσα ἐπὶ τῷ Ἄττῃ, οἱ Κορύβαντες δὲ ὁ μὲν αὐτῶν τέμνεται ξίφει τὸν πῆχυν, ὁ δὲ ἀνεὶς τὴν κόμην ἵεται μεμηνὼς διὰ τῶν ὀρῶν, ὁ δὲ αὐλεῖ τῷ κέρατι, ὁ δὲ ἐπιβομβεῖ τῷ τυμπάνῳ ἢ ἐπικτυπεῖ τῷ κυμβάλῳ, καὶ ὅλως θόρυβος καὶ μανία τὰ ἐν τῇ Ἴδῃ ἅπαντά ἐστι. δέδια τοίνυν, δέδια ἡ τὸ μέγα σε κακὸν τοιοῦτον ἐγὼ τεκοῦσα μὴ ἀπομανεῖσά ποτε ἡ Ῥέα ἢ καὶ μᾶλλον ἔτι ἐν αὐτῇ οὖσα κελεύσῃ τοὺς Κορύβαντας συλλαβόντας σε διασπάσασθαι ἢ τοῖς λέουσι παραβαλεῖν· ταῦτα δέδια κινδυνεύοντά σε ὁρῶσα.

ΕΡΩΣ. Θάρρει, μῆτερ, ἐπεὶ καὶ τοῖς λέουσιν αὐτοῖς ἤδη 2 ξυνήθης εἰμί, καὶ πολλάκις ἐπαναβὰς ἐπὶ τὰ νῶτα καὶ τῆς κόμης λαβόμενος ἡνιοχῶ αὐτούς, οἱ δὲ σαίνουσί με καὶ τὴν χεῖρα δεχόμενοι ἐς τὸ στόμα περιλιχμησάμενοι ἀποδιδόασί μοι. αὐτὴ μὲν γὰρ ἡ Ῥέα, πότε ἂν ἐκείνη σχολὴν ἀγάγοι ἐπ' ἐμὲ ὅλη οὖσα ἐν τῷ Ἄττῃ; καίτοι τί ἐγὼ ἀδικῶ δεικνὺς τὰ καλὰ οἷά ἐστιν; ὑμεῖς δὲ μὴ ἐφίεσθε τῶν καλῶν· μὴ τοίνυν ἐμὲ αἰτιᾶσθε τούτων. ἢ θέλεις σύ, ὦ μῆτερ, αὐτὴ μηκέτι ἐρᾶν μήτε σὲ τοῦ Ἄρεως μήτε ἐκεῖνον σοῦ;

Interesse zu handeln, sondern sogar von dem, was im Himmel sich abspielt; der du den Zeus zu einem Verwandlungskünstler machst, indem du ihn zu allem, was dir gerade passend erscheint, umgestaltest, die Selene vom Himmel hinabführst, den Helios nötigst, ohne an seine Fahrt zu denken, bei der Klymene zu säumen. Was du mir, deiner Mutter, antust, das tust du freilich ganz ungeniert. Aber du verwegener Trotzkopf hast sogar der Rhea, die bereits eine alte Frau und Mutter vieler Götter ist, die Liebe zu einem Knaben, zu dem phrygischen Bürschchen, eingeredet, und jetzt ist sie durch dich verrückt geworden, spannt ihre Löwen ein, nimmt die Korybanten dazu, die ebenfalls verrückt sind, durchstreift mit ihnen kreuz und quer das Idagebirge und heult um den Attes, während von den Korybanten einer sich mit einem Schwert in den Ellbogen schneidet, ein anderer mit flatterndem Haar verrückt im Gebirge herumstreift, einer ein Horn bläst, ein anderer dazu die Pauke oder Tschinellen schlägt, kurz und gut, auf dem Idaberg gibt es lauter Krawall und Narretei. Ich fürchte also, ich fürchte, ich, die ich mit dir ein so großes Unheil in die Welt gesetzt habe, es könnte Rhea, wenn sie wieder einmal zur Vernunft kommt oder vielmehr, wenn sie noch bei Sinnen ist, im Verein mit den Korybanten dich zerreißen oder den Löwen vorwerfen; das fürchte ich, in dieser Gefahr sehe ich dich schweben.

EROS. Habe keine Angst, Mutter, ich bin ja schon sogar mit den Löwen vertraut, steige ihnen oft auf den Rücken, fasse sie bei der Mähne und lenke sie; sie wedeln dabei mit dem Schweif, nehmen meine Hand ins Maul und belecken sie, ohne sie zu beschädigen. Und Rhea selber – wann könnte die für mich Zeit haben, wo sie doch ganz in ihrem Attes aufgeht? Jedoch, was ist denn eigentlich dabei, wenn ich auf die Schönheiten aufmerksam mache? Es ist eure Sache, das Verlangen darnach zu unterdrücken; macht also mir deswegen keine Vorwürfe! Oder willst du selber, liebe Mutter, nicht mehr in den Ares verliebt sein und auf seine Gegenliebe verzichten?

ΑΦΡ. Ὡς δεινὸς εἶ καὶ κρατεῖς ἁπάντων· ἀλλὰ μεμνήσῃ μού ποτε τῶν λόγων.

13.

Διὸς καὶ Ἀσκληπιοῦ καὶ Ἡρακλέους

ΖΕΥΣ. Παύσασθε, ὦ Ἀσκληπιὲ καὶ Ἡράκλεις, ἐρίζοντες 1 πρὸς ἀλλήλους ὥσπερ ἄνθρωποι· ἀπρεπῆ γὰρ ταῦτα καὶ ἀλλότρια τοῦ συμποσίου τῶν θεῶν.

ΗΡ. Ἀλλὰ ἐθέλεις, ὦ Ζεῦ, τουτονὶ τὸν φαρμακέα προκατακλίνεσθαί μου;

ΑΣΚ. Νὴ Δία· καὶ ἀμείνων γάρ εἰμι.

ΗΡ. Κατὰ τί, ὦ ἐμβρόντητε; ἢ διότι σε ὁ Ζεὺς ἐκεραύνωσεν ἃ μὴ θέμις ποιοῦντα, νῦν δὲ κατ' ἔλεον αὖθις ἀθανασίας μετείληφας;

ΑΣΚ. Ἐπιλέλησαι γὰρ καὶ σύ, ὦ Ἡράκλεις, ἐν τῇ Οἴτῃ καταφλεγείς, ὅτι μοι ὀνειδίζεις τὸ πῦρ;

ΗΡ. Οὔκουν ἴσα καὶ ὅμοια βεβίωται ἡμῖν, ὃς Διὸς μὲν υἱός εἰμι, τοσαῦτα δὲ πεπόνηκα ἐκκαθαίρων τὸν βίον, θηρία καταγωνιζόμενος καὶ ἀνθρώπους ὑβριστὰς τιμωρούμενος· σὺ δὲ ῥιζοτόμος εἶ καὶ ἀγύρτης, νοσοῦσι μὲν ἴσως ἀνθρώποις χρήσιμος ἐπιθέσει τῶν φαρμάκων, ἀνδρῶδες δὲ οὐδὲν ἐπιδεδειγμένος.

ΑΣΚ. Εὖ λέγεις, ὅτι σου τὰ ἐγκαύματα ἰασάμην, ὅτε 2 πρῴην ἀνῆλθες ἡμίφλεκτος ὑπ' ἀμφοῖν διεφθαρμένος τὸ σῶμα, καὶ τοῦ χιτῶνος καὶ μετὰ τοῦτο τοῦ πυρός· ἐγὼ δὲ εἰ καὶ μηδὲν ἄλλο, οὔτε ἐδούλευσα ὥσπερ σὺ οὔτε ἔξαινον ἔρια ἐν Λυδίᾳ πορφυρίδα ἐνδεδυκὼς καὶ παιόμενος ὑπὸ τῆς Ὀμφάλης χρυσῷ σανδάλῳ, ἀλλὰ οὐδὲ μελαγχολήσας ἀπέκτεινα τὰ τέκνα καὶ τὴν γυναῖκα.

APHR. Du Schlimmer; du behauptest doch immer das Feld; aber du wirst an meine Worte noch einmal denken.

13.

Zeus, Asklepios und Herakles

ZEUS. Hört auf, Asklepios und Herakles, miteinander wie die Menschen zu streiten; das gehört sich ja nicht und paßt nicht zum Göttermahl.

HER. Aber willst du, Zeus, daß dieser Quacksalber einen besseren Platz als ich bekommt?

ASK. Beim Zeus! Ich bin ja auch besser.

HER. In welcher Hinsicht, du donnerschlächtiger Kerl? Etwa weil dich Zeus für dein verbrecherisches Tun mit dem Blitz erschlagen hat und du jetzt aus Barmherzigkeit wieder der Unsterblichkeit teilhaftig geworden bist?

ASK. Du, Herakles, hast ja vergessen, daß du auf dem Öta verbrannt bist, weil du mir das Feuer vorwirfst!

HER. Unsere Lebensläufe sind nicht gleich und identisch, ich bin doch ein Sohn des Zeus und habe mit ungeheurer Mühe die Welt gesäubert durch Bekämpfung wilder Tiere und Bestrafung verbrecherischer Menschen; du hingegen bist ein Dürrkräutler und Scharlatan, kranken Menschen durch Auflegen von Heilmitteln vielleicht nützlich, irgendeine mannhafte Tat jedoch kannst du nicht aufweisen.

ASK. Da hast du recht, ich heilte ja deine Brandwunden, als du kürzlich halb verbrannt heraufkamst mit zweifach – vom Zauberhemd und hernach vom Feuer – versengtem Leib. Ich hingegen habe – wenn ich schon auf sonst nichts hinweise – keine Sklavenarbeit verrichtet wie du, keine Wolle in Lydien gekrempelt, keinen purpurnen Weiberrock getragen, habe keine Schläge mit goldener Sandale von der Omphale bekommen, habe auch nicht im Wahnsinn Frau und Kinder getötet.

ΗΡ. Εἰ μὴ παύσῃ λοιδορούμενός μοι, αὐτίκα μάλα εἴσῃ ὡς οὐ πολύ σε ὀνήσει ἡ ἀθανασία, ἐπεὶ ἀράμενός σε ῥίψω ἐπὶ κεφαλὴν ἐκ τοῦ οὐρανοῦ, ὥστε μηδὲ τὸν Παιήονα ἰάσασθαί σε τὸ κρανίον συντριβέντα.

ΖΕΥΣ. Παύσασθε, φημί, καὶ μὴ ἐπιταράττετε ἡμῖν τὴν ξυνουσίαν, ἢ ἀμφοτέρους ἀποπέμψομαι ὑμᾶς τοῦ ξυμποσίου. καίτοι εὔγνωμον, ὦ Ἡράκλεις, προκατακλίνεσθαί σου τὸν Ἀσκληπιὸν ἅτε καὶ πρότερον ἀποθανόντα.

14.

Ἑρμοῦ καὶ Ἀπόλλωνος

ΕΡΜ. Τί σκυθρωπὸς εἶ, ὦ Ἄπολλον; 1

ΑΠ. Ὅτι, ὦ Ἑρμῆ, δυστυχῶ ἐν τοῖς ἐρωτικοῖς.

ΕΡΜ. Ἄξιον μὲν λύπης τὸ τοιοῦτο· σὺ δὲ τί δυστυχεῖς; ἢ τὸ κατὰ τὴν Δάφνην σε λυπεῖ ἔτι;

ΑΠ. Οὐδαμῶς· ἀλλὰ ἐρώμενον πενθῶ τὸν Λάκωνα τὸν Οἰβάλου.

ΕΡΜ. Τέθνηκε γάρ, εἰπέ μοι, ὁ Ὑάκινθος;

ΑΠ. Καὶ μάλα.

ΕΡΜ. Πρὸς τίνος, ὦ Ἄπολλον; ἢ τίς οὕτως ἀνέραστος ἦν ὡς ἀποκτεῖναι τὸ καλὸν ἐκεῖνο μειράκιον;

ΑΠ. Αὐτοῦ ἐμοῦ τὸ ἔργον.

ΕΡΜ. Οὐκοῦν ἐμάνης, ὦ Ἄπολλον;

ΑΠ. Οὔκ, ἀλλὰ δυστύχημά τι ἀκούσιον ἐγένετο.

ΕΡΜ. Πῶς; ἐθέλω γὰρ ἀκοῦσαι τὸν τρόπον.

HER. Wenn du nicht aufhörst, mich zu schmähen, wirst du gleich erfahren, daß dir deine Unsterblichkeit nicht viel nützen soll; ich werde dich nämlich aufheben und kopfüber aus dem Himmel schmeißen, daß nicht einmal Paieon dich mit deinem zerschmetterten Schädel soll heilen können.

ZEUS. Hört auf, sag' ich, und stört nicht unsere Unterhaltung, oder ich werde euch beide vom Göttermahl fortschikken; indes ist es, Herakles, nur recht und billig, wenn Asklepios dir bei der Tafel im Rang vorangeht; er ist ja auch früher gestorben.

14.

Hermes und Apollo

HERM. Warum schaust du so finster drein, Apollo?

AP. Weil ich in meinen Liebesangelegenheiten Unglück habe.

HERM. So etwas verdient freilich, daß man sich kränkt; ja aber wieso bist du unglücklich? Kränkt dich etwa noch die Geschichte mit der Daphne?

AP. Keineswegs; vielmehr betrauere ich einen Geliebten, den Sohn des Oibalos aus Lakonien.

HERM. Sag' mir, ist denn Hyakinthos tot?

AP. Ja, gewiß.

HERM. Wer ist schuld daran, Apollo, oder wer war so unliebenswürdig, jenes schöne Bürschchen zu töten?

AP. Ich selber hab's getan.

HERM. Also warst du verrückt, Apollo?

AP. Nein, sondern es ereignete sich ein unfreiwilliger Unglücksfall.

HERM. Wie? Ich will nämlich den Hergang der Sache erfahren.

ΑΠ. Δισκεύειν ἐμάνθανε κἀγὼ συνεδίσκευον αὐτῷ, ὁ δὲ 2
κάκιστα ἀνέμων ἀπολούμενος ὁ Ζέφυρος ἤρα μὲν ἐκ
πολλοῦ καὶ αὐτός, ἀμελούμενος δὲ καὶ μὴ φέρων τὴν
ὑπεροψίαν, ἐγὼ μὲν ἀνέρριψα, ὥσπερ εἰώθειμεν, τὸν δί-
σκον ἐς τὸ ἄνω, ὁ δὲ ἀπὸ τοῦ Ταϋγέτου καταπνεύσας ἐπὶ
κεφαλὴν τῷ παιδὶ ἐνέσεισε φέρων αὐτόν, ὥστε ἀπὸ τῆς
πληγῆς αἷμά τε ῥυῆναι πολὺ καὶ τὸν παῖδα εὐθέως
ἀποθανεῖν. ἀλλὰ ἐγὼ τὸν μὲν Ζέφυρον αὐτίκα ἠμυνάμην κατατοξεύσας, φεύγοντι ἐπισπόμενος ἄχρι τοῦ
ὄρους, τῷ παιδὶ δὲ καὶ τάφον ἐχωσάμην ἐν Ἀμύκλαις,
ὅπου ὁ δίσκος αὐτὸν κατέβαλε, καὶ ἀπὸ τοῦ αἵματος
ἄνθος ἀναδοῦναι τὴν γῆν ἐποίησά ἥδιστον, ὦ Ἑρμῆ,
καὶ εὐανθέστατον ἀνθέων ἁπάντων, ἔτι καὶ γράμματα
ἔχον ἐπαιάζοντα τῷ νεκρῷ. ἆρά σοι ἀλόγως λελυπῆ-
σθαι δοκῶ;
ΕΡΜ. Ναί, ὦ Ἄπολλον· ᾔδεις γὰρ θνητὸν πεποιημένος
τὸν ἐρώμενον· ὥστε μὴ ἄχθου ἀποθανόντος.

15.

Ἑρμοῦ καὶ Ἀπόλλωνος

ΕΡΜ. Τὸ δὲ καὶ χωλὸν αὐτὸν ὄντα καὶ χαλκέα τὴν τέχ- 1
νην, ὦ Ἄπολλον, τὰς καλλίστας γεγαμηκέναι, τήν τε
Ἀφροδίτην καὶ τὴν Χάριν.
ΑΠ. Εὐποτμία τις, ὦ Ἑρμῆ· πλὴν ἐκεῖνό γε θαυμάζω,
τὸ ἀνέχεσθαι συνούσας αὐτῷ, καὶ μάλιστα ὅταν ὁρῶσιν
ἱδρῶτι ῥεόμενον, ἐς τὴν κάμινον ἐπικεκυφότα, πολὺν
αἴθαλον ἐπὶ τοῦ προσώπου ἔχοντα· καὶ ὅμως τοιοῦτον
ὄντα περιβάλλουσί τε αὐτὸν καὶ φιλοῦσι καὶ ξυγκαθεύ-
δουσι.
ΕΡΜ. Τοῦτο καὶ αὐτὸς ἀγανακτῶ καὶ τῷ Ἡφαίστῳ
φθονῶ· σὺ δὲ κόμα, ὦ Ἄπολλον, καὶ κιθάριζε καὶ μέγα

AP. Er lernte die Wurfscheibe werfen und ich war dabei sein Genosse, aber der verdammteste aller Winde, der Zephyr, war gleichfalls seit langem in ihn verliebt, da er jedoch bei ihm kein Gehör fand und die Zurückweisung nicht ertragen konnte, blies er, als ich die Wurfscheibe, wie wir gewohnt waren, in die Höhe warf, vom Taygeton herab und schleuderte sie dem Knaben mit aller Wucht auf den Kopf, so daß infolge des Schlages reichlich Blut floß und der Knabe sofort starb. Aber ich habe mich sogleich an dem Zephyr durch Pfeilschüsse gerächt und den Fliehenden bis zum Gebirge verfolgt, dem Knaben aber einen Grabhügel in Amyklai geschaffen, dort wo die Scheibe ihn niederstreckte, und eine Blume aus seinem Blut hervorsprießen lassen, die die lieblichste und schönste aller Blüten hat und außerdem noch Buchstaben, die die Trauer um den Toten bezeigen. Scheine ich dir also grundlos betrübt zu sein?

HERM. Ja doch, Apollo. Du wußtest ja, daß du einen Sterblichen zu deinem Geliebten gemacht hast; drum gräme dich nicht, daß er tot ist!

15.

Hermes und Apollo

HERM. Daß einer, der lahm ist und seinem Beruf nach ein Schmied, mit den schönsten Göttinnen verheiratet ist, mit der Aphrodite und der Charis!

AP. Das ist eben Glückssache, Hermes. Jedoch darüber wundere ich mich, daß sie es in der Ehe mit ihm aushalten und besonders, wann sie sehen, wie er sich schweißtriefend, voller Ruß im Antlitz, auf die Esse niederbeugt; und trotz dieses Aussehens umarmen sie ihn, küssen ihn und schlafen mit ihm.

HERM. Darüber bin ich auch selber empört und dem Hephaist darum neidisch. Du, Apollo, laß nur deine Locken

ἐπὶ τῷ κάλλει φρόνει, κἀγὼ ἐπὶ τῇ εὐεξίᾳ καὶ τῇ λύρᾳ· εἶτα, ἐπειδὰν κοιμᾶσθαι δέῃ, μόνοι καθευδήσομεν.

ΑΠ. Ἐγὼ μὲν καὶ ἄλλως ἀναφρόδιτός εἰμι ἐς τὰ ἐρωτικά· 2 δύο γοῦν, οὓς μάλιστα ἠγάπησα, τὴν Δάφνην καὶ τὸν Ὑάκινθον, ἡ μὲν Δάφνη οὕτως ἐμίσησέ με, ὥστε εἵλετο ξύλον γενέσθαι μᾶλλον ἢ ἐμοὶ ξυνεῖναι, τὸν Ὑάκινθον δὲ ὑπὸ τοῦ δίσκου ἀπώλεσα, καὶ νῦν ἀντ' ἐκείνων στεφάνους ἔχω.

ΕΡΜ. Ἐγὼ δὲ ἤδη ποτὲ τὴν Ἀφροδίτην – ἀλλὰ οὐ χρὴ αὐχεῖν.

ΑΠ. Οἶδα, καὶ τὸν Ἑρμαφρόδιτον ἐκ σοῦ λέγεται τεκεῖν. πλὴν ἐκεῖνό μοι εἰπέ, εἴ τι οἶσθα, πῶς οὐ ζηλοτυπεῖ ἡ Ἀφροδίτη τὴν Χάριν ἢ ἡ Χάρις ταύτην;

ΕΡΜ. Ὅτι, ὦ Ἄπολλον, ἐκείνη μὲν αὐτῷ ἐν τῇ Λήμνῳ 3 σύνεστιν, ἡ δὲ Ἀφροδίτη ἐν τῷ οὐρανῷ· ἄλλως τε περὶ τὸν Ἄρη ἔχει τὰ πολλὰ κἀκείνου ἐρᾷ, ὥστε ὀλίγον αὐτῇ τοῦ χαλκέως τούτου μέλει.

ΑΠ. Καὶ ταῦτα οἴει τὸν Ἥφαιστον εἰδέναι;

ΕΡΜ. Οἶδεν· ἀλλὰ τί ἂν δρᾶσαι δύναιτο γενναῖον ὁρῶν νεανίαν καὶ στρατιώτην αὐτόν; ὥστε τὴν ἡσυχίαν ἄγει· πλὴν ἀπειλεῖ γε δεσμά τινα ἐπιμηχανήσεσθαι αὐτοῖς καὶ συλλήψεσθαι σαγηνεύσας ἐπὶ τῆς εὐνῆς.

ΑΠ. Οὐκ οἶδα· εὐξαίμην δ' ἂν αὐτὸς ὁ ξυλληφθησόμενος εἶναι.

wallen, spiele Zither und bilde dir viel auf deine Schönheit ein, und ich mag mich wegen meiner strammen Gestalt und wegen der Lyra brüsten: heißt es schlafen gehen, so müssen wir doch allein schlafen.

AP. Ich freilich habe auch sonst kein Glück bei meinen Liebschaften; von den zweien z. B., welche ich am meisten geliebt habe, Daphne und Hyakinth, hat die Daphne mich so gehaßt, daß sie lieber ein Strauch werden als mit mir verkehren wollte, den Hyakinth aber habe ich durch den Scheibenwurf verloren und jetzt besitze ich statt jener beiden Kränze.

HERM. Ich habe schon einmal die Aphrodite – aber ich darf nicht prahlen.

AP. Ich weiß, und es heißt, sie hat von dir den Hermaphroditos geboren. Jedoch sag' mir das, wenn du's etwa weißt, wieso ist die Aphrodite nicht auf die Charis eifersüchtig oder die Charis auf sie?

HERM. Weil die Charis mit ihm auf Lemnos verkehrt, die Aphrodite im Himmel; außerdem ist diese meistens mit dem Ares beschäftigt und ist in ihn verliebt, so daß sie sich um diesen Schmied nur wenig kümmert.

AP. Und glaubst du, daß Hephaist davon weiß?

HERM. Ja, aber was könnte er tun, wenn er ihn als einen feschen Jüngling und Krieger vor sich sieht? Drum verhält er sich ruhig, droht jedoch, eine Art Fesseln für sie zu verfertigen, um sie damit im Bett zu überraschen, wie man Fische in dem Netz fängt.

AP. Ich weiß nichts davon, möchte aber wünschen, selber der Erwischte zu sein!

16.

'Ήρας καί Λητοΰς

ΗΡΑ. Καλά μέν, ώ Λητοΐ, καί τά τέκνα έτεκες τώ Διί. 1

ΛΗΤ. Ού πάσαι, ώ Ήρα, τοιούτους τίκτειν δυνάμεθα, οίος ό Ήφαιστός έστιν.

ΗΡΑ. 'Αλλά ούτος μέν ό χωλός όμως χρήσιμός γέ έστι τεχνίτης ών άριστος καί κατακεκόσμηκεν ήμΐν τόν ούρανόν καί τήν 'Αφροδίτην έγημε καί σπουδάζεται πρός αύτής, οί δέ σοί παΐδες ή μέν αύτών άρρενική πέρα τοΰ μετρίου καί όρειος, καί τό τελευταΐον ές τήν Σκυθίαν άπελθοΰσα πάντες ϊσασιν οία έσθίει ξενοκτονοΰσα καί μιμουμένη τούς Σκύθας αύτούς άνθρωποφάγους όντας· ό δέ 'Απόλλων προσποιείται μέν πάντα είδέναι καί τοξεύειν καί κιθαρίζειν καί ιατρός είναι καί μαντεύεσθαι καί καταστησάμενος έργαστήρια τής μαντικής τό μέν έν Δελφοΐς, τό δέ έν Κλάρω καί έν Διδύμοις έξαπατα τούς χρωμένους αύτώ λοξά καί έπαμφοτερίζοντα πρός έκάτερον τής έρωτήσεως άποκρινόμενος, ώς άκίνδυνον είναι τό σφάλμα. καί πλουτεΐ μέν άπό τοΰ τοιούτου· πολλοί γάρ οί άνόητοι καί παρέχοντες αύτούς καταγοητεύεσθαι· πλήν ούκ άγνοεΐταί γε ύπό τών ξυνετωτέρων τά πολλά τερατευόμενος· αύτός γοΰν ό μάντις ήγνόει μέν ότι φονεύσει τόν έρώμενον τώ δίσκω, ού προεμαντεύσατο δέ ώς φεύξεται αύτόν ή Δάφνη, καί ταΰτα ούτω καλόν καί κομήτην όντα. ώστε ούχ όρώ καθότι καλλιτεκνοτέρα τής Νιόβης έδοξας.

ΛΗΤ. Ταΰτα μέντοι τά τέκνα, ή ξενοκτόνος καί ό ψευ- 2 δόμαντις, οίδα, όπως λυπεΐ σε όρώμενα έν τοΐς θεοΐς, καί μάλιστα όπόταν ή μέν έπαινήται ές τό κάλλος, ό

16.

Hera und Leto

HERA. Ja, schön sind auch, Leto, die Kinder, die du dem Zeus gebarst!

LET. Wir Frauen können nicht alle solche Söhne gebären, wie Hephaist einer ist.

HERA. Aber dieser lahme Krüppel ist gleichwohl brauchbar, da er ein vortrefflicher Künstler ist; er hat uns den Himmel ausgeschmückt und die Aphrodite geheiratet, die sich um ihn annimmt. Von deinen Kindern aber ist die Tochter über die Maßen männlich und durchstreift die Gebirge, ja schließlich hat sie sich nach Skythien begeben und alle wissen, was dort ihre Nahrung ist: sie tötet die Fremden und ahmt hierin die Skythen nach, die ebenfalls Menschenfresser sind. Apoll hingegen stellt sich, als ob er alles verstünde, Pfeile schießen als Bogenschütze, Zither spielen, ein Arzt sein und orakeln. Und so hat er Wahrsagebuden eingerichtet, in Delphi, in Klaros und in Didyma, wo er die, die sich an ihn wenden, durch verschrobene und den Anfragen nach beiden Seiten entsprechende Antworten täuscht, so daß der Irrtum für ihn ohne Risiko ist. Und von solchem Tun ist er reich geworden; denn groß ist die Zahl der Toren, die sich von ihm begaunern lassen. Die vernünftigen Leute wissen freilich wohl, daß er hauptsächlich ein Gaukler ist; wußte doch z. B. er, der Seher, nicht, daß er seinen Geliebten mit der Wurfscheibe töten würde, sah auch nicht voraus, daß ihn die Daphne fliehen würde, und das trotz seiner Schönheit und seiner langen Haare. Drum sehe ich nicht, wieso du in den Ruf kamst, schönere Kinder als die Niobe zu haben.

LET. Diese Kinder, die Fremdenmörderin und der Lügenprophet, sind dir ein Dorn im Auge, ich weiß, wie dir ihr Anblick im Kreise der Götter weh tut, und am meisten, wann sie

δὲ κιθαρίζῃ ἐν τῷ συμποσίῳ θαυμαζόμενος ὑφ' ἁπάντων.

HPA. Ἐγέλασα, ὦ Λητοῖ· ἐκεῖνος θαυμαστός, ὃν ὁ Μαρσύας εἰ τὰ δίκαια αἱ Μοῦσαι δικάσαι ἤθελον, ἀπέδειρεν ἂν αὐτὸς κρατήσας τῇ μουσικῇ· νῦν δὲ κατασοφισθεὶς ἄθλιος ἀπόλωλεν ἀδίκως ἁλούς· ἡ δὲ καλή σου παρθένος οὕτω καλή ἐστιν, ὥστε ἐπεὶ ἔμαθεν ὀφθεῖσα ὑπὸ τοῦ Ἀκταίωνος, φοβηθεῖσα μὴ ὁ νεανίσκος ἐξαγορεύσῃ τὸ αἶσχος αὐτῆς, ἐπαφῆκεν αὐτῷ τοὺς κύνας· ἐῶ γὰρ λέγειν ὅτι οὐδὲ τὰς τεκούσας ἐμαιοῦτο παρθένος γε αὐτὴ οὖσα.

ΛΗΤ. Μέγα, ὦ Ἥρα, φρονεῖς, ὅτι ξύνει τῷ Διὶ καὶ συμβασιλεύεις αὐτῷ, καὶ διὰ τοῦτο ὑβρίζεις ἀδεῶς· πλὴν ἀλλ' ὄψομαί σε μετ' ὀλίγον αὖθις δακρύουσαν, ὁπόταν σε καταλιπὼν ἐς τὴν γῆν κατίῃ ταῦρος ἢ κύκνος γενόμενος.

17.

Ἑρμοῦ καὶ Ἀπόλλωνος

ΑΠ. Τί γελᾷς, ὦ Ἑρμῆ;

ΕΡΜ. Ὅτι γελοιότατα, ὦ Ἄπολλον, εἶδον.

ΑΠ. Εἰπὲ οὖν, ὡς καὶ αὐτὸς ἀκούσας ἔχω ξυγγελᾶν.

ΕΡΜ. Ἡ Ἀφροδίτη ξυνοῦσα τῷ Ἄρει κατείληπται καὶ ὁ Ἥφαιστος ἔδησεν αὐτοὺς ξυλλαβών.

ΑΠ. Πῶς; ἡδὺ γάρ τι ἐρεῖν ἔοικας.

ΕΡΜ. Ἐκ πολλοῦ, οἶμαι, ταῦτα εἰδὼς ἐθήρευεν αὐτούς, καὶ περὶ τὴν εὐνὴν ἀφανῆ δεσμὰ περιθεὶς εἰργάζετο ἀπελθὼν ἐπὶ τὴν κάμινον· εἶτα ὁ μὲν Ἄρης ἐσέρχεται

wegen ihrer Schönheit gelobt wird, er aber beim Göttermahl Zither spielt, von allen bewundert.

HERA. Ich muß lachen, Leto: er soll bewundernswert sein, den, hätten die Musen einen gerechten Schiedsspruch fällen wollen, Marsyas seinerseits im musikalischen Wettbewerb besiegt und geschunden hätte; so aber wurde der Arme überlistet und ist, ungerechterweise unterlegen, ums Leben gekommen. Deine schöne Maid aber ist so schön, daß sie, als sie merkte, daß sie von Aktaion gesehen wurde, auf ihn seine Hunde hetzte aus Furcht, der junge Mann könnte ihre Häßlichkeit ausplaudern. Ich unterlasse es nämlich, davon zu reden, daß sie schwerlich den Wöchnerinnen Hebammendienste leisten würde, wäre sie selber noch eine Jungfrau.

LET. Hera, du bist stolz darauf, daß du Zeus' Gemahlin und Mitregentin bist und häufst deshalb nach Belieben Beleidigung auf Beleidigung. Indes werde ich dich bald wieder weinen sehen, wann er dich verläßt und auf die Erde in Gestalt eines Stieres oder Schwanes herabsteigen wird.

17.

Hermes und Apollo

AP. Was lachst du, Hermes?

HERM. Weil ich etwas sehr Lächerliches sah.

AP. Sag's also, damit auch ich es höre und mitlachen kann.

HERM. Die Aphrodite, die gerade beim Ares war, ist ertappt worden, Hephaist erwischte sie beide und fesselte sie.

AP. Wie? Es scheint, du wirst etwas Erfreuliches erzählen.

HERM. Da er von diesem Verhältnis halt seit langem wußte, lauerte er auf beide, verfertigte unsichtbare Fesseln in seiner Esse und legte sie um das Bett herum. Hernach tritt Ares

λαθών, ὡς ᾤετο, καθορᾷ δὲ αὐτὸν ὁ Ἥλιος καὶ λέγει πρὸς τὸν Ἥφαιστον. ἐπεὶ δὲ ἐπέβησαν τοῦ λέχους καὶ ἐν ἔργῳ ἦσαν καὶ ἐντὸς ἐγεγένητο τῶν ἀρκύων, περιπλέκεται μὲν αὐτοῖς τὰ δεσμά, ἐφίσταται δὲ ὁ Ἥφαιστος. ἐκείνη μὲν οὖν – καὶ γὰρ ἔτυχε γυμνὴ οὖσα – οὐκ εἶχεν ὅπως ἐγκαλύψαιτο αἰδουμένη, ὁ δὲ Ἄρης τὰ μὲν πρῶτα διαφυγεῖν ἐπειρᾶτο καὶ ἤλπιζε ῥήξειν τὰ δεσμά, ἔπειτα δὲ συνεὶς ἐν ἀφύκτῳ ἐχόμενον ἑαυτὸν ἱκέτευε.

ΑΠ. Τί οὖν; ἀπέλυσεν αὐτὸν ὁ Ἥφαιστος; 2

ΕΡΜ. Οὐδέπω, ἀλλὰ ξυγκαλέσας τοὺς θεοὺς ἐπιδείκνυται τὴν μοιχείαν αὐτοῖς· οἱ δὲ γυμνοὶ ἀμφότεροι κάτω νενευκότες ξυνδεδεμένοι ἐρυθριῶσι, καὶ τὸ θέαμα ἥδιστον ἐμοὶ ἔδοξε μονονουχὶ αὐτὸ γινόμενον τὸ ἔργον.

ΑΠ. Ὁ δὲ χαλκεὺς ἐκεῖνος οὐκ αἰδεῖται καὶ αὐτὸς ἐπιδεικνύμενος τὴν αἰσχύνην τοῦ γάμου;

ΕΡΜ. Μὰ Δί', ὅς γε καὶ ἐπιγελᾷ ἐφεστὼς αὐτοῖς. ἐγὼ μέντοι, εἰ χρὴ τἀληθὲς εἰπεῖν, ἐφθόνουν τῷ Ἄρει μὴ μόνον μοιχεύσαντι τὴν καλλίστην θεόν, ἀλλὰ καὶ δεδεμένῳ μετ' αὐτῆς.

ΑΠ. Οὐκοῦν καὶ δεδέσθαι ἂν ὑπέμεινας ἐπὶ τούτῳ;

ΕΡΜ. Σὺ δ' οὐκ ἄν, ὦ Ἀπόλλον; ἰδὲ μόνον ἐπελθών· ἐπαινέσομαι γάρ σε, ἢν μὴ τὰ ὅμοια καὶ αὐτὸς εὔξῃ ἰδών.

18.

Ἥρας καὶ Διός

ΗΡΑ. Ἐγὼ μὲν ᾐσχυνόμην ἄν, ὦ Ζεῦ, εἴ μοι τοιοῦτος 1 υἱὸς ἦν θῆλυς οὕτω καὶ διεφθαρμένος ὑπὸ τῆς μέθης,

unvermutet, wie er glaubte, ein, es sieht ihn aber Helios und sagt es dem Hephaist. Als sie nun das Bett bestiegen hatten, am Werk waren und ins Garn geraten waren, da schließen sich über ihnen die Fesseln und Hephaist tritt herzu. Sie nun – sie war ja eben nackt – wußte nicht, wie sie sich aus Scham zudecken sollte, Ares aber versuchte zunächst loszukommen und hoffte, die Fesseln zu sprengen, dann aber, wie er merkte, nicht loskommen zu können, verlegte er sich auf's Bitten.

AP. Was also? Ließ ihn Hephaist los?

HERM. Noch nicht, sondern er hat die Götter zusammengerufen und macht sie zu Zeugen des Ehebruchs; sie aber, beide nackt in dem Zaubergarn, blicken schamrot zu Boden. Da zuzuschauen, wie sie beinahe am Werk waren, empfand ich als ein sehr unterhaltliches Schauspiel.

AP. Und der Schmied schämt sich nicht, sogar selber auf die Schande seiner Ehe aufmerksam zu machen?

HERM. Nein, beim Zeus, er steht ja dabei und lacht. Ich jedoch war, soll ich die Wahrheit sagen, dem Ares nicht nur neidisch, daß er ein solches Verhältnis mit der schönsten Göttin gehabt hat, sondern auch, daß er mit ihr im Zaubergarn war.

AP. Also möchtest du um diesen Preis eine solche Fesselung dir gefallen lassen?

HERM. Du vielleicht nicht, Apollo? Geh nur hin und schau; ich müßte dir nämlich eine Lobrede halten, falls du, hast du's gesehen, nicht den gleichen Wunsch hegst.

18.

Hera und Zeus

HERA. Ich würde mich schämen, Zeus, hätte ich einen so weibischen und von der Trunksucht ruinierten Sohn, der, auf

μίτρα μὲν ἀναδεδεμένος τὴν κόμην, τὰ πολλὰ δὲ μαινομέναις γυναιξὶ συνών, ἁβρότερος αὐτῶν ἐκείνων, ὑπὸ τυμπάνοις καὶ αὐλῷ καὶ κυμβάλοις χορεύων, καὶ ὅλως παντὶ μᾶλλον ἐοικὼς ἢ σοὶ τῷ πατρί.

ΖΕΥΣ. Καὶ μὴν οὗτός γε ὁ θηλυμίτρης, ὁ ἁβρότερος τῶν γυναικῶν, οὐ μόνον, ὦ Ἥρα, τὴν Λυδίαν ἐχειρώσατο καὶ τοὺς κατοικοῦντας τὸν Τμῶλον ἔλαβε καὶ Θρᾷκας ὑπηγάγετο, ἀλλὰ καὶ ἐπ᾽ Ἰνδοὺς ἐλάσας τῷ γυναικείῳ τούτῳ στρατιωτικῷ τούς τε ἐλέφαντας εἷλε καὶ τῆς χώρας ἐκράτησε καὶ τὸν βασιλέα πρὸς ὀλίγον ἀντιστῆναι τολμήσαντα αἰχμάλωτον ἀπήγαγε, καὶ ταῦτα πάντα ἔπραξεν ὀρχούμενος ἅμα καὶ χορεύων θύρσοις χρώμενος κιττίνοις, μεθύων, ὡς φής, καὶ ἐνθεάζων. εἰ δέ τις ἐπεχείρησε λοιδορήσασθαι αὐτῷ ὑβρίσας ἐς τὴν τελετήν, καὶ τοῦτον ἐτιμωρήσατο ἢ καταδήσας τοῖς κλήμασιν ἢ διασπασθῆναι ποιήσας ὑπὸ τῆς μητρὸς ὥσπερ νεβρόν. ὁρᾷς ὡς ἀνδρεῖα ταῦτα καὶ οὐκ ἀνάξια τοῦ πατρός; εἰ δὲ παιδιὰ καὶ τρυφὴ πρόσεστιν αὐτοῖς, οὐδεὶς φθόνος, καὶ μάλιστα εἰ λογίσαιτό τις, οἷος ἂν οὗτος νήφων ἦν, ὅπου ταῦτα μεθύων ποιεῖ.

ΗΡΑ. Σύ μοι δοκεῖς ἐπαινέσεσθαι καὶ τὸ εὕρεμα αὐτοῦ, 2 τὴν ἄμπελον καὶ τὸν οἶνον, καὶ ταῦτα ὁρῶν οἷα οἱ μεθυσθέντες ποιοῦσι σφαλλόμενοι καὶ πρὸς ὕβριν τρεπόμενοι καὶ ὅλως μεμηνότες ὑπὸ τοῦ ποτοῦ· τὸν γοῦν Ἰκάριον, ᾧ πρώτῳ ἔδωκε τὸ κλῆμα, οἱ ξυμπόται αὐτοὶ διέφθειραν παίοντες ταῖς δικέλλαις.

ΖΕΥΣ. Οὐδὲν τοῦτο φής· οὐ γὰρ ὁ οἶνος ταῦτα οὐδὲ ὁ Διόνυσος ποιεῖ, τὸ δὲ ἄμετρον τῆς πόσεως καὶ τὸ πέρα τοῦ καλῶς ἔχοντος ἐμφορεῖσθαι τοῦ ἀκράτου. ὃς δ᾽ ἂν ἔμμετρα πίνῃ, ἱλαρώτερος μὲν καὶ ἡδίων γένοιτ᾽ ἄν·

dem Haar eine Haube, meistens mit verrückten Weibern verkehrt, selber weichlicher sogar als jene, und zur Musik von Pauken, Flöten und Tschinellen tanzt, überhaupt jedermann ähnlicher ist als dir, seinem Vater.

ZEUS. Und doch hat der mit der Weiberhaube, der an Weichlichkeit die Weiber übertrifft, nicht nur, Hera, Lydien unterworfen und die Bewohner des Tmolosgebirges und die Thraker sich untertan gemacht, sondern auch einen Zug zu den Indern unternommen, mit diesem weibischen Heer die Elefanten erbeutet, über das Land gesiegt und den König, der nur kurze Zeit zu widerstehen wagte, gefangen weggeführt und das alles durch Reigentänze vollbracht unter Verwendung von Thyrsosstäben, die mit Efeu umwunden sind, trunken, wie du sagst, und in enthusiastischer Begeisterung. Versuchte aber jemand, ihn zu beschimpfen und auf seine Mysterien zu schmähen, so bestrafte er diesen, indem er ihn entweder mit Weinranken fesselte oder von der eigenen Mutter wie ein Hirschkalb zerreißen ließ. Siehst du, was das für männliche Taten sind, nicht unwürdig seines Vaters? Wenn aber dazu Scherz und Wohlleben gehören, so darf man ihm das nicht verargen, besonders, wenn man erwägt, was für eine Macht er in nüchternem Zustande wäre, wo er das doch in der Trunkenheit bewerkstelligt.

HERA. Mir scheint, du wirst auch seine Erfindung loben, die Rebe und den Wein, und das, wo du doch siehst, was die Trunkenen tun, wie sie schwanken, sich auf Ausschreitungen verlegen und überhaupt infolge des Trunkes verrückt sind. Den Ikarios z. B., dem er zuerst die Weinrebe gab, haben seine eigenen Zechgenossen mit ihren Hauen erschlagen.

ZEUS. Was du da sprichst, besagt nichts; denn nicht der Wein oder Dionysos bewirkt das, sondern die Unmäßigkeit im Trinken, wenn man lauteren Wein mehr, als es sich gehört, zu sich nimmt. Wer aber mäßig trinkt, wird in eine bessere und fröhlichere Stimmung kommen und so etwas, wie es dem

οἷον δὲ ὁ Ἰκάριος ἔπαθεν, οὐδὲν ἂν ἐργάσαιτο οὐδένα τῶν ξυμποτῶν. ἀλλὰ σὺ ἔτι ζηλοτυπεῖν ἔοικας, ὦ Ἥρα, καὶ τῆς Σεμέλης μνημονεύειν, ἥ γε διαβάλλεις τοῦ Διονύσου τὰ κάλλιστα.

19.

Ἀφροδίτης καὶ Ἔρωτος

ΑΦΡ. Τί δήποτε, ὦ Ἔρως, τοὺς μὲν ἄλλους θεοὺς 1 κατηγωνίσω ἅπαντας, τὸν Δία, τὸν Ποσειδῶ, τὸν Ἀπόλλω, τὴν Ῥέαν, ἐμὲ τὴν μητέρα, μόνης δὲ ἀπέχῃ τῆς Ἀθηνᾶς καὶ ἐπ' ἐκείνης ἄπυρος μὲν σοι ἡ δᾴς, κενὴ δὲ οἰστῶν ἡ φαρέτρα, σὺ δὲ ἄτοξος εἶ καὶ ἄστοχος;

ΕΡ. Δέδια, ὦ μῆτερ, αὐτήν· φοβερὰ γάρ ἐστι καὶ χαροπὴ καὶ δεινῶς ἀνδρική· ὁπόταν οὖν ἐντεινάμενος τὸ τόξον ἴω ἐπ' αὐτήν, ἐπισείουσα τὸν λόφον ἐκπλήττει με καὶ ὑπότρομος γίνομαι καὶ ἀπορρεῖ μου τὰ τοξεύματα ἐκ τῶν χειρῶν.

ΑΦΡ. Ὁ Ἄρης γὰρ οὐ φοβερώτερος ἦν; καὶ ὅμως ἀφώπλισας αὐτὸν καὶ νενίκηκας.

ΕΡ. Ἀλλὰ ἐκεῖνος ἑκὼν προσίεται με καὶ προσκαλεῖται, ἡ Ἀθηνᾶ δὲ ὑφορᾶται ἀεί, καί ποτε ἐγὼ μὲν ἄλλως παρέπτην, πλησίον ἔχων τὴν λαμπάδα, ἡ δέ, »εἴ μοι πρόσει«, φησί, »νὴ τὸν πατέρα, τῷ δορατίῳ σε διαπείρασα ἢ τοῦ ποδὸς λαβομένη καὶ ἐς τὸν Τάρταρον ἐμβαλοῦσα ἢ αὐτὴ διασπασαμένη –«. πολλὰ τοιαῦτα ἠπείλησε· καὶ ὁρᾷ δὲ δριμὺ καὶ ἐπὶ τοῦ στήθους ἔχει πρόσωπόν τι φοβερὸν ἐχίδναις κατάκομον, ὅπερ ἐγὼ μάλιστα δέδια· μορμολύττεται γάρ με καὶ φεύγω, ὅταν ἴδω αὐτό.

Ikarios widerfahren ist, keinem seiner Zechgenossen antun.
Aber du scheinst mir noch eifersüchtig zu sein, meine Hera,
und an die Semele zu denken, weil du die schönsten Gaben des
Dionysos verleumdest.

19.

Aphrodite und Eros

APHR. Wieso hast du, mein Eros, die übrigen Götter alle besiegt, den Zeus, den Poseidon, den Apollo, die Rhea und mich, deine Mutter, hältst dich aber nur von der Athene fern und ist bei ihr deine Fackel ohne Flammen, dein Köcher ohne Pfeile und bist du selber ihr gegenüber so, als ob du weder einen Bogen hättest noch treffen könntest?

EROS. Ich habe, Mutter, Angst vor ihr; sie ist nämlich fürchterlich und schrecklich männlich und schaut grimmig drein; wann ich also mit gespanntem Bogen auf sie losgehe, braucht sie nur ihren Helmbusch zu schütteln, um mich zu erschrekken, daß mir die Knie zittern und mir die Pfeile aus den Händen gleiten.

APHR. War denn Ares nicht noch fürchterlicher? Und trotzdem hast du ihn entwaffnet und besiegt.

EROS. Aber er naht mir gern und ruft mich herbei, die Athene aber sieht mich immer mißtrauisch an, und einmal flog ich unabsichtlich mit meiner Fackel nahe an ihr vorbei, sie aber sprach: „Wenn du mir nahst, werde ich dich, bei meinem Vater, mit dem Speer durchbohren oder beim Fuße packen und in den Tartaros schleudern oder dich eigenhändig zerreißen und –." Viele derartige Drohungen stieß sie aus und dabei blickt sie so wild und hat auf der Brust ein schreckliches Antlitz mit Schlangen statt der Haare, vor dem ich am meisten Angst habe; es erschreckt mich nämlich so, daß ich davonlaufe, wenn ich es nur sehe.

ΑΦΡ. Ἀλλὰ τὴν μὲν Ἀθηνᾶν δέδιας, ὡς φής, καὶ τὴν 2
Γοργόνα, καὶ ταῦτα μὴ φοβηθεὶς τὸν κεραυνὸν τοῦ
Διός. αἱ δὲ Μοῦσαι διὰ τί σοι ἄτρωτοι καὶ ἔξω βελῶν
εἰσιν; ἢ κἀκεῖναι λόφους ἐπισείουσι καὶ Γοργόνας προφαίνουσιν;

ΕΡ. Αἰδοῦμαι αὐτάς, ὦ μῆτερ· σεμναὶ γάρ εἰσι καὶ ἀεί
τι φροντίζουσι καὶ περὶ ᾠδὴν ἔχουσι καὶ ἐγὼ παρίσταμαι πολλάκις αὐταῖς κηλούμενος ὑπὸ τοῦ μέλους.
ΑΦΡ. Ἔα καὶ ταύτας, ὅτι σεμναί· τὴν δὲ Ἄρτεμιν τίνος
ἕνεκα οὐ τιτρώσκεις;
ΕΡ. Τὸ μὲν ὅλον οὐδὲ καταλαβεῖν αὐτὴν οἷόν τε φεύγουσαν ἀεὶ διὰ τῶν ὀρῶν· εἶτα καὶ ἴδιόν τινα ἔρωτα
ἤδη ἐρᾷ.
ΑΦΡ. Τίνος, ὦ τέκνον;
ΕΡ. Θήρας καὶ ἐλάφων καὶ νεβρῶν, αἱρεῖν τε διώκουσα
καὶ κατατοξεύειν, καὶ ὅλως πρὸς τῷ τοιούτῳ ἐστίν·
ἐπεὶ τόν γε ἀδελφὸν αὐτῆς, καίτοι τοξότην καὶ αὐτὸν
ὄντα καὶ ἑκηβόλον –
ΑΦΡ. Οἶδα, ὦ τέκνον, πολλὰ ἐκεῖνον ἐτόξευσας.

20.

θεῶν κρίσις

ΖΕΥΣ. Ἑρμῆ, λαβὼν τουτὶ τὸ μῆλον ἄπιθι ἐς τὴν Φρυ- 1
γίαν παρὰ τὸν Πριάμου παῖδα τὸν βουκόλον – νέμει δὲ τῆς Ἴδης ἐν τῷ Γαργάρῳ – καὶ λέγε πρὸς αὐτόν,
ὅτι σέ, ὦ Πάρι, κελεύει ὁ Ζεύς, ἐπειδὴ καλός τε αὐτὸς
εἶ καὶ σοφὸς τὰ ἐρωτικά, δικάσαι ταῖς θεαῖς, ἥτις αὐτῶν
ἡ καλλίστη ἐστί· τοῦ δὲ ἀγῶνος τὸ ἆθλον ἡ νικῶσα λαβέτω τὸ μῆλον. ὥρα δὲ ἤδη καὶ ὑμῖν αὐταῖς ἀπιέναι πα-

APHR. Aber vor der Athene hast du Angst, wie du sagst, und vor dem Gorgonenhaupt, und das, obwohl du dich vor Zeus' Blitz nicht fürchtest. Warum aber sind die Musen nie von dir verwundet worden und bleiben außer Schußweite? Schütteln auch sie Helmbüsche und halten dir Gorgonenhäupter unter die Nase?

EROS. Ich habe eine Scheu vor ihnen, meine Mutter; sie sind ja ehrwürdig, sinnen immer auf etwas und obliegen dem Gesang und ich trete oft zu ihnen, von ihrem Lied bezaubert.

APHR. Laß auch sie in Ruhe, weil sie ja ehrwürdig sind. Warum verwundest du aber die Artemis nicht?

EROS. Im ganzen genommen, kann man sie nicht einmal einholen, da sie immer flüchtigen Fußes das Gebirge durchstreift; dann huldigt sie auch bereits einer besonderen Liebe.

APHR. Zu wem, mein Kind?

EROS. Zur Jagd, zu Hirschen und Hirschkälbern, die sie einholen und erlegen will, und überhaupt hängt ihr Herz an solchen Dingen. Denn ihren Bruder, obwohl der ebenfalls ein Schütze ist, und zwar ein ausgezeichneter –

APHR. Ich weiß es, mein Kind, den hast du oft getroffen.

20.

Das Urteil des Paris

ZEUS. Hermes, nimm diesen Apfel und begib dich nach Phrygien zum Sohn des Priamos, dem Rinderhirten – er weidet die Herden auf der Gargaronkuppe des Idagebirges – und sprich zu ihm: „Dich, Paris, heißt Zeus, nachdem du selber schön bist und dich auf Liebesangelegenheiten gut verstehst, für die Göttinnen den Schiedsspruch fällen, welche von ihnen die schönste ist; als Preis soll die Siegerin den Apfel bekommen." Es ist aber auch für euch Göttinnen selber an der Zeit, zu

ρὰ τὸν δικαστήν· ἐγὼ γὰρ ἀπωθοῦμαι τὴν δίαιταν ἐπ' ἴσης τε ὑμᾶς ἀγαπῶν καὶ εἴ γε οἷόν τε ἦν, ἡδέως ἂν ἀπάσας νενικηκυίας ἰδών. ἄλλως τε καὶ ἀνάγκη, μιᾷ τὸ καλλιστεῖον ἀποδόντα πάντως ἀπεχθάνεσθαι ταῖς πλείοσι. διὰ ταῦτα αὐτὸς μὲν οὐκ ἐπιτήδειος ὑμῖν δικαστής, ὁ δὲ νεανίας ὁ Φρύξ, ἐφ' ὃν ἄπιτε, βασιλικὸς μέν ἐστι καὶ Γανυμήδους τουτουὶ ξυγγενής, τἆλλα δὲ ἀφελὴς καὶ ὄρειος· κοὐκ ἄν τις αὐτὸν ἀπαξιώσειε τοιαύτης θέας.

ΑΦΡ. Ἐγὼ μέν, ὦ Ζεῦ, εἰ καὶ τὸν Μῶμον αὐτὸν 2 ἐπιστήσειας ἡμῖν δικαστήν, θαρροῦσα βαδιοῦμαι πρὸς τὴν ἐπίδειξιν· τί γὰρ ἂν καὶ μωμήσαιτό μου; χρὴ δὲ καὶ ταύταις ἀρέσκειν τὸν ἄνθρωπον.

ΗΡΑ. Οὐδ' ἡμεῖς, ὦ Ἀφροδίτη, δέδιμεν, οὐδ', ἂν ὁ Ἄρης ὁ σὸς ἐπιτραπῇ τὴν δίαιταν· ἀλλὰ δεχόμεθα καὶ τοῦτον, ὅστις ἂν ᾖ, τὸν Πάριν.

ΖΕΥΣ. Ἦ καὶ σοὶ ταῦτα, ὦ θύγατερ, συνδοκεῖ; τί φῄς; ἀποστρέφῃ καὶ ἐρυθριᾷς; ἔστι μὲν ἴδιον τὸ αἰδεῖσθαι τά γε τοιαῦτα ὑμῶν τῶν παρθένων· ἐπινεύεις δὲ ὅμως. ἄπιτε οὖν καὶ ὅπως μὴ χαλεπήνητε τῷ δικαστῇ αἱ νενικημέναι μηδὲ κακὸν ἐντρίψησθε τῷ νεανίσκῳ· οὐ γὰρ οἷόν τε ἐπ' ἴσης πάσας εἶναι καλάς.

ΕΡΜ. Προΐωμεν εὐθὺ τῆς Φρυγίας, ἐγὼ μὲν ἡγούμενος, 3 ὑμεῖς δὲ μὴ βραδέως ἀκολουθεῖτέ μοι, καὶ θαρρεῖτε· οἶδα ἐγὼ τὸν Πάριν, νεανίας ἐστὶ καλὸς καὶ τὰ ἄλλα ἐρωτικὸς καὶ τὰ τοιαῦτα κρίνειν ἱκανώτατος· οὐκ ἂν ἐκεῖνος δικάσειε κακῶς.

ΑΦΡ. Τοῦτο μὲν ἅπαν ἀγαθὸν καὶ πρὸς ἐμοῦ λέγεις,

dem Schiedsrichter euch zu begeben. Ich nämlich lehne den Schiedsspruch ab, da ich euch gleichermaßen liebe und, wäre es möglich, euch alle als Siegerinnen sehen möchte. Zudem müßte ich mich ja, gäbe ich einer den Schönheitspreis, mit der Mehrheit jedenfalls verfeinden. Deshalb bin ich selber allerdings kein geeigneter Schiedsrichter für euch, der junge Mann aber, der Phryger, zu dem ihr euch begebt, ist königlicher Abkunft und ein Verwandter unseres Ganymed, im übrigen ein schlichtes Naturkind vom Gebirge, und niemand könnte ihn für unwürdig einer solchen Schau erachten.

APHR. Ich, Zeus, will, wenn du auch den Momos selber uns zum Schiedsrichter bestellen wolltest, getrost zur Schaustellung gehen; denn was könnte er an mir aussetzen? Es müssen aber auch diese beiden Göttinnen mit dem Menschen einverstanden sein.

HERA. Auch wir, Aphrodite, haben keine Angst, nicht einmal, wenn deinem Ares das Schiedsrichteramt anvertraut würde; aber wir sind auch mit diesem Paris einverstanden, wer immer er sein mag.

ZEUS. Bist auch du, meine Tochter, dieser Meinung? Was sagst du? Du wendest dich ab und wirst rot? Es ist doch etwas Eigenes um das Schamgefühl von euch Jungfrauen in solchen Dingen! Gleichwohl aber nickst du zustimmend. Geht also fort und ihr, die ihr unterliegt, zürnt nicht dem Schiedsrichter und tut dem Bürschchen kein Leid an; ihr könnt ja nicht alle in gleichem Grad schön sein.

HERM. Gehen wir geradeaus auf Phrygien zu, ich voran, ihr aber folgt mir nicht zu langsam und seid getrost; ich kenne nämlich den Paris, er ist ein schöner junger Mann, im übrigen verliebter Natur und daher sehr geeignet, derartige Angelegenheiten zu beurteilen; sein Schiedspruch dürfte also nicht schlecht ausfallen.

APHR. Was du da sagst, ist ganz gut und in meinem Inter-

τὸ δίκαιον ἡμῖν εἶναι τὸν δικαστήν· πότερα δὲ ἄγαμός τίς ἐστιν οὗτος ἢ καὶ γυνή τις αὐτῷ σύνεστιν;

ΕΡΜ. Οὐ παντελῶς ἄγαμος, ὦ 'Αφροδίτη.

ΑΦΡ. Πῶς λέγεις;

ΕΡΜ. Δοκεῖ τις αὐτῷ συνοικεῖν 'Ιδαία γυνή, ἱκανὴ μέν, ἀγροῖκος δὲ καὶ δεινῶς ὄρειος, ἀλλ' οὐ σφόδρα προσέχειν αὐτῇ ἔοικε. τίνος δ' οὖν ἕνεκα ταῦτα ἐρωτᾷς;

ΑΦΡ. ''Αλλως ἠρόμην.

ΑΘ. Παραπρεσβεύεις, ὦ οὗτος, ἰδίᾳ πάλαι ταύτῃ κοι- 4 νολογούμενος.

ΕΡΜ. Οὐδέν, ὦ 'Αθηνᾶ, δεινὸν οὐδὲ καθ' ὑμῶν, ἀλλ' ἤρετό με εἰ ἄγαμος ὁ Πάρις ἐστίν.

ΑΘ. Ὡς δὴ τί τοῦτο πολυπραγμονοῦσα;

ΕΡΜ. Οὐκ οἶδα· φησὶ δ' οὖν ὅτι ἄλλως ἐπελθόν, οὐκ ἐξεπίτηδες ἤρετο.

ΑΘ. Τί οὖν; ἄγαμός ἐστιν;

ΕΡΜ. Οὐ δοκεῖ.

ΑΘ. Τί δαί; τῶν πολεμικῶν ἐστιν αὐτῷ ἐπιθυμία καὶ φιλόδοξός τις ἢ τὸ πᾶν βουκόλος;

ΕΡΜ. Τὸ μὲν ἀληθὲς οὐκ ἔχω εἰπεῖν, εἰκάζειν δὲ χρὴ νέον ὄντα καὶ τούτων ὀρέγεσθαι τυχεῖν καὶ βούλεσθαι ἂν πρῶτον αὐτὸν εἶναι κατὰ τὰς μάχας.

ΑΦΡ. Ὁρᾷς; οὐδὲν ἐγὼ μέμφομαι οὐδὲ ἐγκαλῶ σοι τὸ πρὸς ταύτην ἰδίᾳ λαλεῖν· μεμψιμοίρων γὰρ καὶ οὐκ 'Αφροδίτης τὰ τοιαῦτα.

esse, daß wir an ihm einen gerechten Schiedsrichter haben. Aber, ist er unverheiratet oder lebt eine Frau mit ihm zusammen?

HERM. Ganz unverheiratet ist er nicht, Aphrodite.

APHR. Wie meinst du das?

HERM. Es scheint eine Frau vom Idaberge bei ihm zu sein, ein tüchtiges, aber bäurisches und schrecklich gebirglerisches Mädchen, er scheint jedoch nicht sehr aufmerksam gegen sie zu sein. Aber warum fragst du darum?

APHR. Ich fragte nur so nebenbei.

ATH. Du, du verletzt die Unparteilichkeit, wenn du solang unter vier Augen mit dieser dich besprichst.

HERM. Das ist nichts Schlimmes, Athene, und nicht gegen euch gerichtet, sondern sie fragte mich nur, ob der Paris unverheiratet ist.

ATH. Welche Absicht hatte sie mit dieser neugierigen Frage?

HERM. Ich weiß nicht; sie sagt aber, daß es ihr nur so nebenbei in den Sinn kam und sie nicht absichtlich fragte.

ATH. Was also? Ist er unverheiratet?

HERM. Anscheinend nicht.

ATH. Was weiter? Hat er ein Verlangen nach Kriegstaten und ist er ruhmsüchtig oder im ganzen nichts weiter als ein Rinderhirt?

HERM. Die Wahrheit kann ich nicht sagen, muß aber vermuten, daß er als junger Mann wohl auch darnach strebt und der Erste in den Kämpfen sein will.

APHR. Siehst du, ich tadle dich nicht im geringsten und mache dir auch keinen Vorwurf, daß du mit ihr unter vier Augen plauderst; so was würde für verdrießliche Leute passen und nicht für eine Aphrodite.

ΕΡΜ. Καὶ αὕτη σχεδὸν ταὐτά με ἤρετο· διὸ μὴ χαλεπῶς ἔχε μηδ' οἴου μειονεκτεῖν, εἴ τι καὶ ταύτῃ κατὰ τὸ ἁπλοῦν ἀπεκρινάμην. ἀλλὰ μεταξὺ λόγων ἤδη πολὺ προϊόντες ἀπεσπάσαμεν τῶν ἀστέρων καὶ σχεδόν γε κατὰ τὴν Φρυγίαν ἐσμέν. ἐγὼ δὲ καὶ τὴν Ἴδην ὁρῶ καὶ τὸ Γάργαρον ὅλον ἀκριβῶς, εἰ δὲ μὴ ἐξαπατῶμαι, καὶ αὐτὸν ὑμῶν τὸν δικαστὴν τὸν Πάριν.

ΗΡΑ. Ποῦ δέ ἐστιν; οὐ γὰρ κἀμοὶ φαίνεται.

ΕΡΜ. Ταύτῃ, ὦ Ἥρα, πρὸς τὰ λαιὰ περισκόπει, μὴ πρὸς ἄκρῳ τῷ ὄρει, παρὰ δὲ τὴν πλευράν, οὗ τὸ ἄντρον, ἔνθα τὴν ἀγέλην ὁρᾷς.

ΗΡΑ. Ἀλλ' οὐχ ὁρῶ τὴν ἀγέλην.

ΕΡΜ. Πῶς φής; οὐχ ὁρᾷς βοΐδια κατὰ τὸν ἐμὸν οὑτωσὶ δάκτυλον ἐκ μέσων τῶν πετρῶν προερχόμενα καί τινα ἐκ τοῦ σκοπέλου καταθέοντα καλαύροπα ἔχοντα καὶ ἀνείργοντα μὴ πρόσω διασκίδνασθαι τὴν ἀγέλην;

ΗΡΑ. Ὁρῶ νῦν, εἴ γε ἐκεῖνός ἐστιν.

ΕΡΜ. Ἀλλ' ἐκεῖνος. ἐπειδὴ δὲ πλησίον ἤδη ἐσμέν, ἐπὶ τῆς γῆς, εἰ δοκεῖ, καταστάντες βαδίζωμεν, ἵνα μὴ διαταράξωμεν αὐτὸν ἄνωθεν ἐξ ἀφανοῦς καθιπτάμενοι.

ΗΡΑ. Εὖ λέγεις, καὶ οὕτω ποιῶμεν. ἐπεὶ δὲ καταβεβήκαμεν, ὥρα σοι, ὦ Ἀφροδίτη, προϊέναι καὶ ἡγεῖσθαι ἡμῖν τῆς ὁδοῦ· σὺ γάρ, ὡς τὸ εἰκός, ἔμπειρος εἶ τοῦ χωρίου πολλάκις, ὡς λόγος, κατελθοῦσα πρὸς Ἀγχίσην.

ΑΦΡ. Οὐ σφόδρα, ὦ Ἥρα, τούτοις ἄχθομαι τοῖς σκώμμασιν.

ΕΡΜ. Ἀλλ' ἐγὼ ὑμῖν ἡγήσομαι· καὶ γὰρ αὐτὸς ἐνδιέτριψα τῇ Ἴδῃ, ὁπότε ὁ Ζεὺς ἤρα τοῦ μειρακίου τοῦ

HERM. Auch diese fragte mich so ziemlich um dasselbe; deshalb nimm es nicht übel und glaube nicht, im Nachteil zu sein, wenn ich auch dieser einfach antwortete. Aber mitten unter unseren Reden haben wir bereits eine große Strecke zurückgelegt, haben uns von den Sternen entfernt und sind beinahe in Phrygien. Ich sehe den Idaberg und die Gargaronkuppe ganz deutlich, und wenn ich mich nicht täusche, auch ihn selbst, den Paris, euren Schiedsrichter.

HERA. Wo ist er? Ich kann ihn nicht ausnehmen.

HERM. Dort, Hera, schau nach links, nicht auf die Bergspitze, sondern seitlich, wo die Grotte ist, wo du die Herde siehst.

HERA. Aber ich sehe keine Herde.

HERM. Wie sagst du? Siehst du nicht, wie Kälber hier in der Richtung meines Fingers mitten aus den Felsen herauskommen und ein Mensch von der Anhöhe mit dem Hirtenstab herabläuft und die Herde zu hindern sucht, sich weiterhin zu zerstreuen?

HERA. Jetzt sehe ich, wenn er es ist.

HERM. Ja, er ist es; nachdem wir aber bereits nahe sind, wollen wir, wenn ihr einverstanden seid, die Erde betreten und zu Fuß weitergehen, damit wir ihn nicht aus der Fassung bringen, wenn wir aus unsichtbarer Höhe herabflattern.

HERA. Du hast recht, wollen wir so vorgehen! Da wir aber unten angekommen sind, wäre es Zeit für dich, Aphrodite, uns als Wegweiserin voranzugehen; du bist ja natürlich ortskundig, da du oft, wie es heißt, zu Anchises vom Himmel herabkommst.

APHR. Deine spöttischen Worte sind mir, Hera, ganz gleichgültig.

HERM. Nein, ich werde euer Wegweiser sein, denn ich verweilte selber auf dem Idaberg, zur Zeit, als Zeus in das phry-

Φρυγός, καὶ πολλάκις δεῦρο ἦλθον ὑπ' ἐκείνου καταπεμφθεὶς ἐς ἐπισκοπὴν τοῦ παιδός, καὶ ὁπότε γε ἤδη ἐν τῷ ἀετῷ ἦν, συμπαριπτάμην αὐτῷ καὶ συνεκούφιζον τὸν καλόν, καὶ εἴ γε μέμνημαι, ἀπὸ ταυτησὶ τῆς πέτρας αὐτὸν ἀνήρπασεν· ὁ μὲν γὰρ ἔτυχε τότε συρίζων πρὸς τὸ ποίμνιον· καταπτάμενος δὲ ὄπισθεν αὐτὸς ὁ Ζεὺς κούφως μάλα τοῖς ὄνυξι περιβαλὼν καὶ τῷ στόματι τὴν ἐπὶ τῇ κεφαλῇ τιάραν ἔχων ἀνέφερε τὸν παῖδα τεταραγμένον καὶ τῷ τραχήλῳ ἀπεστραμμένῳ ἐς αὐτὸν ἀποβλέποντα. τότε οὖν ἐγὼ τὴν σύριγγα λαβὼν – ἀποβεβλήκει γὰρ αὐτὴν ὑπὸ τοῦ δέους – – ἀλλὰ γὰρ ὁ διαιτητὴς οὑτοσὶ πλησίον, ὥστε προσείπωμεν αὐτόν. Χαῖρε, 7 ὦ βουκόλε.

ΠΑΡ. Νὴ καὶ σύ γε, ὦ νεανίσκε. τίς δὲ ὢν δεῦρο ἀφῖξαι πρὸς ἡμᾶς; ἢ τίνας ταύτας ἄγεις τὰς γυναῖκας; οὐ γὰρ ἐπιτήδειαι ὀρεοπολεῖν, οὕτω γε οὖσαι καλαί.

ΕΡΜ. Ἀλλ' οὐ γυναῖκές εἰσιν, Ἥραν δέ, ὦ Πάρι, καὶ Ἀθηνᾶν καὶ Ἀφροδίτην ὁρᾷς, κἀμὲ τὸν Ἑρμῆν ἀπέστειλεν ὁ Ζεύς. ἀλλὰ τί τρέμεις καὶ ὠχριᾷς; μὴ δέδιθι· χαλεπὸν γὰρ οὐδέν· κελεύει δέ σε δικαστὴν γενέσθαι τοῦ κάλλους αὐτῶν. ἐπεὶ γάρ, φησί, καλός τε αὐτὸς εἶ καὶ σοφὸς τὰ ἐρωτικά, σοὶ τὴν γνῶσιν ἐπιτρέπω, τοῦ δὲ ἀγῶνος τὸ ἆθλον εἴσῃ ἀναγνοὺς τὸ μῆλον.

ΠΑΡ. Φέρ' ἴδω, τί καὶ βούλεται. Ἡ ΚΑΛΗ, φησί, ΛΑΒΕΤΩ. πῶς ἂν οὖν, ὦ δέσποτα Ἑρμῆ, δυνηθείην ἐγὼ θνητὸς αὐτὸς καὶ ἀγροῖκος ὢν δικαστὴς γενέσθαι παραδόξου θέας καὶ μείζονος ἢ κατὰ βουκόλον; τὰ γὰρ τοιαῦτα κρίνειν τῶν ἁβρῶν μᾶλλον καὶ ἀστικῶν· τὸ δὲ

gische Bürschchen verliebt war; ich kam, von ihm beordert, oft hierher, um nach dem Knaben zu spähen, und als er bereits in den Adler verwandelt war, flog ich mit ihm und half ihm die schöne Last tragen, ja, wenn ich es recht im Gedächtnis habe, entführte er ihn von diesem Felsen hier. Ganymed blies nämlich gerade auf seiner Rohrpfeife, seiner Herde zugewendet, da flog von rückwärts Zeus selber herab, umschlang ihn ganz leicht mit seinen Krallen, hielt seine Mütze im Schnabel und hob so den Knaben allmählich empor, der voller Aufregung mit zurückgewandtem Hals auf ihn blickte. Da hob ich die Rohrpfeife auf – er hatte sie nämlich vor Angst fallen lassen –. Aber da ist ja unser Schiedsrichter in unserer Nähe, also reden wir ihn an! Meinen Gruß, Rinderhirt!

PAR. Ich grüße dich ebenfalls, junger Mann! Wer bist du, daß du zu uns gekommen bist? Wer sind diese Frauen, die du mitbringst? Sie sehen ja nicht darnach aus, als ob sie geeignet wären, im Gebirge herumzustreifen, da sie so schön sind.

HERM. Aber es sind ja keine Frauen, vielmehr siehst du, Paris, die Hera, die Athene und die Aphrodite; und mich den Hermes hat Zeus hierher geschickt. Aber warum zitterst du und bist bleich? Habe keine Angst! Es handelt sich um nichts Schweres. Zeus heißt dich einen Schiedsspruch über ihre Schönheit fällen. „Da du nämlich", sagt er, „selber schön bist und dich auf Liebessachen gut verstehst, stelle ich dir die Entscheidung anheim; den Preis des Wettbewerbes aber wirst du kennen, wenn du die Inschrift des Apfels liest."

PAR. Wohlan, ich will sehen, was sie bedeutet; DIE SCHÖNE, lautet sie, SOLL IHN BEKOMMEN. Mein Herr und Gebieter Hermes, wie könnte ich, selber ein Sterblicher und bäuerischer Mensch, in einer außerordentlichen Schau, die das Fassungsvermögen eines Rinderhirten übersteigt, Schiedsrichter sein? Solche Dinge zu beurteilen ist eher die Sache geschniegelter Stadtleute. Was mich betrifft, so könnte ich

ἐμόν, αἶγα μὲν αἰγὸς ὁποτέρα καλλίων καὶ δάμαλιν ἄλλης δαμάλεως, τάχ' ἂν δικάσαιμι κατὰ τὴν τέχνην· αὗται δὲ πᾶσαί τε ὁμοίως καλαὶ καὶ οὐκ οἶδ' ὅπως ἄν τις ἀπὸ τῆς ἑτέρας ἐπὶ τὴν ἑτέραν μεταγάγοι τὴν ὄψιν ἀποσπάσας· οὐ γὰρ ἐθέλει ἀφίστασθαι ῥᾳδίως, ἀλλ' ἔνθα ἂν ἀπερείσῃ τὸ πρῶτον, τούτου ἔχεται καὶ τὸ παρὸν ἐπαινεῖ· κἂν ἐπ' ἄλλο μεταβῇ, κἀκεῖνο καλὸν ὁρᾷ καὶ παραμένει καὶ ὑπὸ τῶν πλησίον παραλαμβάνεται, καὶ ὅλως περικέχυταί μοι τὸ κάλλος αὐτῶν καὶ ὅλον περιείληφέ με καὶ ἄχθομαι, ὅτι μὴ καὶ αὐτὸς ὥσπερ ὁ Ἄργος ὅλῳ βλέπειν δύναμαι τῷ σώματι. δοκῶ δ' ἄν μοι καλῶς δικάσαι πάσαις ἀποδοὺς τὸ μῆλον. καὶ γὰρ αὖ καὶ τόδε, ταύτην μὲν εἶναι συμβέβηκε τοῦ Διὸς ἀδελφὴν καὶ γυναῖκα, ταύτας δὲ θυγατέρας· πῶς οὖν οὐ χαλεπὴ καὶ οὕτως ἡ κρίσις;

ΕΡΜ. Οὐκ οἶδα· πλὴν οὐχ οἷόν τε ἀναδῦναι πρὸς τοῦ Διὸς κεκελευσμένον.

ΠΑΡ. Ἓν τοῦτο, ὦ Ἑρμῆ, πεῖσον αὐτάς, μὴ χαλεπῶς ἔχειν μοι τὰς δύο τὰς νενικημένας, ἀλλὰ μόνων τῶν ὀφθαλμῶν ἡγεῖσθαι τὴν διαμαρτίαν.

ΕΡΜ. Οὕτω φασὶ ποιήσειν· ὥρα δέ σοι ἤδη περαίνειν τὴν κρίσιν.

ΠΑΡ. Πειρασόμεθα· τί γὰρ ἂν καὶ πάθοι τις; ἐκεῖνο δὲ πρότερον εἰδέναι βούλομαι, πότερα ἐξαρκέσει σκοπεῖν αὐτάς, ὡς ἔχουσιν, ἢ καὶ ἀποδῦσαι δεήσει πρὸς τὸ ἀκριβὲς τῆς ἐξετάσεως;

ΕΡΜ. Τοῦτο μὲν σὸν ἂν εἴη τοῦ δικαστοῦ, καὶ πρόσταττε, ὅπῃ καὶ θέλεις.

ΠΑΡ. Ὅπῃ καὶ θέλω; γυμνὰς ἰδεῖν βούλομαι.

ein sachverständiges Urteil darüber fällen, welche von zwei Ziegen oder welches von zwei Kälbern schöner ist; aber diese Frauen sind alle in gleichem Grade schön und ich weiß nicht, wie man seine Blicke von der einen losreißen könnte, um auf die andere zu schauen; man kann ja nicht leicht freiwillig loskommen, sondern, worauf man einmal seinen Blick geheftet hat, dort bleibt er hängen und lobt das, was er vor Augen hat, und geht er zu etwas anderem über, so sieht er, daß auch das schön ist, und bleibt dabei kleben, dann drängen sich aber wieder die nächsten Schönheitsmerkmale auf, kurz und gut, ich bin wie übergossen und umfangen von ihrer Schönheit und bedaure nur, daß ich nicht ebenfalls wie Argos Augen am ganzen Körper habe; ich glaube, ich würde eine gerechte Entscheidung fällen, würde ich allen den Apfel geben. Denn auch das kommt noch in Betracht, daß diese Zeus' Schwester und Gemahlin ist, diese beiden seine Töchter. Wie sollte also auch in dieser Hinsicht die Entscheidung nicht schwer sein?

HERM. Ich weiß nicht; jedoch ist es unmöglich, Zeus' Befehl auszuweichen.

PAR. Nur das eine, Hermes, rede ihnen ein, daß die zwei Besiegten mir nicht zürnen, sondern nur meinen Augen den Irrtum zuschreiben sollen.

HERM. Sie sagen, sie werden so vorgehen; es ist aber für dich bereits an der Zeit, das Urteil abzugeben.

PAR. Wir wollen es versuchen; denn was soll man da machen? Das aber will ich vorher wissen, ob es genügen wird, sie so, wie sie sind, anzuschauen oder ob ich behufs der Genauigkeit der Untersuchung sie werde nötigen müssen, sich auszuziehen.

HERM. Das wäre Sache des Schiedsrichters; befiehl, wie du willst!

PAR. Wie ich will? Nackt will ich sie sehen.

ΕΡΜ. Ἀπόδυτε, ὦ αὗται· σὺ δὲ ἐπισκόπει· ἐγὼ δὲ ἀπεστράφην.

ΗΡΑ. Καλῶς, ὦ Πάρι· καὶ πρώτη γε ἀποδύσομαι, ὅπως μάθῃς, ὅτι μὴ μόνας ἔχω τὰς ὠλένας λευκὰς μηδὲ τῷ βοῶπις εἶναι μέγα φρονῶ, ἐπ' ἴσης δέ εἰμι πᾶσα καὶ ὁμοίως καλή.

⟨ΠΑΡ. Ἀπόδυθι καὶ σύ, ὦ Ἀφροδίτη.⟩

ΑΘ. Μὴ πρότερον ἀποδύσῃς αὐτήν, ὦ Πάρι, πρὶν ἂν τὸν κεστὸν ἀπόθηται – φαρμακὶς γάρ ἐστι – μή σε καταγοητεύσῃ δι' αὐτοῦ· καίτοι γε ἐχρῆν μηδὲ οὕτω κεκαλλωπισμένην παρεῖναι μηδὲ τοσαῦτα ἐντετριμμένην χρώματα καθάπερ ὡς ἀληθῶς ἑταίραν τινά, γυμνὸν δὲ καὶ ἄτεχνον τὸ κάλλος ἐπιδεικνύειν.

ΠΑΡ. Εὖ λέγουσι τὸ περὶ τοῦ κεστοῦ, καὶ ἀπόθου.

ΑΦΡ. Τί οὖν οὐχὶ καὶ σύ, ὦ Ἀθηνᾶ, τὴν κόρυν ἀφελοῦσα ψιλὴν τὴν κεφαλὴν ἐπιδεικνύεις, ἀλλ' ἐπισείεις τὸν λόφον καὶ τὸν δικαστὴν φοβεῖς; ἢ δέδιας μή σοι ἐλέγχηται τὸ γλαυκὸν τῶν ὀμμάτων ἄνευ τοῦ φοβεροῦ βλεπόμενον;

ΑΘ. Ἰδού σοι ἡ κόρυς αὕτη ἀφῄρηται.

ΑΦΡ. Ἰδοὺ καί σοι ὁ κεστός.

ΗΡΑ. Ἀλλὰ ἀποδυσώμεθα.

ΠΑΡ. Ὦ Ζεῦ τεράστιε τῆς θέας, τοῦ κάλλους, τῆς ἡδονῆς! οἵα μὲν ἡ παρθένος, ὡς δὲ βασιλικὸν αὕτη καὶ σεμνὸν ἀπολάμπει καὶ ἀληθῶς ἄξιον τοῦ Διός, ὁρᾷ δὲ ἥδε ἡδέως καὶ γλαφυρόν τι καὶ προσαγωγὸν ἐμειδίασεν – ἀλλ' ἤδη μὲν ἅλις ἔχω τῆς εὐδαιμονίας· εἰ δοκεῖ δέ, καὶ ἰδίᾳ καθ' ἑκάστην ἐπιδεῖν βούλομαι, ὡς νῦν γε ἀμφίβολός εἰμι καὶ οὐκ οἶδα πρὸς τί καὶ ἀποβλέψω πάντῃ τὰς ὄψεις περισπώμενος.

HERM. Zieht euch aus, ihr Frauen! Du aber schau sie an, ich wende mich ab.

HERA. Schön, Paris; ich werde mich zuerst ausziehen, damit du merkst, daß ich nicht bloß schöne Ellbogen habe oder mir zuviel einbilde, ‚farrenäugig' zu sein, sondern daß ich am ganzen Körper gleichmäßig schön bin.

⟨ PAR. Ziehe auch du dich aus, Aphrodite.⟩

ATH. Laß sie, Paris, nicht früher sich ausziehen, bevor sie auch den Zaubergürtel ablegt – sie ist ja eine Zauberin –, damit sie dich nicht durch ihn behext. Indes hätte sie auch nicht mit einem so hergerichteten und angestrichenen Gesicht wie eine wirkliche Hetäre erscheinen, sondern bloß ihre natürliche und ungekünstelte Schönheit zeigen sollen.

PAR. Bezüglich des Gürtels haben sie recht, lege ihn ab.

APHR. Warum legst nicht auch du, Athene, den Helm ab und zeigst dich mit bloßem Kopf, sondern schüttelst den Helmbusch und schreckst damit den Schiedsrichter? Oder fürchtest du, es könnte der Glanz deiner Augen ohne Schreckmittel keinen Eindruck machen?

ATH. Schau her, mein Helm ist abgelegt!

APHR. Schau, da ist mein Gürtel!

HERA. Aber ziehen wir uns nun aus!

PAR. O wundertätiger Zeus, was für ein Anblick, welche Schönheit, welche Wonne! Was ist das für eine Jungfrau! Welchen königlichen, ehrfurchtgebietenden und des Zeus wahrhaft würdigen Glanz strahlt diese andere aus! Und diese dritte schaut so süß drein und lächelt so reizend und verführerisch! Ich bin nun überglücklich. Wenn ihr aber einverstanden seid, so will ich auch jede für sich ansehen, da ich jetzt im Zweifel bin und nicht weiß, worauf ich schauen soll, weil meine Blicke, lasse ich sie herumschweifen, überall gefesselt werden.

ΑΦΡ. Οὕτω ποιῶμεν.

ΠΑΡ. Ἄπιτε οὖν αἱ δύο· σὺ δέ, ὦ Ἥρα, περίμενε.

ΗΡΑ. Περιμενῶ, κἀπειδάν με ἀκριβῶς ἴδῃς, ὥρα σοι καὶ ἄλλα ἤδη σκοπεῖν, εἰ καλά σοι καὶ τὰ δῶρα τῆς ψήφου τῆς ἐμῆς· ἢν γάρ με, ὦ Πάρι, δικάσῃς εἶναι καλήν, ἁπάσης ἔσῃ τῆς Ἀσίας δεσπότης.

ΠΑΡ. Οὐκ ἐπὶ δώροις μὲν τὰ ἡμέτερα. ἀλλ' ἄπιθι· πεπράξεται γὰρ ἅπερ ἂν δοκῇ. σὺ δὲ πρόσιθι ἡ Ἀθηνᾶ. 12

ΑΘ. Παρέστηκά σοι, κᾆτα ἢν με, ὦ Πάρι, δικάσῃς καλήν, οὔποτε ἥττων ἄπει ἐκ μάχης, ἀλλ' ἀεὶ κρατῶν· πολεμιστὴν γάρ σε καὶ νικηφόρον ἀπεργάσομαι.

ΠΑΡ. Οὐδέν, ὦ Ἀθηνᾶ, δεῖ μοι πολέμου καὶ μάχης· εἰρήνη γάρ, ὡς ὁρᾷς, τὰ νῦν ἐπέχει τὴν Φρυγίαν τε καὶ Λυδίαν καὶ ἀπόλεμητος ἡμῖν ἡ τοῦ πατρὸς ἀρχή. θάρρει δέ· οὐ μειονεκτήσεις γάρ, κἂν μὴ ἐπὶ δώροις δικάζωμεν. ἀλλ' ἔνδυθι ἤδη καὶ ἐπίθου τὴν κόρυν· ἱκανῶς γὰρ εἶδον. τὴν Ἀφροδίτην παρεῖναι καιρός.

ΑΦΡ. Αὕτη σοι ἐγὼ πλησίον, καὶ σκόπει καθ' ἓν ἀκρι- 13 βῶς μηδὲν παρατρέχων, ἀλλ' ἐνδιατρίβων ἑκάστῳ τῶν μελῶν. εἰ δ' ἐθέλεις, ὦ καλέ, καὶ τάδε μου ἄκουσον· ἐγὼ γὰρ πάλαι ὁρῶσά σε νέον ὄντα καὶ καλόν, ὁποῖον οὐκ οἶδ' εἴ τινα ἕτερον ἡ Φρυγία τρέφει, μακαρίζω μὲν τοῦ κάλλους, αἰτιῶμαι δὲ τὸ μὴ ἀπολιπόντα τοὺς σκοπέλους καὶ ταυτασὶ τὰς πέτρας κατ' ἄστυ ζῆν, ἀλλὰ διαφθείρειν τὸ κάλλος ἐν ἐρημίᾳ. τί μὲν γὰρ ἂν σὺ ἀπολαύσειας τῶν ὀρῶν; τί δ' ἂν ἀπόναιντο τοῦ σοῦ κάλλους αἱ βόες; ἔπρεπε δὲ ἤδη σοι καὶ γεγαμηκέναι, μὴ

APHR. Wollen wir so vorgehen!

PAR. Tretet also ihr zwei ab; du aber, Hera, warte.

HERA. Ich will warten, und wenn du mich genau gesehen hast, ist es dann für dich auch an der Zeit, auf anderes zu schauen, nämlich, ob dir auch meine Gaben, die du für deine Stimme, wenn du sie mir gibst, bekommen sollst, schön vorkommen. Falls du mir nämlich den Schönheitspreis zuerkennst, wirst du Herr von ganz Asien sein.

PAR. Mein Urteil ist nicht um Gaben feil. Aber tritt ab; das Ergebnis soll nämlich nur von meiner persönlichen Ansicht abhängen. Du aber tritt herzu, Athene.

ATH. Ich stehe schon neben dir; und dann, falls du mir, Paris, den Schönheitspreis zuerkennst, wirst du nie als Besiegter aus einer Schlacht abziehen, sondern immer als Sieger; ich werde dich nämlich zu einem siegreichen Krieger machen.

PAR. Athene, ich brauche keinen Krieg, keine Schlacht; es herrscht ja Friede, wie du siehst, in Phrygien und Lydien, kein Krieg um das Reich meines Vaters ist zu befürchten. Aber sei getrost! Du sollst nämlich nicht zu kurz kommen, auch wenn ich nicht um Geschenke meinen Schiedsspruch fälle. Aber zieh dich nun an und setz den Helm auf, ich habe dich genug gesehen. Es ist Zeit, daß die Aphrodite erscheint.

APHR. Hier bin ich bei dir. Schau alle Einzelheiten genau an, übergehe nichts, sondern hefte deine Blicke auf jedes meiner Glieder! Wenn du willst, du schöner Mann, so vernimm auch folgendes von mir: Ich habe schon längst gesehen, daß du ein schöner junger Mann bist, wie wohl kein zweiter in Phrygien heranwächst, und beglückwünsche dich zu deiner Schönheit, mache dir aber zum Vorwurf, daß du nicht diese Steine und Felsen verlassen hast, um in der Stadt zu leben, sondern deine Schönheit in der Einöde ruinierst. Denn was könntest du vom Gebirge und was könnten deine Kühe von deiner Schönheit haben? Du hättest auch schon heiraten sollen, nicht ir-

μέντοι ἀγροῖκόν τινα καὶ χωρῖτιν, οἷαι κατὰ τὴν Ἴδην αἱ γυναῖκες, ἀλλά τινα ἐκ τῆς Ἑλλάδος, ἢ Ἀργόθεν ἢ ἐκ Κορίνθου ἢ Λάκαιναν, οἷαπερ ἡ Ἑλένη ἐστί, νέα καὶ καλὴ καὶ κατ' οὐδὲν ἐλάττων ἐμοῦ, καὶ τὸ δὴ μέγιστον, ἐρωτική· ἐκείνη γὰρ δὴ εἰ καὶ μόνον θεάσαιτό σε, εὖ οἶδα ἐγώ, πάντα ἀπολιποῦσα καὶ παρασχοῦσα ἑαυτὴν ἔκδοτον ἕψεται καὶ συνοικήσει. πάντως δὲ καὶ σὺ ἀκήκοάς τι περὶ αὐτῆς.

ΠΑΡ. Οὐδέν, ὦ Ἀφροδίτη· νῦν δὲ ἡδέως ἂν ἀκούσαιμί σου τὰ πάντα διηγουμένης.

ΑΦΡ. Αὕτη θυγάτηρ μέν ἐστι Λήδας ἐκείνης τῆς κα- 14 λῆς, ἐφ' ἣν ὁ Ζεὺς κατέπτη κύκνος γενόμενος.

ΠΑΡ. Ποία δὲ τὴν ὄψιν ἐστί;

ΑΦΡ. Λευκὴ μέν, οἵαν εἰκὸς ἐκ κύκνου γεγεννημένην, ἁπαλὴ δέ, ὡς ἐν ᾠῷ τραφεῖσα, γυμνὰς τὰ πολλὰ καὶ παλαιστική, καὶ οὕτω δή τι περισπούδαστος ὥστε καὶ πόλεμον ἀμφ' αὐτῇ γενέσθαι, τοῦ Θησέως ἄωρον ἔτι ἁρπάσαντος. οὐ μὴν ἀλλ' ἐπειδήπερ ἐς ἀκμὴν κατέστη, πάντες οἱ ἄριστοι τῶν Ἀχαιῶν ἐπὶ τὴν μνηστείαν ἀπήντησαν, προεκρίθη δὲ Μενέλεως τοῦ Πελοπιδῶν γένους· εἰ δὴ θέλοις, ἐγώ σοι καταπράξομαι τὸν γάμον.

ΠΑΡ. Πῶς φής; τὸν τῆς γεγαμημένης;

ΑΦΡ. Νέος εἶ σὺ καὶ ἀγροῖκος, ἐγὼ δὲ οἶδα ὡς χρὴ τὰ τοιαῦτα δρᾶν.

ΠΑΡ. Πῶς; ἐθέλω γὰρ καὶ αὐτὸς εἰδέναι.

ΑΦΡ. Σὺ μὲν ἀποδημήσεις ὡς ἐπὶ θέαν δὴ τῆς Ἑλλάδος, 15 κἀκειδὰν ἀφίκῃ ἐς τὴν Λακεδαίμονα, ὄψεταί σε ἡ Ἑλένη, τοὐντεῦθεν δὲ ἐμὸν ἂν εἴη τὸ ἔργον, ὅπως ἐρασθήσεταί σου καὶ ἀκολουθήσει.

gendein bäurisches Landmädchen, wie die Frauen im Idagebirge, sondern eine aus Griechenland, entweder von Argos oder von Korinth oder eine Lacedaemonierin, wie die Helena eine ist, jung und schön, die in keiner Hinsicht hinter mir zurücksteht und, was das wichtigste ist, verliebter Natur ist. Wenn sie dich nämlich nur sähe, dann würde sie – ich weiß es wohl! – alles verlassen, sich dir in die Arme werfen, dir folgen und mit dir zusammenleben. Jedenfalls hast aber auch du etwas von ihr gehört.

PAR. Nichts, Aphrodite; jetzt aber möchte ich gern von dir alles hören.

APHR. Sie ist eine Tochter der schönen Leda, zu der Zeus als Schwan herabflog.

PAR. Wie schaut sie aus?

APHR. Sie ist weiß, natürlich, stammt sie doch von einem Schwan, und zart, da sie in einem Ei ausgebrütet wurde, ist in den meisten gymnastischen Spielen geübt und so begehrenswert, daß auch ein Krieg um ihretwillen entstanden ist, da sie Theseus noch als unreifes Mädchen geraubt hatte. Indessen gar erst, nachdem sie reif geworden war, fanden sich alle Fürsten der Achäer ein, um sie zu freien, vorgezogen wurde aber Menelaos aus dem Geschlechte der Pelopiden. Willst du, so werde ich dir die Ehe mit ihr zustande bringen.

PAR. Wie meinst du? Die Ehe mit der verheirateten Frau?

APHR. Du bist jung und bäurisch, ich aber weiß, wie man so etwas bewerkstelligen muß.

PAR. Wie? Ich will es nämlich ebenfalls wissen.

APHR. Du wirst eine Reise machen, angeblich um Griechenland zu sehen, und sobald du nach Lakedaimon gekommen bist, wird dich die Helena sehen, das weitere aber mag meine Aufgabe sein, daß sie sich in dich verlieben und dir folgen soll.

ΠΑΡ. Τοῦτο αὐτὸ καὶ ἄπιστον εἶναί μοι δοκεῖ, τὸ ἀπολιποῦσαν τὸν ἄνδρα ἐθελῆσαι βαρβάρῳ καὶ ξένῳ συνεκπλεῦσαι.

ΑΦΡ. Θάρρει τούτου γε ἕνεκα. παῖδε γάρ μοι ἐστὸν δύο καλώ, Ἵμερος καὶ Ἔρως, τούτω σοι παραδώσω ἡγεμόνε τῆς ὁδοῦ γενησομένω· καὶ ὁ μὲν Ἔρως ὅλος παρελθὼν ἐς αὐτὴν ἀναγκάσει τὴν γυναῖκα ἐρᾶν, ὁ Ἵμερος αὐτῷ σοι περιχυθείς, τοῦθ' αὐτὸ ὅπερ ἐστιν, ἱμερτὸν τέ ⟨σε⟩ θήσει καὶ ἐράσμιον, καὶ αὐτὴ δὲ συμπαροῦσα δεήσομαι καὶ τῶν Χαρίτων ἀκολουθεῖν, ἅπαντες αὐτὴν ἵνα πείσωμεν.

ΠΑΡ. Ὅπως μὲν ταῦτα χωρήσει, ἄδηλον, ὦ Ἀφροδίτη· πλὴν ἐρῶ γε ἤδη τῆς Ἑλένης καὶ οὐκ οἶδ' ὅπως καὶ ὁρᾶν αὐτὴν οἴομαι καὶ πλέω εὐθὺ τῆς Ἑλλάδος καὶ τῇ Σπάρτῃ ἐπιδημῶ καὶ ἐπάνειμι ἔχων τὴν γυναῖκα καὶ ἄχθομαι, ὅτι μὴ ταῦτα ἤδη πάντα ποιῶ.

ΑΦΡ. Μὴ πρότερον ἐρασθῇς, ὦ Πάρι, πρὶν ἐμὲ τὴν 16 προμνήστριαν καὶ νυμφαγωγὸν ἀμείψασθαι τῇ κρίσει· πρέποι γὰρ ἂν κἀμὲ νικηφόρον ὑμῖν συμπαρεῖναι καὶ ἑορτάζειν ἅμα καὶ τοὺς γάμους καὶ τὰ ἐπινίκια· πάντα γὰρ ἔνεστί σοι, τὸν ἔρωτα, τὸ κάλλος, τὸν γάμον, τούτου τοῦ μήλου πρίασθαι.

ΠΑΡ. Δέδοικα, μή μου ἀμελήσῃς μετὰ τὴν κρίσιν.

ΑΦΡ. Βούλει οὖν ἐπομόσωμαι;

ΠΑΡ. Μηδαμῶς, ἀλλὰ ὑπόσχου πάλιν.

ΑΦΡ. Ὑπισχνοῦμαι δή σοι τὴν Ἑλένην παραδώσειν γυναῖκα καὶ ἀκολουθήσειν γε αὐτῇ⟨ν⟩ καὶ ἀφίξεσθαι παρ' ὑμᾶς ἐς τὴν Ἴλιον, καὶ αὐτὴ παρέσομαι καὶ συμπράξω τὰ πάντα.

ΠΑΡ. Καὶ τὸν Ἔρωτα καὶ τὸν Ἵμερον καὶ τὰς Χάριτας ἄξεις;

PAR. Gerade das scheint mir unglaublich, daß sie ihren Mann verlassen sollte, um mit einem Fremdling aus einem Barbarenland in See zu stechen.

APHR. In dieser Hinsicht sei getrost! Ich habe zwei schöne Söhne, Himeros und Eros, diese werde ich dir als Wegweiser mitgeben. Und Eros soll sich ganz auf sie stürzen und sie zur Liebe zwingen, Himeros aber dich umfangen und dir gerade die Eigenschaft verleihen, die er selber hat, er soll dich nämlich reizend und begehrenswert machen. Ich werde aber auch selbst dabei sein und die Chariten (Grazien) bitten, mitzugehen, damit wir alle im Verein sie überreden.

PAR. Wie das vonstatten gehen wird, ist mir unklar, Aphrodite. Jedoch ich liebe bereits die Helena, glaube sie, ich weiß nicht wie, lebhaft vor mir zu sehen, steuere auf Griechenland zu, weile in Sparta und kehre mit der Frau zurück – und bedaure, daß das alles nicht schon wirklich ist.

APHR. Verliebe dich, Paris, nicht früher, bevor du mir meine Dienste als Brautwerberin und Brautführerin mit deinem Schiedsspruch vergolten hast. Es würde sich ja gehören, daß auch ich als Siegerin bei euch wäre, um zugleich eure Hochzeit und meinen Sieg zu feiern. Du kannst ja alles um diesen Apfel kaufen, die Liebe, die Schönheit, die Hochzeit.

PAR. Ich fürchte, du könntest dich nach dem Schiedsspruch um mich nicht mehr kümmern.

APHR. Soll ich dir also einen Eid leisten?

PAR. Keineswegs, sondern wiederhole dein Versprechen!

APHR. Ich verspreche dir also, daß ich dir die Helena zur Frau geben werde, daß sie mitfahren und zu euch nach Ilion kommen wird, und ich werde selber dabei sein und überall mithelfen.

PAR. Wirst du auch den Eros, den Himeros und die Chariten mitbringen?

ΑΦΡ. Θάρρει, καὶ τὸν Πόθον καὶ τὸν Ὑμέναιον ἔτι πρὸς τούτοις παραλήψομαι.

ΠΑΡ. Οὐκοῦν ἐπὶ τούτοις δίδωμι τὸ μῆλον, ἐπὶ τούτοις λάμβανε.

21.

Ἄρεως καὶ Ἑρμοῦ

ΑΡ. Ἤκουσας, ὦ Ἑρμῆ, οἷα ἠπείλησεν ἡμῖν ὁ Ζεύς, ὡς 1 ὑπεροπτικὰ καὶ ἀπίθανα; Ἢν ἐθελήσω, φησίν, ἐγὼ μὲν ἐκ τοῦ οὐρανοῦ σειρὰν καθήσω, ὑμεῖς δὲ ἀποκρεμασθέντες κατασπᾶν βιάσεσθέ με, ἀλλὰ μάτην πονήσετε· οὐ γὰρ δὴ καθελκύσετε· ἐγὼ δὲ εἰ θελήσαιμι ἀνελκύσαι, οὐ μόνον ὑμᾶς, ἀλλὰ καὶ τὴν γῆν ἅμα καὶ τὴν θάλατταν συναρτήσας μετεωριῶ· καὶ τἆλλα ὅσα καὶ σὺ ἀκήκοας. ἐγὼ δὲ ὅτι μὲν καθ' ἕνα πάντων ἀμείνων καὶ ἰσχυρότερός ἐστιν οὐκ ἂν ἀρνηθείην, ὁμοῦ δὲ τῶν τοσούτων ὑπερφέρειν, ὡς μὴ καταπονήσειν αὐτόν, ἢν καὶ τὴν γῆν καὶ τὴν θάλατταν προσλάβωμεν, οὐκ ἂν πεισθείην.

ΕΡΜ. Εὐφήμει, ὦ Ἄρες· οὐ γὰρ ἀσφαλὲς λέγειν τὰ 2 τοιαῦτα, μὴ καί τι κακὸν ἀπολαύσωμεν τῆς φλυαρίας.

ΑΡ. Οἴει γάρ με πρὸς πάντας ἂν ταῦτα εἰπεῖν, οὐχὶ δὲ πρὸς μόνον σέ, ὃν ἐχεμυθεῖν ἠπιστάμην; ὃ γοῦν μάλιστα γελοῖον ἔδοξέ μοι ἀκούοντι μεταξὺ τῆς ἀπειλῆς, οὐκ ἂν δυναίμην σιωπῆσαι πρὸς σέ· μέμνημαι γὰρ οὐ πρὸ πολλοῦ, ὁπότε ὁ Ποσειδῶν καὶ ἡ Ἥρα καὶ ἡ Ἀθηνᾶ ἐπαναστάντες ἐπεβούλευον ξυνδῆσαι λαβόντες αὐτόν, ὡς παντοῖος ἦν δεδιώς, καὶ ταῦτα τρεῖς ὄντας, καὶ εἰ μή γε ἡ Θέτις κατελεήσασα ἐκάλεσεν αὐτῷ σύμμαχον Βρι-

APHR. Sei ohne Sorge, auch den Pothos und den Hymenaios werde ich dazunehmen.

PAR. Also unter dieser Bedingung gebe ich dir den Apfel, unter dieser Bedingung nimm ihn hin.

21.

Ares und Hermes

AR. Hast du, Hermes, gehört, wie uns Zeus bedroht hat, wie übermütig und unglaublich? „Falls ich will", meint er, „werde ich vom Himmel eine Kette hinablassen, ihr aber möget euch daran hängen und mich mit aller Gewalt herabzuziehen versuchen; trotzdem werdet ihr euch vergebens anstrengen, ihr werdet mich ja nicht hinabziehen. Wenn ich aber die Kette heraufziehen wollte, würde ich nicht bloß euch, sondern auch die Erde zugleich und das Meer damit heraufbringen" usw., lauter Worte, die ja auch du gehört hast. Daß er nun stärker und kräftiger ist als alle, einzelgenommen, möchte ich nicht in Abrede stellen, daß er aber so vielen zusammen überlegen sei, daß wir ihn nicht niederringen könnten, falls wir auch die Erde und das Meer dazunähmen, das möchte ich mir nicht weismachen lassen.

HERM. Sei still, Ares; es ist ja nicht ungefährlich, so etwas zu sagen, unser Geschwätz könnte uns teuer zu stehen kommen.

AR. Meinst du denn, ich würde das zu allen sagen und nicht zu dir allein, bei dem ich auf Verschwiegenheit rechnete? Was mir freilich am meisten lächerlich vorkam beim Anhören der Drohung, möchte ich dir gegenüber nicht verschweigen. Ich habe nämlich etwas, was sich vor nicht langer Zeit abgespielt hat, im Gedächtnis: als Poseidon, Hera und Athene in einem Aufstand ihn zu fassen und zu fesseln beabsichtigten, wie nahm da seine Furcht alle möglichen Formen an, und das, obwohl es sich nur um drei handelte; und hätte nicht die

άρεων έκατόγχειρα όντα, κάν έδέδετο αύτω κεραυνώ και βροντή. ταΰτα λογιζομένω έπήει μοι γελάν έπι τή καλλιρρημοσύνη αύτοΰ.

ΕΡΜ. Σιώπα, φημί· ού γάρ άσφαλες ούτε σοι λέγειν ούτ' έμοι άκούειν τά τοιαΰτα.

22.

Πανός καί Έρμοΰ

ΠΑΝ. Χαίρε, ώ πάτερ Έρμη.

ΕΡΜ. Νή καί σύ γε. άλλά πώς έγώ σός πατήρ;

ΠΑΝ. Ούχ ό Κυλλήνιος Έρμης ών τυγχάνεις;

ΕΡΜ. Καί μάλα. πώς ούν υιός έμός εί;

ΠΑΝ. Μοιχίδιός είμι, έξαίρετός σοι γενόμενος.

ΕΡΜ. Νή Δία, τράγου ίσως τινός μοιχεύσαντος αίγα· έμοί γάρ πώς, κέρατα έχων καί ρίνα τοιαύτην καί πώγωνα λάσιον καί σκέλη διχηλά καί τραγικά καί ούράν ύπέρ τάς πυγάς;

ΠΑΝ. Όπόσα άν άποσκώψης έμέ, τόν σεαυτοΰ υιόν, ώ πάτερ, έπονείδιστον άποφαίνεις, μάλλον δέ σεαυτόν, ός τοιαΰτα γεννας καί παιδοποιείς, έγώ δέ άναίτιος.

ΕΡΜ. Τίνα δέ καί φής σου μητέρα; ή που έλαθον αίγα μοιχεύσας έγωγε;

ΠΑΝ. Ούκ αίγα έμοίχευσας, άλλ' άνάμνησον σεαυτόν, εί ποτε έν Άρκαδία παίδα έλευθέραν έβιάσω. τί δακών τόν δάκτυλον ζητείς καί έπί πολύ άπορείς; τήν Ίκαρίου λέγω Πηνελόπην.

Thetis aus Mitleid mit ihm den hundertarmigen Briareos ihm zu Hilfe gerufen, so wäre er mitsamt seinem Blitz und Donner gefesselt worden. Als ich daran dachte, kam es mir in den Sinn, über seine Großsprecherei zu lachen.

HERM. Schweig, sage ich; denn es wäre weder für dich ungefährlich, so etwas zu sagen, noch für mich, es anzuhören.

22.

Pan und Hermes

PAN. Meinen Gruß, Vater Hermes!

HERM. Ich erwidere ihn meinerseits. Aber wieso bin ich dein Vater?

PAN. Bist du nicht der Hermes vom Kyllenegebirge?

HERM. Ja gewiß, aber wieso bist du mein Sohn?

PAN. Ich bin ein uneheliches Kind von dir und zwar ein außerordentliches.

HERM. Ja beim Zeus, vielleicht das uneheliche Kind eines Bockes und einer Ziege; denn wie sollst du mein Kind sein, wo du Hörner hast, eine solche Nase, einen zottigen Bart, Bocksschenkel mit gespaltenen Hufen und einen Schweif über dem Hintern?

PAN. Durch alle Worte, mit denen du mich verspottest, schmähst du, Vater, deinen eigenen Sohn, vielmehr dich selbst, der du solche Kinder zeugst und in die Welt setzt. Ich aber kann nichts dafür.

HERM. Wen bezeichnest du als deine Mutter? Habe ich etwa, ohne es zu wissen, mit einer Ziege ein Verhältnis gehabt?

PAN. Nicht mit einer Ziege, sondern erinnere dich nur, ob du einmal in Arkadien nicht ein freigeborenes Mädchen vergewaltigt hast. Was beißt du dich in den Finger und denkst nach und bist so verlegen? Ich meine Penelope, Tochter eines Ikarios.

ΕΡΜ. Εἶτα τί παθοῦσα ἐκείνη ἀντ' ἐμοῦ τράγῳ σε ὅμοιον ἔτεκεν;

ΠΑΝ. Αὐτῆς ἐκείνης λόγον σοι ἐρῶ· ὅτε γάρ με ἐξέπεμπεν 2 ἐπὶ τὴν Ἀρκαδίαν, Ὦ παῖ, μήτηρ μέν σοι, ἔφη, ἐγώ εἰμι, Πηνελόπη ἡ Σπαρτιᾶτις, τὸν πατέρα δὲ γίνωσκε θεὸν ἔχων Ἑρμῆν, Μαίας καὶ Διός. εἰ δὲ κερασφόρος καὶ τραγοσκελὴς εἶ, μὴ λυπείτω σε· ὁπότε γάρ μοι συνῄει ὁ πατὴρ ὁ σός, τράγῳ ἑαυτὸν ἀπείκασεν, ὡς λάθοι, καὶ διὰ τοῦτο ὅμοιος ἀπέβης τῷ τράγῳ.

ΕΡΜ. Νὴ Δία, μέμνημαι ποιήσας τοιοῦτόν τι. ἐγὼ οὖν ὁ ἐπὶ κάλλει μέγα φρονῶν, ἔτι ἀγένειος αὐτὸς ὢν σὸς πατὴρ κεκλήσομαι καὶ γέλωτα ὀφλήσω παρὰ πᾶσιν ἐπὶ τῇ εὐπαιδίᾳ;

ΠΑΝ. Καὶ μὴν οὐ καταισχύνω σε, ὦ πάτερ· μουσικός τε 3 γάρ εἰμι καὶ συρίζω πάνυ καπυρόν, καὶ ὁ Διόνυσος οὐδὲν ἐμοῦ ἄνευ ποιεῖν δύναται, ἀλλὰ ἑταῖρον καὶ θιασώτην πεποίηταί με, καὶ ἡγοῦμαι αὐτῷ τοῦ χοροῦ· καὶ τὰ ποίμνια δὲ εἰ θεάσαιό μου, ὁπόσα περὶ Τεγέαν καὶ ἀνὰ τὸ Παρθένιον ἔχω, πάνυ ἡσθήσῃ· ἄρχω δὲ καὶ τῆς Ἀρκαδίας ἁπάσης· πρῴην δὲ καὶ Ἀθηναίοις συμμαχήσας οὕτως ἠρίστευσα Μαραθῶνι, ὥστε καὶ ἀριστεῖον ᾑρέθη μοι τὸ ὑπὸ τῇ ἀκροπόλει σπήλαιον. ἢν γοῦν ἐς Ἀθήνας ἔλθῃς, εἴσῃ ὅσον ἐκεῖ τοῦ Πανὸς ὄνομα.

ΕΡΜ. Εἰπὲ δέ μοι, γεγάμηκας, ὦ Πάν, ἤδη; τοῦτο γάρ, 4 οἶμαι, καλοῦσί σε.

ΠΑΝ. Οὐδαμῶς, ὦ πάτερ· ἐρωτικὸς γάρ εἰμι καὶ οὐκ ἂν ἀγαπήσαιμι συνὼν μιᾷ.

ΕΡΜ. Ταῖς οὖν αἰξὶ δηλαδὴ ἐπιχειρεῖς.

HERM. Ja, was fiel ihr denn ein, dich einem Bock statt mir ähnlich zu gebären?

PAN. Ich werde dir sagen, was sie mir erzählt hat. Als sie mich nämlich nach Arkadien schickte, sprach sie: „Mein Sohn, ich bin deine Mutter, Penelope aus Sparta, zum Vater aber, wisse, hast du Hermes, Sohn der Maja und des Zeus. Wenn du aber Hörner und Bocksfüße hast, soll dich das nicht kränken. Als nämlich dein Vater mit mir verkehrte, nahm er die Gestalt eines Bockes an, um verborgen zu bleiben, und deshalb wurdest du dem Bock ähnlich."

HERM. Beim Zeus, ich erinnere mich, daß ich so etwas tat. Ich also, der ich mir auf meine Schönheit viel einbilde, der ich selber noch bartlos bin, soll dein Vater heißen und wegen meines schönen Sohnes von aller Welt ausgelacht werden?

PAN. Indes, ich mache dir keine Schande, Vater. Ich bin nämlich musikalisch und blase recht harmonisch auf der Hirtenflöte und Dionysos kann ohne mich nichts tun, sondern hat mich zu seinem Gefährten und Festgenossen gemacht: ich führe seinen Reigen. Und wolltest du erst meine Herden ansehen, soviel ich in der Umgebung von Tegea und auf dem Partheniongebirge habe, würdest du dich sehr freuen. Auch herrsche ich über ganz Arkadien. Kürzlich habe ich mich als Bundesgenosse der Athener bei Marathon so ausgezeichnet, daß mir zum Lohn die am Fuß der Akropolis gelegene Grotte zuerkannt wurde. Falls du also nach Athen kommst, wirst du erfahren, wie viel dort Pans Name gilt.

HERM. Sag' mir, Pan (so nennt man dich halt), hast du schon geheiratet?

PAN. Keineswegs, Vater. Ich bin nämlich verliebter Natur und könnte mich nicht begnügen, mit einer einzigen verheiratet zu sein.

HERM. Du hast es offenbar auf die Ziegen abgesehen.

ΠΑΝ. Σὺ μὲν σκώπτεις, ἐγὼ δὲ τῇ τε Ἠχοῖ καὶ τῇ Πίτυϊ σύνειμι καὶ ἁπάσαις ταῖς τοῦ Διονύσου Μαινάσι καὶ πάνυ σπουδάζομαι πρὸς αὐτῶν.

ΕΡΜ. Οἶσθα οὖν, ὦ τέκνον, ὅ τι χαρίσῃ τὸ πρῶτον αἰτοῦντί μοι;

ΠΑΝ. Πρόσταττε, ὦ πάτερ· ἡμεῖς μὲν εἰδῶμεν ταῦτα.

ΕΡΜ. Καὶ πρόσιθί μοι καὶ φιλοφρονοῦ· πατέρα δὲ ὅρα μὴ καλέσῃς με ἄλλου ἀκούοντος.

23.

Ἀπόλλωνος καὶ Διονύσου

ΑΠ. Τί ἂν λέγοιμεν; ὁμομητρίους, ὦ Διόνυσε, ἀδελφοὺς ὄντας Ἔρωτα καὶ Ἑρμαφρόδιτον καὶ Πρίαπον ἀνομοιοτάτους εἶναι τὰς μορφὰς καὶ τὰ ἐπιτηδεύματα; ὁ μὲν γὰρ πάγκαλος καὶ τοξότης καὶ δύναμιν οὐ μικρὰν περιβεβλημένος ἁπάντων ἄρχων, ὁ δὲ θῆλυς καὶ ἡμίανδρος καὶ ἀμφίβολος τὴν ὄψιν· οὐκ ἂν διακρίναις εἴτ' ἔφηβός ἐστιν εἴτε καὶ παρθένος· ὁ δὲ καὶ πέρα τοῦ εὐπρεποῦς ἀνδρικὸς ὁ Πρίαπος.

ΔΙΟ. Μηδὲν θαυμάσῃς, ὦ Ἄπολλον· οὐ γὰρ Ἀφροδίτη αἰτία τούτου, ἀλλὰ οἱ πατέρες διάφοροι γεγενημένοι, ὅπου γε καὶ ὁμοπάτριοι πολλάκις ἐκ μιᾶς γαστρὸς ὁ μὲν ἄρσην, ἡ δὲ θήλεια, ὥσπερ ὑμεῖς, γίνονται.

ΑΠ. Ναί· ἀλλ' ἡμεῖς ὅμοιοί ἐσμεν καὶ ταὐτὰ ἐπιτηδεύομεν· τοξόται γὰρ ἄμφω.

ΔΙΟ. Μέχρι μὲν τόξου τὰ αὐτά, ὦ Ἄπολλον, ἐκεῖνα δὲ οὐχ ὅμοια, ὅτι ἡ μὲν Ἄρτεμις ξενοκτονεῖ ἐν Σκύθαις, σὺ δὲ μαντεύῃ καὶ ἰᾷ τοὺς κάμνοντας.

PAN. Du spottest; ich verkehre mit Echo und Pitys und allen Mänaden des Dionysos, bei denen ich sehr beliebt bin.

HERM. Weißt du also, liebes Kind, welchen Gefallen du mir vor allem erweisen sollst?

PAN. Befiehl nur, mein Vater, ich will wissen, was es ist.

HERM. So komm zu mir und umarme mich; schau aber, daß du mich vor niemand Vater nennst.

23.

Apollo und Dionysos

AP. Was sollen wir dazu sagen, Dionysos, daß Eros, Hermaphroditos und Priapos Brüder von derselben Mutter und trotzdem in ihren Gestalten und ihren Beschäftigungen einander ganz unähnlich sind? Denn der erste ist wunderschön, ein Bogenschütze und verfügt über keine geringe Macht, durch die er aller Herr ist, der zweite ist weibisch, nur ein halber Mann und hat ein zweideutiges Äußeres, so daß man nicht unterscheiden kann, ob er ein junger Mann oder ein Mädchen ist; der dritte, der Priap, ist sogar mehr männlich, als dem Anstand entspricht.

DIO. Wundere dich nicht, Apoll. Es ist ja nicht die Aphrodite daran schuld, sondern die Verschiedenheit der Väter, kommen doch auch von dem gleichen Vater und aus demselben Mutterleibe Kinder verschiedenen Geschlechtes zur Welt wie ihr.

AP. Ja, aber wir sind einander gleich und haben dieselben Beschäftigungen; Bogenschützen sind wir ja beide.

DIO. Soweit das den Bogen angeht, besteht Gleichheit, das weitere aber ist nicht mehr gleich, daß nämlich Artemis im Skythenlande die Fremden mordet, du hingegen wahrsagst und die Kranken heilst.

ΑΠ. Οἴει γὰρ τὴν ἀδελφὴν χαίρειν τοῖς Σκύθαις, ἥ γε καὶ παρεσκεύασται, ἥν τις Ἕλλην ἀφίκηταί ποτε ἐς τὴν Ταυρικήν, συνεκπλεῦσαι μετ' αὐτοῦ μυσαττομένη τὰς σφαγάς;

ΔΙΟ. Εὖ γε ἐκείνη ποιοῦσα. ὁ μέντοι Πρίαπος (γελοῖον 2 γάρ τί σοι διηγήσομαι πρώην ἐν Λαμψάκῳ γενόμενον)· ἐγὼ μὲν παρῄειν τὴν πόλιν, ὁ δὲ ὑποδεξάμενός με καὶ ξενίσας παρ' αὑτῷ, ἐπειδὴ ἀνεπαυσάμεθα ἐν τῷ συμποσίῳ ἱκανῶς ὑποβεβρεγμένοι, κατ' αὐτάς που μέσας νύκτας ἐπαναστὰς ὁ γενναῖος – αἰδοῦμαι λέγειν.

ΑΠ. Ἐπείρα σε, Διόνυσε;

ΔΙΟ. Τοιοῦτόν ἐστι.

ΑΠ. Σὺ δὲ τί πρὸς ταῦτα;

ΔΙΟ. Τί γὰρ ἄλλο ἢ ἐγέλασα;

ΑΠ. Εὖ γε, τὸ μὴ χαλεπῶς μηδὲ ἀγρίως· συγγνωστὸς γάρ, εἰ καλόν σε οὕτως ὄντα ἐπείρα.

ΔΙΟ. Τούτου μὲν ἕνεκα καὶ ἐπὶ σὲ ἄν, ὦ Ἄπολλον, ἀγάγοι τὴν πεῖραν· καλὸς γὰρ σὺ καὶ κομήτης, ὡς καὶ νήφοντα ἄν σοι τὸν Πρίαπον ἐπιχειρῆσαι.

ΑΠ. Ἀλλ' οὐκ ἐπιχειρήσει γε, ὦ Διόνυσε· ἔχω γὰρ μετὰ τῆς κόμης καὶ τόξα.

24.

Ἑρμοῦ καὶ Μαίας

ΕΡΜ. Ἔστι γάρ τις, ὦ μῆτερ, ἐν οὐρανῷ θεὸς ἀθλιώτε- 1 ρος ἐμοῦ;

ΜΑΙ. Μὴ λέγε, ὦ Ἑρμῆ, τοιοῦτον μηδέν.

AP. Meinst du, daß meine Schwester ihre Freude an den Skythen hat, wo sie doch alle Vorbereitungen getroffen hat, falls ein Grieche einmal ins Taurerland kommt, mit ihm abzusegeln, aus Abscheu vor den Schlächtereien?

DIO. Sie tut recht daran. Priap jedoch (ich will dir nämlich etwas Lächerliches erzählen, was sich kürzlich in Lampsakos ereignet hat): ich also wollte an der Stadt vorbeireisen, er aber nahm mich auf und bewirtete mich bei sich und als wir nun, nachdem wir uns beim Trinkgelage ziemlich bezecht hatten, zur Ruhe gegangen waren, da stand so ungefähr um Mitternacht der Schelm auf und trat zu mir – ich schäme mich, weiterzuerzählen.

AP. Suchte er dich zu verführen, Dionysos?

DIO. So etwas ist es.

AP. Und wie verhieltest du dich dazu?

DIO. Wie sonst? Ich mußte lachen.

AP. Bravo, daß du nicht zornig oder wild dich benahmst; man muß es ihm ja verzeihen, wenn er dich bei deiner Schönheit verführen wollte.

DIO. In dieser Hinsicht könnte er seine Verführungsabsicht auch gegen dich, Apollo, richten; denn du bist schön und hast lange Haare, so daß sich Priap an dir auch in nüchternem Zustand vergreifen könnte.

AP. Aber er wird sich nicht vergreifen, Dionysos; ich habe nämlich nicht nur langes Haar sondern auch meinen Bogen.

24.

Hermes und Maja

HERM. Gibt es, Mutter, einen unglückseligeren Gott im Himmel als mich?

MAJ. Sag nicht so etwas, Hermes!

ερ. Τί μή λέγω, δς τοσαῦτα πράγματα έχω, μόνος κάμνων καί πρός τοσαύτας ύπηρεσίας διασπώμενος; έωθεν μέν γάρ έξαναστάντα σαίρειν τό συμπόσιον δεῖ καί διαστρώσαντα τήν κλισίαν εύθετίσαντά τε έκαστα παρεστάναι τῷ Διί καί διαφέρειν τάς αγγελίας παρ' αύτοῦ άνω καί κάτω ήμεροδρομοῦντα, καί έπανελθόντα έτι κεκονιμένον παρατιθέναι τήν αμβροσίαν· πρίν δέ τον νεώνητον τοῦτον οἰνοχόον ήκειν, καί τό νέκταρ έγώ ένέχεον. τό δέ πάντων δεινότατον, ὅτι μηδέ νυκτός καθεύδω μόνος τῶν άλλων, άλλα δεῖ με καί τότε τῷ Πλούτωνι ψυχαγωγεῖν καί νεκροπομπόν εἶναι καί παρεστάναι τῷ δικαστηρίῳ· οὐ γάρ ἱκανά μοι τά τῆς ημέρας έργα, έν παλαίστραις εἶναι καί ταῖς έκκλησίαις κηρύττειν καί ρήτορας έκδιδάσκειν, άλλ' έτι καί νεκρικά συνδιαπράττειν μεμερισμένον. καίτοι τά μέν τῆς Λήδας τέκνα παρ' ήμέραν έκάτερος έν ούρανῷ ή έν ᾅδου είσίν, έμοί δέ καθ' έκάστην ήμέραν κάκεῖνα καί ταῦτα ποιεῖν άναγκαῖον, καί οἱ μέν Άλκμήνης καί Σεμέλης έκ γυναικῶν δυστήνων γενόμενοι εὐωχοῦνται άφρόντιδες, ὁ δέ Μαίας τῆς Άτλαντίδος διακονοῦμαι αύτοῖς. καί νῦν άρτι ήκοντά με άπό Σιδῶνος παρά τῆς Κάδμου θυγατρός, έφ' ήν πέπομφέ με όψόμενον ὅ τι πράττει ή παῖς, μηδέ άναπνεύσαντα πέπομφεν αὖθις ές τό "Αργος έπισκεψόμενον τήν Δανάην, εἶτ' έκεῖθεν ές Βοιωτίαν, φησίν, έλθών έν παρόδῳ τήν Αντιόπην ίδέ. καί όλως άπηγόρευκα ήδη. εἰ γοῦν δυνατόν ήν, ήδέως άν ήξίωσα πεπρᾶσθαι, ώσπερ οἱ έν γῇ κακῶς δουλεύοντες.

ΜΑΙ. Έα ταῦτα, ὦ τέκνον· χρή γάρ πάντα ύπηρετεῖν τῷ πατρί νεανίαν όντα. καί νῦν ώσπερ έπέμφθης, σόβει

HERM. Warum soll ich es nicht sagen, da ich so viele Geschäfte habe, mich allein plagen und mich für soviele Dienstleistungen gleichsam zerteilen muß? Bin ich nämlich in der Früh aufgestanden, so heißt es, den Speisesaal auskehren, die Polster auf die Sitze legen, alles herrichten und dann dem Zeus aufwarten, seine Botschaften hinauf und hinunter als Laufbursche austragen; und kehre ich zurück, noch voller Staub, so muß ich ihm die Ambrosia vorsetzen; bevor aber dieser neugekaufte Mundschenk kam, schenkte ich auch den Nektar ein. Das Allerschlimmste aber ist, daß ich allein von allen nicht einmal bei Nacht schlafe, sondern dann dem Pluton Seelen zuführen, Totengeleiter sein und dem Gerichtshof aufwarten muß. Meine Arbeiten bei Tag sind ja nicht genug, nämlich in den Ringschulen zu sein, für die Volksversammlungen den Herold abzugeben und Redner zu belehren, nein, ich muß mich auch noch an Totenangelegenheiten beteiligen, so zersplittert ist meine Tätigkeit. Jedoch die beiden Kinder der Leda sind Tag für Tag im Himmel oder im Hades, ich hingegen muß jeden Tag an beiden Orten tätig sein. Und die Söhne der Alkmene und der Semele, die von unglückseligen Weibern geboren wurden, schmausen sorglos, ich aber, der Sohn der Maja, Tochter des Atlas, muß ihnen aufwarten. Und jetzt hat er mich, eben aus Sidon von Kadmos' Tochter gekommen, zu der er mich geschickt hatte, um nachzusehen, was die Maid macht, wieder, ohne daß ich mich auch nur hätte ausschnaufen können, nach Argos gesendet, um die Danaë zu besuchen. „Hernach", sagt er, „begib dich von dort nach Böotien und schau im Vorbeigehen nach der Antiope." Und ich bin schon ganz müde. Wäre es also möglich, so würde ich gern dafür sein, er verkauft mich, wie das auf Erden bei den Sklaven der Fall ist, die es schlecht mit ihren Herren getroffen haben.

MAJ. Laß das, Kind; man muß je seinem Vater alle Dienste leisten, wenn man jung ist. Und so flieg jetzt, deinem Auftrag gemäß, eilends nach Argos und sodann nach Böotien, damit

ές Άργος, είτα ές τήν Βοιωτίαν, μή καί πληγάς βραδύνων λάβης· όξύχολοι γάρ οι έρώντες.

25.

Διός καί 'Ηλίου

ΖΕΥΣ. Οία πεποίηκας, ώ Τιτάνων κάκιστε; άπολώλεκας 1
τά έν τη γη άπαντα, μειρακίω άνοήτω πιστεύσας τό
άρμα, ός τά μέν κατέφλεξε πρόσγειος ένεχθείς, τά δέ υπό
κρύους διαφθαρήναι έποίησε πολύ αυτών άποσπάσας
τό πύρ, καί όλως ουδέν ό τι ού ξυνετάραξε καί ξυνέχεε,
καί εί μή έγώ ξυνείς τό γιγνόμενον κατέβαλον αυτόν
τω κεραυνώ, ουδέ λείψανον άνθρώπων έπέμεινεν άν·
τοιούτον ήμίν ηνίοχον τόν καλόν καί διφρηλάτην έκπέπομφας.

ΗΛ. Ήμαρτον, ώ Ζεύ, άλλά μή χαλέπαινε, εί έπείσθην
υίω πολλά ικετεύοντι· πόθεν γάρ άν καί ήλπισα τηλικούτο γενήσεσθαι κακόν;

ΖΕΥΣ. Ούκ ήδεις, όσης έδείτο ακριβείας τό πράγμα καί
ώς, εί βραχύ τις έκβαίη της όδού, οίχεται πάντα;
ηγνόεις δέ καί τών ίππων τόν θυμόν, ώς δεί ξυνέχειν
άνάγκη τόν χαλινόν; εί γάρ ένδοίη τις, άφηνιάζουσιν
ευθύς, ώσπερ άμέλει καί τούτον έξήνεγκαν, άρτι μέν έπί
τά λαιά, μετ' ολίγον δέ έπί τά δεξιά καί ές τό έναντίον
τού δρόμου ενίοτε καί άνω καί κάτω, όλως ένθα έβούλοντο αυτοί· ό δέ ούκ είχεν ό τι χρήσαιτο αύτοίς.

ΗΛ. Πάντα μέν ήπιστάμην ταύτα καί διά τούτο άντείχον 2
έπί πολύ καί ούκ έπίστευον αύτω τήν έλασιν· έπεί δέ
κατελιπάρησε δακρύων καί ή μήτηρ Κλυμένη μετ' αυτού, άναβιβασάμενος έπί τό άρμα υπεθέμην, όπως μέν

du nicht auch Schläge kriegst, wenn du säumst; denn alle Verliebten sind jähzornig.

25.
Zeus und Helios

ZEUS. Was hast du da getan, du schlimmster aller Titanen? Du hast alles auf Erden vernichtet, indem du deinen Wagen einem unvernünftigen Bürschchen anvertrautest, der die einen Gegenden, der Erde zu nahe gekommen, in Brand steckte, die anderen erfrieren ließ, weil er das Feuer zu weit von ihnen entfernte, und überhaupt überall Verwirrung und Durcheinander anrichtete. Und hätte ich nicht, als ich merkte, was vorging, ihn mit dem Blitz erschlagen, so wären nicht einmal Reste der Menschen übrig geblieben. Solch ein Kerl war der schöne Kutscher und Wagenlenker, den du uns in die Welt gesendet hast.

HEL. Ich habe gefehlt, Zeus, aber zürne nicht, wenn ich der inständigen Bitte meines Sohnes nachgab. Woher hätte ich denn erwarten können, daß so ein Unglück geschehen würde?

ZEUS. Wußtest du nicht, wie großer Genauigkeit es da bedürfe und daß, wiche man nur um eine kurze Strecke von der Bahn ab, alles zugrunde gehen würde? Kanntest du auch nicht den Ungestüm der Rosse, daß man sie im Zaum halten muß? Wenn man ihnen nämlich nachgibt, streifen sie gleich die Zügel ab, wie sie natürlich auch mit diesem Jungen durchgingen, jetzt nach links, bald nach rechts, manchmal auch in entgegengesetzter Richtung ihrer Bahn hinauf und hinab, kurz und gut dort, wo sie selber wollten. Er aber wußte nicht, was er mit ihnen anfangen sollte.

HEL. Ich war mir darüber durchaus im klaren, sträubte mich deshalb lange und wollte ihm die Lenkung der Rosse nicht anvertrauen. Nachdem er aber unter Tränen mich anflehte und seine Mutter Klymene mit ihm, ließ ich ihn den Wagen besteigen, gab ihm aber Vorschriften, wie er selber fest darauf

χρὴ βεβηκέναι αὐτόν, ἐφ' ὁπόσον δὲ ἐς τὸ ἄνω ἀφέντα ὑπερενεχθῆναι, εἶτα ἐς τὸ κάταντες αὖθις ἐπινεύειν, καὶ ὡς ἐγκρατῆ εἶναι τῶν ἡνιῶν καὶ μὴ ἐφιέναι τῷ θυμῷ τῶν ἵππων· εἶπον δὲ καὶ ἡλίκος ὁ κίνδυνος, εἰ μὴ ὀρθὴν ἐλαύνοι· ὁ δὲ – παῖς γὰρ ἦν – ἐπιβὰς τοσούτου πυρὸς καὶ ἐπικύψας ἐς βάθος ἀχανὲς ἐξεπλάγη, ὡς τὸ εἰκός· οἱ δὲ ἵπποι ὡς ᾔσθοντο οὐκ ὄντα ἐμὲ τὸν ἐπιβεβηκότα, καταφρονήσαντες τοῦ μειρακίου ἐξετράποντο τῆς ὁδοῦ καὶ τὰ δεινὰ ταῦτα ἐποίησαν· ὁ δὲ τὰς ἡνίας ἀφείς, οἶμαι δεδιὼς μὴ ἐκπέσῃ αὐτός, εἴχετο τῆς ἄντυγος. ἀλλὰ ἐκεῖνός τε ἤδη ἔχει τὴν δίκην κἀμοί, ὦ Ζεῦ, ἱκανὸν τὸ πένθος.

ΖΕΥΣ. Ἱκανὸν λέγεις τοιαῦτα τολμήσας; νῦν μὲν οὖν συγ- 3
γνώμην ἀπονέμω σοι, ἐς δὲ τὸ λοιπόν, ἤν τι ὅμοιον παρανομήσῃς ἢ τινα τοιοῦτον σεαυτοῦ διάδοχον ἐκπέμψῃς, αὐτίκα εἴσῃ, ὁπόσον τοῦ σοῦ πυρὸς ὁ κεραυνὸς πυρωδέστερος. ὥστε ἐκεῖνον μὲν αἱ ἀδελφαὶ θαπτέτωσαν ἐπὶ τῷ Ἠριδανῷ, ἵναπερ ἔπεσεν ἐκδιφρευθείς, ἤλεκτρον ἐπ' αὐτῷ δακρύουσαι, καὶ αἴγειροι γενέσθωσαν ἐπὶ τῷ πάθει, σὺ δὲ ξυμπηξάμενος τὸ ἅρμα – κατέαγε δὲ καὶ ὁ ῥυμὸς αὐτοῦ καὶ ἅτερος τῶν τροχῶν συντέτριπται – ἔλαυνε ὑπαγαγὼν τοὺς ἵππους. ἀλλὰ μέμνησο τούτων ἁπάντων.

26.

Ἀπόλλωνος καὶ Ἑρμοῦ

ΑΠ. Ἔχεις μοι εἰπεῖν, ὦ Ἑρμῆ, πότερος ὁ Κάστωρ ἐστὶ 1
τούτων ἢ πότερος ὁ Πολυδεύκης; ἐγὼ γὰρ οὐκ ἂν διακρίναιμι αὐτούς.

ΕΡΜ. Ὁ μὲν χθὲς ἡμῖν ξυγγενόμενος ἐκεῖνος Κάστωρ ἦν, οὗτος δὲ Πολυδεύκης.

ΑΠ. Πῶς διαγινώσκεις; ὅμοιοι γάρ.

stehen müsse, wie weit er nach oben fahren, hernach wieder nach unten sich senken dürfe und daß er die Zügel in seiner Gewalt behalten müsse und dem Ungestüm der Rosse nicht nachgeben dürfe. Ich sagte ihm auch, wie groß die Gefahr sei, wenn er nicht geradenwegs führe. Kaum hatte er aber — er war ja noch ein Knabe — den Feuerwagen bestiegen und sich zur unermeßlichen Tiefe vorgebeugt, so erschrak er natürlich. Wie aber die Rosse merkten, daß nicht ich auf dem Wagen stand, da verachteten sie das Bürschchen, kamen von der Bahn ab und stellten diese schrecklichen Dinge an. Er aber ließ die Zügel fahren und hielt sich, aus Furcht halt, er könnte herausfallen, am Wagenrand fest. Aber er hat nunmehr dafür gebüßt und ich habe, Zeus, genug Gram.

ZEUS. Genug meinst du für ein solches Wagnis? Jetzt allerdings gewähre ich dir Verzeihung; solltest du aber fürderhin wieder dich ähnlich gegen die Weltordnung vergehen oder einen solchen Stellvertreter von dir aussenden, so wirst du sofort erkennen, wie sehr mein Blitz feuriger ist als dein Feuer. Ihn sollen also seine Schwestern am Eridanus bestatten, dort, wo er aus dem Wagen herausstürzte, Bernstein um ihn weinen und vor lauter Jammer zu Pappeln werden. Du aber füge deinen Wagen wieder zusammen — es ist ja seine Deichsel zerbrochen und das eine der beiden Räder zerschmettert — spanne die Rosse an und fahre wieder! Aber behalte das alles im Gedächtnis!

26.

Apollo und Hermes

AP. Kannst du mir, Hermes, sagen, welcher von diesen beiden Kastor und welcher Polydeukes ist; ich könnte sie nämlich nicht unterscheiden.

HERM. Der gestern bei uns war, das ist Kastor, dieser hingegen ist Polydeukes.

AP. Wie unterscheidest du sie? Sie sind ja gleich.

ΕΡΜ. Ὅτι οὗτος μέν, ὦ Ἄπολλον, ἔχει ἐπὶ τοῦ προσώπου τὰ ἴχνη τῶν τραυμάτων ἃ ἔλαβε παρὰ τῶν ἀνταγωνιστῶν πυκτεύων, καὶ μάλιστα ὁπόσα ὑπὸ τοῦ Βέβρυκος Ἀμύκου ἐτρώθη τῷ Ἰάσονι συμπλέων, ἅτερος δὲ οὐδὲν τοιοῦτον ἐμφαίνει, ἀλλὰ καθαρός ἐστι καὶ ἀπαθὴς τὸ πρόσωπον.

ΑΠ. Ὤνησας διδάξας τὰ γνωρίσματα, ἐπεὶ τά γε ἄλλα πάντα ἴσα, τοῦ ᾠοῦ τὸ ἡμίτομον καὶ ἀστὴρ ὑπεράνω καὶ ἀκόντιον ἐν τῇ χειρὶ καὶ ἵππος ἑκατέρῳ λευκός, ὥστε πολλάκις ἐγὼ τὸν μὲν προσεῖπον Κάστορα Πολυδεύκην ὄντα, τὸν δὲ τῷ τοῦ Πολυδεύκους ὀνόματι. ἀτὰρ εἰπέ μοι καὶ τόδε, τί δήποτε οὐκ ἄμφω ξύνεισιν ἡμῖν, ἀλλ' ἐξ ἡμισείας ἄρτι μὲν νεκρός, ἄρτι δὲ θεός ἐστιν ἅτερος αὐτῶν;

ΕΡΜ. Ὑπὸ φιλαδελφίας τοῦτο ποιοῦσιν· ἐπεὶ γὰρ ἔδει 2 ἕνα μὲν τεθνάναι τῶν Λήδας υἱέων, ἕνα δὲ ἀθάνατον εἶναι, ἐνείμαντο οὕτως αὐτοὶ τὴν ἀθανασίαν.

ΑΠ. Οὐ ξυνετήν, ὦ Ἑρμῆ, τὴν νομήν, οἵ γε οὐδὲ ὄψονται οὕτως ἀλλήλους, ὅπερ ἐπόθουν, οἶμαι, μάλιστα· πῶς γάρ, ὁ μὲν παρὰ θεοῖς, ὁ δὲ παρὰ τοῖς φθιτοῖς ὤν; πλὴν ἀλλ' ὥσπερ ἐγὼ μαντεύομαι, ὁ δὲ Ἀσκληπιὸς ἰᾶται, σὺ δὲ παλαίειν διδάσκεις παιδοτρίβης ἄριστος ὤν, ἡ δὲ Ἄρτεμις μαιεύεται καὶ τῶν ἄλλων ἕκαστος ἔχει τινὰ τέχνην ἢ θεοῖς ἢ ἀνθρώποις χρησίμην, οὗτοι δὲ τί ποιήσουσιν ἡμῖν; ἢ ἀργοὶ εὐωχήσονται τηλικοῦτοι ὄντες;

ΕΡΜ. Οὐδαμῶς, ἀλλὰ προστέτακται αὐτοῖν ὑπηρετεῖν τῷ Ποσειδῶνι καὶ καθιππεύειν δεῖ τὸ πέλαγος καὶ ἐάν που ναύτας χειμαζομένους ἴδωσιν, ἐπικαθίσαντας ἐπὶ τὸ πλοῖον σῴζειν τοὺς ἐμπλέοντας.

ΑΠ. Ἀγαθήν, ὦ Ἑρμῆ, καὶ σωτήριον λέγεις τὴν τέχνην.

HERM. Weil dieser in seinem Gesicht Spuren der Wunden hat, die er im Ringkampf mit seinen Gegnern erhielt, und besonders der Wunden, die ihm, dem Begleiter des Iason auf der Argonautenfahrt, der Bebryker Amykos, zufügte. Der andere hingegen weist nichts derartiges auf, sondern ist im Gesicht rein und unverletzt.

AP. Meinen Dank dafür, daß du mich auf die Kennzeichen aufmerksam gemacht hast, denn sonst ist alles gleich, das halbe Ei auf ihrem Kopf, der Stern darüber, der Wurfspieß in der Hand und das weiße Roß; so daß ich oft den einen mit Kastor ansprach, obwohl es Polydeukes war, den anderen aber mit dem Namen des Polydeukes. Aber sage mir auch das, warum sind sie nicht beide bei uns, sondern ist zur Hälfte der eine von ihnen bald ein Toter, bald ein Gott?

HERM. Das tun sie aus Bruderliebe; denn da einer von den Söhnen der Leda tot sein, einer aber unsterblich sein sollte, verteilten sie selber so die Unsterblichkeit.

AP. Das war keine vernünftige Verteilung, Hermes, da sie so einander nicht einmal wiedersehen werden, was sie doch halt am meisten ersehnten. Denn wie wäre das möglich, wo doch der eine bei den Göttern, der andere bei den Abgeschiedenen weilt? Jedoch während jeder von uns Göttern irgendein Göttern oder Menschen nützliches Handwerk treibt, ich z. B. prophezeie, Asklepios heilt, du als bester Turnlehrer im Ringen unterrichtest, Artemis den Wöchnerinnen hilft usw., was werden diese bei uns machen? Sollen diese erwachsenen Bengel unbeschäftigt bei uns schmausen?

HERM. Keineswegs, sondern es ist ihnen aufgetragen, dem Poseidon zu dienen; sie müssen auf dem Meer herumsprengen und, falls sie irgendwelche Schiffer von einem Sturm bedroht sehen, sich auf das Schiff niederlassen und die Seefahrer retten.

AP. Das ist ein gutes und heilsames Handwerk, das du damit meinst.

ΕΝΑΛΙΟΙ ΔΙΑΛΟΓΟΙ

1.

Δωρίδος καὶ Γαλατείας

ΔΩΡ. Καλὸν ἐραστήν, ὦ Γαλάτεια, φασὶ τὸν Σικελὸν 1
τοῦτον ποιμένα ἐπιμεμηνέναι σοί.

ΓΑΛ. Μὴ σκῶπτε, Δωρί· Ποσειδῶνος γὰρ υἱός ἐστιν, ὁποῖος ἂν ᾖ.

ΔΩΡ. Τί οὖν; εἰ καὶ τοῦ Διὸς αὐτοῦ παῖς ὢν ἄγριος οὕτω καὶ λάσιος ἐφαίνετο καί, τὸ πάντων ἀμορφότατον, μονόφθαλμος, οἴει τὸ γένος ὀνῆσαι ἄν τι αὐτὸν πρὸς τὴν μορφήν;

ΓΑΛ. Οὐδὲ τὸ λάσιον αὐτοῦ καί, ὡς φής, ἄγριον ἄμορφόν ἐστιν – ἀνδρῶδες γάρ – ὅ τε ὀφθαλμὸς ἐπιπρέπει τῷ μετώπῳ οὐδὲν ἐνδεέστερον ὁρῶν ἢ εἰ δύ' ἦσαν.

ΔΩΡ. Ἔοικας, ὦ Γαλάτεια, οὐκ ἐραστὴν ἀλλ' ἐρώμενον ἔχειν τὸν Πολύφημον, οἷα ἐπαινεῖς αὐτόν.

ΓΑΛ. Οὐκ ἐρώμενον, ἀλλὰ τὸ πάνυ ὀνειδιστικὸν τοῦτο 2 οὐ φέρω ὑμῶν, καί μοι δοκεῖτε ὑπὸ φθόνου αὐτὸ ποιεῖν, ὅτι ποιμαίνων ποτὲ ἀπὸ τῆς σκοπῆς παιζούσας ἡμᾶς ἰδὼν ἐπὶ τῆς ἠόνος ἐν τοῖς πρόποσι τῆς Αἴτνης, καθ' ὃ μεταξὺ τοῦ ὄρους καὶ τῆς θαλάττης αἰγιαλὸς ἀπομηκύνεται, ὑμᾶς μὲν οὐδὲ προσέβλεψεν, ἐγὼ δὲ ἐξ ἀπασῶν ἡ καλλίστη ἔδοξα, καὶ μόνῃ ἐμοὶ ἐπεῖχε τὸν ὀφθαλμόν. ταῦτα ὑμᾶς ἀνιᾷ· δεῖγμα γάρ, ὡς ἀμείνων εἰμὶ καὶ ἀξιέραστος, ὑμεῖς δὲ παρώφθητε.

ΔΩΡ. Εἰ ποιμένι καὶ ἐνδεεῖ τὴν ὄψιν καλὴ ἔδοξας, ἐπίφθο-

SEEGÖTTERGESPRÄCHE

1.

Doris und Galatea

DOR. Ein schöner Liebhaber, dieser sizilische Hirt, soll sich in dich, Galatea, verliebt haben.

GAL. Spotte nicht, Doris, er ist ja Poseidons Sohn, mag er sein, wie er will.

DOR. Was willst du also damit sagen? Wenn er selbst als Zeus' leibhaftiger Sohn ein so wildes und zottiges Äußeres hätte und, was der Gipfel der Häßlichkeit ist, einäugig wäre, meinst du, da würde ihm seine Abkunft irgendwie zur Schönheit verhelfen?

GAL. Sein zottiges und, wie du sagst, wildes Äußeres ist ja gar nicht häßlich – es zeugt ja für Männlichkeit – und sein Auge fällt mitten auf der Stirne auf und sieht keineswegs mangelhafter, als wenn es zwei wären.

DOR. Du scheinst, Galatea, nach deinem Lob zu schließen, den Polyphem nicht zum Liebhaber, sondern zum Geliebten zu haben.

GAL. Nein, sondern mir ist an euch diese arge Spottsucht zuwider und ihr scheint mir das aus Neid zu tun, weil er, als er einst beim Weiden seiner Herde von einer hohen Kuppe aus uns auf dem Strand am Fuße des Ätna, wo sich zwischen dem Berg und dem Meer ein Ufersaum hinzieht, scherzen und spielen sah, auf euch nicht einmal hinsah, ich ihm hingegen als die allerschönste vorkam und er nur auf mich sein Auge richtete. Das ärgert euch; es ist ja ein Beweis dafür, daß ich euch überlegen und liebenswert bin, während ihr von ihm keines Blickes gewürdigt wurdet.

DOR. Meinst du, wenn du einem Hirten mit mangelhaftem

ἐνάλιοι διάλογοι

νος οἴει γεγονέναι; καίτοι τί ἄλλο ἐν σοὶ ἐπαινέσαι
εἶχεν ἢ τὸ λευκὸν μόνον; καὶ τοῦτο, οἶμαι, ὅτι ξυνήθης
ἐστὶ τυρῷ καὶ γάλακτι· πάντα οὖν τὰ ὅμοια τούτοις
ἡγεῖται καλά. ἐπεὶ τά γε ἄλλα ὁπόταν ἐθελήσῃς μαθεῖν 3
οἵα τυγχάνεις οὖσα τὴν ὄψιν, ἀπὸ πέτρας τινός, εἴ ποτε
γαλήνη εἴη, ἐπικύψασα ἐς τὸ ὕδωρ ἰδὲ σεαυτὴν οὐδὲν
ἄλλο ἢ χρόαν λευκὴν ἀκριβῶς· οὐκ ἐπαινεῖται δὲ τοῦτο,
ἢν μὴ ἐπιπρέπῃ αὐτῷ καὶ τὸ ἐρύθημα.

ΓΑΛ. Καὶ μὴν ἐγὼ μὲν ἡ ἀκράτως λευκὴ ὅμως ἐραστὴν
ἔχω κἂν τοῦτον, ὑμῶν δὲ οὐκ ἔστιν ἥντινα ἢ ποιμὴν
ἢ ναύτης ἢ πορθμεὺς ἐπαινεῖ· ὁ δέ γε Πολύφημος τά τε
ἄλλα καὶ μουσικός ἐστι.

ΔΩΡ. Σιώπα, ὦ Γαλάτεια· ἠκούσαμεν αὐτοῦ ᾄδοντος 4
ὁπότε ἐκώμασε πρῴην ἐπὶ σέ· Ἀφροδίτη φίλη, ὄνον ἄν
τις ὀγκᾶσθαι ἔδοξε. καὶ αὐτὴ δὲ ἡ πηκτὶς οἵα; κρανίον
ἐλάφου γυμνὸν τῶν σαρκῶν, καὶ τὰ μὲν κέρατα πήχεις
ὥσπερ ἦσαν, ζυγώσας δὲ αὐτὰ καὶ ἐνάψας τὰ νεῦρα,
οὐδὲ κόλλοπι περιστρέψας, ἐμελῴδει ἄμουσόν τι καὶ
ἀπῳδόν, ἄλλο μὲν αὐτὸς βοῶν, ἄλλο δὲ ἡ λύρα ὑπή-
χει, ὥστε οὐδὲ κατέχειν τὸν γέλωτα ἐδυνάμεθα ἐπὶ τῷ
ἐρωτικῷ ἐκείνῳ ᾄσματι· ἡ μὲν γὰρ Ἠχὼ οὐδὲ ἀποκρίνε-
σθαι αὐτῷ ἤθελεν οὕτω λάλος οὖσα βρυχωμένῳ, ἀλλ᾽
ᾐσχύνετο, εἰ φανείη μιμουμένη τραχεῖαν ᾠδὴν καὶ κατα-
γέλαστον. ἔφερε δὲ ὁ ἐπέραστος ἐν ταῖς ἀγκάλαις 5
ἀθυρμάτιον ἄρκτου σκύλακα τὸ λάσιον αὐτῷ προσεοικότα. τίς οὐκ ἂν φθονήσειέ σοι, ὦ Γαλάτεια, τοιούτου
ἐραστοῦ;

ΓΑΛ. Οὐκοῦν σύ, Δωρί, δεῖξον ἡμῖν τὸν σεαυτῆς,
καλλίω δῆλον ὅτι ὄντα καὶ ᾠδικώτερον καὶ κιθαρίζειν
ἄμεινον ἐπιστάμενον.

Sehvermögen schön vorkamst, deshalb beneidenswert zu sein? Indes, was konnte er sonst an dir loben als nur die weiße Hautfarbe? Und das halt nur deshalb, weil er mit Käse und Milch zu tun hat; alles also, was dem gleicht, hält er für schön. Denn wann du dir darüber klar werden willst, wie du im übrigen ausschaust, dann bücke dich, wenn einmal das Meer ganz ruhig ist, von einem Felsen zum Wasser hinab und du wirst an dir nichts anderes als nur eine vollkommen weiße Farbe bemerken; das pflegt man aber nicht zu loben, wenn davon nicht auch die Röte absticht.

GAL. Indes habe ich, die Reinweiße, gleichwohl wenigstens diesen Liebhaber, von euch aber findet keine einen Anwert bei einem Hirten oder Schiffer oder Fährmann. Der Polyphem aber ist, abgesehen von allem andern, auch musikalisch.

DOR. Schweig, Galatea, wir hörten ihn ja singen, als er dir kürzlich ein Ständchen darbrachte. Du liebe Aphrodite! Man hätte es für Eselgeschrei halten können und erst sein Instrument, wie sah das aus? Ein fleischloser Hirschenschädel, dessen Geweih gewissermaßen die Seitenteile bildete, die er mit einem Steg verbunden hatte, auf dem er die Saiten anbrachte, ohne sie um Wirbel zu winden; auf diesem Instrument nun spielte er ein unharmonisches Stück, das von seinem Gesang abwich, da zu dem, was er brüllte, die Begleitstimme seiner Leier nicht stimmte, so daß wir bei jenem Liebeslied nicht einmal das Lachen zurückhalten konnten. Denn nicht einmal das Echo, das sonst so geschwätzig ist, wollte seinem Gebrüll antworten, sondern schämte sich, vor aller Welt einen so rauhen und lächerlichen Gesang nachzuäffen. Dein reizender Liebhaber trug aber auf seinen Armen als Spielzeug einen jungen Bären, der mit seinem zottigen Fell ihm glich. Wer sollte dich, Galatea, um einen solchen Liebhaber nicht beneiden?

GAL. Zeig uns also, Doris, du den deinigen, der offenbar schöner ist, musikalischer und besser Leier zu spielen vermag.

ΔΩΡ. Ἀλλ' ἐραστὴς μὲν οὐδείς ἔστι μοι οὐδὲ σεμνύνομαι ἐπέραστος εἶναι· τοιοῦτος δὲ οἷος ὁ Κύκλωψ ἐστί, κινάβρας ἀπόζων ὥσπερ ὁ τράγος, ὠμοφάγος, ὥς φασι, καὶ σιτούμενος τοὺς ἐπιδημοῦντας τῶν ξένων, σοὶ γένοιτο καὶ σὺ ἀντερῴης αὐτοῦ.

2.

Κύκλωπος καὶ Ποσειδῶνος

ΚΥΚ. Ὦ πάτερ, οἷα πέπονθα ὑπὸ τοῦ καταράτου 1 ξένου, ὃς μεθύσας ἐξετύφλωσέ με κοιμωμένῳ ἐπιχειρήσας.

ΠΟΣ. Τίς δὲ ἦν ὁ ταῦτα τολμήσας, ὦ Πολύφημε;

ΚΥΚ. Τὸ μὲν πρῶτον Οὖτιν αὑτὸν ἀπεκάλει, ἐπεὶ δὲ διέφυγε καὶ ἔξω ἦν βέλους, Ὀδυσσεὺς ὀνομάζεσθαι ἔφη.

ΠΟΣ. Οἶδα ὃν λέγεις, τὸν Ἰθακήσιον· ἐξ Ἰλίου δ' ἀνέπλει. ἀλλὰ πῶς ταῦτα ἔπραξεν οὐδὲ πάνυ εὐθαρσὴς ὤν;

ΚΥΚ. Κατέλαβον ἐν τῷ ἄντρῳ ἀπὸ τῆς νομῆς ἀνα- 2 στρέψας πολλούς τινας, ἐπιβουλεύοντας δῆλον ὅτι τοῖς ποιμνίοις· ἐπεὶ γὰρ ἐπέθηκα τῇ θύρᾳ τὸ πῶμα — πέτρα δέ ἐστί μοι παμμεγέθης — καὶ τὸ πῦρ ἀνέκαυσα ἐναυσάμενος ὃ ἔφερον δένδρον ἀπὸ τοῦ ὄρους, ἐφάνησαν ἀποκρύπτειν αὑτοὺς πειρώμενοι· ἐγὼ δὲ συλλαβὼν αὐτῶν τινας, ὥσπερ εἰκὸς ἦν, κατέφαγον λῃστάς γε ὄντας. ἐνταῦθα ὁ πανουργότατος ἐκεῖνος, εἴτε Οὖτις εἴτε Ὀδυσσεὺς ἦν, δίδωσί μοι πιεῖν φάρμακόν τι ἐγχέας, ἡδὺ μὲν καὶ εὔοσμον, ἐπιβουλότατον δὲ καὶ ταραχωδέστατον· ἅπαντα γὰρ εὐθὺς ἐδόκει μοι περιφέρεσθαι

DOR. Aber ich habe keinen Liebhaber, brüste mich aber auch nicht mit meinen Reizen. Ein solcher Liebhaber jedoch wie der Kyklop ist, mit seinem Bocksgestank, der, wie man sagt, rohes Fleisch ißt und die Fremden, die in seinen Bereich kommen, verzehrt, der soll dir gehören und du sollst seine Liebe mit gleicher Liebe erwidern.

2.

Kyklop und Poseidon

KYK. Schau, Vater, was mir der verfluchte Fremdling angetan hat, der mich trunken gemacht, im Schlaf Hand an mich gelegt und mich geblendet hat.

POS. Wer war das, Polyphem, der das wagte?

KYK. Zuerst nannte er sich Niemand, nachdem er mir aber entwischt und aus der Schußweite war, sagte er, Odysseus zu heißen.

POS. Ich kenne den, den du meinst, den Mann aus Ithaka; er fuhr von Ilion über die See. Aber wie brachte er das zuwege, der doch sonst nicht besonders waghalsig ist?

KYK. Von der Weide zurückgekehrt, traf ich in meiner Grotte eine ziemlich große Anzahl von Männern an, die es offenbar auf meine Herden abgesehen hatten. Als ich nämlich den Ausgang verschloß – dazu dient mir ein besonders großer Felsblock – und mittels eines vom Gebirge mitgebrachten Baumes Feuer gemacht hatte, da konnte ich bemerken, wie sie sich vor mir zu verbergen suchten. Ich aber fing einige von ihnen zusammen, wie begreiflich – sie waren ja Räuber – und verzehrte sie. Da gibt mir jener Erzgauner, mochte es der Niemand oder Odysseus sein, eine Medizin zu trinken, die allerdings süß und wohlriechend war, aber auch besonders heimtückisch und schwindelerregend; denn kaum hatte ich davon getrunken, so schien sich mir alles herumzudrehen,

πιόντι καὶ τὸ σπήλαιον αὐτὸ ἀνεστρέφετο καὶ οὐκέτι ὅλως ἐν ἐμαυτοῦ ἦν, τέλος δὲ ἐς ὕπνον κατεσπάσθην. ὁ δὲ ἀποξύνας τὸν μοχλὸν καὶ πυρώσας γε προσέτι ἐτύφλωσέ με καθεύδοντα, καὶ ἀπ' ἐκείνου τυφλός εἰμί σοι, ὦ Πόσειδον.

ΠΟΣ. Ὡς βαθὺν ἐκοιμήθης, ὦ τέκνον, ὃς οὐκ ἐξέ- 3
θορες μεταξὺ τυφλούμενος· ὁ δ' οὖν Ὀδυσσεὺς πῶς διέφυγεν; οὐ γὰρ ἂν εὖ οἶδ' ὅτι ἠδυνήθη ἀποκινῆσαι τὴν πέτραν ἀπὸ τῆς θύρας.

ΚΥΚ. Ἀλλ' ἐγὼ ἀφεῖλον, ὡς μᾶλλον αὐτὸν λάβοιμι ἐξιόντα, καὶ καθίσας παρὰ τὴν θύραν ἐθήρων τὰς χεῖρας ἐκπετάσας, μόνα παρεὶς τὰ πρόβατα ἐς τὴν νομήν, ἐντειλάμενος τῷ κριῷ ὁπόσα ἐχρῆν πράττειν αὐτὸν ὑπὲρ ἐμοῦ.

ΠΟΣ. Μανθάνω· ὑπ' ἐκείνοις ἔλαθον ὑπεξελθόντες· σὲ 4
δ' ἀλλὰ τοὺς ἄλλους γε Κύκλωπας ἔδει ἐπιβοήσασθαι ἐπ' αὐτόν.

ΚΥΚ. Συνεκάλεσα, ὦ πάτερ, καὶ ἧκον· ἐπεὶ δὲ ἤροντο τοῦ ἐπιβουλεύοντος τοὔνομα κἀγὼ ἔφην ὅτι Οὖτίς ἐστι, μελαγχολᾶν οἰηθέντες με ᾤχοντο ἀπιόντες. οὕτω κατεσοφίσατό με ὁ κατάρατος τῷ ὀνόματι. καὶ ὃ μάλιστα ἠνίασέ με, ὅτι καὶ ὀνειδίζων ἐμοὶ τὴν συμφοράν, Οὐδὲ ὁ πατήρ, φησίν, ὁ Ποσειδῶν ἰάσεταί σε.

ΠΟΣ. Θάρρει, ὦ τέκνον· ἀμυνοῦμαι γὰρ αὐτόν, ὡς μάθῃ ὅτι, εἰ καὶ πήρωσίν μοι ὀφθαλμῶν ἰᾶσθαι ἀδύνατον, τὰ γοῦν τῶν πλεόντων, τὸ σῴζειν αὐτοὺς καὶ ἀπολλύναι, ἐπ' ἐμοί ἐστι· πλεῖ δὲ ἔτι.

sogar die Grotte, und ich war überhaupt nicht mehr bei Sinnen, schließlich aber streckte ich mich zum Schlaf hin. Er aber spitzte einen Pfahl, machte ihn noch dazu glühend und blendete mich damit im Schlaf. Und seitdem hast du, Poseidon, einen blinden Sohn.

POS. Wie tief mußt du geschlafen haben, daß du nicht mitten während der Blendung aufsprangst. Wie entkam aber Odysseus? Er hätte doch wohl den Stein vom Ausgang nicht wegwälzen können.

KYK. Aber den hatte ich selber weggenommen, um ihn um so eher beim Hinausgehen erwischen zu können. Darum setzte ich mich neben dem Ausgang nieder und haschte nach ihm mit ausgebreiteten Händen, wobei ich nur die Schafe zur Weide ließ, dem Widder aber alles auftrug, was er für mich tun sollte.

POS. Ich verstehe: unter ihnen entwischten sie unbemerkt. Du hättest aber wenigstens die übrigen Kyklopen gegen ihn zu Hilfe rufen sollen.

KYK. Ich rief sie zusammen, Vater, und sie kamen. Als sie mich aber um den Namen des Attentäters fragten und ich sagte, es ist Niemand, da meinten sie, ich sei verrückt, und gingen rasch wieder fort. So überlistete mich der Verruchte durch den Namen. Und was mich besonders kränkte, war, daß er mich wegen meines Unglücks noch verspottete und sagte: „Nicht einmal dein Vater Poseidon wird dich heilen."

POS. Mach dir nichts daraus, mein Sohn! Ich werde mich an ihm rächen, damit er erkenne, daß, wenn es mir auch unmöglich ist, Blindheit zu heilen, wenigstens das Los der Seefahrer, sie mit heiler Haut davonkommen oder untergehen zu lassen, bei mir steht. Er befindet sich aber noch auf hoher See.

3.

Ἀλφειοῦ καὶ Ποσειδῶνος

ΠΟΣ. Τί τοῦτο, Ἀλφειέ; μόνος τῶν ἄλλων ἐμπεσὼν 1 ἐς τὸ πέλαγος οὔτε ἀναμίγνυσαι τῇ ἅλμῃ, ὡς ἔθος ποταμοῖς ἅπασιν, οὔτε ἀναπαύεις σεαυτὸν διαχυθείς, ἀλλὰ διὰ τῆς θαλάττης ξυνεστὼς καὶ γλυκὺ φυλάττων τὸ ῥεῖθρον, ἀμιγὴς ἔτι καὶ καθαρὸς ἐπείγῃ οὐκ οἶδα ὅπου βύθιος ὑποδὺς καθάπερ οἱ λάροι καὶ ἐρῳδιοί; καὶ ἔοικας ἀνακύψειν που καὶ αὖθις ἀναφανεῖν σεαυτόν.

ΑΛΦ. Ἐρωτικόν τι τὸ πρᾶγμά ἐστιν, ὦ Πόσειδον, ὥστε μὴ ἔλεγχε· ἠράσθης δὲ καὶ αὐτὸς πολλάκις.

ΠΟΣ. Γυναικός, ὦ Ἀλφειέ, ἢ νύμφης ἐρᾷς ἢ καὶ τῶν Νηρηίδων αὐτῶν μιᾶς;

ΑΛΦ. Οὔκ, ἀλλὰ πηγῆς, ὦ Πόσειδον.

ΠΟΣ. Ἡ δὲ ποῦ σοι γῆς αὕτη ῥεῖ;

ΑΛΦ. Νησιῶτίς ἐστι Σικελή· Ἀρέθουσαν αὐτὴν καλοῦσιν.

ΠΟΣ. Οἶδα οὐκ ἄμορφον, ὦ Ἀλφειέ, τὴν Ἀρέθουσαν, 2 ἀλλὰ διαυγής τέ ἐστι καὶ διὰ καθαροῦ ἀναβλύζει καὶ τὸ ὕδωρ ἐπιπρέπει ταῖς ψηφίσιν ὅλον ὑπὲρ αὐτῶν φαινόμενον ἀργυροειδές.

ΑΛΦ. Ὡς ἀληθῶς οἶσθα τὴν πηγήν, ὦ Πόσειδον· παρ' ἐκείνην οὖν ἀπέρχομαι.

ΠΟΣ. Ἀλλ' ἄπιθι μὲν καὶ εὐτύχει ἐν τῷ ἔρωτι· ἐκεῖνο δέ μοι εἰπέ, ποῦ τὴν Ἀρέθουσαν εἶδες Ἀρκὰς ὢν αὐτὸς μέν, ἡ δὲ ἐν Συρακούσαις ἐστίν;

ΑΛΦ. Ἐπειγόμενόν με κατέχεις, ὦ Πόσειδον, περίεργα ἐρωτῶν.

3.

Alpheios und Poseidon

POS. Was ist das Alpheios? Als einziger Strom vermengst du dich nach deiner Einmündung ins Meer weder mit der Salzflut, wie das sonst bei allen anderen Flüssen der Brauch ist, noch teilst du dich und beendest dein Dasein, sondern bleibst unverändert im Meer, behältst dein Süßwasser und eilst, noch unvermischt und lauter, ich weiß nicht wohin, indem du in die Tiefe tauchst, wie die Möwen und Reiher? Und es scheint, du wirst wieder irgendwo auftauchen und zum Vorschein kommen.

ALPH. Es handelt sich um eine Liebesgeschichte, Poseidon, darum dränge nicht in mich; du warst ja auch selber oft verliebt.

POS. Liebst du eine Frau oder ein Mädchen oder gar eine von den Nereiden?

ALPH. Nein, sondern eine Quelle, Poseidon.

POS. In welcher Gegend der Erde fließt sie dir?

ALPH. Sie ist auf einer Insel, auf Sizilien zu Hause; Arethusa heißt sie.

POS. Ich kenne die Arethusa, sie ist nicht unschön, im Gegenteil, sie ist durchsichtig, sprudelt aus reinem Untergrund empor, und ihr Wasser sticht von den Steinchen ab, indem es über ihnen ganz wie Silber glänzt.

ALPH. Du kennst wirklich die Quelle, Poseidon; zu ihr also begebe ich mich.

POS. So geh nur und sei glücklich in deiner Liebe! Aber sag mir noch das, wo sahst du die Arethusa, der du selber ein Arkader bist, während sie in Syrakus zuhause ist?

ALPH. Mit diesen überflüssigen Fragen hältst du mich, Poseidon, nur auf; ich habe Eile.

ΠΟΣ. Εὖ λέγεις· χώρει παρὰ τὴν ἀγαπωμένην, καὶ ἀναδὺς ἀπὸ τῆς θαλάττης ξυναναμίγνυσο τῇ πηγῇ καὶ ἓν ὕδωρ γίγνεσθε.

4.

Μενελάου καὶ Πρωτέως

ΜΕΝ. Ἀλλὰ ὕδωρ μέν σε γίνεσθαι, ὦ Πρωτεῦ, οὐκ 1 ἀπίθανον, ἐνάλιόν γε ὄντα, καὶ δένδρον, ἔτι φορητόν, καὶ ἐς λέοντα δὲ ὁπότε ἀλλαγείης, ὅμως οὐδὲ τοῦτο ἔξω πίστεως· εἰ δὲ καὶ πῦρ γίνεσθαι δυνατὸν ἐν θαλάττῃ οἰκοῦντα, τοῦτο πάνυ θαυμάζω καὶ ἀπιστῶ.

ΠΡΩΤ. Μὴ θαυμάσῃς, ὦ Μενέλαε· γίνομαι γάρ.

ΜΕΝ. Εἶδον καὶ αὐτός· ἀλλά μοι δοκεῖς – εἰρήσεται γὰρ πρὸς σέ – γοητείαν τινὰ προσάγειν τῷ πράγματι καὶ τοὺς ὀφθαλμοὺς ἐξαπατᾶν τῶν ὁρώντων αὐτὸς οὐδὲν τοιοῦτο γιγνόμενος.

ΠΡΩΤ. Καὶ τίς ἂν ἡ ἀπάτη ἐπὶ τῶν οὕτως ἐναργῶν 2 γένοιτο; οὐκ ἀνεῳγμένοις τοῖς ὀφθαλμοῖς εἶδες, ἐς ὅσα μετεποίησα ἐμαυτόν; εἰ δὲ ἀπιστεῖς καὶ τὸ πρᾶγμα ψευδὲς εἶναι δοκεῖ, φαντασία τις πρὸ τῶν ὀφθαλμῶν ἱσταμένη, ἐπειδὰν πῦρ γένωμαι, προσένεγκέ μοι, ὦ γενναιότατε, τὴν χεῖρα· εἴσῃ γάρ, εἰ ὁρῶμαι μόνον ἢ καὶ τὸ κάειν τότε μοι πρόσεστιν.

ΜΕΝ. Οὐκ ἀσφαλὴς ἡ πεῖρα, ὦ Πρωτεῦ.

ΠΡΩΤ. Σὺ δέ μοι, Μενέλαε, δοκεῖς οὐδὲ πολύπουν ἑωρακέναι πώποτε οὐδὲ ὃ πάσχει ὁ ἰχθὺς οὗτος εἰδέναι.

POS. Du hast recht; so geh zur Geliebten, tauche aus dem Meer empor und vermische dich mit der Quelle; ihr sollt ein Wasser werden.

4.

Menelaos und Proteus

MEN. Aber daß du zu Wasser werden kannst, Proteus, ist nicht unwahrscheinlich, du bist doch ein Meeresbewohner, auch zu einem Baum – das ist noch erträglich, ebenso übersteigt es nicht allen Glauben, sooft du dich in einen Löwen verwandelst; ob aber einer, der im Meer zuhause ist, auch zu Feuer werden könnte, darüber wundere ich mich gar sehr und kann es nicht glauben.

PROT. Wundere dich nicht, Menelaos; ich werde ja tatsächlich zu Feuer.

MEN. Ich sah es ja mit eigenen Augen. Aber du scheinst mir – unter uns gesagt – irgendein Zaubermittel dabei anzuwenden und die Augen der Zuschauer zu täuschen, während du selber nichts derartiges wirst.

PROT. Was müßte das für eine Täuschung sein, bei so augenscheinlichen Vorgängen? Sahst du nicht mit offenen Augen, in wieviele Gestalten ich mich verwandelte? Wenn du aber mißtrauisch bist und dir der Vorgang ein Betrug zu sein scheint, ein Blendwerk, das, wann ich zu Feuer werde, vor die Augen des Zuschauers tritt, so lege nur, mein lieber Freund, deine Hand auf. Da wirst du gleich merken, ob ich nur scheinbar Feuer bin oder ob ich dann auch die Fähigkeit zu versengen habe.

MEN. Die Probe ist nicht ungefährlich, Proteus.

PROT. Du scheinst mir, Menelaos, noch nie einen Polypen gesehen zu haben, auch nicht zu wissen, was bei diesem Seetier vor sich geht.

ΜΕΝ. Ἀλλὰ τὸν μὲν πολύπουν εἶδον, ἃ πάσχει δέ, ἡδέως ἂν μάθοιμι παρὰ σοῦ.

ΠΡΩΤ. Ὁποίᾳ ἂν πέτρᾳ προσελθὼν ἁρμόσῃ τὰς κοτύ- 3 λας καὶ προσφὺς ἔχηται κατὰ τὰς πλεκτάνας, ἐκείνη ὅμοιον ἀπεργάζεται ἑαυτὸν καὶ μεταβάλλει τὴν χρόαν μιμούμενος τὴν πέτραν, ὡς ἂν λάθοι τοὺς ἁλιέας μὴ διαλλάττων μηδὲ ἐπίσημος ὢν διὰ τοῦτο, ἀλλὰ ἐοικὼς τῷ λίθῳ.

ΜΕΝ. Φασὶ ταῦτα· τὸ δὲ σὸν πολλῷ παραδοξότερον, ὦ Πρωτεῦ.

ΠΡΩΤ. Οὐκ οἶδα, ὦ Μενέλαε, τίνι ἂν ἄλλῳ πιστεύσειας τοῖς σεαυτοῦ ὀφθαλμοῖς ἀπιστῶν.

ΜΕΝ. Εἶδον· ἀλλὰ τὸ πρᾶγμα τεράστιον, ὁ αὐτὸς πῦρ καὶ ὕδωρ.

5.

Πανόπης καὶ Γαλήνης

ΠΑΝ. Εἶδες, ὦ Γαλήνη, θχὲς οἷα ἐποίησεν ἡ Ἔρις παρὰ 1 τὸ δεῖπνον ἐν Θετταλίᾳ, διότι μὴ καὶ αὐτὴ ἐκλήθη ἐς τὸ συμπόσιον;

ΓΑΛ. Οὐ ξυνειστιώμην ὑμῖν ἔγωγε· ὁ γὰρ Ποσειδῶν ἐκέλευσέ με, ὦ Πανόπη, ἀκύμαντον ἐν τοσούτῳ φυλάττειν τὸ πέλαγος. τί δ᾽ οὖν ἐποίησεν ἡ Ἔρις μὴ παροῦσα;

ΠΑΝ. Ἡ Θέτις μὲν ἤδη καὶ ὁ Πηλεὺς ἀπεληλύθεσαν ἐς τὸν θάλαμον ὑπὸ τῆς Ἀμφιτρίτης καὶ τοῦ Ποσειδῶνος παραπεμφθέντες, ἡ Ἔρις δὲ ἐν τοσούτῳ λαθοῦσα πάντας — ἐδυνήθη δὲ ῥᾳδίως, τῶν μὲν πινόντων, ἐνίων δὲ κροτούντων ἢ τῷ Ἀπόλλωνι κιθαρίζοντι ἢ ταῖς Μούσαις ᾀδούσαις προσεχόντων τὸν νοῦν — ἐνέβαλεν ἐς τὸ ξυμπόσιον μῆλόν τι πάγκαλον, χρυσοῦν ὅλον, ὦ Γα-

MEN. Aber einen Polypen habe ich schon gesehen, was aber bei ihm vor sich geht, möchte ich gern von dir erfahren.

PROT. Sooft er an irgend einen Felsen seine Saugwarzen anheftet und sich daran mit seinen Fangarmen festhält, gleicht er sich ihm an und verwandelt seine Farbe entsprechend der des Felsens, um von den Fischern nicht bemerkt zu werden dadurch, daß er sich nicht unterscheidet und daher auch nicht auffällt, sondern dem Stein gleicht.

MEN. Man erzählt das; dein Vorgehen ist aber noch viel sonderbarer.

PROT. Ich weiß nicht, Menelaos, wem sonst solltest du trauen, wenn du deinen eigenen Augen mißtraust?

MEN. Gesehen hab' ich's allerdings, aber die Sache grenzt ans Wunderbare: derselbe Feuer und Wasser!

5.

Panope und Galene

PAN. Sahst du, Galene, was gestern die Eris beim Gastmahl in Thessalien getan hat, weil sie nicht ebenfalls dazu eingeladen worden war?

GAL. Ich war nicht mit euch beim Festmahl; Poseidon hatte mir nämlich aufgetragen, das Meer mittlerweile frei von Wogen zu halten. Was tat also die Eris, weil sie nicht dabei war?

PAN. Thetis und Peleus waren bereits ins Brautgemach gegangen, von Amphitrite und Poseidon geleitet. Eris aber warf unterdessen, ohne von jemand bemerkt zu werden – sie konnte das leicht, da die einen tranken, einige andere lärmten oder Apollos Zitherspiel oder dem Gesang der Musen ihre Aufmerksamkeit schenkten –, heimlich also warf sie einen wunderschönen, ganz goldenen Apfel unter die Gäste, der die

λήνη· ἐπεγέγραπτο δὲ „Η ΚΑΛΗ ΛΑΒΕΤΩ." κυλινδούμενον δὲ τοῦτο ὥσπερ ἐξεπίτηδες ἧκεν ἔνθα Ἥρα τε καὶ Ἀφροδίτη καὶ Ἀθηνᾶ κατεκλίνοντο. κἀπειδὴ ὁ Ἑρ- 2 μῆς ἀνελόμενος ἐπελέξατο τὰ γεγραμμένα, αἱ μὲν Νηρηΐδες ἡμεῖς ἐσιωπήσαμεν. τί γὰρ ἔδει ποιεῖν ἐκείνων παρουσῶν; αἱ δὲ ἀντεποιοῦντο ἑκάστη καὶ αὑτῆς εἶναι τὸ μῆλον ἠξίουν, καὶ εἰ μή γε ὁ Ζεὺς διέστησεν αὐτάς, καὶ ἄχρι χειρῶν ἂν τὸ πρᾶγμα προὔχώρησεν. ἀλλ' ἐκεῖνος, Αὐτὸς μὲν οὐ κρινῶ, φησί, περὶ τούτου, – καίτοι ἐκεῖναι αὐτὸν δικάσαι ἠξίουν – ἄπιτε δὲ ἐς τὴν Ἴδην παρὰ τὸν Πριάμου παῖδα, ὃς οἶδέ γε διαγνῶναι τὸ κάλλιον φιλόκαλος ὤν, καὶ οὐκ ἂν ἐκεῖνος κρίναι κακῶς.

ΓΑΛ. Τί οὖν αἱ θεαί, ὦ Πανόπη;

ΠΑΝ. Τήμερον, οἶμαι, ἀπίασιν ἐς τὴν Ἴδην, καί τις ἥξει μετὰ μικρὸν ἀπαγγέλλων ἡμῖν τὴν κρατοῦσαν.

ΓΑΛ. Ἤδη σοί φημι, οὐκ ἄλλη κρατήσει τῆς Ἀφροδίτης ἀγωνιζομένης, ἢν μή τι πάνυ ὁ διαιτητὴς ἀμβλυώττῃ.

6.

Τρίτωνος καὶ Ποσειδῶνος

ΤΡΙΤ. Ἐπὶ τὴν Λέρναν, ὦ Πόσειδον, παραγίνεται καθ' 1 ἑκάστην ἡμέραν ὑδρευσομένη παρθένος, πάγκαλόν τι χρῆμα· οὐκ οἶδα ἔγωγε καλλίω παῖδα ἰδών.

ΠΟΣ. Ἐλευθέραν τινά, ὦ Τρίτων, λέγεις, ἢ θεράπαινά τις ὑδροφόρος ἐστίν;

ΤΡΙΤ. Οὐ μὲν οὖν, ἀλλὰ τοῦ Αἰγυπτίου ἐκείνου θυγάτηρ, μία τῶν πεντήκοντα καὶ αὐτή, Ἀμυμώνη τοὔνομα· ἐπυθόμην γὰρ ἥτις καλοῖτο καὶ τὸ γένος. ὁ Δαναὸς δὲ

Aufschrift trug „DIE SCHÖNE SOLL IHN BEKOMMEN".
Dieser Apfel aber kollerte weiter und kam wie absichtlich
dorthin, wo Hera, Aphrodite und Athene ihren Platz hatten.
Und als Hermes ihn aufgehoben und die Aufschrift gelesen
hatte, da verstummten wir Nereiden; was hätten wir denn in
Gegenwart jener Göttinnen machen sollen? Sie aber beanspruchten den Apfel eine jede für sich, und wenn nicht Zeus
sie getrennt hätte, wäre es bis zum Handgemenge unter ihnen
gekommen. Aber jener sprach: „Ich selber werde darüber
nicht urteilen" – indes verlangten jene dringend, er solle
selber den Richter abgeben –, „geht aber auf das Idagebirge
zu Priams Sohn, der ja die Schönheit zu beurteilen versteht,
weil er selber ein Liebhaber des Schönen ist, und so dürfte
jener kein schlechtes Urteil fällen."

GAL. Wie steht es also mit den Göttinnen, Panope?

PAN. Heute gehen sie halt aufs Idagebirge und es wird bald
einer zu uns mit der Meldung kommen, welche von ihnen gesiegt hat.

GAL. Ich sage dir schon jetzt, wenn die Aphrodite sich am
Wettbewerb beteiligt, wird keine andere den Sieg davontragen, es müßte denn der Schiedsrichter ganz schwache
Augen haben.

6.

Triton und Poseidon

TRIT. Poseidon, nach Lerna begibt sich täglich, um Wasser
zu holen, eine Maid, ein wunderschönes Ding; bestimmt habe
ich noch keine schönere gesehen.

POS. Meinst du eine Freigeborene, Triton, oder ist es eine
Dienerin, die das Wasser holt?

TRIT. Nein, sondern eine Tochter jenes Ägypters, ebenfalls
eine von den fünfzig, namens Amymone; ich erkundigte mich
nämlich, wie sie heißt, und um ihre Abkunft. Danaos aber

σκληραγωγεῖ τὰς θυγατέρας καὶ αὐτουργεῖν διδάσκει καὶ πέμπει ὕδωρ τε ἀρυσομένας καὶ πρὸς τὰ ἄλλα παιδεύει ἀόκνους εἶναι αὐτάς.

ΠΟΣ. Μόνη δὲ παραγίνεται μακρὰν οὕτω τὴν ὁδὸν ἐξ 2 Ἄργους ἐς Λέρναν;

ΤΡΙΤ. Μόνη· πολυδίψιον δὲ τὸ Ἄργος, ὡς οἶσθα· ὥστε ἀνάγκη ἀεὶ ὑδροφορεῖν.

ΠΟΣ. Ὦ Τρίτων, οὐ μετρίως διετάραξάς με εἰπὼν τὰ περὶ τῆς παιδός· ὥστε ἴωμεν ἐπ' αὐτήν.

ΤΡΙΤ. Ἴωμεν· ἤδη γοῦν καιρὸς τῆς ὑδροφορίας· καὶ σχεδόν που κατὰ μέσην τὴν ὁδόν ἐστιν ἰοῦσα ἐς τὴν Λέρναν.

ΠΟΣ. Οὐκοῦν ζεῦξον τὸ ἅρμα· ἢ τοῦτο μὲν πολλὴν ἔχει τὴν διατριβὴν ὑπάγειν τοὺς ἵππους τῇ ζεύγλῃ καὶ τὸ ἅρμα ἐπισκευάζειν, σὺ δὲ ἀλλὰ δελφῖνά μοί τινα τῶν ὠκέων παράστησον· ἐφιππάσομαι γὰρ ἐπ' αὐτοῦ τάχιστα.

ΤΡΙΤ. Ἰδού σοι οὑτοσὶ δελφίνων ὁ ὠκύτατος.

ΠΟΣ. Εὖ γε· ἀπελαύνωμεν· σὺ δὲ παρανήχου, ὦ Τρίτων. κἀπειδὴ πάρεσμεν ἐς τὴν Λέρναν, ἐγὼ μὲν λοχήσω ἐνταῦθά που, σὺ δὲ ἀποσκόπει· ὁπόταν αἴσθῃ προσιοῦσαν αὐτὴν –

ΤΡΙΤ. Αὕτη σοι πλησίον.

ΠΟΣ. Καλή, ὦ Τρίτων, καὶ ὡραία παρθένος. ἀλλὰ 3 συλληπτέα ἡμῖν ἐστιν.

ΑΜ. Ἄνθρωπε, ποῖ με ξυναρπάσας ἄγεις; ἀνδραποδιστὴς εἶ, καὶ ἔοικας ἡμῖν ὑπ' Αἰγύπτου τοῦ θείου ἐπιπεμφθῆναι· ὥστε βοήσομαι τὸν πατέρα,

hält seine Töchter in strenger Zucht, unterweist sie, mit eigenen Händen zu arbeiten, sendet sie aus, um Wasser zu schöpfen, und erzieht sie dazu, auch bei den übrigen Arbeiten Hand anzulegen.

POS. Geht sie allein den so langen Weg von Argos nach Lerna?

TRIT. Ja, allein. Argos ist ja wasserarm, wie du weißt, drum muß sie ewig Wasser holen.

POS. Triton, du hast mich durch deine Erzählung von dem Mädchen in nicht geringem Grade aufgeregt. Drum gehen wir zu ihr!

TRIT. Ja, gehen wir! Es ist ja schon Zeit zum Wasserholen und sie ist etwa bereits auf halbem Weg nach Lerna.

POS. Also spann an! Oder vielmehr – das würde zu lange aufhalten, die Rosse anzuschirren und den Wagen herzurichten – bring du mir wenistens einen Delphin her, und zwar einen von den schnellen; ich werde auf ihm schnellstens hinreiten.

TRIT. Da schau, hier ist der schnellste Delphin.

POS. Bravo! Reiten wir fort! Du, Triton, schwimm daneben! Und wann wir in Lerna sind, werde ich mich dort irgendwo auf die Lauer legen, du aber mach den Aufpasser! Wann du merkst, daß sie herannaht –

TRIT. Da ist sie in deiner Nähe.

POS. Eine schöne und reizende Maid, Triton; aber wir müssen sie fassen.

AMYMONE. Mensch, wohin schleppst du mich? Du bist ein Menschenräuber und bist uns anscheinend von unserem Oheim Aigyptos auf den Hals geschickt; darum werde ich meinen Vater rufen.

ΤΡΙΤ. Σιώπησον, ὦ 'Αμυμώνη· Ποσειδῶν ἐστι.

ΑΜ. Τί Ποσειδῶν λέγεις; τί βιάζῃ με, ὦ ἄνθρωπε, καὶ ἐς τὴν θάλατταν καθέλκεις; ἐγὼ δὲ ἀποπνιγήσομαι ἡ ἀθλία καταδῦσα.

ΠΟΣ. Θάρρει, οὐδὲν δεινὸν μὴ πάθῃς· ἀλλὰ καὶ πηγὴν ἐπώνυμόν σοι ἀναδοθῆναι ποιήσω ἐνταῦθα πατάξας τῇ τριαίνῃ τὴν πέτραν πλησίον τοῦ κλύσματος, καὶ σὺ εὐδαίμων ἔσῃ καὶ μόνη τῶν ἀδελφῶν οὐχ ὑδροφορήσεις ἀποθανοῦσα.

7.

Νότου καὶ Ζεφύρου

ΝΟΤ. Ταύτην, ὦ Ζέφυρε, τὴν δάμαλιν, ἣν διὰ τοῦ 1 πελάγους ἐς Αἴγυπτον ὁ Ἑρμῆς ἄγει, ὁ Ζεὺς διεκόρευσεν ἁλοὺς ἔρωτι;

ΖΕΦ. Ναί, ὦ Νότε· οὐ δάμαλις δὲ τότε, ἀλλὰ παῖς ἦν τοῦ ποταμοῦ Ἰνάχου· νῦν δὲ ἡ Ἥρα τοιαύτην ἐποίησεν αὐτὴν ζηλοτυπήσασα, ὅτι πάνυ ἑώρα ἐρῶντα τὸν Δία.

ΝΟΤ. Νῦν οὖν ἔτι ἐρᾷ τῆς βοός;

ΖΕΦ. Καὶ μάλα, καὶ διὰ τοῦτο ἐς Αἴγυπτον αὐτὴν ἔπεμψε καὶ ἡμῖν προσέταξε μὴ κυμαίνειν τὴν θάλατταν, ἔστ' ἂν διανήξηται, ὡς ἀποτεκοῦσα ἐκεῖ – κυεῖ δὲ ἤδη – θεὸς γένοιτο καὶ αὐτὴ καὶ τὸ τεχθέν.

ΝΟΤ. Ἡ δάμαλις θεός; 2

ΖΕΦ. Καὶ μάλα, ὦ Νότε· ἄρξει τε, ὡς ὁ Ἑρμῆς ἔφη, τῶν πλεόντων καὶ ἡμῶν ἔσται δέσποινα, ὅντινα ἂν ἡμῶν ἐθέλῃ ἐκπέμψαι ἢ κωλῦσαι ἐπιπνεῖν.

TRIT. Schweig, Amymone, Poseidon ist's.

AM. Was sagst du ‚Poseidon'? Was zerrst du, Mensch, an mir herum und suchst mich ins Meer zu schleppen? Ich Arme werde untergehen und ertrinken.

POS. Sei ohne Sorge, dir soll nichts Schlimmes widerfahren! Nein, ich werde sogar eine Quelle deines Namens hier nahe der Brandung durch einen Schlag mit meinem Dreizack hervorsprudeln lassen und du sollst glücklich sein und allein von deinen Schwestern nicht auch nach dem Tode Wasser schöpfen müssen.

7.

Notos und Zephyros

NOT. Diese junge Kuh, die Hermes über das Meer nach Ägypten führt, hat Zeus aus Liebe entjungfert?

ZEPH. Ja, Notos. Sie war aber damals keine Kuh, sondern eine Tochter des Flußgottes Inachos; jetzt jedoch hat ihr Hera aus Eifersucht eine solche Gestalt verliehen, weil sie sah, daß Zeus in sie sehr verliebt war.

NOT. Liebt er also jetzt auch noch die Kuh?

ZEPH. Ja gewiß, und deshalb sandte er sie nach Ägypten und trug uns auf, das Meer frei von Wogen zu halten, bis sie hinübergeschwommen ist, um dort niederzukommen — sie ist nämlich bereits schwanger — und dann zu einer Göttin zu werden, sie selber wie ihr Kind.

NOT. Die Kuh eine Göttin?

ZEPH. Ja gewiß, Notos. Und sie wird, wie Hermes sagte, über die Seefahrer herrschen und unsere Gebieterin sein, es wird ja von ihr abhängen, wen von uns sie aussenden oder am Wehen hindern will.

ἐνάλιοι διάλογοι

ΝΟΤ. Θεραπευτέα τοιγαροῦν, ὦ Ζέφυρε, ἤδη δέσποινά γε οὖσα.

ΖΕΦ. Νὴ Δί'· εὐνουστέρα γὰρ ἂν οὕτω γένοιτο. ἀλλ' ἤδη γὰρ διεπέρασε καὶ ἐξένευσεν ἐς τὴν γῆν. ὁρᾷς ὅπως οὐκέτι μὲν τετραποδιστὶ βαδίζει, ἀνορθώσας δὲ αὐτὴν ὁ Ἑρμῆς γυναῖκα παγκάλην αὖθις ἐποίησε;

ΝΟΤ. Παράδοξα γοῦν ταῦτα, ὦ Ζέφυρε· οὐκέτι τὰ κέρατα οὐδὲ οὐρὰ καὶ δίχηλα τὰ σκέλη, ἀλλ' ἐπέραστος κόρη. ὁ μέντοι Ἑρμῆς τί παθὼν μεταβέβληκεν ἑαυτὸν καὶ ἀντὶ νεανίου κυνοπρόσωπος γεγένηται;

ΖΕΦ. Μὴ πολυπραγμονῶμεν, ὅτε ἄμεινον ἐκεῖνος οἶδε τὰ πρακτέα.

8.

Ποσειδῶνος καὶ Δελφίνων

ΠΟΣ. Εὖ γε, ὦ Δελφῖνες, ὅτι ἀεὶ φιλάνθρωποί ἐστε, 1 καὶ πάλαι μὲν τὸ τῆς Ἰνοῦς παιδίον ἐπὶ τὸν Ἰσθμὸν ἐκομίσατε ὑποδεξάμενοι ἀπὸ τῶν Σκειρωνίδων μετὰ τῆς μητρὸς ἐμπεσόν, καὶ νῦν σὺ τὸν κιθαρῳδὸν τουτονὶ τὸν ἐκ Μηθύμνης ἀναλαβὼν ἐξενήξω ἐς Ταίναρον αὐτῇ σκευῇ καὶ κιθάρᾳ, οὐδὲ περιεῖδες κακῶς ὑπὸ τῶν ναυτῶν ἀπολλύμενον.

ΔΕΛΦ. Μὴ θαυμάσῃς, ὦ Πόσειδον, εἰ τοὺς ἀνθρώπους εὖ ποιοῦμεν ἐξ ἀνθρώπων γε καὶ αὐτοὶ ἰχθύες γενόμενοι.

ΠΟΣ. Καὶ μέμφομαί γε τῷ Διονύσῳ, ὅτι ὑμᾶς καταναυμαχήσας μετέβαλε, δέον χειρώσασθαι μόνον, ὥσπερ

NOT. Es gilt demnach, Zephyros, ihr beizeiten dienstbar zu sein, da sie ja unsere Gebieterin ist.

ZEPH. Ja, beim Zeus! So würde sie größeres Wohlwollen bekunden. Aber sie ist schon über die See hinüber und ans Land geschwommen. Siehst du, wie sie nicht mehr vierfüßig einhergeht, sondern Hermes sie wiederaufgerichtet und zu einer wunderschönen Frau gemacht hat?

NOT. Das ist freilich wunderbar, Zephyros: keine Hörner mehr, keinen Schweif, keine gespaltenen Klauen an den Füßen, sondern eine reizende Maid! Was ist jedoch dem Hermes eingefallen, daß er sich ebenfalls verwandelt und sein jugendliches Antlitz mit einem Hundsgesicht vertauscht hat?

ZEPH. Kümmern wir uns nicht um Dinge, die uns nichts angehen; er weiß besser, was er zu tun hat.

8.

Poseidon und Delphine

POS. Bravo, Delphine, ihr seid ja immer menschenfreundlich, so habt ihr einst das Kind der Ino, das von den skironischen Klippen mit der Mutter ins Meer gefallen war, aufgenommen und zum Isthmos gebracht und jetzt hast du diesen Gesangskünstler aus Methymna auf deinen Rücken genommen und bist mitsamt seiner Tracht und seiner Kithara nach Tainaron geschwommen, hast es nicht mitansehen können, daß ihm von den Matrosen ein schlimmes Ende bereitet werden sollte.

DELPH. Wundere dich nicht, Poseidon, wenn wir den Menschen Gutes erweisen, sind wir doch selber aus Menschen Fische geworden.

POS. Ich tadle ja auch den Dionysos, daß er euch, nachdem er euch in einer Seeschlacht überwunden, verwandelt hat, während er euch nur bändigen hätte sollen, wie er auch alle

τοὺς ἄλλους ὑπηγάγετο. πῶς δ' οὖν τὰ κατὰ τὸν Ἀρίονα τοῦτον ἐγένετο, ὦ Δελφίν;

ΔΕΛΦ. Ὁ Περίανδρος, οἶμαι, ἔχαιρεν αὐτῷ καὶ πολ- 2
λάκις μετεπέμπετο αὐτὸν ἐπὶ τῇ τέχνῃ, ὁ δὲ πλουτήσας παρὰ τοῦ τυράννου ἐπεθύμησε πλεύσας οἴκαδε ἐς τὴν Μήθυμναν ἐπιδείξασθει τὸν πλοῦτον, καὶ ἐπιβὰς πορθμείου τινὸς κακούργων ἀνδρῶν ὡς ἔδειξε πολὺν ἄγων χρυσόν τε καὶ ἄργυρον, ἐπεὶ κατὰ μέσον τὸ Αἰγαῖον ἐγένοντο, ἐπιβουλεύουσιν αὐτῷ οἱ ναῦται· ὁ δέ — ἠκροώμην γὰρ ἅπαντα παρανέων τῷ σκάφει — Ἐπεὶ ταῦτα ὑμῖν δέδοκται, ἔφη ἔτι, ἀλλὰ τὴν σκευὴν ἀναλαβόντα με καὶ ᾄσαντα θρῆνόν τινα ἐπ' ἐμαυτῷ ἑκόντα ἐάσατε ῥῖψαι ἐμαυτόν. ἐπέτρεψαν οἱ ναῦται καὶ ἀνέλαβε τὴν σκευὴν καὶ ᾖσε πάνυ λιγυρόν, καὶ ἔπεσεν ἐς τὴν θάλατταν ὡς αὐτίκα πάντως ἀποθανούμενος· ἐγὼ δὲ ὑπολαβὼν καὶ ἀναθέμενος αὐτὸν ἐξενηξάμην ἔχων ἐς Ταίναρον.

ΠΟΣ. Ἐπαινῶ ⟨σε⟩ τῆς φιλομουσίας· ἄξιον γὰρ τὸν μισθὸν ἀποδέδωκας αὐτῷ τῆς ἀκροάσεως.

9.

Ποσειδῶνος καὶ Νηρηίδων

ΠΟΣ. Τὸ μὲν στενὸν τοῦτο, ἔνθα ἡ παῖς κατηνέχθη, 1
Ἑλλήσποντος ἀπ' αὐτῆς καλείσθω· τὸν δὲ νεκρὸν ὑμεῖς, ὦ Νηρηίδες, παραλαβοῦσαι τῇ Τρῳάδι προσενέγκατε, ὡς ταφείη ὑπὸ τῶν ἐπιχωρίων.

ΑΜΦ. Μηδαμῶς, ὦ Πόσειδον, ἀλλ' ἐνταῦθα ἐν τῷ ἐπωνύμῳ πελάγει τεθάφθω· ἐλεοῦμεν γὰρ αὐτὴν οἴκτιστα ὑπὸ τῆς μητρυιᾶς πεπονθυῖαν.

übrigen sich unterwarf. Wie spielte sich also der Vorfall mit diesem Arion ab, mein lieber Delphin?

DELPH. Periander hatte halt seine Freude an ihm und ließ ihn wegen seiner Kunstfertigkeit oft kommen. Bereichert von dem Tyrannen, fühlte er das Verlangen, heim nach Methymna zu segeln und dort seinen Reichtum zu zeigen. Und so bestieg er mit viel Gold und Silber ein Schiff, auf dem lauter verbrecherische Matrosen waren, wie es sich zeigte, die ihn mitten auf dem ägäischen Meer überfielen. Er aber sprach noch — ich hörte nämlich alles, weil ich neben dem Schiff schwamm — : „Nachdem ihr das beschlossen habt, laßt mich wenigstens meine Tracht anziehen, ein Klagelied auf meinen eigenen Tod singen und dann ins Meer springen". Die Matrosen gestatteten es, er zog seine Tracht an, sang sehr melodisch und ließ sich hierauf ins Meer fallen, in der Absicht, jedenfalls sofort den Tod zu finden. Ich jedoch fing ihn auf, setzte ihn auf meinen Rücken und schwamm mit ihm nach Tainaron.

POS. Für deine Liebe zur Musik spreche ich mein Lob aus; du hast ihm nämlich einen entsprechenden Lohn abgestattet für den musikalischen Genuß, den er dir bereitet hatte.

9.

Poseidon und Nereiden

POS. Diese Meerenge, wo Helle herabfiel, soll nach ihr Helles Meer (Hellespont) heißen. Ihren Leichnam übernehmt ihr Nereiden und bringt ihn nach der Landschaft von Troja, damit er dort von den Einheimischen bestattet werde.

AMPHITRITE. Keineswegs, Poseidon, sondern hier in dem nach ihr benannten Meer soll sie bestattet sein; sie tut uns ja leid, weil sie Jammervolles von ihrer Stiefmutter zu erleiden hatte.

ΠΟΣ. Τοῦτο μέν, ὦ Ἀμφιτρίτη, οὐ θέμις· οὐδὲ ἄλλως καλὸν ἐνταῦθά που κεῖσθαι ὑπὸ τῇ ψάμμῳ αὐτήν, ἀλλ' ὅπερ ἔφην ἐν τῇ Τρῳάδι ἢ ἐν τῇ Χερρονήσῳ τεθάψεται. ἐκεῖνο δὲ παραμύθιον οὐ μικρὸν ἔσται αὐτῇ, ὅτι μετ' ὀλίγον τὰ αὐτὰ καὶ ἡ Ἰνὼ πείσεται καὶ ἐμπεσεῖται ὑπὸ τοῦ Ἀθάμαντος διωκομένη ἐς τὸ πέλαγος ἀπ' ἄκρου τοῦ Κιθαιρῶνος, καθ' ὅπερ καθήκει ἐς τὴν θάλατταν, ἔχουσα καὶ τὸν υἱὸν ἐπὶ τῆς ἀγκάλης. ἀλλὰ κἀκείνην σῶσαι δεήσει χαρισαμένους τῷ Διονύσῳ· τροφὸς γὰρ αὐτοῦ καὶ τίτθη ἡ Ἰνώ.

ΑΜΦ. Οὐκ ἐχρῆν οὕτω πονηρὰν οὖσαν. 2

ΠΟΣ. Ἀλλὰ τῷ Διονύσῳ ἀχαριστεῖν, ὦ Ἀμφιτρίτη, οὐκ ἄξιον.

ΝΗΡ. Αὕτη δὲ ἄρα τί παθοῦσα κατέπεσεν ἀπὸ τοῦ κριοῦ; ὁ ἀδελφὸς δὲ ὁ Φρίξος ἀσφαλῶς ὀχεῖται;

ΠΟΣ. Εἰκότως· νεανίας γὰρ καὶ δυνατὸς ἀντέχειν πρὸς τὴν φοράν, ἡ δὲ ὑπ' ἀηθείας ἐπιβᾶσα ὀχήματος παραδόξου καὶ ἀπιδοῦσα ἐς βάθος ἀχανές, ἐκπλαγεῖσα καὶ τῷ θάλπει ἅμα συσχεθεῖσα καὶ ἰλιγγιάσασα πρὸς τὸ σφοδρὸν τῆς πτήσεως ἀκρατὴς ἐγένετο τῶν κεράτων τοῦ κριοῦ, ὧν τέως ἐπείληπτο, καὶ κατέπεσεν ἐς τὸ πέλαγος.

ΝΗΡ. Οὔκουν ἐχρῆν τὴν μητέρα τὴν Νεφέλην βοηθεῖν πιπτούσῃ;

ΠΟΣ. Ἐχρῆν· ἀλλ' ἡ Μοῖρα πολὺ τῆς Νεφέλης δυνατωτέρα.

10.

Ἴριδος καὶ Ποσειδῶνος

ΙΡΙΣ. Τὴν νῆσον τὴν πλανωμένην, ὦ Πόσειδον, ἣν ἀπο- 1
σπασθεῖσαν τῆς Σικελίας ὕφαλον ἔτι νήχεσθαι συμβέ-

POS. Das geht nicht an, Amphitrite. Es wäre ja auch sonst unpassend, wenn sie hier unter dem Sand liegen bliebe, vielmehr, wie ich sagte, in der Landschaft von Troja oder auf dem Chersonnes soll sie bestattet werden. Das aber soll kein geringer Trost für sie sein, daß bald der Ino dasselbe widerfahren soll; sie wird, von Athamas verfolgt, von der Höhe des Kithairon, dort wo er sich zum Meer erstreckt, mit ihrem Sohn im Arm ins Meer springen. Aber auch jene wird man retten müssen, dem Dionysos zu Gefallen; die Ino war ja seine Nährmutter und Amme.

AMPH. Das sollte man nicht, wo sie so bös war.

POS. Aber es wäre unbillig, gegen Dionysos ungefällig zu sein.

NER. Aber wie kam es denn, daß diese Maid vom Widder herabfiel? Ihr Bruder Phrixos soll ungefährdet weiterreiten?

POS. Natürlich. Er ist ja ein junger Mann und kann einen solchen Ritt aushalten. Daß sie aber ins Meer fiel, daran sind schuld der Schrecken, der sie, kaum hatte sie das seltsame Transportmittel bestiegen, infolge der ungewohnten Fahrt und des Blicks in die ungeheure Tiefe befiel, die Hitze des Luftraums und der Schwindel infolge des raschen Fluges. So verlor sie die Kraft, sich an den Hörnern des Widders weiter anhalten zu können, was sie bisher getan hatte, und fiel ins Meer.

NER. Hätte nicht ihre Mutter Nephele ihr beim Fall zu Hilfe kommen sollen?

POS. Allerdings. Aber das Schicksal ist viel mächtiger als Nephele.

10.

Iris und Poseidon

IRIS. Poseidon, die unstete Insel, die losgerissen von Sizilien, noch unter dem Meeresspiegel herumschwimmt, diese Insel,

βηκε, ταύτην, φησὶν ὁ Ζεύς, στῆσον ἤδη καὶ ἀνάφηνον καὶ ποίησον ἤδη δῆλον ἐν τῷ Αἰγαίῳ μέσῳ βεβαίως μένειν στηρίξας πάνυ ἀσφαλῶς· δεῖται γάρ τι αὐτῆς.

ΠΟΣ. Πεπράξεται τοῦτο, ὦ Ἶρι. τίνα δὲ ὅμως παρέξει αὐτῷ τὴν χρείαν ἀναφανεῖσα καὶ μηκέτι πλέουσα;

ΙΡΙΣ. Τὴν Λητὼ ἐπ' αὐτῆς δεῖ ἀποκυῆσαι· ἤδη δὲ πονήρως ὑπὸ τῶν ὠδίνων ἔχει.

ΠΟΣ. Τί οὖν; οὐχ ἱκανὸς ὁ οὐρανὸς ἐντεκεῖν; εἰ δὲ μὴ οὗτος, ἀλλ' ἥ γε γῆ πᾶσα οὐκ ἂν ὑποδέξασθαι δύναιτο τὰς γονὰς αὐτῆς;

ΙΡΙΣ. Οὔκ, ὦ Πόσειδον· ἡ Ἥρα γὰρ ὅρκῳ μεγάλῳ κατέλαβε τὴν γῆν, μὴ παρασχεῖν τῇ Λητοῖ τῶν ὠδίνων ὑποδοχήν. ἡ τοίνυν νῆσος αὕτη ἀνώμοτός ἐστιν· ἀφανὴς γὰρ ἦν.

ΠΟΣ. Συνίημι. — στῆθι, ὦ νῆσε, καὶ ἀνάδυθι ἐκ τοῦ βυθοῦ 2 καὶ μηκέτι ὑποφέρου, ἀλλὰ βεβαίως μένε καὶ ὑπόδεξαι, ὦ εὐδαιμονεστάτη, τοῦ ἀδελφοῦ τὰ τέκνα δύο, τοὺς καλλίστους τῶν θεῶν· καὶ ὑμεῖς, ὦ Τρίτωνες, διαπορθμεύσατε τὴν Λητὼ ἐς αὐτήν· καὶ γαληνὰ ἅπαντα ἔστω. τὸν δράκοντα δέ, ὃς νῦν ἐξοιστρεῖ αὐτὴν φοβῶν, τὰ νεογνά, ἐπειδὰν τεχθῇ, αὐτίκα μέτεισι καὶ τιμωρήσει τῇ μητρί. σὺ δὲ ἀπάγγελλε τῷ Διὶ ἅπαντα εἶναι εὐτρεπῆ· ἕστηκεν ἡ Δῆλος· ἡκέτω ἡ Λητὼ ἤδη καὶ τικτέτω.

11.

Ξάνθου καὶ Θαλάττης

ΞΑΝΘ. Δέξαι με, ὦ Θάλαττα, δεινὰ πεπονθότα καὶ κατά- 1 σβεσόν μου τὰ τραύματα.

ΘΑΛ. Τί τοῦτο, ὦ Ξάνθε; τίς σε κατέκαυσεν;

läßt dir Zeus sagen, halte sofort an, laß sie zum Vorschein kommen und bewirke, daß sie mitten im ägäischen Meer sicher und fest bleibe; er braucht sie nämlich zu etwas.

POS. Das soll geschehen, Iris, aber welchen Nutzen soll sie ihm gewähren, wenn sie zum Vorschein kommt und nicht mehr herumschwimmt?

IRIS. Leto soll auf ihr niederkommen; es geht ihr schon schlecht infolge der Geburtswehen.

POS. Wie? Ist im Himmel für ihre Niederkunft kein Platz? Und wenn nicht im Himmel, könnte nicht die ganze Erde ihr Wochenbett aufnehmen?

IRIS. Nein, Poseidon. Hera hat nämlich durch einen gewaltigen Eid die Erde verpflichtet, der Leto in ihren Wehen keine Unterkunft zu gewähren. Auf diese Insel erstreckt sich demnach der Eid nicht; sie war ja unsichtbar.

POS. Ich verstehe. – Bleib stehen, Insel, tauche aus der Tiefe empor und schwimme nicht mehr herum, sondern bleib fest und nimm, du glückliches Eiland, die zwei Kinder meines Bruders auf, die beiden schönsten Götter! Und ihr Tritonen, bringt die Leto übers Meer auf die Insel; und überall soll Meeresstille herrschen. Den Drachen aber, der sie jetzt ängstigt, werden ihre Kinder gleich nach ihrer Geburt verfolgen und an ihm ihre Mutter rächen. Du aber melde dem Zeus, daß alles bereit ist; Delos steht. Die Leto soll gleich kommen und gebären.

11.

Xanthos und das Meer

XANTH. Nimm mich auf, Meer, ich habe Schreckliches erlitten, lösche meine Wunden.

MEER. Was ist das, Xanthos? Wer hat dich versengt?

ΞΑΝΘ. Ὁ Ἥφαιστος. ἀλλ' ἀπηνθράκωμαι ὅλος ὁ κακοδαίμων καὶ ζέω.

ΘΑΛ. Διὰ τί δέ σοι καὶ ἐνέβαλε τὸ πῦρ;

ΞΑΝΘ. Διὰ τὸν ταύτης υἱὸν τῆς Θέτιδος· ἐπεὶ γὰρ φονεύοντα τοὺς Φρύγας ἱκετεύσας οὐκ ἔπαυσα τῆς ὀργῆς, ἀλλ' ὑπὸ τῶν νεκρῶν ἀπέφραττέ μοι τὸν ῥοῦν, ἐλεήσας τοὺς ἀθλίους ἐπῆλθον ἐπικλύσαι ἐθέλων, ὡς φοβηθεὶς ἀπόσχοιτο τῶν ἀνδρῶν. ἐνταῦθα ὁ Ἥφαιστος 2
– ἔτυχε γὰρ πλησίον που ὤν – πᾶν οἶμαι ὅσον ἐν τῇ καμίνῳ πῦρ εἶχε καὶ ὅσον ἐν τῇ Αἴτνῃ καὶ εἴ ποθι ἄλλοθι, φέρων ἐπῆλθέ μοι, καὶ ἔκαυσε μὲν τὰς πτελέας μου καὶ μυρίκας, ὤπτησε δὲ καὶ τοὺς κακοδαίμονας ἰχθῦς καὶ τὰς ἐγχέλεις, αὐτὸν δὲ ἐμὲ ὑπερκαχλάσαι ποιήσας μικροῦ δεῖν ὅλον ξηρὸν εἴργασται. ὁρᾷς γοῦν, ὅπως διάκειμαι ὑπὸ τῶν ἐγκαυμάτων.

ΘΑΛ. Θολερός, ὦ Ξάνθε, καὶ θερμός, ὡς εἰκός· τὸ αἷμα μὲν ἀπὸ τῶν νεκρῶν, ἡ θέρμη δέ, ὡς φῄς, ἀπὸ τοῦ πυρός. καὶ εἰκότως, ὦ Ξάνθε, ὃς ἐπὶ τὸν ἐμὸν υἱ⟨ων⟩ὸν ὥρμησας οὐκ αἰδεσθεὶς ὅτι Νηρηίδος υἱὸς ἦν.

ΞΑΝΘ. Οὐκ ἔδει οὖν ἐλεῆσαι γείτονας ὄντας τοὺς Φρύγας;

ΘΑΛ. Τὸν Ἥφαιστον δὲ οὐκ ἔδει ἐλεῆσαι Θέτιδος υἱὸν ὄντα τὸν Ἀχιλλέα;

12.

Δωρίδος καὶ Θέτιδος

ΔΩΡ. Τί δακρύεις, ὦ Θέτι;

ΘΕΤ. Καλλίστην, ὦ Δωρί, κόρην εἶδον ἐς κιβωτὸν ὑπὸ 1 τοῦ πατρὸς ἐμβληθεῖσαν, αὐτήν τε καὶ βρέφος αὐτῆς ἀρτιγέννητον· ἐκέλευσε δὲ ὁ πατὴρ τοὺς ναύτας ἀνα-

XANTH. Hephaistos. Aber ich Armer bin ganz verkohlt und koche.

MEER. Warum warf er Feuer in dich hinein?

XANTH. Wegen des Sohnes dieser Thetis. Als ich nämlich beim Blutbad, das er unter den Phrygern anrichtete, trotz meiner Bitten ihn von seinem Grimm nicht abbringen konnte, sondern er mit den Leichen mein Bett verstopfte, da ging ich aus Mitleid mit den Armen auf ihn los, um ihn zu überströmen, damit er aus Angst von den Männern Abstand nähme. Da ging Hephaistos – er befand sich nämlich zufällig in der Nähe – mit allem Feuer, das er halt in seiner Esse hatte, im Ätna und sonstwo, auf mich los und verbrannte meine Ulmen und Tamarisken, briet meine armen Fische und Aale, mich selbst aber brachte er zum Überlaufen und hat mich beinahe ganz trocken gelegt. Du siehst also, wie ich infolge meiner Brandwunden ausschaue.

MEER. Trübe, Xanthos, und heiß, wie natürlich; einerseits das Blut von den Toten, anderseits die Hitze, wie du sagst, vom Feuer. Und mit Recht, Xanthos, weil du auf meinen Enkel losgegangen bist, ohne Rücksicht darauf, daß er der Sohn einer Nereide war.

XANTH. Hätte er sich nicht der Phryger, meiner Nachbarn, erbarmen sollen?

MEER. Hätte anderseits nicht Hephaistos sich des Sohnes der Thetis, Achills, erbarmen sollen?

12.

Doris und Thetis

DOR. Was weinst du, Thetis?

THET. Doris, ich sah, wie ein wunderschönes Mädchen auf Befehl ihres Vaters in eine Kiste eingeschlossen wurde, sie selbst und ihr neugeborenes Kind. Der Vater befahl aber den

λαβόντας τὸ κιβώτιον, ἐπειδὰν πολὺ ἀπὸ τῆς γῆς ἀποσπάσωσιν, ἀφεῖναι ἐς τὴν θάλατταν, ὡς ἀπόλοιτο ἡ ἀθλία, καὶ αὐτὴ καὶ τὸ βρέφος.

ΔΩΡ. Τίνος δὲ ἕνεκα, ὦ ἀδελφή; εἰπέ, εἴ τι ἔμαθες, ἀκριβῶς ἅπαντα.

ΘΕΤ. Ὁ Ἀκρίσιος ὁ πατὴρ αὐτῆς καλλίστην οὖσαν ἐπαρθένευεν ἐς χαλκοῦν τινα θάλαμον ἐμβαλών· εἶτα, εἰ μὲν ἀληθές, οὐκ ἔχω εἰπεῖν, φασὶ δ' οὖν τὸν Δία χρυσὸν γενόμενον ῥυῆναι διὰ τοῦ ὀρόφου ἐπ' αὐτήν, δεξαμένην δὲ ἐκείνην ἐς τὸν κόλπον καταρρέοντα τὸν θεὸν ἐγκύμονα γενέσθαι. τοῦτο αἰσθόμενος ὁ πατήρ, ἄγριός τις καὶ ζηλότυπος γέρων, ἠγανάκτησε καὶ ὑπό τινος μεμοιχεῦσθαι οἰηθεὶς αὐτὴν ἐμβάλλει ἐς τὴν κιβωτὸν ἄρτι τετοκυῖαν.

ΔΩΡ. Ἡ δὲ τί ἔπραττεν, ὦ Θέτι, ὁπότε καθίετο; 2

ΘΕΤ. Ὑπὲρ αὐτῆς μὲν ἐσίγα, ὦ Δωρί, καὶ ἔφερε τὴν καταδίκην, τὸ βρέφος δὲ παρῃτεῖτο μὴ ἀποθανεῖν δακρύουσα καὶ τῷ πάππῳ δεικνύουσα αὐτό, κάλλιστον ὄν· τὸ δὲ ὑπ' ἀγνοίας τῶν κακῶν ὑπεμειδία πρὸς τὴν θάλατταν. ὑποπίμπλαμαι αὖθις τοὺς ὀφθαλμοὺς δακρύων μνημονεύσασα αὐτῶν.

ΔΩΡ. Κἀμὲ δακρῦσαι ἐποίησας. ἀλλ' ἤδη τεθνᾶσιν;

ΘΕΤ. Οὐδαμῶς· νήχεται γὰρ ἔτι ἡ κιβωτὸς ἀμφὶ τὴν Σέριφον ζῶντας αὐτοὺς φυλάττουσα.

ΔΩΡ. Τί οὖν οὐχὶ σῴζομεν αὐτὴν τοῖς ἁλιεῦσι τούτοις ἐμβαλοῦσαι ἐς τὰ δίκτυα τοῖς Σεριφίοις; οἱ δὲ ἀνασπάσαντες σώσουσι δῆλον ὅτι.

ΘΕΤ. Εὖ λέγεις, οὕτω ποιῶμεν· μὴ γὰρ ἀπολέσθω μήτε αὐτὴ μήτε τὸ παιδίον οὕτως ὂν καλόν.

Matrosen, die Kiste an Bord zu nehmen, und sobald sie sich weit von dem Lande entfernt hätten, sie im Meer zu versenken, damit die Unglückliche umkomme, sie selber und ihr Kind.

DOR. Weshalb, Schwester? Sag mir, wenn du etwas erfuhrst, alles genau.

THET. Um ihre Heirat zu verhindern, hielt ihr Vater Akrisios die außerordentlich schöne Maid in einem ehernen Gemach eingesperrt, da – ob es wahr ist, weiß ich nicht zu sagen, man erzählt sich aber so – soll Zeus in einem Goldregen durch das Dach zu ihr gelangt sein und sie soll den Gott in ihrem Busen aufgenommen und dadurch schwanger geworden sein. Als das der Vater gemerkt hatte – er ist ein wilder und eifersüchtiger Greis –, da ergrimmte er und ließ sie, in der Meinung, sie hätte mit jemand ein Verhältnis gehabt, gleich nach ihrer Niederkunft in die Kiste einschließen.

DOR. Was tat sie, als man sie versenkte?

THET. Für sich sprach sie kein Wort, sondern ertrug ihre Verurteilung, nur um das Leben des Kindes bat sie unter Tränen, indem sie es – ein wunderschönes Kind – seinem Großvater zeigte. Dieses lächelte aus Unkenntnis der ihm bevorstehenden Leiden beim Anblick des Meeres. Mir füllen sich die Augen wieder mit Tränen, wenn ich daran denke.

DOR. Auch mich hast du zum Weinen gebracht, aber – sind sie bereits tot?

THET. Keineswegs. Die Kiste schwimmt nämlich noch um Seriphos herum und erhält sie beide am Leben.

DOR. Warum retten wir sie also nicht, indem wir die Kiste diesen Fischern von Seriphos ins Netz werfen? Diese würden sie ja herausziehen und so offenbar retten.

THET. Du hast recht, wollen wir so vorgehen! Denn weder soll sie selber umkommen noch ihr Kind, das so schön ist.

13.

Ἐνιπέως καὶ Ποσειδῶνος

ΕΝΙΠ. Οὐ καλὰ ταῦτα, ὦ Πόσειδον· εἰρήσεται γὰρ 1 τἀληθές· ὑπελθών μου τὴν ἐρωμένην εἰκασθεὶς ἐμοὶ διεκόρευσας τὴν παῖδα· ἡ δὲ ᾤετο ὑπ' ἐμοῦ ταῦτα πεπονθέναι καὶ διὰ τοῦτο παρεῖχεν ἑαυτήν.

ΠΟΣ. Σὺ γάρ, ὦ Ἐνιπεῦ, ὑπεροπτικὸς ἦσθα καὶ βραδύς, ὃς κόρης οὕτω καλῆς φοιτώσης ὁσημέραι παρὰ σέ, ἀπολλυμένης ὑπὸ τοῦ ἔρωτος, ὑπερεώρας καὶ ἔχαιρες λυπῶν αὐτήν, ἡ δὲ περὶ τὰς ὄχθας ἀλύουσα καὶ ἐπεμβαίνουσα καὶ λουομένη ἑκάστοτε ηὔχετό σοι ἐντυχεῖν, σὺ δὲ ἐθρύπτου πρὸς αὐτήν.

ΕΝΙΠ. Τί οὖν; διὰ τοῦτο ἐχρῆν σε προαρπάσαι τὸν 2 ἔρωτα καὶ καθυποκρίνασθαι Ἐνιπέα ἀντὶ Ποσειδῶνος εἶναι καὶ κατασοφίσασθαι τὴν Τυρὼ ἀφελῆ κόρην οὖσαν;

ΠΟΣ. Ὀψὲ ζηλοτυπεῖς, ὦ Ἐνιπεῦ, ὑπερόπτης πρότερον ὤν· ἡ Τυρὼ δὲ οὐδὲν δεινὸν πέπονθεν οἰομένη ὑπὸ σοῦ διακεκορεῦσθαι.

ΕΝΙΠ. Οὐ μὲν οὖν· ἔφησθα γὰρ ἀπιὼν ὅτι Ποσειδῶν ἦσθα, ὃ καὶ μάλιστα ἐλύπησεν αὐτήν· καὶ ἐγὼ τοῦτο ἠδίκημαι, ὅτι τὰ ἐμὰ σὺ ηὐφραίνου τότε καὶ περιστήσας πορφύρεόν τι κῦμα, ὅπερ ὑμᾶς συνέκρυπτεν ἅμα, συνῆσθα τῇ παιδὶ ἀντ' ἐμοῦ.

ΠΟΣ. Ναί· σὺ γὰρ οὐκ ἤθελες, ὦ Ἐνιπεῦ.

14.

Τρίτωνος καὶ Νηρηίδων

ΤΡΙΤ. Τὸ κῆτος ὑμῶν, ὦ Νηρηίδες, ὃ ἐπὶ τὴν τοῦ 1 Κηφέως θυγατέρα τὴν Ἀνδρομέδαν ἐπέμψατε, οὔτε τὴν παῖδα ἠδίκησεν, ὡς οἴεσθε, καὶ αὐτὸ ἤδη τέθνηκεν.

13.

Enipeus und Poseidon

ENIP. Das ist nicht schön von dir, Poseidon – die Wahrheit muß nämlich heraus! – : du hast in meiner Gestalt mir meine Geliebte weggefischt und das Mädchen entjungfert. Sie aber meinte, das sei ihr von mir passiert und gab sich deshalb hin.

POS. Du warst nämlich hochmütig und schwerfällig, der du ein so schönes Mädchen, das täglich an deinem Ufer spazierenging und vor Liebe verging, über die Achsel ansahst und Freude an ihrem Kummer hattest. Sie aber irrte an den Gestaden herum, stieg ab und zu ins Wasser, sich zu baden, und hegte jedesmal den Wunsch, dich zu treffen, du hingegen spieltest ihr gegenüber den Spröden.

ENIP. Was also? Mußtest du deshalb mir meine Liebe wegfischen und als Poseidon die Rolle des Enipeus spielen und so die Tyro, ein naives Mädchen, betören?

POS. Deine Eifersucht kommt zu spät, Enipeus, du warst früher zu hochmütig. Übrigens ist der Tyro nichts Schlimmes widerfahren, da sie von dir entjungfert zu sein glaubt.

ENIP. Nein, nein, beim Weggang sagtest du ihr doch, daß du Poseidon warst, was sie besonders kränkte. Das ist eine Beleidigung auch für mich, weil du die Freuden, die mir zugedacht waren, genossest und hinter einer purpurnen Woge, die euch beide verbarg, statt meiner mit dem Mädchen verkehrtest.

POS. Ja; du wolltest eben nicht, Enipeus.

14.

Triton und Nereiden

TRIT. Euer Meeresungeheuer, das ihr Nereiden über Kepheus' Tochter Andromeda kommen ließet, hat der Maid nicht nur nichts angetan, wie ihr meint, sondern ist selber bereits tot.

ΝΗΡ. Ὑπὸ τίνος, ὦ Τρίτων; ἢ ὁ Κηφεὺς καθάπερ δέλεαρ προθεὶς τὴν κόρην ἀπέκτεινεν ἐπιών, λοχήσας μετὰ πολλῆς δυνάμεως;

ΤΡΙΤ. Οὔκ· ἀλλὰ ἴστε, οἶμαι, ὦ Ἰφιάνασσα, τὸν Περσέα, τὸ τῆς Δανάης παιδίον, ὃ μετὰ τῆς μητρὸς ἐν τῇ κιβωτῷ ἐμβληθὲν ἐς τὴν θάλατταν ὑπὸ τοῦ μητροπάτορος ἐσώσατε οἰκτείρασαι αὐτούς.

ΙΦ. Οἶδα ὃν λέγεις· εἰκὸς δὲ ἤδη νεανίαν εἶναι καὶ μάλα γενναῖόν τε καὶ καλὸν ἰδεῖν.

ΤΡΙΤ. Οὗτος ἀπέκτεινε τὸ κῆτος.

ΙΦ. Διὰ τί, ὦ Τρίτων; οὐ γὰρ δὴ σῶστρα ἡμῖν τοιαῦτα ἐκτίνειν αὐτὸν ἐχρῆν.

ΤΡΙΤ. Ἐγὼ ὑμῖν φράσω τὸ πᾶν ὡς ἐγένετο· ἐστάλη 2 μὲν οὗτος ἐπὶ τὰς Γοργόνας ἆθλόν τινα τοῦτον τῷ βασιλεῖ ἐπιτελῶν, ἐπεὶ δὲ ἀφίκετο ἐς τὴν Λιβύην –

ΙΦ. Πῶς, ὦ Τρίτων; μόνος; ἢ καὶ ἄλλους συμμάχους ἦγεν; ἄλλως γὰρ δύσπορος ἡ ὁδός.

ΤΡΙΤ. Διὰ τοῦ ἀέρος· ὑπόπτερον γὰρ αὐτὸν ἡ Ἀθηνᾶ ἔθηκεν. ἐπεὶ δ' οὖν ἧκεν ὅπου διῃτῶντο, αἱ μὲν ἐκάθευδον, οἶμαι, ὁ δὲ ἀποτεμὼν τῆς Μεδούσης τὴν κεφαλὴν ᾤχετο ἀποπτάμενος.

ΙΦ. Πῶς ἰδών; ἀθέατοι γάρ εἰσιν· ἢ ὃς ἂν ἴδῃ, οὐκ ἂν τι ἄλλο μετὰ ταύτας ἴδοι.

ΤΡΙΤ. Ἡ Ἀθηνᾶ τὴν ἀσπίδα προφαίνουσα – τοιαῦτα γὰρ ἤκουσα διηγουμένου αὐτοῦ πρὸς τὴν Ἀνδρομέδαν καὶ τὸν Κηφέα ὕστερον – ἡ Ἀθηνᾶ δὴ ἐπὶ τῆς ἀσπίδος ἀποστιλβούσης ὥσπερ ἐπὶ κατόπτρου παρέσχεν αὐτῷ ἰδεῖν τὴν εἰκόνα τῆς Μεδούσης· εἶτα λαβόμενος τῇ λαιᾷ

NER. Wer hat es umgebracht, Triton? Hat etwa Kepheus das Mädchen gewissermaßen als Köder dem Untier vorgesetzt und hat es dann aus einem Hinterhalt mit einer großen Streitmacht überfallen?

TRIT. Nein, sondern – ihr kennt halt, Iphianassa, den Perseus, das Kind der Danaë, das sein mütterlicher Großvater mit seiner Mutter in einer Kiste ins Meer versenkt, ihr aber aus Mitleid gerettet habt.

IPHIANASSA. Ich weiß, wen du meinst. Natürlich ist er nun bereits ein junger Mann von edlem und schönem Aussehen.

TRIT. Dieser tötete das Untier.

IPH. Weshalb, Triton? Einen solchen Lohn für seine Rettung hätte er uns freilich nicht zahlen sollen.

TRIT. Ich will euch den ganzen Hergang erzählen. Dieser machte eine Reise zu den Gorgonen, um den Kampf mit diesen im Auftrag seines Königs zu bestehen; als er aber nach Libyen gelangt war –

IPH. Wie, Triton? Allein? Oder hatte er sich Bundesgenossen mitgenommen? Die Reise ist ja ohnehin schon schwierig.

TRIT. Er kam durch die Luft; Athene hatte ihm nämlich Flügelschuhe verliehen. Als er nun dorthin gekommen war, wo die Gorgonen lebten, da schliefen sie halt, er aber schnitt der Meduse das Haupt ab und flog eilends davon.

IPH. Wie hatte er sie zu Gesicht bekommen? Man kann sie ja nicht anschauen; oder wer sie sieht, der kann hernach nichts mehr sehen.

TRIT. Athene hielt ihm ihren Schild vor – solches hörte ich ihn der Andromeda und später dem Kepheus erzählen –, Athene ließ ihn also auf ihrem glänzenden Schild, wie in einem Spiegel, das Bild der Meduse sehen. Dann faßte er mit der

τῆς κόμης, ἐνορῶν δ' ἐς τὴν εἰκόνα, τῇ δεξιᾷ τὴν ἅρπην ἔχων, ἀπέτεμε τὴν κεφαλὴν αὐτῆς, καὶ πρὶν ἀνεγρέσθαι τὰς ἀδελφὰς ἀνέπτατο. ἐπεὶ δὲ κατὰ τὴν παράλιον 3 ταύτην Αἰθιοπίαν ἐγένετο, ἤδη πρόσγειος πετόμενος, ὁρᾷ τὴν Ἀνδρομέδαν προκειμένην ἐπί τινος πέτρας προβλῆτος προσπεπατταλευμένην, καλλίστην, ὦ θεοί, καθειμένην τὰς κόμας, ἡμίγυμνον πολὺ ἔνερθε τῶν μαστῶν· καὶ τὸ μὲν πρῶτον οἰκτείρας τὴν τύχην αὐτῆς ἀνηρώτα τὴν αἰτίαν τῆς καταδίκης, κατὰ μικρὸν δὲ ἁλοὺς ἔρωτι — ἐχρῆν γὰρ σεσῶσθαι τὴν παῖδα — βοηθεῖν διέγνω· καὶ ἐπειδὴ τὸ κῆτος ἐπῄει μάλα φοβερὸν ὡς καταπιόμενον τὴν Ἀνδρομέδαν, ὑπεραιωρηθεὶς ὁ νεανίσκος πρόκωπον ἔχων τὴν ἅρπην τῇ μὲν καθικνεῖται, τῇ δὲ προδεικνὺς τὴν Γοργόνα λίθον ἐποίει αὐτό, τὸ δὲ τέθνηκεν ὁμοῦ καὶ πέπηγεν αὐτοῦ τὰ πολλά, ὅσα εἶδε τὴν Μέδουσαν· ὁ δὲ λύσας τὰ δεσμὰ τῆς παρθένου, ὑποσχὼν τὴν χεῖρα ὑπεδέξατο ἀκροποδητὶ κατιοῦσαν ἐκ τῆς πέτρας ὀλισθηρᾶς οὔσης, καὶ νῦν γαμεῖ ἐν τοῦ Κηφέως καὶ ἀπάξει αὐτὴν ἐς Ἄργος, ὥστε ἀντὶ θανάτου γάμον οὐ τὸν τυχόντα εὕρετο.

ΙΦ. Ἐγὼ μὲν οὐ πάνυ τῷ γεγονότι ἄχθομαι· τί γὰρ ἡ 4 παῖς ἠδίκει ἡμᾶς, εἴ τι ἡ μήτηρ ἐμεγαλαυχεῖτό τε καὶ ἠξίου καλλίων εἶναι;

ΔΩΡ. Πλὴν ὅτι οὕτως ἂν ἤλγησεν ἐπὶ τῇ θυγατρὶ μήτηρ γε οὖσα.

ΙΦ. Μηκέτι μεμνώμεθα, ὦ Δωρί, ἐκείνων, εἴ τι βάρβαρος γυνὴ ὑπὲρ τὴν ἀξίαν ἐλάλησεν· ἱκανὴν γὰρ ἡμῖν τιμωρίαν ἔδωκε φοβηθεῖσα ἐπὶ τῇ παιδί. χαίρωμεν οὖν τῷ γάμῳ.

Linken ihr Haar, wobei er fortwährend das Spiegelbild im Auge behielt, mit der Rechten aber, in der er das krumme Schwert hielt, schnitt er ihr den Kopf ab, und bevor ihre Schwestern erwachten, flog er davon. Als er aber hierher zur Küste Äthiopiens gekommen war, wobei er bereits nahe dem Erdboden flog, sieht er die Andromeda an einem vorspringenden Felsen angenagelt, ein wunderschönes Mädchen, ihr Götter, mit herabwallenden Haaren, halbnackt, bis weit unter die Brüste. Und zuerst fühlte er Mitleid mit ihrem Schicksal und fragte sie um den Grund ihrer Verurteilung, allmählich aber von Liebe erfaßt – das Mädchen sollte ja gerettet werden–, entschloß er sich, ihr zu helfen. Und als das Untier in seiner ganzen Ungeheuerlichkeit herannahte, um die Andromeda zu verschlingen, da schwang sich der Jüngling, die Hand am Schwertgriff, in die Lüfte und führte mit der einen Hand den Streich, mit der andern zeigte er die Gorgo und machte so das Untier zu Stein, daß es zugleich tot und größtenteils versteinert ist, soweit es dem Blick der Meduse ausgesetzt war. Er aber löste die Fesseln der Maid und stützte sie mit der Hand, als sie auf den Zehenspitzen vom rutschigen Felsen herabstieg. Und jetzt heiratet er im Hause des Kepheus und wird sie nach Argos bringen, so daß sie also statt des Todes einen nicht gewöhnlichen Gemahl gefunden hat.

IPH. Ich kränke mich nicht sonderlich über die Tatsache. Denn was tat uns die Maid zuleide, wenn sich ihre Mutter brüstete und den Anspruch erhob, schöner zu sein?

DORIS. Jedoch so hätte sich die Mutter um ihre Tochter gegrämt.

IPH. Denken wir nicht mehr daran, Doris, wenn eine Frau aus einem Barbarenland einmal ungebührlich geplappert hat! Durch die Angst um ihre Tochter hat sie nämlich in unseren Augen genug gebüßt. Freuen wir uns also über die Hochzeit!

15

Ζεφύρου καὶ Νότου

ΖΕΦ. Οὐ πώποτε πομπὴν ἐγὼ μεγαλοπρεπεστέραν 1 εἶδον ἐν τῇ θαλάττῃ, ἀφ' οὗ γέ εἰμι καὶ πνέω. σὺ δὲ οὐκ εἶδες ὦ Νότε;

ΝΟΤ. Τίνα ταύτην λέγεις, ὦ Ζέφυρε, τὴν πομπήν; ἢ τίνες οἱ πέμποντες ἦσαν;

ΖΕΦ. Ἡδίστου θεάματος ἀπελείφθης, οἷον οὐκ ἂν ἄλλο ἴδοις ἔτι.

ΝΟΤ. Περὶ τὴν Ἐρυθρὰν γὰρ Θάλατταν εἰργαζόμην, ἐπέπνευσα δὲ καὶ μέρος τι τῆς Ἰνδικῆς, ὅσα παράλια τῆς χώρας· οὐδὲν οὖν οἶδα ὧν λέγεις.

ΖΕΦ. Ἀλλὰ τὸν Σιδώνιόν γε Ἀγήνορα οἶδας;

ΝΟΤ. Ναί· τὸν τῆς Εὐρώπης πατέρα. τί μήν;

ΖΕΦ. Περὶ αὐτῆς ἐκείνης διηγήσομαί σοι.

ΝΟΤ. Μῶν ὅτι ὁ Ζεὺς ἐραστὴς τῆς παιδὸς ἐκ πολλοῦ; τοῦτο γὰρ καὶ πάλαι ἠπιστάμην.

ΖΕΦ. Οὐκοῦν τὸν μὲν ἔρωτα οἶσθα, τὰ μετὰ ταῦτα δὲ ἤδη ἄκουσον. ἡ μὲν Εὐρώπη παρεληλύθει ἐπὶ τὴν 2 ἠόνα παίζουσα τὰς ἡλικιώτιδας παραλαβοῦσα, ὁ Ζεὺς δὲ ταύρῳ εἰκάσας ἑαυτὸν συνέπαιζεν αὐταῖς κάλλιστος φαινόμενος· λευκός τε γὰρ ἦν ἀκριβῶς καὶ τὰ κέρατα εὐκαμπὴς καὶ τὸ βλέμμα ἥμερος· ἐσκίρτα οὖν καὶ αὐτὸς ἐπὶ τῆς ἠόνος καὶ ἐμυκᾶτο ἥδιστον, ὥστε τὴν Εὐρώπην τολμῆσαι καὶ ἀναβῆναι αὐτόν. ὡς δὲ τοῦτο ἐγένετο, δρομαῖος μὲν ὁ Ζεὺς ὥρμησεν ἐπὶ τὴν θάλατταν φέρων αὐτὴν καὶ ἐνήχετο ἐμπεσών, ἡ δὲ πάνυ ἐκπλαγὴς τῷ πράγματι τῇ λαιᾷ μὲν εἴχετο τοῦ κέρατος, ὡς μὴ ἀπολισθάνοι, τῇ ἑτέρᾳ δὲ ἠνεμωμένον τὸν πέπλον ξυνεῖχεν.

15.

Zephyros und Notos

ZEPH. Ich sah niemals einen prächtigeren Aufzug auf dem Meer, seitdem ich existiere und wehe; du sahst ihn nicht, Notos?

NOT. Was meinst du da für einen Aufzug? Oder wer waren die Teilnehmer?

ZEPH. Da kamst du um ein ganz entzückendes Schauspiel, wie du ein anderes nicht mehr zu sehen bekommen dürftest.

NOT. Ich war in der Gegend des Persischen Meerbusens beschäftigt, blies aber auch über einen Teil Indiens, über alle Küstenstriche des Landes; ich weiß also nichts von dem, was du sagst.

ZEPH. Aber du kennst doch den Agenor aus Sidon?

NOT. Ja; den Vater der Europa. Was also weiter?

ZEPH. Gerade von ihr will ich dir erzählen.

NOT. Etwa daß Zeus seit langem der Liebhaber des Mädchens ist? Das wußte ich nämlich schon längst.

ZEPH. Also das Liebesverhältnis kennst du; vernimm nunmehr die Fortsetzung! Europa war mit ihren Jugendfreundinnen in Scherz und Spiel zum Strand gegangen, Zeus aber scherzte in Gestalt eines Stieres mit ihnen, indem er eine besondere Schönheit zur Schau trug: er war nämlich vollkommen weiß und hatte zierlich gewundene Hörner und einen sanften Blick. Er hüpfte also ebenfalls am Strand und brüllte entzückend, so daß die Europa es sogar wagte, auf ihn hinaufzusteigen. Wie dieses geschehen war, da stürzte sich Zeus eilends ins Meer mit ihr und schwamm dann weiter, sie aber war über das Vorgefallene ganz entsetzt und hielt sich mit der Linken am Horn fest, um nicht hinunterzurutschen, mit der anderen Hand aber hielt sie ihr vom Wind aufgeblähtes Gewand zusammen.

ΝΟΤ. Ἡδὺ τοῦτο θέαμα εἶδες, ὦ Ζέφυρε, καὶ ἐρωτικόν, 3 νηχόμενον τὸν Δία φέροντα τὴν ἀγαπωμένην.

ΖΕΦ. Καὶ μὴν τὰ μετὰ ταῦτα ἡδίω παρὰ πολύ, ὦ Νότε· ἥ τε γὰρ θάλαττα εὐθὺς ἀκύμων ἐγένετο καὶ τὴν γαλήνην ἐπισπασαμένη λείαν παρεῖχεν ἑαυτήν, ἡμεῖς δὲ πάντες ἡσυχίαν ἄγοντες οὐδὲν ἄλλο ἢ θεαταὶ μόνον τῶν γιγνομένων παρηκολουθοῦμεν, Ἔρωτες δὲ παραπετόμενοι μικρὸν ἐκ τῆς θαλάττης, ὡς ἐνίοτε ἄκροις τοῖς ποσὶν ἐπιψαύειν τοῦ ὕδατος, ἡμμένας τὰς δᾷδας φέροντες ᾖδον ἅμα τὸν ὑμέναιον, αἱ Νηρηίδες δὲ ἀναδῦσαι παρίππευον ἐπὶ τῶν δελφίνων ἐπικροτοῦσαι ἡμίγυμνοι αἱ πολλαί, τό τε τῶν Τριτώνων γένος καὶ εἴ τι ἄλλο μὴ φοβερὸν ἰδεῖν τῶν θαλαττίων ἅπαντα περιεχόρευε τὴν παῖδα· ὁ μὲν γὰρ Ποσειδῶν ἐπιβεβηκὼς ἅρματος, παροχουμένην τὴν Ἀμφιτρίτην ἔχων προῆγε γεγηθὼς προοδοιπορῶν νηχομένῳ τῷ ἀδελφῷ· ἐπὶ πᾶσι δὲ τὴν Ἀφροδίτην δύο Τρίτωνες ἔφερον ἐπὶ κόγχης κατακειμένην, ἄνθη παντοῖα ἐπιπάττουσαν τῇ νύμφῃ. ταῦτα 4 ἐκ Φοινίκης ἄχρι τῆς Κρήτης ἐγένετο· ἐπεὶ δὲ ἐπέβη τῇ νήσῳ, ὁ μὲν ταῦρος οὐκέτι ἐφαίνετο, ἐπιλαβόμενος δὲ τῆς χειρὸς ὁ Ζεὺς ἀπῆγε τὴν Εὐρώπην ἐς τὸ Δικταῖον ἄντρον ἐρυθριῶσαν καὶ κάτω ὁρῶσαν· ἠπίστατο γὰρ ἤδη ἐφ' ὅτῳ ἄγοιτο. ἡμεῖς δὲ ἐμπεσόντες ἄλλο ἄλλος τοῦ πελάγους μέρος διεκυμαίνομεν.

ΝΟΤ. Ὦ μακάριε Ζέφυρε τῆς θέας· ἐγὼ δὲ γρῦπας καὶ ἐλέφαντας καὶ μέλανας ἀνθρώπους ἑώρων.

NOT. Das war, Zephyros, ein entzückendes und erotisches Schauspiel, Zeus schwimmend mit seiner Geliebten auf dem Rücken.

ZEPH. Indes, das weitere ist, Notos, noch viel entzückender, denn das Meer ward sogleich frei von Wogenschwall, Windstille verbreitete sich und glättete seine Fläche, wir aber verhielten uns alle still und zogen nur als bloße Zuschauer der Ereignisse mit, Liebesgötter jedoch flogen daneben ein wenig oberhalb der Wasserfläche, so daß sie zuweilen mit ihren Zehenspitzen das Wasser berührten, angezündete Fackeln in den Händen, und sangen das Hochzeitslied, die Nereiden aber tauchten, die meisten halb nackt, empor und ritten unter Beifallsklatschen daneben auf den Delphinen und das Geschlecht der Tritonen sowie alle sonstigen Meerwesen, die keinen fürchterlichen Anblick gewähren, umtanzten die Maid. Poseidon stand auf seinem Wagen und fuhr, mit Amphitrite an seiner Seite, fröhlich vor ihnen einher, um seinem schwimmenden Bruder im voraus den Weg zu bahnen. Zu alldem trugen zwei Tritone die Aphrodite auf einer Muschel; auf dieser lag sie und streute von hier aus bunte Blumen auf die Braut. Das geschah von Phönikien bis Kreta. Als sie aber die Insel betreten hatte, kam der Stier nicht mehr zum Vorschein. Zeus faßte die Europa bei der Hand und führte sie in die Diktaische Grotte. Da errötete sie und sah zu Boden; sie wußte ja bereits, zu welchem Zweck sie hingebracht wurde. Wir Winde stürzten uns nach allen Richtungen ins Meer und wühlten es auf allen Seiten auf.

NOT. Glücklicher Zephyros, daß du das gesehen hast! Ich hingegen mußte fortwährend Greife, Elephanten und Neger sehen.

ΝΕΚΡΙΚΟΙ ΔΙΑΛΟΓΟΙ

1.

Διογένους καὶ Πολυδεύκους

ΔΙΟΓ. Ὦ Πολύδευκες, ἐντέλλομαί σοι, ἐπειδὰν τάχιστα ἀνέλθῃς (σὸν γάρ ἐστιν, οἶμαι, ἀναβιῶναι αὔριον), ἤν που ἴδῃς Μένιππον τὸν κύνα (εὕροις δ' ἂν αὐτὸν ἐν Κορίνθῳ κατὰ τὸ Κράνειον ἢ ἐν Λυκείῳ τῶν ἐριζόντων πρὸς ἀλλήλους φιλοσόφων καταγελῶντα), εἰπεῖν πρὸς αὐτόν, ὅτι σοί, ὦ Μένιππε, κελεύει ὁ Διογένης, εἴ σοι ἱκανῶς τὰ ὑπὲρ γῆς καταγεγέλασται, ἥκειν ἐνθάδε πολλῷ πλείω ἐπιγελασόμενον· ἐκεῖ μὲν γὰρ ἐν ἀμφιβόλῳ σοι ἔτι ὁ γέλως ἦν καὶ πολὺ τὸ »τίς γὰρ ὅλως οἶδε τὰ μετὰ τὸν βίον;« ἐνταῦθα δὲ οὐ παύσῃ βεβαίως γελῶν καθάπερ ἐγὼ νῦν, καὶ μάλιστα ἐπειδὰν ὁρᾷς τοὺς πλουσίους καὶ σατράπας καὶ τυράννους οὕτω ταπεινοὺς καὶ ἀσήμους, ἐκ μόνης οἰμωγῆς διαγινωσκομένους, καὶ ὅτι μαλθακοὶ καὶ ἀγεννεῖς εἰσι μεμνημένοι τῶν ἄνω. ταῦτα λέγε αὐτῷ, καὶ προσέτι, ἐμπλησάμενον τὴν πήραν ἥκειν θέρμων τε πολλῶν καὶ εἴ που εὕροι ἐν τῇ τριόδῳ Ἑκάτης δεῖπνον κείμενον ἢ ᾠὸν ἐκ καθαρσίου ἤ τι τοιοῦτον.

ΠΟΛ. Ἀλλ' ἀπαγγελῶ ταῦτα, ὦ Διόγενες. ὅπως δὲ εἰδῶ μάλιστα, ὁποῖός τίς ἐστι τὴν ὄψιν.

ΔΙΟΓ. Γέρων, φαλακρός, τριβώνιον ἔχων πολύθυρον, ἅπαντι ἀνέμῳ ἀναπεπταμένον καὶ ταῖς ἐπιπτυχαῖς τῶν ῥακίων ποικίλον, γελᾷ δ' ἀεὶ καὶ τὰ πολλὰ τοὺς ἀλαζόνας τούτους φιλοσόφους ἐπισκώπτει.

ΠΟΛ. Ῥᾴδιον εὑρεῖν ἀπό γε τούτων.

TOTENGESPRÄCHE

1.

Diogenes und Polydeukes

DIOG. Polydeukes, ich trage dir auf, sobald du auf die Oberwelt kommst – du mußt ja halt morgen ins Leben zurückkehren –, falls du irgendwo Menipp, den Hund (Kyniker), siehst – du magst ihn zu Korinth im Kraneion oder zu Athen im Lykeion treffen, wo er die miteinander streitenden Philosophen verlacht –, also ich trage dir auf, ihm zu sagen: „Menipp, Diogenes befiehlt dir, wenn du die irdischen Dinge genug verlacht hast, hierher zu kommen, wo du noch viel mehr lachen sollst. Denn dort mochte dir oft ein Zweifel an der Berechtigung deines Lachens kommen und dir der Gedanke einfallen: ‚Wer kennt überhaupt das Jenseits –‘, hier aber wirst du nicht aufhören, beständig zu lachen so wie ich jetzt und am meisten, wann du siehst, wie klein und unscheinbar die Reichen, die Satrapen und die Tyrannen sind, so daß man sie nur an ihrem Geheul erkennen kann, und daß sie, von Gedanken an die Oberwelt erfüllt, jämmerliche Weichlinge sind." Das sage ihm und dazu noch, er soll, bevor er kommt, seinen Ranzen mit Saubohnen anfüllen und mit einem Hekatemahl, findet er es irgendwo an einer Wegkreuzung, oder mit einem Ei von einem Reinigungsopfer oder dergleichen.

POL. Ja, das werde ich ihm vermelden, Diogenes. Aber damit ich ihn erkenne, wie sieht er aus?

DIOG. Er ist ein Greis mit einer Glatze und hat einen schäbigen, löchrigen Mantel, der jedem Luftzug offensteht und infolge der aufgenähten Lappen buntscheckig aussieht. Er lacht stets und verspottet meistens diese Windbeutel, die Philosophen.

POL. Auf Grund dieser Merkmale kann man ihn recht leicht finden.

ΔΙΟΓ. Βούλει καὶ πρὸς αὐτοὺς ἐκείνους ἐντείλωμαί τι τοὺς φιλοσόφους;

ΠΟΛ. Λέγε· οὐ βαρὺ γὰρ οὐδὲ τοῦτο.

ΔΙΟΓ. Τὸ μὲν ὅλον παύσασθαι αὐτοῖς παρεγγύα ληροῦσι καὶ περὶ τῶν ὅλων ἐρίζουσι καὶ κέρατα φύουσιν ἀλλήλοις καὶ κροκοδείλους ποιοῦσι καὶ τὰ τοιαῦτα ἄπορα ἐρωτᾶν διδάσκουσι τὸν νοῦν.

ΠΟΛ. Ἀλλ' ἐμὲ ἀμαθῆ καὶ ἀπαίδευτον εἶναι φάσκουσι κατηγοροῦντα τῆς σοφίας αὐτῶν.

ΔΙΟΓ. Σὺ δὲ οἰμώζειν αὐτοῖς παρ' ἐμοῦ λέγε.

ΠΟΛ. Καὶ ταῦτα, ὦ Διόγενες, ἀπαγγελῶ.

ΔΙΟΓ. Τοῖς πλουσίοις δ', ὦ φίλτατον Πολυδεύκιον, 3 ἀπάγγελλε ταῦτα παρ' ἡμῶν· τί, ὦ μάταιοι, τὸν χρυσὸν φυλάττετε; τί δὲ τιμωρεῖσθε ἑαυτοὺς λογιζόμενοι τοὺς τόκους καὶ τάλαντα ἐπὶ ταλάντοις συντιθέντες, οὓς χρὴ ἕνα ὀβολὸν ἔχοντας ἥκειν μετ' ὀλίγον;

ΠΟΛ. Εἰρήσεται καὶ ταῦτα πρὸς ἐκείνους.

ΔΙΟΓ. Ἀλλὰ καὶ τοῖς καλοῖς τε καὶ ἰσχυροῖς λέγε, Μεγίλλῳ τε τῷ Κορινθίῳ καὶ Δαμοξένῳ τῷ παλαιστῇ, ὅτι παρ' ἡμῖν οὔτε ἡ ξανθὴ κόμη οὔτε τὰ χαροπὰ ἢ μέλανα ὄμματα ἢ ἐρύθημα ἐπὶ τοῦ προσώπου ἔτι ἔστιν ἢ νεῦρα εὔτονα ἢ ὦμοι καρτεροί, ἀλλὰ πάντα μία ἡμῖν κόνις, φασί, κρανία γυμνὰ τοῦ κάλλους.

ΠΟΛ. Οὐ χαλεπὸν οὐδὲ ταῦτα εἰπεῖν πρὸς τοὺς καλοὺς καὶ ἰσχυρούς.

ΔΙΟΓ. Καὶ τοῖς πένησιν, ὦ Λάκων, – πολλοὶ δ' εἰσὶ καὶ 4 ἀχθόμενοι τῷ πράγματι καὶ οἰκτείροντες τὴν ἀπορίαν – λέγε μήτε δακρύειν μήτε οἰμώζειν διηγησάμενος τὴν

DIOG. Willst du, soll ich dir auch einen Auftrag an eben die Philosophen dort mitgeben?

POL. Sprich; auch das fällt mir ja nicht schwer.

DIOG. Im allgemeinen lege ihnen ans Herz, sie sollen aufhören zu schwätzen, über das All zu streiten, einander Hörner wachsen zu lassen und Krokodile zu fabrizieren und derartige spitzfindige Fragen dem Geist ihrer Jünger beizubringen.

POL. Aber sie werden sagen, ich bin ungelehrt und ungebildet, weil ich ihre Weisheiten herabsetze.

DIOG. Du sag' ihnen in meinem Namen, sie sollen sich zum Henker scheren.

POL. Auch das will ich, Diogenes, vermelden.

DIOG. Den Reichen aber, liebstes Polydeukerl, vermelde das in meinem Namen: „Ihr Toren, was bewacht ihr das Geld? Warum quält ihr euch damit, die Zinsen zu berechnen und Talente auf Talente zu häufen, wo ihr doch mit nur einem Obolos bald hieher kommen sollt?"

POL. Auch das soll jenen ausgerichtet werden.

DIOG. Aber den schönen und kräftigen jungen Männern, einem Megillos von Korinth und Damoxenos dem Ringer, ihnen sage, daß es bei uns kein blondes Haar mehr gibt, auch keine blitzenden oder schwarzen Augen oder rote Gesichtsfarbe oder stramme Sehnen oder starke Schultern, sondern alles bei uns ist nur Staub und Asche, wie man sagt, Totenschädel bar der Schönheit.

POL. Es ist nicht schwer, auch das zu den schönen und kräftigen jungen Männern zu sagen.

DIOG. Und den Armen – es sind aber deren viele, die sich über ihren Zustand kränken und ihre Armut bejammern –, denen sag, Lakone, sie sollen weder weinen noch jammern; erzähle

ἐνταῦθα ἰσοτιμίαν, καὶ ὅτι ὄψονται τοὺς ἐκεῖ πλουσίους οὐδὲν ἀμείνους αὐτῶν· καὶ Λακεδαιμονίοις δὲ τοῖς σοῖς ταῦτα, εἰ δοκεῖ, παρ' ἐμοῦ ἐπιτίμησον λέγων ἐκλελύσθαι αὐτούς.

ΠΟΛ. Μηδέν, ὦ Διόγενες, περὶ Λακεδαιμονίων λέγε· οὐ γὰρ ἀνέξομαί γε. ἃ δὲ πρὸς τοὺς ἄλλους ἔφησθα, ἀπαγγελῶ.

ΔΙΟΓ. Ἐάσωμεν τούτους, ἐπεί σοι δοκεῖ· σὺ δὲ οἷς προεῖπον ἀπένεγκον παρ' ἐμοῦ τοὺς λόγους.

2.

Πλούτων ἢ κατὰ Μενίππου

ΚΡΟΙΣ. Οὐ φέρομεν, ὦ Πλούτων, Μένιππον τουτονὶ 1 τὸν κύνα παροικοῦντα· ὥστε ἢ ἐκεῖνόν ποι κατάστησον ἢ ἡμεῖς μετοικήσομεν ἐς ἕτερον τόπον.

ΠΛΟΥΤ. Τί δ' ὑμᾶς δεινὸν ἐργάζεται ὁμόνεκρος ὤν;

ΚΡΟΙΣ. Ἐπειδὰν ἡμεῖς οἰμώζωμεν καὶ στένωμεν ἐκείνων μεμνημένοι τῶν ἄνω, Μίδας μὲν οὑτοσὶ τοῦ χρυσίου, Σαρδανάπαλλος δὲ τῆς πολλῆς τρυφῆς, ἐγὼ δὲ Κροῖσος τῶν θησαυρῶν, ἐπιγελᾷ καὶ ἐξονειδίζει ἀνδράποδα καὶ καθάρματα ἡμᾶς ἀποκαλῶν, ἐνίοτε δὲ καὶ ᾄδων ἐπιταράττει ἡμῶν τὰς οἰμωγάς, καὶ ὅλως λυπηρός ἐστι.

ΠΛΟΥΤ. Τί ταῦτά φασιν, ὦ Μένιππε;

ΜΕΝ. Ἀληθῆ, ὦ Πλούτων· μισῶ γὰρ αὐτοὺς ἀγεννεῖς καὶ ὀλεθρίους ὄντας, οἷς οὐκ ἀπέχρησε βιῶναι κακῶς, ἀλλὰ καὶ ἀποθανόντες ἔτι μέμνηνται καὶ περιέχονται τῶν ἄνω· χαίρω τοιγαροῦν ἀνιῶν αὐτούς.

ihnen doch von der hiesigen Gleichheit und daß sie sehen werden, wie die dortigen Reichen hier nicht besser als sie gestellt sind. Und deinen Lacedaemoniern richte in meinem Namen gefälligst diesen Tadel aus, sag ihnen, sie seien verweichlicht.

POL. Kein Wort, Diogenes, von den Lacedaemoniern! Ich würde das ja nicht ertragen. Deine für die andern bestimmten Worte werde ich vermelden.

DIOG. So lassen wir sie außer Spiel, da du dafür bist! Den früher Genannten jedoch überbringe meine Worte!

2.
Pluto oder Gegen Menipp

KROISOS. Pluton, wir ertragen es nicht, daß Menipp, dieser Hund (Kyniker), neben uns haust. Drum schaff entweder ihn irgendwohin oder wir werden auf einen anderen Platz umziehen.

PLUTON. Was tut er euch Schlimmes an, wo er doch so gut wie ihr tot ist?

KROIS. Wann wir jammern und stöhnen, unseres Lebens auf der Oberwelt eingedenk, Midas hier seines Goldes, Sardanapall seines üppigen Wohllebens, ich Kroisos meiner Schätze, dann lacht er dazu und schimpft uns Sklaven und Scheusale, manchmal aber stört er auch durch seinen Gesang unsere Klagen, überhaupt ist er uns lästig.

PLUT. Wie steht es mit dem, was sie sagen, Menipp?

MEN. Es ist wahr, Pluton. Ich hasse sie nämlich als jämmerliche Schurken, denen es nicht genügt hat, ein schlechtes Leben zu führen, sondern die auch noch nach dem Tode ihres Lebens auf der Oberwelt eingedenk sind und daran hängen. Ich freute mich also, ihnen weh zu tun.

ΠΛΟΥΤ. Ἀλλ' οὐ χρή· λυποῦνται γὰρ οὐ μικρῶν στερόμενοι.

ΜΕΝ. Καὶ σὺ μωραίνεις, ὦ Πλούτων, ὁμόψηφος ὢν τοῖς τούτων στεναγμοῖς;

ΠΛΟΥΤ. Οὐδαμῶς, ἀλλ' οὐκ ἂν ἐθέλοιμι στασιάζειν ὑμᾶς.

ΜΕΝ. Καὶ μήν, ὦ κάκιστοι Λυδῶν καὶ Φρυγῶν καὶ 2 Ἀσσυρίων, οὕτω γινώσκετε ὡς οὐδὲ παυσομένου μου· ἔνθα γὰρ ἂν ἴητε, ἀκολουθήσω ἀνιῶν καὶ κατᾴδων καὶ καταγελῶν.

ΚΡΟΙΣ. Ταῦτα οὐχ ὕβρις;

ΜΕΝ. Οὔκ, ἀλλ' ἐκεῖνα ὕβρις ἦν, ἃ ὑμεῖς ἐποιεῖτε, προσκυνεῖσθαι ἀξιοῦντες καὶ ἐλευθέροις ἀνδράσιν ἐντρυφῶντες καὶ τοῦ θανάτου τὸ παράπαν οὐ μνημονεύοντες· τοιγαροῦν οἰμώξεσθε πάντων ἐκείνων ἀφῃρημένοι.

ΚΡΟΙΣ. Πολλῶν γε, ὦ θεοί, καὶ μεγάλων κτημάτων.

ΜΙΔ. Ὅσου μὲν ἐγὼ χρυσοῦ.

ΣΑΡΔ. Ὅσης δὲ ἐγὼ τρυφῆς.

ΜΕΝ. Εὖ γε, οὕτω ποιεῖτε· ὀδύρεσθε μὲν ὑμεῖς, ἐγὼ δὲ τὸ γνῶθι σαυτὸν πολλάκις συνείρων ἐπᾴσομαι ὑμῖν· πρέποι γὰρ ἂν ταῖς τοιαύταις οἰμωγαῖς ἐπᾳδόμενον.

3.

Μενίππου καὶ Τροφωνίου

ΜΕΝ. Σφὼ μέντοι, ὦ Τροφώνιε καὶ Ἀμφίλοχε, νεκροὶ 1 ὄντες οὐκ οἶδ' ὅπως ναῶν κατηξιώθητε καὶ μάντεις δοκεῖτε, καὶ οἱ μάταιοι τῶν ἀνθρώπων θεοὺς ὑμᾶς ὑπειλήφασιν εἶναι.

PLUT. Aber das geht nicht an; sie haben ja keine Kleinigkeiten verloren, davon rührt ihr Klagen her.

MEN. Bist auch du, Pluton, ein Tor, weil du mit ihrem Gestöhn übereinstimmst?

PLUT. Keineswegs, aber ich möchte nicht, daß Zwietracht unter euch herrsche.

MEN. Indes, ihr schändlichsten Kerle unter den Lydern, Phrygern und Assyrern wisset, daß ich niemals aufhören werde; überall nämlich, wo ihr geht, werde ich euch nachgehen, euch belästigen, mit meinem Gesang in euer Stöhnen einfallen und euch verlachen.

KROIS. Ist das nicht Übermut?

MEN. Nein, sondern das war Übermut, was ihr dort oben tatet, kniefällige Verehrung zu beanspruchen, an freien Männern euren Hochmut auszulassen und an den Tod überhaupt nicht zu denken. Darum sollt ihr jetzt jammern, weil ihr all das verloren habt.

KROIS. Ich viele große Besitzungen, ihr Götter!

MIDAS. Wie viel Gold ich!

SARDANAPALL. Welches Wohlleben ich!

MEN. Bravo, tut nur so weiter! Jammert nur drauf zu, ich werde euch den Spruch ‚Erkenne dich selbst' oft in die Ohren singen; er paßt ja als Begleitmusik zu solchen Klagen.

3.

Menipp und Trophonios

MEN. Euch zwei jedoch zu Ehren, Trophonios und Amphilochos, die ihr doch tot seid, wurden, ich weiß nicht wie, Tempel errichtet und ihr geltet für Seher, ja die Toren unter den Menschen halten euch für Götter.

ΤΡΟΦ. Τί οὖν ἡμεῖς αἴτιοι, εἰ ὑπ' ἀνοίας ἐκεῖνοι τοιαῦτα περὶ νεκρῶν δοξάζουσιν;

ΜΕΝ. Ἀλλ' οὐκ ἂν ἐδόξαζον, εἰ μὴ ζῶντες καὶ ὑμεῖς τοιαῦτα ἐτερατεύεσθε ὡς τὰ μέλλοντα προειδότες καὶ προειπεῖν δυνάμενοι τοῖς ἐρομένοις.

ΤΡΟΦ. Ὦ Μένιππε, Ἀμφίλοχος μὲν οὗτος ἂν εἰδείη ὅ τι αὐτῷ ἀποκριτέον ὑπὲρ αὐτοῦ, ἐγὼ δὲ ἥρως εἰμὶ καὶ μαντεύομαι, ἤν τις κατέλθῃ παρ' ἐμέ. σὺ δ' ἔοικας οὐκ ἐπιδεδημηκέναι Λεβαδείᾳ τὸ παράπαν· οὐ γὰρ ἠπίστεις σὺ τούτοις.

ΜΕΝ. Τί φής; ἢν μὴ ἐς Λεβάδειαν γὰρ παρέλθω καὶ 2 ἐσταλμένος ταῖς ὀθόναις γελοίως μᾶζαν ἐν ταῖν χεροῖν ἔχων ἐσερπύσω διὰ τοῦ στομίου ταπεινοῦ ὄντος ἐς τὸ σπήλαιον, οὐκ ἂν ἠδυνάμην εἰδέναι, ὅτι νεκρὸς εἶ ὥσπερ ἡμεῖς μόνῃ τῇ γοητείᾳ διαφέρων; ἀλλὰ πρὸς τῆς μαντικῆς, τί δαὶ ὁ ἥρως ἐστίν; ἀγνοῶ γάρ.

ΤΡΟΦ. Ἐξ ἀνθρώπου τι καὶ θεοῦ σύνθετον.

ΜΕΝ. Ὃ μήτε ἄνθρωπός ἐστιν, ὡς φής, μήτε θεός, καὶ συναμφότερόν ἐστι; νῦν οὖν ποῦ σου τὸ θεῶν ἐκεῖνο ἡμίτομον ἀπελήλυθε;

ΤΡΟΦ. Χρᾷ, ὦ Μένιππε, ἐν Βοιωτίᾳ.

ΜΕΝ. Οὐκ οἶδα, ὦ Τροφώνιε, ὅ τι καὶ λέγεις· ὅτι μέντοι ὅλος εἶ νεκρός, ἀκριβῶς ὁρῶ.

TROPH. Was sind wir schuld daran, wenn jene aus Unvernunft derartiges von Toten glauben?

MEN. Aber sie würden es nicht glauben, wenn ihr nicht bei Lebzeiten solche Gaunereien verübt hättet, als ob ihr die Zukunft voraus wüßtet und sie den Anfragenden vorhersagen könntet.

TROPH. Menipp, Amphilochos hier neben mir mag wissen, was er für seine Person antworten muß, ich hingegen bin ein Heros und erteile Orakel, wenn einer zu mir herabsteigt. Du scheinst mir überhaupt nicht nach Lebadeia gereist zu sein; sonst würdest du unmöglich daran nicht glauben können.

MEN. Was sagst du? Wenn ich nämlich nicht nach Lebadeia reise und lächerlich ausstaffiert, mit linnenen Gewändern angetan und ein Gerstenbrot in den Händen, durch den niedrigen Schlund in die Grotte hineinkrieche, würde ich nicht wissen können, daß du tot bist wie wir und dich von uns nur durch deine Gaunerei unterscheidest? Aber, bei deiner Seherkunst! Sag mir, was ist denn ein Heros? Ich weiß es nämlich nicht.

TROPH. Etwas, was aus einem Menschen und einem Gott zusammengesetzt ist.

MEN. Was weder Mensch ist, wie du sagst, noch Gott, vielmehr beides zusammen? Wohin ist also jetzt deine göttliche Hälfte entschwunden?

TROPH. Sie weissagt, Menipp, in Böotien.

MEN. Ich weiß nicht, Trophonios, was du damit meinst; daß du jedoch zur Gänze tot bist, sehe ich genau.

4.

Ἑρμοῦ καὶ Χάρωνος

ΕΡΜ. Λογισώμεθα, ὦ πορθμεῦ, εἰ δοκεῖ, ὁπόσα μοι 1
ὀφείλεις ἤδη, ὅπως μὴ αὖθις ἐρίζωμέν τι περὶ αὐτῶν.

ΧΑΡ. Λογισώμεθα, ὦ Ἑρμῆ· ἄμεινον γὰρ ὡρίσθαι καὶ
ἀπραγμονέστερον.

ΕΡΜ. Ἄγκυραν ἐντειλαμένῳ ἐκόμισα πέντε δραχμῶν.

ΧΑΡ. Πολλοῦ λέγεις.

ΕΡΜ. Νὴ τὸν Ἀϊδωνέα, τῶν πέντε ὠνησάμην, καὶ τροπωτῆρα δύο ὀβολῶν.

ΧΑΡ. Τίθει πέντε δραχμὰς καὶ ὀβολοὺς δύο.

ΕΡΜ. Καὶ ἀκέστραν ὑπὲρ τοῦ ἱστίου· πέντε ὀβολοὺς
ἐγὼ κατέβαλον.

ΧΑΡ. Καὶ τούτους προστίθει.

ΕΡΜ. Καὶ κηρὸν ὡς ἐπιπλάσαι τοῦ σκαφιδίου τὰ ἀνεῳγότα καὶ ἥλους δὲ καὶ καλώδιον, ἀφ' οὗ τὴν ὑπέραν
ἐποίησας, δύο δραχμῶν ἅπαντα.

ΧΑΡ. Εὖγε, καὶ ἄξια ταῦτα ὠνήσω.

ΕΡΜ. Ταῦτά ἐστιν, εἰ μή τι ἄλλο ἡμᾶς διέλαθεν ἐν τῷ
λογισμῷ. πότε δ' οὖν ταῦτα ἀποδώσειν φής;

ΧΑΡ. Νῦν μέν, ὦ Ἑρμῆ, ἀδύνατον, ἢν δὲ λοιμός τις ἢ
πόλεμος καταπέμψῃ ἀθρόους τινάς, ἐνέσται τότε ἀποκερδᾶναι παραλογιζόμενον ἐν τῷ πλήθει τὰ πορθμεῖα.

ΕΡΜ. Νῦν οὖν ἐγὼ καθεδοῦμαι τὰ κάκιστα εὐχόμενος 2
γενέσθαι, ὡς ἂν ἀπὸ τούτων ἀπολάβοιμι;

4.

Hermes und Charon

HERM. Verrechnen wir, Fährmann, wenn du damit einverstanden bist, wieviel du mir bereits schuldig bist, damit wir nicht wieder darüber streiten.

CHAR. Ja, verrechnen wir, Hermes! Es ist ja besser, wenn man abgerechnet hat, das bringt auch weniger Scherereien.

HERM. In deinem Auftrag brachte ich dir einen Anker um 5 Drachmen.

CHAR. Teuer!

HERM. Ja, beim Hades, um 5 Drachmen kaufte ich ihn und einen Ruderriemen um 2 Obolen.

CHAR. Setz in die Rechnung 5 Drachmen und 2 Obolen!

HERM. Und eine Nadel für das Segel; 5 Obolen erlegte ich dafür.

CHAR. Setze auch die dazu!

HERM. Und Wachs, um damit die Löcher des Nachens zu verstopfen, desgleichen Nägel und ein Stück Strick, aus dem du das Tau für die Segelstange machtest, all das um 2 Drachmen.

CHAR. Bravo, das waren lauter preiswerte Einkäufe.

HERM. Das wäre es also, wenn wir sonst nichts in der Rechnung vergessen haben. Wann meinst du also wirst du mir das bezahlen?

CHAR. Jetzt unmöglich, Hermes, falls jedoch eine Seuche oder ein Krieg eine große Menge zu uns herabschickt, dann wird es möglich sein, sich einen Profit herauszuschlagen, indem man sich bei der großen Menge im Fahrpreis verrechnet. .

HERM. Jetzt soll ich also dasitzen mit dem Wunsch auf den Lippen, das größte Unglück möge geschehen, damit ich davon etwas kriege?

ΧΑΡ. Οὐκ ἔστιν ἄλλως, ὦ Ἑρμῆ. νῦν δὲ ὀλίγοι, ὡς ὁρᾷς, ἀφικνοῦνται ἡμῖν· εἰρήνη γάρ.

ΕΡΜ. Ἄμεινον οὕτως, εἰ καὶ ἡμῖν παρατείνοιτο ὑπὸ σοῦ τὸ ὄφλημα. πλὴν ἀλλ' οἱ μὲν παλαιοί, ὦ Χάρων, οἶσθα οἷοι παρεγίγνοντο, ἀνδρεῖοι ἅπαντες, αἵματος ἀνάπλεῳ καὶ τραυματίαι οἱ πολλοί· νῦν δὲ ἢ φαρμάκῳ τις ὑπὸ τοῦ παιδὸς ἀποθανὼν ἢ ὑπὸ τῆς γυναικὸς ἢ ὑπὸ τρυφῆς ἐξῳδηκὼς τὴν γαστέρα καὶ τὰ σκέλη, ὠχροὶ ἅπαντες καὶ ἀγεννεῖς, οὐδὲν ὅμοιοι ἐκείνοις. οἱ δὲ πλεῖστοι αὐτῶν διὰ χρήματα ἥκουσιν ἐπιβουλεύοντες ἀλλήλοις, ὡς ἐοίκασι.

ΧΑΡ. Πάνυ γὰρ περιπόθητά ἐστι ταῦτα.

ΕΡΜ. Οὐκοῦν οὐδ' ἐγὼ δόξαιμι ἂν ἁμαρτάνειν πικρῶς ἀπαιτῶν τὰ ὀφειλόμενα παρὰ σοῦ.

5.

Πλούτωνος καὶ Ἑρμοῦ

ΠΛΟΥΤ. Τὸν γέροντα οἶσθα, τὸν πάνυ γεγηρακότα 1 λέγω, τὸν πλούσιον Εὐκράτην, ᾧ παῖδες μὲν οὔκ εἰσίν, οἱ τὸν κλῆρον δὲ θηρῶντες πεντακισμύριοι;

ΕΡΜ. Ναί, τὸν Σικυώνιον φής. τί οὖν;

ΠΛΟΥΤ. Ἐκεῖνον μέν, ὦ Ἑρμῆ, ζῆν ἔασον ἐπὶ τοῖς ἐνενήκοντα ἔτεσιν, ἃ βεβίωκεν, ἐπιμετρήσας ἄλλα τοσαῦτα, εἴ γε οἷόν τε ἦν καὶ ἔτι πλείω, τοὺς δὲ κόλακας αὐτοῦ Χαρῖνον τὸν νέον καὶ Δάμωνα καὶ τοὺς ἄλλους κατάσπασον ἐφεξῆς ἅπαντας.

ΕΡΜ. Ἄτοπον ἂν δόξειε τὸ τοιοῦτον.

ΠΛΟΥΤ. Οὐ μὲν οὖν, ἀλλὰ δικαιότατον· τί γὰρ ἐκεῖνοι παθόντες εὔχονται ἀποθανεῖν ἐκεῖνον ἢ τῶν χρημάτων

CHAR. Es ist nicht anders, Hermes. Jetzt kommen eben nur wenige zu uns, wie du siehst; es ist ja Friede.

HERM. Besser so, wenn du mir auch die Frist zur Bezahlung deiner Schuld erstrecken mußt. Jedoch in der alten Zeit — weißt du, Charon, wie da die Männer aussahen, wann sie zu uns kamen: lauter Helden, die meisten voller Blut und Wunden. Wenn jetzt aber einer kommt, so ist er entweder an einem Gift gestorben, das ihm sein Sohn oder seine Frau verabreicht hat, oder er hat infolge seines Wohllebens einen aufgetriebenen Bauch und geschwollene Schenkel, lauter blasse und jämmerliche Gestalten, nicht im geringsten jenen Männern ähnlich. Die meisten von ihnen kommen deshalb her, weil sie um Geldes willen, wie es scheint, einander auflauern.

CHAR. Geld ist ja eben sehr begehrenswert.

HERM. Also kannst du es mir nicht verdenken, wenn ich die Bezahlung deiner Schuld von dir scharf verlange.

5.

Pluton und Hermes

PLUT. Kennst du den Greis, den uralten reichen Eukrates meine ich, der zwar keine Kinder hat, auf dessen Erbschaft aber unzählige lauern?

HERM. Ja, den Sikyonier meinst du. Was also?

PLUT. Jenen laß, Hermes, weiter leben und teile ihm zu seinen 90 Jahren, die er bereits gelebt hat, noch ebensoviele zu, wenn es möglich wäre, sogar noch mehr! Seine Schmarotzer aber, den jungen Charinos, Damon, usw. schleppe alle der Reihe nach zu uns herab.

HERM. So etwas könnte sonderbar erscheinen.

PLUT. Nein, nur ganz gerecht. Warum ist es ihnen denn in den Sinn gekommen, seinen Tod zu wünschen oder es auf sein

ἀντιποιοῦνται οὐδὲν προσήκοντες; ὁ δὲ πάντων ἐστὶ μιαρώτατον, ὅτι καὶ τὰ τοιαῦτα εὐχόμενοι ὅμως θεραπεύουσιν ἔν γε τῷ φανερῷ, καὶ νοσοῦντος ἃ μὲν βουλεύονται πᾶσι πρόδηλα, θύσειν δὲ ὅμως ὑπισχνοῦνται, ἢν ῥαΐσῃ, καὶ ὅλως ποικίλη τις ἡ κολακεία τῶν ἀνδρῶν. διὰ ταῦτα ὁ μὲν ἔστω ἀθάνατος, οἱ δὲ προαπίτωσαν αὐτοῦ μάτην ἐπιχανόντες.

ΕΡΜ. Γελοῖα πείσονται, πανοῦργοι ὄντες· πολλὰ κά- 2
κεῖνος εὖ μάλα διαβουκολεῖ αὐτοὺς καὶ ἐλπίζει, καὶ ὅλως ἀεὶ θανόντι ἐοικὼς ἔρρωται πολύ μᾶλλον τῶν νέων. οἱ δὲ ἤδη τὸν κλῆρον ἐν σφίσι διῃρημένοι βόσκονται ζωὴν μακαρίαν πρὸς ἑαυτοὺς τιθέντες.

ΠΛΟΥΤ. Οὐκοῦν ὁ μὲν ἀποδυσάμενος τὸ γῆρας ὥσπερ ὁ Ἰόλεως ἀνηβησάτω, οἱ δὲ ἀπὸ μέσων τῶν ἐλπίδων τὸν ὀνειροποληθέντα πλοῦτον ἀπολιπόντες ἡκέτωσαν ἤδη κακοὶ κακῶς ἀποθανόντες.

ΕΡΜ. Ἀμέλησον, ὦ Πλούτων· μετελεύσομαι γάρ σοι ἤδη αὐτοὺς καθ' ἕνα ἑξῆς· ἑπτὰ δέ, οἶμαι, εἰσί.
ΠΛΟΥΤ. Κατάσπα, ὁ δὲ παραπέμψει ἕκαστον ἀντὶ γέροντος αὖθις πρωθήβης γενόμενος.

6.

Τερψίωνος καὶ Πλούτωνος

ΤΕΡΨ. Τοῦτο, ὦ Πλούτων, δίκαιον, ἐμὲ μὲν τεθνάναι 1
τριάκοντα ἔτη γεγονότα, τὸν δὲ ὑπὲρ τὰ ἐνενήκοντα γέροντα Θούκριτον ζῆν ἔτι;
ΠΛΟΥΤ. Δικαιότατον μὲν οὖν, ὦ Τερψίων, εἴ γε ὁ μὲν ζῇ μηδένα εὐχόμενος ἀποθανεῖν τῶν φίλων, σὺ δὲ παρὰ

Geld abgesehen zu haben, wo sie doch gar nicht mit ihm verwandt sind. Was aber die größte Niederträchtigkeit dabei ist: trotz solcher Wünsche tun sie ihm vor allen Leuten schön, und ist er krank, so ist zwar aller Welt klar, was sie im Sinne haben, gleichwohl aber geloben sie ein Opfer für den Fall, daß es ihm wieder besser gehen sollte, und überhaupt spielt ihre Schmeichelei alle Farben. Deshalb soll er unsterblich sein, sie hingegen sollen vergebens nach seiner Habe schnappen und vor ihm mit Tod abgehen.

HERM. Kommt es dazu, so wird man über die Schurken lachen. Er führt sie ja auch recht gut an der Nase herum und blickt mit Zuversicht in die Zukunft; tatsächlich ist er, obwohl er stets einem Toten gleicht, überhaupt viel gesünder als die Jungen. Sie jedoch haben bereits in Gedanken die Erbschaft unter sich geteilt und weiden sich in ihrer Einbildung an einem glücklichen Leben.

PLUT. Also soll er sein Alter wie Ioleos abstreifen und wieder jung werden, sie hingegen sollen mitten aus ihren Hoffnungen gleich hieher kommen, ihren erträumten Reichtum im Stich lassen und – elende Schurken wie sie sind – eines elenden Todes sterben.

HERM. Sei ohne Sorge, Pluton! ich werde sie gleich holen, einen nach dem anderen, sieben, glaube ich, sind es.

PLUT. Schleppe sie herab; er aber soll, aus einem Greis wieder jung geworden, jeden von ihnen zu Grabe geleiten.

6.

Terpsion und Pluton

TERPS. Ist das, Pluton, gerecht, daß ich mit 30 Jahren gestorben bin, der über 90 Jahre alte Thukritos aber noch weiter lebt?

PLUT. Durchaus gerecht, Terpsion, insoferne er lebt, der niemand von seinen Freunden den Tod wünscht, während du die

πάντα τὸν χρόνον ἐπεβούλευες αὐτῷ περιμένων τὸν κλῆρον.

ΤΕΡΨ. Οὐ γὰρ ἐχρῆν γέροντα ὄντα καὶ μηκέτι χρήσασθαι τῷ πλούτῳ αὐτὸν δυνάμενον ἀπελθεῖν τοῦ βίου παραχωρήσαντα τοῖς νέοις;

ΠΛΟΥΤ. Καινά, ὦ Τερψίων, νομοθετεῖς, τὸν μηκέτι τῷ πλούτῳ χρήσασθαι δυνάμενον πρὸς ἡδονὴν ἀποθνήσκειν· τὸ δὲ ἄλλως ἡ Μοῖρα καὶ ἡ φύσις διέταξεν.

ΤΕΡΨ. Οὐκοῦν ταύτης αἰτιῶμαι τῆς διατάξεως· ἐχρῆν 2 γὰρ τὸ πρᾶγμα ἑξῆς πως γίνεσθαι, τὸν πρεσβύτερον πρότερον καὶ μετὰ τοῦτον ὅστις καὶ τῇ ἡλικίᾳ μετ' αὐτόν, ἀναστρέφεσθαι δὲ μηδαμῶς, μηδὲ ζῆν μὲν τὸν ὑπέργηρων ὀδόντας τρεῖς ἔτι λοιποὺς ἔχοντα, μόγις ὁρῶντα, οἰκέταις τέτταρσιν ἐπικεκυφότα, κορύζης μὲν τὴν ῥῖνα, λήμης δὲ τοὺς ὀφθαλμοὺς μεστὸν ὄντα, οὐδὲν ἔτι ἡδὺ εἰδότα, ἔμψυχόν τινα τάφον ὑπὸ τῶν νέων καταγελώμενον, ἀποθνήσκειν δὲ καλλίστους καὶ ἐρρωμενεστάτους νεανίσκους· ἄνω γὰρ ποταμῶν τοῦτό γε· ἢ τὸ τελευταῖον εἰδέναι γε ἐχρῆν, πότε καὶ τεθνήξεται τῶν γερόντων ἕκαστος, ἵνα μὴ μάτην ἂν ἐνίους ἐθεράπευον. νῦν δὲ τὸ τῆς παροιμίας, ἡ ἅμαξα τὸν βοῦν —

ΠΛΟΥΤ. Ταῦτα μέν, ὦ Τερψίων, πολὺ συνετώτερα 3 γίνεται ἤπερ σοὶ δοκεῖ. καὶ ὑμεῖς δὲ τί παθόντες ἀλλοτρίοις ἐπιχαίνετε καὶ τοῖς ἀτέκνοις τῶν γερόντων ἐσποιεῖτε φέροντες αὑτούς; τοιγαροῦν γέλωτα ὀφλισκάνετε πρὸ ἐκείνων κατορυττόμενοι, καὶ τὸ πρᾶγμα τοῖς πολλοῖς ἥδιστον γίνεται· ὅσῳ γὰρ ὑμεῖς ἐκείνους ἀποθανεῖν εὔχεσθε, τοσούτῳ ἅπασιν ἡδὺ προαποθανεῖν ὑμᾶς αὐτῶν. καινὴν γάρ τινα ταύτην τέχνην ἐπινενοήκατε γραῶν καὶ γερόντων ἐρῶντες, καὶ μάλιστα εἰ ἄτε-

ganze Zeit hindurch auf seinen Tod lauertest, weil du auf die Erbschaft wartetest.

TERPS. Sollte er nicht als alter Mann, der von seinem Reichtum keinen Gebrauch mehr machen kann, nicht aus dem Leben scheiden und den Jungen Platz machen?

PLUT. Das wäre, Terpsion, ein neues Gesetz, daß der, der von seinem Reichtum keinen Gebrauch mehr zu seinem Vergnügen machen kann, sterben soll; das Schicksal und die Natur hat es freilich anders verfügt.

TERPS. Also klage ich ihre Verfügung an. Es sollte nämlich dabei der Reihe nach vorgegangen werden, der ältere vorher sterben und hernach jeder nach seinem Alter, keineswegs es umgekehrt sein, nicht, während die schönsten und kräftigsten Jünglinge sterben, der übermäßig alte Mann weiter leben, der nur mehr drei Zähne übrig hat, nur mit Mühe sieht, auf vier Diener gestützt gebückt geht, die Nase voller Rotz, die Augen voller Augenbutter hat, der kein Vergnügen mehr kennt und von den jungen Leuten als ein lebender Leichnam verlacht wird; da könnte es wirklich heißen: die Flüsse fließen aufwärts! Oder schließlich sollte man wenigstens wissen, wann jeder Greis sterben wird, damit man einigen nicht umsonst den Hof mache. So aber gilt das Sprichwort: der Wagen zieht den Ochsen.

PLUT. Dieser Vorgang, Terpsion, ist viel vernünftiger, als es dir scheint. Was ist euch denn eingefallen, nach fremdem Gut zu schnappen und euch kinderlosen Greisen aufzudrängen? Darum lacht man dann über euch, wenn man euch vor jenen einscharrt, und für die große Menge ergibt das ein recht lustiges Schauspiel; je mehr ihr nämlich jenen den Tod wünscht, um so mehr belustigt sich alle Welt an eurem früheren Hinscheiden. Ihr habt ja da eine neue Kunst erfunden, die Liebe zu alten Frauen und Männern, besonders wenn sie kinderlos

κνοι εἶεν, οἱ δὲ ἔντεκνοι ὑμῖν ἀνέραστοι. καίτοι πολλοὶ ἤδη τῶν ἐρωμένων συνέντες ὑμῶν τὴν πανουργίαν τοῦ ἔρωτος, ἣν καὶ τύχωσι παῖδας ἔχοντες, μισεῖν αὐτοὺς πλάττονται, ὡς καὶ αὐτοὶ ἐραστὰς ἔχωσιν· εἶτα ἐν ταῖς διαθήκαις ἀπεκλείσθησαν μὲν οἱ πάλαι δορυφορήσαντες, ὁ δὲ παῖς καὶ ἡ φύσις, ὥσπερ ἐστὶ δίκαιον, κρατοῦσι πάντων, οἱ δὲ ὑποπρίουσι τοὺς ὀδόντας ἀποσμυγέντες.

ΤΕΡΨ. Ἀληθῆ ταῦτα φής· ἐμοῦ δ'οὖν Θούκριτος πόσα 4 κατέφαγεν ἀεὶ τεθνήξεσθαι δοκῶν καὶ ὁπότε ἐσίοιμι ὑποστένων καὶ μύχιόν τι καθάπερ ἐξ ᾠοῦ νεοττὸς ἀτελὴς ὑποκρώζων, ὥστ' ἔγωγε ὅσον αὐτίκα οἰόμενος ἐπιβήσειν αὐτὸν τῆς σοροῦ ἐσέπεμπόν τε πολλά, ὡς μὴ ὑπερβάλλοιντό με οἱ ἀντερασταὶ τῇ μεγαλοδωρεᾷ, καὶ τὰ πολλὰ ὑπὸ φροντίδων ἄγρυπνος ἐκείμην ἀριθμῶν ἕκαστα καὶ διατάττων. ταῦτα γοῦν μοι καὶ τοῦ ἀποθανεῖν αἴτια γεγένηται, ἀγρυπνία καὶ φροντίδες· ὁ δὲ τοσοῦτόν μοι δέλεαρ καταπιὼν ἐφειστήκει θαπτομένῳ πρῴην ἐπιγελῶν.

ΠΛΟΥΤ Εὖ γε, ὦ Θούκριτε, ζῴοις ἐπὶ μήκιστον πλου- 5 τῶν ἅμα καὶ τῶν τοιούτων καταγελῶν, μηδὲ πρότερόν γε σὺ ἀποθάνοις ἢ προπέμψας πάντας τοὺς κόλακας.
ΤΕΡΨ. Τοῦτο μέν, ὦ Πλούτων, καὶ ἐμοὶ ἥδιστον ἤδη, εἰ καὶ Χαροιάδης προτεθνήξεται Θουκρίτου.
ΠΛΟΥΤ. Θάρρει, ὦ Τερψίων· καὶ Φείδων γὰρ καὶ Μέλανθος καὶ ὅλως ἅπαντες προελεύσονται αὐτοῦ ὑπὸ ταῖς αὐταῖς φροντίσιν.

ΤΕΡΨ. Ἐπαινῶ ταῦτα. ζῴοις ἐπὶ μήκιστον, ὦ Θούκριτε.

sind; die mit Kindern bleiben von eurer Liebe verschont. Indes sind denn viele von ihnen bereits hinter die Schliche eurer Liebe gekommen und stellen sich, falls sie etwa Kinder haben, als ob sie diese hassen, damit auch sie Liebhaber bekommen. Hernach werden in ihren Testamenten doch die, die ihnen solange den Hof gemacht haben, ausgeschlossen und trägt der Sohn und die Stimme der Natur, wie es nur recht und billig ist, den Sieg über alle davon, sie aber knirschen mit den Zähnen, wenn sie sich geprellt sehen.

TERPS. Das ist wahr, was du da sagst. Wie viel von meiner Habe hat z. B. Tukritos verschlungen, der jetzt und jetzt dem Tode verfallen schien und, sooft ich ihn besuchte, ächzte und aus seinem Innersten einen Laut wie ein aus dem Ei eben ausgekrochenes Küchlein hören ließ, so daß ich meinte, man werde ihn jeden Augenblick in den Sarg legen müssen, ihm viele Geschenke zusandte, damit mich meine Rivalen durch ihre Freigebigkeit nicht überträfen, und meistens vor lauter Sorgen schlaflos dalag, mit dem Überzählen und Ordnen der einzelnen Geschenke beschäftigt. Das ist auch schuld an meinem Tod geworden, die Schlaflosigkeit und die Sorgen. Er aber, der einen so großen Köder mir verschlungen hat, stand kürzlich lachend an meinem Grab.

PLUT. Bravo, Tukritos, mögest du recht lang leben, weiter reich sein und solche Kerle verlachen; du sollst auch nicht früher sterben, bevor du alle deine Schmarotzer zu Grab geleitet hast.

TERPS. Das würde, Pluto, auch für mich nun ein großes Vergnügen sein, wenn auch Charoiades vor Tukritos sterben müßte.

PLUT. Sei getrost, Terpsion; auch Pheidon, Melanthos und überhaupt alle werden nämlich infolge derselben Sorgen vor ihm hieher kommen.

TERPS. Das lobe ich. Mögest du noch lang leben, Tukritos!

7.

Ζηνοφάντου καὶ Καλλιδημίδου

ΖΗΝ. Σὺ δέ, ὦ Καλλιδημίδη, πῶς ἀπέθανες; ἐγὼ μὲν 1
γὰρ ὅτι παράσιτος ὢν Δεινίου πλέον τοῦ ἱκανοῦ ἐμφαγὼν ἀπεπνίγην, οἶσθα· παρῆς γὰρ ἀποθνήσκοντί μοι.

ΚΑΛ. Παρῆν, ὦ Ζηνόφαντε· τὸ δὲ ἐμὸν παράδοξόν τι ἐγένετο. οἶσθα γὰρ καὶ σύ που Πτοιόδωρον τὸν γέροντα;

ΖΗΝ. Τὸν ἄτεκνον, τὸν πλούσιον, ᾧ σε τὰ πολλὰ ᾔδειν συνόντα.

ΚΑΛ. Ἐκεῖνον αὐτὸν ἀεὶ ἐθεράπευον ὑπισχνούμενον ἐπ' ἐμοὶ τεθνήξεσθαι. ἐπεὶ δὲ τὸ πρᾶγμα ἐς μήκιστον ἐπεγίνετο καὶ ὑπὲρ τὸν Τιθωνὸν ὁ γέρων ἔζη, ἐπίτομόν τινα ὁδὸν ἐπὶ τὸν κλῆρον ἐξηῦρον· πριάμενος γὰρ φάρμακον ἀνέπεισα τὸν οἰνοχόον, ἐπειδὰν τάχιστα ὁ Πτοιόδωρος αἰτήσῃ πιεῖν, – πίνει δὲ ἐπιεικῶς ζωρότερον – ἐμβαλόντα ἐς κύλικα ἕτοιμον ἔχειν αὐτὸ καὶ ἐπιδοῦναι αὐτῷ. εἰ δὲ τοῦτο ποιήσει, ἐλεύθερον ἐπωμοσάμην ἀφήσειν αὐτόν.

ΖΗΝ. Τί οὖν ἐγένετο; πάνυ γάρ τι παράδοξον ἐρεῖν ἔοικας.

ΚΑΛ. Ἐπεὶ τοίνυν λουσάμενοι ἥκομεν, δύο δὴ ὁ μειρα- 2
κίσκος κύλικας ἑτοίμους ἔχων τὴν μὲν τῷ Πτοιοδώρῳ τὴν ἔχουσαν τὸ φάρμακον, τὴν δὲ ἑτέραν ἐμοί, σφαλεὶς οὐκ οἶδ' ὅπως ἐμοὶ μὲν τὸ φάρμακον, Πτοιοδώρῳ δὲ τὸ ἀφάρμακτον ἔδωκεν· εἶτα ὁ μὲν ἔπινεν, ἐγὼ δὲ αὐτίκα μάλα ἐκτάδην ἐκείμην ὑποβολιμαῖος ἀντ' ἐκείνου νεκρός. τί τοῦτο γελᾷς, ὦ Ζηνόφαντε; καὶ μὴν οὐκ ἔδει γε ἑταίρῳ ἀνδρὶ ἐπιγελᾶν.

7.

Zenophantos und Kallidemides

ZEN. Wie starbst du, Kallidemides? Daß ich nämlich als Schmarotzer des Deinias erstickte, da ich zuviel hinunterschlang, weißt du; du warst ja bei meinem Tod zugegen.

KAL. Ja, Zenophantos. Bei meinem aber hat sich etwas Sonderbares ereignet. Du kennst doch ebenfalls den alten Ptoiodoros?

ZEN. Den Kinderlosen, den Reichen, mit dem du sehr oft, wie ich wußte, verkehrtest.

KAL. Ja, er war es, dem ich immer den Hof machte, weil er mir versprach, mich als Erben zu hinterlassen. Als aber die Sache sich recht in die Länge zog und der Alte länger als Tithonos lebte, da machte ich einen Abkürzungsweg zur Erbschaft ausfindig. Ich kaufte nämlich Gift und beredete den Mundschenk, sobald Ptoiodoros zu trinken verlange – er ist aber ein tüchtiger Zecher – es in seinen Becher zu tun und ihn ihm zu verabreichen; wenn er das täte, so würde ich ihm, so schwur ich, die Freiheit schenken.

ZEN. Was geschah also? Anscheinend wirst du nämlich etwas Sonderbares erzählen.

KAL. Nachdem wir also vom Bad gekommen waren, hielt der junge Sklave zwei Becher bereit, den einen mit dem Gift für Ptoiodoros, den anderen für mich, irrte sich aber, ich weiß nicht wie, und gab mir das Gift, dem Ptoiodoros hingegen den Trank ohne Gift. Hernach trank er, ich jedoch lag sofort ausgestreckt statt seiner tot da, gewissermaßen ein unterschobener Toter statt des echten. Was lachst du darüber, Zenophantos? Du sollst doch über einen Freund nicht schadenfroh lachen.

ΖΗΝ. Ἀστεῖα γάρ, ὦ Καλλιδημίδη, πέπονθας. ὁ γέρων δὲ τί πρὸς ταῦτα;

ΚΑΛ. Πρῶτον μὲν ὑπεταράχθη πρὸς τὸ αἰφνίδιον, εἶτα συνείς, οἶμαι, τὸ γεγενημένον ἐγέλα καὶ αὐτός, οἷά γε ὁ οἰνοχόος εἴργασται.

ΖΗΝ. Πλὴν ἀλλ' οὐδὲ σὲ τὴν ἐπίτομον ἐχρῆν τραπέσθαι· ἧκε γὰρ ἄν σοι διὰ τῆς λεωφόρου ἀσφαλέστερον, εἰ καὶ ὀλίγῳ βραδύτερον.

8.

Κνήμωνος καὶ Δαμνίππου

ΚΝΗΜ. Τοῦτο ἐκεῖνο τὸ τῆς παροιμίας· ὁ νεβρὸς τὸν λέοντα.

ΔΑΜ. Τί ἀγανακτεῖς, ὦ Κνήμων;

ΚΝΗΜ. Πυνθάνῃ ὅ τι ἀγανακτῶ; κληρονόμον ἀκούσιον καταλέλοιπα κατασοφισθεὶς ἄθλιος, οὓς ἐβουλόμην ἂν μάλιστα σχεῖν τἀμὰ παραλιπών.

ΔΑΜ. Πῶς τοῦτο ἐγένετο;

ΚΝΗΜ. Ἑρμόλαον τὸν πάνυ πλούσιον ἄτεκνον ὄντα ἐθεράπευον ἐπὶ θανάτῳ, κἀκεῖνος οὐκ ἀηδῶς τὴν θεραπείαν προσίετο. ἔδοξε δή μοι καὶ σοφὸν τοῦτο εἶναι, θέσθαι διαθήκας ἐς τὸ φανερόν, ἐν αἷς ἐκείνῳ καταλέλοιπα τἀμὰ πάντα, ὡς κἀκεῖνος ζηλώσειε καὶ τὰ αὐτὰ πράξειε.

ΔΑΜ. Τί οὖν δὴ ἐκεῖνος;

ΚΝΗΜ. Ὅ τι μὲν αὐτὸς ἐνέγραψε ταῖς ἑαυτοῦ διαθήκαις οὐκ οἶδα· ἔγωγ' οὖν ἄφνω ἀπέθανον τοῦ τέγους μοι ἐπιπεσόντος, καὶ νῦν Ἑρμόλαος ἔχει τἀμὰ ὥσπερ τις λάβραξ καὶ τὸ ἄγκιστρον τῷ δελέατι συγκατασπάσας.

ZEN. Das ist ja zum Lachen, Kallidemides, was da über dich gekommen ist. Wie verhielt sich aber der Alte dazu?

KAL. Zuerst war er über den plötzlichen Vorfall etwas bestürzt, dann, als er halt begriffen hatte, was geschehen war, lachte er gleichfalls über das, was der Mundschenk angestellt hatte.

ZEN. Du hättest freilich auch nicht den abgekürzten Weg einschlagen sollen. Die Erbschaft wäre dir ja auf dem gewöhnlichen Weg sicherer zugefallen, wenn auch ein wenig später.

8.

Knemon und Damippos

KNEM. Hier paßt das Sprichwort: das Hirschkalb frißt den Löwen.

DAM. Worüber bist du empört, Knemon?

KNEM. Du fragst noch, worüber ich empört bin? Einen unfreiwilligen Erben habe ich Unglücklicher, da ich mich überlisten ließ, hinterlassen, wobei ich die, die nach meinem Willen in erster Linie meine Habe erhalten sollten, überging.

DAM. Wie geschah das?

KNEM. Dem sehr reichen, kinderlosen Hermolaos machte ich in der Hoffnung auf seinen Tod den Hof und jener ließ sich meine Aufwartung nicht ungern gefallen. Es schien mir nun auch das ein gescheiter Einfall zu sein, mein Testament öffentlich zu machen, indem ich jenem alle meine Habe hinterließ, damit jener seinerseits mich nachahme und dasselbe tue.

DAM. Was tat also jener?

KNEM. Was er selbst in sein Testament schrieb, weiß ich nicht. Ich jedenfalls starb plötzlich, da mir die Zimmerdecke plötzlich auf den Kopf fiel, und jetzt besitzt Hermolaos meine Habe, hat also gleichsam wie ein Meerwolf auch die Angel mitsamt dem Köder in die Tiefe hinabgezogen.

ΔΑΜ. Οὐ μόνον, ἀλλὰ καὶ αὐτόν σε τὸν ἁλιέα· ὥστε τὸ σόφισμα κατὰ σαυτοῦ συντέθεικας.

ΚΝΗΜ. Ἔοικα· οἰμώζω τοιγαροῦν.

9.

Σιμύλου καὶ Πολυστράτου

ΣΙΜ. Ἥκεις ποτέ, ὦ Πολύστρατε, καὶ σὺ παρ' ἡμᾶς ἔτη 1 οἶμαι οὐ πολὺ ἀποδέοντα τῶν ἑκατὸν βεβιωκώς;

ΠΟΛ. Ὀκτὼ ἐπὶ τοῖς ἐνενήκοντα, ὦ Σιμύλε.

ΣΙΜ. Πῶς δαὶ τὰ μετ' ἐμὲ ταῦτα ἐβίως τριάκοντα; ἐγὼ γὰρ ἀμφὶ τὰ ἑβδομήκοντά σου ὄντος ἀπέθανον.

ΠΟΛ. Ὑπερήδιστα, εἰ καί σοι παράδοξον τοῦτο δόξει.

ΣΙΜ. Παράδοξον, εἰ γέρων τε καὶ ἀσθενὴς ἄτεκνός τε προσέτι ἥδεσθαι τοῖς ἐν τῷ βίῳ ἐδύνασο.

ΠΟΛ. Τὸ μὲν πρῶτον ἅπαντα ἐδυνάμην· ἔτι καὶ παῖδες 2 ὡραῖοι ἦσαν πολλοὶ καὶ γυναῖκες ἁβρόταται καὶ μύρα καὶ οἶνος ἀνθοσμίας καὶ τράπεζα ὑπὲρ τὰς ἐν Σικελίᾳ.

ΣΙΜ. Καινὰ ταῦτα· ἐγὼ γάρ σε πάνυ φειδόμενον ἠπιστάμην.

ΠΟΛ. Ἀλλ' ἐπέρρει μοι, ὦ γενναῖε, παρ' ἄλλων τὰ ἀγαθά· καὶ ἕωθεν μὲν εὐθὺς ἐπὶ θύρας ἐφοίτων μάλα πολλοί, μετὰ δὲ παντοῖά μοι δῶρα προσήγετο ἀπανταχόθεν τῆς γῆς τὰ κάλλιστα.

ΣΙΜ. Ἐτυράννησας, ὦ Πολύστρατε, μετ' ἐμέ;

ΠΟΛ. Οὔκ, ἀλλ' ἐραστὰς εἶχον μυρίους.

DAM. Nicht nur das, sondern auch dich, den Fischer. So daß also der Kunstgriff, den du ersonnen hast, sich gegen dich gerichtet hat.

KNEM. Anscheinend; darum jammere ich.

9.

Simylos und Polystratos

SIM. Endlich einmal bist auch du, Polystratos, zu uns gekommen, nachdem du halt nicht viel weniger als 100 Jahre gelebt hast?

POL. Achtundneunzig, Simylos.

SIM. Wie hast du diese dreißig Jahre nach mir verlebt? Ich starb nämlich, als du ungefähr siebzig Jahre alt warst.

POL. In Freude und Wonne, wenn dir das auch sonderbar vorkommen sollte.

SIM. Sonderbar, wenn du als schwacher und noch dazu kinderloser Greis an den Lebensgütern deine Freude haben konntest.

POL. Erstens vermochte ich alles. Außerdem hatte ich auch viele schöne Knaben, üppige Weiber, Parfüms, duftende Weine und eine mehr als sizilische Tafel.

SIM. Das ist mir neu. Ich wußte nämlich, daß du sehr sparsam warst.

POL. Aber es flossen mir, mein lieber Freund, von anderen die Annehmlichkeiten zu. Und gleich in der Früh kamen viele Leute zu meiner Tür, hernach aber wurden mir Geschenke aller Art gebracht, die schönsten aus allen Gebieten der Erde.

SIM. Bist du, Polystratos, nach mir ein Herrscher geworden?

POL. Nein, aber trotzdem hatte ich unzählige Liebhaber.

νεκρικοὶ διάλογοι

ΣΙΜ. Ἐγέλασα· ἐραστὰς σὺ τηλικοῦτος ὤν, ὀδόντας τέτταρας ἔχων;

ΠΟΛ. Νὴ Δία, τοὺς ἀρίστους γε τῶν ἐν τῇ πόλει· καὶ γέροντά με καὶ φαλακρόν, ὡς ὁρᾷς, ὄντα καὶ λημῶντα προσέτι καὶ κορυζῶντα ὑπερήδοντο θεραπεύοντες, καὶ μακάριος ἦν αὐτῶν ὅντινα ἂν καὶ μόνον προσέβλεψα.

ΣΙΜ. Μῶν καὶ σύ τινα ὥσπερ ὁ Φάων τὴν Ἀφροδίτην ἐκ Χίου διεπόρθμευσας, εἶτά σοι εὐξαμένῳ ἔδωκε νέον εἶναι καὶ καλὸν ἐξ ὑπαρχῆς καὶ ἀξιέραστον;

ΠΟΛ. Οὔκ, ἀλλὰ τοιοῦτος ὢν περιπόθητος ἦν.

ΣΙΜ. Αἰνίγματα λέγεις.

ΠΟΛ. Καὶ μὴν πρόδηλός γε ὁ ἔρως οὑτοσὶ πολὺς ὢν ὁ περὶ τοὺς ἀτέκνους καὶ πλουσίους γέροντας. 3

ΣΙΜ. Νῦν μανθάνω σου τὸ κάλλος, ὦ θαυμάσιε, ὅτι παρὰ τῆς χρυσῆς Ἀφροδίτης ἦν.

ΠΟΛ. Ἀτάρ, ὦ Σιμύλε, οὐκ ὀλίγα τῶν ἐραστῶν ἀπολέλαυκα μονονουχὶ προσκυνούμενος ὑπ' αὐτῶν· καὶ ἐθρυπτόμην δὲ πολλάκις καὶ ἀπέκλειον αὐτῶν τινας ἐνίοτε, οἱ δὲ ἡμιλλῶντο καὶ ἀλλήλους ὑπερεβάλλοντο ἐν τῇ περὶ ἐμὲ φιλοτιμίᾳ.

ΣΙΜ. Τέλος δ' οὖν πῶς ἐβουλεύσω περὶ τῶν κτημάτων;

ΠΟΛ. Ἐς τὸ φανερὸν μὲν ἕκαστον αὐτῶν κληρονόμον ἀπολιπεῖν ἔφασκον, ὁ δ' ἐπίστευέ τε ἂν καὶ κολακευτικώτερον παρεσκεύαζεν ἑαυτόν, ἄλλας δὲ τὰς ἀληθεῖς διαθήκας ἔχων ἐκείνας κατέλιπον οἰμώζειν ἅπασι φράσας.

ΣΙΜ. Τίνα δὲ αἱ τελευταῖαι τὸν κληρονόμον ἔσχον; ἢ 4 πού τινα τῶν ἀπὸ τοῦ γένους;

SIM. Ich muß lachen: Liebhaber, du, in solchem Alter, mit nur vier Zähnen im Mund?

POL. Ja, beim Zeus, und zwar aus den besten Familien der Stadt. Mir, dem Greis, dem Glatzkopf, wie du siehst, mit meinen Triefaugen, mit meinem Schnupfen machten sie mit Freuden den Hof und jeder von ihnen war glücklich, den ich auch nur anblickte.

SIM. Hast auch du etwa wie Phaon die Aphrodite von Chios aus über das Meer befördert und hat sie dir hernach auf dein Gebet hin die Gnade verliehen, von neuem jung und schön zu sein und liebenswert?

POL. Nein, sondern trotz meines Zustandes war ich außerordentlich begehrenswert.

SIM. Du sprichst in Rätseln.

POL. Es ist doch ganz klar der Grund dieser großen Liebe zu den kinderlosen und reichen Greisen.

SIM. Jetzt verstehe ich, daß deine Schönheit, du bewundernswerter Mensch, von der goldenen Aphrodite kam.

POL. Aber ich habe, Simylos, keine geringen Vorteile von meinen Liebhabern gehabt, die mich beinahe anbeteten. Und ich zierte mich auch oftmals und sperrte einige von ihnen aus; sie jedoch wetteiferten untereinander und suchten einander in ihren Bemühungen um mich zu übertreffen.

SIM. Welche Entscheidung aber trafst du schließlich bezüglich deines Vermögens?

POL. Öffentlich erklärte ich, jeden von ihnen als Erben zu hinterlassen, die Betreffenden glaubten es auch und suchten ihre Schmeicheleien noch zu überbieten. Ein anderes aber, und zwar das echte Testament behielt ich bei mir, in dem ich ihnen als Erklärung meines letzten Willens nur Jammer und Klagen hinterließ.

SIM. Wer stand aber schließlich in deinem Testament als Erbe? Offenbar einer von deinen Verwandten?

ΠΟΛ. Οὐ μὰ Δία, ἀλλὰ νεώνητόν τινα τῶν μειρακίων τῶν ὡραίων Φρύγα.

ΣΙΜ. Ἀμφὶ πόσα ἔτη, ὦ Πολύστρατε;

ΠΟΛ. Σχεδὸν ἀμφὶ τὰ εἴκοσι.

ΣΙΜ. Ἤδη μανθάνω ἅτινά σοι ἐκεῖνος ἐχαρίζετο.

ΠΟΛ. Πλὴν ἀλλὰ πολὺ ἐκείνων ἀξιώτερος κληρονομεῖν, εἰ καὶ βάρβαρος ἦν καὶ ὄλεθρος, ὃν ἤδη καὶ αὐτοὶ οἱ ἄριστοι θεραπεύουσιν. ἐκεῖνος τοίνυν ἐκληρονόμησέ μου καὶ νῦν ἐν τοῖς εὐπατρίδαις ἀριθμεῖται ὑπεξυρημένος μὲν τὸ γένειον καὶ βαρβαρίζων, Κόδρου δὲ εὐγενέστερος καὶ Νιρέως καλλίων καὶ Ὀδυσσέως συνετώτερος λεγόμενος εἶναι.

ΣΙΜ. Οὔ μοι μέλει· καὶ στρατηγησάτω τῆς Ἑλλάδος, εἰ δοκεῖ, ἐκεῖνοι δὲ μὴ κληρονομείτωσαν μόνον.

10.

Χάρωνος καὶ Ἑρμοῦ

ΧΑΡ. Ἀκούσατε ὡς ἔχει ἡμῖν τὰ πράγματα. μικρὸν μὲν 1 ὑμῖν, ὡς ὁρᾶτε, τὸ σκαφίδιον καὶ ὑπόσαθρόν ἐστι καὶ διαρρεῖ τὰ πολλά, καὶ ἢν τραπῇ ἐπὶ θάτερα, οἰχήσεται περιτραπέν, ὑμεῖς δὲ τοσοῦτοι ἅμα ἥκετε πολλὰ ἐπιφερόμενοι ἕκαστος. ἢν οὖν μετὰ τούτων ἐμβῆτε, δέδια μὴ ὕστερον μετανοήσητε, καὶ μάλιστα ὁπόσοι νεῖν οὐκ ἐπίστασθε.

ΝΕΚΡ. Πῶς οὖν ποιήσαντες εὐπλοήσομεν;

ΧΑΡ. Ἐγὼ ὑμῖν φράσω· γυμνοὺς ἐπιβαίνειν χρὴ τὰ περιττὰ ταῦτα πάντα ἐπὶ τῆς ἠόνος καταλιπόντας· μόλις γὰρ ἂν καὶ οὕτως δέξαιτο ὑμᾶς τὸ πορθμεῖον. σοὶ δέ, ὦ Ἑρμῆ, μελήσει τὸ ἀπὸ τούτου μηδένα παραδέχε-

POL. Nein, beim Zeus, sondern ein frischerworbener Sklave, ein junger, hübscher Phryger.

SIM. Wie alt ungefähr, Polystratos.

POL. Ungefähr gegen zwanzig.

SIM. Nun verstehe ich, welche Gefälligkeiten dir jener erwies.

POL. Jedoch verdiente er es viel eher als jene, mich zu beerben, wenn er auch ein Barbar und Schlingel war, dem nun ihrerseits die jungen Männer aus den besten Familien den Hof machen. Jener hat mich also beerbt und zählt jetzt zu den Adeligen trotz seines schlechtrasierten Kinns und seiner barbarischen Aussprache; man macht ihm aber sogar das Kompliment, er sei adeliger als Kodros, schöner als Nireus und gescheiter als Odysseus.

SIM. Mir ist es gleichgültig. Meinethalben soll er sogar Statthalter von Griechenland werden, nur Erbschaft sollen jene keine machen.

10.

Charon und Hermes

CHAR. Hört, wie es mit uns steht. Das Schiffchen ist für euch, wie ihr seht, zu klein, ziemlich morsch, läßt an sehr vielen Stellen Wasser durch, und falls es sich auf die eine Seite neigt, wird es umkippen und hin sein. Ihr aber seid in so großer Anzahl zugleich hieher gekommen, ein jeder mit viel Gepäck. Falls ihr also damit einsteigt, so fürchte ich, es könnte euch hinterher reuen und besonders alle die, die nicht schwimmen können.

TOTE. Wie sollen wir also vorgehen, um eine gute Fahrt zu haben?

CHAR. Ich will es euch sagen: nackt müßt ihr einsteigen und alle diese überflüssigen Sachen auf dem Strand zurücklassen; denn selbst so könnte euch nur mit Mühe die Fähre fassen. Dir aber, Hermes, soll es von nun an obliegen, niemand von

σθαι αὐτῶν, ὃς ἂν μὴ ψιλὸς ᾖ καὶ τὰ ἔπιπλα, ὥσπερ ἔφην, ἀποβαλών. παρὰ δὲ τὴν ἀποβάθραν ἑστὼς διαγίνωσκε αὐτοὺς καὶ ἀναλάμβανε γυμνοὺς ἐπιβαίνειν ἀναγκάζων.

ΕΡΜ. Εὖ λέγεις, καὶ οὕτω ποιήσωμεν. — Οὑτοσὶ τίς ὁ 2 πρῶτός ἐστι;

ΜΕΝ. Μένιππος ἔγωγε. ἀλλ' ἰδοὺ ἡ πήρα μοι, ὦ Ἑρμῆ, καὶ τὸ βάκτρον ἐς τὴν λίμνην ἀπερρίφθων, τὸν τρίβωνα δὲ οὐδὲ ἐκόμισα εὖ ποιῶν.

ΕΡΜ. Ἔμβαινε, ὦ Μένιππε, ἀνδρῶν ἄριστε, καὶ τὴν προεδρίαν ἔχε παρὰ τὸν κυβερνήτην ἐφ' ὑψηλοῦ, ὡς ἐπισκοπῇς ἅπαντας. ὁ καλὸς δ' οὗτος τίς ἐστι; 3

ΧΑΡ. Χαρμόλεως ὁ Μεγαρικὸς ὁ ἐπέραστος, οὗ τὸ φίλημα διτάλαντον ἦν.

ΕΡΜ. Ἀπόδυθι τοιγαροῦν τὸ κάλλος καὶ τὰ χείλη αὐτοῖς φιλήμασι καὶ τὴν κόμην τὴν βαθεῖαν καὶ τὸ ἐπὶ τῶν παρειῶν ἐρύθημα καὶ τὸ δέρμα ὅλον. — ἔχει καλῶς, εὔζωνος εἶ, ἐπίβαινε ἤδη. ὁ δὲ τὴν πορφυρίδα οὑτοσὶ καὶ τὸ διάδημα ὁ βλοσυρὸς τίς ὢν τυγχάνεις; 4

ΛΑΜΠ. Λάμπιχος Γελῴων τύραννος.

ΕΡΜ. Τί οὖν, ὦ Λάμπιχε, τοσαῦτα ἔχων πάρει;

ΛΑΜΠ. Τί οὖν; ἐχρῆν, ὦ Ἑρμῆ, γυμνὸν ἥκειν τύραννον ἄνδρα;

ΕΡΜ. Τύραννον μὲν οὐδαμῶς, νεκρὸν δὲ μάλα· ὥστε ἀπόθου ταῦτα.

ΛΑΜΠ. Ἰδού σοι ὁ πλοῦτος ἀπέρριπται.

ΕΡΜ. Καὶ τὸν τῦφον ἀπόρριψον, ὦ Λάμπιχε, καὶ τὴν ὑπεροψίαν· βαρήσει γὰρ τὸ πορθμεῖον συνεμπεσόντα.

ihnen aufzunehmen, der nicht nackt ist und sein Gepäck, wie ich sagte, vorher weggeworfen hat. Steh neben der Schiffsleiter und revidiere sie, nimm sie auf und nötige sie, nackt einzusteigen.

HERMES. Du hast recht, wollen wir so vorgehen! – Du da, der erste, wer bist du?

MENIPP. Menipp. Aber schau her, Hermes: fort mit meinem Schnappsack und meinem Stecken in den See; meinen schäbigen Mantel aber habe ich wohlweislich nicht einmal mitgenommen.

HERM. Steig ein, Menipp, du Muster aller Männer, und übernimm den Vorsitz neben dem Steuermann auf einem erhöhten Platz, damit du alle überblicken kannst. Der Schöne da, wer ist das?

CHAR. Der reizende Charmoleos von Megara, dessen Kuß zwei Talente kostete.

HERM. Lege also deine Schönheit ab, die Lippen mitsamt den Küssen, dein reiches Haar, die rote Schminke auf den Wangen und deine ganze Haut. – So ist es recht, jetzt bist du leicht zur Reise, steig nun ein! Der da mit dem Purpurmantel, mit dem Diadem und mit dem wilden Blick, wer bist du?

LAMPICHOS. Lampichos, Tyrann von Gela.

HERM. Was also bist du, Lampichos, mit soviel Gepäck hieher gekommen?

LAMP. Was also? Hätte ich als Tyrann nackt hieher kommen sollen?

HERM. Als Tyrann keineswegs, wohl aber als Toter; drum lege diese Sachen ab!

LAMP. Schau her, mein Reichtum ist fort.

HERM. Auch die Aufgeblasenheit wirf weg, Lampichos, und den Dünkel; denn diese Dinge würden mit dir zugleich die Fähre belasten.

ΛΑΜΠ. Οὐκοῦν ἀλλὰ τὸ διάδημα ἔασόν με ἔχειν καὶ τὴν ἐφεστρίδα.

ΕΡΜ. Οὐδαμῶς, ἀλλὰ καὶ ταῦτα ἄφες.

ΛΑΜΠ. Εἶέν. τί ἔτι; πάντα γὰρ ἀφῆκα, ὡς ὁρᾷς.

ΕΡΜ. Καὶ τὴν ὠμότητα καὶ τὴν ἄνοιαν καὶ τὴν ὕβριν καὶ τὴν ὀργήν, καὶ ταῦτα ἄφες.

ΛΑΜΠ. Ἰδού σοι ψιλός εἰμι.

ΕΡΜ. Ἔμβαινε ἤδη.—σὺ δὲ ὁ παχύς, ὁ πολύσαρκος τίς εἶ;

ΔΑΜ. Δαμασίας ὁ ἀθλητής.

ΕΡΜ. Ναί, ἔοικας· οἶδα γάρ σε πολλάκις ἐν ταῖς παλαίστραις ἰδών.

ΔΑΜ. Ναί, ὦ Ἑρμῆ· ἀλλὰ παράδεξαί με γυμνὸν ὄντα.

ΕΡΜ. Οὐ γυμνόν, ὦ βέλτιστε, τοσαύτας σάρκας περιβεβλημένον· ὥστε ἀπόδυθι αὐτάς, ἐπεὶ καταδύσεις τὸ σκάφος τὸν ἕτερον πόδα ὑπερθεὶς μόνον· ἀλλὰ καὶ τοὺς στεφάνους τούτους ἀπόρριψον καὶ τὰ κηρύγματα.

ΔΑΜ. Ἰδού σοι γυμνός, ὡς ὁρᾷς, ἀληθῶς εἰμι καὶ ἰσοστάσιος τοῖς ἄλλοις νεκροῖς.

ΕΡΜ. Οὕτως ἄμεινον ἀβαρῆ εἶναι· ὥστε ἔμβαινε. καὶ σὺ τὸν πλοῦτον ἀποθέμενος, ὦ Κράτων, καὶ τὴν μαλακίαν δὲ προσέτι καὶ τὴν τρυφὴν μηδὲ τὰ ἐντάφια κόμιζε μηδὲ τὰ τῶν προγόνων ἀξιώματα, κατάλιπε δὲ καὶ γένος καὶ δόξαν καὶ εἴ ποτέ σε ἡ πόλις ἀνεκήρυξε καὶ τὰς τῶν ἀνδριάντων ἐπιγραφάς, μηδέ, ὅτι μέγαν τάφον ἐπί σοι ἔχωσαν, λέγε· βαρύνει γὰρ καὶ ταῦτα μνημονευόμενα.

LAMP. Also laß mich wenigstens das Diadem behalten und das Oberkleid!

HERM. Keineswegs, sondern gib auch das weg!

LAMP. Nun gut. Was noch? Ich habe nämlich schon alles weggegeben, wie du siehst.

HERM. Auch die Roheit, die Unvernunft, den Übermut und den Ingrimm, auch diese Dinge gib weg!

LAMP. Schau her, ich bin nackt.

HERM. Steig nur ein! – Du aber, der dicke Fleischklumpen, wer bist du?

DAMASIAS. Damasias, der Athlet.

HERM. Ja, anscheinend. Ich weiß nämlich, daß ich dich oft in den Ringschulen gesehen habe.

DAM. Ja, Hermes; aber übernimm mich nackt.

HERM. Noch nicht nackt, mein Lieber, da du so viel Fleisch auf dir hast; drum entledige dich dessen, denn sonst würdest du den Kahn versenken, wenn du auch nur mit dem einen Fuß hineinsteigst. Aber, lege auch diese Kränze ab und deine ausposaunten Preise!

DAM. Schau her, ich bin nun wirklich nackt, wie du siehst, und habe dasselbe Gewicht wie die übrigen Toten.

HERM. Es ist besser so, gewichtlos zu sein; drum steig ein! Und du leg deinen Reichtum ab, Kraton, deine Weichlichkeit und dein Wohlleben dazu und nimm auch nicht dein Sterbekleid mit, auch nicht die Würden deiner Vorfahren, laß auch Adel zurück und Ruhm und Ehrentitel auf Standbildern, wenn dir deine Stadt einmal solche verliehen hat. Desgleichen die Aufschriften auf deinen Bildsäulen und sprich auch nicht davon, daß man einen großen Grabhügel dir zu Ehren aufgetürmt hat; denn auch diese Dinge sind in der Erinnerung nur eine Last.

ΚΡΑΤ. Οὐχ ἑκὼν μέν, ἀπορρίψω δέ· τί γὰρ ἂν καὶ πάθοιμι;

ΕΡΜ. Βαβαῖ. σὺ δὲ ὁ ἔνοπλος τί βούλει; ἢ τί τὸ τρόπαιον τοῦτο φέρεις;

ΣΤΡΑΤ. Ὅτι ἐνίκησα, ὦ Ἑρμῆ, καὶ ἠρίστευσα καὶ ἡ πόλις ἐτίμησέ με.

ΕΡΜ. Ἄφες ὑπὲρ γῆς τὸ τρόπαιον· ἐν ᾅδου γὰρ εἰρήνη καὶ οὐδὲν ὅπλων δεήσει. — ὁ σεμνὸς δὲ οὗτος ἀπό γε τοῦ σχήματος καὶ βρενθυόμενος, ὁ τὰς ὀφρῦς ἐπηρκώς, ὁ ἐπὶ τῶν φροντίδων τίς ἐστιν, ὁ τὸν βαθὺν πώγωνα καθειμένος;

ΜΕΝ. Φιλόσοφός τις, ὦ Ἑρμῆ, μᾶλλον δὲ γόης καὶ τερατείας μεστός· ὥστε ἀπόδυσον καὶ τοῦτον· ὄψει γὰρ πολλὰ καὶ γελοῖα ὑπὸ τῷ ἱματίῳ σκεπόμενα.

ΕΡΜ. Κατάθου σὺ τὸ σχῆμα πρῶτον, εἶτα καὶ ταυτὶ πάντα. ὦ Ζεῦ, ὅσην μὲν τὴν ἀλαζονείαν κομίζει, ὅσην δὲ ἀμαθίαν καὶ ἔριν καὶ κενοδοξίαν καὶ ἐρωτήσεις ἀπόρους καὶ λόγους ἀκανθώδεις καὶ ἐννοίας πολυπλόκους, ἀλλὰ καὶ ματαιοπονίαν μάλα πολλὴν καὶ λῆρον οὐκ ὀλίγον καὶ ὕθλους καὶ μικρολογίαν νὴ Δία καὶ χρυσίον γε τουτὶ καὶ ἡδυπάθειαν δὲ καὶ ἀναισχυντίαν καὶ ὀργὴν καὶ τρυφὴν καὶ μαλακίαν· οὐ λέληθε γάρ με, εἰ καὶ μάλα περικρύπτεις, αὐτά. καὶ τὸ ψεῦδος δὲ ἀπόθου καὶ τὸν τῦφον καὶ τὸ οἴεσθαι ἀμείνων εἶναι τῶν ἄλλων· ὡς εἴ γε ταῦτα πάντα ἔχων ἐμβαίης, ποία πεντηκόντορος δέξαιτο ἄν σε;

ΦΙΛ. Ἀποτίθεμαι τοίνυν αὐτά, ἐπείπερ οὕτω κελεύεις.

ΜΕΝ. Ἀλλὰ καὶ τὸν πώγωνα τοῦτον ἀποθέσθω, ὦ Ἑρμῆ, βαρύν τε ὄντα καὶ λάσιον, ὡς ὁρᾷς· πέντε μναῖ τριχῶν εἰσι τοὐλάχιστον.

KRATON. Ich will sie wegwerfen, wenn auch nicht gern; was soll ich denn da machen.

HERM. Ah! Du in der Rüstung, was willst du damit? Oder wozu trägst du diese Trophäe?

FELDHERR. Weil ich, Hermes, gesiegt und mich ausgezeichnet habe und meine Stadt mich dafür geehrt hat.

HERM. Laß die Trophäe auf Erden, im Hades ist ja Friede und wird man keine Waffen brauchen. – Der wenigstens seinem Äußeren nach würdevolle Mann da, der einherstolziert, die Augenbrauen so weit hinaufgezogen hat und in Gedanken ist, der mit dem lang herabwallenden Bart, wer ist das?

MENIPP. Ein Philosoph, Hermes, vielmehr ein Gauner, in dem lauter Gaukelei steckt. Drum laß auch ihn sich ausziehen; du wirst nämlich sehen, daß er viel lächerliches Zeug unter seinem Mantel birgt.

HERM. Leg also zuerst deine Tracht hin, dann alle diese Dinge! O Zeus, wieviel Großtuerei bringt er mit, wieviel Unwissenheit, Zanksucht, eitle Ruhmsucht, verfängliche Fragen, stachliche Reden und komplizierte Gedankengänge, aber auch zwecklose Mühe in reichlichem Maße, nicht wenig Geschwätz, Gewäsch und Kleinigkeitskrämerei, beim Zeus! auch diese Summe Gold, Wohlleben, Unverschämtheit, Jähzorn, Schwelgerei und Verweichlichung; diese Dinge sind mir ja nicht entgangen, wenn du sie auch sehr zu verbergen suchst. Und auch die Lüge leg ab, die Aufgeblasenheit und den Dünkel, besser als die übrigen Menschen zu sein. Denn wenn du mit all diesen Dingen einsteigst, welche fünfzigrudrige Galeere könnte dich aufnehmen?

PHILOSOPH. Ich lege also diese Dinge ab, da du es so befiehlst.

MEN. Aber auch diesen Bart soll er, Hermes, ablegen, der schwer und zottig ist, wie du siehst; fünf Minen (1,7 kg) Haare sind es mindestens.

ΕΡΜ. Εὖ λέγεις· ἀπόθου καὶ τοῦτον.

ΦΙΛ. Καὶ τίς ὁ ἀποκείρων ἔσται;

ΕΡΜ. Μένιππος οὑτοσὶ λαβὼν πέλεκυν τῶν ναυπηγικῶν ἀποκόψει αὐτὸν ἐπικόπῳ τῇ ἀποβάθρᾳ χρησάμενος.

ΜΕΝ. Οὔκ, ὦ Ἑρμῆ, ἀλλὰ πρίονά μοι ἀνάδος· γελοιότερον γὰρ τοῦτο.

ΕΡΜ. Ὁ πέλεκυς ἱκανός.- εὖ γε. ἀνθρωπινώτερος γὰρ νῦν ἀναπέφηνας ἀποθέμενος σαυτοῦ τὴν κινάβραν.

ΜΕΝ. Βούλει μικρὸν ἀφέλωμαι καὶ τῶν ὀφρύων;

ΕΡΜ. Μάλιστα· ὑπὲρ τὸ μέτωπον γὰρ καὶ ταύτας ἐπῆρκεν, οὐκ οἶδα ἐφ' ὅτῳ ἀνατείνων ἑαυτόν. — τί τοῦτο; καὶ δακρύεις, ὦ κάθαρμα, καὶ πρὸς θάνατον ἀποδειλιᾷς; ἔμβηθι δ' οὖν.

ΜΕΝ. Ἓν ἔτι τὸ βαρύτατον ὑπὸ μάλης ἔχει.

ΕΡΜ. Τί, ὦ Μένιππε;

ΜΕΝ. Κολακείαν, ὦ Ἑρμῆ, πολλὰ ἐν τῷ βίῳ χρησιμεύσασαν αὐτῷ.

ΦΙΛ. Οὐκοῦν καὶ σύ, ὦ Μένιππε, ἀπόθου τὴν ἐλευθερίαν καὶ παρρησίαν καὶ τὸ ἄλυπον καὶ τὸ γενναῖον καὶ τὸν γέλωτα· μόνος γοῦν τῶν ἄλλων γελᾷς.

ΕΡΜ. Μηδαμῶς, ἀλλὰ καὶ ἔχε ταῦτα, κοῦφα γὰρ καὶ πάνυ εὔφορα ὄντα καὶ πρὸς τὸν κατάπλουν χρήσιμα. καὶ ὁ ῥήτωρ δὲ σὺ ἀπόθου τῶν ῥημάτων τὴν τοσαύτην ἀπεραντολογίαν καὶ ἀντιθέσεις καὶ παρισώσεις καὶ περιόδους καὶ βαρβαρισμοὺς καὶ τὰ ἄλλα βάρη τῶν λόγων.

ΡΗΤ. Ἢν ἰδού, ἀποτίθεμαι.

HERM. Du hast recht, lege auch diesen ab!

PHILOS. Und wer soll der Barbier sein?

HERM. Unser Menipp soll eine Zimmermannsaxt nehmen und ihn abhauen, wobei ihm die Schiffsleiter als Hackblock dienen soll.

MEN. Nein, Hermes, sondern reiche mir eine Säge herauf; das würde lächerlicher wirken.

HERM. Die Axt genügt. – Bravo! Jetzt schaust du ja viel menschlicher aus, weil du deinen Bocksbart abgelegt hast.

MEN. Willst du, soll ich auch von seinen Augenbrauen ein wenig wegnehmen?

HERM. Jawohl. Er hat sie nämlich über die Stirne hinaufgezogen, um sich, ich weiß nicht wohin, emporzurecken. – Was ist das? Du weinst sogar, du Memme, und bist dem Tod gegenüber feig? Steig also ein!

MEN. Eines hat er noch, u. zw. das Allerschwerste, unter der Achsel.

HERM. Was, Menipp?

MEN. Die Speichelleckerei, die ihm viel auf der Welt genützt hat.

PHIL. Also lege auch du, Menipp, deinen Freisinn ab, deinen Freimut, deine Heiterkeit, deine Biedermannsucht und das Lachen; du bist ja der einzige, der lacht.

HERM. Keineswegs, sondern behalte diese Dinge, sie sind ja leicht, fallen bei der Überfahrt gar nicht ins Gewicht, ja sind dafür sogar nützlich. Und du, Rhetor, lege den endlosen Wortschwall ab, die Antithesen, Gleichklänge, Perioden, Sprachfehler und was sonst die Reden beschwert.

RHETOR. Schau her, ich lege alles ab.

ΕΡΜ. Εὖ ἔχει· ὥστε λύε τὰ ἀπόγεια, τὴν ἀποβάθραν ἀνελώμεθα, τὸ ἀγκύριον ἀνεσπάσθω, πέτασον τὸ ἱστίον, εὔθυνε, ὦ πορθμεῦ, τὸ πηδάλιον· εὐπλοῶμεν. τί οἰμώ- 11 ζετε, ὦ μάταιοι, καὶ μάλιστα ὁ φιλόσοφος σὺ ὁ ἀρτίως τὸν πώγωνα δεδῃωμένος;

ΦΙΛ. Ὅτι, ὦ Ἑρμῆ, ἀθάνατον ᾤμην τὴν ψυχὴν ὑπάρχειν.

ΜΕΝ. Ψεύδεται· ἄλλα γὰρ ἔοικε λυπεῖν αὐτόν.

ΕΡΜ. Τὰ ποῖα;

ΜΕΝ. Ὅτι μηκέτι δειπνήσει πολυτελῆ δεῖπνα μηδὲ νύκτωρ ἐξιὼν ἅπαντας λανθάνων τῷ ἱματίῳ τὴν κεφαλὴν κατειλήσας περίεισιν ἐν κύκλῳ τὰ χαμαιτυπεῖα, καὶ ἕωθεν ἐξαπατῶν τοὺς νέους ἐπὶ τῇ σοφίᾳ ἀργύριον λήψεται· ταῦτα λυπεῖ αὐτόν.

ΦΙΛ. Σὺ γάρ, ὦ Μένιππε, οὐκ ἄχθῃ ἀποθανών;

ΜΕΝ. Πῶς, ὃς ἔσπευσα ἐπὶ τὸν θάνατον καλέσαντος μηδενός; ἀλλὰ μεταξὺ λόγων οὐ κραυγή τις ἀκούεται 12 ὥσπερ τινῶν ἀπὸ γῆς βοώντων;

ΕΡΜ. Ναί, ὦ Μένιππε, οὐκ ἀφ' ἑνός γε χώρου, ἀλλ' οἱ μὲν ἐς τὴν ἐκκλησίαν συνελθόντες ἄσμενοι γελῶσι πάντες ἐπὶ τῷ Λαμπίχου θανάτῳ καὶ ἡ γυνὴ αὐτοῦ συνέχεται πρὸς τῶν γυναικῶν καὶ τὰ παιδία νεογνὰ ὄντα ὁμοίως κἀκεῖνα ὑπὸ τῶν παίδων βάλλεται ἀφθόνοις τοῖς λίθοις· ἄλλοι δὲ Διόφαντον τὸν ῥήτορα ἐπαινοῦσιν ἐν Σικυῶνι ἐπιταφίους λόγους διεξιόντα ἐπὶ Κράτωνι τούτῳ. καὶ νὴ Δία γε ἡ Δαμασίου μήτηρ κωκύουσα ἐξάρχει τοῦ θρήνου σὺν γυναιξὶν ἐπὶ τῷ Δαμασίᾳ· σὲ δὲ οὐδείς, ὦ Μένιππε, δακρύει, καθ' ἡσυχίαν δὲ κεῖσαι μόνος.

ΜΕΝ. Οὐδαμῶς, ἀλλ' ἀκούσῃ τῶν κυνῶν μετ' ὀλίγον 13 ὠρυομένων οἴκτιστον ἐπ' ἐμοὶ καὶ τῶν κοράκων τυπτομένων τοῖς πτεροῖς, ὁπόταν συνελθόντες θάπτωσί με.

HERM. Recht so, drum löse die Taue, ziehen wir die Schiffsleiter ein, der kleine Anker soll gleich aufgezogen werden, breite das Segel aus, lenke, Fährmann, das Steuerruder. Gute Fahrt allerseits! Was jammert ihr, ihr Toren, und du am meisten, du Philosoph, dem wir soeben den Bart abgehauen haben.

PHIL. Weil ich, Hermes, glaubte, die Seele sei unsterblich.

MEN. Er lügt; etwas anderes betrübt ihn anscheinend.

HERM. Was?

MEN. Weil er nicht mehr teuer speisen, nicht mehr des Nachts heimlich ausgehen und, das Haupt in seinen Mantel gewickelt, bei den Huren die Runde machen und tags darauf in der Früh die Jugend betören wird, um Geld für seine Weisheit zu kriegen; das betrübt ihn.

PHIL. Grämst du dich denn, Menipp, nicht über deinen Tod.

MEN. Wie, ich, der ich sogar zum Tode eilte, ohne daß mich jemand rief? Aber hört man nicht mitten unter unseren Reden ein Geschrei, das anscheinend von der Erde herabdringt?

HERM. Ja, Menipp, nicht bloß von einem Platz, sondern die einen sind in einer Volksversammlung beisammen und lachen von Herzen alle über den Tod des Lampichos, seine Frau wird von den Frauen bedrängt und seine neugeborenen Kinder werden von den Knaben mit einem Steinhagel überschüttet. Andere aber loben den Redner Diophantos für die Grabrede, die er in Sikyon auf den Kraton, der jetzt bei uns ist, hält. Und beim Zeus! Die Mutter des Damasias stimmt heulend mit den Weibern den Trauergesang zu Ehren des Damasias an. Um dich aber, Menipp, weint niemand, du allein liegst in aller Stille da.

MEN. Keineswegs, sondern du wirst bald das Jammergeheul der Hunde hören und den Flügelschlag der Raben, wann sie zusammenkommen, um mich zu bestatten.

ΕΡΜ. Γεννάδας εἶ, ὦ Μένιππε. — ἀλλ' ἐπεὶ καταπεπλεύκαμεν ἡμεῖς, ὑμεῖς μὲν ἄπιτε πρὸς τὸ δικαστήριον εὐθεῖαν ἐκείνην προϊόντες, ἐγὼ δὲ καὶ ὁ πορθμεὺς ἄλλους μετελευσόμεθα.

ΜΕΝ. Εὐπλοεῖτε, ὦ Ἑρμῆ· προΐωμεν δὲ καὶ ἡμεῖς. τί οὖν ἔτι καὶ μέλλετε; δικασθῆναι δεήσει, καὶ τὰς καταδίκας φασὶν εἶναι βαρείας, τροχοὺς καὶ λίθους καὶ γῦπας· δειχθήσεται δὲ ὁ ἑκάστου βίος.

11.

Κράτητος καὶ Διογένους

ΚΡΑΤ. Μοίριχον τὸν πλούσιον ἐγίνωσκες, ὦ Διόγενες, 1 τὸν πάνυ πλούσιον, τὸν ἐκ Κορίνθου, τὸν τὰς πολλὰς ὁλκάδας ἔχοντα, οὗ ἀνεψιὸς Ἀριστέας, πλούσιος καὶ αὐτὸς ὤν; ὃς τὸ Ὁμηρικὸν ἐκεῖνο εἰώθει ἐπιλέγειν,

ἤ μ' ἀνάειρ' ἤ ἐγώ σέ.

ΔΙΟΓ. Τίνος ἕνεκα, ὦ Κράτης;

ΚΡΑΤ. Ἐθεράπευον ἀλλήλους τοῦ κλήρου ἕνεκα ἑκάτερος ἡλικιῶται ὄντες, καὶ τὰς διαθήκας ἐς τὸ φανερὸν ἐτίθεντο, Ἀριστέαν μὲν ὁ Μοίριχος, εἰ προαποθάνοι, δεσπότην ἀφιεὶς τῶν ἑαυτοῦ πάντων, Μοίριχον δὲ ὁ Ἀριστέας, εἰ προαπέλθοι αὐτοῦ. ταῦτα μὲν ἐγέγραπτο, οἱ δ' ἐθεράπευον ὑπερβαλλόμενοι ἀλλήλους τῇ κολακείᾳ· καὶ οἱ μάντεις, οἵ τε ἀπὸ τῶν ἄστρων τεκμαιρόμενοι τὸ μέλλον οἵ τε ἀπὸ τῶν ὀνειράτων, ὥς γε Χαλδαίων παῖδες, ἀλλὰ καὶ ὁ Πύθιος αὐτὸς ἄρτι μὲν Ἀριστέᾳ παρεῖχε τὸ κράτος, ἄρτι δὲ Μοιρίχῳ, καὶ τὰ τάλαντα ποτὲ μὲν ἐπὶ τοῦτον, νῦν δ' ἐπ' ἐκεῖνον ἔρρεπε.

ΔΙΟΓ. Τί οὖν πέρας ἐγένετο, ὦ Κράτης; ἀκοῦσαι γὰρ 2 ἄξιον.

HERM. Du bist ein rechtschaffener Kerl, Menipp. — Aber nachdem wir unsere Überfahrt beendet haben, so geht ihr zum Gerichtsort den geraden Weg dort weiter, ich aber und der Fährmann werden andere holen.

MEN. Gute Fahrt, Hermes! Gehen wir weiter! Was zaudert ihr noch? Den Richterspruch müssen wir über uns ergehen lassen und die verhängten Strafen sind, heißt es, schwer, Räder, Felsen und Geier. Da wird sich aber das Leben eines jeden zeigen.

11.

Krates und Diogenes

KRAT. Den reichen Moirichos kanntest du, Diogenes, den steinreichen, den Mann aus Korinth, der die vielen Lastschiffe hatte, dessen Vetter Aristeas war, ebenfalls ein reicher Mann, dessen Rede immer auf den homerischen Vers hinauslief:
    Heb mich weg oder ich dich!

DIOG. Weshalb, Krates?

KRAT. Sie machten einander den Hof wegen der Erbschaft, beide Altersgenossen, und veröffentlichten ihre Testamente, wobei den Aristeas Moirichos, wenn er vor ihm stürbe, als Erben seines ganzen Vermögens hinterließ, den Moirichos Aristeas, wenn er vor ihm mit Tod abginge. Das stand geschrieben, sie aber machten einander weiter den Hof, indem sie sich durch Speichelleckerei gegenseitig zu überbieten suchten. Und die Wahrsager, sowohl die Sterndeuter als auch die Traumdeuter, als Jünger der Chaldäer, ja selbst der pythische (delphische) Gott, gaben bald dem Aristeas die Oberhand, bald dem Moirichos und die Waage neigte sich bald nach der Seite des einen, bald nach der des anderen.

DIOG. Was geschah also schließlich, Krates? Es steht ja dafür, es zu vernehmen.

ΚΡΑΤ. Ἄμφω τεθνᾶσιν ἐπὶ μιᾶς ἡμέρας, οἱ δὲ κλῆροι ἐς Εὐνόμιον καὶ Θρασυκλέα περιῆλθον ἄμφω συγγενεῖς ὄντας οὐδὲ πώποτε προμαντευομένους οὕτω γενέσθαι ταῦτα· διαπλέοντες γὰρ ἀπὸ Σικυῶνος ἐς Κίρραν κατὰ μέσον τὸν πόρον πλαγίῳ περιπεσόντες τῷ Ἰάπυγι ἀνετράπησαν.

ΔΙΟΓ. Εὖ ἐποίησαν. ἡμεῖς δὲ ὁπότε ἐν τῷ βίῳ ἦμεν, 3 οὐδὲν τοιοῦτον ἐνενοοῦμεν περὶ ἀλλήλων· οὔτε πώποτε ηὐξάμην Ἀντισθένην ἀποθανεῖν, ὡς κληρονομήσαιμι τῆς βακτηρίας αὐτοῦ – εἶχε δὲ πάνυ καρτερὰν ἐκ κοτίνου ποιησάμενος – οὔτε οἶμαι σὺ ὁ Κράτης ἐπεθύμεις κληρονομεῖν ἀποθανόντος ἐμοῦ τὰ κτήματα, καὶ τὸν πίθον καὶ τὴν πήραν χοίνικας δύο θέρμων ἔχουσαν.

ΚΡΑΤ. Οὐδὲν γάρ μοι τούτων ἔδει, ἀλλ' οὐδὲ σοί, ὦ Διόγενες· ἃ γὰρ ἐχρῆν, σύ τε Ἀντισθένους ἐκληρονόμησας καὶ ἐγὼ σοῦ, πολλῷ μείζω καὶ σεμνότερα τῆς Περσῶν ἀρχῆς.

ΔΙΟΓ. Τίνα ταῦτα φῄς;

ΚΡΑΤ. Σοφίαν, αὐτάρκειαν, ἀλήθειαν, παρρησίαν, ἐλευθερίαν.

ΔΙΟΓ. Νὴ Δία, μέμνημαι τοῦτον διαδεξάμενος τὸν πλοῦτον παρὰ Ἀντισθένους καὶ σοὶ ἔτι πλείω καταλιπών.

ΚΡΑΤ. Ἀλλ' οἱ ἄλλοι ἡμέλουν τῶν τοιούτων κτημάτων 4 καὶ οὐδεὶς ἐθεράπευεν ἡμᾶς κληρονομήσειν προσδοκῶν, ἐς δὲ τὸ χρυσίον πάντες ἔβλεπον.

ΔΙΟΓ. Εἰκότως· οὐ γὰρ εἶχον ἔνθα δέξαιντο τὰ τοιαῦτα παρ' ἡμῶν διερρυηκότες ὑπὸ τρυφῆς, καθάπερ τὰ σαπρὰ τῶν βαλαντίων· ὥστε εἴ ποτε καὶ ἐμβάλοι τις ἐς αὐτοὺς ἢ σοφίαν ἢ παρρησίαν ἢ ἀλήθειαν, ἐξέπιπτεν εὐθὺς καὶ

KRAT. Beide sind an einem Tag gestorben, ihre Erbschaften aber gingen auf Eunomios und Thrasykles über, beide Verwandte von ihnen, die aber niemals vorausahnten, daß das so geschehen werde. Als sie nämlich von Sikyon nach Kirrha hinüberfuhren, fiel mitten auf der Überfahrt der Nordwestwind ihrem Schiff in die Flanke und sie kippten um.

DIOG. Recht ist ihnen geschehen. Solange wir auf der Welt waren, hatten wir so etwas gegenseitig nicht im Sinn, denn weder wünschte ich je den Tod des Antisthenes, um seinen Stecken zu erben – er hatte aber einen sehr starken, den er aus dem Holz eines wilden Ölbaums verfertigt hatte – noch gelüstete es dich, Krates, nach meinem Tod meine Habe zu erben, das Faß und den Schnappsack mit zwei Choiniken (2½ Liter) Saubohnen.

KRAT. Ich brauchte ja nichts davon, ebensowenig wie du, Diogenes. Was wir nämlich brauchten, das erbtest du von Antisthenes und ich von dir, viel größere und stattlichere Dinge als das ganze Perserreich.

DIOG. Was meinst du damit?

KRAT. Weisheit, Selbstgenügsamkeit, Wahrheitsliebe, Freimut und Freisinn.

DIOG. Beim Zeus! Ich bin mir bewußt, diesen Reichtum von Antisthenes übernommen und ihn noch vermehrt dir hinterlassen zu haben.

KRAT. Aber die anderen legten keinen Wert auf derartige Besitztümer und niemand machte uns in der Erwartung, uns zu beerben, den Hof, vielmehr richteten sie alle ihre Blicke auf das Gold.

DIOG. Natürlich. Sie hatten ja nichts, wohin sie solche von uns ererbte Dinge hätten geben sollen, da sie infolge ihrer Schwelgerei gewissermaßen morschen Geldbeuteln glichen. Drum, sooft einmal einer in sie Weisheit hineingoß oder Frei-

διέρρει, τοῦ πυθμένος στέγειν οὐ δυναμένου, οἷόν τι πάσχουσιν αἱ τοῦ Δαναοῦ αὗται παρθένοι εἰς τὸν τετρυπημένον πίθον ἐπαντλοῦσαι· τὸ δὲ χρυσίον ὀδοῦσι καὶ ὄνυξι καὶ πάσῃ μηχανῇ ἐφύλαττον.

ΚΡΑΤ. Οὐκοῦν ἡμεῖς μὲν ἕξομεν κἀνταῦθα τὸν πλοῦτον, οἱ δὲ ὀβολὸν ἥξουσι κομίζοντες καὶ τοῦτον ἄχρι τοῦ πορθμέως.

12.

Ἀλεξάνδρου καὶ Ἀννίβου

ΑΛΕΞ. Ἐμὲ δεῖ προκεκρίσθαι σου, ὦ Λίβυ· ἀμείνων γάρ 1 εἰμι.

ΑΝ. Οὐ μὲν οὖν, ἀλλ' ἐμέ.

ΑΛΕΞ. Οὐκοῦν ὁ Μίνως δικασάτω.

ΜΙΝ. Τίνες δέ ἐστε;

ΑΛΕΞ. Οὗτος μὲν Ἀννίβας ὁ Καρχηδόνιος, ἐγὼ δὲ Ἀλέξανδρος ὁ Φιλίππου.

ΜΙΝ. Νὴ Δία ἔνδοξοί γε ἀμφότεροι. ἀλλὰ περὶ τίνος ὑμῖν ἡ ἔρις;

ΑΛΕΞ. Περὶ προεδρίας· φησὶ γὰρ οὗτος ἀμείνων γεγενῆσθαι στρατηγὸς ἐμοῦ, ἐγὼ δέ, ὥσπερ ἅπαντες ἴσασιν, οὐχὶ τούτου μόνον, ἀλλὰ πάντων σχεδὸν τῶν πρὸ ἐμοῦ φημι διενεγκεῖν τὰ πολέμια.

ΜΙΝ. Οὐκοῦν ἐν μέρει ἑκάτερος εἰπάτω. σὺ δὲ πρῶτος ὁ Λίβυς λέγε.

ΑΝ. Ἓν μὲν τοῦτο, ὦ Μίνως, ὠνάμην, ὅτι ἐνταῦθα καὶ 2 τὴν Ἑλλάδα φωνὴν ἐξέμαθον· ὥστε οὐδὲ ταύτῃ πλέον οὗτος ἐνέγκαιτό μου. φημὶ δὲ τούτους μάλιστα ἐπαίνου

mut oder Wahrheitsliebe, fiel es sofort heraus und floß durch, da sie keinen Boden hatten, um es zu behalten, wie es hier den jungfräulichen Töchtern des Danaos ergeht, die immer ins durchlöcherte Faß Wasser schöpfen. Das Gold jedoch hüteten sie mit ihren Zähnen, mit ihren Klauen und überhaupt mit allen Mitteln.

KRAT. Also werden wir auch hier unseren Reichtum haben, sie aber werden nur einen Obolos mitbringen und auch den nur bis zum Fährmann.

12.

Alexander und Hannibal

ALEX. Ich muß den Vorrang vor dir haben, Afrikaner.

HAN. Nein, sondern ich.

ALEX. Also soll Minos sein Urteil fällen.

MINOS. Wer seid ihr?

ALEX. Dieser ist der Karthager Hannibal, ich bin Alexander, Philipps Sohn.

MINOS. Beim Zeus! Beide berühmt. Aber worum dreht sich euer Streit.

ALEX. Um den Vorrang. Dieser behauptet, ein tüchtigerer Feldherr als ich gewesen zu sein, ich hingegen behaupte, daß ich, wie alle wissen, nicht nur diesen, sondern fast alle Feldherrn vor mir im Kriegshandwerk übertroffen habe.

MINOS. Also soll jeder von euch der Reihe nach reden; du aber, Afrikaner, rede zuerst!

HAN. Diesen einen Nutzen habe ich, Minos, von meinem Aufenthalt in der Unterwelt, daß ich hier auch Griechisch gelernt habe, so daß nicht einmal in dieser Hinsicht dieser mir gegen-

ἀξίους εἶναι, ὅσοι τὸ μηδὲν ἐξ ἀρχῆς ὄντες ὅμως ἐπὶ μέγα προεχώρησαν δι' αὑτῶν δύναμίν τε περιβαλόμενοι καὶ ἄξιοι δόξαντες ἀρχῆς. ἔγωγ' οὖν μετ' ὀλίγων ἐξορμήσας εἰς τὴν Ἰβηρίαν τὸ πρῶτον ὕπαρχος ὢν τῷ ἀδελφῷ μεγίστων ἠξιώθην ἄριστος κριθείς, καὶ τούς τε Κελτίβηρας εἷλον καὶ Γαλατῶν ἐκράτησα τῶν ἑσπερίων καὶ τὰ μεγάλα ὄρη ὑπερβὰς τὰ περὶ τὸν Ἠριδανὸν ἅπαντα κατέδραμον καὶ ἀναστάτους ἐποίησα τοσαύτας πόλεις καὶ τὴν πεδινὴν Ἰταλίαν ἐχειρωσάμην καὶ μέχρι τῶν προαστείων τῆς προὐχούσης πόλεως ἦλθον καὶ τοσούτους ἀπέκτεινα μιᾶς ἡμέρας, ὥστε τοὺς δακτυλίους αὐτῶν μεδίμνοις ἀπομετρῆσαι καὶ τοὺς ποταμοὺς γεφυρῶσαι νεκροῖς. καὶ ταῦτα πάντα ἔπραξα οὔτε Ἄμμωνος υἱὸς ὀνομαζόμενος οὔτε θεὸς εἶναι προσποιούμενος ἢ ἐνύπνια τῆς μητρὸς διεξιών, ἀλλ' ἄνθρωπος εἶναι ὁμολογῶν, στρατηγοῖς τε τοῖς συνετωτάτοις ἀντεξεταζόμενος καὶ στρατιώταις τοῖς μαχιμωτάτοις συμπλεκόμενος, οὐ Μήδους καὶ Ἀρμενίους καταγωνιζόμενος ὑποφεύγοντας πρὶν διώκειν τινὰ καὶ τῷ τολμήσαντι παραδιδόντας εὐθὺς τὴν νίκην. Ἀλέξανδρος δὲ πατρῴαν 3 ἀρχὴν παραλαβὼν ηὔξησε καὶ παρὰ πολὺ ἐξέτεινε χρησάμενος τῇ τῆς τύχης ὁρμῇ. ἐπεὶ δ' οὖν ἐνίκησέ τε καὶ τὸν ὄλεθρον ἐκεῖνον Δαρεῖον ἐν Ἰσσῷ τε καὶ Ἀρβήλοις ἐκράτησεν, ἀποστὰς τῶν πατρῴων προσκυνεῖσθαι ἠξίου καὶ δίαιταν τὴν Μηδικὴν μετεδιῄτησεν ἑαυτὸν καὶ ἐμιαιφόνει ἐν τοῖς συμποσίοις τοὺς φίλους καὶ συνελάμβανεν ἐπὶ θανάτῳ. ἐγὼ δὲ ἦρξα ἐπ' ἴσης τῆς πατρίδος, καὶ ἐπειδὴ μετεπέμπετο, τῶν πολεμίων μεγάλῳ στόλῳ ἐπιπλευσάντων τῇ Λιβύῃ, ταχέως ὑπήκουσα καὶ ἰδιώτην ἐμαυτὸν παρέσχον καὶ καταδικασθεὶς ἤνεγκα εὐγνωμόνως τὸ πρᾶγμα. καὶ ταῦτα ἔπραξα βάρβαρος ὢν καὶ ἀπαίδευτος παιδείας τῆς Ἑλληνικῆς καὶ

über in Vorteil sein dürfte. Ich behaupte aber, daß alle, die am meisten Lob verdienen, die anfänglich nichts waren, es aber gleichwohl weit gebracht haben, weil sie sich durch sich selber Macht verschafften und der höchsten Stellung würdig erschienen. Ich also bin mit nur wenigen nach Spanien aufgebrochen, habe zuerst als Unterfeldherr meines Bruders mich aufs beste bewährt und bin daher für würdig erachtet worden, die größten Aufgaben zu bekommen, habe die Keltiberer überwunden, die westlichen Kelten besiegt, das große Gebirge (die Alpen) überstiegen, alle Gegenden am Po verheert, soviele Städte zerstört, die ebenen Gebiete Italiens unterworfen, bin bis zu den Vorstädten der Hauptstadt vorgedrungen und habe an einem Tag soviele getötet, daß ich die Zahl ihrer Ringe nach Scheffeln maß und die Flüsse mit Leichen abdämmte. Und das alles habe ich bewerkstelligt, ohne mich Ammons Sohn zu nennen oder mich als einen Gott auszugeben oder Träume meiner Mutter zu erzählen, sondern mit vollem Eingeständnis, ein bloßer Mensch zu sein, wobei ich mich mit den gescheitesten Feldherrn maß und mit den kampftüchtigsten Soldaten kämpfte, nicht Meder und Armenier bekriegte, die davonlaufen, bevor einer sie verfolgt, und dem Wagemutigen den Sieg in die Hände spielen. Alexander hingegen übernahm sein väterliches Reich, vergrößerte es, dehnte es weit aus und ließ sich von der Gunst des Schicksals treiben. Nachdem er aber gesiegt und jene Memme, den Dareios, bei Issos und Arbela überwältigt hatte, fiel er von seinen nationalen Sitten ab, verlangte kniefällige Verehrung und vertauschte seine Lebensweise mit der medischen, mordete bei den Gastgelagen seine Freunde und ließ sie verhaften, um sie hinrichten zu lassen. Ich aber hatte die höchste Stellung in einer republikanischen Heimat, und als man mich heimrief, weil die Feinde mit einer großen Flotte nach Afrika gesegelt waren, gehorchte ich rasch, ward ein Privatmann und ertrug meine Verurteilung mit Gelassenheit. Und das tat ich als Barbar und unbekannt mit griechischer Bildung, der ich

οὔτε Ὅμηρον ὥσπερ οὗτος ῥαψῳδῶν οὔτε ὑπ' Ἀριστοτέλει τῷ σοφιστῇ παιδευθείς, μόνῃ δὲ τῇ φύσει ἀγαθῇ χρησάμενος. ταῦτά ἐστιν ἃ ἐγὼ Ἀλεξάνδρου ἀμείνων φημὶ εἶναι. εἰ δέ ἐστι καλλίων οὑτοσί, διότι διαδήματι τὴν κεφαλὴν διεδέδετο, Μακεδόσι μὲν ἴσως καὶ ταῦτα σεμνά, οὐ μὴν διὰ τοῦτο ἀμείνων δόξειεν ἂν γενναίου καὶ στρατηγικοῦ ἀνδρὸς τῇ γνώμῃ πλέον ἤπερ τῇ τύχῃ κεχρημένου.

ΜΙΝ. Ὁ μὲν εἴρηκεν οὐκ ἀγεννῆ τὸν λόγον οὐδὲ ὡς Λίβυν εἰκὸς ἦν ὑπὲρ αὑτοῦ. σὺ δέ, ὦ Ἀλέξανδρε, τί πρὸς ταῦτα φής;

ΑΛΕΞ. Ἐχρῆν μέν, ὦ Μίνως, μηδὲν πρὸς ἄνδρα οὕτω 4 θρασύν· ἱκανὴ γὰρ ἡ φήμη διδάξαι σε, οἷος μὲν ἐγὼ βασιλεύς, οἷος δὲ οὗτος λῃστὴς ἐγένετο. ὅμως δὲ ὅρα εἰ κατ' ὀλίγον αὐτοῦ διήνεγκα, ὃς νέος ὢν ἔτι παρελθὼν ἐπὶ τὰ πράγματα καὶ τὴν ἀρχὴν τεταραγμένην κατέσχον καὶ τοὺς φονέας τοῦ πατρὸς μετῆλθον ⟨καὶ⟩ καταφοβήσας τὴν Ἑλλάδα τῇ Θηβαίων ἀπωλείᾳ στρατηγὸς ὑπ' αὐτῶν χειροτονηθεὶς οὐκ ἠξίωσα τὴν Μακεδόνων ἀρχὴν περιέπων ἀγαπᾶν ἄρχειν ὁπόσων ὁ πατὴρ κατέλιπεν, ἀλλὰ πᾶσαν ἐπινοήσας τὴν γῆν καὶ δεινὸν ἡγησάμενος, εἰ μὴ ἁπάντων κρατήσαιμι, ὀλίγους ἄγων ἐσέβαλον ἐς τὴν Ἀσίαν, καὶ ἐπί τε Γρανικῷ ἐκράτησα μεγάλῃ μάχῃ καὶ τὴν Λυδίαν λαβὼν καὶ Ἰωνίαν καὶ Φρυγίαν καὶ ὅλως τὰ ἐν ποσὶν ἀεὶ χειρούμενος ἦλθον ἐπὶ Ἰσσόν, ἔνθα Δαρεῖος ὑπέμεινε μυριάδας πολλὰς στρατοῦ ἄγων. καὶ τὸ ἀπὸ τούτου, ὦ Μίνως, ὑμεῖς ἴστε ὅσους 5 ὑμῖν νεκροὺς ἐπὶ μιᾶς ἡμέρας κατέπεμψα· φησὶ γοῦν ὁ πορθμεὺς μὴ διαρκέσαι αὐτοῖς τότε τὸ σκάφος, ἀλλὰ σχεδίας διαπηξαμένους τοὺς πολλοὺς αὐτῶν διαπλεῦ-

weder den Homer deklamierte wie dieser noch unter dem Einfluß des Sophisten Aristoteles erzogen wurde, vielmehr nur der Eingebung einer guten und natürlichen Veranlagung folgte. Das sind die Tatsachen, im Hinblick auf die ich tüchtiger als Alexander zu sein behaupte. Sollte er aber schöner sein, weil er ein Diadem trug, so mag vielleicht auch das Makedoniern Respekt einflößen, deswegen könnte er jedoch nicht tüchtiger erscheinen als ein wackerer und zum Feldherrn geborener Mann, der sich mehr auf seinen Verstand als auf sein Glück verlassen hat.

MINOS. Er hat eine wackere Rede für sich gehalten, nicht so, wie man es von einem Afrikaner erwarten sollte. Du aber, Alexander, was sagst du dazu?

ALEX. Eigentlich kein Wort gegenüber einem so frechen Menschen! Es genügt ja mein Ruhm, dich aufzuklären, was für ein König ich war und was für ein Bandit dieser. Gleichwohl schau, ob ich ihn nur wenig übertroffen habe, der ich, noch jung zur Regierung gekommen, mein zerrüttetes Reich befestigte, die Mörder meines Vaters bestrafte und Griechenland durch die Vernichtung der Thebaner erschreckte, worauf ich, von den Griechen zum Feldherrn erwählt, es unter meiner Würde hielt, das Reich der Makedonier zu verwalten und mich mit dem bißchen Herrschaft zu begnügen, die mir mein Vater hinterlassen hatte, sondern die ganze Erde ins Auge faßte und es für unerträglich hielt, wenn ich nicht die ganze Welt beherrschen sollte, daher mit einigen wenigen in Asien einfiel, am Granikos in einer großen Schlacht siegte, Lydien, Ionien und Phrygien in meine Hand bekam, überhaupt alles, was mir in den Wurf kam, stets unterjochte, bis ich nach Issos gelangte, wo mich Dareios mit ungeheuren Truppenmassen erwartete. Und das weitere wißt ihr, Minos, wie viel Tote ich euch an einem Tag in die Unterwelt hinabgeschickt habe; es sagt doch der Fährmann, ihnen habe damals der Nachen nicht ausgereicht, sondern die meisten von ihnen seien auf ge-

σαι. καὶ ταῦτα δὲ ἔπραττον αὐτὸς προκινδυνεύων καὶ τιτρώσκεσθαι ἀξιῶν. καὶ ἵνα σοὶ μὴ τὰ ἐν Τύρῳ μηδὲ τὰ ἐν Ἀρβήλοις διηγήσωμαι, ἀλλὰ καὶ μέχρι Ἰνδῶν ἦλθον καὶ τὸν Ὠκεανὸν ὅρον ἐποιησάμην τῆς ἀρχῆς καὶ τοὺς ἐλέφαντας αὐτῶν εἷλον καὶ Πῶρον ἐχειρωσάμην, καὶ Σκύθας δὲ οὐκ εὐκαταφρονήτους ἄνδρας ὑπερβὰς τὸν Τάναϊν ἐνίκησα μεγάλῃ ἱππομαχίᾳ, καὶ τοὺς φίλους εὖ ἐποίησα καὶ τοὺς ἐχθροὺς ἠμυνάμην. εἰ δὲ καὶ θεὸς ἐδόκουν τοῖς ἀνθρώποις, συγγνωστοὶ ἐκεῖνοι πρὸς τὸ μέγεθος τῶν πραγμάτων καὶ τοιοῦτόν τι πιστεύσαντες περὶ ἐμοῦ. τὸ δ' οὖν τελευταῖον ἐγὼ μὲν βασιλεύων 6 ἀπέθανον, οὗτος δὲ ἐν φυγῇ ὢν παρὰ Προυσίᾳ τῷ Βιθυνῷ, καθάπερ ἄξιον ἦν πανουργότατον καὶ ὠμότατον ὄντα· ὡς γὰρ δὴ ἐκράτησε τῶν Ἰταλῶν, ἐῶ λέγειν ὅτι οὐκ ἰσχύι, ἀλλὰ πονηρίᾳ καὶ ἀπιστίᾳ καὶ δόλοις, νόμιμον δὲ ἢ προφανὲς οὐδέν. ἐπεὶ δέ μοι ὠνείδισε τὴν τρυφήν, ἐκλελῆσθαι μοι δοκεῖ οἷα ἐποίει ἐν Καπύῃ ἑταίραις συνὼν καὶ τοὺς τοῦ πολέμου καιροὺς ὁ θαυμάσιος καθηδυπαθῶν. ἐγὼ δὲ εἰ μή, μικρὰ τὰ ἑσπέρια δόξας, ἐπὶ τὴν ἕω μᾶλλον ὥρμησα, τί ἂν μέγα ἔπραξα Ἰταλίαν ἀναιμωτὶ λαβὼν καὶ Λιβύην καὶ τὰ μέχρι Γαδείρων ὑπαγόμενος; ἀλλ' οὐκ ἀξιόμαχα ἔδοξέ μοι ἐκεῖνα ὑποπτήσσοντα ἤδη καὶ δεσπότην ὁμολογοῦντα. εἴρηκα· σὺ δέ, ὦ Μίνως, δίκαζε· ἱκανὰ γὰρ ἀπὸ πολλῶν καὶ ταῦτα.

ΣΚΙΠ. Μὴ πρότερον, ἢν μὴ καὶ ἐμοῦ ἀκούσῃς. 7

ΜΙΝ. Τίς γὰρ εἶ, ὦ βέλτιστε; ἢ πόθεν ὢν ἐρεῖς;

zimmerten Booten hinübergefahren. Und das tat ich unter persönlichen Gefahren und ohne Wunden zu scheuen. Und um dir nicht die Ereignisse bei Tyros und bei Arbela zu erzählen: sogar bis nach Indien kam ich, machte den Okean zur Grenze meines Reiches, erbeutete ihre Elefanten, unterjochte den Poros, überschritt den Tanais und besiegte in einer großen Reiterschlacht die Skythen, die keine verächtlichen Krieger sind. Meinen Freunden erwies ich Wohltaten und meine Feinde hielt ich mir vom Leibe. Wenn ich aber den Menschen sogar als ein Gott galt, so ist es ihnen zu verzeihen, daß sie im Hinblick auf die Größe meiner Taten sogar so etwas von mir glaubten. Schließlich aber starb ich als König, dieser hingegen auf der Flucht bei dem Bithyner Prusias, wie es sich für den größten Schurken und Rohling gehörte. Wie er nämlich den Sieg über die Italiker davontrug, davon zu sprechen, lasse ich beiseite: nämlich nicht durch Stärke, sondern durch Schlechtigkeit, Treulosigkeit und Listen, ja nicht auf dem rechten Weg oder durch Offenheit. Nachdem er mir aber meine Schwelgerei vorgeworfen hat, scheint mir der bewundernswerte Held vergessen zu haben, was er in Kapua tat, wo er mit Hetären verkehrte und die günstigen Augenblicke des Krieges durch Wohlleben verpaßte. Wäre ich hingegen nicht infolge meiner Verachtung der Länder des Westens nach dem Orient aufgebrochen, was für eine Schwierigkeit hätte ich gehabt, Italien ohne Blutvergießen zu erobern und Libyen sowie die Länder bis nach Gades zu unterwerfen? Aber jene Länder schienen mir eines Kampfes nicht wert, da sie sich vor mir bereits duckten und mich als Herrn anerkannten. Ich bin zu Ende. Du, Minos, fälle deinen Spruch; aus vielem, was ich noch sagen könnte, genügt auch das.

SCIPIO. Nicht früher, bevor du auch mich anhörst!

MIN. Wer bist du denn, mein lieber Freund, oder woher stammst du, daß du da dreinreden willst?

ΣΚΙΠ. Ἰταλιώτης Σκιπίων στρατηγὸς ὁ καθελὼν Καρχηδόνα καὶ κρατήσας Λιβύων μεγάλαις μάχαις.

ΜΙΝ. Τί οὖν καὶ σὺ ἐρεῖς;

ΣΚΙΠ. Ἀλεξάνδρου μὲν ἥττων εἶναι, τοῦ δὲ Ἀννίβου ἀμείνων, ὃς ἐδίωξα νικήσας αὐτὸν καὶ φυγεῖν καταναγκάσας ἀτίμως. πῶς οὖν οὐκ ἀναίσχυντος οὗτος, ὃς πρὸς Ἀλέξανδρον ἁμιλλᾶται, ᾧ οὐδὲ Σκιπίων ἐγὼ ὁ νενικηκὼς ἐμαυτὸν παραβάλλεσθαι ἀξιῶ;

ΜΙΝ. Νὴ Δί', εὐγνώμονα φῄς, ὦ Σκιπίων· ὥστε πρῶτος μὲν κεκρίσθω Ἀλέξανδρος, μετ' αὐτὸν δὲ σύ, εἶτα, εἰ δοκεῖ, τρίτος Ἀννίβας οὐδὲ οὗτος εὐκαταφρόνητος ὤν.

13.

Διογένους καὶ Ἀλεξάνδρου

ΔΙΟΓ. Τί τοῦτο, ὦ Ἀλέξανδρε; καὶ σὺ τέθνηκας ὥσπερ 1 καὶ ἡμεῖς ἅπαντες;

ΑΛΕΞ. Ὁρᾷς, ὦ Διόγενες· οὐ παράδοξον δέ, εἰ ἄνθρωπος ὢν ἀπέθανον.

ΔΙΟΓ. Οὐκοῦν ὁ Ἄμμων ἐψεύδετο λέγων ἑαυτοῦ σε εἶναι, σὺ δὲ Φιλίππου ἄρα ἦσθα;

ΑΛΕΞ. Φιλίππου δηλαδή· οὐ γὰρ ἂν ἐτεθνήκειν Ἄμμωνος ὤν.

ΔΙΟΓ. Καὶ μὴν καὶ περὶ τῆς Ὀλυμπιάδος ὅμοια ἐλέγετο, δράκοντα ὁμιλεῖν αὐτῇ καὶ βλέπεσθαι ἐν τῇ εὐνῇ, εἶτα οὕτω σε τεχθῆναι, τὸν δὲ Φίλιππον ἐξηπατῆσθαι οἰόμενον πατέρα σου εἶναι.

ΑΛΕΞ. Κἀγὼ ταῦτα ἤκουον ὥσπερ σύ, νῦν δὲ ὁρῶ, ὅτι οὐδὲν ὑγιὲς οὔτε ἡ μήτηρ οὔτε οἱ τῶν Ἀμμωνίων προφῆται ἔλεγον.

SCIP. Aus Italien, Scipio, ein Feldherr, der Karthago zerstört und die Libyer in großen Schlachten geschlagen hat.

MIN. Was wirst du also sagen?

SCIP. Daß ich zwar hinter Alexander zurückstehe, dem Hannibal aber überlegen bin, ich, der ihn besiegt, zu einer schmählichen Flucht genötigt und verfolgt habe. Wie sollte dieser nicht unverschämt sein, der mit einem Alexander sich in einen Wettstreit einläßt, mit dem nicht einmal ich, Scipio, sein Besieger, mich zu vergleichen wünsche?

MIN. Beim Zeus! Du sprichst vernünftig, Scipio. Drum soll nach meinem Spruch als Erster gelten Alexander, nach ihm du, hernach als Dritter, wenn ihr damit einverstanden seid, Hannibal, der ja auch nicht zu verachten ist.

13.

Diogenes und Alexander

DIOG. Was ist das, Alexander? Auch du bist gestorben wie wir alle?

ALEX. Du siehst es, Diogenes; nichts Außergewöhnliches, wenn ich als Mensch starb.

DIOG. Also log Ammon mit der Behauptung, du seist sein Sohn, während du der Philipps warst?

ALEX. Philipps natürlich, als Ammons Sohn wäre ich ja nicht gestorben.

DIOG. Jedoch auch von der Olympias sprach man Ähnliches, eine mächtige Schlange verkehre mit ihr und werde in ihrem Bett gesehen, dann sei deine Geburt so zustande gekomen, Philipp aber habe sich getäuscht, in der Meinung, dein Vater zu sein.

ALEX. Auch ich hörte das wiederholt wie du, jetzt aber sehe ich, daß weder meine Mutter noch die Orakelpriester der Ammonier Vernünftiges erzählten.

ΔΙΟΓ. Ἀλλὰ τό γε ψεῦδος αὐτῶν οὐκ ἄχρηστόν σοι, ὦ Ἀλέξανδρε, πρὸς τὰ πράγματα ἐγένετο· πολλοὶ γὰρ ὑπέπτησσον θεὸν εἶναί σε νομίζοντες. ἀτὰρ εἰπέ μοι, 2 τίνι τὴν τοσαύτην ἀρχὴν καταλέλοιπας;

ΑΛΕΞ. Οὐκ οἶδα, ὦ Διόγενες· οὐ γὰρ ἔφθασα ἐπισκῆψαί τι περὶ αὐτῆς ἢ τοῦτο μόνον, ὅτι ἀποθνήσκων Περδίκκᾳ τὸν δακτύλιον ἐπέδωκα. πλὴν ἀλλὰ τί γελᾷς, ὦ Διόγενες;

ΔΙΟΓ. Τί γὰρ ἄλλο ἢ ἀνεμνήσθην οἷα ἐποίει ἡ Ἑλλάς, ἄρτι σε παρειληφότα τὴν ἀρχὴν κολακεύοντες καὶ προστάτην αἱρούμενοι καὶ στρατηγὸν ἐπὶ τοὺς βαρβάρους, ἔνιοι δὲ καὶ τοῖς δώδεκα θεοῖς προστιθέντες καὶ οἰκοδομοῦντές σοι νεὼς καὶ θύοντες ὡς δράκοντος υἱῷ. ἀλλ᾽ εἰπέ μοι, ποῦ σε οἱ Μακεδόνες ἔθαψαν; 3

ΑΛΕΞ. Ἔτι ἐν Βαβυλῶνι κεῖμαι τρίτην ταύτην ἡμέραν, ὑπισχνεῖται δὲ Πτολεμαῖος ὁ ὑπασπιστής, ἤν ποτε ἀγάγῃ σχολὴν ἀπὸ τῶν θορύβων τῶν ἐν ποσίν, ἐς Αἴγυπτον ἀπαγαγών με θάψειν ἐκεῖ, ὡς γενοίμην εἷς τῶν Αἰγυπτίων θεῶν.

ΔΙΟΓ. Μὴ γελάσω οὖν, ὦ Ἀλέξανδρε, ὁρῶν καὶ ἐν ᾅδου ἔτι σε μωραίνοντα καὶ ἐλπίζοντα Ἄνουβιν ἢ Ὄσιριν γενήσεσθαι; πλὴν ἀλλὰ ταῦτα μέν, ὦ θειότατε, μὴ ἐλπίσῃς· οὐ γὰρ θέμις ἀνελθεῖν τινα τῶν ἅπαξ διαπλευσάντων τὴν λίμνην καὶ ἐς τὸ εἴσω τοῦ στομίου παρελθόντων· οὐ γὰρ ἀμελὴς ὁ Αἰακὸς οὐδ᾽ ὁ Κέρβερος εὐκαταφρόνητος. ἐκεῖνο δέ γε ἡδέως ἂν μάθοιμι παρὰ 4 σοῦ, πῶς φέρεις, ὁπόταν ἐννοήσῃς, ὅσην εὐδαιμονίαν ὑπὲρ γῆς ἀπολιπὼν ἀφῖξαι, σωματοφύλακας καὶ ὑπασπιστὰς καὶ σατράπας καὶ χρυσὸν τοσοῦτον καὶ ἔθνη προσκυνοῦντα καὶ Βαβυλῶνα καὶ Βάκτρα καὶ τὰ μεγάλα θηρία καὶ τιμὴν καὶ δόξαν καὶ τὸ ἐπίσημον εἶναι

DIOG. Aber freilich erwies sich ihre Lüge dir, Alexander, nicht unnütz für die Politik; denn viele duckten sich vor dir in dem Glauben, du seist ein Gott. Aber sag mir, wem hast du dein so großes Reich hinterlassen?

ALEX. Ich weiß nicht, Diogenes; ich konnte nämlich darüber keine andere Verfügung treffen als nur die, daß ich im Sterben dem Perdikkas meinen Ring übergab. Jedoch was lachst du, Diogenes?

DIOG. Worüber sonst, als weil ich mich erinnerte, was die Griechenwelt tat, als du die Herrschaft übernommen hattest, wie sie dir schmeichelten, dich zum Oberfeldherr gegen die Barbaren wählten, einige dich sogar den zwölf Göttern beizählten, dir Tempel errichteten und dir als Drachensohn opferten. Aber sag mir, wo bestatteten dich die Makedonier?

ALEX. Ich liege noch in Babylon, jetzt den dritten Tag, mein Knappe Ptolemaios aber verspricht, falls ihm einmal die dermaligen Krawalle Zeit lassen, mich nach Ägypten zu bringen und dort zu bestatten, damit ich einer von den ägyptischen Göttern werde.

DIOG. Soll ich also nicht lachen, Alexander, wenn ich sehe, wie du auch noch im Hades ein Tor bist und hoffst, ein Anubis oder Osiris zu werden? Jedoch darauf hoffe, du göttlichster Patron, nicht! Wer nämlich einmal über den Höllensee gefahren und in das Innere des Höllenschlundes gekommen ist, darf nicht wieder hinauf; Aiakos ist ja nicht saumselig, auch der Kerberos ist nicht zu verachten. Das möchte ich gern von dir erfahren, wie du die Erinnerung erträgst, wenn du daran denkst, wieviel Glück du auf Erden zurückgelassen hast, Trabanten, Knappen, Satrapen, soviel Gold, soviele Völker, die vor dir auf den Knien lagen, Babylon, Baktra, die großen Tiere (Elefanten), Ehre, Ruhm und die Huldigungen, die du bei deinen Ausfahrten empfingst, wann

ἐξελαύνοντα διαδεδεμένον ταινίᾳ λευκῇ τὴν κεφαλὴν πορφυρίδα ἐμπεπορπημένον. οὐ λυπεῖ ταῦτά σε ὑπὸ τὴν μνήμην ἰόντα; — τί δακρύεις, ὦ μάταιε; οὐδὲ ταῦτά σε ὁ σοφὸς Ἀριστοτέλης ἐπαίδευσε μὴ οἴεσθαι βέβαια εἶναι τὰ παρὰ τῆς τύχης;

ΑΛΕΞ. Σοφὸς ἐκεῖνος, ἁπάντων κολάκων ἐπιτριπτό- 5 τατος ὤν; ἐμὲ μόνον ἔασον τὰ Ἀριστοτέλους εἰδέναι, ὅσα μὲν ᾔτησε παρ' ἐμοῦ, οἷα δὲ ἐπέστελλεν, ὡς δὲ κατεχρῆτό μου τῇ περὶ παιδείαν φιλοτιμίᾳ, θωπεύων καὶ ἐπαινῶν ἄρτι μὲν πρὸς τὸ κάλλος, ὡς καὶ τοῦτο μέρος ὂν τἀγαθοῦ, ἄρτι δὲ ἐς τὰς πράξεις καὶ τὸν πλοῦτον. καὶ γὰρ αὖ καὶ τοῦτο ἀγαθὸν ἡγεῖτο εἶναι, ὡς μὴ αἰσχύνοιτο καὶ αὐτὸς λαμβάνων· γόης, ὦ Διόγενες, ἄνθρωπος καὶ τεχνίτης. πλὴν ἀλλὰ τοῦτό γε ἀπολέλαυκα αὐτοῦ τῆς σοφίας, τὸ λυπεῖσθαι ὡς ἐπὶ μεγίστοις ἀγαθοῖς ἐκείνοις, ἃ κατηρίθμησω μικρῷ γε ἔμπροσθεν.

ΔΙΟΓ. Ἀλλ' οἶσθα ὃ δράσεις; ἄκος γάρ σοί τι τῆς λύπης 6 ὑποθήσομαι. ἐπεὶ ἐνταῦθά γε ἐλλέβορος οὐ φύεται, σὺ δὲ κἂν τὸ Λήθης ὕδωρ χανδὸν ἐπισπασάμενος πίε καὶ αὖθις πίε καὶ πολλάκις· οὕτως γὰρ παύσῃ ἐπὶ τοῖς Ἀριστοτέλους ἀγαθοῖς ἀνιώμενος. καὶ γὰρ Κλεῖτον ἐκεῖνον ὁρῶ καὶ Καλλισθένην καὶ ἄλλους πολλοὺς ἐπὶ σὲ ὁρμῶντας, ὡς διασπάσαιντο καὶ ἀμύναιντό σε ὧν ἔδρασας αὐτούς. ὥστε τὴν ἑτέραν σὺ ταύτην βάδιζε καὶ πῖνε πολλάκις, ὡς ἔφην.

14.

Φιλίππου καὶ Ἀλεξάνδρου

ΦΙΛ. Νῦν μέν, ὦ Ἀλέξανδρε, οὐκ ἂν ἔξαρνος γένοιο μὴ 1 οὐκ ἐμὸς υἱὸς εἶναι· οὐ γὰρ ἂν ἐτεθνήκεις Ἄμμωνός γε ὤν.

du im Wagen saßest, auffallend durch dein weißes Diadem auf dem Haupt und den Purpurmantel um deine Schultern. Betrübt dich das nicht, wenn es dir einfällt? – Was weinst du, du Tor? Nicht einmal dazu hat dich der weise Aristoteles erzogen, die Gaben des Schicksals nicht für zuverlässig zu halten.
ALEX. Er weise, der von allen Speichelleckern der abgefeimteste war? Mich laß, was ich von Aristoteles weiß, für mich allein behalten, wieviel er von mir verlangte, was für Dinge er mir auftrug, wie er meinen Eifer für die Bildung mißbrauchte, indem er mir den Hof machte und mich lobte, bald im Hinblick auf meine Schönheit, als ob auch diese ein Teil des höchsten Gutes wäre, bald im Hinblick auf meine Taten und meinen Reichtum. Denn auch diesen hielt er für ein Gut, um sich nicht schämen zu müssen, davon ebenfalls etwas zu kriegen; ein Gaukler war er, Diogenes, und ein Ränkeschmied, das jedoch habe ich von seiner Weisheit, daß ich mich über den Verlust jener Dinge, die du kurz vorher aufzähltest, kränke, als ob sie die größten Güter wären.
DIOG. Weißt du, was du tun sollst? Ich will dir ein Heilmittel für deinen Kummer an die Hand geben. Da hier allerdings Nieswurz nicht wächst, so führe dir wenigstens das Wasser der Lethe zum Mund, trink es in vollen Zügen, trink es wieder und oftmals; so wirst du aufhören, dich über die von Aristoteles als Güter bezeichneten Dinge zu grämen. Denn ich sehe dort den Kleitos, den Kallisthenes und viele andere auf dich losgehen, um dich zu zerreißen und sich an dir für das zu rächen, was du ihnen angetan hast. Drum schlag du diesen anderen Weg ein und trinke oft, wie ich sagte.

14.

Philipp und Alexander

PHIL. Jetzt allerdings, Alexander, könntest du nicht leugnen, mein Sohn zu sein; als Ammons Sohn wärest du ja nicht gestorben.

ΑΛΕΞ. Οὐδ' αὐτὸς ἠγνόουν, ὦ πάτερ, ὡς Φιλίππου τοῦ Ἀμύντου υἱός εἰμι, ἀλλ' ἐδεξάμην τὸ μάντευμα χρήσιμον ἐς τὰ πράγματα οἰόμενος εἶναι.

ΦΙΛ. Τί λέγεις; χρήσιμον ἐδόκει σοι τὸ παρέχειν σεαυτὸν ἐξαπατηθησόμενον ὑπὸ τῶν προφητῶν;

ΑΛΕΞ. Οὐ τοῦτο, ἀλλ' οἱ βάρβαροι κατεπλάγησάν με καὶ οὐδεὶς ἔτι ἀνθίστατο οἰόμενοι θεῷ μάχεσθαι, ὥστε ῥᾷον ἐκράτουν αὐτῶν.

ΦΙΛ. Τίνων δὲ ἐκράτησας σύ γε ἀξιομάχων ἀνδρῶν, ὃς 2 δειλοῖς ἀεὶ ξυνηνέχθης τοξάρια καὶ πελτάρια καὶ γέρρα οἰσύϊνα προβεβλημένοις; Ἑλλήνων κρατεῖν ἔργον ἦν, Βοιωτῶν καὶ Φωκέων καὶ Ἀθηναίων, καὶ τὸ Ἀρκάδων ὁπλιτικὸν καὶ τὴν Θετταλὴν ἵππον καὶ τοὺς Ἠλείων ἀκοντιστὰς καὶ τὸ Μαντινέων πελταστικὸν ἢ Θρᾷκας ἢ Ἰλλυριοὺς ἢ Παίονας χειρώσασθαι, ταῦτα μεγάλα· Μήδων δὲ καὶ Περσῶν καὶ Χαλδαίων, χρυσοφόρων ἀνθρώπων καὶ ἁβρῶν, οὐκ οἶσθα ὡς πρὸ σοῦ μύριοι μετὰ Κλεάρχου ἀνελθόντες ἐκράτησαν οὐδ' ἐς χεῖρας ὑπομεινάντων ἐλθεῖν ἐκείνων, ἀλλὰ πρὶν ἢ τόξευμα ἐξικνεῖσθαι φυγόντων;

ΑΛΕΞ. Ἀλλ' οὐ Σκύθαι γε, ὦ πάτερ, καὶ οἱ Ἰνδῶν 3 ἐλέφαντες, οὐκ εὐκαταφρόνητόν τι ἔργον· καὶ ὅμως οὐ διαστήσας αὐτοὺς οὐδὲ προδοσίαις ὠνούμενος τὰς νίκας ἐκράτουν αὐτῶν· οὐδ' ἐπιώρκησα πώποτε ἢ ὑποσχόμενος ἐψευσάμην ἢ ἄπιστον ἔπραξά τι τοῦ νικᾶν ἔνεκα. καὶ τοὺς Ἕλληνας δὲ τοὺς μὲν ἀναιμωτὶ παρέλαβον, Θηβαίους δὲ ἴσως ἀκούεις ὅπως μετῆλθον.

ALEX. Ich wußte ja selber, mein Vater, recht wohl, daß ich Philipps Sohn, des Sohnes des Amyntas, bin, aber ich ließ mir den Orakelspruch gefallen, weil ich meinte, er sei für die Politik nützlich.

PHIL. Was sagst du? Es schien dir nützlich zu sein, dich von den Orakelpriestern betören zu lassen?

ALEX. Nicht das, sondern dadurch wurden die Barbaren von mir gebluft und niemand trat mir mehr entgegen, in der Meinung, mit einem Gott zu kämpfen, so daß mir der Sieg über sie leichter fiel.

PHIL. Welche vollwertigen Männer hast du denn besiegt, der du dich immer mit Feiglingen schlugst, die nur armselige Bogen und Schilde, zum Teil aus Weidenholz, zu ihrem Schutz hatten? Über Griechen Sieger zu sein, das wäre eine Aufgabe gewesen, über Böoter, Phoker, Athener, und das Fußvolk der Arkader zu bezwingen, die thessalische Reiterei, die Speerwerfer der Eleer, die Plänkler der Mantineer, oder Thraker, Illyrier, Päonier, das wären große Aufgaben gewesen. Was Meder aber, Perser und Chaldäer betrifft, mit goldenem Schmuck überladene und weichliche Menschen, weißt du nicht, wie vor dir 10000 unter Führung des Klearch auf ihrem Zug ins Innere Asiens sie besiegten, ohne daß jene auch nur darauf warteten, ins Handgemenge zu kommen, vielmehr noch, bevor sie ein Schuß erreichte, flohen?

ALEX. Aber die Skythen, Vater, und die Inder mit ihren Elefanten waren nicht zu verachten und trotzdem überwältigte ich sie, ohne sie zu entzweien oder mir die Siege durch Verrätereien zu erkaufen. Ich habe auch niemals des Sieges willen einen Meineid geschworen oder ein lügnerisches Versprechen gegeben oder eine Treulosigkeit begangen. Und von den Griechen habe ich die einen ohne Blutvergießen auf meine Seite gebracht, betreffs der Thebaner aber hast du vielleicht gehört, wie ich sie bestraft habe.

ΦΙΛ. Οἶδα ταῦτα πάντα· Κλεῖτος γὰρ ἀπήγγειλέ μοι, ὃν σὺ τῷ δορατίῳ διελάσας μεταξὺ δειπνοῦντα ἐφόνευσας, ὅτι με πρὸς τὰς σὰς πράξεις ἐπαινέσαι ἐτόλμησε. σὺ δὲ καὶ τὴν Μακεδονικὴν χλαμύδα καταβαλὼν κάν- 4 δυν, ὥς φασι, μετενέδυς καὶ τιάραν ὀρθὴν ἐπέθου καὶ προσκυνεῖσθαι ὑπὸ Μακεδόνων, ἐλευθέρων ἀνδρῶν, ἠξίους, καὶ τὸ πάντων γελοιότατον, ἐμιμοῦ τὰ τῶν νενικημένων. ἐῶ γὰρ λέγειν ὅσα ἄλλα ἔπραξας, λέουσι συγκατακλείων πεπαιδευμένους ἄνδρας καὶ τοσούτους γαμῶν γάμους καὶ Ἡφαιστίωνα ὑπεραγαπῶν. ἓν ἐπήνεσα μόνον ἀκούσας, ὅτι ἀπέσχου τῆς τοῦ Δαρείου γυναικὸς καλῆς οὔσης, καὶ τῆς μητρὸς αὐτοῦ καὶ τῶν θυγατέρων ἐπεμελήθης· βασιλικὰ γὰρ ταῦτα.

ΑΛΕΞ. Τὸ φιλοκίνδυνον δέ, ὦ πάτερ, οὐκ ἐπαινεῖς καὶ 5 τὸ ἐν Ὀξυδράκαις πρῶτον καθαλέσθαι ἐντὸς τοῦ τείχους καὶ τοσαῦτα λαβεῖν τραύματα;

ΦΙΛ. Οὐκ ἐπαινῶ τοῦτο, ὦ Ἀλέξανδρε, οὐχ ὅτι μὴ καλὸν οἴομαι εἶναι καὶ τιτρώσκεσθαί ποτε τὸν βασιλέα καὶ προκινδυνεύειν τοῦ στρατοῦ, ἀλλ' ὅτι σοὶ τὸ τοιοῦτον ἥκιστα συνέφερε· θεὸς γὰρ εἶναι δοκῶν εἴ ποτε τρωθείης καὶ βλέποιέν σε φοράδην τοῦ πολέμου ἐκκομιζόμενον, αἵματι ῥεόμενον, οἰμώζοντα ἐπὶ τῷ τραύματι, ταῦτα γέλως ἦν τοῖς ὁρῶσιν, καὶ ὁ Ἄμμων γόης καὶ ψευδόμαντις ἠλέγχετο καὶ οἱ προφῆται κόλακες. ἢ τίς οὐκ ἂν ἐγέλασεν ὁρῶν τὸν τοῦ Διὸς υἱὸν λειποψυχοῦντα, δεόμενον τῶν ἰατρῶν βοηθεῖν; νῦν μὲν γὰρ ὁπότε ἤδη τέθνηκας, οὐκ οἴει πολλοὺς εἶναι τοὺς τὴν προσποίησιν ἐκείνην ἐπικερτομοῦντας, ὁρῶντας τὸν νεκρὸν τοῦ θεοῦ ἐκτάδην κείμενον, μυδῶντα ἤδη καὶ ἐξῳδηκότα κατὰ νόμον σωμάτων ἁπάντων; ἄλλως τε καὶ τοῦτο, ὃ χρήσιμον ἔφης, ὦ Ἀλέξανδρε, τὸ διὰ τοῦτο κρατεῖν

PHIL. Ich weiß das alles. Kleitos meldete es ja mir, den du beim Mahle mit dem Wurfspieß durchbohrtest, weil er es wagte, mich gegenüber deinen Taten zu loben. Du jedoch legtest den makedonischen Kriegsmantel ab und zogst dafür, wie es heißt, einen Kaftan an, setztest dir eine hohe Tiara aufs Haupt und verlangtest knechtische Verehrung von den Makedoniern, freien Männern, und was das Allerlächerlichste ist, du äfftest die Sitten der Besiegten nach. Ich unterlasse es nämlich, von allem anderen, was du tatest, zu sprechen, daß du mit Löwen gebildete Männer zusammensperrtest, daß du oft heiratetest und in den Hephaistion heftig verliebt warst. Eines nur muß ich loben, ich habe nämlich gehört, daß du des Dareios Frau, obwohl sie schön war, nicht berührtest und dich um seine Mutter und seine Töchter kümmertest; das ist nämlich ein königlicher Zug.

ALEX. Meinen Wagemut, Vater, lobst du nicht und daß ich bei den Oxydraken zuerst von der Mauer ins Innere der Burg sprang und dabei viele Wunden erhielt?

PHIL. Ich lobe das nicht, nicht als ob ich es nicht für schön hielte, daß manchmal auch der König verwundet wird und für sein Heer Gefahren besteht, sondern weil dir so etwas am wenigsten nützte. Du galtest ja für einen Gott. Wenn du also einmal verwundet wurdest und man dich aus dem Kampf tragen sah, blutüberströmt und über die Wunde jammernd, so war das für die Zuschauer ein Anlaß zum Lachen, Ammon erwies sich als ein Gauner und seine Orakelpriester als Schmeichler. Oder wer hätte nicht lachen müssen, wenn er des Zeus Sohn ohnmächtig daliegen und um die Hilfe der Ärzte bitten sah? Denn jetzt, wo du bereits gestorben bist, glaubst du nicht, daß es viele gibt, die über jene Erdichtungen bittere Worte fallen lassen, wenn sie den Leichnam des Gottes ausgestreckt daliegen sehen, bereits in Fäulnis übergehend und aufgeschwollen, wie das bei allen Leichen der Fall ist? Ja das, was du, Alexander, als nützlich bezeichnetest,

ῥᾳδίως, πολὺ τῆς δόξης ἀφῄρει τῶν κατορθουμένων· πᾶν γὰρ ἐδόκει ἐνδεὲς ὑπὸ θεοῦ γίγνεσθαι δοκοῦν.

ΑΛΕΞ. Οὐ ταῦτα φρονοῦσιν οἱ ἄνθρωποι περὶ ἐμοῦ, 6 ἀλλὰ Ἡρακλεῖ καὶ Διονύσῳ ἐνάμιλλον τιθέασί με. καίτοι τὴν Ἄορνον ἐκείνην, οὐδετέρου ἐκείνων λαβόντος, ἐγὼ μόνος ἐχειρωσάμην.

ΦΙΛ. Ὁρᾷς ὅτι ταῦτα ὡς υἱὸς Ἄμμωνος λέγεις, ὃς Ἡρακλεῖ καὶ Διονύσῳ παραβάλλεις σαυτόν; καὶ οὐκ αἰσχύνῃ, ὦ Ἀλέξανδρε, οὐδὲ τὸν τῦφον ἀπομαθήσῃ καὶ γνώσῃ σεαυτὸν καὶ συνίῃς ἤδη νεκρὸς ὤν;

15.

Ἀχιλλέως καὶ Ἀντιλόχου

ΑΝΤ. Οἷα πρῴην, Ἀχιλλεῦ, πρὸς τὸν Ὀδυσσέα σοι 1 εἴρηται περὶ τοῦ θανάτου, ὡς ἀγεννῆ καὶ ἀνάξια τοῖν διδασκάλοιν ἀμφοῖν, Χείρωνός τε καὶ Φοίνικος! ἠκροώμην γάρ, ὁπότε ἔφης βούλεσθαι ἐπάρουρος ὢν θητεύειν παρά τινι τῶν ἀκλήρων, »ᾧ μὴ βίοτος πολὺς εἴη«, μᾶλλον ἢ πάντων ἀνάσσειν τῶν νεκρῶν. ταῦτα μὲν οὖν ἀγεννῆ τινα Φρύγα δειλὸν καὶ πέρα τοῦ καλῶς ἔχοντος φιλόζωον ἴσως ἐχρῆν λέγειν, τὸν Πηλέως δὲ υἱόν, τὸν φιλοκινδυνότατον ἡρώων ἁπάντων, ταπεινὰ οὕτω περὶ αὑτοῦ διανοεῖσθαι πολλὴ αἰσχύνη καὶ ἐναντιότης πρὸς τὰ πεπραγμένα σοι ἐν τῷ βίῳ, ὅς, ἐξὸν ἀκλεῶς ἐν τῇ Φθιώτιδι πολυχρόνιον βασιλεύειν, ἑκὼν προείλου τὸν μετὰ τῆς ἀγαθῆς δόξης θάνατον.

ΑΧ. Ὦ παῖ Νέστορος, ἀλλὰ τότε μὲν ἄπειρος ἔτι τῶν 2 ἐνταῦθα ὢν καὶ τὸ βέλτιον ἐκείνων ὁπότερον ἦν ἀγνοῶν τὸ δύστηνον ἐκεῖνο δοξάριον προετίμων τοῦ βίου, νῦν

weil dir deshalb der Sieg leicht fiel, das nahm sogar viel weg vom Ruhm deiner Heldentaten. Denn alles schien hinter dem zurückzubleiben, was man von einem Gott erwarten konnte.

ALEX. Nicht so denkt die Welt von mir, sondern man setzt mich einem Herakles und Dionysos gleich. Ja, die Felsenburg dort in Indien, die keiner von ihnen nahm, bezwang ich allein.

PHIL. Siehst du, daß du das als Ammons Sohn sprichst, da du dich mit einem Herakles und Dionysos vergleichst? Schämst du dich nicht, Alexander, wirst du nicht deinen Dünkel verlernen, dich selbst erkennen und begreifst du endlich, daß du tot bist?

15.

Achilles und Antilochos

ANT. Was du kürzlich, Achilles, zu Odysseus über den Tod gesagt hast, wie unedel ist das und unwürdig deiner beiden Lehrer, eines Cheiron und Phoinix! Ich hörte nämlich zu, als du sagtest, du wollest lieber Taglöhner sein bei einem armen Bauern, der nicht viel zum Leben hat, als über alle Toten herrschen. Diese Worte hätte vielleicht ein gemeiner, feiger Phryger, der mehr als es sich gehörte, das Leben liebte, sprechen sollen, daß aber Peleus Sohn, der waghalsigste aller Helden, so niedrig von sich denkt, das ist eine große Schande und steht im Gegensatz zu den Taten während deines Lebens, der du, obwohl es dir freistand, ruhmlos in der Phthiotis lange Jahre als König zu herrschen, freiwillig den ruhmvollen Tod vorzogst.

ACH. O Sohn Nestors, damals war ich doch noch unbekannt mit den hiesigen Verhältnissen und wußte noch nicht, welche von den beiden Möglichkeiten besser sei, und so zog ich das bißchen armseligen Ruhm dem Leben vor, jetzt aber begreife

δὲ συνίημι ἤδη ὡς ἐκείνη μὲν ἀνωφελής, εἰ καὶ ὅτι μάλιστα οἱ ἄνω ῥαψῳδήσουσι· μετὰ νεκρῶν δὲ ὁμοτιμία, καὶ οὔτε τὸ κάλλος ἐκεῖνο, ὦ Ἀντίλοχε, οὔτε ἡ ἰσχὺς πάρεστιν, ἀλλὰ κείμεθα ἅπαντες ὑπὸ τῷ αὐτῷ ζόφῳ ὅμοιοι καὶ κατ' οὐδὲν ἀλλήλων διαφέροντες, καὶ οὔτε οἱ τῶν Τρώων νεκροὶ δεδίασί με οὔτε οἱ τῶν Ἀχαιῶν θεραπεύουσιν, ἰσηγορία δὲ ἀκριβὴς καὶ νεκρὸς ὅμοιος

ἠμὲν κακὸς ἠδὲ καὶ ἐσθλός.

ταῦτά με ἀνιᾷ καὶ ἄχθομαι, ὅτι μὴ θητεύω ζῶν.

ΑΝΤ. Ὅμως τί οὖν ἄν τις πάθοι, ὦ Ἀχιλλεῦ; ταῦτα 3 γὰρ ἔδοξε τῇ φύσει, πάντως ἀποθνήσκειν ἅπαντας, ὥστε χρὴ ἐμμένειν τῷ νόμῳ καὶ μὴ ἀνιᾶσθαι τοῖς διατεταγμένοις. ἄλλως τε ὁρᾷς τῶν ἑταίρων ὅσοι περὶ σέ ἐσμεν ὧδε· μετὰ μικρὸν δὲ καὶ Ὀδυσσεὺς ἀφίξεται πάντως· φέρει δὲ παραμυθίαν καὶ ἡ κοινωνία τοῦ πράγματος καὶ τὸ μὴ μόνον αὐτὸν πεπονθέναι. ὁρᾷς τὸν Ἡρακλέα καὶ τὸν Μελέαγρον καὶ ἄλλους θαυμαστοὺς ἄνδρας, οἳ οὐκ ἂν οἶμαι δέξαιντο ἀνελθεῖν, εἴ τις αὐτοὺς ἀναπέμψειε θητεύσοντας ἀκλήροις καὶ ἀβίοις ἀνδράσιν.

ΑΧ. Ἑταιρικὴ μὲν ἡ παραίνεσις, ἐμὲ δὲ οὐκ οἶδ' ὅπως 4 ἡ μνήμη τῶν παρὰ τὸν βίον ἀνιᾷ, οἶμαι δὲ καὶ ὑμῶν ἕκαστον· εἰ δὲ μὴ ὁμολογεῖτε, ταύτῃ χείρους ἐστὲ καθ' ἡσυχίαν αὐτὸ πάσχοντες.

ΑΝΤ. Οὔκ, ἀλλ' ἀμείνους, ὦ Ἀχιλλεῦ· τὸ γὰρ ἀνωφελὲς τοῦ λέγειν ὁρῶμεν· σιωπᾶν γὰρ καὶ φέρειν καὶ ἀνέχεσθαι δέδοκται ἡμῖν, μὴ καὶ γέλωτα ὄφλωμεν ὥσπερ σὺ τοιαῦτα εὐχόμενοι.

ich bereits, daß jener unnütz ist, wenn man ihn auch auf der Welt immer wieder ganz besonders besingen wird. Bei den Toten aber gibt es keinen Unterschied im Rang und es steht einem weder die damalige Schönheit zu Gebote noch die Kraft, vielmehr liegen wir alle unter demselben Dunkel in völliger Gleichheit, in gar nichts voneinander verschieden, und weder fürchten mich die Toten der Troer noch machen mir die der Achäer den Hof, sondern es herrscht vollkommene Gleichheit und ein Toter gleicht dem anderen,

  mag es ein Feigling, mag es ein Held sein.

Das kränkt mich und ich gräme mich darüber, daß ich nicht ein Taglöhner, dafür aber am Leben bin.

ANT. Jedoch, was könnte man da machen, Achill? Denn das hat die Natur verfügt, daß unter allen Umständen alle sterben müssen. Man muß sich also mit dem Naturgesetz bescheiden und darf sich darüber nicht betrüben. Außerdem siehst du, wieviele von deinen Genossen hier um dich sind, lauter Freunde von dir. Bald aber wird jedenfalls auch Odysseus kommen. Trost gewährt auch, wenn man etwas gemeinsam mitmacht und nicht für sich allein duldet. Du siehst den Herakles, den Meleager und andere bewundernswerte Männer, die halt wohl nicht damit einverstanden wären, auf die Oberwelt zurückzukehren, wenn man sie hinaufschicken sollte, um bei armen und mittellosen Bauern Taglöhner zu sein.

ACH. Freundschaftlich ist der Zuspruch, mich aber betrübt, ich weiß nicht wie, die Erinnerung an meine Erlebnisse, ich meine aber auch jeden von euch. Wenn ihr es aber nicht zugebt, so seid ihr in dieser Hinsicht nur schlechter daran, weil ihr in aller Stille duldet.

ANT. Nein, sondern besser, Achill; wir sehen ja die Nutzlosigkeit des Redens ein. Wir haben uns nämlich entschlossen zu schweigen, zu tragen und auszuharren, um nicht auch noch zum Lachen Anlaß zu geben mit solchen Wünschen wie du.

16.

Διογένους καὶ Ἡρακλέους

ΔΙΟΓ. Οὐχ Ἡρακλῆς οὗτός ἐστιν; οὐ μὲν οὖν ἄλλος, 1 μὰ τὸν Ἡρακλέα. τὸ τόξον, τὸ ῥόπαλον, ἡ λεοντῆ, τὸ μέγεθος, ὅλος Ἡρακλῆς ἐστιν. εἶτα τέθνηκε Διὸς υἱὸς ὤν; εἰπέ μοι, ὦ καλλίνικε, νεκρὸς εἶ; ἐγὼ γάρ σοι ἔθυον ὑπὲρ γῆς ὡς θεῷ.

ΗΡ. Καὶ ὀρθῶς ἔθυες· αὐτὸς μὲν γὰρ ὁ Ἡρακλῆς ἐν οὐρανῷ τοῖς θεοῖς σύνεστι

καὶ ἔχει καλλίσφυρον Ἥβην,

ἐγὼ δ' εἴδωλόν εἰμι αὐτοῦ.

ΔΙΟΓ. Πῶς λέγεις; εἴδωλον τοῦ θεοῦ; καὶ δυνατὸν ἐξ ἡμισείας μέν τινα θεὸν εἶναι, τεθνάναι δὲ τῷ ἡμίσει;

ΗΡ. Ναί· οὐ γὰρ ἐκεῖνος τέθνηκεν, ἀλλ' ἐγὼ ἡ εἰκὼν αὐτοῦ.

ΔΙΟΓ. Μανθάνω· ἀντανδρον σε τῷ Πλούτωνι παρέ- 2 δωκεν ἀνθ' ἑαυτοῦ, καὶ σὺ τοίνυν ἀντ' ἐκείνου νεκρὸς εἶ.

ΗΡ. Τοιοῦτό τι.

ΔΙΟΓ. Πῶς οὖν ἀκριβὴς ὁ Αἰακὸς ὢν οὐ διέγνω σε μὴ ὄντα ἐκεῖνον, ἀλλὰ παρεδέξατο ὑποβολιμαῖον Ἡρακλέα παρόντα;

ΗΡ. Ὅτι ἐῴκειν ἀκριβῶς.

ΔΙΟΓ. Ἀληθῆ λέγεις· ἀκριβῶς γάρ, ὥστε αὐτὸς εἶναι. ὅρα γοῦν μὴ τὸ ἐναντίον ἐστὶ καὶ σὺ μὲν εἶ ὁ Ἡρακλῆς, τὸ δὲ εἴδωλον γεγάμηκε τὴν Ἥβην παρὰ τοῖς θεοῖς.

ΗΡ. Θρασὺς εἶ καὶ λάλος, καὶ εἰ μὴ παύσῃ σκώπτων ἐς 3 ἐμέ, εἴσῃ αὐτίκα οἵου θεοῦ εἴδωλόν εἰμι.

16.

Diogenes und Herakles

DIOG. Ist das nicht Herkules? Ja freilich, kein anderer, beim Herkules! Der Bogen, die Keule, die Löwenhaut, die Größe, es ist der ganze Herkules. Dann ist er also gestorben, obwohl er Zeus' Sohn war? Sag mir, du ruhmreicher Sieger, bist du tot? Ich opferte dir nämlich auf Erden als einem Gott.

HER. Und es war recht, daß du opfertest, denn Herkules selbst weilt im Himmel bei den Göttern

> und umarmt die schlankfüßige Hebe,

ich aber bin sein Schemen.

DIOG. Wie sagst du? Der Schemen des Gottes, und ist es möglich, daß einer zur Hälfte ein Gott, mit der anderen Hälfte aber tot ist?

HER. Ja; denn jener ist nicht tot, sondern ich, sein Schemen.

DIOG. Ich verstehe; als persönlichen Ersatz übergab er dich statt seiner dem Pluton und du bist nun statt seiner tot.

HER. So etwas.

DIOG. Wie kam es also, daß Aiakos bei seiner Genauigkeit nicht erkannte, daß du nicht jener warst, sondern, als sich ein unterschobener Herkules stellte, diesen aufnahm.

HER. Weil ich ihm ganz genau glich.

DIOG. Du hast recht; so genau nämlich, daß er es selber war. Schau also, ob nicht im Gegenteil du der Herkules bist, der Schemen aber die Hebe bei den Göttern geheiratet hat.

HER. Du bist ein frecher Schwätzer, und wenn du nicht aufhörst, deinen Spott gegen mich zu richten, wird es dir sofort bewußt werden, was für eines Gottes Schemen ich bin.

ΔΙΟΓ. Τὸ μὲν τόξον γυμνὸν καὶ πρόχειρον· ἐγὼ δὲ τί ἂν ἔτι φοβοίμην σε ἅπαξ τεθνηκώς; ἀτὰρ εἰπέ μοι πρὸς τοῦ σοῦ Ἡρακλέους, ὁπότε ἐκεῖνος ἔζη, συνῆς αὐτῷ καὶ τότε εἴδωλον ὤν; ἢ εἷς μὲν ἦτε παρὰ τὸν βίον, ἐπεὶ δὲ ἀπεθάνετε, διαιρεθέντες ὁ μὲν ἐς θεοὺς ἀπέπτατο, σὺ δὲ τὸ εἴδωλον, ὥσπερ εἰκὸς ἦν, εἰς ᾅδου πάρει;

ΗΡ. Ἐχρῆν μὲν μηδὲ ἀποκρίνασθαι πρὸς ἄνδρα ἐξεπίτηδες ἐρεσχηλοῦντα· ὅμως δ' οὖν καὶ τοῦτο ἄκουσον· ὁπόσον μὲν γὰρ Ἀμφιτρύωνος ἐν τῷ Ἡρακλεῖ ἦν, τοῦτο τέθνηκε καί εἰμι ἐγὼ ἐκεῖνο πᾶν, ὃ δὲ ἦν τοῦ Διός, ἐν οὐρανῷ σύνεστι τοῖς θεοῖς.

ΔΙΟΓ. Σαφῶς νῦν μανθάνω· δύο γὰρ φὴς ἔτεκεν ἡ 4 Ἀλκμήνη κατὰ τὸ αὐτὸ Ἡρακλέας, τὸν μὲν ὑπ' Ἀμφιτρύωνι, τὸν δὲ παρὰ τοῦ Διός, ὥστε ἐλελήθειτε δίδυμοι ὄντες ὁμομήτριοι.

ΗΡ. Οὔκ, ὦ μάταιε· ὁ γὰρ αὐτὸς ἄμφω ἦμεν.

ΔΙΟΓ. Οὐκ ἔστι μαθεῖν τοῦτο ῥᾴδιον, συνθέτους δύο ὄντας Ἡρακλέας, ἐκτὸς εἰ μὴ ὥσπερ ἱπποκένταυρός τις ἦτε ἐς ἓν συμπεφυκότες ἄνθρωπος καὶ θεός.

ΗΡ. Οὐ γὰρ καὶ πάντες οὕτω σοι δοκοῦσι συγκεῖσθαι ἐκ δυεῖν, ψυχῆς καὶ σώματος; ὥστε τί τὸ κωλῦόν ἐστι τὴν μὲν ψυχὴν ἐν οὐρανῷ εἶναι, ἥπερ ἦν ἐκ Διός, τὸ δὲ θνητὸν ἐμὲ παρὰ τοῖς νεκροῖς;

ΔΙΟΓ. Ἀλλ', ὦ βέλτιστε Ἀμφιτρυωνιάδη, καλῶς ἂν 5 ταῦτα ἔλεγες, εἰ σῶμα ἦσθα, νῦν δὲ ἀσώματον εἴδωλον εἶ· ὥστε κινδυνεύεις τριπλοῦν ἤδη ποιῆσαι τὸν Ἡρακλέα.

ΗΡ. Πῶς τριπλοῦν;

DIOG. Der Bogen ist allerdings entblößt und schußbereit; aber was sollte ich mich noch vor dir fürchten, da ich nun einmal tot bin? Aber sage mir, bei deinem Herkules! Als jener lebte, warst du auch da ein Schemen und eine Person mit ihm? Oder waret ihr eine Person nur während des Lebens, trenntet euch aber, nachdem ihr gestorben, worauf der eine zu den Göttern wegflog, du hingegen, der Schemen, wie es natürlich war, in den Hades kamst.

HER. Ich sollte einem Mann, der mich geflissentlich aufzieht, überhaupt nicht antworten. Gleichwohl aber vernimm auch das: alles, was von Amphitryon im Herkules stammte, das ist gestorben und ich bin jenes zur Gänze, was aber von Zeus stammte, weilt im Himmel bei den Göttern.

DIOG. Jetzt verstehe ich es klar: zwei Herkulesse, meinst du, gebar die Alkmene gleichzeitig, den einen als Gemahlin des Amphitryon, den anderen von Zeus, so daß ihr, Kinder derselben Mutter, Zwillinge waret, ohn' daß man bisher davon etwas wußte.

HER. Nein, du Tor! Wir beide waren ein- und derselbe.

DIOG. Das kann man nicht leicht begreifen, zwei Herkulesse zu einer Einheit verbunden, außer wenn ihr so etwas wie ein Hippokentaur wart, Mensch und Gott zu einem Wesen vereinigt.

HER. Scheinen dir nicht alle Wesen so aus zwei Stücken zusammengesetzt zu sein, aus Seele und Leib? Was sollte es also da für ein Hindernis geben, daß die Seele, die ja von Zeus stammt, im Himmel weile, der sterbliche Teil aber, ich, bei den Toten?

DIOG. Aber, mein bester Amphitryonssohn, da hättest du recht, wärest du ein Körper; so aber bist du ein körperloser Schemen. Du bist also auf dem Wege, den Herkules nunmehr zu einem dreifachen Wesen zu machen.

HER. Wieso dreifach?

ΔΙΟΓ. Ὡδέ πως· εἰ γὰρ ὁ μέν τις ἐν οὐρανῷ, ὁ δὲ παρ' ἡμῖν σὺ τὸ εἴδωλον, τὸ δὲ σῶμα ἐν Οἴτῃ κόνις ἤδη γενόμενον, τρία ταῦτα δὴ γίγνεται. καὶ σκόπει, ὅντινα δὴ πατέρα τὸν τρίτον ἐπινοήσεις τῷ σώματι.

ΗΡ. Θρασὺς εἶ καὶ σοφιστής· τίς δὲ καὶ ὢν τυγχάνεις;

ΔΙΟΓ. Διογένους τοῦ Σινωπέως εἴδωλον, αὐτὸς δὲ οὐ μὰ Δία »μετ' ἀθανάτοισι θεοῖσιν«, ἀλλὰ τοῖς βελτίστοις νεκρῶν ἀνδρῶν συνὼν Ὁμήρου καὶ τῆς τοσαύτης ψυχρολογίας καταγελῶ.

17.

Μενίππου καὶ Ταντάλου

ΜΕΝ. Τί κλάεις, ὦ Τάνταλε; ἢ τί σεαυτὸν ὀδύρῃ ἐπὶ τῇ 1 λίμνῃ ἑστώς;

ΤΑΝ. Ὅτι, ὦ Μένιππε, ἀπόλωλα ὑπὸ τοῦ δίψους;

ΜΕΝ. Οὕτως ἀργὸς εἶ, ὡς μὴ ἐπικύψας πιεῖν ἢ καὶ νὴ Δί' ἀρυσάμενος κοίλῃ τῇ χειρί;

ΤΑΝ. Οὐδὲν ὄφελος, εἰ ἐπικύψαιμι· φεύγει γὰρ τὸ ὕδωρ, ἐπειδὰν προσιόντα αἴσθηταί με· ἢν δέ ποτε καὶ ἀρύσωμαι καὶ προσενέγκω τῷ στόματι, οὐ φθάνω βρέξας ἄκρον τὸ χεῖλος, καὶ διὰ τῶν δακτύλων διαρρυὲν οὐκ οἶδ' ὅπως αὖθις ἀπολείπει ξηρὰν τὴν χεῖρά μοι.

ΜΕΝ. Τεράστιόν τι πάσχεις, ὦ Τάνταλε. ἀτὰρ εἰπέ μοι, τί δαὶ καὶ δέῃ τοῦ πιεῖν; οὐ γὰρ σῶμα ἔχεις, ἀλλ' ἐκεῖνο μὲν ἐν Λυδίᾳ που τέθαπται, ὅπερ καὶ πεινῆν καὶ διψῆν ἐδύνατο, σὺ δὲ ἡ ψυχὴ πῶς ἂν ἔτι ἢ διψῴης ἢ πίνοις;

DIOG. Etwa so: Wenn nämlich der eine im Himmel ist, der andere aber, du der Schemen, bei uns, der Leib aber auf dem Öta bereits zu Asche geworden ist, so ergeben sich damit drei Wesen. Und schau, welchen Vater du dir an dritter Stelle für deinen Leib ausdenken sollst.

HER. Du bist ein frecher Sophist. Wer bist du denn aber eigentlich?

DIOG. Des Diogenes von Sinope Schemen, der ich für meine Person nicht, beim Zeus, „unter den unsterblichen Göttern" weile, sondern mit den Besten der Toten verkehre und Homer und solche Windbeuteleien verlache.

17.
Menipp und Tantalos

MEN. Was weinst du, Tantalos, oder warum stehst du am See und jammerst über dich?

TAN. Weil ich, Menipp, vor Durst hin bin.

MEN. So faul bist du, daß du dich nicht bückst, um zu trinken, oder auch, beim Zeus! mit der hohlen Hand Wasser schöpfst?

TAN. Das nützt mir nichts, wenn ich mich bücke; denn das Wasser läuft mir davon, wenn es mein Herannahen merkt. Falls ich aber auch einmal Wasser schöpfe und es zum Mund führe, benetze ich kaum den Lippenrand und schon rinnt es, ich weiß nicht wie, wieder durch meine Finger und läßt mir die Hand trocken.

MEN. Was du da leidest, grenzt ans Wunderbare, Tantalos; aber sage mir, warum brauchst du denn trinken? Du hast ja keinen Leib, sondern der ist in Lydien bestattet, der eben hungern und dürsten könnte; wie könntest du aber, das heißt deine Seele, noch dürsten und trinken?

ΤΑΝ. Τοῦτ' αὐτὸ ἡ κόλασίς ἐστι, τὸ διψῆν τὴν ψυχὴν ὡς σῶμα οὖσαν.

ΜΕΝ. Ἀλλὰ τοῦτο μὲν οὕτως πιστεύσομεν, ἐπεὶ φῄς 2 κολάζεσθαι τῷ δίψει. τί δ' οὖν σοι τὸ δεινὸν ἔσται; ἢ δέδιας μὴ ἐνδείᾳ τοῦ ποτοῦ ἀποθάνῃς; οὐχ ὁρῶ γὰρ ἄλλον ᾅδην μετὰ τοῦτον ἢ θάνατον ἐντεῦθεν εἰς ἕτερον τόπον.

ΤΑΝ. Ὀρθῶς μὲν λέγεις· καὶ τοῦτο δ' οὖν μέρος τῆς καταδίκης, τὸ ἐπιθυμεῖν πιεῖν μηδὲν δεόμενον.

ΜΕΝ. Ληρεῖς, ὦ Τάνταλε, καὶ ὡς ἀληθῶς ποτοῦ δεῖσθαι δοκεῖς, ἀκράτου γε ἐλλεβόρου νὴ Δία, ὅστις τοὐναντίον τοῖς ὑπὸ τῶν λυττώντων κυνῶν δεδηγμένοις πέπονθας, οὐ τὸ ὕδωρ, ἀλλὰ τὴν δίψαν πεφοβημένος.

ΤΑΝ. Οὐδὲ τὸν ἐλλέβορον, ὦ Μένιππε, ἀναίνομαι πιεῖν, γένοιτό μοι μόνον.

ΜΕΝ. Θάρρει, ὦ Τάνταλε, ὡς οὔτε σὺ οὔτε ἄλλος πίεται τῶν νεκρῶν· ἀδύνατον γάρ· καίτοι οὐ πάντες ὥσπερ σὺ ἐκ καταδίκης διψῶσι τοῦ ὕδατος αὐτοὺς οὐχ ὑπομένοντος.

18.

Μενίππου καὶ Ἑρμοῦ

ΜΕΝ. Ποῦ δὲ οἱ καλοί εἰσιν ἢ αἱ καλαί, Ἑρμῆ; ξενάγησόν 1 με νέηλυν ὄντα.

ΕΡΜ. Οὐ σχολὴ μέν, ὦ Μένιππε· πλὴν κατ' ἐκεῖνο ἀπόβλεψον, ἐπὶ τὰ δεξιά, ἔνθα Ὑάκινθός τέ ἐστι καὶ Νάρκισσος καὶ Νιρεὺς καὶ Ἀχιλλεὺς καὶ Τυρὼ καὶ Ἑλένη καὶ Λήδα καὶ ὅλως τὰ ἀρχαῖα πάντα κάλλη.

TAN. Das ist eben die Strafe, daß die Seele dürstet, als ob sie ein Körper wäre.

MEN. Unter diesen Umständen werden wir das freilich gelten lassen, da du behauptest, der Durst sei für dich eine Strafe. Aber was würde denn daran für dich so schrecklich sein? Fürchtest du etwa, aus Mangel an Trunk zu sterben? Ich sehe nämlich keinen anderen Hades, in den man noch kommen könnte, oder einen Tod, der die Versetzung von hier an einen anderen Ort bedeuten würde.

TAN. Du hast recht; auch das ist aber allerdings ein Teil meiner Strafe, trinken zu wünschen, ohne trinken zu brauchen.

MEN. Du faselst, Tantalos, und scheinst wirklich einen Trunk zu brauchen, einen lauteren Nieswurztrank, beim Zeus! der du im Gegensatz zu den Leiden der von wütenden Hunden Gebissenen nicht vor dem Wasser, sondern vor dem Durst eine Angst hast.

TAN. Ich weigere mich auch nicht, Menipp, den Nieswurztrank zu trinken, wenn ich ihn nur bekommen könnte.

MEN. Sei unbesorgt, Tantalos, da weder du noch ein anderer von den Toten trinken wird; das wäre ja unmöglich. Freilich dürsten nicht alle so wie du zur Strafe, indem das Wasser auf sie nicht wartet.

18.

Menipp und Hermes

MEN. Wo sind die schönen Männer oder die schönen Frauen, Hermes? Sei mein Fremdenführer, da ich erst neu angekommen bin.

HERM. Ich habe keine Zeit, Menipp. Jedoch blicke in der Richtung dorthin, nach rechts, wo Hyakinth ist, Narkiß, Nireus, Achill und anderseits Tyro, Helena, Leda und überhaupt alle die alten Schönheiten.

ΜΕΝ. Ὀστᾶ μόνα ὁρῶ καὶ κρανία τῶν σαρκῶν γυμνά, ὅμοια τὰ πολλά.

ΕΡΜ. Καὶ μὴν ἐκεῖνά ἐστιν ἃ πάντες οἱ ποιηταὶ θαυμάζουσι τὰ ὀστᾶ, ὧν σὺ ἔοικας καταφρονεῖν.

ΜΕΝ. Ὅμως τὴν Ἑλένην μοι δεῖξον· οὐ γὰρ ἂν διαγνοίην ἔγωγε.

ΕΡΜ. Τουτὶ τὸ κρανίον ἡ Ἑλένη ἐστίν.

ΜΕΝ. Εἶτα διὰ τοῦτο αἱ χίλιαι νῆες ἐπληρώθησαν ἐξ 2 ἁπάσης τῆς Ἑλλάδος καὶ τοσοῦτοι ἔπεσον Ἕλληνές τε καὶ βάρβαροι καὶ τοσαῦται πόλεις ἀνάστατοι γεγόνασιν;

ΕΡΜ. Ἀλλ' οὐκ εἶδες, ὦ Μένιππε, ζῶσαν τὴν γυναῖκα· ἔφης γὰρ ἂν καὶ σὺ ἀνεμέσητον εἶναι

τοιῆδ' ἀμφὶ γυναικὶ πολὺν χρόνον ἄλγεα πάσχειν·

ἐπεὶ καὶ τὰ ἄνθη ξηρὰ ὄντα εἴ τις βλέποι ἀποβεβληκότα τὴν βαφήν, ἄμορφα δῆλον ὅτι αὐτῷ δόξει, ὅτε μέντοι ἀνθεῖ καὶ ἔχει τὴν χρόαν, κάλλιστά ἐστιν.

ΜΕΝ. Οὐκοῦν τοῦτο, ὦ Ἑρμῆ, θαυμάζω, εἰ μὴ συνίεσαν οἱ Ἀχαιοὶ περὶ πράγματος οὕτως ὀλιγοχρονίου καὶ ῥᾳδίως ἀπανθοῦντος πονοῦντες.

ΕΡΜ. Οὐ σχολή μοι, ὦ Μένιππε, συμφιλοσοφεῖν σοι. ὥστε σὺ μὲν ἐπιλεξάμενος τόπον, ἔνθα ἂν ἐθέλῃς, κεῖσο καταβαλὼν σεαυτόν, ἐγὼ δὲ τοὺς ἄλλους νεκροὺς ἤδη μετελεύσομαι.

19.

Αἰακοῦ καὶ Πρωτεσιλάου

ΑΙΑΚ. Τί ἄγχεις, ὦ Πρωτεσίλαε, τὴν Ἑλένην προσπεσών; 1

MEN. Ich sehe nur Gebeine und Schädel bar des Fleisches, einander meistens gleich.

HERM. Und doch sind jene Gebeine es, die alle Dichter bewundern, dieselben, die du zu verachten scheinst.

MEN. Gleichwohl zeige mir die Helena; ich kann sie nämlich nicht erkennen.

HERM. Dieser Schädel ist die Helena.

MEN. Und da wurden wegen dieses Schädels die 1000 Schiffe mit Kriegern aus ganz Griechenland bemannt und fielen soviele Griechen und Barbaren, sind auch soviele Städte zerstört worden?

HERM. Allein du sahst, Menipp, die Frau nicht bei ihren Lebzeiten. Da hättest auch du gesagt, es sei nicht zu verargen, daß man
> um ein solches Weib so lang' ausharre im Elend.

Denn auch bei den Blumen ist es so: schaut man sie an, wann sie vertrocknet sind und ihre Farbe verloren haben, dann werden sie einem augenscheinlich häßlich vorkommen, wann sie jedoch blühen und ihre Farbe haben, sind sie wunderschön.

MEN. Darüber also wundere ich mich, Hermes, daß die Griechen nicht begriffen, daß ihre Mühen nur einem so kurz dauernden und leicht verblühenden Ding galten.

HERM. Ich habe keine Zeit, Menipp, mit dir zusammen philosophische Betrachtungen anzustellen. Drum wähle du dir einen Platz, wo du willst, und bleib dort liegen; ich werde nunmehr die anderen Toten holen.

19.

Aiakos und Protesilaos

AIAK. Was hast du, Protesilaos, die Helena überfallen und würgst sie?

νεκρικοὶ διάλογοι

ΠΡΩΤ. Ὅτι διὰ ταύτην, ὦ Αἰακέ, ἀπέθανον ἡμιτελῆ μὲν τὸν δόμον καταλιπὼν χήραν τε τὴν νεόγαμον γυναῖκα.

ΑΙΑΚ. Αἰτιῶ τοίνυν τὸν Μενέλαον, ὅστις ὑμᾶς ὑπὲρ τοιαύτης γυναικὸς ἐπὶ Τροίαν ἤγαγεν.

ΠΡΩΤ. Εὖ λέγεις· ἐκεῖνόν μοι αἰτιατέον.

ΜΕΝ. Οὐκ ἐμέ, ὦ βέλτιστε, ἀλλὰ δικαιότερον τὸν Πάριν, ὃς ἐμοῦ τοῦ ξένου τὴν γυναῖκα παρὰ πάντα τὰ δίκαια ᾤχετο ἁρπάσας· οὗτος γὰρ οὐχ ὑπὸ σοῦ μόνου, ἀλλ' ὑπὸ πάντων Ἑλλήνων τε καὶ βαρβάρων ἄξιος ἄγχεσθαι τοσούτοις θανάτου αἴτιος γεγενημένος.

ΠΡΩΤ. Ἄμεινον οὕτω· σὲ τοιγαροῦν, ὦ Δύσπαρι, οὐκ ἀφήσω ποτὲ ἀπὸ τῶν χειρῶν.

ΠΑΡ. Ἄδικα ποιῶν, ὦ Πρωτεσίλαε, καὶ ταῦτα ὁμότεχνον ὄντα σοι· ἐρωτικὸς γὰρ καὶ αὐτός εἰμι καὶ τῷ αὐτῷ θεῷ κατέσχημαι· οἶσθα δὲ ὡς ἀκούσιον τί ἐστι καί τις ἡμᾶς δαίμων ἄγει ἔνθα ἂν ἐθέλῃ, καὶ ἀδύνατόν ἐστιν ἀντιτάττεσθαι αὐτῷ.

ΠΡΩΤ. Εὖ λέγεις. εἴθε οὖν μοι τὸν Ἔρωτα ἐνταῦθα 2 λαβεῖν δυνατὸν ἦν.

ΑΙΑΚ. Ἐγώ σοι καὶ περὶ τοῦ Ἔρωτος ἀποκρινοῦμαι τὰ δίκαια· φήσει γὰρ αὐτὸς μὲν τοῦ ἐρᾶν τῷ Πάριδι ἴσως γεγενῆσθαι αἴτιος, τοῦ θανάτου δέ σοι οὐδένα ἄλλον, ὦ Πρωτεσίλαε, ἢ σεαυτόν, ὃς ἐκλαθόμενος τῆς νεογάμου γυναικός, ἐπεὶ προσεφέρεσθε τῇ Τρωάδι, οὕτως φιλοκινδύνως καὶ ἀπονενοημένως προεπήδησας τῶν ἄλλων δόξης ἐρασθείς, δι' ἣν πρῶτος ἐν τῇ ἀποβάσει ἀπέθανες.

ΠΡΩΤ. Οὐκοῦν καὶ ὑπὲρ ἐμαυτοῦ σοι, ὦ Αἰακέ, ἀποκρινοῦμαι δικαιότερα· οὐ γὰρ ἐγὼ τούτων αἴτιος, ἀλλ' ἡ

PROT. Weil ich ihrethalben, Aiakos, starb und mein Haus unvollendet verließ und meine neuverheiratete Gattin als Witwe.

AIAK. Beschuldige also den Menelaos, der ja euch wegen eines solchen Weibes vor Troia brachte.

PROT. Du hast recht; jenen muß ich beschuldigen.

MENELAOS. Nicht mich, mein lieber Freund, sondern mit mehr Recht den Paris, der meine Frau, die Gattin seines Gastfreundes, wider alles Recht entführt hat. Dieser nämlich verdient es, nicht nur von dir, sondern von allen Griechen und Barbaren gewürgt zu werden, da er an dem Tod sovieler schuld geworden ist.

PROT. Besser so: dich also, du Unglücksparis, werde ich nie aus meinen Händen lassen.

PARIS. Da tust du unrecht und noch dazu mir, der ich dein Berufsgenosse bin; ich verstehe mich ja ebenfalls auf die Liebe und bin von demselben Gott besessen. Du weißt aber, daß die Liebe etwas Unfreiwilliges ist und ein Dämon uns treibt, wohin er will, und daß es unmöglich ist, sich ihm zu widersetzen.

PROT. Du hast recht. Wenn es mir doch möglich wäre, den Liebesgott hier zu fassen!

AIAK. Ich werde dir auch über den Liebesgott eine berechtigte Antwort erteilen. Er wird nämlich sagen, daß er selbst vielleicht an Paris' Liebe schuld gewesen sei, an deinem Tod jedoch, Protesilaos, kein andrer als du selber, der du, ohne an deine neuvermählte Gattin zu denken, bei der Landung im Gebiete von Troia so waghalsig und unbedacht vor den anderen heraussprangst, aus Liebe zum Ruhm, um dessentwillen du als Erster bei der Landung getötet wurdest.

PROT. Also werde ich dir, Aiakos, für mich eine noch berechtigtere Antwort erteilen: nicht ich bin daran schuld, son-

Μοῖρα καὶ τὸ ἐξ ἀρχῆς οὕτως ἐπικεκλῶσθαι.

ΑΙΑΚ. Ὀρθῶς· τί οὖν τούτους αἰτιᾷ;

20.

Μενίππου καὶ Αἰακοῦ

ΜΕΝ. Πρὸς Διονύσου Κολωνάτου, ὦ Αἰακέ, περιήγησαί 1 μοι τὰ ἐν ᾅδου πάντα.

ΑΙΑΚ. Οὐ ῥᾴδιον, ὦ Μένιππε, ἅπαντα· ὅσα μέντοι κεφαλαιώδη, μάνθανε· οὑτοσὶ μὲν ὅτι Κέρβερός ἐστιν οἶσθα, καὶ τὸν πορθμέα τοῦτον, ὅς σε διεπέρασε, καὶ τὴν λίμνην καὶ τὸν Πυριφλεγέθοντα ἤδη ἑώρακας ἐσιών.

ΜΕΝ. Οἶδα ταῦτα καὶ σέ, ὅτι πυλωρεῖς, καὶ τὸν βασιλέα εἶδον καὶ τὰς Ἐρινῦς· τοὺς δὲ ἀνθρώπους μοι τοὺς πάλαι δεῖξον καὶ μάλιστα τοὺς ἐνδόξους αὐτῶν.

ΑΙΑΚ. Οὗτος μὲν Ἀγαμέμνων, οὗτος δὲ Ἀχιλλεύς, οὗτος δὲ Ἰδομενεὺς πλησίον, οὗτος δὲ Ὀδυσσεύς, εἶτα Αἴας καὶ Διομήδης καὶ οἱ ἄριστοι τῶν Ἑλλήνων.

ΜΕΝ. Βαβαῖ, ὦ Ὅμηρε, οἷά σοι τῶν ῥαψῳδιῶν τὰ 2 κεφάλαια χαμαὶ ἔρριπται ἄγνωστα καὶ ἄμορφα, κόνις πάντα καὶ λῆρος πολύς, 'ἀμενηνὰ' ὡς ἀληθῶς 'κάρηνα'. οὗτος δέ, ὦ Αἰακέ, τίς ἐστι;

ΑΙΑΚ. Κῦρός ἐστιν· οὗτος δὲ Κροῖσος, ὁ δ' ὑπὲρ αὐτὸν Σαρδανάπαλλος, ὁ δ' ὑπὲρ τούτους Μίδας, ἐκεῖνος δὲ Ξέρξης.

ΜΕΝ. Εἶτα σέ, ὦ κάθαρμα, ἡ Ἑλλὰς ἔφριττε ζευγνύντα μὲν τὸν Ἑλλήσποντον, διὰ δὲ τῶν ὀρῶν πλεῖν ἐπιθυ-

dern das Schicksal, daß es nämlich von Anfang an so vom Schicksal beschlossen war.

AIAK. Richtig! Was beschuldigst du also diese Leute?

20.
Menipp und Aiakos

MEN. Beim Dionysos Kolonatas, Aiakos, führe mich im Hades herum!

AIAK. Überall, ist nicht leicht, Menipp, die Hauptsachen aber lerne kennen: daß das der Kerberos ist, weißt du, du kennst auch diesen Fährmann, der dich hinübergeführt hat, und hast den See mit dem Pyriphlegethon bei der Einfahrt schon gesehen.

MEN. Ich weiß das alles, weiß auch, daß du hier Torwart bist, und sah den König und die Erinyen. Zeige mir aber die Menschen der Vergangenheit und besonders die berühmten unter ihnen.

AIAK. Das ist Agamemnon, das Achill, der neben ihm Idomeneus, das Odysseus, dann Aias, Diomedes und die griechischen Helden.

MEN. Pah, o Homer, wie liegen da die Hauptstücke deiner Rhapsodien unkenntlich und häßlich auf dem Boden, lauter Staub und reichlicher Plunder, wirklich „kraftlose Häupter". Der aber, Aiakos, wer ist das?

AIAK. Das ist Kyros; der aber Kroisos, der weiter oben Sardanapall, der noch weiter oben Midas, der dort Xerxes.

MEN. Und da zitterte Griechenland vor dir, du Auswurf von einem Menschen, als du den Hellespont überbrücktest und mit deinen Schiffen durch das Gebirge fahren wolltest. Wie

μοῦντα; οἷος δὲ καὶ ὁ Κροῖσός ἐστι! τὸν Σαρδανάπαλλον δέ, ὦ Αἰακέ, πατάξαι μοι κατὰ κόρρης ἐπίτρεψον.

ΑΙΑΚ. Μηδαμῶς· διαθρύπτεις γὰρ αὐτοῦ τὸ κρανίον γυναικεῖον ὄν.

ΜΕΝ. Οὐκοῦν ἀλλὰ προσπτύσομαί γε πάντως ἀνδρογύνῳ ὄντι.

ΑΙΑΚ. Βούλει σοὶ ἐπιδείξω καὶ τοὺς σοφούς; 3

ΜΕΝ. Νὴ Δία γε.

ΑΙΑΚ. Πρῶτος οὗτός σοι ὁ Πυθαγόρας ἐστί.

ΜΕΝ. Χαῖρε, ὦ Εὔφορβε ἢ Ἄπολλον ἢ ὅ τι ἂν ἐθέλῃς.

ΠΥΘ. Νὴ καὶ σύ γε, ὦ Μένιππε.

ΜΕΝ. Οὐκέτι χρυσοῦς ὁ μηρός ἐστί σοι;

ΠΥΘ. Οὐ γάρ· ἀλλὰ φέρε ἴδω εἴ τί σοι ἐδώδιμον ἡ πήρα ἔχει.

ΜΕΝ. Κυάμους, ὦγαθέ· ὥστε οὐ τοῦτό σοι ἐδώδιμον.

ΠΥΘ. Δὸς μόνον· ἄλλα παρὰ νεκροῖς δόγματα· ἔμαθον γάρ, ὡς οὐδὲν ἴσον κύαμοι καὶ κεφαλαὶ τοκήων ἐνθάδε.

ΑΙΑΚ. Οὗτος δὲ Σόλων ὁ Ἐξηκεστίδου καὶ Θαλῆς ἐκεῖνος 4 καὶ παρ' αὐτοὺς Πιττακὸς καὶ οἱ ἄλλοι· ἑπτὰ δὲ πάντες εἰσὶν ὡς ὁρᾷς.

ΜΕΝ. Ἄλυποι, ὦ Αἰακέ, οὗτοι μόνοι καὶ φαιδροὶ τῶν ἄλλων. ὁ δὲ σποδοῦ πλέως ὥσπερ ἐγκρυφίας ἄρτος, ὁ τὰς φλυκταίνας ἐξηνθηκώς, τίς ἐστιν;

ΑΙΑΚ. Ἐμπεδοκλῆς, ὦ Μένιππε, ἡμίεφθος ἀπὸ τῆς Αἴτνης παρών.

schaut auch der Kroisos aus! Dem Sardanapall aber erlaube mir, Aiakos, eine Ohrfeige zu geben.

AIAK. Keineswegs! Sonst zerbrichst du seinen weiblichen Schädel.

MEN. Also will ich ihn wenigstens anspucken, weil er ein Mannweib war in jeder Hinsicht.

AIAK. Willst du, soll ich dir auch die Weisen zeigen?

MEN. Ja, beim Zeus!

AIAK. Zuerst der hier, das ist Pythagoras.

MEN. Sei gegrüßt, Euphorbos, oder Apollon oder wie du dich nennen willst?

PYTHAGORAS. Ja, auch du, Menipp!

MEN. Dein Oberschenkel ist nicht mehr golden?

PYTH. Nein, aber ich will nachsehen, ob dein Ranzen etwas Eßbares enthält.

MEN. Bohnen, mein lieber Freund, das ist aber in deinen Augen nicht eßbar.

PYTH. Gib nur her; bei den Toten gelten andere Anschauungen. Ich kam ja zur Erkenntnis, daß hier keineswegs
    gleich sind die Bohnen und die Häupter der Eltern.

AIAK. Das hier ist Solon, des Exekestides Sohn, dort ist Thales, neben ihnen Pittakos und die anderen; sieben sind es im ganzen, wie du siehst.

MEN. Sorgenfrei und heiter sind diese allein im Gegensatz zu allen anderen. Der Mensch aber, der voller Asche ist wie ein in Asche gebackenes Brot, dessen Leib Blasen aufgeworfen hat, wer ist das?

AIAK. Empedokles, Menipp, halb gebraten vom Ätna hergekommen.

ΜΕΝ. Ὦ χαλκόπου βέλτιστε, τί παθὼν σαυτὸν ἐς τοὺς κρατῆρας ἐνέβαλες;

ΕΜΠ. Μελαγχολία τις, ὦ Μένιππε.

ΜΕΝ. Οὐ μὰ Δί', ἀλλὰ κενοδοξία καὶ τῦφος καὶ πολλὴ κόρυζα, ταῦτά σε ἀπηνθράκωσεν αὐταῖς κρηπῖσιν οὐκ ἀνάξιον ὄντα· πλὴν ἀλλ' οὐδέν σε τὸ σόφισμα ὤνησεν· ἐφωράθης γὰρ τεθνεώς. — ὁ Σωκράτης δέ, ὦ Αἰακέ, ποῦ ποτε ἄρα ἐστίν;

ΑΙΑΚ. Μετὰ Νέστορος καὶ Παλαμήδους ἐκεῖνος ληρεῖ τὰ πολλά.

ΜΕΝ. Ὅμως ἐβουλόμην ἰδεῖν αὐτόν, εἴ που ἐνθάδε ἐστίν.

ΑΙΑΚ. Ὁρᾷς τὸν φαλακρόν;

ΜΕΝ. Ἅπαντες φαλακροί εἰσιν· ὥστε πάντων ἂν εἴη τοῦτο τὸ γνώρισμα.

ΑΙΑΚ. Τὸν σιμὸν λέγω.

ΜΕΝ. Καὶ τοῦτο ὅμοιον· σιμοὶ γὰρ ἅπαντες.

ΣΩΚ. Ἐμὲ ζητεῖς, ὦ Μένιππε; 5

ΜΕΝ. Καὶ μάλα, ὦ Σώκρατες.

ΣΩΚ. Τί τὰ ἐν Ἀθήναις;

ΜΕΝ. Πολλοὶ τῶν νέων φιλοσοφεῖν λέγουσι, καὶ τά γε σχήματα αὐτὰ καὶ τὰ βαδίσματα εἰ θεάσαιτό τις, ἄκροι φιλόσοφοι.

ΣΩΚ. Μάλα πολλοὺς ἑώρακα.

ΜΕΝ. Ἀλλὰ ἑώρακας, οἶμαι, οἷος ἧκε παρὰ σοὶ Ἀρίστιππος καὶ Πλάτων αὐτός, ὁ μὲν ἀποπνέων μύρου, ὁ δὲ τοὺς ἐν Σικελίᾳ τυράννους θεραπεύειν ἐκμαθών.

ΣΩΚ. Περὶ ἐμοῦ δὲ τί φρονοῦσιν;

MEN. Du Lieber mit dem ehernen Schuh, was ist dir eingefallen dich in den Krater zu stürzen?

EMPEDOKLES. Eine Gemütsstörung, Menipp.

MEN. Nein, beim Zeus! Vielmehr eitle Ruhmsucht, Aufgeblasenheit und ausgiebiger Stumpfsinn, das hat dich verkohlt mitsamt deinen Pantoffeln, wie du es verdient hast. Jedoch hat dir dieser Kniff nichts genützt. Man kam dir ja dahinter, daß du gestorben bist. – Wo ist denn aber Sokrates, Aiakos?

AIAK. Mit Nestor und Palamedes schwätzt er meistens.

MEN. Gleichwohl möchte ich ihn sehen, wenn er hier wo in der Nähe ist.

AIAK. Siehst du den Glatzkopf?

MEN. Alle sind glatzköpfig; das wäre also ein allgemeines Kennzeichen.

AIAK. Ich meine den mit der Stumpfnase.

MEN. Auch das ist gleich; alle haben nämlich Stumpfnasen.

SOKRATES. Mich suchst du, Menipp?

MEN. Jawohl, Sokrates.

SOKR. Wie geht es in Athen?

MEN. Viele von den Jüngeren behaupten, Philosophen zu sein, und wollte einer nur auf ihr Äußeres sehen und auf ihren Gang, so sind sie vollkommene Philosophen.

SOKR. Ich habe deren sehr viele gesehen.

MEN. Aber da sahst du halt auch, wie Aristipp aussah, als er zu dir kam, und Plato selber, der eine von Wohlgerüchen duftend, der andere als ausgelernter Höfling der sizilischen Tyrannen.

SOKR. Was denken sie von mir?

ΜΕΝ. Εὐδαίμων, ὦ Σώκρατες, ἄνθρωπος εἶ τά γε τοιαῦτα· πάντες γοῦν σε θαυμάσιον οἴονται ἄνδρα γεγενῆσθαι καὶ πάντα ἐγνωκέναι καὶ ταῦτα – δεῖ γάρ, οἶμαι, τἀληθῆ λέγειν – οὐδὲν εἰδότα.

ΣΩΚ. Καὶ αὐτὸς ἔφασκον ταῦτα πρὸς αὐτούς, οἱ δὲ εἰρωνείαν ᾤοντο τὸ πρᾶγμα εἶναι.

ΜΕΝ. Τίνες δέ εἰσιν οὗτοι οἱ περὶ σέ; 6

ΣΩΚ. Χαρμίδης, ὦ Μένιππε, καὶ Φαῖδρος καὶ ὁ τοῦ Κλεινίου.

ΜΕΝ. Εὖ γε, ὦ Σώκρατες, ὅτι κἀνταῦθα μέτει τὴν σαυτοῦ τέχνην καὶ οὐκ ὀλιγωρεῖς τῶν καλῶν.

ΣΩΚ. Τί γὰρ ἂν ἄλλο ἥδιον πράττοιμι; ἀλλὰ πλησίον ἡμῶν κατάκεισο, εἰ δοκεῖ.

ΜΕΝ. Μὰ Δί', ἐπεὶ παρὰ τὸν Κροῖσον καὶ τὸν Σαρδανάπαλλον ἄπειμι πλησίον οἰκήσων αὐτῶν· ἔοικα γοῦν οὐκ ὀλίγα γελάσεσθαι οἰμωζόντων ἀκούων.

ΑΙΑΚ. Κἀγὼ ἤδη ἄπειμι, μὴ καί τις ἡμᾶς νεκρῶν λάθῃ διαφυγών. τὰ λοιπὰ δ' ἐσαῦθις ὄψει, ὦ Μένιππε.

ΜΕΝ. Ἄπιθι· καὶ ταυτὶ γὰρ ἱκανά, ὦ Αἰακέ.

21.

Μενίππου καὶ Κερβέρου

ΜΕΝ. Ὦ Κέρβερε – συγγενὴς γάρ εἰμί σοι κύων καὶ αὐτὸς 1 ὤν – εἰπέ μοι πρὸς τῆς Στυγός, οἷος ἦν ὁ Σωκράτης, ὁπότε κατῄει παρ' ὑμᾶς· εἰκὸς δέ σε θεὸν ὄντα μὴ ὑλακτεῖν μόνον, ἀλλὰ καὶ ἀνθρωπίνως φθέγγεσθαι, ὁπότ' ἐθέλοις.

ΚΕΡΒ. Πόρρωθεν μέν, ὦ Μένιππε, παντάπασιν ἐδόκει

MEN. In dieser Hinsicht bist du, Sokrates, ein glücklicher Mensch; alle meinen ja, daß du ein bewundernswerter Mann gewesen bist und alles gewußt hast, und zwar – es gilt halt die Wahrheit zu sagen – ohne etwas zu wissen.

SOKR. Ich sagte ihnen das ja ebenfalls, sie aber meinten, das Ding sei eine Ironie.

MEN. Wer sind aber die in deiner Umgebung?

SOKR. Charmides, Phaidros und des Kleinias Sohn (Alkibiades).

MEN. Bravo, Sokrates, daß du auch hier deinem Beruf nachgehst und die Schönen nicht aus den Augen läßt.

SOKR. Was könnte ich denn sonst tun, was mir lieber wäre? Aber lege dich in unserer Nähe nieder, wenn du damit einverstanden bist.

MEN. Nein, beim Zeus! Da ich zu Kroisos und Sardanapall gehe, um in ihrer Nähe zu hausen. Ich glaube doch, ich werde nicht wenig lachen, wenn ich sie jammern höre.

AIAK. Auch ich gehe nun fort, damit nicht etwa einer von den Toten uns heimlich entwischt. Das übrige wirst du ein anderes Mal sehen, Menipp.

MEN. Gehe nur fort; auch das genügt ja, Aiakos.

21.

Menipp und Kerberos

MEN. Kerberos – ich bin ja mit dir verwandt, da ich ebenfalls zu den Hunden gehöre –, sag mir beim Styx, wie war Sokrates, als er zu euch herabkam? Du mußt ja als ein göttliches Wesen nicht bloß bellen, sondern auch menschlich sprechen können, sooft du willst.

KERB. Von ferne, Menipp, schien er mit durchaus unerschüt-

ἀτρέπτῳ τῷ προσώπῳ προσίεσθαι τὸν θάνατον ἑκὼν καὶ τοῦτο ἐμφῆναι τοῖς ἔξω τοῦ στομίου ἑστῶσιν ἐθέλων, ἐπεὶ δὲ κατέκυψεν εἴσω τοῦ χάσματος καὶ εἶδε τὸν ζόφον κἀγὼ ἔτι διαμέλλοντα αὐτὸν, δακὼν τῷ κωνείῳ κατέσπασα τοῦ ποδός, ὥσπερ τὰ βρέφη ἐκώκυε καὶ τὰ ἑαυτοῦ παιδία ὠδύρετο καὶ παντοῖος ἐγίνετο.

ΜΕΝ. Οὐκοῦν σοφιστὴς ὁ ἄνθρωπος ἦν καὶ οὐκ ἀληθῶς κατεφρόνει τοῦ πράγματος;

ΚΕΡΒ. Οὔκ, ἀλλ' ἐπείπερ ἀναγκαῖον αὐτὸ ἑώρα, κατεθρασύνετο ὡς δῆθεν οὐκ ἄκων πεισόμενος ὃ πάντως ἔδει παθεῖν, ὡς θαυμάσωνται οἱ θεαταί. καὶ ὅλως περὶ πάντων γε τῶν τοιούτων εἰπεῖν ἂν ἔχοιμι, ἕως τοῦ στομίου τολμηροὶ καὶ ἀνδρεῖοι, τὰ δὲ ἔνδοθεν ἔλεγχος ἀκριβής.

ΜΕΝ. Ἐγὼ δὲ πῶς σοι κατεληλυθέναι ἔδοξα;

ΚΕΡΒ. Μόνος, ὦ Μένιππε, ἀξίως τοῦ γένους, καὶ Διογένης πρὸ σοῦ, ὅτι μὴ ἀναγκαζόμενοι ἐσῄειτε μηδ' ὠθούμενοι, ἀλλ' ἐθελούσιοι, γελῶντες, οἰμώζειν παραγγείλαντες ἅπασιν.

22.

Χάρωνος καὶ Μενίππου

ΧΑΡ. Ἀπόδος, ὦ κατάρατε, τὰ πορθμεῖα.

ΜΕΝ. Βόα, εἰ τοῦτό σοι, ὦ Χάρων, ἥδιον.

ΧΑΡ. Ἀπόδος, φημί, ἀνθ' ὧν σε διεπορθμεύσαμεν.

terlichem Gesichtsausdruck willig den Tod an sich herankommen zu lassen, wobei er dies auch den außerhalb des Höllenschlundes Stehenden zu erkennen gab; sobald er sich aber in den Abgrund hineinbückte und das Dunkel sah und ich ihn, als er noch zögerte, mit dem Schirlingstrank zu Tode biß und beim Fuß herabzog, da heulte er wie die kleinen Kinder, beklagte seine eigenen Kinder und zeigte ein Benehmen, das alle Farben spielte.

MEN. Also war der Mensch ein Sophist und seine Todesverachtung nicht echt?

KERB. Nein, sondern da er eben die Notwendigkeit des Todes einsah, gebärdete er sich zuversichtlich; er wollte nämlich offenbar, damit ihn die Menschen als Zuschauer bewundern, dadurch den Eindruck erwecken, als ob er das, was er unter allen Umständen erleiden mußte, nicht ungern erleiden würde. Und überhaupt könnte ich das von allen solchen Leuten sagen, bis zum Höllenschlund sind sie kühn und mannhaft, ihr Benehmen drinnen ist aber eine vollkommene Widerlegung ihres früheren Verhaltens.

MEN. Wie kam ich dir vor beim Abstieg?

KERB. Du allein, Menipp, benahmst dich würdig deiner Sippe, auch Diogenes vor dir, weil ihr nicht gezwungen oder gestoßen hereinkamt, sondern freiwillig und lachend, voller Spott über den Jammer aller anderen.

22.

Charon und Menipp

CHAR. Zahle, Verfluchter, das Fahrgeld!

MEN. Schrei nur weiter, Charon, wenn dir das eine besondere Freude macht!

CHAR. Zahle, sage ich, dafür, daß wir dich hinübergebracht haben!

ΜΕΝ. Οὐκ ἂν λάβοις παρὰ τοῦ μὴ ἔχοντος.

ΧΑΡ. Ἔστι δέ τις ὀβολὸν μὴ ἔχων;

ΜΕΝ. Εἰ μὲν καὶ ἄλλος τις, οὐκ οἶδα, ἐγὼ δ' οὐκ ἔχω.

ΧΑΡ. Καὶ μὴν ἄγξω σε νὴ τὸν Πλούτωνα, ὦ μιαρέ, ἢν μὴ ἀποδῷς.

ΜΕΝ. Κἀγὼ τῷ ξύλῳ σου πατάξας διαλύσω τὸ κρανίον.

ΧΑΡ. Μάτην οὖν ἔσῃ πεπλευκὼς τοσοῦτον πλοῦν;

ΜΕΝ. Ὁ Ἑρμῆς ὑπὲρ ἐμοῦ σοι ἀποδότω, ὅς με παρέδωκέ σοι.

ΕΡΜ. Νὴ Δί' ὠνάμην γε, εἰ μέλλω καὶ ὑπερεκτίνειν τῶν νεκρῶν. 2

ΧΑΡ. Οὐκ ἀποστήσομαί σου.

ΜΕΝ. Τούτου γε ἕνεκα νεωλκήσας τὸ πορθμεῖον παράμενε· πλὴν ἀλλ' ὃ γε μὴ ἔχω, πῶς ἂν λάβοις;

ΧΑΡ. Σὺ δ' οὐκ ᾔδεις ὡς κομίζεσθαι δέον;

ΜΕΝ. Ἤδειν μέν, οὐκ εἶχον δέ. τί οὖν; ἐχρῆν διὰ τοῦτο μὴ ἀποθανεῖν;

ΧΑΡ. Μόνος οὖν αὐχήσεις προῖκα πεπλευκέναι;

ΜΕΝ. Οὐ προῖκα, ὦ βέλτιστε· καὶ γὰρ ἤντλησα καὶ τῆς κώπης συνεπελαβόμην καὶ οὐκ ἔκλαον μόνος τῶν ἄλλων ἐπιβατῶν.

ΧΑΡ. Οὐδὲν ταῦτα πρὸς πορθμέα· τὸν ὀβολὸν ἀποδοῦναί σε δεῖ· οὐ θέμις ἄλλως γενέσθαι.

MEN. Von dem, der das Geld nicht hat, kannst du es nicht kriegen.

CHAR. Gibt es einen, der keinen Obolos hat?

MEN. Ob noch einen anderen, weiß ich nicht, ich aber habe keinen.

CHAR. Jedoch, beim Pluton! Ich werde dich, du Schurke, würgen, wenn du nicht zahlst.

MEN. Und ich werde dir mit dem Ruder den Schädel zerschlagen.

CHAR. Du sollst also so mir nichts dir nichts eine so lange Fahrt unternommen haben?

MEN. Hermes soll für mich zahlen, da er mich dir übergeben hat.

HERMES. Beim Zeus! Das wäre ein Profit für mich, wenn ich auch noch für die Toten zahlen soll!

CHAR. Ich werde von dir nicht ablassen.

MEN. Was das betrifft, so zieh die Fähre an den Strand und warte; jedoch wie solltest du das, was ich nicht habe, kriegen?

CHAR. Wußtest du nicht, daß man das Fahrgeld mitbringen muß?

MEN. Ich wußte es zwar, hatte es aber nicht. Was also? Hätte ich deshalb nicht sterben dürfen?

CHAR. Du allein sollst dich rühmen, umsonst gefahren zu sein?

MEN. Nicht umsonst, mein lieber Freund. Ich schöpfte ja das Wasser aus, half mit beim Rudern und war der einzige unter den Fahrgästen, der nicht weinte.

CHAR. Das ist dem Fergen gleichgültig. Den Obolos mußt du zahlen; es darf nicht anders sein.

ΜΕΝ. Οὐκοῦν ἄπαγέ με αὖθις ἐς τὸν βίον.   3

ΧΑΡ. Χάριεν λέγεις, ἵνα καὶ πληγὰς ἐπὶ τούτῳ παρὰ τοῦ Αἰακοῦ προσλάβω.

ΜΕΝ. Μὴ ἐνόχλει οὖν.

ΧΑΡ. Δεῖξον τί ἐν τῇ πήρᾳ ἔχεις.

ΜΕΝ. Θέρμους, εἰ θέλεις, καὶ τῆς Ἑκάτης τὸ δεῖπνον.

ΧΑΡ. Πόθεν τοῦτον ἡμῖν, ὦ Ἑρμῆ, τὸν κύνα ἤγαγες; οἷα δὲ καὶ ἐλάλει παρὰ τὸν πλοῦν τῶν ἐπιβατῶν ἁπάντων καταγελῶν καὶ ἐπισκώπτων καὶ μόνος ᾄδων οἰμωζόντων ἐκείνων.

ΕΡΜ. Ἀγνοεῖς, ὦ Χάρων, ὅντινα ἄνδρα διεπόρθμευσας, ἐλεύθερον ἀκριβῶς· οὐδενὸς αὐτῷ μέλει. οὗτός ἐστιν ὁ Μένιππος.

ΧΑΡ. Καὶ μὴν ἄν σε λάβω ποτέ –

ΜΕΝ. Ἂν λάβῃς, ὦ βέλτιστε· δὶς δὲ οὐκ ἂν λάβοις.

23.

Πλούτωνος καὶ Πρωτεσιλάου

ΠΡΩΤ. Ὦ δέσποτα καὶ βασιλεῦ καὶ ἡμέτερε Ζεῦ καὶ σὺ   1
Δήμητρος θύγατερ, μὴ ὑπερίδητε δέησιν ἐρωτικήν.

ΠΛΟΥΤ. Σὺ δὲ τίνων δέῃ παρ' ἡμῶν; ἢ τίς ὢν τυγχάνεις;

ΠΡΩΤ. Εἰμὶ μὲν Πρωτεσίλαος ὁ Ἰφίκλου Φυλάκιος συστρατιώτης τῶν Ἀχαιῶν καὶ πρῶτος ἀποθανὼν τῶν ἐπ' Ἰλίῳ. δέομαι δὲ ἀφεθεὶς πρὸς ὀλίγον ἀναβιῶναι πάλιν.

ΠΛΟΥΤ. Τοῦτον μὲν τὸν ἔρωτα, ὦ Πρωτεσίλαε, πάντες νεκροὶ ἐρῶσι, πλὴν οὐδεὶς ἂν αὐτῶν τύχοι.

ΠΡΩΤ. Ἀλλ' οὐ τοῦ ζῆν, Ἀϊδωνεῦ, ἐρῶ ἔγωγε, τῆς

MEN. Also bring mich wieder ins Leben zurück!

CHAR. Du machst einen Witz; soll ich deshalb von Aiakos auch noch Schläge kriegen?

MEN. Belästige mich also nicht weiter!

CHAR. Zeige, was du in deinem Schnappsack hast!

MEN. Saubohnen, mit Verlaub, und das Mahl der Hekate.

CHAR. Woher brachtest du, Hermes, uns diesen Hund (Kyniker)? Was für Reden plapperte er während der Fahrt, indem er alle Fahrgäste verlachte und verspottete und allein sang, während jene jammerten.

HERM. Du weißt nicht, Charon, was für einen Mann du hinübergesetzt hast, einen vollkommen freien, der sich aus nichts etwas macht. Das ist Menipp.

CHAR. Jedoch, falls ich dich einmal erwische –

MEN. Ja, falls du mich erwischst, mein Lieber; zweimal aber kannst du mich nicht erwischen.

23.

Pluton und Protesilaos

PROT. O Herr und König, unser Zeus, und du, Demeters Tochter, übersehet nicht eine Liebesbitte!

PLUT. Worum bittest du uns, oder wer bist du überhaupt?

PROT. Ich bin Protesilaos, Iphiklos' Sohn aus Phylake, Kampfgenosse der Achaier, derjenige, der von den Griechen vor Troia als erster gefallen ist. Ich bitte aber, auf kurze Zeit wieder freigelassen zu werden und ins Leben zurückzukehren.

PLUT. Dieses Verlangen hegen, Protesilaos, alle Toten, jedoch kann keiner damit Glück haben.

PROT. Aber ich verlange nicht nach dem Leben, Aidoneus,

γυναικὸς δέ, ἣν νεόγαμον ἔτι ἐν τῷ θαλάμῳ καταλιπὼν ᾠχόμην ἀποπλέων, εἶτα ὁ κακοδαίμων ἐν τῇ ἀποβάσει ἀπέθανον ὑπὸ τοῦ Ἕκτορος. ὁ οὖν ἔρως τῆς γυναικὸς οὐ μετρίως ἀποκναίει με, ὦ δέσποτα, καὶ βούλομαι κἂν πρὸς ὀλίγον ὀφθεὶς αὐτῇ καταβῆναι πάλιν.

ΠΛΟΥΤ. Οὐκ ἔπιες, ὦ Πρωτεσίλαε, τὸ Λήθης ὕδωρ; 2

ΠΡΩΤ. Καὶ μάλα, ὦ δέσποτα· τὸ δὲ πρᾶγμα ὑπέρογκον ἦν.

ΠΛΟΥΤ. Οὐκοῦν περίμεινον· ἀφίξεται γὰρ κἀκείνη ποτὲ καὶ οὐδὲ σὲ ἀνελθεῖν δεήσει.

ΠΡΩΤ. Ἀλλ' οὐ φέρω τὴν διατριβήν, ὦ Πλούτων· ἠράσθης δὲ καὶ αὐτὸς ἤδη καὶ οἶσθα οἷον τὸ ἐρᾶν ἐστιν.

ΠΛΟΥΤ. Εἶτα τί σε ὀνήσει μίαν ἡμέραν ἀναβιῶναι μετ' ὀλίγον τὰ αὐτὰ ὀδυρόμενον;

ΠΡΩΤ. Οἶμαι πείσειν κἀκείνην ἀκολουθεῖν παρ' ὑμᾶς, ὥστε ἀνθ' ἑνὸς δύο νεκροὺς λήψῃ μετ' ὀλίγον.

ΠΛΟΥΤ. Οὐ θέμις γενέσθαι ταῦτα οὐδὲ γίνεται πώποτε.

ΠΡΩΤ. Ἀναμνήσω σε, ὦ Πλούτων· Ὀρφεῖ γὰρ δι' 3 αὐτὴν ταύτην τὴν αἰτίαν τὴν Εὐρυδίκην παρέδοτε καὶ τὴν ὁμογενῆ μου Ἄλκηστιν παρεπέμψατε Ἡρακλεῖ χαριζόμενοι.

ΠΛΟΥΤ. Θελήσεις δὲ οὕτως κρανίον γυμνὸν ὢν καὶ ἄμορφον τῇ καλῇ σου ἐκείνῃ νύμφῃ φανῆναι; πῶς δὲ κἀκείνη προσήσεταί σε οὐδὲ δυναμένη διαγνῶναι; φοβήσεται γὰρ εὖ οἶδα καὶ φεύξεταί σε καὶ μάτην ἔσῃ τοσαύτην ὁδὸν ἀνεληλυθώς.

sondern nach meiner Frau, die ich als neuvermählte Gattin noch im Brautgemache zurückließ, um rasch abzusegeln; dann ward ich Unglücklicher bei der Landung von Hektor getötet. Das Verlangen nach meiner Frau peinigt mich, o Herr, über die Maßen und ich will, wenn auch nur auf kurze Zeit, sie wiedersehen, dann wieder herabkommen.

PLUT. Trankst du, Protesilaos, nicht das Wasser der Lethe?

PROT. Jawohl, o Herr; aber die Liebe hat mich überwältigt.

PLUT. Also warte; denn auch sie wird einmal kommen und du wirst gar nicht hinaufgehen brauchen.

PROT. Aber ich ertrage den Aufschub nicht, Pluton. Du warst ja ebenfalls schon verliebt und weißt also, was es heißt, lieben.

PLUT. Was soll es dir dann nützen, nur einen Tag wieder ins Leben zurückzukehren, um bald dasselbe Jammerlied anzustimmen?

PROT. Ich glaube, ich werde auch sie veranlassen, mir zu euch zu folgen, so daß du bald statt eines Toten zwei bekommen wirst.

PLUT. Das darf nicht vorkommen und kommt auch nie vor.

PROT. Ich will deinem Gedächtnis nachhelfen, Pluton. Dem Orpheus nämlich übergabt ihr aus diesem selben Grunde die Eurydike und meine Verwandte, die Alkestis, entließet ihr, dem Herakles zu Gefallen.

PLUT. Du willst so als nackter und häßlicher Totenschädel deiner schönen jungen Frau dort oben erscheinen? Wie sollte jene dich aufnehmen, da sie dich nicht einmal erkennen kann? Sie würde sich, ich weiß es wohl, vor dir fürchten und davonlaufen und du würdest zwecklos einen so großen Weg zurückgelegt haben.

ΦΕΡΣ. Οὐκοῦν, ὦ ἄνερ, σὺ καὶ τοῦτο ἴασαι καὶ τὸν Ἑρμῆν κέλευσον, ἐπειδὰν ἐν τῷ φωτὶ ἤδη ὁ Πρωτεσίλαος ᾖ, καθικόμενον τῇ ῥάβδῳ νεανίαν εὐθὺς καλὸν ἀπεργάσασθαι αὐτόν, οἷος ἦν ἐκ τοῦ παστοῦ.

ΠΛΟΥΤ. Ἐπεὶ Φερσεφόνῃ συνδοκεῖ, ἀναγαγὼν τοῦτον αὖθις ποίησον νυμφίον· σὺ δὲ μέμνησο μίαν λαβὼν ἡμέραν.

24.

Διογένους καὶ Μαυσώλου

ΔΙΟΓ. Ὦ Κάρ, ἐπὶ τίνι μέγα φρονεῖς καὶ πάντων ἡμῶν 1 προτιμᾶσθαι ἀξιοῖς;

ΜΑΥΣ. Καὶ ἐπὶ τῇ βασιλείᾳ μέν, ὦ Σινωπεῦ, ὃς ἐβασίλευσα Καρίας μὲν ἁπάσης, ἦρξα δὲ καὶ Λυδῶν ἐνίων καὶ νήσους δέ τινας ὑπηγαγόμην καὶ ἄχρι Μιλήτου ἐπέβην τὰ πολλὰ τῆς Ἰωνίας καταστρεφόμενος· καὶ καλὸς ἦν καὶ μέγας καὶ ἐν πολέμοις καρτερός· τὸ δὲ μέγιστον, ὅτι ἐν Ἁλικαρνασσῷ μνῆμα παμμέγεθες ἔχω ἐπικείμενον, ἡλίκον οὐκ ἄλλος νεκρός, ἀλλ' οὐδὲ οὕτως ἐς κάλλος ἐξησκημένον, ἵππων καὶ ἀνδρῶν ἐς τὸ ἀκριβέστατον εἰκασμένων λίθου τοῦ καλλίστου, οἷον οὐδὲ νεὼν εὕροι τις ἂν ῥᾳδίως. οὐ δοκῶ σοι δικαίως ἐπὶ τούτοις μέγα φρονεῖν;

ΔΙΟΓ. Ἐπὶ τῇ βασιλείᾳ φὴς καὶ τῷ κάλλει καὶ τῷ 2 βάρει τοῦ τάφου;

ΜΑΥΣ. Νὴ Δί' ἐπὶ τούτοις.

ΔΙΟΓ. Ἀλλ', ὦ καλὲ Μαύσωλε, οὔτε ἡ ἰσχὺς ἐκείνη ἔτι σοι οὔτε ἡ μορφὴ πάρεστιν· εἰ γοῦν τινα ἑλοίμεθα δικαστὴν εὐμορφίας πέρι, οὐκ ἔχω εἰπεῖν, τίνος ἕνεκα τὸ

PHERSEPHONE. Also schaff du, mein Mann, auch hierin Abhilfe und befiehl dem Hermes, den Protesilaos, sobald er bereits im Bereich des Lichtes ist, mit seinem Stab zu berühren und sofort zu einem schönen jungen Mann zu machen, wie er war, als er das Brautgemach verließ.

PLUT. Nachdem Phersephone damit einverstanden ist, führe ihn hinauf und mach ihn wieder zu einem jungen Gemahl! Du aber behalte im Gedächtnis, daß du nur einen Tag bekommen hast!

24.

Diogenes und Mausolos

DIOG. Du Karer, worauf bist du stolz, daß du vor uns allen den Vorrang beanspruchst?

MAUS. Erstens auf mein Königtum, du Sinoper, weil ich König von ganz Karien war, aber auch über einige Lyder herrschte, manche Inseln mir untertänig machte und bis Milet vorrückte, wobei ich den größten Teil Ioniens unterwarf; dann war ich auch schön und groß und in Kriegen stark. Was aber das wichtigste ist, ich habe in Halikarnaß ein ungeheures Grabmal auf mir liegen, wie es kein anderer Toter hat, auch kein so schön gearbeitetes, mit Rossen und Mannen in vollkommenster Ausführung aus dem schönsten Stein; auch keinen solchen Tempel könnte man leicht finden. Scheine ich dir nicht mit Recht darauf stolz zu sein?

DIOG. Auf dein Königtum sagst du, auf deine Schönheit und auf die Schwere deines Grabmals?

MAUS. Beim Zeus, auf diese Dinge.

DIOG. Aber du schöner Mausolos, dir steht weder dieselbe Kraft zu Gebote wie damals noch dieselbe Schönheit. Wollten wir z. B. einen Schiedsrichter betreffs der Schön-

σὸν κρανίον προτιμηθείη ἂν τοῦ ἐμοῦ· φαλακρὰ γὰρ ἄμφω καὶ γυμνά, καὶ τοὺς ὀδόντας ὁμοίως προφαίνομεν καὶ τοὺς ὀφθαλμοὺς ἀφῃρήμεθα καὶ τὰς ῥῖνας ἀποσεσιμώμεθα. ὁ δὲ τάφος καὶ οἱ πολυτελεῖς ἐκεῖνοι λίθοι Ἁλικαρνασσεῦσι μὲν ἴσως εἶεν ἐπιδείκνυσθαι καὶ φιλοτιμεῖσθαι πρὸς τοὺς ξένους, ὡς δή τι μέγα οἰκοδόμημα αὐτοῖς ἐστι· σὺ δέ, ὦ βέλτιστε, οὐχ ὁρῶ ὅ τι ἀπολαύεις αὐτοῦ, πλὴν εἰ μὴ τοῦτο φῄς, ὅτι μᾶλλον ἡμῶν ἀχθοφορεῖς ὑπὸ τηλικούτοις λίθοις πιεζόμενος.

ΜΑΥΣ. Ἀνόνητα οὖν μοι ἐκεῖνα πάντα καὶ ἰσότιμος 3
ἔσται Μαύσωλος καὶ Διογένης;

ΔΙΟΓ. Οὐκ ἰσότιμος, ὦ γενναιότατε, οὐ γάρ· Μαύσωλος μὲν γὰρ οἰμώξεται μεμνημένος τῶν ὑπὲρ γῆς, ἐν οἷς εὐδαιμονεῖν ᾤετο, Διογένης δὲ καταγελάσεται αὐτοῦ. καὶ τάφον ὁ μὲν ἐν Ἁλικαρνασσῷ ἐρεῖ ἑαυτοῦ ὑπὸ Ἀρτεμισίας τῆς γυναικὸς καὶ ἀδελφῆς κατεσκευασμένον, ὁ Διογένης δὲ τοῦ μὲν σώματος εἰ καί τινα τάφον ἔχει οὐκ οἶδεν· οὐδὲ γὰρ ἔμελεν αὐτῷ τούτου· λόγον δὲ τοῖς ἀρίστοις περὶ αὐτοῦ καταλέλοιπεν ἀνδρὸς βίον βεβιωκώς, ὑψηλότερον, ὦ Καρῶν ἀνδραποδωδέστατε, τοῦ σοῦ μνήματος καὶ ἐν βεβαιοτέρῳ χωρίῳ κατεσκευασμένον.

25.

Νιρέως καὶ Θερσίτου καὶ Μενίππου

ΝΙΡ. Ἰδοὺ δή, Μένιππος οὑτοσὶ δικάσει, πότερος εὐμορ- 1
φότερός ἐστιν. εἰπέ, ὦ Μένιππε, οὐ καλλίων σοι δοκῶ;

ΜΕΝ. Τίνες δὲ καί ἐστε; πρότερον, οἶμαι, χρὴ γὰρ τοῦτο εἰδέναι.

heit wählen, so kann ich nicht sagen, weshalb dein Schädel meinem vorgezogen werden sollte. Beide sind ja kahl und bloß, wir fletschen beide gleichermaßen die Zähne, sind der Augen beraubt und haben stumpfe Nasen. Dein Grab aber und die kostbaren Marmorblöcke mögen vielleicht den Halikarnassern dazu dienen, den Fremden gegenüber damit zu prunken und sich zu brüsten, was für ein großes Bauwerk sie da haben. Was du hingegen, mein lieber Freund, davon haben sollst, das sehe ich nicht ein, außer du meinst damit, daß du eine größere Last als wir zu tragen hast, unter der Wucht solcher Blöcke niedergedrückt.

MAUS. Soll das alles unnütz sein und ein Mausolos und ein Diogenes gleichen Rang haben?

DIOG. Nicht gleichen Rang, du edler Herr, gewiß nicht! Denn Mausolos wird jammern in der Erinnerung an sein Leben auf Erden, in dem er sich glücklich deuchte, Diogenes hingegen wird ihn verlachen. Und jener wird von seinem im Halikarnaß von seiner Gattin und Schwester Artemisia errichteten Grabmal sprechen, Diogenes hingegen weiß nicht, ob sein Leib überhaupt ein Grab hat; das wäre ihm auch gleichgültig. Eine Nachrede aber hat er als Andenken an sich den edelsten Männern hinterlassen, das Leben eines Mannes gelebt zu haben, eine Nachrede, die höher steht – das sage ich dir, der du deine Karer an Knechtssinn noch übertriffst –, höher als dein Grabmal und die auf festerem Grund errichtet ist.

25.

Nireus, Thersites und Menipp

NIR. Da schau, Menipp hier soll entscheiden, wer von uns beiden schöner ist. Sag, Menipp, scheine ich dir nicht schöner zu sein?

MEN. Wer seid ihr denn, vorher muß ich halt auch das wissen.

νεκρικοὶ διάλογοι

ΝΙΡ. Νιρεὺς καὶ Θερσίτης.

ΜΕΝ. Πότερος οὖν ὁ Νιρεὺς καὶ πότερος ὁ Θερσίτης; οὐδέπω γὰρ τοῦτο δῆλον.

ΘΕΡΣ. Ἓν μὲν ἤδη τοῦτο ἔχω, ὅτι ὅμοιός εἰμί σοι καὶ οὐδὲν τηλικοῦτον διαφέρεις, ἡλίκον σε Ὅμηρος ἐκεῖνος ὁ τυφλὸς ἐπῄνεσεν, ἁπάντων εὐμορφότερον προσειπών, ἀλλ' ὁ φοξὸς ἐγὼ καὶ ψεδνὸς οὐδὲν χείρων ἐφάνην τῷ δικαστῇ. ὅρα δὲ σύ, ὦ Μένιππε, ὅντινα καὶ εὐμορφότερον ἡγῇ.

ΝΙΡ. Ἐμέ γε τὸν Ἀγλαΐας καὶ Χάροπος,
ὃς κάλλιστος ἀνὴρ ὑπὸ Ἴλιον ἦλθον.

ΜΕΝ. Ἀλλ' οὐχὶ καὶ ὑπὸ γῆν, ὡς οἶμαι, κάλλιστος 2 ἦλθες, ἀλλὰ τὰ μὲν ὀστᾶ ὅμοια, τὸ δὲ κρανίον ταύτῃ μόνον ἄρ' ἄ⟨ν⟩ διακρίνοιτο ἀπὸ τοῦ Θερσίτου κρανίου, ὅτι εὔθρυπτον τὸ σόν· ἀλαπαδνὸν γὰρ αὐτὸ καὶ οὐκ ἀνδρῶδες ἔχεις.

ΝΙΡ. Καὶ μὴν ἐροῦ Ὅμηρον, ὁποῖος ἦν, ὁπότε συνεστράτευον τοῖς Ἀχαιοῖς.

ΜΕΝ. Ὀνείρατά μοι λέγεις· ἐγὼ δὲ ἃ βλέπω καὶ νῦν ἔχεις, ἐκεῖνα δὲ οἱ τότε ἴσασιν.

ΝΙΡ. Οὔκουν ἐγὼ ἐνταῦθα εὐμορφότερός εἰμι, ὦ Μένιππε;

ΜΕΝ. Οὔτε σὺ οὔτε ἄλλος εὔμορφος· ἰσοτιμία γὰρ ἐν ᾅδου καὶ ὅμοιοι ἅπαντες.

ΘΕΡΣ. Ἐμοὶ μὲν καὶ τοῦτο ἱκανόν.

26.

Μενίππου καὶ Χείρωνος

ΜΕΝ. Ἤκουσα, ὦ Χείρων, ὡς θεὸς ὢν ἐπιθυμήσειας 1 ἀποθανεῖν.

NIR. Nireus und Thersites.

MEN. Welcher ist der Nireus und welcher der Thersites, das ist nämlich noch nicht klar.

THERS. Diesen einen Vorteil habe ich nun schon, daß ich dir gleich bin und du dich gar nicht so sehr unterscheidest, wie dich der blinde Homer lobte, da er dich schöner als alle nannte, sondern ich, der mit dem Spitzkopf und dem spärlichen Haarwuchs, dem Schiedsrichter gar nicht schlechter vorkam. Schau aber du, Menipp, wen du für schöner hältst.

NIR. Mich natürlich, der Aglaia und des Charops Sohn,
  der als der schönste Mann vor Ilion hinkam.

MEN. Allein du kamst nicht auch unter die Erde, wie ich glaube, als der schönste Mann, sondern die Gebeine sind gleich, den Schädel könnte man nur in der Hinsicht von dem des Thersites unterscheiden, weil der deinige leicht zerbrechlich ist; du hast nämlich einen schwachen und unmännlichen Schädel.

NIR. Frag jedoch den Homer, wie ich war, als ich mit den Achaiern zu Felde zog.

MEN. Das sind Träume, die du mir da erzählst. Was ich aber sehe, das hast du eben jetzt, von dem, was war, wissen die damaligen Menschen.

NIR. Also soll ich hier nicht schöner sein, Menipp?

MEN. Schön bist weder du noch ein andrer; denn im Hades gibt es keinen Unterschied im Rang, sind sich alle gleich.

THERS. Mir freilich genügt auch das.

26.

Menipp und Cheiron

MEN. Ich habe gehört, Cheiron, daß du trotz deiner göttlichen Natur zu sterben verlangtest.

ΧΕΙΡ. Ἀληθῆ ταῦτα ἤκουσας, ὦ Μένιππε, καὶ τέθνηκα, ὡς ὁρᾷς, ἀθάνατος εἶναι δυνάμενος.

ΜΕΝ. Τίς δαί σε ἔρως ταῦ θανάτου ἔσχεν, ἀνεράστου τοῖς πολλοῖς χρήματος;

ΧΕΙΡ. Ἐρῶ πρὸς σὲ οὐκ ἀσύνετον ὄντα. οὐκ ἦν ἔτι ἡδὺ ἀπολαύειν τῆς ἀθανασίας.

ΜΕΝ. Οὐχ ἡδὺ ἦν ζῶντα ὁρᾶν τὸ φῶς;

ΧΕΙΡ. Οὔκ, ὦ Μένιππε· τὸ γὰρ ἡδὺ ἔγωγε ποικίλον τι καὶ οὐχ ἁπλοῦν ἡγοῦμαι εἶναι. ἐγὼ δὲ ζῶν ἀεὶ καὶ ἀπολαύων τῶν ὁμοίων, ἡλίου, φωτός, τροφῆς (αἱ ὧραι δὲ αἱ αὐταὶ καὶ τὰ γινόμενα ἅπαντα ἑξῆς ἕκαστον, ὥσπερ ἀκολουθοῦντα θάτερον θατέρῳ) ἐνεπλήσθην γοῦν αὐτῶν· οὐ γὰρ ἐν τῷ αὐτῷ ἀεί, ἀλλ' ἐν τῷ μετασχεῖν ὅλως τὸ τερπνὸν ἦν.

ΜΕΝ. Εὖ λέγεις, ὦ Χείρων. τὰ ἐν ᾅδου δὲ πῶς φέρεις, ἀφ' οὗ, προελόμενος αὐτά, ἥκεις;

ΧΕΙΡ. Οὐκ ἀηδῶς, ὦ Μένιππε· ἡ γὰρ ἰσοτιμία πάνυ 2 δημοτικὴ καὶ τὸ πρᾶγμα οὐδὲν ἔχει τὸ διάφορον ἐν φωτὶ εἶναι ἢ ἐν σκότῳ· ἄλλως τε οὔτε διψῆν ὥσπερ ἄνω οὔτε πεινῆν δεῖ, ἀλλ' ἀτελεῖς τούτων ἁπάντων ἐσμέν.

ΜΕΝ. Ὅρα, ὦ Χείρων, μὴ περιπίπτῃς σεαυτῷ καὶ ἐς τὸ αὐτό σοι ὁ λόγος περιστῇ.

ΧΕΙΡ. Πῶς τοῦτο φής;

ΜΕΝ. Ὅτι εἰ τῶν ἐν τῷ βίῳ τὸ ὅμοιον ἀεὶ καὶ ταὐτὸν ἐγένετό σοι προσκορές, καὶ τὰ ἐνταῦθα ὅμοια ὄντα προσ-

CHEIR. Das ist wahr, was du gehört hast, Menipp, und ich bin gestorben, wie du siehst, wo ich unsterblich hätte sein können.

MEN. Welches Verlangen nach dem Tode, nach dem es die meisten nicht gelüstet, kam über dich?

CHEIR. Ich werde es dir sagen; du bist ja nicht unvernünftig; es war kein Vergnügen mehr, weiter im Genuß der Unsterblichkeit zu stehen.

MEN. Es war kein Vergnügen, das Licht der Sonne weiter zu schauen?

CHEIR. Nein, Menipp. Denn das Vergnügen ist nach meiner Ansicht etwas Kompliziertes und nichts Einfaches. Ich aber, ewig im Leben und ewig im Genuß der gleichen Dinge, der Sonne, des Lichtes, der Nahrung, dazu immer dieselben Jahreszeiten und alles Geschehen auf Erden in derselben Reihenfolge, so daß eines nach dem anderen kommt, kurz und gut, da ward ich dessen überdrüssig, denn nicht in der steten Identität (in der stets gleichen Wiederholung), sondern darin, daß man überhaupt daran seinen Anteil bekommt, lag die Annehmlichkeit.

MEN. Du hast recht, Cheiron. Wie erträgst du aber das Leben im Hades, seitdem du aus eigener Wahl hieher gekommen bist?

CHEIR. Nicht ungern, Menipp. Denn die Gleichheit des Ranges ist sehr demokratisch und es macht keinen Unterschied, ob man im Licht weilt oder im Dunkel. Und außerdem braucht man nicht dürsten wie oben oder hungern, sondern sind wir von dem allen frei.

MEN. Sieh zu, Cheiron, daß du dich nicht in deinen eigenen Worten fängst und deine Rede auf dasselbe hinausläuft.

CHEIR. Wie meinst du das?

MEN. Ich meine, wenn du der steten Gleichheit und Identität der Vorgänge im Leben überdrüssig wurdest, dürftest du auch

κορῇ ὁμοίως ἂν γένοιτο, καὶ δεήσει μεταβολήν σε ζητεῖν τινα καὶ ἐντεῦθεν ἐς ἄλλον βίον, ὅπερ οἶμαι ἀδύνατον.

ΧΕΙΡ. Τί οὖν ἂν πάθοι τις, ὦ Μένιππε;

ΜΕΝ. Ὅπερ, οἶμαι, φασί, συνετὸν ὄντα ἀρέσκεσθαι καὶ ἀγαπᾶν τοῖς παροῦσι καὶ μηδὲν αὐτῶν ἀφόρητον οἴεσθαι.

27.

Ἀντισθένους καὶ Κράτητος καὶ Διογένους

ΔΙΟΓ. Ἀντίσθενες καὶ Κράτης, σχολὴν ἄγομεν· ὥστε 1 τί οὐκ ἄπιμεν εὐθὺ τῆς καθόδου περιπατήσοντες, ὀψόμενοι τοὺς κατιόντας, οἷοί τέ εἰσι καὶ τί ἕκαστος αὐτῶν ποιεῖ;

ΑΝΤ. Ἀπίωμεν, ὦ Διόγενες· καὶ γὰρ ἂν ἡδὺ τὸ θέαμα γένοιτο, τοὺς μὲν δακρύοντας αὐτῶν ὁρᾶν, τοὺς δὲ ἱκετεύοντας ἀφεθῆναι, ἐνίους δὲ μόλις κατιόντας καὶ ἐπὶ τράχηλον ὠθοῦντος τοῦ Ἑρμοῦ ὅμως ἀντιβαίνοντας καὶ ὑπτίους ἀντερείδοντας, οὐδὲν δέον.

ΚΡΑΤ. Ἔγωγ᾽ οὖν καὶ διηγήσομαι ὑμῖν ἃ εἶδον ὁπότε κατῄειν κατὰ τὴν ὁδόν.

ΔΙΟΓ. Διήγησαι, ὦ Κράτης· ἔοικας γάρ τινα παγγέλοια ἐρεῖν.

ΚΡΑΤ. Καὶ ἄλλοι μὲν πολλοὶ συγκατέβαινον ἡμῖν, ἐν 2 αὐτοῖς δὲ ἐπίσημοι Ἰσμηνόδωρός τε ὁ πλούσιος ὁ ἡμέτερος καὶ Ἀρσάκης ὁ Μηδίας ὕπαρχος καὶ Ὀροίτης ὁ Ἀρμένιος. ὁ μὲν οὖν Ἰσμηνόδωρος — ἐπεφόνευτο γὰρ ὑπὸ λῃστῶν περὶ τὸν Κιθαιρῶνα Ἐλευσῖνάδε οἶμαι βαδίζων — ἔστενέ τε καὶ τὸ τραῦμα ἐν ταῖν χεροῖν εἶχε καὶ τὰ παιδία, ἃ νεογνὰ καταλελοίπει, ἀνεκαλεῖτο καὶ

des hiesigen Lebens, das sich immer gleich bleibt, überdrüssig werden und wirst du dich um eine Übersiedlung von hier in ein anderes Leben umsehen müssen, was halt unmöglich ist.

CHEIR. Was sollte man da also machen, Menipp?

MEN. Was man halt sagt, vernünftig sein, sich mit den obwaltenden Verhältnissen zufrieden geben und nichts daran für unerträglich erachten.

27.

Antisthenes, Krates und Diogenes

DIOG. Antisthenes und Krates, wir haben gerade Zeit; was gehen wir also nicht geradeaus auf den Abstieg zu, um dort uns herumzutreiben und die Herabkommenden zu sehen, wie sie ausschauen und was jeder von ihnen tut?

ANT. Gehen wir, Diogenes! Das Schauspiel wäre ja unterhaltlich, zu sehen, wie die einen von ihnen weinen, andere flehen, sie freizulassen, einige aber nur mit Mühe herunterkommen und sich, wenn sie Hermes kopfüber hinunterzustoßen sucht, trotzdem dagegen spreizen und sich rücklings dagegen stemmen, obwohl das ganz zwecklos ist.

KRAT. Ich werde euch dabei erzählen, was ich sah, als ich den Weg herabkam.

DIOG. Erzähle es nur, Krates; es scheint ja, du wirst recht lächerliche Dinge erzählen.

KRAT. Auch viele andere stiegen mit uns hinab, unter ihnen aber machten sich bemerkbar der reiche Ismenodoros, unser Landsmann, Arsakes, der Statthalter von Medien, und Oroites, der Armenier. Ismenodoros also – er war nämlich von Räubern in der Umgebung des Kithairon getötet worden, auf einer Reise nach Eleusis glaube ich – stöhnte fortwährend, bedeckte seine Wunde mit den Händen, rief immer nach seinen neugeborenen Kindern, die er hinterlassen hatte, und

νεκρικοί διάλογοι

έαυτῷ ἐπεμέμφετο τῆς τόλμης, ὃς Κιθαιρῶνα ὑπερβάλλων καὶ τὰ περὶ τὰς Ἐλευθεράς, χωρία πανέρημα ὄντα ὑπὸ τῶν πολέμων, διοδεύων δύο μόνους οἰκέτας ἐπηγάγετο, καὶ ταῦτα φιάλας πέντε χρυσᾶς καὶ κυμβία τέτταρα μεθ' ἑαυτοῦ ἔχων. ὁ δὲ Ἀρσάκης — γηραιὸς 3 γὰρ ἤδη καὶ νὴ Δί' οὐκ ἄσεμνος τὴν ὄψιν — ἐς τὸ βαρβαρικὸν ἤχθετο καὶ ἠγανάκτει πεζὸς βαδίζων καὶ ἠξίου τὸν ἵππον αὐτῷ προσαχθῆναι· καὶ γὰρ ὁ ἵππος αὐτῷ συνετεθνήκει, μιᾷ πληγῇ ἀμφότεροι διαπαρέντες ὑπὸ Θρακός τινος πελταστοῦ ἐν τῇ ἐπὶ τῷ Ἀράξῃ πρὸς τὸν Καππαδόκην συμπλοκῇ. ὁ μὲν γὰρ Ἀρσάκης ἐπήλαυνεν, ὡς διηγεῖτο, πολὺ τῶν ἄλλων προεξορμήσας, ὑποστὰς δὲ ὁ Θρᾷξ, τῇ πέλτῃ μὲν ὑποδύς, ἀποσείεται τοῦ Ἀρσάκου τὸν κοντόν, ὑποθεὶς δὲ τὴν σάρισαν αὐτόν τε διαπείρει καὶ τὸν ἵππον.

ΑΝΤ. Πῶς οἷόν τε, ὦ Κράτης, μιᾷ πληγῇ τοῦτο γε- 4
νέσθαι;

ΚΡΑΤ. Ῥᾷστ', ὦ Ἀντίσθενες· ὁ μὲν γὰρ ἐπήλαυνεν εἰκοσάπηχύν τινα κοντὸν προβεβλημένος, ὁ Θρᾷξ δὲ ἐπειδὴ τῇ πέλτῃ ἀπεκρούσατο τὴν προσβολὴν καὶ παρῆλθεν αὐτὸν ἡ ἀκωκή, ἐς γόνυ ὀκλάσας δέχεται τῇ σαρίσῃ τὴν ἐπέλασιν καὶ τιτρώσκει τὸν ἵππον ὑπὸ τὸ στέρνον ὑπὸ θυμοῦ καὶ σφοδρότητος ἑαυτὸν διαπείραντα· διελαύνεται δὲ καὶ ὁ Ἀρσάκης ἐκ τοῦ βουβῶνος διαμπὰξ ἄχρι ὑπὸ τὴν πυγήν. ὁρᾷς οἷόν τι ἐγένετο, οὐ τοῦ ἀνδρός, ἀλλὰ τοῦ ἵππου μᾶλλον τὸ ἔργον. ἠγανάκτει δ' ὅμως ὁμότιμος ὢν τῶν ἄλλων καὶ ἠξίου ἱππεὺς κατιέναι. ὁ δέ γε Ὀροίτης καὶ πάνυ ἁπαλὸς ἦν τὼ πόδε 5 καὶ οὐδ' ἑστάναι χαμαί, οὐχ ὅπως βαδίζειν ἐδύνατο· πάσχουσι δ' αὐτὸ ἀτεχνῶς Μῆδοι πάντες· ἐπὴν ἀποβῶσι τῶν ἵππων, ὥσπερ ἐπὶ τῶν ἀκανθῶν βαίνοντες

machte sich Vorwürfe wegen seiner Tollkühnheit, daß er beim Überschreiten des Kithairon und bei der Durchreise durch die infolge der Kriege verödete Gegend von Eleutherai nur zwei Sklaven mitgenommen hatte, und das, obwohl er fünf goldene Schalen und vier Trinkbecher bei sich hatte. Arsakes aber – er war nämlich bereits ein alter Mann und, beim Zeus, gar stattlich anzusehen – war nach Art der Orientalen darüber heftig empört, daß er zu Fuß gehen mußte, und verlangte fortwährend, ihm sein Roß zu bringen. Das Roß war nämlich zugleich mit ihm getötet worden, beide von einem thrakischen Plänkler in der Schlacht am Araxes gegen den Kappadokier mit einem einzigen Stoß durchbohrt. Arsakes sprengte nämlich, wie er erzählte, den anderen weit voraus, der Thraker aber hält ihm stand, duckt sich unter seinen Schild, stößt damit den schweren Speer des Arsakes beiseite, legt seine lange Lanze ein und durchbohrt damit ihn und das Roß.

ANT. Wie war es möglich, Krates, daß das mit einem einzigen Stoß geschah?

KRAT. Sehr leicht, Antisthenes. Der eine sprengte nämlich mit seinem etwa 20 Ellen langen Speer heran, der Thraker aber wehrte zunächst mit seinem Schild den Anprall ab, und wie dann die Spitze an ihm vorbei war, läßt er sich aufs Knie nieder, fängt mit seiner Lanze den Ansturm auf und verwundet das Roß unter der Brust, das nun infolge seines heftigen Ungestüms sich selbst durchbohrt. Dabei wird aber auch Arsakes durchbohrt, von der Schamgegend bis zum Steiß. Du siehst, wie sich das abspielte, was mehr ein Werk des Rosses als des Thrakers war. Gleichwohl war Arsakes über seine Gleichstellung mit den übrigen empört und verlangte immer wieder, in die Unterwelt einreiten zu dürfen. Oroites aber war sehr schlecht auf den Füßen und konnte auf dem Erdboden nicht stehen, geschweige denn gehen; das ist aber durchaus bei allen Medern der Fall, daß sie, sind sie einmal von ihren Pferden abgestiegen, wie auf Dornen nur mühselig auf den

ἀκροποδητὶ μόλις βαδίζουσιν. ὥστε ἐπεὶ καταβαλὼν ἑαυτὸν ἔκειτο καὶ οὐδεμιᾷ μηχανῇ ἀνίστασθαι ἤθελεν, ὁ βέλτιστος Ἑρμῆς ἀράμενος αὐτὸν ἐκόμισεν ἄχρι πρὸς τὸ πορθμεῖον, ἐγὼ δὲ ἐγέλων.

ΑΝΤ. Κἀγὼ δὲ ὁπότε κατῄειν, οὐδ' ἀνέμιξα ἐμαυτὸν 6 τοῖς ἄλλοις, ἀλλ' ἀφεὶς οἰμώζοντας αὐτοὺς προσδραμὼν ἐπὶ τὸ πορθμεῖον προκατέλαβον χώραν, ὡς ἂν ἐπιτηδείως πλεύσαιμι· καὶ παρὰ τὸν πλοῦν οἱ μὲν ἐδάκρυόν τε καὶ ἐναυτίων, ἐγὼ δὲ μάλα ἐτερπόμην ἐπ' αὐτοῖς.

ΔΙΟΓ. Σὺ μέν, ὦ Κράτης καὶ Ἀντίσθενες, τοιούτων 7 ἐτύχετε τῶν ξυνοδοιπόρων, ἐμοὶ δὲ Βλεψίας τε ὁ δανειστικὸς ὁ ἐκ Πειραιῶς καὶ Λάμπις ὁ Ἀκαρνὰν ξεναγὸς ὢν καὶ Δᾶμις ὁ πλούσιος ὁ ἐκ Κορίνθου συγκατῄεσαν, ὁ μὲν Δᾶμις ὑπὸ τοῦ παιδὸς ἐκ φαρμάκων ἀποθανών, ὁ δὲ Λάμπις δι' ἔρωτα Μυρτίου τῆς ἑταίρας ἀποσφάξας ἑαυτόν, ὁ δὲ Βλεψίας λιμῷ ἄθλιος ἐλέγετο ἀπεσκληκέναι καὶ ἐδήλου δὲ ὠχρὸς ἐς ὑπερβολὴν καὶ λεπτὸς ἐς τὸ ἀκριβέστατον φαινόμενος. ἐγὼ δέ, καίπερ εἰδώς, ἀνέκρινον, ὃν τρόπον ἀποθάνοιεν. εἶτα τῷ μὲν Δάμιδι αἰτιωμένῳ τὸν υἱόν, Οὐκ ἄδικα μέντοι ἔπαθες, ἔφην, ὑπ' αὐτοῦ, εἰ τάλαντα ἔχων χίλια ὁμοῦ καὶ τρυφῶν αὐτὸς ἐνενηκοντούτης ὢν ὀκτωκαιδεκαέτει νεανίσκῳ τέτταρας ὀβολοὺς παρεῖχες. σὺ δέ, ὦ Ἀκαρνάν – ἔστενε γὰρ κἀκεῖνος καὶ κατηρᾶτο τῇ Μυρτίῳ – τί αἰτιᾷ τὸν Ἔρωτα, σεαυτὸν δέον, ὃς τοὺς μὲν πολεμίους οὐδεπώποτε ἔτρεσας, ἀλλὰ φιλοκινδύνως ἠγωνίζου πρὸ τῶν ἄλλων, ὑπὸ δὲ τοῦ τυχόντος παιδισκαρίου καὶ δακρύων ἐπιπλάστων καὶ στεναγμῶν ἑάλως ὁ γενναῖος. ὁ μὲν γὰρ Βλεψίας αὐτὸς ἑαυτοῦ κατηγόρει φθάσας πολλὴν τὴν ἄνοιαν, ὡς

Fußspitzen dahinschreiten. Nachdem er sich also vom Pferd herabgelassen hatte, lag er da und wollte auf keine Weise aufstehen, es mußte ihn also der gute Hermes auf den Rücken nehmen und bis zur Fähre tragen, ich aber lachte ohne Unterlaß.

ANT. Während meines Abstieges mischte ich mich überhaupt nicht unter die übrigen, sondern ließ sie jammern, eilte zur Fähre und nahm vor ihnen meinen Platz ein, um bequem zu fahren. Und während der Fahrt weinten sie und waren seekrank, ich jedoch weidete mich sehr an ihnen.

DIOG. Du, Krates und Antisthenes, ihr habt solche Fahrtgenossen gehabt, mit mir zugleich aber kam der Wucherer Blepsias aus dem Piräus herab, der Söldnerführer Lampis aus Akarnanien und der reiche Damis aus Korinth, von denen Damis an einem Gift gestorben war, das ihm sein Sohn verabreicht hatte, Lampis aus Liebe zur Hetäre Myrtion sich erstochen hatte, der arme Blepsias aber, wie es hieß, verhungert war, was man ihm auch anmerkte, weil er über die Maßen blaß und außerordentlich mager aussah. Obwohl ich's wußte, fragte ich sie doch aus, wie sie gestorben wären. Dann sprach ich zu Damis, der seinen Sohn beschuldigte: „Dir ist doch von seiner Seite kein Unrecht geschehen, wenn du, im Besitz von etwa 1000 Talenten und bei deinem üppigen Leben, das du selber als 90jähriger führtest, dem 18jährigen Bürschchen nur 4 Obolen täglich zur Verfügung stelltest. Du aber, Arkananier, – auch jener stöhnte nämlich fortwährend und verfluchte die Myrtion – was beschuldigst du den Liebesgott, wo du dich selber beschuldigen solltest, der du vor den Feinden niemals zagtest, vor den andern dich in Gefahren stürztest, von einer ganz gewöhnlichen Dirne aber, die dir in den Wurf kam, durch falsche Tränen und Seufzer dich fangen ließest, du edler Held." Blepsias jedoch kam meinen Worten zuvor und bezichtigte sich selbst großer Torheit, daß er sein

τά χρήματα έφύλαττε τοις ούδέν προσήκουσι κληρονόμοις, ύπονοῶν άεί βιώσεσθαι ό μάταιος. πλήν έμοιγε ού τήν τυχοῦσαν τερπωλήν παρέσχον τότε στένοντες. άλλ' ήδη μέν έπί τῷ στομίῳ έσμέν, άποβλέπειν δέ χρή 8 καί άποσκοπεῖν πόρρωθεν τούς άφικνουμένους. βαβαῖ, πολλοί γε καί ποικίλοι καί πάντες δακρύοντες πλήν τῶν νεογνῶν τούτων καί νηπίων. άλλά καί οἱ πάνυ γέροντες όδύρονται. τί τοῦτο; ἆρα τό φίλτρον αὐτούς ἔχει τοῦ βίου; τοῦτον οὖν τόν ὑπέργηρων ἐρέσθαι βού- 9 λομαι. τί δακρύεις τηλικοῦτος άποθανών; τί άγανακτεῖς, ὦ βέλτιστε, καί ταῦτα γέρων άφιγμένος; ἦ που βασιλεύς τις ἦσθα;

ΓΕΡ. Ούδαμῶς.

ΔΙΟΓ. 'Αλλά σατράπης;

ΓΕΡ. Ούδέ τοῦτο.

ΔΙΟΓ. ᾿Αρα οὖν έπλούτεις, εἶτα άνιᾷ σε τό πολλήν τρυφήν άπολιπόντα τεθνάναι;

ΓΕΡ. Ούδέν τοιοῦτον, άλλ' έτη μέν έγεγόνειν άμφί τά ένενήκοντα, βίον δέ άπορον άπό καλάμου καί όρμιᾶς εἶχον ἐς ύπερβολήν πτωχός ὢν ἄτεκνός τε καί προσέτι χωλός καί άμυδρόν βλέπων.

ΔΙΟΓ. Εἶτα τοιοῦτος ὢν ζῆν ἤθελες;

ΓΕΡ. Ναί· ἡδύ γάρ ἦν τό φῶς καί τό τεθνάναι δεινόν καί φευκτέον.

ΔΙΟΓ. Παραπαίεις, ὦ γέρον, καί μειρακιεύῃ πρός τό χρεών, καί ταῦτα ήλικιώτης ὢν τοῦ πορθμέως. τί οὖν ἄν τις ἔτι λέγοι περί τῶν νέων, όπότε οἱ τηλικοῦτοι φιλόζωοί εἰσιν, οὕς έχρῆν διώκειν τόν θάνατον ὡς τῶν ἐν τῷ γήρᾳ κακῶν φάρμακον. άλλ' άπίωμεν ήδη, μή καί τις ήμᾶς ύπίδηται ὡς άπόδρασιν βουλεύοντας, όρῶν περί τό στόμιον είλουμένους.

Geld für die mit ihm gar nicht verwandten Erben hütete, in der törichten Einbildung, er werde immer leben. Kurz und gut, mir gewährten sie mit ihrem Gestöhn kein geringes Vergnügen. Aber wir sind bereits beim Höllenschlund, man muß also Ausschau halten und von der Ferne die Ankommenden ins Auge fassen. Pah, viele sind es, eine bunte Menge, und alle voller Tränen mit Ausnahme hier der neugeborenen Kinder. Aber sogar die ganz Alten jammern. Was ist das? Sind sie vom Zauber des Lebens gefesselt? Diesen steinalten Mann also will ich fragen. Was weinst du, obwohl du in so hohem Alter verstorben bist? Was bist du empört, mein lieber Freund, und das, wo du doch erst als Greis hieher gekommen bist? Warst du etwa ein König?

GREIS. Keineswegs.

DIOG. Aber ein Satrap?

GREIS. Auch das nicht.

DIOG. Warst du also reich, betrübt es dich also, daß du, statt dein üppiges Leben weiterzuführen, gestorben bist?

GREIS. Auch so etwas war es nicht, sondern ich war gegen 90 Jahre alt und führte ein mühseliges Leben vom Ertrag meiner Fischerei, war über die Maßen arm, kinderlos und dazu noch lahm und schwachsichtig.

DIOG. Und trotz dieser Umstände wolltest du weiterleben?

GREIS. Ja; das Sonnenlicht war ja etwas Erfreuliches, tot sein aber ist schrecklich und abscheulich.

DIOG. Du bist verrückt, Alter, und benimmst dich wie ein dummer Junge gegenüber der Macht des Schicksals, und das, wo du doch ein Altersgenosse des Fergen bist. Was soll man also von dem Jungen sagen, wann die Alten so am Leben hängen, die doch dem Tod nachlaufen sollten, weil er ein Heilmittel für die Übel im Greisenalter ist. – Aber gehen wir nun fort, damit nicht jemand uns verdächtige, wir dächten an ein Entwischen, wenn er sieht, wie wir uns um den Höllenschlund drängen.

νεκρικοὶ διάλογοι

28.

Μενίππου καὶ Τειρεσίου

ΜΕΝ. Ὦ Τειρεσία, εἰ μὲν καὶ τυφλὸς εἶ, οὐκέτι διαγνῶναι 1
ῥᾴδιον· ἅπασι γὰρ ὅμοια ἡμῖν τὰ ὄμματα, κεναὶ μόναι
χῶραι αὐτῶν· τὰ δ' ἄλλα οὐκέτ' ἂν εἰπεῖν ἔχοις, τίς ὁ
Φινεὺς ἦν ἢ τίς ὁ Λυγκεύς. ὅτι μέντοι μάντις ἦσθα καὶ
ὅτι ἀμφότερα ἐγένου μόνος, καὶ ἀνὴρ καὶ γυνή, τῶν
ποιητῶν ἀκούσας οἶδα. πρὸς τῶν θεῶν τοιγαροῦν εἰπέ
μοι, ὁποτέρου ἐπειράθης ἡδίονος τῶν βίων, ὁπότε
ἀνὴρ ἦσθα, ἢ ὁ γυναικεῖος ἀμείνων ἦν;

ΤΕΙΡ. Παρὰ πολύ, ὦ Μένιππε, ὁ γυναικεῖος· ἀπραγμονέστερος γάρ. καὶ δεσπόζουσι τῶν ἀνδρῶν αἱ γυναῖκες, καὶ οὔτε πολεμεῖν ἀνάγκη αὐταῖς οὔτε παρ' ἔπαλξιν ἑστάναι οὔτε ἐν ἐκκλησίᾳ διαφέρεσθαι οὔτε ἐν δικαστηρίοις ἐξετάζεσθαι.

ΜΕΝ. Οὐ γὰρ ἀκήκοας, ὦ Τειρεσία, τῆς Εὐριπίδου Μη- 2
δείας, οἷα εἶπεν οἰκτείρουσα τὸ γυναικεῖον, ὡς ἀθλίας
οὔσας καὶ ἀφόρητόν τινα τὸν ἐκ τῶν ὠδίνων πόνον
ὑφισταμένας; ἀτὰρ εἰπέ μοι — ὑπέμνησε γάρ με τὰ
τῆς Μηδείας ἰαμβεῖα — καὶ ἔτεκές ποτε, ὦ Τειρεσία,
ὁπότε γυνὴ ἦσθα, ἢ στεῖρα καὶ ἄγονος διετέλεσας ἐν
ἐκείνῳ τῷ βίῳ;

ΤΕΙΡ. Τί τοῦτο, ὦ Μένιππε, ἐρωτᾷς;

ΜΕΝ. Οὐδὲν χαλεπόν, ὦ Τειρεσία· πλὴν ἀπόκριναι, εἴ
σοι ῥᾴδιον.

ΤΕΙΡ. Οὐ στεῖρα μὲν ἤμην, οὐκ ἔτεκον δ' ὅμως.

ΜΕΝ. Ἱκανὸν τοῦτο· εἰ γὰρ καὶ μήτραν εἶχες, ἐβουλόμην εἰδέναι.

ΤΕΙΡ. Εἶχον δηλαδή.

28.

Menipp und Teiresias

MEN. Teiresias, ob du auch blind bist, ist nicht mehr leicht zu erkennen. Wir alle haben ja die gleichen Augen, d.h. bloß leere Augenhöhlen; im übrigen könnte man nicht mehr sagen, wer der (blinde) Phineus war und wer der (luchsartige) Lynkeus. Daß du jedoch ein Seher warst und als einziger Mensch beides gewesen bist, Mann und Frau, weiß ich, da ich es von den Dichtern gehört habe. Bei den Göttern also sag mir, welches Leben war nach deiner Erfahrung angenehmer: als du ein Mann warst, oder war das weibliche Leben besser?

TEIR. Bei weitem, Menipp, das weibliche; es gibt da ja weniger zu tun. Auch herrschen die Frauen über die Männer und müssen weder in den Krieg ziehen noch ihre Heimat verteidigen noch in der Volksversammlung sich herumstreiten oder sich vor Gerichtshöfen auf Herz und Nieren prüfen lassen.

MEN. Hast du, Teiresias, nicht die Worte der Medea des Euripides gehört, die sie aus Mitleid mit dem weiblichen Geschlecht sprach, daß die Frauen arm daran sind und einen unerträglichen Schmerz bei den Geburtswehen ausstehen müssen? Aber sage mir – mich erinnern nämlich daran die Verse der Medea – gebarst du auch einmal, als du Frau warst, oder warst du dauernd unfruchtbar in jenem Leben?

TEIR. Warum stellst, Menipp, diese Frage?

MEN. Keine schwere, Teiresias; jedoch antworte, wenn es dir nicht zu schwer fällt.

TEIR. Ich war nicht unfruchtbar, gebar aber gleichwohl nicht.

MEN. Das genügt. Ob du nämlich nicht auch eine Gebärmutter hattest, möchte ich wissen.

TEIR. Ich hatte sie, natürlich.

ΜΕΝ. Χρόνῳ δέ σοι ἡ μήτρα ἠφανίσθη καὶ τὸ μόριον τὸ γυναικεῖον ἀπεφράγη καὶ οἱ μαστοὶ ἀπετάθησαν καὶ τὸ ἀνδρεῖον ἀνέφυ καὶ πώγωνα ἐξήνεγκας, ἢ αὐτίκα ἐκ γυναικὸς ἀνὴρ ἀνεφάνης;

ΤΕΙΡ. Οὐχ ὁρῶ τί σοι βούλεται τὸ ἐρώτημα· δοκεῖς δ' οὖν μοι ἀπιστεῖν, εἰ ταῦθ' οὕτως ἐγένετο.

ΜΕΝ. Οὐ χρὴ γὰρ ἀπιστεῖν, ὦ Τειρεσία, τοῖς τοιούτοις, ἀλλὰ καθάπερ τινὰ βλᾶκα μὴ ἐξετάζοντα, εἴτε δυνατά ἐστιν εἴτε καὶ μή, παραδέχεσθαι;

ΤΕΙΡ. Σὺ οὖν οὐδὲ τὰ ἄλλα πιστεύεις οὕτω γενέσθαι, 3 ὁπόταν ἀκούσῃς ὅτι ὄρνεα ἐκ γυναικῶν ἐγένοντό τινες ἢ δένδρα ἢ θηρία, τὴν Ἀηδόνα ἢ τὴν Δάφνην ἢ τὴν τοῦ Λυκάονος θυγατέρα;

ΜΕΝ. Ἤν που κἀκείναις ἐντύχω, εἴσομαι ὅ τι καὶ λέγουσι. σὺ δέ, ὦ βέλτιστε, ὁπότε γυνὴ ἦσθα, καὶ ἐμαντεύου τότε ὥσπερ καὶ ὕστερον, ἢ ἅμα ἀνὴρ καὶ μάντις ἔμαθες εἶναι;

ΤΕΙΡ. Ὁρᾷς; ἀγνοεῖς τὰ περὶ ἐμοῦ ἅπαντα, ὡς καὶ διέλυσά τινα ἔριν τῶν θεῶν, καὶ ἡ μὲν Ἥρα ἐπήρωσέ με, ὁ δὲ Ζεὺς παρεμυθήσατο τῇ μαντικῇ τὴν συμφοράν.

ΜΕΝ. Ἔτι ἔχῃ, ὦ Τειρεσία, τῶν ψευσμάτων; ἀλλὰ κατὰ τοὺς μάντεις τοῦτο ποιεῖς· ἔθος γὰρ ὑμῖν μηδὲν ὑγιὲς λέγειν.

29.

Αἴαντος καὶ Ἀγαμέμνονος

ΑΓΑΜ. Εἰ σὺ μανείς, ὦ Αἶαν, σαυτὸν ἐφόνευσας, ἐμέλλη- 1 σας δὲ καὶ ἡμᾶς ἅπαντας, τί αἰτιᾷ τὸν Ὀδυσσέα καὶ

MEN. War das nun so, daß die Gebärmutter im Laufe der Zeit verschwand, das weibliche Geschlechtsglied verstopft wurde und deine Brüste sich verflachten, das männliche Geschlechtsglied dir wuchs und du einen Bart bekamst, oder wurdest du auf einmal aus einer Frau in einen Mann verwandelt?

TEIR. Ich sehe nicht, worauf deine Frage zielt; du scheinst mir also ungläubig zu sein, ob das sich so abspielte.

MEN. Muß man, Teiresias, gegen solche Dinge nicht mißtrauisch sein, sondern sie wie ein Dummkopf ohne Prüfung, ob sie möglich sind oder nicht, gelten lassen?

TEIR. Du glaubst also auch nicht die anderen Geschichten, wann du hörst, daß einige aus Frauen zu Vögeln wurden oder zu Bäumen oder Tieren, die Aëdon oder die Daphne oder Lykaons Tochter?

MEN. Falls ich etwa auch jene treffe, werde ich erfahren, was sie dazu sagen. Du aber, mein lieber Freund, übtest du deinen Beruf als Seher auch zu der Zeit aus, als du noch Frau warst so wie später, oder lerntest du zugleich die Rolle des Mannes und des Sehers?

TEIR. Siehst du? Dir sind alle Geschichten über mich unbekannt, daß ich auch einen Streit der Götter schlichtete und Hera mich blendete, Zeus aber mir zum Trost für mein Unglück die Sehergabe verlieh.

MEN. Hältst du, Teiresias, noch immer an deinen Lügen fest? Aber das tust du nach Seherart; es ist ja euer Brauch, nichts Vernünftiges zu reden.

29.

Aias und Agamemnon

AGAM. Wenn du im Wahnsinn, Aias, dich selbst umgebracht hast, aber auch uns alle umzubringen gedachtest, was be-

πρῴην οὔτε προσέβλεψας αὐτόν, ὁπότε ἧκε μαντευσόμενος, οὔτε προσειπεῖν ἠξίωσας ἄνδρα συστρατιώτην καὶ ἑταῖρον, ἀλλ' ὑπεροπτικῶς μεγάλα βαίνων παρῆλθες;

ΑΙΑΣ. Εἰκότως, ὦ 'Αγάμεμνον· αὐτὸς γάρ μοι τῆς μανίας αἴτιος κατέστη μόνος ἀντεξετασθεὶς τοῖς ὅπλοις.

ΑΓΑΜ. Ἠξίωσας δὲ ἀνανταγώνιστος εἶναι καὶ ἀκονιτὶ κρατεῖν ἁπάντων;

ΑΙΑΣ. Ναί, τά γε τοιαῦτα· οἰκεία γάρ μοι ἦν ἡ πανοπλία τοῦ ἀνεψιοῦ γε οὖσα. καὶ ὑμεῖς οἱ ἄλλοι πολὺ ἀμείνους ὄντες ἀπείπασθε τὸν ἀγῶνα καὶ παρεχωρήσατε μοι τῶν ἄθλων, ὁ δὲ Λαέρτου, ὃν ἐγὼ πολλάκις ἔσωσα κινδυνεύοντα κατακεκόφθαι ὑπὸ τῶν Φρυγῶν, ἀμείνων ἠξίου εἶναι καὶ ἐπιτηδειότερος ἔχειν τὰ ὅπλα.

ΑΓΑΜ. Αἰτιῶ τοιγαροῦν, ὦ γενναῖε, τὴν Θέτιν, ἥ, δέον 2 σοὶ τὴν κληρονομίαν τῶν ὅπλων παραδοῦναι συγγενεῖ γε ὄντι, φέρουσα ἐς τὸ κοινὸν κατέθετο αὐτά.

ΑΙΑΣ. Οὔκ, ἀλλὰ τὸν Ὀδυσσέα, ὃς ἀντεποιήθη μόνος.

ΑΓΑΜ. Συγγνώμη, ὦ Αἶαν, εἰ ἄνθρωπος ὢν ὠρέχθη δόξης, ἡδίστου πράγματος, ὑπὲρ οὗ καὶ ἡμῶν ἕκαστος κινδυνεύειν ὑπέμενεν, ἐπεὶ καὶ ἐκράτησέ σου καὶ ταῦτα παρὰ Τρωσὶ δικασταῖς.

ΑΙΑΣ. Οἶδα ἐγώ, ἥτις μου κατεδίκασεν· ἀλλ' οὐ θέμις λέγειν τι περὶ τῶν θεῶν. τὸν δ' οὖν Ὀδυσσέα μὴ οὐχὶ μισεῖν οὐκ ἂν δυναίμην, ὦ Ἀγάμεμνον, οὐδ' εἰ αὐτή μοι ἡ Ἀθηνᾶ τοῦτο ἐπιτάττοι.

schuldigst du den Odysseus und blicktest ihn kürzlich weder an, als er hieherkam, um sich weissagen zu lassen, noch würdigtest du ihn eines Wortes, ihn, deinen Waffengefährten und Freund, sondern gingst, ohne ihn zu beachten, mit großen Schritten an ihm vorüber?

AIAS. Mit Recht, Agamemnon; er selbst ist ja schuld an meinem Wahnsinn gewesen, weil er allein sich mit mir in den Waffenstreit um die Rüstung (des Achill) einließ.

AGAM. Wolltest du ohne Gegner bleiben und ohne Kampf über alle den Sieg davontragen?

AIAS. Ja, so etwas! Denn die Rüstung war mein Eigentum, da sie meinem Vetter gehört hatte. Und ihr alle hattet, obwohl ihr dem Odysseus überlegen wart, auf den Wettbewerb verzichtet und eure Ansprüche auf den Kampfpreis zu meinen Gunsten aufgegeben, des Laërtes Sohn hingegen, den ich oft aus der Gefahr, von den Phrygern niedergemetzelt zu werden, errettet hatte, erhob den Anspruch, mir überlegen und würdiger zu sein, die Waffen zu besitzen.

AGAM. Beschuldige darum, du wackerer Held, die Thetis, die, obwohl sie dir als dem Verwandten des Achill die Rüstung als Erbe hätte einhändigen sollen, sie in unsere Mitte brachte und da hinterlegte.

AIAS. Nein, sondern den Odysseus beschuldige ich, der allein sie beanspruchte.

AGAM. Verzeihung, Aias, wenn er als Mensch nach Ruhm, einem so angenehmen Ding, strebte, für das auch ein jeder von uns Gefahren bestand. Zudem trug er ja beim Wettbewerb den Sieg über dich davon und das vor trojanischen Richtern.

AIAS. Ich weiß, welche Göttin den mir ungünstigen Spruch veranlaßt hat; aber über die Götter darf man nichts sagen. Vom Haß gegen den Odysseus aber abzulassen, wäre mir, Agamemnon, unmöglich, sogar wenn die Athene selbst es mir auftrüge.

30.

Μίνωος καὶ Σωστράτου

ΜΙΝ. Ὁ μὲν λῃστὴς οὑτοσὶ Σώστρατος ἐς τὸν Πυριφλε- 1
γέθοντα ἐμβεβλήσθω, ὁ δὲ ἱερόσυλος ὑπὸ τῆς Χιμαίρας
διασπασθήτω, ὁ δὲ τύραννος, ὦ Ἑρμῆ, παρὰ τὸν Τιτυὸν ἀποταθεὶς ὑπὸ τῶν γυπῶν καὶ αὐτὸς κειρέσθω τὸ
ἧπαρ, ὑμεῖς δὲ οἱ ἀγαθοὶ ἄπιτε κατὰ τάχος ἐς τὸ Ἠλύ-
σιον πεδίον καὶ τὰς μακάρων νήσους κατοικεῖτε, ἀνθ᾿
ὧν δίκαια ἐποιεῖτε παρὰ τὸν βίον.

ΣΩΣΤ. Ἄκουσον, ὦ Μίνως, εἴ σοι δίκαια δόξω λέγειν.

ΜΙΝ. Νῦν ἀκούσω αὖθις; οὐ γὰρ ἐξελήλεγξαι, ὦ Σώστρατε, πονηρὸς ὢν καὶ τοσούτους ἀπεκτονώς;

ΣΩΣΤ. Ἐλήλεγμαι μέν, ἀλλ᾿ ὅρα, εἰ δικαίως κολασθή-
σομαι.

ΜΙΝ. Καὶ πάνυ, εἴ γε ἀποτίνειν τὴν ἀξίαν δίκαιον.

ΣΩΣΤ. Ὅμως ἀπόκριναί μοι, ὦ Μίνως· βραχὺ γάρ τι
ἐρήσομαί σε.

ΜΙΝ. Λέγε, μὴ μακρὰ μόνον, ὡς καὶ τοὺς ἄλλους δια-
κρίνωμεν ἤδη.

ΣΩΣΤ. Ὁπόσα ἔπραττον ἐν τῷ βίῳ, πότερα ἑκὼν 2
ἔπραττον ἢ ἐπεκέκλωστό μοι ὑπὸ τῆς Μοίρας;

ΜΙΝ. Ὑπὸ τῆς Μοίρας δηλαδή.

ΣΩΣΤ. Οὐκοῦν καὶ οἱ χρηστοὶ ἅπαντες καὶ οἱ πονηροὶ
δοκοῦντες ἡμεῖς ἐκείνῃ ὑπηρετοῦντες ταῦτα ἐδρῶμεν;

ΜΙΝ. Ναί, τῇ Κλωθοῖ, ἣ ἑκάστῳ ἐπέταξε γεννηθέντι τὰ
πρακτέα.

30.

Minos und Sostratos

MIN. Dieser Räuber Sostratos soll in den Pyriphlegethon geworfen, der Tempelräuber von der Chimaira zerrissen, der Tyrann, Hermes, neben dem Tityos ausgestreckt und seine Leber ebenfalls von den Geiern gefressen werden; ihr aber, ihr Guten, geht eilends zum Elysischen Gefilde und bewohnt die Inseln der Seligen, zum Lohn für eure guten Taten während des Lebens.

SOST. Höre zu, Minos, ob dir meine Worte berechtigt vorkommen werden.

MIN. Jetzt soll ich wieder zuhören? Bist du, Sostratos, nicht überwiesen, daß du ein Bösewicht warst und so viele getötet hast?

SOST. Überwiesen schon, aber sieh zu, ob ich gerechterweise bestraft werden soll.

MIN. Ja gewiß, da es doch nur recht und billig ist, entsprechend zu büßen.

SOST. Gleichwohl antworte mir, Minos; ich werde nur eine kurze Frage an dich stellen.

MIN. Sprich; halte nur keine lange Rede, damit wir nun auch die übrigen aburteilen können.

SOST. Alles, was ich im Leben tat, tat ich das freiwillig oder war es mir vom Schicksal zugewiesen worden?

MIN. Vom Schicksal natürlich zugewiesen.

SOST. Also taten wir, alle Guten sowohl als auch wir scheinbaren Bösewichter das im Dienste des Schicksals?

MIN. Ja, im Dienst der Klotho, die einem jeden bei der Geburt seine Taten zuwies.

ΣΩΣΤ. Εἰ τοίνυν ἀναγκασθείς τις ὑπ' ἄλλου φονεύσειέ τινα οὐ δυνάμενος ἀντιλέγειν ἐκείνῳ βιαζομένῳ, οἷον δήμιος ἢ δορυφόρος, ὁ μὲν δικαστῇ πεισθείς, ὁ δὲ τυράννῳ, τίνα αἰτιάσῃ τοῦ φονου;

ΜΙΝ. Δῆλον ὡς τὸν δικαστὴν ἢ τὸν τύραννον, ἐπεὶ οὐδὲ τὸ ξίφος αὐτό· ὑπηρετεῖ γάρ, ὄργανον ὄν, τοῦτο πρὸς τὸν θυμὸν τῷ πρώτῳ παρασχόντι τὴν αἰτίαν.

ΣΩΣΤ. Εὖ γε, ὦ Μίνως, ὅτι καὶ ἐπιδαψιλεύει τῷ παραδείγματι. ἢν δέ τις ἀποστείλαντος τοῦ δεσπότου ἥκῃ αὐτὸς χρυσὸν ἢ ἄργυρον κομίζων, τίνι τὴν χάριν ἰστέον ἢ τίνα εὐεργέτην ἀναγραπτέον;

ΜΙΝ. Τὸν πέμψαντα, ὦ Σώστρατε· διάκονος γὰρ ὁ κομίσας ἦν.

ΣΩΣΤ. Οὐκοῦν ὁρᾷς ὅπως ἄδικα ποιεῖς κολάζων ἡμᾶς 3 ὑπηρέτας γενομένους ὧν ἡ Κλωθὼ προσέταττε; καὶ τούτους τιμήσεις τοὺς διακονησαμένους ἀλλοτρίοις ἀγαθοῖς; οὐ γὰρ δὴ ἐκεῖνό γε εἰπεῖν ἔχοι τις ἄν, ὡς τὸ ἀντιλέγειν δυνατὸν ἦν τοῖς μετὰ πάσης ἀνάγκης προστεταγμένοις.

ΜΙΝ. Ὦ Σώστρατε, πολλὰ ἴδοις ἂν καὶ ἄλλα οὐ κατὰ λόγον γιγνόμενα, εἰ ἀκριβῶς ἐξετάζοις. πλὴν ἀλλὰ σὺ τοῦτο ἀπολαύσεις τῆς ἐρωτήσεως, διότι οὐ λῃστὴς μόνον, ἀλλὰ καὶ σοφιστής τις εἶναι δοκεῖς· ἀπόλυσον αὐτόν, ὦ Ἑρμῆ, καὶ μηκέτι κολαζέσθω. ὅρα δὲ μὴ καὶ τοὺς ἄλλους νεκροὺς τὰ ὅμοια ἐρωτᾶν διδάξῃς.

SOST. Wenn also einer, von einem anderen dazu gezwungen, jemand tötet, ohne jemand, der den Zwang ausübt, widersprechen zu können, wie z. B. ein Henker oder ein Trabant, der eine auf Geheiß eines Richters, der andere auf Befehl eines Tyrannen, wen wirst du da der Tötung beschuldigen?

MIN. Offenbar den Richter oder den Tyrannen; das Schwert jedenfalls an und für sich nicht, da es nur als Werkzeug dem diente, der in seinem Unmut in erster Linie dazu den Anlaß gibt.

SOST. Bravo, Minos, daß du zu meinem Beispiel noch etwas daraufgibst. Falls aber jemand als Abgesandter seines Herrn mit Gold oder Silber kommt, wem muß man Dank dafür wissen oder wen als Wohltäter ansehen?

MIN. Den Sender, Sostratos; der Überbringer war ja nur sein Gehilfe.

SOST. Also siehst du, wie ungerecht du vorgehst, willst du uns, die wir nur Ausführende der Befehle der Klotho waren, strafen und die ehren, die nicht aus eigenem Antrieb Gutes getan haben? Denn das könnte man doch nicht sagen, es wäre möglich gewesen, den als unbedingte Notwendigkeit auferlegten Befehlen zu widersprechen.

MIN. Sostratos, man kann noch viele andere Dinge auf der Welt sehen, die nicht der Vernunft entsprechen, wollte man sie genau prüfen. Jedoch du sollst von deiner Frage diesen Vorteil haben, weil ich dich auch für einen gescheiten Menschen, nicht bloß für einen Räuber halte: Binde ihn los, Hermes, seine Strafe soll nicht mehr vollzogen werden. Sieh aber zu, daß du nicht auch die anderen Toten die gleiche Frage zu stellen veranlaßt!

ΙΚΑΡΟΜΕΝΙΠΠΟΣ Η ΥΠΕΡΝΕΦΕΛΟΣ

ΜΕΝΙΠΠΟΣ. Οὐκοῦν τρισχίλιοι μὲν ἦσαν ἀπὸ γῆς στάδιοι 1 μέχρι πρὸς τὴν σελήνην, ὁ πρῶτος ἡμῖν σταθμός· τοὐντεῦθεν δὲ ἐπὶ τὸν ἥλιον ἄνω παρασάγγαι που πεντακόσιοι· τὸ δ' ἀπὸ τούτου ἐς αὐτὸν ἤδη τὸν οὐρανὸν καὶ τὴν ἀκρόπολιν τὴν τοῦ Διὸς ἂν ὁδὸς καὶ ταῦτα γένοιτο εὐζώνῳ ἀετῷ μιᾶς ἡμέρας.

ΕΤΑΙΡΟΣ. Τί ταῦτα πρὸς Χαρίτων, ὦ Μένιππε, ἀστρονομεῖς καὶ ἡσυχῇ πως ἀναμετρεῖς; πάλαι γὰρ ἐπακροῶμαί σου ἀκολουθῶν ἡλίους καὶ σελήνας, ἔτι δὲ τὰ φορτικὰ ταῦτα σταθμούς τινας καὶ παρασάγγας ὑποξενίζοντος.

ΜΕΝ. Μὴ θαυμάσῃς, ὦ ἑταῖρε, εἰ μετέωρα καὶ διαέρια δοκῶ σοι λαλεῖν· τὸ κεφάλαιον γὰρ δὴ πρὸς ἐμαυτὸν λογίζομαι τῆς ἔναγχος ἀποδημίας.

ΕΤΑΙΡ. Εἶτα, ὦγαθέ, καθάπερ οἱ Φοίνικες ἄστροις ἐτεκμαίρου τὴν ὁδόν;

ΜΕΝ. Οὐ μὰ Δία, ἀλλ' ἐν αὐτοῖς τοῖς ἄστροις ἐποιούμην τὴν ἀποδημίαν.

ΕΤΑΙΡ. Ἡράκλεις, μακρόν τινα τὸν ὄνειρον λέγεις, εἴ γε σαυτὸν ἔλαθες κατακοιμηθεὶς παρασάγγας ὅλους.

ΜΕΝ. Ὄνειρον γάρ, ὦ τάν, δοκῶ σοι λέγειν ὃς ἀρτίως 2 ἀφῖγμαι παρὰ τοῦ Διός;

ΕΤΑΙΡ. Πῶς ἔφησθα; Μένιππος ἡμῖν διοπετὴς πάρεστιν ἐξ οὐρανοῦ;

ΜΕΝ. Καὶ μὴν ἐγώ σοι παρ' αὐτοῦ ἐκείνου τοῦ πάνυ Διὸς ἥκω τήμερον θαυμάσια καὶ ἀκούσας καὶ ἰδών· εἰ δὲ ἀπι-

IKAROMENIPP ODER DIE WOLKENREISE

MENIPP. 3000 Stadien waren es also von der Erde zum Mond, meine erste Station. Von dort zur Sonne aufwärts etwa 500 Parasangen. Die weitere Strecke zum eigentlichen Himmel und zur Burg des Zeus mag für einen rüstigen Adler eine Tagreise sein.

FREUND. Bei den Grazien, Menipp, was führst du da für ein astronomisches und mathematisches Selbstgespräch? Ich gehe dir nämlich schon eine Weile nach und höre deinen seltsamen Reden zu; du sprichst da von Sonnen und Monden, gebrauchst auch so ungraziöse fremdartige Ausdrücke, wie Stationen und Parasangen.

MEN. Wundere dich nicht, mein Freund, wenn ich von überirdischen und luftigen Dingen dir zu plaudern scheine; ich berechne nämlich die Summe meiner jüngsten Reise.

FREUND. Und da bestimmtest du, mein lieber Freund, deine Reise wie die Phöniker nach den Sternen?

MEN. Nein, beim Zeus, sondern sie fand sogar im Bereiche der Sterne statt.

FREUND. Beim Herakles, du erzählst einen langen Traum, wenn du, ohne es zu merken, ganze Parasangen verschlafen hast.

MEN. Einen Traum, mein Freund, glaubst du, erzähle ich dir, der ich soeben vom Zeus gekommen bin?

FREUND. Wie sagtest du? Menipp ist, ‚von Zeus herabgeflogen‘, zu uns vom Himmel gekommen?

MEN. Ja freilich, von ihm selber, vom großen Zeus bin ich dir heute gekommen, nachdem ich Wunderbares gehört und

στεῖς, καὶ αὐτὸ τοῦτο ὑπερευφραίνομαι τὸ πέρα πίστεως εὐτυχεῖν.

ΕΤΑΙΡ. Καὶ πῶς ἂν ἔγωγε, ὦ θεσπέσιε καὶ Ὀλύμπιε Μένιππε, γεννητὸς αὐτὸς καὶ ἐπίγειος ὢν ἀπιστεῖν δυναίμην ὑπερνεφέλῳ ἀνδρὶ καὶ ἵνα καθ' Ὅμηρον εἴπω τῶν Οὐρανιώνων ἑνί; ἀλλ' ἐκεῖνά μοι φράσον, εἰ δοκεῖ, τίνα τρόπον ἤρθης ἄνω καὶ ὁπόθεν ἐπορίσω κλίμακα τηλικαύτην τὸ μέγεθος; τὰ μὲν γὰρ ἀμφὶ τὴν ὄψιν οὐ πάνυ ἔοικας ἐκείνῳ τῷ Φρυγί, ὥστε καὶ ἡμᾶς εἰκάζειν καὶ σὲ οἰνοχοήσοντά που ἀνάρπαστον γεγονέναι πρὸς τοῦ ἀετοῦ.

ΜΕΝ. Σὺ μὲν πάλαι σκώπτων δῆλος εἶ, καὶ θαυμαστὸν οὐδὲν εἴ σοι τὸ παράδοξον τοῦ λόγου μύθῳ δοκεῖ προσφερές. ἀτὰρ οὐδὲν ἐδέησέ μοι πρὸς τὴν ἄνοδον οὔτε τῆς κλίμακος οὔτε παιδικὰ γενέσθαι τοῦ ἀετοῦ· οἰκεῖα γὰρ ἦν μοι τὰ πτερά.

ΕΤΑΙΡ. Τοῦτο μὲν ἤδη καὶ ὑπὲρ αὐτὸν ⟨τὸν⟩ Δαίδαλον ἔφησθα, εἴ γε πρὸς τοῖς ἄλλοις ἐλελήθεις ἡμᾶς ἱέραξ τις ἢ κολοιὸς ἐξ ἀνθρώπου γενόμενος.

ΜΕΝ. Ὀρθῶς, ὦ ἑταῖρε, καὶ οὐκ ἀπὸ σκοποῦ εἴκασας· τὸ Δαιδάλειον γὰρ ἐκεῖνο σόφισμα τῶν πτερῶν καὶ αὐτὸς ἐμηχανησάμην.

ΕΤΑΙΡ. Εἶτα, ὦ τολμηρότατε πάντων, οὐκ ἐδεδοίκεις μὴ 3 καὶ σύ που τῆς θαλάττης καταπεσὼν Μενίππειόν τι πέλαγος ἡμῖν ὥσπερ τὸ Ἰκάριον ἀποδείξῃς ἐπὶ τῷ σεαυτοῦ ὀνόματι;

ΜΕΝ. Οὐδαμῶς· ὁ μὲν γὰρ Ἴκαρος ἅτε κηρῷ τὴν πτέρωσιν ἡρμοσμένος, ἐπειδὴ τάχιστα πρὸς τὸν ἥλιον ἐκεῖνος ἐτάκη, πτερορρυήσας εἰκότως κατέπεσεν· ἡμῖν δὲ ἀκήρωτα ἦν τὰ ὠκύπτερα.

gesehen habe; bist du aber ungläubig, so bereitet mir gerade der Gedanke eine übergroße Freude, daß mein Glück den Glauben übersteigt.

FREUND. Wie sollte ich, du göttlicher und olympischer Menipp, selber ein sterbliches und irdisches Menschenkind, einem Mann den Glauben versagen können, der über den Wolken weilte, und, um mit Homer zu sprechen, einem der Himmlischen? Aber sag mir gefälligst, auf welche Weise du dich emporschwangst und woher du dir eine so lange Leiter verschafftest? Denn deinem Äußeren nach gleichst du nicht sehr jenem Phryger, daß wir vermuten könnten, auch du seist vom Adler in den Himmel entrafft worden, um dort Mundschenk zu sein.

MEN. Die ganze Zeit merke ich dir an, daß du spottest, und es ist auch gar nicht verwunderlich, wenn dir meine seltsame Erzählung einer Fabel ähnlich vorkommt. Aber ich brauchte zum Aufstieg weder die Leiter, noch der Liebling des Adlers zu werden; von Haus aus hatte ich nämlich die Flügel.

FREUND. Das geht nun sogar schon über den Daidalos hinaus, was du da sagtest, wenn du, abgesehen von allem anderen, aus einem Menschen ein Habicht oder eine Dohle geworden bist, ohne daß wir davon etwas merkten.

MEN. Richtig, mein Freund, und nicht übers Ziel geschossen! Denn das Kunststück des Daidalos mit den Flügeln bewerkstelligte ich selber.

FREUND. Und da fürchtest du nicht, du tollkühner Mensch, du könntest ebenfalls irgendwo in die See fallen und irgendein Meer zum Menippeischen nach deinem Namen machen, wie das Ikarische von Ikaros seinen Namen hat?

MEN. Keineswegs, da nämlich Ikaros sein Gefieder mit Wachs zusammengeklebt hatte, verlor er, sobald es unter dem Einfluß der Sonne schmolz, seine Flügel und stürzte ab. Mein schnelles Flügelwerk aber war ohne Wachs.

Ἰκαρομένιππος

ΕΤΑΙΡ. Πῶς λέγεις; ἤδη γὰρ οὐκ οἶδ' ὅπως ἠρέμα με προσάγεις πρὸς τὴν ἀλήθειαν τῆς διηγήσεως.

ΜΕΝ. Ὡδέ πως· ἀετὸν εὐμεγέθη συλλαβών, ἔτι δὲ γῦπα τῶν καρτερῶν ἀποτεμὼν αὐταῖς ὠλέναις τὰ πτερά... μᾶλλον δὲ καὶ πᾶσαν ἐξ ἀρχῆς τὴν ἐπίνοιαν, εἴ σοι σχολή, δίειμι.

ΕΤΑΙΡ. Πάνυ μὲν οὖν· ὡς ἐγώ σοι μετέωρός εἰμι ὑπὸ τῶν λόγων καὶ πρὸς τὸ τέλος ἤδη κέχηνα τῆς ἀκροάσεως· μηδὲ πρὸς φιλίου με περιίδῃς ἄνω που τῆς διηγήσεως ἐκ τῶν ὤτων ἀπηρτημένον.

ΜΕΝ. Ἄκουε τοίνυν· οὐ γὰρ ἀστεῖόν γε τὸ θέαμα κεχηνότα φίλον ἐγκαταλιπεῖν, καὶ ταῦτα ὡς σὺ φῂς ἐκ τῶν ὤτων ἀπηρτημένον. — ἐγὼ γὰρ ἐπειδὴ τάχιστα ἐξετάζων τὰ κατὰ τὸν βίον γελοῖα καὶ ταπεινὰ καὶ ἀβέβαια τὰ ἀνθρώπινα πάντα εὕρισκον, πλούτους λέγω καὶ ἀρχὰς καὶ δυναστείας, καταφρονήσας αὐτῶν καὶ τὴν περὶ ταῦτα σπουδὴν ἀσχολίαν τῶν ἀληθῶς σπουδαίων ὑπολαβὼν ἀνακύπτειν τε καὶ πρὸς τὸ πᾶν ἀναβλέπειν ἐπειρώμην· καί μοι ἐνταῦθα πολλήν τινα παρεῖχε τὴν ἀπορίαν πρῶτον μὲν αὐτὸς οὗτος ὁ ὑπὸ τῶν σοφῶν καλούμενος κόσμος· οὐ γὰρ εἶχον εὑρεῖν οὔτε ὅπως ἐγένετο οὔτε τὸν δημιουργὸν οὔτε ἀρχὴν οὔθ' ὅ τι τὸ τέλος ἐστὶν αὐτοῦ. ἔπειτα δὲ κατὰ μέρος ἐπισκοπῶν πολὺ μᾶλλον ἀπορεῖν ἠναγκαζόμην· τούς τε γὰρ ἀστέρας ἑώρων ὡς ἔτυχε τοῦ οὐρανοῦ διερριμμένους καὶ τὸν ἥλιον αὐτὸν τί ποτε ἦν ἄρα ἐπόθουν εἰδέναι· μάλιστα δὲ τὰ κατὰ τὴν σελήνην ἄτοπά μοι καὶ παντελῶς παρά-

FREUND. Wie sagst du? Du bringst mich nämlich bereits, ich weiß nicht wie, allmählich dazu, an die Wahrheit deiner Erzählung zu glauben.

MEN. So etwa ging ich dabei zu Werk: Ich fing einen riesengroßen Adler und dazu einen Geier, und zwar von der starken Sorte, schnitt ihnen die Flügel mitsamt den Flügelspeichen ab. — Vielmehr will ich dir meinen ganzen Plan von Anfang an, wenn du Zeit hast, erzählen.

FREUND. Sehr wohl. Unter dem Eindruck deiner Worte schwebe ich nämlich in höheren Regionen und höre dir mit offenem Munde zu, gespannt, worauf dein Vortrag hinausläuft. Bei Zeus, dem Hort der Freundschaft, sieh nicht über mich hinweg, der gewissermaßen an den Ohren in der Luft baumelt: so sind sie auf deine Erzählung gespannt.

MEN. Höre also! Es ist ja kein hübscher Anblick, einen Freund im Stich zu lassen, wenn er den Mund offen hat, und das, wo er, wie du sagst, an den Ohren in der Luft baumelt. — Sobald ich nämlich bei genauer Prüfung der Wechselfälle des Lebens alle menschlichen Dinge lächerlich, niedrig und unbeständig fand, ich meine Reichtümer, Würden und Machtstellungen, da durchdrang mich ihnen gegenüber ein Gefühl der Verachtung. In der Annahme nun, die Beschäftigung damit sei ein Hindernis für wirklich ernste Beschäftigungen, versuchte ich mich emporzurichten und zum All emporzublicken. Und da verursachte mir eine große Verlegenheit erstens der Kosmos (das Weltall) als philosophischer Begriff. Ich konnte ja nicht daraufkommen, wie die Welt entstanden war, auch nicht ihren Schöpfer ausfindig machen oder ihren Ursprung oder was ihre Bestimmung ist. Als ich aber hernach im einzelnen meine Betrachtungen anstellte, drängte sich mir eine noch größere Verlegenheit auf. Ich sah nämlich, daß die Sterne aufs Geratewohl über den Himmel verstreut sind, und hatte das Verlangen zu wissen, was denn eigentlich die Sonne selbst sei. Am meisten aber schienen mir die Mondphasen

δοξα κατεφαίνετο, καὶ τὸ πολυειδὲς αὐτῆς τῶν σχημάτων ἀπόρρητόν τινα τὴν αἰτίαν ἔχειν ἐδοκίμαζον. οὐ μὴν ἀλλὰ καὶ ἀστραπὴ διάξασα καὶ βροντὴ καταρραγεῖσα καὶ ὑετὸς ἢ χιὼν ἢ χάλαζα κατενεχθεῖσα καὶ ταῦτα δυσείκαστα πάντα καὶ ἀτέκμαρτα ἦν. οὐκοῦν ἐπειδήπερ οὕτω διεκείμην, ἄριστον εἶναι ὑπελάμβανον παρὰ τῶν φιλοσόφων τούτων ταῦτα ἕκαστα ἐκμαθεῖν· ᾤμην γὰρ ἐκείνους γε πᾶσαν ἔχειν ἂν εἰπεῖν τὴν ἀλήθειαν. οὕτω δὴ τοὺς ἀρίστους ἐπιλεξάμενος αὐτῶν, ὡς ἐνῆν τεκμήρασθαι προσώπου τε σκυθρωπότητι καὶ χρόας ὠχρότητι καὶ γενείου βαθύτητι – μάλα γὰρ ὑψαγόραι τινὲς καὶ οὐρανογνώμονες οἱ ἄνδρες αὐτίκα μοι κατεφάνησαν – τούτοις ἐγχειρίσας ἐμαυτὸν καὶ συχνὸν ἀργύριον τὸ μὲν αὐτόθεν ἤδη καταβαλών, τὸ δὲ εἰσαῦθις ἀποδώσειν ἐπὶ κεφαλαίῳ τῆς σοφίας διομολογησάμενος ἠξίουν μετεωρολέσχης τε διδάσκεσθαι καὶ τὴν τῶν ὅλων διακόσμησιν καταμαθεῖν. οἱ δὲ τοσοῦτον ἄρα ἐδέησάν με τῆς παλαιᾶς ἐκείνης ἀγνοίας ἀπαλλάξαι, ὥστε καὶ εἰς μείζους ἀπορίας φέροντες ἐνέβαλον ἀρχάς τινας καὶ τέλη καὶ ἀτόμους καὶ κενὰ καὶ ὕλας καὶ ἰδέας καὶ τὰ τοιαῦτα ὁσημέραι μου καταχέοντες. ὃ δὲ πάντων ἐμοὶ γοῦν ἐδόκει χαλεπώτατον, ὅτι μηδὲν ἅτερος θατέρῳ λέγοντες ἀκόλουθον, ἀλλὰ μαχόμενα πάντα καὶ ὑπεναντία ὅμως πείθεσθαί τέ με ἠξίουν καὶ πρὸς τὸν αὐτοῦ λόγον ἕκαστος ὑπάγειν ἐπειρῶντο.

ΕΤΑΙΡ. Ἄτοπον λέγεις, εἰ σοφοὶ ὄντες οἱ ἄνδρες ἐστασίαζον πρὸς αὑτοὺς περὶ τῶν ὅλων καὶ οὐ τὰ αὐτὰ περὶ τῶν αὐτῶν ἐδόξαζον.

ΜΕΝ. Καὶ μήν, ὦ ἑταῖρε, γελάσῃ ἀκούσας τήν τε ἀλαζονείαν αὐτῶν καὶ τὴν ἐν τοῖς λόγοις τερατουργίαν, οἳ

seltsam und durchaus sonderbar und ich nahm an, daß das Vielerlei seiner Erscheinungsformen eine geheime Ursache habe. Indes auch der niederfahrende Blitz, der niederprasselnde Donner und die Niederschläge, Regen, Schnee, Hagel, all das war ebenfalls schwer zu erklären und unergründlich. Nachdem ich also in solcher Gemütsverfassung war, hielt ich es für das beste, von den sogenannten Philosophen im einzelnen darüber aufgeklärt zu werden; ich meinte ja, sie könnten wohl die volle Wahrheit sagen. So wählte ich die besten unter ihnen aus, soweit man aus ihrem finsteren Gesichtsausdruck, aus der Blässe ihrer Gesichtsfarbe und der Länge ihres Bartes auf ihr Wesen schließen konnte – die Männer machten mir gleich den Eindruck von Großsprechern und Himmelforschern –, ihnen also händigte ich mich ein und verlangte über die Himmelserscheinungen belehrt zu werden und den Bau des Alls kennenzulernen, was mich viel Geld kostete, das ich teils von vornherein gleich erlegte, teils später zu zahlen mich verpflichtete, sobald ich im Besitz der Hauptpunkte der Weisheit sein würde. Weit gefehlt aber, daß diese mich von meiner alten Unwissenheit befreit hätten, versetzten sie mich im Nu in eine noch größere Verlegenheit, indem sie mich täglich mit solchen Ausdrücken überschütteten wie Prinzipien, Finalitäten, Atome, leere Räume, Materie, Ideen u. dgl. Was mir aber als das Allerschlimmste erschien, war der Umstand, daß sie, obwohl sie miteinander in keinem Punkte übereinstimmten, sondern lauter einander widersprechende und entgegengesetzte Ansichten vorbrachten, trotzdem von mir Gefolgschaft verlangten und ein jeder mich zu seiner Ansicht zu bekehren versuchte.

FREUND. Seltsam, was du da sagst, wenn diese Männer als Weise über das All miteinander uneinig waren und über dasselbe nicht dasselbe dachten.

MEN. Ja, du wirst, mein Freund, erst recht lachen, hörst du von ihrer Großtuerei und der Gaukelei, die sie in ihren Vor-

γε πρῶτα μὲν ἐπὶ γῆς βεβηκότες καὶ μηδὲν τῶν χαμαὶ ἐρχομένων ἡμῶν ὑπερέχοντες, ἀλλ' οὐδὲ ὀξύτερον τοῦ πλησίον δεδορκότες, ἔνιοι δὲ ὑπὸ γήρως ἢ ἀργίας ἀμβλυώττοντες, ὅμως οὐρανοῦ τε πέρατα διορᾶν ἔφασκον καὶ τὸν ἥλιον περιεμέτρουν καὶ τοῖς ὑπὲρ τὴν σελήνην ἐπεβάτευον καὶ ὥσπερ ἐκ τῶν ἀστέρων καταπεσόντες μεγέθη τε αὐτῶν ⟨καὶ διαστήματα⟩ διεξῄεσαν, καὶ πολλάκις, εἰ τύχοι, μηδὲ ὁπόσοι στάδιοι Μεγαρόθεν Ἀθήναζέ εἰσιν ἀκριβῶς ἐπιστάμενοι τὸ μεταξὺ τῆς σελήνης καὶ τοῦ ἡλίου χωρίον ὁπόσων εἴη πήχεων τὸ μέγεθος ἐτόλμων λέγειν, ἀέρος τε ὕψη καὶ θαλάττης βάθη καὶ γῆς περιόδους ἀναμετροῦντες, ἔτι δὲ κύκλους καταγράφοντες καὶ τρίγωνα ἐπὶ τετραγώνοις διασχηματίζοντες καὶ σφαίρας τινὰς ποικίλας τὸν οὐρανὸν δῆθεν αὐτὸν ἐπιμετροῦντες. ἔπειτα δὲ κἀκεῖνο πῶς οὐκ ἄγνωμον αὐ- 7 τῶν καὶ παντελῶς τετυφωμένον τὸ περὶ τῶν οὕτως ἀδήλων λέγοντας μηδὲν ὡς εἰκάζοντας ἀποφαίνεσθαι, ἀλλ' ὑπερδιατείνεσθαί τε καὶ μηδεμίαν τοῖς ἄλλοις ὑπερβολὴν ἀπολιμπάνειν μονονουχὶ διομνυμένους μύδρον μὲν εἶναι τὸν ἥλιον, κατοικεῖσθαι δὲ τὴν σελήνην, ὑδατοποτεῖν δὲ τοὺς ἀστέρας τοῦ ἡλίου καθάπερ ἱμονιᾷ τινι τὴν ἰκμάδα ἐκ τῆς θαλάττης ἀνασπῶντος καὶ ἅπασιν αὐτοῖς τὸ ποτὸν ἐξ ἴσου διανέμοντος. τὴν μὲν γὰρ ἐναντιότητα 8 ὁπόση τῶν λόγων ῥᾴδιον καταμαθεῖν. καὶ σκόπει πρὸς Διός, εἰ ἐν γειτόνων ἐστὶ τὰ δόγματα καὶ μὴ πάμπολυ διεστηκότα· πρῶτα μὲν γὰρ αὐτοῖς ἡ περὶ τοῦ κόσμου γνώμη διάφορος, εἴ γε τοῖς μὲν ἀγένητός τε καὶ ἀνώλεθρος εἶναι δοκεῖ· οἱ δὲ καὶ τὸν δημιουργὸν αὐτοῦ καὶ τῆς κατασκευῆς τὸν τρόπον εἰπεῖν ἐτόλμησαν, οὓς καὶ μάλιστα ἐθαύμαζον θεὸν μέν τινα τεχνίτην τῶν ὅλων ἐφιστάντας, οὐ προστιθέντας δὲ οὔτε ὅθεν ἥκων οὔτε ὅπου ἑστὼς ἕκαστα ἐτεκταίνετο· καίτοι πρό γε τῆς τοῦ

trägen an den Tag legen. Sie nämlich, die doch fürs erste auf der Erde gehen und in gar nichts uns Erdenwandler übertreffen, ja nicht einmal schärfer als ihre Mitmenschen sehen, ja, von denen einige infolge ihres Alters oder Trägheit ein stumpfes Sehvermögen haben, sie also behaupteten gleichwohl, durch die Grenzen des Himmels zu blicken, maßen den Umfang der Sonne, wandelten in den Regionen über dem Monde, erörterten, als ob sie von den Sternen herabgefallen wären, deren Größenverhältnisse ⟨und Abstände⟩ und erkühnten sich, die Größe des Zwischenraumes zwischen dem Mond und der Sonne in Ellen anzugeben, obwohl sie oft z. B. nicht einmal genau wußten, wieviele Stadien von Megara nach Athen sind. Dabei suchten sie die Höhe der Luft, die Tiefen des Meeres und den Umfang der Erde auszumessen, zeichneten außerdem Kreise, zeichneten Dreiecke in Vierecke ein und bestimmten die Maßverhältnisse gewisser komplizierter Sphären, offenbar des Himmels selber. Dann aber, wie unvernünftig und ganz und gar hoffärtig ist es, wenn sie in ihren Reden über so unklare Dinge nichts als bloße Behauptungen vorbringen, sondern sich übermäßig ereifern und den anderen keine Möglichkeit, sie zu überbieten, übriglassen, indem sie beinahe darauf schwören, die Sonne sei eine glühende Steinmasse, der Mond sei bewohnt, die Sterne tränken Wasser, indem die Sonne wie an einem Brunnenseil die Feuchtigkeit aus dem Meer emporziehe und den Trunk an sie alle gleichermaßen verteile. Welch große Gegensätze dabei in ihren Reden sind, kann man leicht erkennen. Schau doch, beim Zeus! ob ihre Lehrsätze einander nahestehen oder vielmehr voneinander weit abstehen. Denn erstens haben sie verschiedene Ansichten über die Welt, insoferne sie den einen ungeworden und unvergänglich erscheint, andere aber sich erkühnten, ihren Schöpfer und die Art ihrer Herstellung anzugeben. Über diese wunderte ich mich besonders, wenn sie einen Werkmeister des Alls aufstellten ohne hinzuzufügen, woher er kam oder wo er Aufstellung nahm, als er das All aufbaute. Es ist jedoch

παντός γενέσεως άδύνατον καὶ χρόνον καὶ τόπον ἐπινοεῖν.

ΕΤΑΙΡ. Μάλα τινάς, ὦ Μένιππε, τολμητὰς καὶ θαυματοποιοὺς ἄνδρας λέγεις.

ΜΕΝ. Τί δ', εἰ ἀκούσειας, ὦ θαυμάσιε, περί τε ἰδεῶν καὶ ἀσωμάτων ἃ διεξέρχονται ἢ τοὺς περὶ τοῦ πέρατός τε καὶ ἀπείρου λόγους; καὶ γὰρ αὖ καὶ αὕτη νεανικὴ αὐτοῖς ἡ μάχη, τοῖς μὲν τέλει τὸ πᾶν περιγράφουσι, τοῖς δὲ ἀτελὲς τοῦτο εἶναι ὑπολαμβάνουσιν. οὐ μὴν ἀλλὰ καὶ παμπόλλους τινὲς εἶναι τοὺς κόσμους ἀπεφαίνοντο καὶ τῶν ὡς περὶ ἑνὸς αὐτῶν διαλεγομένων κατεγίγνωσκον. ἕτερος δέ τις οὐκ εἰρηνικὸς ἀνὴρ πόλεμον τῶν ὅλων πατέρα εἶναι ἐδόξαζε. περὶ μὲν γὰρ τῶν θεῶν τί χρὴ καὶ 9 λέγειν; ὅπου τοῖς μὲν ἀριθμός τις ὁ θεὸς ἦν, οἱ δὲ κατὰ κυνῶν καὶ χηνῶν καὶ πλατάνων ἐπώμνυντο. καὶ οἱ μὲν τοὺς ἄλλους ἄπαντας θεοὺς ἀπελάσαντες ἑνὶ μόνῳ τὴν τῶν ὅλων ἀρχὴν ἀπένεμον, ὥστε ἠρέμα καὶ ἄχθεσθαί με τοσαύτην ἀπορίαν θεῶν ἀκούοντα· οἱ δὲ ἔμπαλιν ἐπιδαψιλευόμενοι πολλούς τε αὐτοὺς ἀπέφαινον καὶ διελόμενοι τὸν μέν τινα πρῶτον θεὸν ἐπεκάλουν, τοῖς δὲ τὰ δεύτερα καὶ τρίτα ἔνεμον τῆς θεότητος· ἔτι δὲ οἱ μὲν ἀσώματόν τι καὶ ἄμορφον ἡγοῦντο εἶναι τὸ θεῖον, οἱ δὲ ὡς περὶ σώματος αὐτοῦ διενοοῦντο. εἶτα καὶ προνοεῖν τῶν καθ' ἡμᾶς πραγμάτων οὐ πᾶσιν ἐδόκουν οἱ θεοί, ἀλλ' ἦσάν τινες οἱ τῆς συμπάσης ἐπιμελείας αὐτοὺς ἀφιέντες, ὥσπερ ἡμεῖς εἰώθαμεν ἀπολύειν τῶν λειτουργιῶν τοὺς παρηβηκότας· οὐδὲν γὰρ ὅτι μὴ τοῖς κωμικοῖς δορυφορήμασιν ἐοικότας αὐτοὺς εἰσάγουσιν. ἔνιοι δὲ ταῦτα πάντα ὑπερβάντες οὐδὲ τὴν ἀρχὴν εἶναι θεούς τινας ἐπίστευον, ἀλλ' ἀδέσποτον καὶ ἀνηγεμόνευτον φέρεσθαι τὸν κόσμον ἀπελίμπανον. τοιγάρτοι ταῦτα ἀκούων ἀ- 10

unmöglich, sich vor der Entstehung des Alls Zeit und Raum zu denken.

FREUND. Die Männer, die du meinst, sind so etwas wie dreiste Zauberkünstler.

MEN. Was müßtest du dich, mein lieber Freund, erst wundern, solltest du ihre Erörterungen über Ideen und unkörperliche Dinge hören oder ihre Reden über das Endliche und Unendliche. Denn auch darüber wird der Streit von ihnen mit jugendlicher Schneid geführt, da die einen das All mit einer Grenze umfrieden, die andern dagegen annehmen, es sei unbegrenzt. Weiter aber behaupteten einige, es gebe sehr viele Welten, und verurteilten die, die davon als von einer Welt sprachen. Ein anderer aber, ein nicht friedfertiger Mann, erklärte den Krieg als den Vater aller Dinge. Ja, was die Götter betrifft, was soll man da erst sagen? Wo doch für einen die Zahl Gott war, andere bei Hunden, Gänsen und Platanen schwuren. Und die einen wiesen alle anderen Götter aus und teilten nur einem einzigen die Herrschaft über die Welt zu, so daß sich bei mir allmählich der Unwille regte, wenn ich von einem so großen Göttermangel zu hören bekam. Im Gegensatz hiezu konnten sich andere hierin nicht genugtun, sondern erklärten viele zu Göttern, teilten sie in Klassen und nannten einen den ersten Gott, den anderen aber wiesen sie den 2. und 3. Rang der Gottheit zu. Ferner meinten einige, die Gottheit sei unkörperlich und gestaltlos, die anderen aber dachten sie sich körperlich. Dann glaubten nicht alle an eine Vorsehung und an die Fürsorge der Götter für unsere Angelegenheiten, sondern es gab einige, die sie von der ganzen Fürsorge um uns lossprachen, so wie wir die Männer, die bereits über ein gewisses Alter hinaus sind, von Leistungen gewisser Dinge im Staatsdienst befreien; kurz und gut, sie lassen ihre Götter nur in der Rolle von komischen Statisten auftreten, einige aber gingen über das alles hinaus und glaubten, es gebe überhaupt keine Götter, sondern ließen die Welt ohne Herrn

πιστεῖν μὲν οὐκ ἐτόλμων 'ὑψιβρεμέταις' τε καὶ 'ἠϋγενείοις' ἀνδράσιν· οὐ μὴν εἶχόν γε ὅπη τῶν λόγων τραπόμενος ἀνεπίληπτόν τι αὐτῶν εὕροιμι καὶ ὑπὸ θατέρου μηδαμῇ περιτρεπόμενον. ὥστε δὴ τὸ Ὁμηρικὸν ἐκεῖνο ἀτεχνῶς ἔπασχον· πολλάκις μὲν γὰρ ἂν ὥρμησα πιστεύειν τινὶ αὐτῶν,

ἕτερος δέ με θυμὸς ἔρυκεν.

ἐφ' οἷς ἅπασιν ἀμηχανῶν ἐπὶ γῆς μὲν ἀκούσεσθαί τι περὶ τούτων ἀληθὲς ἀπεγίγνωσκον, μίαν δὲ τῆς συμπάσης ἀπορίας ἀπαλλαγὴν ᾤμην ἔσεσθαι, εἰ αὐτὸς πτερωθείς πως ἀνέλθοιμι ἐς τὸν οὐρανόν. τούτου δέ μοι παρεῖχε τὴν ἐλπίδα μάλιστα μὲν καὶ ἡ ἐπιθυμία καὶ ὁ λογοποιὸς Αἴσωπος ἀετοῖς καὶ κανθάροις, ἐνίοτε καὶ καμήλοις βάσιμον ἀποφαίνων τὸν οὐρανόν. αὐτὸν μὲν οὖν πτεροφυῆσαί ποτε οὐδεμιᾷ μηχανῇ δυνατὸν εἶναί μοι κατεφαίνετο· εἰ δὲ γυπὸς ἢ ἀετοῦ περιθείμην πτερά – ταῦτα γὰρ μόνα διαρκέσαι πρὸς μέγεθος ἀνθρωπίνου σώματος – τάχα ἄν μοι τὴν πεῖραν προχωρῆσαι. καὶ δὴ συλλαβὼν τὰ ὄρνεα θατέρου μὲν τὴν δεξιὰν πτέρυγα, τοῦ γυπὸς δὲ τὴν ἑτέραν ἀπέτεμον εὖ μάλα· εἶτα διαδήσας καὶ κατὰ τοὺς ὤμους τελαμῶσι καρτεροῖς ἁρμοσάμενος καὶ πρὸς ἄκροις τοῖς ὠκυπτέροις λαβάς τινας ταῖς χερσὶ παρασκευάσας ἐπειρώμην ἐμαυτοῦ τὸ πρῶτον ἀναπηδῶν καὶ ταῖς χερσὶν ὑπερέττων καὶ ὥσπερ οἱ χῆνες ἔτι χαμαιπετῶς ἐπαιρόμενος καὶ ἀκροβατῶν ἅμα μετὰ τῆς πτήσεως· ἐπεὶ δὲ ὑπήκουέ μοι τὸ πρᾶγμα, τολμηρότερον ἤδη τῆς πείρας ἡπτόμην, καὶ ἀνελθὼν ἐπὶ τὴν ἀκρόπολιν ἀφῆκα ἐμαυτὸν κατὰ τοῦ κρημνοῦ φέρων ἐς αὐτὸ τὸ θέατρον. ὡς δὲ ἀκινδύνως κατεπτόμην, ὑψηλὰ ἤδη καὶ μετέωρα ἐφρόνουν καὶ ἄρας ἀπὸ Πάρνηθος ἢ ἀπὸ Ὑμηττοῦ μέχρι Γερανείας ἐπετόμην, εἶτ' ἐκεῖθεν ἐπὶ τὸν Ἀκρο-

führerlos dahintreiben. Beim Anhören dieser Dinge nun wagte ich es zwar nicht, ‚hochdonnernden' und ‚wohlbebärteten' Männern den Glauben zu versagen, ich wußte jedoch nicht, wohin ich mich wenden solle, um in ihren Reden etwas Unanfechtbares und Unwiderlegliches zu finden. Es ging mir also, ganz wie es bei Homer heißt: oft nämlich nahm ich einen Anlauf, einem von ihnen Glauben zu schenken,

doch es hielt mich zurück ein andrer Gedanke.

Unter all diesen Umständen in großer Verlegenheit, verzweifelte ich daran, auf Erden darüber etwas Wahres zu hören und meinte, die einzige Möglichkeit, von allem Zweifel loszukommen, werde sein, wenn ich selbst irgendwie mit Flügeln zum Himmel hinaufkäme. Die Hoffnung in dieser Hinsicht gewährte mir, abgesehen von meinem heftigen Verlangen, der Fabeldichter Äsop, der Adlern und Käfern, zuweilen auch Kamelen den Himmel zugänglich macht. Daß ich nun selber Flügel bekäme, schien mir auf keine Weise möglich zu sein; wollte ich aber die Flügel eines Geiers oder Adlers mir anlegen – diese nämlich allein würden in Hinblick auf die Größe des Menschenleibes genügen –, dann dürfte mir vielleicht der Versuch vonstatten gehen. Und so fing ich die Vögel und schnitt von dem einen den rechten Flügel, vom Geier aber den anderen wurzweg ab. Dann band ich sie mit starken Gurten an den Schultern fest, fabrizierte an den Enden meines schnellen Flugwerks so etwas wie Griffe für die Hände und begann nun meine Versuche damit, daß ich in die Höhe sprang, mit den Händen Ruderbewegungen machte und wie die Gänse mich nur leicht vom Boden erhob und während des Fluges zugleich auch auf Zehenspitzen ging. Als mir das Ding vonstatten ging, da wurden meine Versuche bereits immer kühner, ich stieg zur Akropolis hinauf und ließ mich über den Abhang im Nu ins Theater hinab. Als ich aber gefahrlos landete, da dachte ich bereits an den Höhenflug durch den Luftraum, ich stieg also vom Parnes oder vom Hymettos auf und flog bis zum Geraniagebirge, dann von dort hinauf nach Akrokorinth, so-

Κόρινθον ἄνω, εἶτα ὑπὲρ Φολόης καὶ Ἐρυμάνθου μέχρι πρὸς τὸ Ταΰγετον. ἤδη δ' οὖν μοι τοῦ τολμήματος ἐκμεμελετημένου τέλειός τε καὶ 'ὑψιπέτης' γενόμενος οὐκέτι τὰ νεοττῶν ἐφρόνουν, ἀλλ' ἐπὶ τὸν Ὄλυμπον ἀναβὰς καὶ ὡς ἐνῆν μάλιστα κούφως ἐπισιτισάμενος τὸ λοιπὸν ἔτεινον εὐθὺ τοῦ οὐρανοῦ, τὸ μὲν πρῶτον ἰλιγγιῶν ὑπὸ τοῦ βάθους, μετὰ δὲ ἔφερον καὶ τοῦτο εὐμαρῶς. ἐπεὶ δὲ κατ' αὐτὴν ἤδη τὴν σελήνην ἐγεγόνειν πάμπολυ τῶν νεφῶν ἀποσπάσας, ἠσθόμην κάμνοντος ἐμαυτοῦ, καὶ μάλιστα κατὰ τὴν ἀριστερὰν πτέρυγα τὴν γυπίνην. προσελάσας οὖν καὶ καθεζόμενος ἐπ' αὐτῆς διανεπαυόμην ἐς τὴν γῆν ἄνωθεν ἀποβλέπων καὶ ὥσπερ ὁ τοῦ Ὁμήρου Ζεὺς ἐκεῖνος ἄρτι μὲν τὴν τῶν ἱπποπόλων Θρῃκῶν καθορώμενος, ἄρτι δὲ τὴν Μυσῶν, μετ' ὀλίγον δέ, εἰ δόξειέ μοι, τὴν Ἑλλάδα, τὴν Περσίδα καὶ τὴν Ἰνδικήν. ἐξ ὧν ἁπάντων ποικίλης τινὸς ἡδονῆς ἐνεπιμπλάμην.

ΕΤΑΙΡ. Οὐκοῦν καὶ ταῦτα λέγοις ἄν, ὦ Μένιππε, ἵνα μηδὲ καθ' ἓν ἀπολειπώμεθα τῆς ἀποδημίας, ἀλλ' εἴ τί σοι καὶ ὁδοῦ πάρεργον ἱστόρηται, καὶ τοῦτο εἰδῶμεν· ὡς ἔγωγε οὐκ ὀλίγα προσδοκῶ ἀκούσεσθαι σχήματός τε πέρι γῆς καὶ τῶν ἐπ' αὐτῆς ἁπάντων, οἷά σοι ἄνωθεν ἐπισκοποῦντι κατεφαίνετο.

ΜΕΝ. Καὶ ὀρθῶς γε, ὦ ἑταῖρε, εἰκάζεις· διόπερ ὡς οἷόν τε ἀναβὰς ἐπὶ τὴν σελήνην τῷ λόγῳ συναποδήμει τε καὶ συνεπισκόπει τὴν ὅλην τῶν ἐπὶ γῆς διάθεσιν. καὶ πρῶτόν γέ μοι πάνυ μικρὰν δόκει τινὰ τὴν γῆν ὁρᾶν, πολὺ λέγω τῆς σελήνης βραχυτέραν, ὥστε ἐγὼ ἄφνω κατακύψας ἐπὶ πολὺ ἠπόρουν ποῦ εἴη τὰ τηλικαῦτα ὄρη καὶ ἡ τοσαύτη θάλαττα· καὶ εἴ γε μὴ τὸν Ῥόδιον κολοσσὸν ἐθεασάμην καὶ τὸν ἐπὶ τῇ Φάρῳ πύργον, εὖ ἴσθι, παντελῶς ἄν με ἡ γῆ διέλαθε. νῦν δὲ ταῦτα ὑψηλὰ ὄντα

dann über Pholoë und Erymanthos hinaus bis zum Taigeton. Als ich nun bereits mein Wagnis ausgeprobt hatte und ein vollkommener ‚Höhenflieger' geworden war, da dachte ich nicht mehr wie junge Gelbschnäbel, sondern stieg auf den Olymp, versah mich mit möglichst leichtem Proviant und richtete fernerhin meinen Flug geradeaus auf den Himmel zu, wobei ich zwar anfangs infolge der Tiefe schwindlig wurde, hernach aber ertrug ich auch das leicht. Als ich mich aber recht weit von den Wolken entfernt hatte und selbst schon zum Mond gekommen war, merkte ich, wie ich allmählich müde wurde und am meisten am linken Flügel, am Geierflügel. Ich landete also auf dem Mond, setzte mich nieder und ruhte mich aus, wobei ich von oben auf die Erde blickte und wie der Zeus Homers bald auf das Land der reisigen Thraker hinabsah, bald auf das der Myser, kurz darauf aber, sooft es mir beliebte, auf Griechenland, Persien und Indien. All dieser Anblick erfüllte mich mit mannigfaltiger Wonne.

FREUND. Also magst du auch das erzählen, Menipp, damit wir um keine Einzelheit deiner Reise kommen, sondern auch Entdeckungen, die du auf deiner Reise so nebenbei gemacht hast, ebenfalls erfahren. Denn ich erwarte, daß ich keine Kleinigkeiten hören werde über die Gestalt der Erde und alles, was sich auf ihr befindet, wie es dir von solcher Höhe aus erschien.

MEN. Deine Vermutung, Freund, ist berechtigt, drum steig in Gedanken, soweit das möglich ist, auf den Mond, mache die Reise mit und betrachte mit mir die ganze Anordnung der Dinge auf der Erde. Und stelle dir erstens vor, daß die Erde sehr klein anzusehen ist, viel kleiner sag ich als der Mond, so daß ich mich, als ich mich auf einmal hinunterbückte, lang nicht auskannte, wo die so hohen Berge seien und das so gewaltige Meer. Und hätte ich nicht den rhodischen Koloß geschaut und den Leuchtturm auf Pharos: wisse wohl, die Erde wäre mir vollständig verborgen geblieben. So aber kam es,

καὶ ὑπερανεστηκότα καὶ ὁ' Ὠκεανὸς ἠρέμα πρὸς τὸν ἥλιον ὑποστίλβων διεσήμαινέ μοι γῆν εἶναι τὸ ὁρώμενον. ἐπεὶ δὲ ἅπαξ τὴν ὄψιν ἐς αὐτὸ ἀτενὲς ἀπηρεισάμην, ἅπας ὁ τῶν ἀνθρώπων βίος ἤδη κατεφαίνετο, οὐ κατὰ ἔθνη μόνον καὶ πόλεις, ἀλλὰ καὶ αὐτοὶ σαφῶς οἱ πλέοντες, οἱ πολεμοῦντες, οἱ γεωργοῦντες, οἱ δικαζόμενοι, τὰ γύναια, τὰ θηρία, καὶ πάνθ' ἁπλῶς ὁπόσα τρέφει

ζείδωρος ἄρουρα.

ΕΤΑΙΡ. Παντελῶς ἀπίθανα φῂς ταῦτα καὶ αὐτοῖς ὑπεναντία· ὃς γὰρ ἀρτίως, ὦ Μένιππε, τὴν γῆν ἐζήτεις ὑπὸ τοῦ μεταξὺ διαστήματος ἐς βραχὺ συνεσταλμένην, καὶ εἴ γε μὴ ὁ κολοσσὸς ἐμήνυσέ σοι, τάχα ἂν ἄλλο τι ᾠήθης ὁρᾶν, πῶς νῦν καθάπερ Λυγκεύς τις ἄφνω γενόμενος ἅπαντα διαγινώσκεις τὰ ἐπὶ γῆς, τοὺς ἀνθρώπους, τὰ θηρία, μικροῦ δεῖν τὰς τῶν ἐμπίδων νεοττιάς;

ΜΕΝ. Εὖ με ὑπέμνησας· ὃ γὰρ μάλιστα ἐχρῆν εἰπεῖν, 13 τοῦτο οὐκ οἶδ' ὅπως παρέλιπον. ἐπεὶ γὰρ αὐτὴν μὲν ἐγνώρισα τὴν γῆν ἰδών, τὰ δ' ἄλλα οὐχ οἷός τε ἦν καθορᾶν ὑπὸ τοῦ βάθους ἅτε τῆς ὄψεως μηκέτι ἐφικνουμένης, πάνυ μ' ἠνία τὸ χρῆμα καὶ πολλὴν παρεῖχε τὴν ἀπορίαν. κατηφεῖ δὲ ὄντι μοι καὶ ὀλίγου δεῖν δεδακρυμένῳ ἐφίσταται κατόπιν ὁ σοφὸς Ἐμπεδοκλῆς, ἀνθρακίας τις ἰδεῖν καὶ σποδοῦ πλέως καὶ κατωπτημένος· κἀγὼ μέν, ὡς εἶδον – εἰρήσεται γάρ – ὑπεταράχθην καί τινα σεληναῖον δαίμονα ᾠήθην ὁρᾶν· ὁ δέ, Θάρρει, φησίν, ὦ Μένιππε,

οὔτις τοι θεός εἰμι, τί μ' ἀθανάτοισιν ἐΐσκεις;

ὁ φυσικὸς οὗτός εἰμι Ἐμπεδοκλῆς· ἐπεὶ γὰρ ἐς τοὺς κρα-

daß diese Bauwerke durch ihre Höhe, durch die sie die Umgebung überragten, und der Okean durch seinen sanften Schimmer im Reflex der Sonnenstrahlen mir klar machten, daß, was ich schaute, die Erde war. Als ich aber einmal meinen Blick darauf unverwandt eingestellt hatte, zeigte sich nunmehr das ganze Leben der Menschen, nicht bloß nach Völkern und Städten, sondern deutlich auch die einzelnen Menschen in ihren verschiedenen Beschäftigungen, bei der Schiffahrt, im Krieg, beim Ackerbau, vor Gericht, ferner die Frauenzimmer, die Tiere, kurz alles, soviel sie nährt, die

lebensspendende Erde.

FREUND. Da erzählst du vollkommen Unwahrscheinliches und widersprichst dir dabei selber. Du, Menipp, der doch eben die Erde suchen mußte, weil sie infolge des Zwischenraumes zu solcher Kleinheit zusammengeschrumpft war, daß du, hätte es dir nicht der Koloß gezeigt, vielleicht etwas anderes zu sehen geglaubt hättest, wie bist du nun auf einmal gewissermaßen ein Lynkeus geworden, daß du alles auf Erden unterschiedst, die Menschen, die Tiere, ja beinahe die Mückenbruten?

MEN. Gut, daß du mich erinnert hast; denn was ich in erster Linie hätte sagen sollen, das ließ ich, ich weiß nicht wie, beiseite. Als ich nämlich beim Hinsehen zwar die Erde selber erkannte, alles übrige aber wahrzunehmen nicht imstande war, weil mein Sehvermögen infolge der Tiefe nicht mehr soweit reichte, da betrübte mich dieser Umstand sehr und verursachte mir eine große Verlegenheit. Als ich aber darüber niedergeschlagen und beinahe in Tränen aufgelöst dasaß, da tritt von hinten der weise Empedokles auf mich zu, wie ein Köhler anzusehen, voller Asche und mit Brandwunden bedeckt. Bei seinem Anblick war ich – es muß ja heraus! – bestürzt und glaubte, einen Mondgeist zu sehen. Er aber sprach: „Sei ohne Sorge, Menipp,

wahrlich ich bin kein Gott und sterblichen Göttern vergleichbar,

ich bin der Naturphilosoph Empedokles. Als ich mich nämlich

τῆρας ἐμαυτὸν φέρων ἐνέβαλον, ὁ καπνός με ἀπὸ τῆς Αἴτνης ἀναρπάσας δεῦρο ἀνήγαγε, καὶ νῦν ἐν τῇ σελήνῃ κατοικῶ ἀεροβατῶν τὰ πολλὰ καὶ σιτοῦμαι δρόσον. ἥκω τοίνυν σε ἀπολύσων τῆς παρούσης ἀπορίας· ἀνιᾷ γάρ σε, οἶμαι, καὶ στρέφει τὸ μὴ σαφῶς τὰ ἐπὶ γῆς ὁρᾶν. Εὖ γε ἐποίησας, ἦν δ' ἐγώ, βέλτιστε Ἐμπεδόκλεις, κἀπειδὰν τάχιστα κατάπτωμαι πάλιν ἐς τὴν Ἑλλάδα, μεμνήσομαι σπένδειν τέ σοι ἐπὶ τῆς καπνοδόχης κἀν τοῖς νουμηνίαις πρὸς τὴν σελήνην τρὶς ἐγχανὼν προσεύχεσθαι. Ἀλλὰ μὰ τὸν Ἐνδυμίωνα, ἦ δ' ὅς, οὐχὶ τοῦ μισθοῦ χάριν ἀφῖγμαι, πέπονθα δέ τι τὴν ψυχὴν ἰδών σε λελυπημένον. ἀτὰρ οἶσθα ὅ τι δράσας ὀξυδερκὴς γενήσῃ; Μὰ Δί', ἦν δ' ἐγώ, ἢν μὴ σύ μοι τὴν ἀχλύν πως ἀφέλῃς ἀπὸ τῶν ὀμμάτων· νῦν γὰρ δὴ λημᾶν οὐ μετρίως δοκῶ. Καὶ μὴν οὐδέν γε, ἦ δ' ὅς, ἐμοῦ δεήσει· τὸ γὰρ ὀξυδερκὲς αὐτὸς ἤδη γῆθεν ἥκεις ἔχων. Τί οὖν τοῦτό ἐστιν; οὐ γὰρ οἶδ', ἔφην. Οὐκ οἶσθα, ἦ δ' ὅς, ἀετοῦ τὴν πτέρυγα τὴν δεξιὰν περικείμενος; Καὶ μάλα, ἦν δ' ἐγώ. τί δ' οὖν πτέρυγι καὶ ὀφθαλμῷ κοινόν ἐστιν; Ὅτι, ἦ δ' ὅς, παρὰ πολὺ τῶν ἄλλων ζῴων ἀετός ἐστιν ὀξυωπέστατος, ὥστε μόνος ἀντίον δέδορκε τῷ ἡλίῳ, καὶ τοῦτό ἐστιν ὁ γνήσιος καὶ βασιλεὺς ἀετός, ἢν ἀσκαρδαμυκτὶ πρὸς τὰς ἀκτῖνας βλέπῃ. Φασὶ ταῦτα, ἦν δ' ἐγώ, καί μοι ἤδη μεταμέλει, ὅτι δεῦρο ἀνιὼν οὐχὶ τὼ ὀφθαλμὼ τοῦ ἀετοῦ ἐνεθέμην τοὺς ἐμοὺς ἐξελών· ὡς νῦν γε ἡμιτελὴς ἀφῖγμαι καὶ οὐ πάντα βασιλικῶς ἐνεσκευασμένος, ἀλλ' ἔοικα τοῖς νόθοις ἐκείνοις καὶ ἀποκηρύκτοις. Καὶ μὴν πάρα σοί, ἦ δ' ὅς, αὐτίκα μάλα τὸν ἕτερον ὀφθαλμὸν ἔχειν βασιλικόν· ἢν

in den Krater gestürzt hatte, riß mich der Rauch aus dem Ätna in die Höhe und brachte mich hieher, und jetzt wohne ich im Mond, gehe meist in der Luft spazieren und nähre mich vom Tau. Ich bin also hier, um dich von der Verlegenheit, in der du dich befindest, zu befreien. Dich betrübt halt und quält der Umstand, daß du die Dinge auf Erden nicht deutlich siehst."
„Das ist schön von dir", sprach ich, „mein bester Empedokles, und sobald ich wieder nach Griechenland geflogen bin, werde ich daran denken, dir eine Libation beim Rauchfang darzubringen und an den Tagen des Neumonds, dem Mond zugekehrt, dreimal mit offenem Mund zu dir beten."
„Aber beim Endymion", sprach er, „ich bin nicht um Lohnes wegen gekommen, sondern es ging mir nahe, dich so betrübt zu sehen. Aber weißt du, was du zu tun hast, um scharfsichtig zu werden?" „Nein, beim Zeus", sprach ich, „außer du nimmst mir den Nebel von den Augen; denn jetzt, kommt es mir vor, ist mein Sehvermögen außerordentlich getrübt." „Jedoch du brauchst mich gar nicht", antwortete er; „denn die Fähigkeit, scharf zu sehen hast du bereits selber von der Erde mitgebracht." „Was ist also das? Ich weiß es nämlich nicht", sprach ich. „Weißt du nicht", erwiderte er, „daß du rechts dir den Adlerflügel umgelegt hast"? „Jawohl", sprach ich; „was haben aber Flügel und Auge miteinander gemein"? „Es hat nämlich", sprach er, „von allen Lebewesen der Adler das schärfste Sehvermögen, so daß er allein in die Sonne schauen kann und das ist der echte Königsadler, falls er ohne zu blinzeln in die Sonnenstrahlen blickt." „Ja, so heißt es", sprach ich, „und es reut mich schon, daß ich bei meinem Aufstieg hieher mir nicht statt meiner Augen die des Adlers eingesetzt habe. So bin ich also jetzt nur halbfertig und nicht in allen Stücken königlich ausgestattet hieher gekommen, sondern gleiche den vom Adlervater verstoßenen Bastarden."
„Indes", erwiderte er, „steht es bei dir, sofort ein königliches

γὰρ ἐθελήσῃς μικρὸν ἀναστὰς ἐπισχὼν τοῦ γυπὸς τὴν πτέρυγα θατέρᾳ μόνῃ πτερύξασθαι, κατὰ λόγον τῆς πτέρυγος τὸν δεξιὸν ὀφθαλμὸν ὀξυδερκὴς ἔσῃ· τὸν δὲ ἕτερον οὐδεμία μηχανὴ μὴ οὐκ ἀμβλύτερον δεδορκέναι τῆς μερίδος ὄντα τῆς χείρονος. Ἅλις, ἦν δ' ἐγώ, εἰ καὶ ὁ δεξιὸς μόνος ἀετῶδες βλέποι· οὐδὲν γὰρ ἂν ἔλαττον γένοιτο, ἐπεὶ καὶ τοὺς τέκτονας πολλάκις ἑωρακέναι μοι δοκῶ θατέρῳ τῶν ὀφθαλμῶν ἄμεινον πρὸς τοὺς κανόνας ἀπευθύνοντας τὰ ξύλα.

Ταῦτα εἰπὼν ἐποίουν ἅμα τὰ ὑπὸ τοῦ Ἐμπεδοκλέους παρηγγελμένα· ὁ δὲ κατ' ὀλίγον ὑπαπιὼν ἐς καπνὸν ἠρέμα διελύετο. κἀπειδὴ τάχιστα ἐπτερυξάμην, αὐτίκα με φῶς πάμπολυ περιέλαμψε καὶ τὰ τέως λανθάνοντα πάντα διεφαίνετο· κατακύψας γοῦν ἐς τὴν γῆν ἑώρων σαφῶς τὰς πόλεις, τοὺς ἀνθρώπους, τὰ γιγνόμενα, καὶ οὐ τὰ ἐν ὑπαίθρῳ μόνον, ἀλλὰ καὶ ὁπόσα οἴκοι ἔπραττον οἰόμενοι λανθάνειν, Πτολεμαῖον μὲν συνόντα τῇ ἀδελφῇ, Λυσιμάχῳ δὲ τὸν υἱὸν ἐπιβουλεύοντα, τὸν Σελεύκου δὲ Ἀντίοχον Στρατονίκῃ διανεύοντα λάθρα τῇ μητρυιᾷ, τὸν δὲ Θετταλὸν Ἀλέξανδρον ὑπὸ τῆς γυναικὸς ἀναιρούμενον καὶ Ἀντίγονον μοιχεύοντα τοῦ υἱοῦ τὴν γυναῖκα καὶ Ἀττάλῳ τὸν υἱὸν ἐγχέοντα τὸ φάρμακον, ἑτέρωθι δ' αὖ Ἀρσάκην φονεύοντα τὸ γύναιον καὶ τὸν εὐνοῦχον Ἀρβάκην ἕλκοντα τὸ ξίφος ἐπὶ τὸν Ἀρσάκην, Σπατῖνος δὲ ὁ Μῆδος ἐκ τοῦ συμποσίου πρὸς τῶν δορυφορούντων εἵλκετο ἔξω τοῦ ποδὸς σκύφῳ χρυσῷ τὴν ὀφρὺν κατηλοημένος. ὅμοια δὲ τούτοις ἐν τῇ Λιβύῃ καὶ παρὰ Σκύθαις καὶ Θρᾳξὶ γιγνόμενα ἐν τοῖς βασιλείοις ἦν ὁρᾶν, μοιχεύοντας, φονεύοντας, ἐπιβουλεύοντας, ἁρπάζοντας, ἐπιορκοῦντας, δεδιότας, ὑπὸ τῶν οἰκειοτάτων προδιδομένους. καὶ τὰ μὲν τῶν βασι-

Auge zu haben; wolltest du nämlich nur ein wenig aufstehen, den Geierflügel anhalten und bloß den anderen bewegen, so wirst du entsprechend dem Flügel auf dem rechten Auge scharfsichtig sein; das Sehvermögen des anderen Auges aber muß unbedingt stumpf bleiben, da es zur schlechteren Hälfte gehört." „Genug", sprach ich, „wenn auch nur das rechte Auge einen Adlerblick hat; das wäre ja wohl kein Nachteil, glaube ich doch oft gesehen zu haben, wie auch die Zimmerleute mit einem Auge besser als mit zweien die Balken nach dem Richtscheit gerademachen."

Nach diesen Worten vollzog ich den Auftrag des Empedokles; dieser aber entschwand allmählich und löste sich nach und nach in Rauch auf. Und sobald ich den Flügel bewegt hatte, umleuchtete mich sofort reichliches Licht und kam alles, was bisher verborgen war, zum Vorschein. Ich beugte mich also zur Erde nieder und sah deutlich die Städte, die Menschen, die Geschehnisse, und zwar nicht bloß die unter freiem Himmel, sondern auch alles, was sie daheim taten in der Meinung, unbemerkt zu bleiben: Wie Ptolemaios mit seiner Schwester verkehrte, wie dem Lysimachos sein eigener Sohn nachstellte, Seleukos' Sohn Antiochos seiner Stiefmutter Stratonike heimlich zuwinkte, der Thessalier Alexander von seiner eigenen Frau umgebracht wurde, Antigonos mit der Frau seines Sohnes ein Verhältnis hatte, dem Attalos sein eigener Sohn Gift einschenkte, auf der anderen Seite aber (im Orient) Arsakes das Weibsbild tötete, der Eunuch Arbakes sein Schwert gegen den Arsakes zückte und der Meder Spatinos aus einem Gelage von seinen Trabanten beim Fuß hinausgeschleppt wurde, mit einer durch einen goldenen Becher verursachten schweren Verletzung an der Augenbraue. Gleiche Geschehnisse gab es in Afrika, bei den Skythen und bei den Thrakern in den Königspalästen zu sehen, wie sie Buhlschaft trieben, mordeten, einander nachstellten, raubten, Meineide schwuren, in Ängsten lebten und von den nächsten Angehörigen verraten wurden. Und was bei den Königen sich abspielte, gewährte

λέων τοιαύτην παρέσχε μοι τήν διατριβήν, τά δέ τών ίδιωτών πολύ γελοιότερα· καί γάρ αύ κάκείνους έώρων, Έρμόδωρον μέν τον Έπικούρειον χιλίων ένεκα δραχμών έπιορκοΰντα, τον Στωϊκόν δέ 'Αγαθοκλέα περί μισθού τώ μαθητή δικαζόμενον, Κλεινίαν δέ τον ρήτορα έκ τοΰ 'Ασκληπιείου φιάλην ύφαιρούμενον, τον δέ Κυνικόν Ήρόφιλον έν τώ χαμαιτυπείω καθεύδοντα. τί γάρ άν τους άλλους λέγοιμι, τους τοιχωρυχοΰντας, τους δεκαζομένους, τους δανείζοντας, τους έπαιτοΰντας; όλως γάρ ποικίλη καί παντοδαπή τις ήν ή θέα.

ΕΤΑΙΡ. Καί μήν καί ταΰτα, ώ Μένιππε, καλώς είχε λέγειν· έοικε γάρ ού τήν τυχούσαν τερπωλήν σοι παρεσχήσθαι.

ΜΕΝ. Πάντα μέν έξης διελθείν, ώ φιλότης, άδύνατον, όπου γε καί οράν αύτά έργον ήν· τά μέντοι κεφάλαια τών πραγμάτων τοιαύτα έφαίνετο οία φησιν Όμηρος τά έπί της άσπίδος· ού μέν γάρ ήσαν ειλαπίναι καί γάμοι, έτέρωθι δέ δικαστήρια καί έκκλησίαι, καθ' έτερον δέ μέρος έθυέ τις, έν γειτόνων δέ πενθών άλλος έφαίνετο· καί ότε μέν ές τήν Γετικήν άποβλέψαιμι, πολεμοΰντας άν έώρων τους Γέτας· ότε δέ μεταβαίην έπί τους Σκύθας, πλανωμένους έπί τών άμαξών ήν ίδεΐν· μικρόν δέ έπικλίνας τον όφθαλμόν έπί θάτερα τους Αιγυπτίους γεωργοΰντας έπέβλεπον, καί ό Φοΐνιξ δέ ένεπορεύετο καί ό Κίλιξ έλήστευε καί ό Λάκων έμαστιγούτο καί ό 'Αθηναίος έδικάζετο. άπάντων τούτων ύπό τον αύτόν 17 γινομένων χρόνον ώρα σοι ήδη έπινοεΐν όποιος τις ό κυκεών ούτος έφαίνετο. ώσπερ άν εί τις παραστησάμενος πολλούς χορευτάς, μάλλον δέ πολλούς χορούς, έπειτα προστάξειε των αδόντων έκάστω τήν συνωδίαν άφέντα ίδιον άδειν μέλος, φιλοτιμουμένου δέ έκάστου

mir eine solche Unterhaltung, was sich aber bei den Privatleuten ereignete, war noch viel lächerlicher. Denn ich sah auch sie: wie der Epikureer Hermodor wegen tausend Drachmen einen Meineid schwur, der Stoiker Agathokles wegen seines Honorars mit seinem Schüler prozessierte, der Rhetor Kleinias aus dem Tempel des Asklepios eine goldene Schale entwendete und der Kyniker Herophilos im Bordell schlief. Was soll ich nämlich von den anderen sprechen, von den Einbrechern, den bestechlichen Individuen, den Wucherern, den Bettlern? Durchaus bunt und mannigfaltig war ja der Anblick.

FREUND. Es wäre jedoch schön, Menipp, würdest du auch darüber sprechen; es scheint dir ja ein außergewöhnliches Vergnügen bereitet zu haben.

MEN. Alles der Reihe nach durchzugehen, wäre, mein Freund, unmöglich, wo doch sogar das Hinschauen eine Aufgabe war. In der Hauptsache aber erschienen die Dinge so, wie dies Homer von den Darstellungen auf dem Schild (des Achill) sagt: Hier gab es nämlich Gastereien und Hochzeiten, anderswo Gerichtshöfe und Volksversammlungen, auf einer anderen Seite opferte einer, in der Nachbarschaft zeigte sich ein anderer in Trauer. Und sooft ich auf das Getenland blickte, sah ich die Geten Krieg führen; sooft ich aber zu den Skythen überging, konnte man sie auf ihren Wagen hin- und herfahren sehen. Wendete ich aber ein wenig mein Auge auf die andere Seite, so sah ich die Ägypter mit dem Ackerbau beschäftigt, und der Phöniker trieb Handel, der Kilikier aber verübte Räubereien, der Lakedaemonier ließ sich geißeln und der Athener prozessierte. Da alle diese Dinge zu derselben Zeit sich abspielten, ist es für dich nun an der Zeit, darüber nachzudenken, was da für ein Mischmasch herauskam. Wie wenn einer viele Chorsänger nebeneinander stellte, vielmehr viele Chöre und dann jedem einzelnen von den Sängern auftrüge, unter Verzicht auf die Harmonie ein eigenes Lied für sich zu

καὶ τὸ ἴδιον περαίνοντος καὶ τὸν πλησίον ὑπερβαλέσθαι τῇ μεγαλοφωνίᾳ προθυμουμένου, ἆρα ἐνθυμῇ πρὸς Διὸς οἵα γένοιτ' ἂν ἡ ᾠδή;

ΕΤΑΙΡ. Παντάπασιν, ὦ Μένιππε, παγγέλοιος καὶ τεταραγμένη.

ΜΕΝ. Καὶ μήν, ὦ ἑταῖρε, τοιοῦτοι πάντες εἰσὶν οἱ ἐπὶ γῆς χορευταὶ κἀκ τοιαύτης ἀναρμοστίας ὁ τῶν ἀνθρώπων βίος συντέτακται, οὐ μόνον ἀπῳδὰ φθεγγομένων, ἀλλὰ καὶ ἀνομοίων τὰ σχήματα καὶ τἀναντία κινουμένων καὶ ταὐτὸν οὐδὲν ἐπινοούντων, ἄχρι ἂν αὐτῶν ἕκαστον ὁ χορηγὸς ἀπελάσῃ τῆς σκηνῆς οὐκέτι δεῖσθαι λέγων· τοὐντεῦθεν δὲ ὅμοιοι πάντες ἤδη σιωπῶντες, οὐκέτι τὴν συμμιγῆ καὶ ἄτακτον ἐκείνην ᾠδὴν ἀπᾴδοντες. ἀλλ' ἐν αὐτῷ γε ποικίλῳ καὶ πολυειδεῖ τῷ θεάτρῳ πάντα μὲν γελοῖα δήπουθεν ἦν τὰ γιγνόμενα· μάλιστα δὲ ἐπ' ἐκείνοις ἐπῄει μοι γελᾶν τοῖς περὶ γῆς ὅρων ἐρίζουσι καὶ τοῖς μέγα φρονοῦσιν ἐπὶ τῷ τὸ Σικυώνιον πεδίον γεωργεῖν ἢ Μαραθῶνος ἔχειν τὰ περὶ τὴν Οἰνόην ἢ Ἀχαρνῆσι πλέθρα κεκτῆσθαι χίλια· τῆς γοῦν Ἑλλάδος ὅλης, ὡς τότε μοι ἄνωθεν ἐφαίνετο, δακτύλων οὔσης τὸ μέγεθος τεττάρων κατὰ λόγον, οἶμαι, ἡ Ἀττικὴ πολλοστημόριον ἦν. ὥστε ἐνενόουν ἐφ' ὁπόσῳ τοῖς πλουσίοις τούτοις μέγα φρονεῖν κατελείπετο· σχεδὸν γὰρ ὁ πολυπλεθρότατος αὐτῶν μίαν τῶν Ἐπικουρείων ἀτόμων ἐδόκει μοι γεωργεῖν. ἀποβλέψας δὲ δὴ καὶ ἐς τὴν Πελοπόννησον, εἶτα τὴν Κυνοσουρίαν γῆν ἰδὼν ἀνεμνήσθην περὶ ὅσου χωρίου, κατ' οὐδὲν Αἰγυπτίου φακοῦ πλατυτέρου, τοσοῦτοι ἔπεσον Ἀργείων καὶ Λακεδαιμονίων μιᾶς ἡμέ-

singen, und nun jeder sich mit allem Eifer darauf verlegte, seine eigene Rolle durchführen und seinen Nachbar durch Stimmaufwand überbieten wollte, beim Zeus! kannst du dir vorstellen, was für ein Gesang da zustande käme?

FREUND. Ein in jeder Hinsicht höchst lächerlicher und verworrener.

MEN. Ja wahrlich, mein Freund, so sind alle irdischen Choristen und aus solcher Disharmonie ist das Leben der Menschen zusammengesetzt, die nicht nur unter einander in der Sprache abweichen, sondern auch an der Gestalt einander ungleich sind, gegensätzliche Bewegungen machen und in keiner Hinsicht dasselbe denken, bis jeden von ihnen der Spielleiter von der Bühne vertreibt, mit der Bemerkung, er brauche ihn nicht mehr. Von da an sind sie alle gleich, halten nunmehr den Mund und ihr vermischter ungeregelter Gesang ist zu Ende. Aber in dem an und für sich bunten und vielgestaltigen Welttheater sah sich das alles doch recht komisch an. Am meisten aber wandelte mich die Lust an, über jene zu lachen, die über Grenzen auf Erden stritten und über die, die stolz darauf waren, auf der (fruchtbaren) Ebene von Sikyon Ackerbau zu treiben oder in der Ebene von Marathon das Gebiet um Oinoë zu haben oder in Acharnai tausend Plethren zu besitzen; war doch von ganz Griechenland, das, wie es mir damals von oben erschien, bloß eine Ausdehnung von vier Zoll hatte, Attika halt im Vergleich dazu nur ein winziger Teil. Darum dachte ich darüber nach, wie klein eigentlich der Anlaß war, von dem sich der Hochmut der sogenannten Reichen herleitete. Denn der reichste Großgrundbesitzer unter ihnen schien mir so ziemlich nur ein einziges von den Atomen Epikurs als Ackerland zu besitzen. Blickte ich aber auf den Peloponnes und faßte dann das Kynosuria genannte Gebiet ins Auge, so erinnerte ich mich, um einen wie kleinen Landstrich, der gar nicht breiter als eine ägyptische Linse ist, soviele Argiver und Lakedämonier an einem einzigen Tage fielen.

ρας. καὶ μὴν εἴ τινα ἴδοιμι ἐπὶ χρυσῷ μέγα φρονοῦντα, ὅτι δακτυλίους τε εἶχεν ὀκτὼ καὶ φιάλας τέτταρας, πάνυ καὶ ἐπὶ τούτῳ ἂν ἐγέλων. τὸ γὰρ Πάγγαιον ὅλον αὐτοῖς μετάλλοις κεγχριαῖον ἦν τὸ μέγεθος.

ΕΤΑΙΡ. Ὦ μακάριε Μένιππε τῆς παραδόξου θέας! αἱ δὲ 19 δὴ πόλεις πρὸς Διὸς καὶ οἱ ἄνδρες αὐτοὶ πηλίκοι διεφαίνοντο ἄνω;

ΜΕΝ. Οἶμαί σε πολλάκις ἤδη μυρμήκων ἀγορὰν ἑωρακέναι, τοὺς μὲν εἰλουμένους, ἐνίους δὲ ἐξιόντας, ἑτέρους δὲ ἐπανιόντας αὖθις εἰς τὴν πόλιν· καὶ ὁ μέν τις τὴν κόπρον ἐκφέρει, ὁ δὲ ἁρπάσας ποθὲν ἢ κυάμου λέπος ἢ πυροῦ ἡμίτομον θεῖ φέρων. εἰκὸς δὲ εἶναι παρ' αὐτοῖς κατὰ λόγον τοῦ μυρμήκων βίου καὶ οἰκοδόμους τινὰς καὶ δημαγωγοὺς καὶ πρυτάνεις καὶ μουσικοὺς καὶ φιλοσόφους. πλὴν αἵ γε πόλεις αὐτοῖς ἀνδράσι ταῖς μυρμηκιαῖς μάλιστα ἐῴκεσαν. εἰ δέ σοι δοκεῖ μικρὸν τὸ παράδειγμα, τὸ ἀνθρώπους εἰκάσαι τῇ μυρμήκων πολιτείᾳ, τοὺς παλαιοὺς μύθους ἐπίσκεψαι τῶν Θετταλῶν· εὑρήσεις γὰρ τοὺς Μυρμιδόνας, τὸ μαχιμώτατον φῦλον, ἐκ μυρμήκων ἄνδρας γεγονότας. ἐπειδὴ δ' οὖν πάντα ἱκανῶς ἑώρατο καὶ κατεγεγέλαστό μοι, διασείσας ἐμαυτὸν ἀνεπτόμην

δώματ' ἐς αἰγιόχοιο Διὸς μετὰ δαίμονας ἄλλους.

οὔπω στάδιον ἀνεληλύθειν καὶ ἡ Σελήνη γυναικείαν 20 φωνὴν προϊεμένη, Μένιππε, φησίν, οὕτως ὄναιο, διακόνησαί μοί τι πρὸς τὸν Δία. Λέγοις ἄν, ἦν δ' ἐγώ· βαρὺ γὰρ οὐδέν, ἢν μή τι φέρειν δέῃ. Πρεσβείαν, ἔφη, τινὰ οὐ χαλεπὴν καὶ δέησιν ἀπένεγκαι παρ' ἐμοῦ τῷ Διί· ἀπείρηκα γὰρ ἤδη, Μένιππε, πολλὰ καὶ δεινὰ παρὰ τῶν φιλοσόφων ἀκούουσα, οἷς οὐδὲν ἕτερόν ἐστιν ἔργον ἢ

Und sah ich ferner jemand stolz auf sein Gold, weil er acht Ringe hatte und vier Schalen, so mußte ich über ihn besonders lachen; denn das ganze Pangaiongebirge mitsamt dem Bergwerk war nur so groß wie eine Hirse.

FREUND. Du glücklicher Menipp, wie bist du um die seltsame Schau zu beneiden! Sag mir aber beim Zeus, wie groß erschienen dir die Städte und die Menschen selber, als du oben warst.

MEN. Ich glaube, daß du oft eine Ansammlung von Ameisen gesehen hast, wie deren einige sich drängen, andere ausziehen, andere wieder in ihre Stadt zurückkehren. Und einer trägt den Mist aus, ein anderer hat irgendwo eine Bohnenhülse oder ein halbes Weizenkorn erwischt und läuft nun rasch damit. Wahrscheinlich gibt es bei ihnen in den Proportionen des Ameisenlebens so etwas wie Baumeister, Volksführer, Ratsherren, Musenkünstler und Philosophen. Nun, die Städte mitsamt ihren Einwohnern glichen am meisten den Ameisenhaufen. Sollte dir aber der Vergleich zu klein dünken, Menschen mit dem Ameisenstaat zu vergleichen, so betrachte die alten Sagen der Thessalier: du wirst da nämlich finden, daß die Myrmidonen, der kriegerischeste Volksstamm, aus Ameisen Männer geworden sind. Nachdem ich aber alles genugsam beschaut und belacht hatte, schüttelte ich mich und flog auf

in den Palast des donnernden Zeus zu den anderen Göttern.

Doch war ich kein Stadion aufwärts gekommen, so ließ die Mondgöttin ihre weibliche Stimme ertönen und sprach: „Menipp, so wahr du Glück haben sollst, sei so gut und überbringe eine kurze Mitteilung von mir dem Zeus." „Red' nur", antwortete ich; „schwer ist ja nichts, wenn man es nicht zu tragen braucht." „Eine nicht schwierige Botschaft und Bitte", sprach sie, „bring von mir dem Zeus. Ich bin es nämlich müde, Menipp, viel Schlimmes von den Philosophen anhören zu

τἀμὰ πολυπραγμονεῖν, τίς εἰμι καὶ πηλίκη ἢ καὶ δι' ἥντινα αἰτίαν διχότομος ἢ ἀμφίκυρτος γίγνομαι. καὶ οἱ μὲν κατοικεῖσθαί μέ φασιν, οἱ δὲ κατόπτρου δίκην ἐπικρέμασθαι τῇ θαλάττῃ, οἱ δὲ ὅ τι ἂν ἕκαστος ἐπινοήσῃ, τοῦτό μοι προσάπτουσι. τὰ τελευταῖα δὲ καὶ τὸ φῶς αὐτὸ κλοπιμαῖόν τε καὶ νόθον εἶναί μοί φασιν ἄνωθεν ἧκον παρὰ τοῦ Ἡλίου, καὶ οὐ παύονται καὶ πρὸς τοῦτόν με ἀδελφὸν ὄντα συγκροῦσαι καὶ στασιάσαι προαιρούμενοι· οὐ γὰρ ἱκανὰ ἦν αὐτοῖς ἃ περὶ αὐτοῦ εἰρήκασι τοῦ Ἡλίου λίθον αὐτὸν εἶναι καὶ μύδρον διάπυρον.

Καίτοι πόσα ἐγὼ συνεπίσταμαι αὐτοῖς ἃ πράττουσι 21 τῶν νυκτῶν αἰσχρὰ καὶ κατάπτυστα οἱ μεθ' ἡμέραν σκυθρωποὶ καὶ ἀνδρώδεις τὸ βλέμμα καὶ τὸ σχῆμα σεμνοὶ καὶ ὑπὸ τῶν ἰδιωτῶν ἀποβλεπόμενοι; κἀγὼ μὲν ταῦτα ὁρῶσα ὅμως σιωπῶ· οὐ γὰρ ἡγοῦμαι πρέπειν ἀποκαλύψαι καὶ διαφωτίσαι τὰς νυκτερινὰς ἐκείνας διατριβὰς καὶ τὸν ὑπὸ σκηνῆς ἑκάστου βίον, ἀλλὰ κἄν τινα ἴδω αὐτῶν μοιχεύοντα ἢ κλέπτοντα ἢ ἄλλο τι τολμῶντα νυκτερινώτατον, εὐθὺς ἐπισπασαμένη τὸ νέφος ἐνεκαλυψάμην, ἵνα μὴ δείξω τοῖς πολλοῖς γέροντας ἄνδρας βαθεῖ πώγωνι καὶ ἀρετῇ ἐνασχημονοῦντας. οἱ δὲ οὐδὲν ἀνιᾶσι διασπαράττοντές με τῷ λόγῳ καὶ πάντα τρόπον ὑβρίζοντες, ὥστε νὴ τὴν Νύκτα πολλάκις ἐβουλευσάμην μετοικῆσαι ὅτι πορρωτάτω, ἵν' αὐτῶν τὴν περίεργον ἂν γλῶτταν διέφυγον. μέμνησο τοίνυν ταῦτά τε ἀπαγγεῖλαι τῷ Διὶ καὶ προσθεῖναι δ' ὅτι μὴ δυνατόν ἐστί μοι κατὰ χώραν μένειν, ἢν μὴ τοὺς φυσικοὺς ἐκείνους ἐπιτρίψῃ καὶ τοὺς διαλεκτικοὺς ἐπιστομίσῃ καὶ τὴν Στοὰν κατασκάψῃ καὶ τὴν Ἀκαδημίαν καταφλέξῃ καὶ παύσῃ τὰς ἐν τοῖς περιπάτοις διατριβάς· οὕτω γὰρ ἂν εἰρήνην

müssen, die keine andere Aufgabe haben, als sich um meine Angelegenheiten zu scheren, wer ich bin, wie groß ich bin oder auch aus welcher Ursache ich halbiert oder kipfelförmig werde. Und einige behaupten, ich sei bewohnt, andere, ich schwebe nach Art eines Spiegels über dem Meer, andere aber dichten mir die Erfindungen an, die einem jeden gerade einfallen. Schließlich aber behaupten sie sogar, mein Licht sei gestohlen und unecht, da es von oben, vom Sonnengott komme, und bemühen sich unablässig, mich mit diesem meinem Bruder zu verfeinden und einen Zwist mit ihm heraufzubeschwören. Es genügt ihnen nämlich nicht, was sie von der Sonne selbst gesagt haben, daß sie eine durchglühte Steinmasse sei.

Jedoch wie viele schändliche und verabscheuenswerte Taten, die sie in den Nächten verüben, weiß ich von ihnen, die bei Tag finster und männlich dreinschauen und ehrwürdig aussehen, auf die die Laien mit Hochachtung blicken! Und wenn ich auch dies alles sehe, halte ich doch den Mund; es wäre ja m. E. unstatthaft, ihre nächtlichen Unterhaltungen aufzudecken und ins helle Licht zu stellen und das Leben, das ein jeder sozusagen hinter der Bühne führt; vielmehr, sehe ich einen von ihnen bei der Verübung eines Ehebruchs oder eines Diebstahls oder sonst eines besonders dunklen Streiches, so ziehe ich sofort eine Wolke an mich und hülle mich darein, um nicht der großen Menge alte Männer zu zeigen, die ihrem langen Bart und der Tugend Schande bereiten. Sie lassen gar nicht ab, mich in Worten zu zerfleischen und auf jede Weise zu mißhandeln, so daß ich, bei der Nacht! oftmals daran dachte, möglichst weit weg von hier mich umzusiedeln, um ihren vorwitzigen Zungen zu entgehen. Denke also daran, dies dem Zeus zu melden und hinzuzufügen, daß es mir unmöglich wäre, an Ort und Stelle zu bleiben, falls er nicht die dortigen Naturphilosophen zerschmettert, den Dialektikern den Mund stopft, die Stoa niederreißt, die Akademie niederbrennt und den Vorträgen in den Wandelgängen ein Ende bereitet. So würde ich nämlich Ruhe

ἄγοιμι ὁσημέραι παρ' αὐτῶν γεωμετρουμένη. Ἔσται 22
ταῦτα, ἦν δ' ἐγώ, καὶ ἅμα πρὸς τὸ ἄναντες ἔτεινον τὴν
ἐπὶ τοῦ οὐρανοῦ,

ἔνθα μὲν οὔτε βοῶν οὔτ' ἀνδρῶν φαίνετο ἔργα·

μετ' ὀλίγον γὰρ καὶ ἡ σελήνη βραχεῖά μοι καθεωρᾶτο
καὶ τὴν γῆν ἤδη ἀπέκρυπτον. λαβὼν δὲ τὸν ἥλιον ἐν
δεξιᾷ διὰ τῶν ἀστέρων πετόμενος τριταῖος ἐπλησίασα
τῷ οὐρανῷ καὶ τὸ μὲν πρῶτον ἐδόκει μοι ὡς εἶχον εὐθὺς
εἴσω παριέναι· ῥᾳδίως γὰρ ᾤμην διαλαθεῖν ἅτε ἐξ ἡμισείας ὢν ἀετός, τὸν δὲ ἀετὸν ἠπιστάμην ἐκ παλαιοῦ συνήθη τῷ Διί· ὕστερον δὲ ἐλογισάμην ὡς τάχιστα κατα-
φωράσουσί με γυπὸς τὴν ἑτέραν πτέρυγα περικείμενον.
ἄριστον οὖν κρίνας τὸ μὴ παρακινδυνεύειν ἔκοπτον
προσελθὼν τὴν θύραν. ὑπακούσας δὲ ὁ Ἑρμῆς καὶ τοὔνομα ἐκπυθόμενος ἀπῄει κατὰ σπουδὴν φράσων τῷ
Διί, καὶ μετ' ὀλίγον εἰσεκλήθην πάνυ δεδιὼς καὶ τρέ-
μων, καταλαμβάνω τε πάντας ἅμα συγκαθημένους
οὐδὲ αὐτοὺς ἀφροντίδας· ὑπετάραττε γὰρ ἡσυχῇ τὸ
παράδοξόν μου τῆς ἐπιδημίας, καὶ ὅσον οὐδέπω πάντας ἀνθρώπους ἀφίξεσθαι προσεδόκων τὸν αὐτὸν τρόπον ἐπτερωμένους. ὁ δὲ Ζεὺς μάλα φοβερῶς δριμύ τε καὶ 23
τιτανῶδες εἰς ἐμὲ ἀπιδὼν φησι·

τίς πόθεν εἰς ἀνδρῶν, πόθι τοι πόλις ἠδὲ τοκῆες;

ἐγὼ δὲ ὡς τοῦτ' ἤκουσα, μικροῦ μὲν ἐξέθανον ὑπὸ τοῦ
δέους, εἱστήκειν δὲ ὅμως ἀχανὴς καὶ ὑπὸ τῆς μεγαλο-
φωνίας ἐμβεβροντημένος. χρόνῳ δ' ἐμαυτὸν ἀναλαβὼν
ἅπαντα διηγούμην σαφῶς ἄνωθεν ἀρξάμενος, ὡς ἐπι-
θυμήσαιμι τὰ μετέωρα ἐκμαθεῖν, ὡς ἔλθοιμι παρὰ τοὺς
φιλοσόφους, ὡς τἀναντία λεγόντων ἀκούσαιμι, ὡς ἀπ-
αγορεύσαιμι διασπώμενος ὑπὸ τῶν λόγων, εἶτα ἐξῆς τὴν

haben und davor bewahrt sein, täglich von ihnen ausgemessen zu werden."

„Das soll geschehen", sprach ich, und zugleich richtete ich meinen Flug steil aufwärts auf den Himmel zu,

wo sich nirgends zeigte die Spur von Rindern und Pflügern.

Bald nämlich sah auch der Mond nur mehr klein aus und verlor ich bereits die Erde allmählich aus den Augen. Ich ließ die Sonne rechts, flog durch die Sterne hindurch und näherte mich am dritten Tag dem Himmel. Und zuerst dachte ich daran, sowie ich war hineinzugehen; ich meinte nämlich, ich würde leicht unbemerkt bleiben, da ich zur Hälfte ein Adler war, vom Adler aber wußte ich, daß er seit langem ein Vertrauter des Zeus war. Später aber dachte ich mir, daß sie sehr bald dahinter kommen würden, daß der eine Flügel, den ich mir umgeschnallt hatte, der eines Geiers war. Ich hielt es also für das beste, nichts zu riskieren, ging zur Tür und klopfte wiederholt an. Endlich hörte Hermes auf mein Klopfen, fragte um meinen Namen und ging fort, um eilends dem Zeus Mitteilung zu machen, und bald wurde ich hineingerufen, voller Angst und Zittern. Und ich finde alle beisammen sitzen, gleichfalls nicht ohne Sorgen. Die absonderliche Art meiner Reise beunruhigte sie nämlich im stillen und sie erwarteten, daß jetzt und jetzt alle Menschen, auf dieselbe Art beflügelt, kommen würden. Zeus aber sieht mit einem fürchterlich grimmigen und titanenhaften Blick auf mich und spricht:

Wer, wes Volks bist du? Und wo ist deine Geburtsstadt?

Als ich diese Worte gehört hatte, wäre ich vor Schreck beinahe gestorben, ich blieb aber gleichwohl stehen, stumm und unter dem Eindruck der lauten Stimme wie verdonnert. Als ich mich mit der Zeit gefaßt hatte, erzählte ich alles deutlich von Anfang an, wie ich das Verlangen gehabt hätte, die Himmelserscheinungen verstehen zu lernen, wie ich zu den Philosophen gegangen wäre, wie ich ihre Widersprüche angehört hätte, wie ich es müde geworden sei, mich durch ihre

ἐπίνοιαν καὶ τὰ πτερὰ καὶ τἆλλα πάντα μέχρι πρὸς τὸν οὐρανόν· ἐπὶ πᾶσι δὲ προσέθηκα τὰ ὑπὸ τῆς Σελήνης ἐπεσταλμένα. μειδιάσας δ' οὖν ὁ Ζεὺς καὶ μικρὸν ἐπανεὶς τῶν ὀφρύων, Τί ἂν λέγοις, χησίν, Ὤτου πέρι καὶ Ἐφιάλτου, ὅπου καὶ Μένιππος ἐτόλμησεν ἐς τὸν οὐρανὸν ἀνελθεῖν; ἀλλὰ νῦν μὲν ἐπὶ ξενίᾳ σε καλοῦμεν, αὔριον δέ, ἔφη, περὶ ὧν ἥκεις χρηματίσαντες ἀποπέμψομεν. καὶ ἅμα ἐξαναστὰς ἐβάδιζεν ἐς τὸ ἐπηκοώτατον τοῦ οὐρανοῦ· καιρὸς γὰρ ἦν ἐπὶ τῶν εὐχῶν καθέζεσθαι. μεταξύ τε 24 προϊὼν ἀνέκρινέ με περὶ τῶν ἐν τῇ γῇ πραγμάτων, τὰ πρῶτα μὲν ἐκεῖνα, πόσου νῦν ὁ πυρός ἐστιν ὤνιος ἐπὶ τῆς Ἑλλάδος, καὶ εἰ σφόδρα ἡμῶν ὁ πέρυσι χειμὼν καθίκετο, καὶ εἰ τὰ λάχανα δεῖται πλείονος ἐπομβρίας· μετὰ δὲ ἠρώτα εἴ τις ἔτι λείπεται τῶν ἀπὸ Φειδίου καὶ δι' ἣν αἰτίαν ἐλλείποιεν Ἀθηναῖοι τὰ Διάσια τοσούτων ἐτῶν, καὶ εἰ τὸ Ὀλυμπίειον αὐτῶν ἐπιτελέσαι διανοοῦνται, καὶ εἰ συνελήφθησαν οἱ τὸν ἐν Δωδώνῃ νεὼν σεσυληκότες. ἐπεὶ δὲ περὶ τούτων ἀπεκρινάμην, Εἰπέ μοι, Μένιππε, ἔφη, περὶ δὲ ἐμοῦ οἱ ἄνθρωποι τίνα γνώμην ἔχουσι; Τίνα, ἔφην, δέσποτα, ἢ τὴν εὐσεβεστάτην, βασιλέα σε εἶναι πάντων θεῶν; Παίζεις ἔχων, ἔφη. τὸ δὲ φιλόκαινον αὐτῶν ἀκριβῶς οἶδα, κἂν μὴ λέγῃς. ἦν γάρ ποτε χρόνος, ὅτε καὶ μάντις ἐδόκουν αὐτοῖς καὶ ἰατρὸς καὶ πάντα ὅλως ἦν ἐγώ,

μεσταὶ δὲ Διὸς πᾶσαι μὲν ἀγυιαί,
πᾶσαι δ' ἀνθρώπων ἀγοραί·

καὶ ἡ Δωδώνη τότε καὶ ἡ Πῖσα λαμπραὶ καὶ περίβλεπτοι πᾶσιν ἦσαν, ὑπὸ δὲ τοῦ καπνοῦ τῶν θυσιῶν οὐδὲ ἀναβλέπειν μοι δυνατόν· ἐξ οὗ δὲ ἐν Δελφοῖς μὲν Ἀπόλλων

verschiedenen Lehrmeinungen zersplittern zu lassen, sodann der Reihe nach von meinem Plan, von den Flügeln und von allem übrigen bis zum Himmel. Zu alldem aber fügte ich noch den mir von der Mondgöttin erteilten Auftrag hinzu. Zeus lächelte, senkte ein wenig seine Brauen und sprach: „Was soll man da von Otos und Ephialtes sagen, wo doch sogar ein Menipp sich erkühnt hat, in den Himmel zu kommen? Aber jetzt laden wir dich zu Gast, morgen aber", sprach er, „werden wir uns zuerst mit dem beschäftigen, weswegen du gekommen bist, und dann dich entlassen." Und gleichzeitig stand er auf und schritt auf den Platz des Himmels zu, der die beste Akustik hatte; es war nämlich Zeit, den Gebeten Audienz zu gewähren. Und unterm Gehen fragte er mich um die Dinge auf Erden aus, zuerst, wie teuer jetzt der Weizen in Griechenland ist, ob der vorjährige Winter uns hart zusetzte und ob das Gemüse mehr Regen brauche. Hernach aber fragte er, ob noch einer von den Nachkommen des Pheidias am Leben ist, aus welchem Grund die Athener schon so viele Jahre die Feier des Zeusfestes unterlassen, ob sie ihren Tempel des olympischen Zeus zu vollenden gedenken und ob die Räuber, die den Tempel von Dodona geplündert hatten, festgenommen wurden. Nachdem ich aber auch darüber geantwortet hatte, sprach er: „Sage mir, Menipp, welche Meinung haben die Menschen von mir?" „Welche sonst, o Herr", erwiderte ich, „als die frömmste, du seiest der König aller Götter." „Man merkt dir an, daß du scherzst", sprach er. „Ich kenne aber ihre Neuerungssucht genau, auch wenn du nicht davon sprichst. Es gab nämlich einmal eine Zeit, wo ich ihnen als Seher galt und als Arzt und überhaupt ihnen alles war:

> alle Straßen waren erfüllt,
> alle Plätze der Menschen von Zeus,

Dodona und Pisa glänzend und auf der ganzen Welt angesehen waren und vor lauter Rauch, der von den Opfern aufstieg, ich nicht einmal aufschauen konnte. Seitdem aber in

τὸ μαντεῖον κατεστήσατο, ἐν Περγάμῳ δὲ τὸ ἰατρεῖον ὁ Ἀσκληπιὸς καὶ τὸ Βενδίδειον ἐγένετο ἐν Θρᾴκῃ καὶ τὸ Ἀνουβίδειον ἐν Αἰγύπτῳ καὶ τὸ Ἀστεμίσιον ἐν Ἐφέσῳ, ἐπὶ ταῦτα μὲν ἅπαντες θέουσι καὶ πανηγύρεις ἀνάγουσι καὶ ἑκατόμβας παριστᾶσιν, ἐμὲ δὲ ὥσπερ παρηβηκότα ἱκανῶς τετιμηκέναι νομίζουσιν, ἂν διὰ πέντε ὅλων ἐτῶν θύσωσιν ἐν Ὀλυμπίᾳ. τοιγαροῦν ψυχροτέρους ἄν μου τοὺς βωμοὺς ἴδοις τῶν Πλάτωνος Νόμων ἢ τῶν Χρυσίππου συλλογισμῶν.

Τοιαῦτ' ἄττα διεξιόντες ἀφικνούμεθα ἐς τὸ χωρίον, ἔνθα 25 ἔδει αὐτὸν καθεζόμενον διακοῦσαι τῶν εὐχῶν. θυρίδες δὲ ἦσαν ἑξῆς τοῖς στομίοις τῶν φρεάτων ἐοικυῖαι πώματα ἔχουσαι καὶ παρ' ἑκάστῃ θρόνος ἔκειτο χρυσοῦς. καθίσας οὖν ἑαυτὸν ἐπὶ τῆς πρώτης ὁ Ζεὺς καὶ ἀφελὼν τὸ πῶμα παρεῖχε τοῖς εὐχομένοις ἑαυτόν· ηὔχοντο δὲ πανταχόθεν τῆς γῆς διάφορα καὶ ποικίλα. συμπαρακύψας γὰρ καὶ αὐτὸς ἐπήκουον ἅμα τῶν εὐχῶν. ἦσαν δὲ τοιαίδε· Ὦ Ζεῦ, βασιλεῦσαί μοι γένοιτο· ὦ Ζεῦ, τὰ κρόμμυά μοι φῦναι καὶ τὰ σκόροδα· ὦ θεοί, τὸν πατέρα μοι ταχέως ἀποθανεῖν· ὁ δέ τις ἔφη· Εἴθε κληρονομήσαιμι τῆς γυναικός, εἴθε λάθοιμι ἐπιβουλεύσας τῷ ἀδελφῷ, γένοιτό μοι νικῆσαι τὴν δίκην, στεφθῆναι τὰ Ὀλύμπια. τῶν πλεόντων δὲ ὁ μὲν βορέαν ηὔχετο ἐπιπνεῦσαι, ὁ δὲ νότον, ὁ δὲ γεωργὸς ᾔτει ὑετόν, ὁ δὲ κναφεὺς ἥλιον. ἐπακούων δὲ ὁ Ζεὺς καὶ τὴν εὐχὴν ἑκάστην ἀκριβῶς ἐξετάζων οὐ πάντα ὑπισχνεῖτο,

ἀλλ' ἕτερον μὲν ἔδωκε πατήρ, ἕτερον δ' ἀνένευσε·

τὰς μὲν γὰρ δικαίας τῶν εὐχῶν προσίετο ἄνω διὰ τοῦ στομίου καὶ ἐπὶ τὰ δεξιὰ κατετίθει φέρων, τὰς δὲ ἀν-

Delphi Apollo sein Orakel einrichtete, in Pergamon Asklepios seine Heilanstalt, der Tempel der Bendis in Thrakien entstand, der des Anubis in Ägypten und der der Artemis in Ephesos, laufen alle zu diesen Heiligtümern hin, veranstalten dort Festversammlungen und bringen Hekatomben dar, mich aber glauben sie wie einen abgelebten Greis genug geehrt zu haben, falls sie mir alle vier Jahre in Olympia opfern. Darum sind meine Altäre, wie du sehen kannst, kälter als Platos frostige Gesetze oder Chrysipps Schlüsse."

Unter solcherlei Gesprächen kamen wir zu dem Platz, wo er sich setzen und die Gebete anhören mußte. Er gab da der Reihe nach Öffnungen, den Brunnenmündungen vergleichbar, mit Deckeln (Fensterläden), und bei jeder stand ein goldner Lehnstuhl. Zeus setzte sich also beim ersten Fenster nieder, nahm den Laden weg und stellte sich den Betenden zur Verfügung. Sie beteten aber überall auf Erden und ihre Gebete waren verschiedenartig und mannigfach; da ich mich nämlich mit ihm seitlich zur Öffnung bückte, hörte ich ebenfalls die Gebete mit. Sie waren aber nach folgendem Schlag: „O Zeus, möge es mir vergönnt sein, König zu werden! O Zeus, meine Zwiebeln und mein Knoblauch sollen gedeihen! O Götter, mein Vater soll rasch sterben!" Andere sprachen: „Möge ich meine Frau beerben, möge mein Anschlag gegen meinen Bruder unbemerkt bleiben, möge ich meinen Prozeß gewinnen, möge ich den Siegeskranz in Olympia erhalten!" Von den Seefahrern aber betete der eine um Nordwind, der andere um Südwind, der Landmann verlangte Regen, der Walker Sonnenschein. Zeus hörte zu und prüfte jedes Gebet genau, versprach aber nicht alles,

doch das eine gewährte der Vater, das andre versagt' er.

Denn die berechtigten Gebete ließ er durch die Mündung heraufkommen und legte sie sofort zur Rechten nieder, die ruchlosen

ὁσίους ἀπράκτους αὖθις ἀπέπεμπεν ἀποφυσῶν κάτω, ἵνα μηδὲ πλησίον γένοιντο τοῦ οὐρανοῦ. ἐπὶ μιᾶς δέ τινος εὐχῆς καὶ ἀποροῦντα αὐτὸν ἐθεασάμην· δύο γὰρ ἀνδρῶν τἀναντία εὐχομένων καὶ τὰς ἴσας θυσίας ὑπισχνουμένων οὐκ εἶχεν ὁποτέρῳ μᾶλλον ἐπινεύσειεν αὐτῶν, ὥστε δὴ τὸ Ἀκαδημαϊκὸν ἐκεῖνο ἐπεπόνθει καὶ οὐδέν τι ἀποφήνασθαι δυνατὸς ἦν, ἀλλ' ὥσπερ ὁ Πύρρων ἐπεῖχεν ἔτι καὶ διεσκέπτετο. ἐπεὶ δὲ ἱκανῶς ἐχρημάτισε ταῖς 26 εὐχαῖς, ἐπὶ τὸν ἑξῆς μεταβὰς θρόνον καὶ τὴν δευτέραν θυρίδα κατακύψας τοῖς ὅρκοις ἐσχόλαζε καὶ τοῖς ὀμνύουσι. χρηματίσας δὲ καὶ τούτοις καὶ τὸν Ἐπικούρειον Ἑρμόδωρον ἐπιτρίψας μετεκαθέζετο ἐπὶ τὸν ἑξῆς θρόνον κληδόσι καὶ φήμαις καὶ οἰωνοῖς προσέξων. εἶτ' ἐκεῖθεν ἐπὶ τὴν τῶν θυσιῶν θυρίδα μετῄει, δι' ἧς ὁ καπνὸς ἀνιὼν ἀπήγγελλε τῷ Διὶ τοῦ θύοντος ἑκάστου τοὔνομα. ἀποστὰς δὲ τούτων προσέταττε τοῖς ἀνέμοις καὶ ταῖς ὥραις ἃ δεῖ ποιεῖν· Τήμερον παρὰ Σκύθαις ὑέτω, παρὰ Λίβυσιν ἀστραπτέτω, παρ' Ἕλλησι νιφέτω, σὺ δὲ ὁ Βορρᾶς πνεῦσον ἐν Λυδίᾳ, σὺ δὲ ὁ Νότος ἡσυχίαν ἄγε, ὁ δὲ Ζέφυρος τὸν Ἀδρίαν διακυμαινέτω, καὶ τῆς χαλάζης ὅσον μέδιμνοι χίλιοι διασκεδασθήτωσαν ὑπὲρ Καππαδοκίας.

Ἁπάντων δὲ ἤδη σχεδὸν αὐτῷ διῳκημένων ἀπῄειμεν 27 ἐς τὸ συμπόσιον· δείπνου γὰρ ἤδη καιρὸς ἦν· καί με ὁ Ἑρμῆς παραλαβὼν κατέκλινε παρὰ τὸν Πᾶνα καὶ τοὺς Κορύβαντας καὶ τὸν Ἄττην καὶ τὸν Σαβάζιον, τοὺς μετοίκους τούτους καὶ ἀμφιβόλους θεούς. καὶ ἄρτον δὲ ἡ Δημήτηρ παρεῖχε καὶ ὁ Διόνυσος οἶνον καὶ ὁ Ἡρακλῆς κρέα καὶ μύρτα ἡ Ἀφροδίτη καὶ ὁ Ποσειδῶν μαινίδας. ἅμα δὲ καὶ τῆς ἀμβροσίας ἠρέμα καὶ τοῦ νέκταρος παρεγευόμην· ὁ γὰρ βέλτιστος Γανυμήδης ὑπὸ φιλανθρω-

aber sandte er unerfüllt wieder zurück, indem er sie hinunterblies, damit sie dem Himmel nicht einmal näher kämen. Bei einem Gebet aber sah ich ihn sogar in Verlegenheit: als nämlich zwei Männer um einander widersprechende Dinge beteten und die gleichen Opfer versprachen, wußte er nicht, welchem von ihnen er eher die Bewilligung erteilen sollte, so daß es ihm wie den Akademikern erging und er keine Entscheidung zu treffen imstande war, sondern wie Pyrrhon noch damit zurückhielt und weiter nachdachte. Als er sich aber genügend mit den Gebeten beschäftigt hatte, ging er zum nächsten Lehnstuhl und zum zweiten Fenster, bückte sich hinaus und widmete sich den Eiden und den Schwörenden. Nachdem er sich auch mit diesen beschäftigt und den Epikureer Hermodoros zerschmettert hatte, setzte er sich auf dem nächsten Lehnstuhl nieder, um den Schicksalsstimmen, den ominösen Worten und den Vogelzeichen seine Aufmerksamkeit zu schenken. Dann begab er sich von dort zum Fenster der Opfer, durch das der Rauch von diesen aufstieg und dem Zeus den Namen jedes Opfernden meldete. Nachdem er diese erledigt, trug er den Winden und dem Wetter auf, was sie zu tun hatten: „Heute soll es bei den Skythen regnen, bei den Afrikanern blitzen, bei den Griechen schneien. Du, Nord, wehe in Lydien, du, Süd, verhalte dich ruhig, der West soll die Adria aufwühlen ungefähr tausend Scheffel Hagelschloßen sollen über Kappadokien verstreut werden."

Nachdem er so ziemlich alles geregelt hatte, entfernten wir uns zum Gelage; es war nämlich bereits Zeit zum Mahle. Und mich übernahm Hermes und wies mir einen Platz neben dem Pan, den Korybanten, dem Attes und dem Sabazios an, diesen aus dem Ausland gekommenen und zweifelhaften Göttern. Brot reichte Demeter, Dionysos Wein, Herakles Fleisch, Myrtenbeeren Aphrodite und Sardellen Poseidon. Zugleich genoß ich gemächlich Ambrosia und Nektar. Denn sooft der gute Gany-

πίας εἰ θεάσαιτο ἀποβλέποντά που τὸν Δία, κοτύλην ἂν ἢ καὶ δύο τοῦ νέκταρος ἐνέχει μοι φέρων. οἱ δὲ θεοί, ὡς Ὅμηρός που λέγει, καὶ αὐτὸς οἶμαι καθάπερ ἐγὼ τἀκεῖ τεθεαμένος, οὔτε σῖτον ἔδουσιν οὔτε πίνουσιν αἴθοπα οἶνον, ἀλλὰ τὴν ἀμβροσίην παρατίθενται καὶ τοῦ νέκταρος μεθύσκονται, μάλιστα δὲ ἥδονται σιτούμενοι τὸν ἐκ τῶν θυσιῶν καπνὸν αὐτῇ κνίσῃ ἀνενηνεγμένον καὶ τὸ αἷμα δὲ τῶν ἱερείων, ὃ τοῖς βωμοῖς οἱ θύοντες περιχέουσιν. ἐν δὲ τῷ δείπνῳ ὅ τε Ἀπόλλων ἐκιθάρισε καὶ ὁ Σειληνὸς κόρδακα ὠρχήσατο καὶ αἱ Μοῦσαι ἀναστᾶσαι τῆς τε Ἡσιόδου Θεογονίας ᾖσαν ἡμῖν καὶ τὴν πρώτην ᾠδὴν τῶν ὕμνων τῶν Πινδάρου. κἀπειδὴ κόρος ἦν, ἀνεπαυόμεθα ὡς εἶχεν ἕκαστος ἱκανῶς ὑποβεβρεγμένος.

ἄλλοι μέν ῥα θεοί τε καὶ ἀνέρες ἱπποκορυσταὶ 28
εὗδον παννύχιοι, ἐμὲ δ' οὐκ ἔχε νήδυμος ὕπνος·

ἀνελογιζόμην γὰρ πολλὰ μὲν καὶ ἄλλα, μᾶλλον δὲ ἐκεῖνα, πῶς ἐν τοσούτῳ χρόνῳ ὁ Ἀπόλλων οὐ φύσειε πώγωνα ἢ πῶς ἐγίνετο νὺξ ἐν οὐρανῷ τοῦ Ἡλίου παρόντος ἀεὶ καὶ συνευωχουμένου. τότε μὲν οὖν μικρόν τι κατέδαρθον. ἕωθεν δὲ διαναστὰς ὁ Ζεὺς προσέταττε κηρύττειν ἐκκλησίαν. κἀπειδὴ παρῆσαν ἅπαντες, ἄρχεται λέγειν· 29 Τὴν μὲν αἰτίαν τοῦ ξυναγαγεῖν ὑμᾶς ὁ χθιζὸς οὗτος ξένος παρέσχηται· πάλαι δὲ βουλόμενος ὑμῖν κοινώσασθαι περὶ τῶν φιλοσόφων, μάλιστα ὑπὸ τῆς Σελήνης καὶ ὧν ἐκείνη μέμφεται προτραπεὶς ἔγνων μηκέτ' ἐπὶ πλέον παρατεῖναι τὴν διάσκεψιν· γένος γάρ τι ἀνθρώπων ἐστὶν οὐ πρὸ πολλοῦ τῷ βίῳ ἐπιπολάζον, ἀργὸν φιλόνεικον κενόδοξον ὀξύχολον ὑπόλιχνον ὑπόμωρον τετυφωμένον ὕβρεως ἀνάπλεων, καὶ ἵνα καθ' Ὅμηρον εἴπω 'ἐτώσιον ἄχθος ἀρούρης.' οὗτοι τοίνυν εἰς συστήματα διαιρεθέντες καὶ διαφόρους λόγων λαβυρίνθους ἐπινοήσαντες οἱ

med den Zeus irgendwohin wegschauen sah, schenkte er mir aus Menschenfreundlichkeit rasch ein oder zwei Nößel Nektar ein. Wie Homer – der halt gleichfalls wie ich das Jenseits geschaut hat – irgendwo sagt, essen die Götter weder Brot noch trinken sie funkelnden Wein, sondern lassen sich die Ambrosia vorsetzen und bezechen sich am Nektar, am liebsten aber genießen sie den aus den Opfern mitsamt dem Fettdampf aufsteigenden Rauch und das Blut der Opfertiere, das die Opfernden auf den Altären ausgießen. Beim Mahle aber spielte Apollo die Leier, tanzte Silen den Kordax und erhoben sich die Musen, um Stücke aus Hesiods Theogonie und die erste von Pindars Hymnen zu singen. Und als wir uns bis zum Überdruß unterhalten hatten, ruhten wir uns ohne weiteres aus, ein jeder ziemlich bezecht.

Alle nunmehr die Götter sowie die reisigen Mannen
schliefen die ganze Nacht; nur mich nicht labte der Schlummer.

Ich dachte nämlich an vieles andere, am meisten aber daran, wieso in so langer Zeit Apollo noch immer keinen Bart bekommen habe, oder wie es im Himmel Nacht werden konnte, wo doch der Sonnengott stets zugegen ist und mitschmaust. Damals also schlief ich nur wenig. In der Früh aber stand Zeus auf und befahl durch Heroldsruf die Einberufung einer Versammlung. Und als alle zugegen waren, hebt er zu sprechen an: „Den Anlaß, euch zusammenzurufen, hat dieser gestern angekommene Fremdling dargeboten. Ich wollte euch schon lange eine Mitteilung über die Philosophen machen, bin aber nun am meisten von der Mondgöttin und ihren Vorwürfen dazu veranlaßt worden und habe daher beschlossen, die Beratung nicht weiter aufzuschieben. Es ist nämlich eine erst vor nicht langer Zeit in der Welt emporgekommene Menschenklasse, träg, zanksüchtig, ruhmredig, jähzornig, ziemlich naschhaft und albern, aufgeblasen, voller Hoffart und, um mit Homer zu reden, ‚eine unnütze Last der Erde'. Diese haben sich also in Systeme geteilt, verschiedene Wortlabyrinthe ersonnen und verschiedene Namen aufgebracht, Sto-

μὲν Στωϊκοὺς ὠνομάκασιν, οἱ δὲ Ἀκαδημαϊκούς, οἱ δὲ Ἐπικουρείους, οἱ δὲ Περιπατητικοὺς καὶ ἄλλα πολλῷ γελοιότερα τούτων· ἔπειτα δὲ ὄνομα σεμνὸν τὴν ἀρετὴν περιθέμενοι καὶ τὰς ὀφρῦς ἐπάραντες καὶ πώγωνας ἐπισπασάμενοι περιέρχονται ἐπιπλάστῳ σχήματι κατάπτυστα ἤθη περιστέλλοντες, ἐοικότες μάλιστα τοῖς τραγικοῖς ἐκείνοις ὑποκριταῖς, ὧν ἢν ἀφέλῃ τις τὰ προσωπεῖα καὶ τὴν χρυσόπαστον ἐκείνην στολήν, τὸ καταλειπόμενόν ἐστι γελοῖον ἀνθρώπιον ἑπτὰ δραχμῶν ἐς τὸν ἀγῶνα μεμισθωμένον. τοιοῦτοι δὲ ὄντες ἀνθρώπων μὲν ἁπάντων καταφρονοῦσι, περὶ θεῶν δὲ ἀλλόκοτα διεξέρχονται καὶ συνάγοντες εὐεξαπάτητα μειράκια τήν τε πολυθρύλητον ἀρετὴν τραγῳδοῦσι καὶ τὰς τῶν λόγων ἀπορίας ἐκδιδάσκουσι, καὶ πρὸς μὲν τοὺς μαθητὰς καρτερίαν ἀεὶ καὶ σωφροσύνην ἐπαινοῦσι καὶ πλούτου καὶ ἡδονῆς καταπτύουσι, μόνοι δὲ καὶ καθ' ἑαυτοὺς γενόμενοι τί ἂν λέγοι τις ὅσα μὲν ἐσθίουσιν, ὅσα δὲ ἀφροδισιάζουσιν, ὅπως δὲ περιλείχουσι τῶν ὀβολῶν τὸν ῥύπον; τὸ δὲ πάντων δεινότατον, ὅτι μηδὲν αὐτοὶ μήτε κοινὸν μήτε ἴδιον ἐπιτελοῦντες, ἀλλ' ἀχρεῖοι καὶ περιττοὶ καθεστῶτες οὔτε ποτ' ἐν πολέμῳ ἐναρίθμιοι οὔτ' ἐνὶ βουλῇ, ὅμως τῶν ἄλλων κατηγοροῦσι καὶ λόγους τινὰς πικροὺς συμφορήσαντες καὶ λοιδορίας τινὰς ἐκμεμελετηκότες ἐπιτιμῶσι καὶ ὀνειδίζουσι τοῖς πλησίον, καὶ οὗτος αὐτῶν τὰ πρῶτα φέρεσθαι δοκεῖ ὃς ἂν μεγαλοφωνότατός τε ᾖ καὶ ἰταμώτατος καὶ πρὸς τὰς βλασφημίας θρασύτατος. καίτοι τὸν διατεινόμενον αὐτῶν καὶ βοῶντα καὶ κατηγοροῦντα τῶν ἄλλων ἢν ἔρῃ, σὺ δὲ δὴ τί πράττων τυγχάνεις ἢ τί φῶμεν πρὸς θεῶν σε πρὸς τὸν βίον συντελεῖν; φαίη ἄν, εἰ τὰ δίκαια καὶ ἀληθῆ θέλοι λέγειν, ὅτι πλεῖν μὲν ἢ γεωργεῖν ἢ στρατεύεσθαι ἢ τινα τέχνην μετιέναι περιττὸν εἶναί μοι δοκεῖ, κέκραγα δὲ καὶ αὐχμῶ καὶ

iker, Akademiker, Epikureer, Peripatetiker und noch viel lächerlichere Bezeichnungen. Hernach haben sie die Tugend als ehrbare Etikette sich umgehängt, die Brauen emporgezogen und sich lange Bärte wachsen lassen, mit denen sie sich abschleppen: so wandern sie herum, indem sie durch ein erkünsteltes Äußeres abscheuliche Sitten verhüllen, am meisten den Schauspielern in den Tragödien vergleichbar, bei denen, nimmt man ihnen ihre Masken und ihr mit Goldflitter besetztes Gewand weg, der Rest ein lächerlicher Kerl ist, den man um sieben Drachmen für die Aufführung gedungen hat. Trotzdem verachten sie alle Welt, bringen über die Götter seltsame Ansichten vor, versammeln Bürschchen, die leicht zu täuschen sind, um sich, deklamieren vor ihnen von der vielgefeierten Tugend, lehren sie Trugschlüsse, mit denen sie andere in Verlegenheit bringen, loben gegenüber ihren Schülern stets Standhaftigkeit und Sittsamkeit und spucken auf Reichtum und Wollust, sind sie aber allein und für sich, da fehlen einem die Worte, um aufzuzählen, wieviel sie essen, wieviel sie in der Liebe leisten und wie sie den Schmutz der Pfennigstücke ablecken. Was aber das ärgste ist: obwohl sie selber gar nichts im öffentlichen oder privaten Leben leisten, sondern unnütz und überflüssig sind, Leute für

nichts in der Schlacht, für nichts im Rate gerechnet der Männer,

klagen sie doch die anderen an, legen sich Sammlungen von Schimpfreden an, studieren Lästerungen ein und ziehen so auf ihre Mitmenschen los, und der von ihnen trägt nach ihrer Ansicht den ersten Preis davon, der die lauteste Stimme hat, am unverschämtesten und in Schmähungen am frechsten ist. Falls du jedoch den von ihnen, der sich beim Schreien und beim Anklagen seiner Mitmenschen am meisten anstrengt, fragst: ‚Was tust du eigentlich oder – bei den Göttern! – was leistest du für die Welt?' würde er sagen, wollte er eine richtige, wahre Antwort geben: ‚Seefahrer zu sein oder Landmann oder Soldat oder sonst ein Gewerbe zu betreiben, scheint mir überflüssig, ich bin aber ein Schreier, vernachlässige mein

ψυχρολουτῶ καὶ ἀνυπόδετος τοῦ χειμῶνος περιέρχομαι καὶ ὥσπερ ὁ Μῶμος τὰ ὑπὸ τῶν ἄλλων γιγνόμενα συκοφαντῶ, καὶ εἰ μέν τις ὠψώνηκε τῶν πλουσίων πολυτελῶς ἢ ἑταίραν ἔχει, τοῦτο πολυπραγμονῶ καὶ ἀγανακτῶ, εἰ δὲ τῶν φίλων τις ἢ ἑταίρων κατάκειται νοσῶν ἐπικουρίας τε καὶ θεραπείας δεόμενος, ἀγνοῶ. τοιαῦτα μέν ἐστιν ἡμῖν, ὦ θεοί, ταῦτα τὰ θρέμματα. οἱ δὲ δὴ Ἐπικού- 32
ρειοι αὐτῶν λεγόμενοι μάλα δὴ καὶ ὑβρισταί εἰσι καὶ οὐ μετρίως ἡμῶν καθάπτονται μήτε ἐπιμελεῖσθαι τῶν ἀνθρωπίνων λέγοντες τοὺς θεοὺς μήτε ὅλως τὰ γιγνόμενα ἐπισκοπεῖν· ὥστε ὥρα ὑμῖν λογίζεσθαι, διότι ἢν ἅπαξ οὗτοι πεῖσαι τὸν βίον δυνηθῶσιν, οὐ μετρίως πεινήσετε. τίς γὰρ ἂν ἔτι θύσειεν ὑμῖν, πλέον οὐδὲν ἕξειν προσδοκῶν; ἃ μὲν γὰρ ἡ Σελήνη αἰτιᾶται, πάντες ἠκούσατε τοῦ ξένου χθὲς διηγουμένου· πρὸς ταῦτα βουλεύεσθε ἃ καὶ τοῖς ἀνθρώποις γένοιτ' ἂν ὠφελιμώτατα καὶ ἡμῖν ἀσφαλέστατα.

Εἰπόντος ταῦτα τοῦ Διὸς ἡ ἐκκλησία διετεθρύλητο, καὶ 33
εὐθὺς ἐβόων ἅπαντες· Κεραύνωσον, κατάφλεξον, ἐπίτριψον, ἐς τὸ βάραθρον, ἐς τὸν Τάρταρον, ὡς τοὺς Γίγαντας. ἡσυχίαν δὲ ὁ Ζεὺς αὖθις παραγγείλας· Ἔσται ταῦτα ὡς βούλεσθε, ἔφη, καὶ πάντες ἐπιτρίψονται αὐτῇ διαλεκτικῇ. πλὴν τό γε νῦν εἶναι οὐ θέμις κολασθῆναί τινα· ἱερομηνία γάρ ἐστιν, ὡς ἴστε, μηνῶν τούτων τεττάρων, καὶ ἤδη τὴν ἐκεχειρίαν περιήγγειλάμην. ἐς νέωτα οὖν ἀρχομένου ἦρος κακοὶ κακῶς ἀπολοῦνται τῷ σμερδαλέῳ κεραυνῷ.

ἦ καὶ κυανέῃσιν ἐπ' ὀφρύσι νεῦσε Κρονίων.

περὶ δὲ τοῦ Μενίππου ταῦτα, ἔφη, μοι δοκεῖ· περιαιρε- 34

Äußeres, bade kalt, gehe im Winter unbeschuht herum und denunziere wie Momos die Leistungen der anderen; und hat irgendein reicher Mann einen teueren Einkauf von Fischen gemacht oder hat er eine Freundin, so stecke ich meine Nase hinein und äußere meine Empörung, liegt aber einer meiner Freunde oder Kameraden krank im Bett und braucht Hilfe und Pflege, so tue ich so, als ob ich nichts davon wüßte.' Einen solchen Charakter hat, ihr Götter, diese Brut. Diejenigen von ihnen aber, die Epikureer heißen, das sind erst rechte Frevler, die uns in nicht geringem Maße an den Leib rücken, indem sie behaupten, die Götter kümmern sich weder um die menschlichen Angelegenheiten noch beaufsichtigen sie die Geschehnisse. Drum ist es für euch an der Zeit, darüber nachzudenken, weil, falls einmal diese der Welt ihre Überzeugung beibringen können, ihr in nicht geringem Maße hungern werdet. Denn wer würde euch noch opfern, wenn man sich davon keinen Vorteil erwartet? Die Anschuldigungen nämlich, die die Mondgöttin vorbringt, habt ihr alle gestern von dem Fremdling gehört. Im Hinblick auf diese Tatsachen faßt einen Beschluß, der einerseits den Menschen den größten Nutzen, anderseits uns die größte Sicherheit gewähren soll."

Nach diesen Worten des Zeus brach in der Versammlung ein Krawall los und sofort schrien alle: „Erschlage sie mit dem Blitz, verbrenne sie, zerschmettere sie, in den Abgrund mit ihnen, in den Tartaros, zu den Giganten!" Nachdem Zeus wieder Ruhe geboten hatte, sprach er: „Das soll geschehen, ganz nach eurem Willen, und alle werden mitsamt der Dialektik zerschmettert werden. Jedoch für jetzt wäre es unstatthaft, einen zu bestrafen; es ist ja heilige Festzeit, wie ihr wißt, in diesen vier Monaten und ich habe bereits die Einstellung der Feindseligkeiten verkünden lassen. Künftiges Jahr also, zu Beginn des Frühlings, sollen diese schlimmen Gesellen ein schlimmes Ende finden durch den gräßlichen Donnerkeil."

Also sprach und nickte mit schwärzlichen Brauen Kronion.

„Bezüglich des Menipp aber", sprach er, „treffe ich folgende

θέντα αυτόν τά πτερά, ϊνα μή καί αύθις έλθη ποτέ, υπό τοϋ Έρμοϋ ές τήν γήν κατενεχθήναι τήμερον. καί ό μέν ταϋτα ειπών διέλυσε τόν σύλλογον, έμέ δέ ό Κυλλήνιος τοϋ δεξιοΰ ώτός άποκρεμάσας περί έσπέραν χθές κατέθηκε φέρων ές τόν Κεραμεικόν.

"Απαντα άκήκοας, άπαντα, ώ έταϊρε, τά έξ ουρανού· άπειμι τοίνυν καί τοϊς έν τή Ποικίλη περιπατοϋσι τών φιλοσόφων αυτά ταϋτα ευαγγελιούμενος.

Entscheidung: Ihm sollen die Flügel weggenommen werden, damit er nicht wieder einmal hieher komme, und er soll von Hermes noch heute auf die Erde zurückgebracht werden." Nach diesen Worten löste er die Versammlung auf, mich aber ließ der Kyllenier beim rechten Ohr herabbaumeln und setzte mich im Nu gestern gegen Abend im Kerameikos ab.

Alles hast du gehört, alles, mein Freund, was sich im Himmel zugetragen hat. Ich gehe nun fort, um auch den in der Bunten Halle herumgehenden Philosophen eben diese frohe Botschaft zu überbringen.

ΑΛΗΘΩΝ ΔΙΗΓΗΜΑΤΩΝ

Α

Ὥσπερ τοῖς ἀθλητικοῖς καὶ περὶ τὴν τῶν σωμάτων 1 ἐπιμέλειαν ἀσχολουμένοις οὐ τῆς εὐεξίας μόνον οὐδὲ τῶν γυμνασίων φροντίς ἐστιν, ἀλλὰ καὶ τῆς κατὰ καιρὸν γινομένης ἀνέσεως – μέρος γοῦν τῆς ἀσκήσεως τὸ μέγιστον αὐτὴν ὑπολαμβάνουσιν – οὕτω δὴ καὶ τοῖς περὶ τοὺς λόγους ἐσπουδακόσιν ἡγοῦμαι προσήκειν μετὰ τὴν πολλὴν τῶν σπουδαιοτέρων ἀνάγνωσιν ἀνιέναι τε τὴν διάνοιαν καὶ πρὸς τὸν ἔπειτα κάματον ἀκμαιοτέραν παρασκευάζειν. γένοιτο δ' ἂν ἐμμελὴς ἡ 2 ἀνάπαυσις αὐτοῖς, εἰ τοῖς τοιούτοις τῶν ἀναγνωσμάτων ὁμιλοῖεν, ἃ μὴ μόνον ἐκ τοῦ ἀστείου τε καὶ χαρίεντος ψιλὴν παρέξει τὴν ψυχαγωγίαν, ἀλλά τινα καὶ θεωρίαν οὐκ ἄμουσον ἐπιδείξεται, οἷόν τι καὶ περὶ τῶνδε τῶν συγγραμμάτων φρονήσειν ὑπολαμβάνω· οὐ γὰρ μόνον τὸ ξένον τῆς ὑποθέσεως οὐδὲ τὸ χάριεν τῆς προαιρέσεως ἐπαγωγὸν ἔσται αὐτοῖς οὐδ' ὅτι ψεύσματα ποικίλα πιθανῶς τε καὶ ἐναλήθως ἐξενηνόχαμεν, ἀλλ' ὅτι καὶ τῶν ἱστορουμένων ἕκαστον οὐκ ἀκωμῳδήτως ᾔνικται πρός τινας τῶν παλαιῶν ποιητῶν τε καὶ συγγραφέων καὶ φιλοσόφων πολλὰ τεράστια καὶ μυθώδη συγγεγραφότας, οὓς καὶ ὀνομαστὶ ἂν ἔγραφον, εἰ μὴ καὶ αὐτῷ σοι ἐκ τῆς ἀναγνώσεως φανεῖσθαι ἔμελλον. Κτησίας ὁ Κτησιόχου ὁ Κνίδιος, συνέγραψεν 3 περὶ τῆς Ἰνδῶν χώρας καὶ τῶν παρ' αὐτοῖς ἃ μήτε αὐτὸς εἶδεν μήτε ἄλλου ἀληθεύοντος ἤκουσεν. ἔγραψε δὲ καὶ Ἰαμβοῦλος περὶ τῶν ἐν τῇ μεγάλῃ θαλάττῃ πολλὰ παράδοξα, γνώριμον μὲν ἅπασι τὸ ψεῦδος πλασάμενος, οὐκ ἀτερπῆ δὲ ὅμως συνθεὶς τὴν ὑπόθεσιν. πολλοὶ δὲ καὶ ἄλλοι τὰ αὐτὰ τούτοις προελόμενοι

WAHRE GESCHICHTEN

I.

Wie die Ringkämpfer von Beruf und die, die sich mit der Fürsorge um ihren Leib beschäftigen, nicht bloß um dessen guten Zustand und um ihre Leibesübungen sich kümmern, sondern auch um gelegentliche Ausspannung – nach ihrer Meinung spielt sie eine sehr große Rolle im Training –, so ziemt sich m. E. auch denen, die sich mit Geisteswerken befassen, nach ausgiebiger Lektüre ernster Werke eine geistige Ausspannung, um den Geist für die künftige Mühe frisch zu erhalten. Eine passende Erholung würde aber für sie sein, wenn sie sich mit der Lektüre solcher Werke abgäben, welche nicht bloß eine auf geistreicher und angenehmer Darstellung beruhende Unterhaltung ihnen gewähren, sondern sie auch auf eine in gewissem Sinne ebenfalls zur Bildung gehörige Betrachtung hinweisen würden, wie sie so m. E. auch von diesen vorliegenden Büchern denken werden. Denn nicht bloß die Seltsamkeit des Gegenstandes oder die geistreiche Absicht soll sie anlocken oder der Umstand, daß ich viele Lügen mit überzeugender Wahrscheinlichkeit vorgebracht habe, nein, vor allem der Umstand, daß auch die Einzelheiten der Erzählung nicht ohne Spott Anspielungen enthalten auf gewisse alte Dichter, Schriftsteller und Philosophen, die viel Wunderliches und Fabelhaftes geschrieben haben (welche Autoren ich auch namentlich anführen würde, müßten sich nicht dir selber bei der Lektüre deren Namen klar ergeben). Ktesias, Sohn des Ktesiochos, von Knidos schrieb über Indien und die dortigen Verhältnisse Dinge, die er weder selbst gesehen noch von anderen wahrheitsgetreu vernommen hatte. Es schrieb auch Iambulos über die Verhältnisse im großen Meer (Ozean) viel seltsame Dinge, Erdichtungen, über deren Lügenhaftigkeit sich zwar alle Welt im klaren war, deren Komposition aber doch des Reizes nicht entbehrte. Auch viele andere haben in derselben Absicht weite Reisen beschrieben, die sie angeblich

συνέγραψαν ὡς δή τινας ἑαυτῶν πλάνας τε καὶ ἀποδημίας, θηρίων τε μεγέθη ἱστοροῦντες καὶ ἀνθρώπων ὠμότητας καὶ βίων καινότητας· ἀρχηγὸς δὲ αὐτοῖς καὶ διδάσκαλος τῆς τοιαύτης βωμολοχίας ὁ τοῦ Ὁμήρου Ὀδυσσεύς, τοῖς περὶ τὸν Ἀλκίνουν διηγούμενος ἀνέμων τε δουλείαν καὶ μονοφθάλμους καὶ ὠμοφάγους καὶ ἀγρίους τινὰς ἀνθρώπους, ἔτι δὲ πολυκέφαλα ζῷα καὶ τὰς ὑπὸ φαρμάκων τῶν ἑταίρων μεταβολάς, οἷα πολλὰ ἐκεῖνος πρὸς ἰδιώτας ἀνθρώπους τοὺς Φαίακας ἐτερατεύσατο. τούτοις οὖν ἐντυχὼν ἅπασιν τοῦ ψεύ- 4 σασθαι μὲν οὐ σφόδρα τοὺς ἄνδρας ἐμεμψάμην, ὁρῶν ἤδη σύνηθες ὂν τοῦτο καὶ τοῖς φιλοσοφεῖν ὑπισχνουμένοις· ἐκεῖνο δὲ αὐτῶν ἐθαύμασα, εἰ ἐνόμιζον λήσειν οὐκ ἀληθῆ συγγράφοντες. διόπερ καὶ αὐτὸς ὑπὸ κενοδοξίας ἀπολιπεῖν τι σπουδάσας τοῖς μεθ' ἡμᾶς, ἵνα μὴ μόνος ἄμοιρος ὦ τῆς ἐν τῷ μυθολογεῖν ἐλευθερίας, ἐπεὶ μηδὲν ἀληθὲς ἱστορεῖν εἶχον – οὐδὲν γὰρ ἐπεπόνθειν ἀξιόλογον – ἐπὶ τὸ ψεῦδος ἐτραπόμην πολὺ τῶν ἄλλων εὐγνωμονέστερον· κἂν ἓν γὰρ δὴ τοῦτο ἀληθεύσω λέγων ὅτι ψεύδομαι. οὕτω δ' ἄν μοι δοκῶ καὶ τὴν παρὰ τῶν ἄλλων κατηγορίαν ἐκφυγεῖν αὐτὸς ὁμολογῶν μηδὲν ἀληθὲς λέγειν. γράφω τοίνυν περὶ ὧν μήτε εἶδον μήτι ἔπαθον μήτε παρ' ἄλλων ἐπυθόμην, ἔτι δὲ μήτε ὅλως ὄντων μήτε τὴν ἀρχὴν γενέσθαι δυναμένων. διὸ δεῖ τοὺς ἐντυγχάνοντας μηδαμῶς πιστεύειν αὐτοῖς.

Ὁρμηθεὶς γάρ ποτε ἀπὸ Ἡρακλείων στηλῶν καὶ ἀφεὶς 5 εἰς τὸν ἑσπέριον ὠκεανὸν οὐρίῳ ἀνέμῳ τὸν πλοῦν ἐποιούμην. αἰτία δὲ μοι τῆς ἀποδημίας καὶ ὑπόθεσις ἡ τῆς διανοίας περιεργία καὶ πραγμάτων καινῶν ἐπιθυμία καὶ τὸ βούλεσθαι μαθεῖν τί τὸ τέλος ἐστὶν τοῦ ὠκεανοῦ καὶ τίνες οἱ πέραν κατοικοῦντες ἄνθρωποι. τούτου γέ

unternommen hatten, wobei sie von ungeheuren Tieren sowie von rohen Menschen und seltsamen Lebensweisen erzählten. Urheber und Lehrmeister solcher Aufschneiderei ist für sie der homerische Odysseus, der dem Alkinoos und seinen Leuten von der Knechtschaft der Winde erzählte, sowie von einäugigen, kannibalischen und wilden Menschen, ferner von vielköpfigen Wesen und von der Verwandlung seiner Gefährten durch Zaubermittel, lauter Faseleien, die jener vor den naiven Phaeaken vorbrachte. Bei der Lektüre all dieser Schriftsteller tadelte ich sie nicht so sehr wegen ihrer Lügen, da ich sah, daß das auch schon bei Philosophen von Beruf gewöhnlich ist. Darüber aber wunderte ich mich bei ihnen, daß sie meinten, man würde ihre Unwahrheiten nicht merken. Darum kam auch ich aus eitler Ruhmsucht auf den Gedanken, etwas der Nachwelt zu hinterlassen, um nicht allein der Freiheit im Fabulieren unteilhaft zu sein, da ich aber nichts Wahres zu erzählen hatte – ich hatte ja nichts Erwähnenswertes erlebt –, verlegte ich mich auf die Lüge, was in meinem Fall viel verzeihlicher ist als bei den anderen; ich werde nämlich in dem einen Punkt die Wahrheit sprechen, wenn ich sage, daß ich lüge. So glaube ich, einer Anklage von seiten der anderen entgehen zu können, wenn ich in keinem Punkt die Wahrheit zu sagen eingestehe. Ich schreibe also über Dinge, die ich weder selbst sah noch erlebte noch von anderen erfuhr, ja, die weder sind noch überhaupt vorkommen könnten. Deshalb sollen meine Leser ihnen unter keinen Umständen Glauben schenken.

Ich stach also einmal von den Säulen des Herakles aus in See nach dem westlichen Ozean und fuhr weiter bei günstigem Wind. Die Veranlassung zu meiner Reise und ihr Gegenstand war mein Vorwitz und das Verlangen, Neues zu sehen, sowie die Absicht zu erfahren, wo der Ozean endet und wie es mit den jenseits wohnenden Menschen steht. Zu diesem Zweck hatte ich viel Proviant an Bord genommen, auch eine genü-

τοι ἕνεκα πάμπολλα μὲν σιτία ἐνεβαλόμην, ἱκανὸν δὲ καὶ ὕδωρ ἐνεθέμην, πεντήκοντα δὲ τῶν ἡλικιωτῶν προσεποιησάμην τὴν αὐτὴν ἐμοὶ γνώμην ἔχοντας, ἔτι δὲ καὶ ὅπλων πολύ τι πλῆθος παρεσκευασάμην καὶ κυβερνήτην τὸν ἄριστον μισθῷ μεγάλῳ πείσας παρέλαβον καὶ τὴν ναῦν – ἄκατος δὲ ἦν – ὡς πρὸς μέγαν καὶ βίαιον πλοῦν ἐκρατυνάμην. ἡμέραν οὖν καὶ νύκτα οὐρίῳ πλέ- 6 οντες ἔτι τῆς γῆς ὑποφαινομένης οὐ σφόδρα βιαίως ἀνηγόμεθα, τῆς ἐπιούσης δὲ ἅμα ἡλίῳ ἀνίσχοντι ὅ τε ἄνεμος ἐπεδίδου καὶ τὸ κῦμα ηὐξάνετο καὶ ζόφος ἐπεγίνετο καὶ οὐκέτ' οὐδὲ στεῖλαι τὴν ὀθόνην δυνατὸν ἦν. ἐπιτρέψαντες οὖν τῷ πνεύματι καὶ παραδόντες ἑαυτοὺς ἐχειμαζόμεθα ἡμέρας ἐννέα καὶ ἑβδομήκοντα, τῇ ὀγδοηκοστῇ δὲ ἄφνω ἐκλάμψαντος ἡλίου καθορῶμεν οὐ πόρρω νῆσον ὑψηλὴν καὶ δασεῖαν, οὐ τραχεῖ περιηχουμένην τῷ κύματι· καὶ γὰρ ἤδη τὸ πολὺ τῆς ζάλης κατεπαύετο. προσσχόντες οὖν καὶ ἀποβάντες ὡς ἂν ἐκ μακρᾶς ταλαιπωρίας πολὺν μὲν χρόνον ἐπὶ γῆς ἐκείμεθα, διαναστάντες δὲ ὅμως ἀπεκρίναμεν ἡμῶν αὐτῶν τριάκοντα μὲν φύλακας τῆς νεὼς παραμένειν, εἴκοσι δὲ σὺν ἐμοὶ ἀνελθεῖν ἐπὶ κατασκοπῇ τῶν ἐν τῇ νήσῳ. προελθόντες δὲ ὅσον σταδίους τρεῖς ἀπὸ τῆς θα- 7 λάττης δι' ὕλης ὁρῶμέν τινα στήλην χαλκοῦ πεποιημένην, Ἑλληνικοῖς γράμμασιν καταγεγραμμένην, ἀμυδροῖς δὲ καὶ ἐκτετριμμένοις, λέγουσαν ἄχρι τούτων Ἡρακλῆς καὶ Διόνυσος ἀφίκοντο. ἦν δὲ καὶ ἴχνη δύο πλησίον ἐπὶ πέτρας, τὸ μὲν πλεθριαῖον, τὸ δὲ ἔλαττον – ἐμοὶ δοκεῖν, τὸ μὲν τοῦ Διονύσου, τὸ μικρότερον, θάτερον δὲ Ἡρακλέους. προσκυνήσαντες δ' οὖν προῇμεν· οὔπω δὲ πολὺ παρῇμεν καὶ ἐφιστάμεθα ποταμῷ οἶνον ῥέοντι ὁμοιότατον μάλιστα οἷόσπερ ὁ Χῖός ἐστιν. ἄφθονον δὲ ἦν τὸ ῥεῦμα καὶ πολύ, ὥστε ἐνιαχοῦ

gende Menge Wasser und hatte fünfzig meiner Kameraden, die ebenso dachten wie ich, veranlaßt, sich mitanzuschließen, hatte mir ferner auch einen großen Vorrat an Waffen verschafft, den besten Steuermann um hohen Lohn gedungen und mein Schiff – es war aber eine Jacht – im Hinblick auf eine voraussichtlich lange Fahrt bei heftigem Wellengang sehr verstärkt. Einen Tag also und eine Nacht fuhren wir, während das Land noch in der Ferne sichtbar blieb, bei günstigem Wind und nicht sehr heftigem Wellengang weiter hinaus auf die hohe See, am folgenden Tag jedoch nahmen gleich bei Sonnenaufgang Wind und Wogen zu, es trat Dunkelheit ein und es war nicht einmal möglich, das Segel einzuziehen. Wir überließen uns also dem Wind und trieben im Sturm neunundsiebzig Tage herum, am achtzigsten Tage aber bricht plötzlich die Sonne durch und wir sehen nicht ferne von uns eine hohe, bewaldete Insel, von nicht heftiger Brandung umtost; denn im allgemeinen ließ das Unwetter allmählich nach. Wir legten also an, gingen ans Land und lagen dann lange Zeit auf der Erde, begreiflich nach so langem Ungemach. Dann standen wir aber doch auf und beorderten dreißig von uns, als Wächter beim Schiff zu bleiben, zwanzig hingegen sollten mit mir eine Anhöhe besteigen, um die Verhältnisse auf der Insel auszukundschaften. Nachdem wir etwa drei Stadien vom Meer durch einen Wald marschiert waren, sehen wir eine aus Erz verfertigte Säule mit einer Inschrift in griechischen, allerdings undeutlichen und verwischten Buchstaben, die besagte: „Bis hieher gelangten Herakles und Dionysos." Es waren aber auch zwei Fußspuren in der Nähe auf einem Fels, die eine ein Plethron lang, die andere kleiner, m. E. die eine von Dionysos, die kleinere, die andere hingegen von Herakles. Wir bezeigten ihnen unsere Verehrung und gingen weiter. Wir waren aber noch nicht weit gegangen, da gelangten wir zu einem Fluß mit Wein statt Wasser, am meisten vergleichbar der Sorte des Chierweines. Die Strömung war ausgiebig und reichlich, so daß an manchen Stellen sogar Schiff-

καὶ ναυσίπορον εἶναι δύνασθαι. ἐπῄει οὖν ἡμῖν πολὺ μᾶλλον πιστεύειν τῷ ἐπὶ τῆς στήλης ἐπιγράμματι, ὁρῶσι τὰ σημεῖα τῆς Διονύσου ἐπιδημίας. δόξαν δέ μοι καὶ ὅθεν ἄρχεται ὁ ποταμὸς καταμαθεῖν, ἀνῄειν παρὰ τὸ ῥεῦμα, καὶ πηγὴν μὲν οὐδεμίαν εὗρον αὐτοῦ, πολλὰς δὲ καὶ μεγάλας ἀμπέλους, πλήρεις βοτρύων, παρὰ δὲ τὴν ῥίζαν ἑκάστην ἀπέρρει σταγὼν οἴνου διαυγοῦς, ἀφ' ὧν ἐγίνετο ὁ ποταμός. ἦν δὲ καὶ ἰχθῦς ἐν αὐτῷ πολλοὺς ἰδεῖν, οἴνῳ μάλιστα καὶ τὴν χρόαν καὶ τὴν γεῦσιν προσεοικότας· ἡμεῖς γοῦν ἀγρεύσαντες αὐτῶν τινας καὶ ἐμφαγόντες ἐμεθύσθημεν· ἀμέλει καὶ ἀνατεμόντες αὐτοὺς εὑρίσκομεν τρυγὸς μεστούς. ὕστερον μέντοι ἐπινοήσαντες τοὺς ἄλλους ἰχθῦς τοὺς ἀπὸ τοῦ ὕδατος παραμιγνύντες ἐκεράννυμεν τὸ σφοδρὸν τῆς οἰνοφαγίας.

Τότε δὲ τὸν ποταμὸν διαπεράσαντες, ᾗ διαβατὸς ἦν, 8 εὕρομεν ἀμπέλων χρῆμα τεράστιον· τὸ μὲν γὰρ ἀπὸ τῆς γῆς ὁ στέλεχος αὐτὸς εὐερνὴς καὶ παχύς, τὸ δὲ ἄνω γυναῖκες ἦσαν, ὅσον ἐκ τῶν λαγόνων ἅπαντα ἔχουσαι τέλεια – τοιαύτην παρ' ἡμῖν τὴν Δάφνην γράφουσιν ἄρτι τοῦ Ἀπόλλωνος καταλαμβάνοντος ἀποδενδρουμένην. ἀπὸ δὲ τῶν δακτύλων ἄκρων ἐξεφύοντο αὐταῖς οἱ κλάδοι καὶ μεστοὶ ἦσαν βοτρύων. καὶ μὴν καὶ τὰς κεφαλὰς ἐκόμων ἕλιξί τε καὶ φύλλοις καὶ βότρυσι. προσελθόντας δὲ ἡμᾶς ἠσπάζοντό τε καὶ ἐδεξιοῦντο, αἱ μὲν Λύδιον, αἱ δ' Ἰνδικήν, αἱ πλεῖσται δὲ τὴν Ἑλλάδα φωνὴν προϊέμεναι, καὶ ἐφίλουν δὲ ἡμᾶς τοῖς στόμασιν· ὁ δὲ φιληθεὶς αὐτίκα ἐμέθυεν καὶ παράφορος ἦν. δρέπεσθαι μέντοι οὐ παρεῖχον τοῦ καρποῦ, ἀλλ' ἤλγουν καὶ ἐβόων ἀποσπωμένου. αἱ δὲ καὶ μίγνυσθαι ἡμῖν ἐπεθύμουν· καὶ δύο τινὲς τῶν ἑταίρων πλησιάσαντες αὐταῖς

barkeit möglich war. Es kam uns also nun um so eher in den Sinn, der Inschrift auf der Säule Glauben zu schenken, da wir die Wahrzeichen der Reise des Dionysos sahen. Da ich aber beschloß, auch den Ursprung des Flusses kennen zu lernen, ging ich längs der Strömung und fand keine Quelle, wohl aber viele große Weinstöcke voller Trauben, bei jeder Wurzel aber floß ein Tropfen klaren Weines heraus, aus welchen Tropfen der Fluß allmählich sich bildete. Es gab aber auch viele Fische in ihm zu sehen, die an Farbe und Geschmack meist dem Wein glichen. Wir fingen einige von ihnen, verspeisten sie, wurden aber davon trunken; wir schnitten sie auch auf und fanden sie voller Trestern. Später aber kamen wir auf den Einfall, die anderen Fische, nämlich die Seewasserfische, mit ihnen zu mischen, so daß dadurch der heftige Weingeschmack gemildert wurde.

Als wir dann den Fluß an einer Furt überschritten hatten, fanden wir eine wunderbare Rebensorte. Der Teil nämlich vom Boden an war echter, gutgewachsener, dicker Weinstock, oben aber waren es Frauen, bei denen etwa von den Weichen an alles vollkommen entwickelt war; so malt man bei uns die Daphne, wie sie, soeben von Apollo gefaßt, allmählich zu einem Baum wird. Aus den Fingerspitzen wuchsen ihnen Triebe, die voller Trauben waren. Ja auch ihre Köpfe waren mit Ranken und Blättern belaubt, an denen Trauben hingen. Als wir näher gekommen waren, begrüßten und bewillkommneten sie uns, die eine in lydischer, andere in indischer, die meisten aber in griechischer Sprache, und sie küßten uns auch mit ihrem Mund; wer aber geküßt wurde, der ward sofort trunken und von Sinnen. Von den Früchten aber ließen sie nicht pflücken, sondern fühlten Schmerzen und schrien, wenn man sie abriß. Einige aber verlangten auch, mit uns zu verkehren. Und zwei von meinen Gefährten näherten sich ihnen, kamen aber nicht

οὐκέτι ἀπελύοντο, ἀλλ' ἐκ τῶν αἰδοίων ἐδέδεντο· συνεφύοντο γὰρ καὶ συνερριζοῦντο, καὶ ἤδη αὐτοῖς κλάδοι ἐπεφύκεσαν οἱ δάκτυλοι καὶ ταῖς ἕλιξι περιπλεκόμενοι ὅσον οὐδέπω καὶ αὐτοὶ καρποφορήσειν ἔμελλον. καταλιπόντες δὲ αὐτοὺς ἐπὶ ναῦν ἐφεύγομεν καὶ τοῖς ἀπολειφθεῖσιν διηγούμεθα ἐλθόντες τά τε ἄλλα καὶ τῶν ἑταίρων τὴν ἀμπελομιξίαν. καὶ δὴ λαβόντες ἀμφορέας τινὰς καὶ ὑδρευσάμενοί τε ἅμα καὶ ἐκ τοῦ ποταμοῦ οἰνισάμενοι καὶ αὐτοῦ πλησίον ἐπὶ τῆς ἠόνος αὐλισάμενοι ἕωθεν ἀνήχθημεν οὐ σφόδρα βιαίῳ πνεύματι.

Περὶ μεσημβρίαν δὲ οὐκέτι τῆς νήσου φαινομένης ἄφνω τυφὼν ἐπιγενόμενος καὶ περιδινήσας τὴν ναῦν καὶ μετεωρίσας ὅσον ἐπὶ σταδίους τριακοσίους οὐκέτι καθῆκεν εἰς τὸ πέλαγος, ἀλλ' ἄνω μετέωρον ἐξηρτημένην ἄνεμος ἐμπεσὼν τοῖς ἱστίοις ἔφερεν κολπώσας τὴν ὀθόνην. ἑπτὰ δὲ ἡμέρας καὶ τὰς ἴσας νύκτας ἀεροδρομήσαντες, ὀγδόῃ καθορῶμεν γῆν τινα μεγάλην ἐν τῷ ἀέρι καθάπερ νῆσον, λαμπρὰν καὶ σφαιροειδῆ καὶ φωτὶ μεγάλῳ καταλαμπομένην· προσενεχθέντες δὲ αὐτῇ καὶ ὁρμισάμενοι ἀπέβημεν, ἐπισκοποῦντες δὲ τὴν χώραν εὑρίσκομεν οἰκουμένην τε καὶ γεωργουμένην. ἡμέρας μὲν οὖν οὐδὲν αὐτόθεν καθεωρῶμεν, νυκτὸς δὲ ἐπιγενομένης ἐφαίνοντο ἡμῖν καὶ ἄλλαι πολλαὶ νῆσοι πλησίον, αἱ μὲν μείζους, αἱ δὲ μικρότεραι, πυρὶ τὴν χρόαν προσεοικυῖαι, καὶ ἄλλη δέ τις γῆ κάτω καὶ πόλεις ἐν αὐτῇ καὶ ποταμοὺς ἔχουσα καὶ πελάγη καὶ ὕλας καὶ ὄρη. ταύτην οὖν τὴν καθ' ἡμᾶς οἰκουμένην εἰκάζομεν. δόξαν δὲ ἡμῖν καὶ ἔτι πορρωτέρω προελθεῖν, συνελήφθημεν τοῖς Ἱππογύποις παρ' αὐτοῖς καλουμένοις ἀπαντήσαντες. οἱ δὲ Ἱππόγυποι οὗτοί εἰσιν ἄνδρες ἐπὶ γυπῶν μεγάλων ὀχούμενοι καὶ καθάπερ ἵπποις τοῖς ὀρνέοις χρώμενοι· μεγάλοι γὰρ οἱ γῦπες καὶ ὡς ἐπίπαν τρικέφαλοι.

mehr los, sondern blieben an den Schamteilen gefesselt. Sie wuchsen nämlich mit ihnen zusammen, verwurzelten sich und im Nu waren ihnen die Finger zu Schößlingen geworden, während sie von Ranken umsponnen wurden und zu erwarten stand, daß sie bald ebenfalls Früchte tragen würden. Wir ließen sie also stehen, eilten zum Schiff und erzählten den Zurückgebliebenen außer den anderen Ereignissen auch vom Verkehr dieser Gefährten mit den Rebweibern. Wir nahmen nun große Krüge, versahen uns mit Wasser zugleich und mit Wein aus dem Fluß, lagerten uns in seiner Nähe am Strand und stachen am frühen Morgen bei nicht heftigem Wind in See.

Um Mittag, als die Insel nicht mehr sichtbar war, überfiel uns plötzlich ein Wirbelwind, wirbelte das Schiff herum, hob es etwa dreihundert Stadien in die Höhe und ließ es nicht mehr aufs Meer nieder, sondern hielt es oben schwebend in der Luft, indem der Wind sich in die Segel legte und das Segeltuch bauschte. Sieben Tage und die gleiche Zahl von Nächten fuhren wir durch die Luft, am achten sehen wir ein großes Land in der Luft wie eine Insel, glänzend, kugelrund und von starkem Licht beschienen. Wir legten an, gingen vor Anker und stiegen ans Land. Bei der Betrachtung des Landes fanden wir, daß es bewohnt und angebaut war. Bei Tag nun bemerkten wir nichts weiter, als es jedoch Nacht geworden war, zeigten sich uns noch viele andere Inseln in der Nähe, die einen größer, die andern kleiner, an Farbe dem Feuer vergleichbar, und ein anderes Land unten mit Städten, Flüssen, Meeren, Wäldern und Bergen. Wir vermuteten, daß das unsere Erde sei. Als wir nun beschlossen hatten, noch weiter vorzudringen, begegneten wir den sogenannten Roßgeiern — wie sie bei ihnen heißen —, die uns verhafteten. Diese Roßgeier sind Männer, die auf großen Geiern reiten und die Vögel wie Rosse benützen. Die Geier sind nämlich groß und meist dreiköpfig; man könnte

μάθοι δ' ἄν τις τὸ μέγεθος αὐτῶν ἐντεῦθεν· νεὼς γὰρ μεγάλης φορτίδος ἱστοῦ ἕκαστον τῶν πτερῶν μακρότερον καὶ παχύτερον φέρουσι. τούτοις οὖν τοῖς Ἱππογύποις προστέτακται περιπετομένοις τὴν γῆν, εἴ τις εὑρεθείη ξένος, ἀνάγειν ὡς τὸν βασιλέα· καὶ δὴ καὶ ἡμᾶς συλλαβόντες ἀνάγουσιν ὡς αὐτόν. ὁ δὲ θεασάμενος καὶ ἀπὸ τῆς στολῆς εἰκάσας, Ἕλληνες ἄρα, ἔφη, ὑμεῖς, ὦ ξένοι; συμφησάντων δέ, Πῶς οὖν ἀφίκεσθε, ἔφη, τοσοῦτον ἀέρα διελθόντες; καὶ ἡμεῖς τὸ πᾶν αὐτῷ διηγούμεθα· καὶ ὃς ἀρξάμενος τὸ καθ' αὑτὸν ἡμῖν διεξῄει, ὡς καὶ αὐτὸς ἄνθρωπος ὢν τοὔνομα Ἐνδυμίων ἀπὸ τῆς ἡμετέρας γῆς καθεύδων ἀναρπασθείη ποτὲ καὶ ἀφικόμενος βασιλεύσειε τῆς χώρας· εἶναι δὲ τὴν γῆν ἐκείνην ἔλεγε τὴν ἡμῖν κάτω φαινομένην σελήνην. ἀλλὰ θαρρεῖν τε παρεκελεύετο καὶ μηδένα κίνδυνον ὑφορᾶσθαι· πάντα γὰρ ἡμῖν παρέσεσθαι ὧν δεόμεθα. Ἢν δὲ καὶ 12 κατορθώσω, ἔφη, τὸν πόλεμον, ὃν ἐκφέρω νῦν πρὸς τοὺς τὸν ἥλιον κατοικοῦντας, ἁπάντων εὐδαιμονέστατα παρ' ἐμοὶ καταβιώσεσθε. καὶ ἡμεῖς ἠρόμεθα τίνες τε εἶεν οἱ πολέμιοι καὶ τὴν αἰτίαν τῆς διαφορᾶς· Ὁ δὲ Φαέθων, φησίν, ὁ τῶν ἐν τῷ ἡλίῳ κατοικούντων βασιλεύς – οἰκεῖται γὰρ δὴ κἀκεῖνος ὥσπερ καὶ ἡ σελήνη – πολὺν ἤδη πρὸς ἡμᾶς πολεμεῖ χρόνον. ἤρξατο δὲ ἐξ αἰτίας τοιαύτης· τῶν ἐν τῇ ἀρχῇ τῇ ἐμῇ ποτε τοὺς ἀπορωτάτους συναγαγὼν ἐβουλήθην ἀποικίαν ἐς τὸν Ἑωσφόρον στεῖλαι, ὄντα ἔρημον καὶ ὑπὸ μηδενὸς κατοικούμενον· ὁ τοίνυν Φαέθων φθονήσας ἐκώλυσε τὴν ἀποικίαν κατὰ μέσον τὸν πόρον ἀπαντήσας ἐπὶ τῶν Ἱππομυρμήκων. τότε μὲν οὖν νικηθέντες – οὐ γὰρ ἦμεν ἀντίπαλοι τῇ παρασκευῇ – ἀνεχωρήσαμεν· νῦν δὲ βούλομαι αὖθις ἐξενεγκεῖν τὸν πόλεμον καὶ ἀποστεῖλαι τὴν ἀποικίαν. ἢν οὖν ἐθέλητε, κοινωνήσατέ μοι

ihre Größe aus folgendem erkennen: jeder ihrer Flügel ist länger und dicker als der Mast eines großen Lastschiffes. Diese Roßgeier haben also den Auftrag, um ihr Land zu fliegen, und wenn sich ein Fremdling fände, ihn zum König zu bringen. So bringen sie auch uns nach unserer Verhaftung zu ihm. Er sah uns an, schloß aus unserer Tracht auf unsere Herkunft und sprach: „Griechen seid ihr also, ihr Fremdlinge?" Auf unsere bejahende Antwort erwiderte er: „Wie seid ihr also hieher gekommen und habt eine so große Strecke durch die Luft zurücklegen können?" Da erzählten wir ihm alles und er hub an und erzählte uns seine Geschichte, wie er ebenfalls ein Mensch gewesen sei, namens Endymion, einmal im Schlaf von unserer Erde emporgerafft, hieher gekommen und König dieses Landes geworden sei; es sei aber, sagte er, das Land, das uns dort unten erscheine, der Mond. Er forderte uns auf, guten Mutes zu sein und keine Gefahr zu argwöhnen; alles, was wir brauchen, werde uns nämlich zur Verfügung stehen. „Falls ich auch," sprach er, „in dem Krieg, den ich jetzt gegen die Bewohner der Sonne führe, Glück habe, werdet ihr das allerglücklichste Leben bei mir führen." Und wir erkundigten uns, wer die Feinde seien und um den Anlaß des Zwistes. „Phaëthon," erwiderte er, „der König der Bewohner der Sonne – denn auch sie ist bewohnt wie der Mond – führt schon lange gegen uns Krieg. Er begann aus folgendem Anlaß: Ich sammelte einmal die mittellosesten der Bewohner meines Reiches und wollte sie als Kolonisten auf den Morgenstern entsenden, der öde ist und von niemand bewohnt wird. Phaëthon aber verhinderte aus Neid die Gründung der Kolonie, indem er mitten im Weg auf den Roßameisen mir entgegentrat. Damals wurden wir also besiegt – wir waren ihnen nämlich an Rüstung nicht gewachsen – und mußten uns zurückziehen. Jetzt aber will ich den Krieg wieder aufnehmen und die Kolonie anlegen. Falls ihr also wollt, beteiligt euch an meinem Zug, ich werde

τοῦ στόλου, γῦπας δὲ ὑμῖν ἐγὼ παρέξω τῶν βασιλικῶν ἕνα ἑκάστῳ καὶ τὴν ἄλλην ὅπλισιν· αὔριον δὲ ποιησόμεθα τὴν ἔξοδον. Οὕτως, ἔφην ἐγώ, γιγνέσθω, ἐπειδή σοι δοκεῖ.

Τότε μὲν οὖν παρ' αὐτῷ ἑστιαθέντες ἐμείναμεν, ἕωθεν 13 δὲ διαναστάντες ἐτασσόμεθα· καὶ γὰρ οἱ σκοποὶ ἐσήμαινον πλησίον εἶναι τοὺς πολεμίους. τὸ μὲν οὖν πλῆθος τῆς στρατιᾶς δέκα μυριάδες ἐγένοντο ἄνευ τῶν σκευοφόρων καὶ τῶν μηχανοποιῶν καὶ τῶν πεζῶν καὶ τῶν ξένων συμμάχων· τούτων δὲ ὀκτακισμύριοι μὲν ἦσαν οἱ Ἱππόγυποι, δισμύριοι δὲ οἱ ἐπὶ τῶν Λαχανοπτέρων. ὄρνεον δὲ καὶ τοῦτό ἐστι μέγιστον, ἀντὶ τῶν πτερῶν λαχάνοις πάντῃ λάσιον, τὰ δὲ ὠκύπτερα ἔχει θριδακίνης φύλλοις μάλιστα προσεοικότα. ἐπὶ δὲ τούτοις οἱ Κεγχροβόλοι ἐτετάχατο καὶ οἱ Σκοροδομάχοι. ἦλθον δὲ αὐτῷ καὶ ἀπὸ τῆς Ἄρκτου σύμμαχοι, τρισμύριοι μὲν Ψυλλοτοξόται, πεντακισμύριοι δὲ Ἀνεμοδρόμοι· τούτων δὲ οἱ μὲν Ψυλλοτοξόται ἐπὶ ψυλλῶν μεγάλων ἱππάζονται, ὅθεν καὶ τὴν προσηγορίαν ἔχουσιν· μέγεθος δὲ τῶν ψυλλῶν ὅσον δώδεκα ἐλέφαντες· οἱ δὲ Ἀνεμοδρόμοι πεζοὶ μέν εἰσιν, φέρονται δὲ ἐν τῷ ἀέρι ἄνευ πτερῶν· ὁ δὲ τρόπος τῆς φορᾶς τοιόσδε· χιτῶνας ποδήρεις ὑπεζωσμένοι κολπώσαντες αὐτοὺς τῷ ἀνέμῳ καθάπερ ἱστία φέρονται ὥσπερ τὰ σκάφη. τὰ πολλὰ δ' οἱ τοιοῦτοι ἐν ταῖς μάχαις πελτασταί εἰσιν. ἐλέγοντο δὲ καὶ ἀπὸ τῶν ὑπὲρ τὴν Καππαδοκίαν ἀστέρων ἥξειν Στρουθοβάλανοι μὲν ἑπτακισμύριοι, Ἱππογέρανοι δὲ πεντακισχίλιοι. τούτους ἐγὼ οὐκ ἐθεασάμην· οὐ γὰρ ἀφίκοντο. διόπερ οὐδὲ γράψαι τὰς φύσεις αὐτῶν ἐτόλμησα· τεράστια γὰρ καὶ ἄπιστα περὶ αὐτῶν ἐλέγετο.

Αὕτη μὲν ἡ τοῦ Ἐνδυμίωνος δύναμις ἦν· σκευὴ δὲ πάν- 14
των ἡ αὐτή· κράνη μὲν ἀπὸ τῶν κυάμων· μεγάλοι γὰρ

jedem von euch Geier von der Gattung der Königsgeier und die übrige Ausrüstung zur Verfügung stellen, morgen werden wir ausmarschieren." „So soll es geschehen", sprach ich, „nachdem du dafür bist."

Da blieben wir also bei ihm und ließen uns bewirten, in der Früh aber stellten wir uns nach dem Aufstehen in Schlachtordnung auf; denn die Späher zeigten die Nähe der Feinde an. Die Masse des Heeres belief sich auf 100000 Mann ohne den Troß, die Verfertiger der Kriegsmaschinen, das Fußvolk und die fremden Bundesgenossen. Davon waren 80000 Roßgeier und 20000 Kohlflügler; das ist aber ein sehr großer Vogel, der statt der Federn am ganzen Körper struppig ist vor lauter Kohlblättern, die Flügel, die er hat, gleichen am meisten Lattichblättern. Diesen waren die Hirsenschützen beigeordnet und die Knoblauchkämpfer. Es kamen ihm auch vom Sternbild des Bären Bundesgenossen zu Hilfe, 30000 Flohschützen und 50000 Windläufer; von diesen reiten die Flohschützen auf großen Flöhen (wovon sie auch den Beinamen haben; die Größe der Flöhe ist ungefähr die von zwölf Elefanten); die Windläufer sind zu Fuß und bewegen sich in der Luft ohne Flügel; die Art ihrer Bewegung ist so: sie haben lange Hemden, die sie schürzen; bauscht sie dann der Wind wie Segel auf, so bewegen sie sich wie die Schiffe. Meist dienen solche Truppen in ihren Schlachten als Leichtbewaffnete. Es hieß, daß auch von den Sternen über Kappadokien 70000 Sperlingsbolzen und 5000 Roßkraniche kommen würden. Diese bekam ich nicht zu Gesicht; sie kamen nämlich nicht an. Deshalb erkühnte ich mich auch nicht, ihr Wesen zu beschreiben; Wunderbares und Unglaubwürdiges wurde ja von ihnen erzählt.

Das war die Streitmacht des Endymion. Die Ausrüstung aller war die gleiche: Helme aus Bohnen – die Bohnen sind

παρ' αὐτοῖς οἱ κύαμοι καὶ καρτεροί· θώρακες δὲ φολιδωτοὶ πάντες θέρμινοι· τὰ γὰρ λέπη τῶν θέρμων συρράπτοντες ποιοῦνται θώρακας· ἄρρηκτον δὲ ἐκεῖ γίνεται τοῦ θέρμου τὸ λέπος ὥσπερ κέρας· ἀσπίδες δὲ καὶ ξίφη οἷα τὰ Ἑλληνικά. ἐπειδὴ δὲ καιρὸς ἦν, ἐτάξαντο ὧδε· 15 τὸ μὲν δεξιὸν κέρας εἶχον οἱ Ἱππόγυποι καὶ ὁ βασιλεὺς τοὺς ἀρίστους περὶ αὐτὸν ἔχων· καὶ ἡμεῖς ἐν τούτοις ἦμεν· τὸ δὲ εὐώνυμον οἱ Λαχανόπτεροι· τὸ μέσον δὲ οἱ σύμμαχοι ὡς ἑκάστοις ἐδόκει. τὸ δὲ πεζὸν ἦσαν μὲν ἀμφὶ τὰς ἑξακισχιλίας μυριάδας, ἐτάχθησαν δὲ οὕτως· ἀράχναι παρ' αὐτοῖς πολλοὶ καὶ μεγάλοι γίνονται, πολὺ τῶν Κυκλάδων νήσων ἕκαστος μείζων· τούτοις προσέταξεν διυφῆναι τὸν μεταξὺ τῆς σελήνης καὶ τοῦ Ἑωσφόρου ἀέρα· ὡς δὲ τάχιστα ἐξειργάσαντο καὶ πεδίον ἐποίησαν, ἐπὶ τούτου παρέταξε τὸ πεζόν· ἡγεῖτο δὲ αὐτῶν Νυκτερίων ὁ Εὐδιάνακτος τρίτος αὐτός. τῶν 16 δὲ πολεμίων τὸ μὲν εὐώνυμον εἶχον οἱ Ἱππομύρμηκες καὶ ἐν αὐτοῖς ὁ Φαέθων· θηρία δέ ἐστι μέγιστα, ὑπόπτερα, τοῖς παρ' ἡμῖν μύρμηξι προσεοικότα πλὴν τοῦ μεγέθους· ὁ γὰρ μέγιστος αὐτῶν καὶ δίπλεθρος ἦν. ἐμάχοντο δὲ οὐ μόνον οἱ ἐπ' αὐτῶν, ἀλλὰ καὶ αὐτοὶ μάλιστα τοῖς κέρασιν· ἐλέγοντο δὲ οὗτοι εἶναι ἀμφὶ τὰς πέντε μυριάδας. ἐπὶ δὲ τοῦ δεξιοῦ αὐτῶν ἐτάχθησαν οἱ Ἀεροκώνωπες, ὄντες καὶ οὗτοι ἀμφὶ τὰς πέντε μυριάδας, πάντες τοξόται κώνωψι μεγάλοις ἐποχούμενοι· μετὰ δὲ τούτους οἱ Ἀεροκόρδακες, ψιλοί τε ὄντες καὶ πεζοί, πλὴν μάχιμοί γε καὶ οὗτοι· πόρρωθεν γὰρ ἐσφενδόνων ῥαφανῖδας ὑπερμεγέθεις, καὶ ὁ βληθεὶς οὐδὲ ἐπ' ὀλίγον ἀντέχειν ἐδύνατο, ἀπέθνησκε δέ, καὶ δυσωδίας τινὸς τῷ τραύματι ἐγγινομένης· ἐλέγοντο δὲ χρίειν τὰ βέλη μαλάχης ἰῷ. ἐχόμενοι δὲ αὐτῶν ἐτάχθησαν οἱ Καυλομύκητες, ὁπλῖται ὄντες καὶ ἀγχέμαχοι, τὸ πλῆ-

nämlich bei ihnen groß und stark –; ihre Panzer sind lauter Schuppenpanzer aus Saubohnen – sie nähen nämlich die Schalen der Saubohnen zusammen und machen daraus die Panzer; es erweist sich aber dort die Schale der Saubohnen als unzerbrechlich wie Horn –; ihre Schilde und Schwerter sind wie die griechischen. Als es aber an der Zeit war, stellten sie sich in folgender Schlachtordnung auf: den rechten Flügel hatten die Roßgeier und der König mit den Besten seiner Umgebung – auch wir befanden uns unter diesen –; den linken die Kohlflügler; das Zentrum die Bundesgenossen, wie es den einzelnen Abteilungen gut dünkte. Das Fußvolk belief sich auf etwa 60000000. Sie wurden so aufgestellt: Spinnen kommen bei ihnen große und in großer Anzahl vor, jede viel größer als die Kykladen; diesen trug er auf, ein Spinngewebe in dem Luftraum zwischen dem Mond und dem Morgenstern herzustellen. Sobald sie damit fertig waren und so eine ebene Fläche hergestellt hatten, stellte er auf dieser das Fußvolk auf; sie führte Nachtherr, Sohn des Schönwetterfürsten selbdritt (mit zwei anderen). Auf Seite der Feinde hatten den linken Flügel die Roßameisen und unter ihnen Phaëthon. Es sind aber sehr große Tiere, geflügelt, die den Ameisen bei uns gleichen mit Ausnahme der Größe; denn die größte von ihnen war zwei Plethren lang. Es kämpfte aber nicht bloß die auf ihnen reitende Mannschaft, sondern auch sie selber, besonders mit den Hörnern; es hieß, ihre Zahl betrug gegen 50000. Auf ihrem rechten Flügel wurden die Luftgelsen aufgestellt, deren Zahl gleichfalls gegen 50000 betrug, lauter auf großen Gelsen reitende Bogenschützen. Hinter diesen standen die Lufttänzer, leichtbewaffnetes Fußvolk, jedoch ebenfalls kampftüchtig; sie schossen nämlich aus der Ferne mit überaus großen Rettichen und der Getroffene konnte nur mehr kurze Zeit sich halten und siechte langsam dahin, wobei auch ein übler Geruch in seiner Wunde sich bemerkbar machte; es hieß aber, daß sie ihre Geschosse mit Malvengift bestreichen. Anschließend an sie wurden die Stengelpilze aufgestellt, schwerbewaffnete Nahkämpfer, an Menge

θος μύριοι· ἐκλήθησαν δὲ Καυλομύκητες, ὅτι ἀσπίσι μὲν μυκητίναις ἐχρῶντο, δόρασι δὲ καυλίνοις τοῖς ἀπὸ τῶν ἀσπαράγων. πλησίον δὲ αὐτῶν οἱ Κυνοβάλανοι ἔστησαν, οὓς ἔπεμψαν αὐτῷ οἱ τὸν Σείριον κατοικοῦντες, πεντακισχίλιοι, καὶ οὗτοι ἄνδρες κυνοπρόσωποι ἐπὶ βαλάνων πτερωτῶν μαχόμενοι. ἐλέγοντο δὲ κἀκείνῳ ὑστερίζειν τῶν συμμάχων οὕς τε ἀπὸ τοῦ Γαλαξίου μετεπέμπετο σφενδονήτας καὶ οἱ Νεφελοκένταυροι. ἀλλ' ἐκεῖνοι μὲν τῆς μάχης ἤδη κεκριμένης ἀφίκοντο, ὡς μήποτε ὤφελον· οἱ σφενδονῆται δὲ οὐδὲ ὅλως παρεγένοντο, διόπερ φασὶν ὕστερον αὐτοῖς ὀργισθέντα τὸν Φαέθοντα πυρπολῆσαι τὴν χώραν.

Τοιαύτῃ μὲν καὶ ὁ Φαέθων ἐπῄει παρασκευῇ. συμμίξαντες δὲ ἐπειδὴ τὰ σημεῖα ἤρθη καὶ ὠγκήσαντο ἑκατέρων οἱ ὄνοι — τούτοις γὰρ ἀντὶ σαλπιστῶν χρῶνται — ἐμάχοντο. καὶ τὸ μὲν εὐώνυμον τῶν Ἡλιωτῶν αὐτίκα ἔφυγεν οὐδ' εἰς χεῖρας δεξάμενον τοὺς Ἱππογύπους, καὶ ἡμεῖς εἱπόμεθα κτείνοντες· τὸ δεξιὸν δὲ αὐτῶν ἐκράτει τοῦ ἐπὶ τῷ ἡμετέρῳ εὐωνύμου, καὶ ἐπεξῆλθον οἱ Ἀεροκώνωπες διώκοντες ἄχρι πρὸς τοὺς πεζούς. ἐνταῦθα δὲ κἀκείνων ἐπιβοηθούντων ἔφυγον ἐγκλίναντες, καὶ μάλιστα ἐπεὶ ᾔσθοντο τοὺς ἐπὶ τῷ εὐωνύμῳ σφῶν νενικημένους. τῆς δὲ τροπῆς λαμπρᾶς γεγενημένης πολλοὶ μὲν ζῶντες ἡλίσκοντο, πολλοὶ δὲ καὶ ἀνῃροῦντο, καὶ τὸ αἷμα ἔρρει πολὺ μὲν ἐπὶ τῶν νεφῶν, ὥστε αὐτὰ βάπτεσθαι καὶ ἐρυθρὰ φαίνεσθαι, οἷα παρ' ἡμῖν δυομένου τοῦ ἡλίου φαίνεται, πολὺ δὲ καὶ εἰς τὴν γῆν κατέσταζεν, ὥστε με εἰκάζειν, μὴ ἄρα τοιούτου τινὸς καὶ πάλαι ἄνω γενομένου Ὅμηρος ὑπέλαβεν αἵματι ὗσαι τὸν Δία ἐπὶ τῷ τοῦ Σαρπηδόνος θανάτῳ. ἀναστρέψαντες δὲ ἀπὸ τῆς διώξεως δύο τρόπαια ἐστήσαμεν, τὸ μὲν ἐπὶ τῶν ἀραχνίων τῆς πεζο-

10000; sie hießen Stengelpilze, weil sie Schilde aus Pilzen gebrauchten und Speere aus Spargelstengeln. In ihrer Nähe stellten sich die Hundsbolzen auf, welche ihm die Bewohner des Sirius (des Hundssternes) geschickt hatten, 5000, und zwar sind das Männer mit einem Hundsgesicht, die auf geflügelten Bolzen kämpfen. Es hieß aber, daß auch bei ihm einige seiner Bundesgenossen in Verspätung waren, nämlich die Schleuderer, die er von der Milchstraße bestellt hatte, und die Wolkenkentauren. Aber diese kamen erst nach der Entscheidung der Schlacht – was nie der Fall hätte sein sollen! –; die Schleuderer aber fanden sich überhaupt nicht ein, weshalb, wie es heißt, Phaëthon später aus Zorn ihr Land mit Feuer verwüstete.

Mit einer solchen Heeresrüstung rückte Phaëthon heran. Der Zusammenstoß erfolgte, nachdem man die Feldzeichen aufgesteckt und die Esel auf beiden Seiten ihr Geschrei erhoben hatten (dieser bedienen sie sich nämlich statt der Trompeter). Und nun nahm der Kampf seinen Verlauf. Der linke Flügel der Sonnenbewohner floh sofort, ohne sich mit den Roßgeiern auch nur in ein Handgemenge einzulassen, und wir setzten ihnen nach mit Mord und Totschlag. Ihr rechter Flügel hingegen behielt die Oberhand gegen unseren linken Flügel und es rückten die Luftgelsen heran, die ihre Verfolgung bis zum Fußvolk ausdehnten. Da aber dieses zur Gegenwehr schritt, machten sie eine Schwenkung und flohen, am meisten, nachdem sie die Niederlage ihrer Leute vom linken Flügel gemerkt hatten. Infolge des glänzenden Sieges wurden viele lebend gefangen, viele auch umgebracht und floß das Blut reichlich aus den Wolken (so daß sie sich färbten und rot erschienen, wie das bei uns bei Sonnenuntergang der Fall ist), träufelte auch reichlich zur Erde nieder, so daß ich vermutete, ob nicht etwa so etwas sich voralters oben im Himmel abspielte, was den Homer veranlaßte anzunehmen, Zeus habe wegen des Todes des Sarpedon Blut regnen lassen. Nachdem wir von der Verfolgung zurückgekehrt waren, stellten wir

μαχίας, τὸ δὲ τῆς ἀερομαχίας ἐπὶ τῶν νεφῶν. ἄρτι δὲ τούτων γινομένων ἠγγέλλοντο ὑπὸ τῶν σκοκῶν οἱ Νεφελοκένταυροι προσελαύνοντες, οὓς ἔδει πρὸ τῆς μάχης ἐλθεῖν τῷ Φαέθοντι. καὶ δὴ ἐφαίνοντο προσιόντες, θέαμα παραδοξότατον, ἐξ ἵππων πτερωτῶν καὶ ἀνθρώπων συγκείμενοι· μέγεθος δὲ τῶν μὲν ἀνθρώπων ὅσον τοῦ Ῥοδίων κολοσσοῦ ἐξ ἡμισείας ἐς τὸ ἄνω, τῶν δὲ ἵππων ὅσον νεὼς μεγάλης φορτίδος. τὸ μέντοι πλῆθος αὐτῶν οὐκ ἀνέγραψα, μή τῳ καὶ ἄπιστον δόξῃ – τοσοῦτον ἦν. ἡγεῖτο δὲ αὐτῶν ὁ ἐκ τοῦ ζῳδιακοῦ τοξότης. ἐπεὶ δὲ ᾔσθοντο τοὺς φίλους νενικημένους, ἐπὶ μὲν τὸν Φαέθοντα ἔπεμπον ἀγγελίαν αὖθις ἐπιέναι, αὐτοὶ δὲ διαταξάμενοι τεταραγμένοις ἐπιπίπτουσι τοῖς Σεληνίταις, ἀτάκτως περὶ τὴν δίωξιν καὶ τὰ λάφυρα διεσκεδασμένοις· καὶ πάντας μὲν τρέπουσιν, αὐτὸν δὲ τὸν βασιλέα καταδιώκουσι πρὸς τὴν πόλιν καὶ τὰ πλεῖστα τῶν ὀρνέων αὐτοῦ κτείνουσιν· ἀνέσπασαν δὲ καὶ τὰ τρόπαια καὶ κατέδραμον ἅπαν τὸ ὑπὸ τῶν ἀραχνῶν πεδίον ὑφασμένον, ἐμὲ δὲ καὶ δύο τινὰς τῶν ἑταίρων ἐζώγρησαν. ἤδη δὲ παρῆν καὶ ὁ Φαέθων καὶ αὖθις ἄλλα τρόπαια ὑπ' ἐκείνων ἵστατο.

Ἡμεῖς μὲν οὖν ἀπηγόμεθα ἐς τὸν ἥλιον αὐθημερὸν τὼ χεῖρε ὀπίσω δεθέντες ἀραχνίου ἀποκόμματι. οἱ δὲ πολιορκεῖν μὲν οὐκ ἔγνωσαν τὴν πόλιν, ἀναστρέψαντες δὲ τὸ μεταξὺ τοῦ ἀέρος ἀπετείχιζον, ὥστε μηκέτι τὰς αὐγὰς ἀπὸ τοῦ ἡλίου πρὸς τὴν σελήνην διήκειν. τὸ δὲ τεῖχος ἦν διπλοῦν, νεφελωτόν· ὥστε σαφὴς ἔκλειψις τῆς σελήνης ἐγεγόνει καὶ νυκτὶ διηνεκεῖ πᾶσα κατείχετο. πιεζόμενος δὲ τούτοις ὁ Ἐνδυμίων πέμψας ἱκέτευε καθαιρεῖν τὸ οἰκοδόμημα καὶ μὴ σφᾶς περιορᾶν ἐν σκότῳ βιοτεύοντας, ὑπισχνεῖτο δὲ καὶ φόρους τελέσειν καὶ σύμμαχος ἔσεσθαι καὶ μηκέτι πολεμήσειν, καὶ ὁμήρους

zwei Trophäen auf, eine auf der Spinnwebe wegen der Infanterieschlacht, die andere wegen der Luftschlacht auf den Wolken. Eben war man damit beschäftigt, da wurde von den Spähern das Heranrücken der Wolkenkentauren gemeldet, welche bereits vor der Schlacht zu Phaëthon hätten kommen sollen. Und sie zeigten sich schon im Anmarsch, ein sehr seltsamer Anblick, aus Flügelrossen und Menschen zusammengesetzte Wesen. Die Größe der Menschen war ungefähr die des rhodischen Kolosses, zur Hälfte nach oben, die der Rosse etwa die eines großen Lastschiffes. Ihre Menge schrieb ich nicht auf, damit sie nicht jemand unglaublich vorkomme – so groß war sie. Ihr Anführer war der Schütze aus dem Tierkreis. Als sie aber die Niederlage ihrer Freunde merkten, sandten sie zu Phaëthon eine Botschaft, wieder heranzurücken, sie selbst jedoch überfallen in Schlachtordnung die Mondbewohner, bei denen Verwirrung herrschte, weil sie sich ungeordnet zur Verfolgung und um Beute zu machen zerstreut hatten, Und sie schlagen alle in die Flucht, den König selbst verfolgen sie bis zur Stadt und töten die meisten seiner Vögel, sie rissen aber auch die Trophäen aus und sprengten über die ganze von den Spinnen gewebte Ebene, mich aber und zwei meiner Gefährten fingen sie. Bereits war auch Phaëthon da und es wurden wieder andere Trophäen von jenen aufgestellt.

Wir wurden, die Hände auf dem Rücken mit einem Stück Spinnwebe gebunden, noch an demselben Tag auf die Sonne gebracht. Sie beschlossen nicht, die Stadt zu belagern, sondern machten kehrt und schlossen den Zwischenraum der Luft mit einer Mauer ab, so daß die Sonnenstrahlen nicht mehr zum Mond gelangten. Die Mauer war doppelt, aus Wolken, so daß eine ausgesprochene Finsternis und ununterbrochene Nacht auf dem Mond herrschte. Da diese Verhältnisse auf Endymion schwer lasteten, bat er durch Boten, den Bau niederzureißen und sie nicht rücksichtslos im Dunkeln leben zu lassen, versprach aber auch Abgaben zu zahlen, Bundesgenosse zu sein und nicht mehr Krieg zu führen, wollte auch

ἐπὶ τούτοις δοῦναι ἤθελεν. οἱ δὲ περὶ τὸν Φαέθοντα γενομένης δὶς ἐκκλησίας τῇ προτεραίᾳ μὲν οὐδὲν παρέλυσαν τῆς ὀργῆς, τῇ ὑστεραίᾳ δὲ μετέγνωσαν, καὶ ἐγένετο ἡ εἰρήνη ἐπὶ τούτοις· 20

Κατὰ τάδε συνθήκας ἐποιήσαντο Ἡλιῶται καὶ οἱ σύμμαχοι πρὸς Σεληνίτας καὶ τοὺς συμμάχους· ἐπὶ τῷ καταλῦσαι μὲν τοὺς Ἡλιώτας τὸ διατείχισμα καὶ μηκέτι ἐς τὴν σελήνην ἐσβάλλειν, ἀποδοῦναι δὲ καὶ τοὺς αἰχμαλώτους ῥητοῦ ἕκαστον χρήματος, τοὺς δὲ Σεληνίτας ἀφεῖναι μὲν αὐτονόμους τούς γε ἄλλους ἀστέρας, ὅπλα δὲ μὴ ἐπιφέρειν τοῖς Ἡλιώταις, συμμαχεῖν δὲ τῇ ἀλλήλων, ἤν τις ἐπίῃ· φόρον δὲ ὑποτελεῖν ἑκάστου ἔτους τὸν βασιλέα τῶν Σεληνιτῶν τῷ βασιλεῖ τῶν Ἡλιωτῶν δρόσου ἀμφορέας μυρίους, καὶ ὁμήρους δέ σφῶν αὐτῶν δοῦναι μυρίους, τὴν δὲ ἀποικίαν τὴν ἐς τὸν Ἑωσφόρον κοινῇ ποιεῖσθαι, καὶ μετέχειν τῶν ἄλλων τὸν βουλόμενον· ἐγγράψαι δὲ τὰς συνθήκας στήλῃ ἠλεκτρίνῃ καὶ ἀναστῆσαι ἐν μέσῳ τῷ ἀέρι ἐπὶ τοῖς μεθορίοις. ὤμοσαν δὲ Ἡλιωτῶν μὲν Πυρωνίδης καὶ Θερείτης καὶ Φλόγιος, Σεληνιτῶν δὲ Νύκτωρ καὶ Μήνιος καὶ Πολυλάμπης.

Τοιαύτη μὲν ἡ εἰρήνη ἐγένετο· εὐθὺς δὲ τὸ τεῖχος καθῃ- 21
ρεῖτο καὶ ἡμᾶς τοὺς αἰχμαλώτους ἀπέδοσαν. ἐπεὶ δὲ ἀφικόμεθα ἐς τὴν σελήνην, ὑπηντίαζον ἡμᾶς καὶ ἠσπάζοντο μετὰ δακρύων οἵ τε ἑταῖροι καὶ ὁ Ἐνδυμίων αὐτός. καὶ ὁ μὲν ἠξίου μεῖναί τε παρ' αὐτῷ καὶ κοινωνεῖν τῆς ἀποικίας, ὑπισχνούμενος δώσειν πρὸς γάμον τὸν ἑαυτοῦ παῖδα· γυναῖκες γὰρ οὐκ εἰσὶ παρ' αὐτοῖς. ἐγὼ δὲ οὐδαμῶς ἐπειθόμην, ἀλλ' ἠξίουν ἀποπεμφθῆναι κάτω ἐς τὴν θάλατταν. ὡς δὲ ἔγνω ἀδύνατον ὂν πείθειν, ἀποπέμπει ἡμᾶς ἑστιάσας ἑπτὰ ἡμέρας.

Geisel auf diese Bedingungen hin stellen. Phaëthon aber und seine Leute ließen, nachdem zweimal eine Versammlung stattgefunden hatte, am ersten Tag ihren Grimm nicht locker; am nächsten jedoch änderte sich ihre Stimmung und es kam unter folgenden Bedingungen der Friede zustande:

> Auf folgende Bedingungen hin schlossen die Sonnenbewohner und ihre Bundesgenossen einen Vertrag mit den Mondbewohnern und deren Bundesgenossen: Es sollen die Sonnenbewohner die Zwischenmauer niederreißen und nicht mehr den Mond bekriegen, die Gefangenen aber auch zurückgeben, einen jeden um ein vereinbartes Lösegeld, anderseits sollen die Mondbewohner den übrigen Sternen ihre Selbständigkeit lassen und die Sonnenbewohner nicht bekriegen, vielmehr beide Parteien sich gegenseitig Hilfe leisten, falls jemand gegen sie zu Felde zieht. Als Abgabe soll in jedem Jahr der König der Mondbewohner dem König der Sonnenbewohner 10000 große Krüge Tau darbringen und als Geisel 10000 seiner Leute stellen, die Kolonie auf dem Morgenstern sollen sie gemeinsam anlegen, an der sich auch von den anderen, wer will, beteiligen darf. Den Vertrag soll man auf einer Säule aus mit Silber gemischtem Gold in der Mitte des Luftraumes im Grenzgebiet aufstellen. Es beschworen den Vertrag von den Sonnenbewohnern Feuermann, Sommerer und Flammerich, von den Mondbewohnern Nachtvogel, Mondlicht und Sternlicht.

So kam der Friede zustande. Sofort wurde die Mauer niedergerissen und stellten sie uns Gefangene zurück. Als wir aber auf den Mond gekommen waren, kamen uns entgegen und begrüßten uns unter Tränen unsere Gefährten und Endymion persönlich. Und er verlangte, ich solle bei ihm bleiben und mich an der Kolonie beteiligen, indem er mir versprach, mir seinen Sohn zur Ehe zu geben. Frauen gibt es nämlich nicht bei ihnen. Ich jedoch ließ mich unter keinen Umständen überreden, sondern verlangte, hinunter auf das Meer entlassen zu werden. Als er die Unmöglichkeit, mich umzustimmen, erkannte, entläßt er uns nach siebentägiger Bewirtung.

Ἃ δὲ ἐν τῷ μεταξὺ διατρίβων ἐν τῇ σελήνῃ κατενόησα 22 καινὰ καὶ παράδοξα, ταῦτα βούλομαι εἰπεῖν. πρῶτα μὲν τὸ μὴ ἐκ γυναικῶν γεννᾶσθαι αὐτούς, ἀλλ' ἀπὸ τῶν ἀρρένων· γάμοις γὰρ τοῖς ἄρρεσι χρῶνται καὶ οὐδὲ ὄνομα γυναικὸς ὅλως ἴσασι. μέχρι μὲν οὖν πέντε καὶ εἴκοσι ἐτῶν γαμεῖται ἕκαστος, ἀπὸ δὲ τούτων γαμεῖ αὐτός· κύουσι δὲ οὐκ ἐν τῇ νηδύϊ, ἀλλ' ἐν ταῖς γαστροκνημίαις· ἐπειδὰν γὰρ συλλάβῃ τὸ ἔμβρυον, παχύνεται ἡ κνήμη, καὶ χρόνῳ ὕστερον ἀνατεμόντες ἐξάγουσι νεκρά, θέντες δὲ αὐτὰ πρὸς τὸν ἄνεμον κεχηνότα ζῳοποιοῦσιν· δοκεῖ δέ μοι καὶ ἐς τοὺς Ἕλληνας ἐκεῖθεν ἥκειν τῆς γαστροκνημίας τοὔνομα, ὅτι παρ' ἐκείνοις ἀντὶ γαστρὸς κυοφορεῖ. μεῖζον δὲ τούτου ἄλλο διηγήσομαι. γένος ἐστὶ παρ' αὐτοῖς ἀνθρώπων οἱ καλούμενοι Δενδρῖται, γίνεται δὲ τὸν τρόπον τοῦτον· ὄρχιν ἀνθρώπου τὸν δεξιὸν ἀποτεμόντες ἐν γῇ φυτεύουσιν, ἐκ δὲ αὐτοῦ δένδρον ἀναφύεται μέγιστον, σάρκινον, οἷον φαλλός· ἔχει δὲ καὶ κλάδους καὶ φύλλα· ὁ δὲ καρπός ἐστι βάλανοι πηχυαῖοι τὸ μέγεθος. ἐπειδὰν οὖν πεπανθῶσιν, τρυγήσαντες αὐτὰς ἐκκολάπτουσι τοὺς ἀνθρώπους. αἰδοῖα μέντοι πρόσθετα ἔχουσιν, οἱ μὲν ἐλεφάντινα, οἱ δὲ πένητες αὐτῶν ξύλινα, καὶ διὰ τούτων ὀχεύουσι καὶ πλησιάζουσι τοῖς γαμέταις τοῖς ἑαυτῶν. ἐπειδὰν δὲ γηράσῃ 23 ὁ ἄνθρωπος, οὐκ ἀποθνῄσκει, ἀλλ' ὥσπερ καπνὸς διαλυόμενος ἀὴρ γίνεται. τροφὴ δὲ πᾶσιν ἡ αὐτή· ἐπειδὰν γὰρ πῦρ ἀνακαύσωσιν, βατράχους ὀπτῶσιν ἐπὶ τῶν ἀνθράκων· πολλοὶ δὲ παρ' αὐτοῖς εἰσιν ἐν τῷ ἀέρι πετόμενοι· ὀπτωμένων δὲ περικαθεσθέντες ὥσπερ δὴ περὶ τράπεζαν κάπτουσι τὸν ἀναθυμιώμενον καπνὸν καὶ εὐωχοῦνται. σίτῳ μὲν δὴ τρέφονται τοιούτῳ· ποτὸν δὲ αὐτοῖς ἐστιν ἀὴρ ἀποθλιβόμενος εἰς κύλικα καὶ ὑγρὸν

Von den neuen und seltsamen Dingen aber, die ich in der Zwischenzeit während meines Aufenthaltes auf dem Mond bemerkt habe, will ich erzählen. Erstens, daß sie nicht von Weibern geboren werden, sondern von den Männern; es heiraten nämlich die Männer untereinander und den Namen Weib kennen sie überhaupt nicht. Bis zu 25 Jahren läßt sich jeder heiraten, von da an heiratet er selber. Sie sind nämlich nicht in der Gebärmutter schwanger, sondern in den Waden. Sobald nämlich die Schwangerschaft eintritt, wird die Wade dick und einige Zeit später schneiden sie sie auf und nehmen die Leibesfrucht in totem Zustand heraus, setzen sie mit offenem Mund dem Wind aus und rufen sie dadurch ins Leben. Mir scheint es, daß zu den Griechen von dort die Bezeichnung Bauchwade (= Wade) gekommen ist, weil sie bei den Mondbewohnern statt des Bauches die Leibesfrucht austrägt. Ich will aber etwas noch Merkwürdigeres erzählen. Bei ihnen gibt es eine Art, die sogenannten Baummenschen, die auf folgende Art entstehen: sie schneiden die rechte Hode eines Menschen ab und setzen sie in den Boden ein, daraus wächst aber ein sehr großer, fleischiger Baum, wie ein Phallus (Geschlechtsglied); er hat aber auch Zweige und Blätter; die Früchte sind ellenlange Eicheln. Wann sie nun reif geworden sind, ernten sie sie und meißeln die Menschen heraus. Geschlechtsglieder haben sie aber nur künstliche, die sie sich anlegen, die einen aus Elfenbein, die Armen aus Holz, und mittels dieser verkehren sie mit ihren Gatten. Wann der Mensch alt geworden ist, stirbt er nicht, sondern löst sich wie Rauch auf und wird zu Luft. Nahrung haben alle dieselbe: wann sie nämlich Feuer anzünden, braten sie auf den Kohlen Frösche – deren es viele bei ihnen gibt, die in der Luft herumfliegen –; während diese gebraten werden, sitzen die Mondbewohner herum, wie um einen Tisch und schnappen nach dem aufsteigenden Rauch und das ist ihre Mahlzeit. So steht es also mit der Nahrung, die sie zu sich nehmen. Als Trank dient ihnen aber in einen Becher ausgequetschte Luft, die

ἀνιεὶς ὥσπερ δρόσον. οὐ μὴν ἀπουροῦσίν γε καὶ ἀφοδεύουσιν, ἀλλ' οὐδὲ τέτρηνται ᾗπερ ἡμεῖς, οὐδὲ τὴν συνουσίαν οἱ παῖδες ἐν ταῖς ἕδραις παρέχουσιν, ἀλλ' ἐν ταῖς ἰγνύαις ὑπὲρ τὴν γαστροκνημίαν· ἐκεῖ γάρ εἰσι τετρημένοι. καλὸς δὲ νομίζεται παρ' αὐτοῖς ἤν πού τις φαλακρὸς καὶ ἄκομος ᾖ, τοὺς δὲ κομήτας καὶ μυσάττονται. ἐπὶ δὲ τῶν κομητῶν ἀστέρων τοὐναντίον τοὺς κομήτας καλοὺς νομίζουσιν· ἐπεδήμουν γάρ τινες, οἳ καὶ περὶ ἐκείνων διηγοῦντο. καὶ μὴν καὶ γένεια φύουσιν μικρὸν ὑπὲρ τὰ γόνατα. καὶ ὄνυχας ⟨ε'⟩ ἐν τοῖς ποσὶν οὐκ ἔχουσιν, ἀλλὰ πάντες εἰσὶν μονοδάκτυλοι. ὑπὲρ δὲ τὰς πυγὰς ἑκάστῳ αὐτῶν κράμβη ἐκπέφυκε μακρὰ ὥσπερ οὐρά, θάλλουσα ἐς ἀεὶ καὶ ὑπτίου ἀναπίπτοντος οὐ κατακλωμένη. ἀπομύττονται δὲ μέλι δριμύτατον· κἀπει- 24
δὰν ἢ πονῶσιν ἢ γυμνάζωνται, γάλακτι πᾶν τὸ σῶμα ἱδροῦσιν, ὥστε καὶ τυροὺς ἀπ' αὐτοῦ πήγνυσθαι, ὀλίγον τοῦ μέλιτος ἐπιστάξαντες· ἔλαιον δὲ ποιοῦνται ἀπὸ τῶν κρομμύων πάνυ λιπαρόν τε καὶ εὐῶδες ὥσπερ μύρον. ἀμπέλους δὲ πολλὰς ἔχουσιν ὑδροφόρους· αἱ γὰρ ῥᾶγες τῶν βοτρύων εἰσὶν ὥσπερ χάλαζα, καί, ἐμοὶ δοκεῖν, ἐπειδὰν ἐμπεσὼν ἄνεμος διασείσῃ τὰς ἀμπέλους ἐκείνας, τότε πρὸς ἡμᾶς καταπίπτει ἡ χάλαζα διαρραγέντων τῶν βοτρύων. τῇ μέντοι γαστρὶ ὅσα πήρᾳ χρῶνται τιθέντες ἐν αὐτῇ ὅσων δέονται· ἀνοικτὴ γὰρ αὐτοῖς αὕτη καὶ πάλιν κλειστή ἐστιν· ἔντερον δὲ οὐδὲ ἧπαρ ἐν αὐτῇ φαίνεται, ἢ τοῦτο μόνον, ὅτι δασεῖα πᾶσα ἔντοσθε καὶ λάσιός ἐστιν, ὥστε καὶ τὰ νεογνά, ἐπειδὰν ῥῖγος ᾖ, ἐς ταύτην ὑποδύεται. ἐσθὴς δὲ τοῖς μὲν 25
πλουσίοις ὑαλίνη μαλθακή, τοῖς πένησι δὲ χαλκῆ ὑφαντή· πολύχαλκα γὰρ τὰ ἐκεῖ χωρία, καὶ ἐργάζονται τὸν χαλκὸν ὕδατι ἀποβρέξαντες ὥσπερ τὰ ἔρια. περὶ μέντοι τῶν ὀφθαλμῶν, οἵους ἔχουσιν, ὀκνῶ μὲν

eine Feuchtigkeit wie Tau von sich gibt. Sie pissen auch nicht und gehen nicht auf die große Seite, sondern haben auch keine Löcher, wo wir sie haben, und ihre Burschen verwenden zu dem oben angegebenen Zweck nicht das Gesäß, sondern die Kniekehlen oberhalb der Wade; dort nämlich haben sie Löcher. Für schön gilt bei ihnen, wenn einer eine Glatze hat und unbehaart ist, die Starkbehaarten verabscheuen sie sogar. Auf den Kometen (Haarsternen) hält man im Gegenteil die stark Behaarten für schön; es waren nämlich einige Reisende da, die von jenen erzählten. Ferner bekommen sie Bärte ein wenig oberhalb der Knie. Und sie haben nicht ⟨fünf⟩ Nägel an den Füßen, vielmehr haben alle nur eine einzige Zehe. Über dem Steiß ist einem jeden von ihnen ein Kohlkopf gewachsen wie ein Schwanz, der immer grün bleibt und auch, wenn der Betreffende auf den Rücken fällt, nicht zerbricht. Sie schneuzen einen sehr scharfen Honig aus; und wann sie sich plagen, sei es bei der Arbeit oder durch Leibesübungen, schwitzen sie am ganzen Körper Milch, so daß sie daraus auch Käse bereiten können, indem sie etwas Honig darauftröufeln. Ein sehr fettes und wie Parfum wohlriechendes Öl bereiten sie aus den Zwiebeln. Reben haben sie viele, aber mit Wassertrauben; die Beeren der Trauben sind nämlich so wie Hagelkörner, und wann der Wind in die dortigen Reben bläst und sie schüttelt, dann fällt m. E. der Hagel zu uns herab, indem die Trauben bersten. Ihren Bauch verwenden sie als Ranzen, indem sie, was sie brauchen, hineinlegen; sie können ihn nämlich auf- und zumachen. Innereien sind im Bauch keine sichtbar, auch keine Leber, nur soviel sieht man, daß er innen zur Gänze dicht behaart und zottig ist, so daß die neugeborenen Kinder, wenn es kalt ist, hineinkriechen. Kleider haben die Reichen zarte aus Glas, die Armen aus Metall gewebte. Die dortigen Gegenden sind nämlich reich an Metallen und sie bearbeiten sie, indem sie sie mit Wasser befeuchten wie die Wolle. Was sie für Augen haben, zaudere ich zu sagen, damit nicht jemand

εἰπεῖν, μή τίς με νομίσῃ ψεύδεσθαι διὰ τὸ ἄπιστον τοῦ λόγου. ὅμως δὲ καὶ τοῦτο ἐρῶ· τοὺς ὀφθαλμοὺς περιαιρετοὺς ἔχουσι, καὶ ὁ βουλόμενος ἐξελὼν τοὺς αὑτοῦ φυλάττει ἔστ' ἂν πάλιν δεηθῇ ἰδεῖν· οὕτω δὲ ἐνθέμενος ὁρᾷ· καὶ πολλοὶ τοὺς σφετέρους ἀπολέσαντες παρ' ἄλλων χρησάμενοι ὁρῶσιν. εἰσὶ δ' οἳ καὶ πολλοὺς ἀποθέτους ἔχουσιν, οἱ πλούσιοι. τὰ ὦτα δὲ πλατάνων φύλλα ἐστὶν αὐτοῖς πλήν γε τοῖς ἀπὸ τῶν βαλάνων· ἐκεῖνοι γὰρ μόνοι ξύλινα ἔχουσιν. καὶ μὴν καὶ ἄλλο θαῦμα ἐν 26 τοῖς βασιλείοις ἐθεασάμην· κάτοπτρον μέγιστον κεῖται ὑπὲρ φρέατος οὐ πάνυ βαθέος. ἂν μὲν οὖν εἰς τὸ φρέαρ καταβῇ τις, ἀκούει πάντων τῶν παρ' ἡμῖν ἐν τῇ γῇ λεγομένων, ἐὰν δὲ εἰς τὸ κάτοπτρον ἀποβλέψῃ, πάσας μὲν πόλεις, πάντα δὲ ἔθνη ὁρᾷ ὥσπερ ἐφεστὼς ἑκάστοις· τότε καὶ τοὺς οἰκείους ἐγὼ ἐθεασάμην καὶ πᾶσαν τὴν πατρίδα, εἰ δὲ κἀκεῖνοι ἐμὲ ἑώρων, οὐκέτι ἔχω τὸ ἀσφαλὲς εἰπεῖν. ὅστις δὲ ταῦτα μὴ πιστεύει οὕτως ἔχειν, ἄν ποτε καὶ αὐτὸς ἐκεῖσε ἀφίκηται, εἴσεται ὡς ἀληθῆ λέγω.

Τότε δ' οὖν ἀσπασάμενοι τὸν βασιλέα καὶ τοὺς ἀμφ' 27 αὐτὸν ἐμβάντες ἀνήχθημεν· ἐμοὶ δὲ καὶ δῶρα ἔδωκεν ὁ Ἐνδυμίων, δύο μὲν τῶν ὑαλίνων χιτώνων, πέντε δὲ χαλκοῦς καὶ πανοπλίαν θερμίνην, ἃ πάντα ἐν τῷ κήτει κατέλιπον. συνέπεμψε δὲ ἡμῖν καὶ Ἱππογύπους χιλίους παραπέμψοντας ἄχρι σταδίων πεντακοσίων. ἐν 28 δὲ τῷ παράπλῳ πολλὰς μὲν καὶ ἄλλας χώρας παρημείψαμεν, προσέσχομεν δὲ καὶ τῷ Ἑωσφόρῳ ἄρτι συνοικιζομένῳ, καὶ ἀποβάντες ὑδρευσάμεθα. ἐμβάντες δὲ εἰς τὸν ζῳδιακὸν ἐν ἀριστερᾷ παρῄειμεν τὸν ἥλιον, ἐν χρῷ τὴν γῆν παραπλέοντες· οὐ γὰρ ἀπέβημεν καίτοι πολλὰ τῶν ἑταίρων ἐπιθυμούντων, ἀλλ' ὁ ἄνεμος οὐκ ἐφῆκεν. ἐθεώμεθα μέντοι τὴν χώραν εὐθαλῆ τε καὶ πίονα

wegen der Unglaublichkeit der Erzählung meint, ich lüge; gleichwohl aber werde ich es sagen. Sie haben nämlich Augen zum Herausnehmen, und wer will, nimmt seine Augen heraus und hebt sie auf, bis er sie wieder zum Sehen braucht; dann setzt er sie ein und sieht wieder. Und viele, die ihre Augen verloren haben, leihen sie sich von anderen zu diesem Zweck aus. Es gibt einige, die viele in Reserve haben, nämlich die reichen Leute. Ihre Ohren sind Platanenblätter, mit Ausnahme derer, die von den Eicheln stammen; diese allein haben nämlich hölzerne. Ferner sah ich noch ein anderes Wunder in der Königsburg; ein sehr großer Spiegel lag über einem nicht sehr tiefen Schacht. Falls jemand nun in den Schacht hinabsteigt, hört er alles, was bei uns auf der Erde gesprochen wird, blickt er aber in den Spiegel, so sieht er alle Städte und alle Völker, als ob er bei ihnen wäre. Da sah ich auch meine Angehörigen und meine ganze Heimat, ob aber auch jene mich sahen, kann ich nicht mehr bestimmt sagen. Wer aber daran nicht glaubt, der wird, falls er einmal dorthin kommt, erfahren, daß ich die Wahrheit spreche.

Da nahmen wir nun Abschied vom König und seiner Umgebung, stiegen ein und fuhren weiter. Mir machte Endymion auch Geschenke, bestehend in zwei von seinen gläsernen und in fünf metallenen Hemden, sowie in einer Rüstung aus Saubohnen, Gegenstände, die ich insgesamt im Walfisch zurückließ. Er gab uns auch tausend Roßgeier mit, die uns fünfhundert Stadien weit geleiten sollten. Auf der Weiterfahrt kamen wir an vielen anderen Ländern vorbei, landeten auch auf dem Morgenstern, dessen Kolonisierung eben begann, stiegen aus und versorgten uns mit Wasser. Dann fuhren wir in den Tierkreis ein und zur Linken knapp an der Sonne vorbei; wir landeten nämlich nicht, trotz des lebhaften Wunsches meiner Gefährten, aber der Wind ließ es nicht zu. Wir sahen jedoch, daß das Land in blühendem Zustand war, mit üppiger Vegetation bedeckt, wohlbewässert und voller

καὶ εὔυδρον καὶ πολλῶν ἀγαθῶν μεστήν. ἰδόντες δ' ἡμᾶς οἱ Νεφελοκένταυροι, μισθοφοροῦντες παρὰ τῷ Φαέθοντι, ἐπέπτησαν ἐπὶ τὴν ναῦν, καὶ μαθόντες ἐνσπόνδους ἀνεχώρησαν.

Ἤδη δὲ καὶ οἱ Ἱππόγυποι ἀπεληλύθεσαν· πλεύσαντες 29 δὲ τὴν ἐπιοῦσαν νύκτα καὶ ἡμέραν, περὶ ἑσπέραν ἀφικόμεθα ἐς τὴν Λυχνόπολιν καλουμένην, ἤδη τὸν κάτω πλοῦν διώκοντες. ἡ δὲ πόλις αὕτη κεῖται μεταξὺ τοῦ Πλειάδων καὶ τοῦ Ὑάδων ἀέρος, ταπεινοτέρα μέντοι πολὺ τοῦ ζῳδιακοῦ. ἀποβάντες δὲ ἄνθρωπον μὲν οὐδένα εὕρομεν, λύχνους δὲ πολλοὺς περιθέοντας καὶ ἐν τῇ ἀγορᾷ καὶ περὶ τὸν λιμένα διαρίβοντας, τοὺς μὲν μικροὺς καὶ ὥσπερ εἰπεῖν πένητας, ὀλίγους δὲ τῶν μεγάλων καὶ δυνατῶν πάνυ λαμπροὺς καὶ περιφανεῖς. οἰκήσεις δὲ αὐτοῖς καὶ λυχνεῶνες ἰδίᾳ ἑκάστῳ πεποίηντο, καὶ αὐτοὶ ὀνόματα εἶχον, ὥσπερ οἱ ἄνθρωποι, καὶ φωνὴν προϊεμένων ἠκούομεν, καὶ οὐδὲν ἡμᾶς ἠδίκουν, ἀλλὰ καὶ ἐπὶ ξενίᾳ ἐκάλουν· ἡμεῖς δὲ ὅμως ἐφοβούμεθα, καὶ οὔτε δειπνῆσαι οὔτε ὑπνῶσαί τις ἡμῶν ἐτόλμησεν. ἀρχεῖα δὲ αὐτοῖς ἐν μέσῃ τῇ πόλει πεποίηται, ἔνθα ὁ ἄρχων αὐτῶν διὰ νυκτὸς ὅλης κάθηται ὀνομαστὶ καλῶν ἕκαστον· ὃς δ' ἂν μὴ ὑπακούσῃ, καταδικάζεται ἀποθανεῖν ὡς λιπὼν τὴν τάξιν· ὁ δὲ θάνατός ἐστι σβεσθῆναι. παρεστῶτες δὲ ἡμεῖς ἑωρῶμεν τὰ γινόμενα καὶ ἠκούομεν ἅμα τῶν λύχνων ἀπολογουμένων καὶ τὰς αἰτίας λεγόντων δι' ἃς ἐβράδυνον. ἔνθα καὶ τὸν ἡμέτερον λύχνον ἐγνώρισα, καὶ προσειπὼν αὐτὸν περὶ τῶν κατ' οἶκον ἐπυνθανόμην ὅπως ἔχοιεν· ὁ δέ μοι ἅπαντα διηγήσατο.

Τὴν μὲν οὖν νύκτα ἐκείνην αὐτοῦ ἐμείναμεν, τῇ δὲ ἐπιούσῃ ἄραντες ἐπλέομεν ἤδη πλησίον τῶν νεφῶν· ἔνθα δὴ καὶ τὴν Νεφελοκοκκυγίαν πόλιν ἰδόντες ἐθαυμάσα-

Naturgüter in reichem Ausmaß. Als uns die Wolkenkentauren bemerkten, die bei Phaëthon um Sold dienten, flogen sie auf das Schiff los, wie sie aber erfuhren, daß wir in den Friedensvertrag eingeschlossen waren, zogen sie sich wieder zurück.

Bereits waren auch die Roßgeier fort. Wir fuhren die nächste Nacht und am folgenden Tag hindurch, gegen Abend aber kamen wir zur sogenannten Lampenstadt, als unsere Fahrt bereits abwärts ging. Diese Stadt liegt zwischen dem Luftbereich der Pleiaden und dem der Hyaden, jedoch viel niedriger als der Tierkreis. Nach unserer Landung fanden wir keinen Menschen, wohl aber viele Lampen, die herumliefen und sich auf dem Hauptplatz und in der Gegend des Hafens herumtrieben, die einen klein, sozusagen die armen, einige aber von den großen und mächtigen, die sehr hell leuchteten und einen weiten Umkreis beschienen. Sie besaßen Behausungen und eigene Futterale, eine jede für sich, und hatten Namen wie die Menschen und wir hörten, wie sie Laute von sich gaben. Sie taten uns nichts zuleide, sondern luden uns zu gastlicher Bewirtung ein; wir hatten aber gleichwohl Angst und niemand von uns getraute sich zu speisen oder zu schlafen. Ihre Regierungsgebäude sind mitten in der Stadt errichtet, wo ihr Herrscher die ganze Nacht hindurch sitzt und jede bei ihrem Namen aufruft. Wer aber darauf nicht hört, wird als Deserteur zum Tode verurteilt; der Tod besteht im Erlöschen. Wir standen dabei, sahen, was sich da abspielte, und hörten zugleich die Lampen sich verteidigen und die Gründe für ihre Verspätung angeben. Da erkannte ich auch unsere Lampe und erkundigte mich um meine Hausleute, wie es um sie stünde. Sie aber erzählte mir alles.

Jene Nacht also blieben wir daselbst, am folgenden Tage aber brachen wir auf und fuhren bereits in der Nähe der Wolken. Da sahen wir mit Erstaunen die Stadt Wolkenkuckucksheim, betraten sie aber nicht; der Wind ließ es ja nicht zu.

μεν, οὐ μέντοι ἐπέβημεν αὐτῆς· οὐ γὰρ εἴα τὸ πνεῦμα. βασιλεύειν μέντοι αὐτῶν ἐλέγετο Κόρωνος ὁ Κοττυφίωνος. καὶ ἐγὼ ἐμνήσθην Ἀριστοφάνους τοῦ ποιητοῦ, ἀνδρὸς σοφοῦ καὶ ἀληθοῦς καὶ μάτην ἐφ' οἷς ἔγραψεν ἀπιστουμένου. τρίτῃ δὲ ἀπὸ ταύτης ἡμέρᾳ καὶ τὸν ὠκεανὸν ἤδη σαφῶς ἑωρῶμεν, γῆν δὲ οὐδαμοῦ, πλήν γε τῶν ἐν τῷ ἀέρι· καὶ αὗται δὲ πυρώδεις καὶ ὑπεραυγεῖς ἐφαντάζοντο. τῇ τετάρτῃ δὲ περὶ μεσημβρίαν μαλακῶς ἐνδιδόντος τοῦ πνεύματος καὶ συνιζάνοντος ἐπὶ τὴν θάλατταν κατετέθημεν. ὡς δὲ τοῦ ὕδατος ἐψαύσαμεν, θαυμασίως ὑπερηδόμεθα καὶ ὑπερεχαίρομεν καὶ πᾶσαν ἐκ τῶν παρόντων εὐφροσύνην ἐποιούμεθα καὶ ἀποβάντες ἐνηχόμεθα· καὶ γὰρ ἔτυχε γαλήνη οὖσα καὶ εὐσταθοῦν τὸ πέλαγος.

Ἔοικε δὲ ἀρχὴ κακῶν μειζόνων γίνεσθαι πολλάκις ἡ πρὸς τὸ βέλτιον μεταβολή· καὶ γὰρ ἡμεῖς δύο μόνας ἡμέρας ἐν εὐδίᾳ πλεύσαντες, τῆς τρίτης ὑποφαινούσης πρὸς ἀνίσχοντα τὸν ἥλιον ἄφνω ὁρῶμεν θηρία καὶ κήτη πολλὰ μὲν καὶ ἄλλα, ἓν δὲ μέγιστον ἁπάντων ὅσον σταδίων χιλίων καὶ πεντακοσίων τὸ μέγεθος· ἐπῄει δὲ κεχηνὸς καὶ πρὸ πολλοῦ ταράττον τὴν θάλατταν ἀφρῷ τε περικλυζόμενον καὶ τοὺς ὀδόντας ἐκφαῖνον πολὺ τῶν παρ' ἡμῖν φαλλῶν ὑψηλοτέρους, ὀξεῖς δὲ πάντας ὥσπερ σκόλοπας καὶ λευκοὺς ὥσπερ ἐλεφαντίνους. ἡμεῖς μὲν οὖν τὸ ὕστατον ἀλλήλους προσειπόντες καὶ περιβαλόντες ἐμένομεν· τὸ δὲ ἤδη παρῆν καὶ ἀναρροφῆσαν ἡμᾶς αὐτῇ νηὶ κατέπιεν. οὐ μέντοι ἔφθη συναράξαι τοῖς ὀδοῦσιν, ἀλλὰ διὰ τῶν ἀραιωμάτων ἡ ναῦς ἐς τὸ ἔσω διεξέπεσεν. ἐπεὶ δὲ ἔνδον ἦμεν, τὸ μὲν πρῶτον σκότος ἦν καὶ οὐδὲν ἑωρῶμεν, ὕστερον δὲ αὐτοῦ ἀναχανόντος εἴδομεν κύτος μέγα καὶ πάντῃ πλατὺ καὶ ὑψηλόν, ἱκανὸν μυριάνδρῳ πόλει ἐνοικεῖν. ἔκειντο δὲ ἐν μέσῳ

König ihrer Einwohner war, wie es hieß, Krähmann, Sohn des Herrn von Drosselheim. Und ich erinnerte mich des Dichters Aristophanes, eines gescheiten und wahrheitsliebenden Mannes, dem man mit Unrecht rücksichtlich dessen, was er geschrieben, den Glauben versagt. Von diesem Tag an gerechnet am dritten, sahen wir den Ozean bereits deutlich, Land aber nirgends mit Ausnahme der Länder in der Luft; diese aber stellten sich uns feurig und in außerordentlich starkem Glanz dar. Am vierten Tag gegen Mittag, als der Wind immer schwächer wurde und sich allmählich legte, wurden wir auf das Meer abgesetzt. Als wir das Wasser berührten, kam eine außerordentliche Freude und Wonne über uns. Wir gönnten uns alles unter den obwaltenden Verhältnissen mögliche Vergnügen, stiegen aus und schwammen herum; es war nämlich gerade Wind- und Meeresstille.

Oft scheint jedoch der Umschwung zum Besseren sich als der Beginn noch größerer Übel zu erweisen. Denn auch wir fuhren nur zwei Tage bei gutem Wind, am dritten aber sehen wir im Morgengrauen gegen Sonnenaufgang plötzlich Seetiere und Walfische in großer Zahl, darunter aber einen, den allergrößten, der etwa 1500 Stadien lang war. Er kam mit offenem Maul heran und wühlte von weitem das Meer auf, über und über mit Gischt bespritzt und die Zähne zeigend, die viel höher als die Phallussäulen bei uns waren, alle scharf wie Pfähle und weiß wie Elfenbein. Wir nahmen unter Umarmungen Abschied voneinander und warteten, der Walfisch aber war schon da, schlürfte das Wasser ein und verschluckte uns mitsamt dem Schiff. Bevor er uns jedoch mit den Zähnen zermalmte, rutschte das Schiff durch die Lücken ins Innere. Als wir aber drinnen waren, herrschte zunächst Dunkel, so daß wir nichts sehen konnten, später aber sahen wir, als er seinen Rachen öffnete, eine große, allseits breite und hohe Höhlung, genügend groß für eine Stadt mit 10000 Einwoh-

καὶ ⟨μεγάλοι καὶ⟩ μικροὶ ἰχθύες καὶ ἄλλα πολλὰ θηρία συγκεκομμένα, καὶ πλοίων ἱστία καὶ ἄγκυραι καὶ ἀνθρώπων ὀστέα καὶ φορτία, κατὰ μέσον δὲ καὶ γῆ καὶ λόφοι ἦσαν, ἐμοὶ δοκεῖν, ἐκ τῆς ἰλύος ἣν κατέπινε συνιζάνουσα. ὕλη γοῦν ἐπ' αὐτῆς καὶ δένδρα παντοῖα ἐπεφύκει καὶ λάχανα ἐβεβλαστήκει, καὶ ἐῴκει πάντα ἐξειργασμένοις· περίμετρον δὲ τῆς γῆς στάδιοι διακόσιοι καὶ τετταράκοντα. ἦν δὲ ἰδεῖν καὶ ὄρνεα θαλάττια, λάρους καὶ ἀλκυόνας, ἐπὶ τῶν δένδρων νεοττεύοντα.

Τότε μὲν οὖν ἐπὶ πολὺ ἐδακρύομεν, ὕστερον δὲ ἀναστήσαντες τοὺς ἑταίρους τὴν μὲν ναῦν ὑπεστηρίξαμεν, αὐτοὶ δὲ τὰ πυρεῖα συντρίψαντες καὶ ἀνακαύσαντες δεῖπνον ἐκ τῶν παρόντων ἐποιούμεθα. παρέκειτο δὲ ἄφθονα καὶ παντοδαπὰ κρέα τῶν ἰχθύων, καὶ ὕδωρ ἔτι τὸ ἐκ τοῦ Ἑωσφόρου εἴχομεν. τῇ ἐπιούσῃ δὲ διαναστάντες, εἴ ποτε ἀναχάνοι τὸ κῆτος, ἑωρῶμεν ἄλλοτε μὲν ὄρη, ἄλλοτε δὲ μόνον τὸν οὐρανόν, πολλάκις δὲ καὶ νήσους· καὶ γὰρ ᾐσθανόμεθα φερομένου αὐτοῦ ὀξέως πρὸς πᾶν μέρος τῆς θαλάττης. ἐπεὶ δὲ ἤδη ἐθάδες τῇ διατριβῇ ἐγενόμεθα, λαβὼν ἑπτὰ τῶν ἑταίρων ἐβάδιζον ἐς τὴν ὕλην περισκοπήσασθαι τὰ πάντα βουλόμενος. οὔπω δὲ πέντε ὅλους διελθὼν σταδίους εὗρον ἱερὸν Ποσειδῶνος, ὡς ἐδήλου ἡ ἐπιγραφή, καὶ μετ' οὐ πολὺ καὶ τάφους πολλοὺς καὶ στήλας ἐπ' αὐτῶν πλησίον τε πηγὴν ὕδατος διαυγοῦς, ἔτι δὲ καὶ κυνὸς ὑλακὴν ἠκούομεν καὶ καπνὸς ἐφαίνετο πόρρωθεν καί τινα καὶ ἔπαυλιν εἰκάζομεν. σπουδῇ οὖν βαδίζοντες ἐφιστάμεθα πρεσβύτῃ καὶ νεανίσκῳ μάλα προθύμως πρασιάν τινα ἐργαζομένοις καὶ ὕδωρ ἀπὸ τῆς πηγῆς ἐπ' αὐτὴν διοχετεύουσιν· ἡσθέντες οὖν ἅμα καὶ φοβη-

nern. Darin lagen ⟨große und⟩ kleine Fische und viele andere zermalmte Seetiere, auch Segel und Anker von Schiffen, desgleichen Menschengebein und Schiffladungen, gegen die Mitte zu gab es ein Stück Land mit Hügeln, das m.E. aus dem Schlamm, den der Walfisch zu verschlucken pflegte, sich allmählich gebildet hatte. Buschwerk war darauf gewachsen, verschiedenartige Bäume, Gemüse war aufgeschossen und alles glich bebautem Lande; der Umfang des Landes betrug 240 Stadien. Es waren aber auch Seevögel zu sehen, Möwen und Eisvögel, die auf den Bäumen nisteten.

Da weinten wir nun lang, später aber veranlaßten wir unsere Gefährten, aufzustehen und das Schiff zu pölzen, zündeten durch Reiben von Hölzern ein Feuer an und bereiteten uns selber ein Mahl aus den vorhandenen Vorräten. Es lagen aber neben uns verschiedene Fleischsorten von Fischen in reichlicher Menge und auch Wasser hatten wir noch von dem Vorrat, den wir auf dem Morgenstern an Bord genommen hatten. Am folgenden Tag erhoben wir uns jedesmal, sooft der Walfisch sein Maul aufsperrte, und da sahen wir bald Berge, bald nur den Himmel, oft aber auch Inseln; wir bemerkten nämlich, daß der Fisch nach allen Richtungen des Meeres mit großer Geschwindigkeit sich bewegte. Nachdem wir uns aber an unseren Aufenthalt bereits gewöhnt hatten, nahm ich sieben von meinen Gefährten und schritt auf den Wald zu, um alles auszukundschaften. Wir hatten noch keine ganzen fünf Stadien zurückgelegt, so fanden wir ein Heiligtum des Poseidon, wie sich aus der Inschrift ergab, bald darauf auch viele Gräber und Säulen auf ihnen und in der Nähe eine Quelle mit durchsichtigem Wasser. Ferner hörten wir auch Hundegebell und es zeigte sich in der Ferne Rauch, so daß wir das Vorhandensein eines Gehöftes vermuteten. Indem wir also eilig weiterschritten, stießen wir auf einen alten und einen jungen Mann, die sehr eifrig ein Gemüsebeet bearbeiteten und Wasser von der Quelle in einer Rinne hinleiteten. Von Freude und zugleich von Angst erfüllt, blieben wir stehen;

θέντες έστημεν· κάκεΐνοι δέ ταυτό ήμΐν ώς τό είκός παθόντες άναυδοι παρειστήκεσαν· χρόνῳ δέ ὁ πρεσβύτης έφη· Τίνες ύμεΐς άρα έστέ, ώ ξένοι; πότερον τῶν έναλίων δαιμόνων ή άνθρωποι δυστυχεΐς ήμΐν παραπλήσιοι; καί γάρ ήμεΐς άνθρωποι όντες καί έν γῇ τραφέντες νῦν θαλάττιοι γεγόναμεν καί συννηχόμεθα τῷ περιέχοντι τούτῳ θηρίῳ, ούδ' ὅ πάσχομεν άκριβῶς είδότες· τεθνάναι μέν γάρ είκάζομεν, ζῆν δέ πιστεύομεν. πρός ταῦτα έγώ εΐπον· Καί ήμεΐς τοι άνθρωποι νεήλυδες, ώ πάτερ, έσμέν, αύτῷ σκάφει πρῴην καταποθέντες· προήλθομεν δέ νῦν βουλόμενοι μαθεΐν τά έν τῇ ύλῃ ώς έχει· πολλή γάρ τις καί λάσιος έφαίνετο. δαίμων δέ τις, ώς έοικεν, ήμᾶς ήγαγεν σέ τε όψομένους καί είσομένους ότι μή μόνοι έν τῷδε καθείργμεθα τῷ θηρίῳ· άλλά φράσον γε ήμΐν τήν σαυτοῦ τύχην όστις τε ών καί όπως δεῦρο είσῆλθες. ὁ δέ ού πρότερον έφη έρεΐν ούδέ πεύσεσθαι παρ' ύμῶν, πρίν ξενίων τῶν παρόντων μεταδοῦναι, καί λαβών ήμᾶς ήγεν έπί τήν οίκίαν — έπεποίητο δέ αύτάρκη καί στιβάδας ένῳκοδόμητο καί τά άλλα έξήρτιστο — παραθείς δέ ήμΐν λάχανά τε καί άκρόδρυα καί ίχθῦς, έτι δέ καί οίνον έγχέας, έπειδή ίκανῶς έκορέσθημεν, έπυνθάνετο ά πεπόνθειμεν· κάγώ πάντα έξῆς διηγησάμην, τόν τε χειμῶνα καί τά έν τῇ νήσῳ καί τόν έν τῷ άέρι πλοῦν καί τόν πόλεμον καί τά άλλα μέχρι τῆς είς τό κῆτος καταδύσεως. ὁ δέ ύπερθαυμάσας 34 καί αύτός έν μέρει τά καθ' αύτόν διεξῄει λέγων· Τό μέν γένος είμί, ώ ξένοι, Κύπριος, όρμηθείς δέ κατ' έμπορίαν άπό τῆς πατρίδος μετά παιδός, όν όρᾶτε, καί άλλων πολλῶν οίκετῶν έπλεον είς 'Ιταλίαν ποικίλον φόρτον κομίζων έπί νεώς μεγάλης, ήν έπί στόματι τοῦ κήτους διαλελυμένην ίσως έωράκατε. μέχρι μέν ούν Σικελίας

auch ihnen ging es begreiflicherweise ebenso wie uns, sie standen sprachlos da. Mit der Zeit aber sprach der Ältere: „Wer seid ihr also, Fremdlinge? Gehört ihr zu den Seegöttern oder seid ihr unglückliche Menschen so wie wir? Denn auch wir sind Menschen und auf der Erde aufgewachsen, sind aber jetzt Meeresbewohner geworden und schwimmen im Innern dieses Tieres mit ihm herum, ohne genau zu wissen, was mit uns eigentlich vorgeht; denn es kommt uns vor, wir sind tot, glauben aber doch zu leben." Darauf antwortete ich: „Auch wir sind, Vater, Menschen, Neulinge, mitsamt dem Schiff erst neulich verschlungen, wir haben uns aber auf die Beine gemacht in der Absicht, das Innere des Waldes zu erkunden; er kam uns nämlich ausgedehnt und mit dichtem Buschwerk bewachsen vor. Ein guter Geist hat uns aber, wie es scheint, geleitet, daß wir dich sehen und von dir erfahren sollten, daß wir nicht allein in diesem Tier eingeschlossen sind. Aber berichte uns dein Schicksal, wer du bist, und wie du hieher gekommen bist." Er aber erwiderte, er werde nicht früher es uns erzählen oder uns ausfragen, bevor er uns den Umständen entsprechend bewirtet habe, nahm uns mit und führte uns zu seiner Behausung — er hatte sich eine zweckdienliche Hütte errichtet, Liegestätten eingebaut und alles übrige hergerichtet — setzte uns Gemüse, Früchte und Fische vor, schenkte uns auch Wein ein, und erst als wir genügend satt waren, fragte er uns, was wir erlebt hatten. Und ich erzählte ihm alles der Reihe nach, vom Sturm, von unseren Erlebnissen auf der Insel, von der Fahrt in der Luft, vom Krieg und allem übrigen bis zu unserem Verschwinden im Bauch des Walfisches. Er wunderte sich darüber sehr und erzählte nun seinerseits seine Erlebnisse: „Fremdlinge, meiner Herkunft nach bin ich ein Kyprier, brach zu Handelszwecken von meiner Heimat mit meinem Sohn, den ihr seht, und außerdem mit vielen Sklaven auf und segelte auf Italien zu mit einer buntgemischten Ladung auf einem großen Schiff, dessen Trümmer ihr vielleicht beim Maul des Walfisches gesehen habt. Bis

ευτυχώς διεπλεύσαμεν· εκείθεν δε άρπασθέντες άνέμω σφοδρώ τριταίοι ές τον ώκεανόν άπηνέχθημεν, ένθα τω κήτει περιτυχόντες και αυτανδροι καταποθέντες δύο ημείς μόνοι, των άλλων αποθανόντων, έσώθημεν. θάψαντες δε τους εταίρους και ναόν τω Ποσειδώνι δειμάμενοι τουτονί τον βίον ζώμεν, λάχανα μεν κηπεύοντες, ιχθύς δε σιτούμενοι και άκρόδρυα. πολλή δέ, ως οράτε, ή ύλη, και μην και αμπέλους έχει πολλάς αφ' ών ηδύτατος οίνος γεννάται· και την πηγήν δε ίσως είδετε καλλίστου και ψυχροτάτου ύδατος. ευνήν δε από τών φύλλων ποιούμεθα, και πυρ άφθονον καίομεν, και όρνεα δε θηρεύομεν τα εισπετόμενα, και ζώντας ιχθύς άγρεύομεν έξιόντες έπι τα βραγχία του θηρίου, ένθα και λουόμεθα, οπόταν έπιθυμήσωμεν. και μην λίμνη ού πόρρω έστιν αλμυρά σταδίων είκοσι την περίμετρον, ιχθύς έχουσα παντοδαπούς, έν ή και νηχόμεθα και πλέομεν έπι σκάφους μικρού, ο εγώ έναυπηγησάμην. έτη δέ έστιν ημίν της καταπόσεως ταύτα έπτα και είκοσι. και τα μεν άλλα ίσως φέρειν δυνάμεθα, οι δε γείτονες 35 ημών και πάροικοι σφόδρα χαλεποί και βαρείς εισιν, άμικτοί τε όντες και άγριοι. Ή γάρ, έφην εγώ, και άλλοι τινές εισιν έν τω κήτει; Πολλοί μεν ούν, έφη, και άξενοι και τας μορφάς αλλόκοτοι· τα μεν γαρ εστέρια της ύλης και ουραία Ταριχάνες οίκουσιν, έθνος έγχελυωπόν και καραβοπρόσωπον, μάχιμον και θρασύ και ώμοφάγον· τα δε της ετέρας πλευράς κατά τον δεξιόν τοίχον Τριτωνομένδητες, τα μεν άνω ανθρώποις έοικότες, τα δε κάτω τοις γαλεώταις, ήττον μέντοι άδικοί εισιν τών άλλων· τα λαιά δε Καρκινόχειρες και Θυννοκέφαλοι συμμαχίαν τε και φιλίαν προς εαυτούς πεποιημένοι· την δε μεσόγαιαν νέμονται Παγουρίδαι και Ψηττόποδες, γένος μάχιμον και δρομικώτατον· τα έωα δέ,

Sizilien hatten wir glückliche Fahrt; von dort entführte uns ein heftiger Sturm, durch den wir am dritten Tag in den Ozean verschlagen wurden, wo wir auf den Walfisch stießen und samt und sonders verschlungen wurden, so daß nur wir zwei heil davonkamen, während die übrigen den Tod fanden. Wir bestatteten unsere Gefährten, errichteten dem Poseidon einen Tempel und führen nun dieses Leben, indem wir Gemüse bauen und uns von Fischen und Früchten nähren. Groß ist der Wald, wie ihr seht, ja es gibt darin auch viele Reben, aus denen ein sehr süßer Wein gewonnen wird. Auch die Quelle mit wunderschönem und eiskaltem Wasser saht ihr vielleicht. Eine Schlafstelle bereiten wir uns aus den Blättern, an Feuer fehlt es uns nicht und wir jagen die hereinfliegenden Vögel und fangen lebende Fische, indem wir zu den Kiemen des Tieres hinausgehen, wo wir uns auch baden, sooft wir dazu Lust haben. Ferner gibt es auch in nicht großer Entfernung einen See mit Salzwasser, zwanzig Stadien im Umfang, der verschiedenartige Fische enthält und in dem wir schwimmen und auf einem Kahn fahren, den ich gezimmert habe. Seitdem wir verschlungen wurden, sind es siebenundzwanzig Jahre. Alles übrige nun könnten wir vielleicht ertragen, aber unsere Nachbarn und Anrainer sind schlimme und lästige Gesellen, da sie ungesellig und wild sind." „Ja", sprach ich, „gibt es denn noch andere Leute im Walfisch?" „Viele ungastliche Leute", antwortete er, „mit seltsamen Gestalten. Den Westen des Waldes und das Schwanzstück bewohnen nämlich die Pökelleute, ein Volk mit Aalaugen und einem Krabbengesicht, kampftüchtig, verwegene Kannibalen. Auf der einen Seite, an der rechten Wand, wohnen Tritonsgestalten, die mit ihrem Oberkörper Menschen gleichen, mit dem Unterleib aber den Schwertfischen, sie sind jedoch weniger bösartig als die anderen. Auf der linken Seite gibt es Krebshänder und Thunfischschädler, die zueinander in einem freundschaftlichen Bundesverhältnis stehen. Im Binnenland hausen die Meerkrebsler und die Schollenfüßler, kampftüchtige Schnelläufer. Der

τὰ πρὸς αὐτῷ τῷ στόματι, τὰ πολλὰ μὲν ἔρημά ἐστι, προσκλυζόμενα τῇ θαλάττῃ· ὅμως δὲ ἐγὼ ταῦτα ἔχω φόρον τοῖς Ψηττόποσιν ὑποτελῶν ἑκάστου ἔτους ὄστρεα πεντακόσια. τοιαύτη μὲν ἡ χώρα ἐστίν· ὑμᾶς δὲ χρὴ ὁρᾶν ὅπως δυνησόμεθα τοσούτοις ἔθνεσι μάχεσθαι καὶ ὅπως βιοτεύσομεν. Πόσοι δέ, ἔφην ἐγώ, πάντες οὗτοί εἰσιν; Πλείους, ἔφη, τῶν χιλίων. Ὅπλα δὲ τίνα ἐστὶν αὐτοῖς; Οὐδέν, ἔφη, πλὴν τὰ ὀστᾶ τῶν ἰχθύων. Οὐκοῦν, ἔφην ἐγώ, ἄριστα ἂν ἔχοι διὰ μάχης ἐλθεῖν αὐτοῖς ἅτε οὖσιν ἀνόπλοις αὐτοὺς ὡπλισμένους· εἰ γὰρ κρατήσομεν αὐτῶν, ἀδεῶς τὸν λοιπὸν βίον οἰκήσομεν.

Ἔδοξε ταῦτα, καὶ ἀπελθόντες ἐπὶ ναῦν παρεσκευαζόμεθα. αἰτία δὲ τοῦ πολέμου ἔμελλεν ἔσεσθαι τοῦ φόρου ἡ οὐκ ἀπόδοσις, ἤδη τῆς προθεσμίας ἐνεστώσης. καὶ δὴ οἱ μὲν ἔπεμπον ἀπαιτοῦντες τὸν δασμόν· ὁ δὲ ὑπεροπτικῶς ἀποκρινάμενος ἀπεδίωξε τοὺς ἀγγέλους. πρῶτοι οὖν οἱ Ψηττόποδες καὶ οἱ Παγουρίδαι χαλεπαίνοντες τῷ Σκινθάρῳ – τοῦτο γὰρ ἐκαλεῖτο – μετὰ πολλοῦ θορύβου ἐπῄεσαν. ἡμεῖς δὲ τὴν ἔφοδον ὑποπτεύοντες ἐξοπλισάμενοι ἀνεμένομεν, λόχον τινὰ προτάξαντες ἀνδρῶν πέντε καὶ εἴκοσι· προείρητο δὲ τοῖς ἐν τῇ ἐνέδρᾳ, ἐπειδὰν ἴδωσι παρεληλυθότας τοὺς πολεμίους, ἐπανίστασθαι· καὶ οὕτως ἐποίησαν. ἐπαναστάντες γὰρ κατόπιν ἔκοπτον αὐτούς, καὶ ἡμεῖς δὲ αὐτοὶ πέντε καὶ εἴκοσι τὸν ἀριθμὸν ὄντες – καὶ γὰρ ὁ Σκίνθαρος καὶ ὁ παῖς αὐτοῦ συνεστρατεύοντο – ὑπηντιάζομεν καὶ συμμίξαντες θυμῷ καὶ ῥώμῃ διεκινδυνεύομεν. τέλος δὲ τροπὴν αὐτῶν ποιησάμενοι κατεδιώξαμεν ἄχρι πρὸς τοὺς φωλεούς. ἀπέθανον δὲ τῶν μὲν πολεμίων ἑβδομήκοντα καὶ ἑκατόν, ἡμῶν δὲ εἷς καὶ ὁ κυβερνήτης, τρίγλης πλευρᾷ διαπαρεὶς τὸ μετάφρενον. ἐκείνην μὲν οὖν τὴν ἡμέραν καὶ τὴν νύκτα ἐπηυλισάμεθα τῇ μάχῃ καὶ τρό-

Ostteil gegen das Maul zu ist größtenteils öde, da er vom Meer bespült wird; gleichwohl aber besitze ich ihn, wofür ich den Schollenfüßlern jährlich einen Tribut von 500 Austern entrichte. So steht es mit dem hiesigen Land. Ihr müßt zusehen, wie wir mit so vielen Rassen kämpfen und unser Leben weiterfristen werden können." „Wieviele", antwortete ich, „sind es im ganzen?" „Mehr als tausend", sagte er. „Was für Waffen haben sie?" „Keine", erwiderte er, „als die Fischgräten." „Also", sprach ich, „wäre es am besten, wir, die wir selber Waffen haben, bekriegen sie, die keine haben; wenn wir sie nämlich überwältigen, werden wir unser übriges Leben hindurch Ruhe vor ihnen haben."

Er war damit einverstanden. Wir gingen also zum Schiff zurück und rüsteten uns. Anlaß zum Krieg sollte die Nichtentrichtung des Tributes sein, da bereits der Termin bevorstand. Und schon verlangten sie durch Boten die Abgabe. Er gab ihnen aber einen hochmütigen Bescheid und verjagte die Boten. Zuerst nun rückten ergrimmt die Schollenfüßler und die Meerkrebsler gegen den Skintharos – so hieß nämlich der Kyprier – unter lautem Lärm heran. Wir aber, die wir den Anmarsch voraussahnten, warteten ihn in voller Rüstung ab, nachdem wir eine Abteilung von fünfundzwanzig Mann vorausbeordert hatten. Sie hatten den Auftrag, sich in den Hinterhalt zu legen, und sobald sie sähen, daß die Feinde vorüber wären, über sie herzufallen; und so taten sie auch. Sie überfielen sie nämlich von hinten und hieben auf sie ein, wir aber, gleichfalls fünfundzwanzig an der Zahl – denn Skintharos und sein Sohn kämpften mit – traten ihnen entgegen und hatten bei all unserem Mut und unserer Kraft einen nicht gefahrlosen Kampf mit ihnen zu bestehen. Schließlich aber brachten wir ihnen eine Niederlage bei und verfolgten sie bis zu ihren Schlupfwinkeln. Es fielen von den Feinden 170, auf unserer Seite nur einer, u.zw. der Steuermann, den Rücken von einer Rippe einer Seebarbe durchbohrt. Jenen Tag also und die darauffolgende Nacht lagerten

παιον έστήσαμεν ράχιν ξηράν δελφίνος άναπήξαντες. τῇ ύστεραίᾳ δὲ καὶ οἱ ἄλλοι αἰσθόμενοι παρῆσαν, τὸ μὲν δεξιὸν κέρας ἔχοντες οἱ Ταριχᾶνες – ἡγεῖτο δὲ αὐτῶν Πήλαμος – τὸ δὲ εὐώνυμον οἱ Θυννοκέφαλοι, τὸ μέσον δὲ οἱ Καρκινόχειρες· οἱ γὰρ Τριτωνομένδητες τὴν ἡσυχίαν ἦγον οὐδετέροις συμμαχεῖν προαιρούμενοι. ἡμεῖς δὲ προαπαντήσαντες αὐτοῖς παρὰ τὸ Ποσειδώνιον συνεμίξαμεν πολλῇ βοῇ χρώμενοι, ἀντήχει δὲ τὸ κύτος ὥσπερ τὰ σπήλαια. τρεψάμενοι δὲ αὐτούς, ἅτε γυμνῆτας ὄντας, καὶ καταδιώξαντες ἐς τὴν ὕλην τὸ λοιπὸν ἐπεκρατοῦμεν τῆς γῆς. καὶ μετ' οὐ πολὺ κήρυκας ἀποστείλαντες νεκρούς τε ἀνῃροῦντο καὶ περὶ φιλίας διελέγοντο· ἡμῖν δὲ οὐκ ἐδόκει σπένδεσθαι, ἀλλὰ τῇ ὑστεραίᾳ χωρήσαντες ἐπ' αὐτοὺς πάντας ἄρδην ἐξεκόψαμεν πλὴν τῶν Τριτωνομενδήτων. οὗτοι δὲ ὡς εἶδον τὰ γινόμενα, διαδράντες ἐκ τῶν βραγχίων ἀφῆκαν αὑτοὺς εἰς τὴν θάλατταν. ἡμεῖς δὲ τὴν χώραν ἐπελθόντες ἔρημον ἤδη οὖσαν τῶν πολεμίων τὸ λοιπὸν ἀδεῶς κατῳκοῦμεν, τὰ πολλὰ γυμνασίοις τε καὶ κυνηγεσίοις χρώμενοι καὶ ἀμπελουργοῦντες καὶ τὸν καρπὸν συγκομιζόμενοι τὸν ἐκ τῶν δένδρων, καὶ ὅλως ἐῴκειμεν τοῖς ἐν δεσμωτηρίῳ μεγάλῳ καὶ ἀφύκτῳ τρυφῶσι καὶ λελυμένοις.

Ἐνιαυτὸν μὲν οὖν καὶ μῆνας ὀκτὼ τοῦτον διήγομεν τὸν τρόπον. τῷ δ' ἐνάτῳ μηνὶ πέμπτῃ ἱσταμένου, περὶ τὴν δευτέραν τοῦ στόματος ἄνοιξιν – ἅπαξ γὰρ δὴ τοῦτο κατὰ τὴν ὥραν ἑκάστην ἐποίει τὸ κῆτος, ὥστε ἡμᾶς πρὸς τὰς ἀνοίξεις τεκμαίρεσθαι τὰς ὥρας – περὶ οὖν τὴν δευτέραν, ὥσπερ ἔφην, ἄνοιξιν, ἄφνω βοή τε πολλὴ καὶ θόρυβος ἠκούετο καὶ ὥσπερ κελεύσματα καὶ εἰρεσίαι· ταραχθέντες οὖν ἀνειρπύσαμεν ἐπ' αὐτὸ τὸ στόμα τοῦ θηρίου καὶ στάντες ἐνδοτέρω τῶν ὀδόν-

wir auf dem Kampfplatz und errichteten als Trophäe das ausgetrocknete Rückgrat eines Delphins. Am nächsten Tag waren auf die Kunde davon auch die anderen da, auf dem rechten Flügel die Pökelleute – ihr Anführerr war Pelamos –, auf dem linken die Thunfischschädler, im Zentrum die Krebshänder; die Tritonsgestalten hatten es nämlich vorgezogen, neutral zu bleiben. Wir überfielen sie aber überraschend beim Tempel des Poseidon mit lautem Geschrei, so daß die Höhlung wie eine Grotte widerhallte. Wir schlugen sie in die Flucht, da sie nur leicht bewaffnet waren, verfolgten sie bis in den Wald und behaupteten weiterhin das Feld. Und bald darauf verlangten sie durch Herolde die Auslieferung der Toten und verhandelten über einen Freundschaftspakt. Wir waren aber nicht dafür, einen Vertrag zu schließen, sondern zogen am folgenden Tag gegen sie und vertilgten sie samt und sonders mit Ausnahme der Tritonsgestalten; diese aber entwischten, wie sie sahen, was vor sich ging, und ließen sich aus den Kiemen aufs Meer hinab. Wir durchstreiften das Land, das nunmehr von Feinden frei war, und bewohnten es weiterhin ohne Anfechtung, indem wir uns meist mit Leibesübungen und Jagden beschäftigten, Weinbau trieben und das Obst von den Bäumen einheimsten und glichen im ganzen Leuten, die in einem großen Gefängnis, aus dem es kein Entrinnen gibt, schwelgten und frei herumgingen.

Ein Jahr also und acht Monate verbrachten wir auf diese Weise. Am 5. des 9. Monates aber zur Zeit des zweiten Öffnens des Rachens – einmal nämlich in jeder Stunde tat das der Walfisch, so daß wir darnach die Stunden berechneten –, zur Zeit des zweiten Öffnens des Rachens also, wie gesagt, vernahm man plötzlich ein lautes Geschrei und Getöse, das sich wie Zurufe und Ruderschläge anhörte. Voller Aufregung krochen wir also hinauf bis zum Rand des Walfischrachens, stellten uns innerhalb der Zähne auf und gewahrten das aller-

των καθεωρώμεν απάντων ών εγώ είδον θεαμάτων παραδοξότατον, άνδρας μεγάλους, όσον ήμισταδιαίους τας ηλικίας, επί νήσων μεγάλων προσπλέοντας ώσπερ επί τριήρων. οίδα μεν ούν απίστοις εοικότα ιστορήσων, λέξω δε όμως. νήσοι ήσαν επιμήκεις μεν, ού πάνυ δε υψηλαί, όσον εκατόν σταδίων εκάστη το περίμετρον· επί δε αυτών έπλεον των ανδρών εκείνων αμφί τους είκοσι και εκατόν· τούτων δε οι μεν παρ' εκάτερα της νήσου καθήμενοι εφεξής εκωπηλάτουν κυπαρίττοις μεγάλαις αυτοκλάδοις και αυτοκόμοις ώσπερ ερετμοίς, κατόπιν δε επί της πρύμνης, ως εδόκει, κυβερνήτης επί λόφου υψηλού ειστήκει χάλκεον έχων πηδάλιον πεντασταδιαίον το μήκος· επί δε της πρώρας όσον τετταράκοντα ωπλισμένοι αυτών εμάχοντο, πάντα εοικότες ανθρώποις πλήν της κόμης· αύτη δε πυρ ην και εκάετο, ώστε ουδέ κορύθων εδέοντο. αντί δε ιστίων ο άνεμος εμπίπτων τη ύλη, πολλή ούση εν εκάστη, εκόλπου τε ταύτην και έφερε την νήσον ή εθέλοι ο κυβερνήτης· κελευστής δε εφειστήκει αυτοίς, και προς την ειρεσίαν οξέως εκινούντο ώσπερ τα μακρά των πλοίων. το μεν ούν πρώτον δύο ή τρεις εωρώμεν, ύστερον δε εφάνησαν όσον εξακόσιαι, και διαστάντες επολέμουν και εναυμάχουν. πολλαί μεν ούν αντίπρωροι συνηράσσοντο αλλήλαις, πολλαί δε και εμβληθείσαι κατεδύοντο, αι δε συμπλεκόμεναι καρτερώς διηγωνίζοντο και ου ραδίως απελύοντο· οι γαρ επί της πρώρας τεταγμένοι πάσαν επεδείκνυντο προθυμίαν επιβαίνοντες και αναιρούντες· εζώγρει δε ουδείς. αντί δε χειρών σιδηρών πολύποδας μεγάλους εκδεδεμένους αλλήλοις επερρίπτουν, οι δε περιπλεκόμενοι τη ύλη κατείχον την νήσον. έβαλλον μέντοι και ετίτρωσκον οστρέοις τε αμαξοπληθέσι και σπόγγοις πλεθριαίοις. ηγείτο δε των μεν Αιολοκένταυ-

seltsamste Schauspiel, das ich je sah: große Männer, ungefähr
ein halbes Stadion lang, die auf großen Inseln wie auf Dreiruderern heranfuhren. Ich weiß, daß ich Märchenhaftes erzählen werde, will es aber trotzdem sagen. Es waren längliche,
aber nicht sehr hohe Inseln, jede maß etwa 100 Stadien im
Umfang. Auf ihnen fuhren von jener Mannschaft gegen 120
Leute. Von diesen ruderten die zu beiden Seiten der Insel
Sitzenden hintereinander, indem sie große Zypressen samt
den Zweigen und dem Laub wie Ruder gebrauchten. Hinten
aber auf dem Heck stand, wie es schien, der Steuermann auf
einem hohen Hügel mit einem ehernen fünf Stadien langen
Steuerruder. Auf dem Bug kämpften ungefähr vierzig Bewaffnete, die in allen Stücken Menschen glichen mit Ausnahme des Haares; dieses jedoch war Feuer und brannte, so
daß sie nicht einmal Helme brauchten. Anstatt der Segel
bauschte der Wind, der sich in dem auf jeder Insel reichlich
vorhandenen Buschwerk verfing, dieses und brachte so die
Insel, wohin der Steuermann wollte. Ein Rudervogt hatte
über sie die Aufsicht und durch Rudern bewegten sie sich
rasch wie die Kriegsschiffe. Zuerst sahen wir bloß zwei oder
drei Inseln, später aber zeigten sich etwa sechshundert, deren
Mannschaften sich in Schlachtordnung aufstellten und sich
eine Seeschlacht lieferten. Viele Inseln stießen mit dem Bug
aufeinander, viele wurden durch seitliche Stöße versenkt,
andere verwickelten sich ineinander, kämpften heftig und
kamen nicht leicht von einander los. Denn die auf dem Bug
aufgestellte Mannschaft legte allen Wagemut an den Tag
beim Entern und Morden. Niemand machte Gefangene. Statt
eiserner Enterhaken schleuderten sie große, an Seile gebundene Polypen einander zu, welche sich im Buschwerk verfingen und dadurch die Insel festhielten. Sie bewarfen sich
jedoch und verwundeten sich mit Muscheln, jede vom Umfang einer Wagenladung, und mit Schwämmen, jeder ein
Joch groß. Anführer der einen war der Windkentaure, der

ρος, τῶν δὲ Θαλασσοπότης· καὶ μάχη αὐτοῖς ἐγεγένητο, ὡς ἐδόκει, λείας ἕνεκα· ἐλέγετο γὰρ ὁ Θαλασσοπότης πολλὰς ἀγέλας δελφίνων τοῦ Αἰολοκενταύρου ἐληλακέναι, ὡς ἦν ἀκούειν ἐπικαλούντων ἀλλήλοις καὶ τὰ ὀνόματα τῶν βασιλέων ἐπιβοωμένων. τέλος δὲ νικῶσιν οἱ τοῦ Αἰολοκενταύρου καὶ νήσους τῶν πολεμίων καταδύουσιν ἀμφὶ τὰς πεντήκοντα καὶ ἑκατὸν καὶ ἄλλας τρεῖς λαμβάνουσιν αὐτοῖς ἀνδράσιν, αἱ δὲ λοιπαὶ πρύμναν κρουσάμεναι ἔφευγον. οἱ δὲ μέχρι τινὸς διώξαντες, ἐπειδὴ ἑσπέρα ἦν, τραπόμενοι πρὸς τὰ ναυάγια τῶν πλείστων ἐπεκράτησαν καὶ τὰ ἑαυτῶν ἀνείλοντο· καὶ γὰρ ἐκείνων κατέδυσαν νῆσοι οὐκ ἐλάττους τῶν ὀγδοήκοντα. ἔστησαν δὲ καὶ τρόπαιον τῆς νησομαχίας ἐπὶ τῇ κεφαλῇ τοῦ κήτους μίαν τῶν πολεμίων νήσων ἀνασταυρώσαντες. ἐκείνην μὲν οὖν τὴν νύκτα περὶ τὸ θηρίον ηὐλίσαντο ἐξάψαντες αὐτοῦ τὰ ἀπόγεια καὶ ἐπ᾽ ἀγκυρῶν πλησίον ὁρμισάμενοι· καὶ γὰρ ἀγκύραις ἐχρῶντο μεγάλαις ὑαλίναις καρτεραῖς. τῇ ὑστεραίᾳ δὲ θύσαντες ἐπὶ τοῦ κήτους καὶ τοὺς οἰκείους θάψαντες ἐπ᾽ αὐτοῦ ἀπέπλεον ἡδόμενοι καὶ ὥσπερ παιᾶνας ᾄδοντες. ταῦτα μὲν τὰ κατὰ τὴν νησομαχίαν γενόμενα.

Β

Τὸ δὲ ἀπὸ τούτου μηκέτι φέρων ἐγὼ τὴν ἐν τῷ κήτει 1 δίαιταν ἀχθόμενός τε τῇ μονῇ μηχανήν τινα ἐζήτουν, δι᾽ ἧς ἂν ἐξελθεῖν γένοιτο· καὶ τὸ μὲν πρῶτον ἔδοξεν ἡμῖν διορύξασι κατὰ τὸν δεξιὸν τοῖχον ἀποδρᾶναι, καὶ ἀρξάμενοι διεκόπτομεν· ἐπειδὴ δὲ προελθόντες ὅσον πέντε σταδίους οὐδὲν ἠνύομεν, τοῦ μὲν ὀρύγματος ἐπαυσάμεθα, τὴν δὲ ὕλην καῦσαι διέγνωμεν· οὕτω γὰρ ἂν

anderen der Meerschlucker; und zum Kampf zwischen ihnen war es, wie es schien, der Beute wegen gekommen. Es hieß nämlich, der Meerschlucker habe viele Herden von Delphinen des Windkentauren weggetrieben, wie man hören konnte, weil sie einander Vorwürfe machten und die Namen ihrer Könige dabei laut ausriefen. Schließlich siegen die Leute des Windkentauren, versenken gegen hundertundfünfzig Inseln ihrer Feinde und nehmen drei andere samt der Mannschaft, die übrigen aber zogen sich zurück und flohen. Ihre Gegner verfolgten sie bis zu einer gewissen Entfernung, kehrten dann aber, da es Abend war, zu den Wracks zurück, brachten die meisten in ihren Besitz und fischten ihre eigenen Trümmer auf; denn auch von ihnen waren nicht weniger als achtzig Inseln untergegangen. Sie stellten aber als Trophäe des Inselkampfes auf dem Kopf des Walfisches eine von den feindlichen Inseln auf einem Pfahl auf. Jene Nacht nun lagerten sie um den Walfisch herum, nachdem sie die Halttaue an ihm befestigt hatten und in der Nähe vor Anker gegangen waren; als Anker verwendeten sie große, starke aus Glas. Am folgenden Tag opferten sie auf dem Walfisch, bestatteten ihre Toten auf ihm und fuhren dann fröhlich fort unter Gesängen, die sich wie Siegeslieder anhörten. Das waren die Ereignisse in der Inselschlacht.

II.

Da ich das Leben im Walfisch nicht mehr ertragen konnte und dieser Aufenthalt mir lästig wurde, suchte ich nach irgendeinem Mittel, das mir ein Entrinnen ermöglichen sollte. Und zuerst dachten wir daran, die rechte Wand zu durchstoßen und so zu entkommen; wir begannen auch mit dem Durchstich. Als wir aber nach etwa 5 Stadien noch nichts ausgerichtet hatten, hörten wir mit dem Graben auf und beschlossen, den Wald anzuzünden; so würde nämlich der Wal

τό κήτος άποθανεΐν· εί δέ τούτο γένοιτο, ραδία έμελλεν ήμΐν έσεσθαι ή έξοδος. άρξάμενοι ούν άπό τών ούραίων έκαίομεν. και ήμέρας μέν έπτά και ίσας νύκτας άναισθήτως είχε τού καύματος, ογδόη δέ και ενάτη συνίεμεν αύτού νοσούντος· άργότερον γούν άνέχασκεν, και εί ποτε άναχάνοι, ταχύ συνέμυεν. δεκάτη δέ και ένδεκάτη τέλεον άπενενέκρωτο και δυσώδες ήν· τή δωδεκάτη δέ μόλις ένενοήσαμεν ώς, εί μή τις χανόντος αύτού ύποστηρίξειεν τούς γομφίους, ώστε μηκέτι συγκλεΐσαι, κινδυνεύσομεν κατακλεισθέντες έν νεκρώ αύτώ άπολέσθαι. ούτω δή μεγάλοις δοκοΐς τό στόμα διερείσαντες τήν ναύν έπεσκευάζομεν ύδωρ τε ώς ένι πλείστον εμβαλλόμενοι και τάλλα επιτήδεια· κυβερνήσειν δέ έμελλεν ό Σκίνθαρος.

Τή δέ επιούση τό μέν ήδη τεθνήκει. ήμεις δέ άνελκύσαν- 2 τες τό πλοΐον και διά τών άραιωμάτων διαγαγόντες και έκ τών οδόντων έξάψαντες ήρέμα καθήκαμεν ές τήν θάλατταν· έπαναβάντες δέ έπι τά νώτα και θύσαντες τώ Ποσειδώνι αύτού παρά τό τρόπαιον ημέρας τε τρεις έπαυλισάμενοι — νηνεμία γάρ ήν — τή τετάρτη άπεπλεύσαμεν. ένθα δή πολλοίς τών έκ τής ναυμαχίας νεκροις άπηντώμεν και προσωκέλλομεν, και τά σώματα καταμετρούντες έθαυμάζομεν. και ημέρας μέν τινας έπλέομεν εύκράτω άέρι χρώμενοι, έπειτα βορέου σφοδρού πνεύσαντος μέγα κρύος έγένετο, και ύπ' αύτού πάν έπάγη τό πέλαγος, ούκ έπιπολής μόνον, άλλά και ές βάθος όσον ές τετρακοσίας όργυιάς, ώστε και άποβάντας διαθεΐν έπι τού κρυστάλλου. επιμένοντος δέ τού πνεύματος φέρειν ού δυνάμενοι τοιόνδε τι έπενοήσαμεν — ό δέ τήν γνώμην άποφηνάμενος ήν ό Σκίνθαρος —

verenden, sei das aber geschehen, so würden wir leicht herauskommen. Wir machten also beim Schwanzstück den Anfang mit dem Brand. Sieben Tage nun und die gleiche Zahl von Nächten verhielt sich der Wal unempfindlich gegen die Feuersbrunst, am achten und neunten aber merkten wir, daß er krank war; denn er ließ sich mit dem Aufsperren des Rachens Zeit, und wenn er ihn einmal aufsperrte, schloß er ihn jedesmal schnell. Am zehnten und elften aber war er völlig abgestorben und stank bereits. Erst am zwölften Tag aber kamen wir auf den Gedanken, wollte man nicht beim Aufsperren des Rachens seine Kinnladen pölzen, so daß er sie nicht mehr schließen könnte, so würden wir Gefahr laufen, in seinem Kadaver eingeschlossen umzukommen. So stützen wir also mit großen Balken seinen Rachen und setzten das Schiff in Bereitschaft, indem wir möglichst viel Wasser und den sonstigen Bedarf an Bord nahmen. Unser Steuermann sollte Skintharos sein.

Am folgenden Tag war er bereits ganz tot. Wir zogen das Schiff hinauf, dann durch die Lücken hindurch und ließen es mittels Taue, die wir an den Zähnen befestigten, sacht auf das Meer hinaus. Wir stiegen dann auf seinen Rücken, opferten dem Poseidon, lagerten dort neben der Trophäe drei Tage — es herrschte nämlich Windstille — und fuhren am vierten Tag ab. Da begegneten wir vielen Toten aus der Seeschlacht, stießen auf ihre Leichen und staunten über deren Ausmaß. Einige Tage fuhren wir bei guter Lufttemperatur, hernach aber fing ein heftiger Nord zu wehen an, es entstand ein starker Frost und unter seinem Einfluß gefror das ganze Meer, nicht nur auf der Oberfläche, sondern auch in der Tiefe, etwa bis zu vierhundert Klaftern, so daß wir ausstiegen und über das Eis hinliefen. Da wegen des anhaltenden Nordwindes wir es nicht aushalten konnten, ersannen wir so etwas — der Antragsteller war Skintharos: wir gruben im Wasser eine sehr große Höhle

σκάψαντες γὰρ ἐν τῷ ὕδατι σπήλαιον μέγιστον ἐν τούτῳ ἐμείναμεν ἡμέρας τριάκοντα, πῦρ ἀνακαίοντες καὶ σιτούμενοι τοὺς ἰχθῦς· εὑρίσκομεν δὲ αὐτοὺς ἀνορύττοντες. ἐπειδὴ δὲ ἤδη ἐπέλειπε τὰ ἐπιτήδεια, προελθόντες καὶ τὴν ναῦν πεπηγυῖαν ἀνασπάσαντες καὶ πετάσαντες τὴν ὀθόνην ἐσυρόμεθα ὥσπερ πλέοντες λείως καὶ προσηνῶς ἐπὶ τοῦ πάγου διολισθάνοντες. ἡμέρᾳ δὲ πέμπτῃ ἀλέα τε ἦν ἤδη καὶ ὁ πάγος ἐλύετο καὶ ὕδωρ πάντα αὖθις ἐγίνετο.

Πλεύσαντες οὖν ὅσον τριακοσίους σταδίους νήσῳ μι- 3 κρᾷ καὶ ἐρήμῃ προσηνέχθημεν, ἀφ' ἧς ὕδωρ λαβόντες – ἐπελελοίπει γὰρ ἤδη – καὶ δύο ταύρους ἀγρίους κατατοξεύσαντες ἀπεπλεύσαμεν. οἱ δὲ ταῦροι οὗτοι τὰ κέρατα οὐκ ἐπὶ τῆς κεφαλῆς εἶχον, ἀλλ' ὑπὸ τοῖς ὀφθαλμοῖς, ὥσπερ ὁ Μῶμος ἠξίου. μετ' οὐ πολὺ δὲ εἰς πέλαγος ἐμβαίνομεν, οὐχ ὕδατος, ἀλλὰ γάλακτος· καὶ νῆσος ἐν αὐτῷ ἐφαίνετο λευκὴ πλήρης ἀμπέλων. ἦν δὲ ἡ νῆσος τυρὸς μέγιστος πάνυ συμπεπηγώς, ὡς ὕστερον ἐμφαγόντες ἐμάθομεν, σταδίων εἴκοσι πέντε τὸ περίμετρον· αἱ δὲ ἄμπελοι βοτρύων πλήρεις, οὐ μέντοι οἶνον, ἀλλὰ γάλα ἐξ αὐτῶν ἀποθλίβοντες ἐπίνομεν. ἱερὸν δὲ ἐν μέσῃ τῇ νήσῳ ἀνῳκοδόμητο Γαλατείας τῆς Νηρηίδος, ὡς ἐδήλου τὸ ἐπίγραμμα. ὅσον δ' οὖν χρόνον ἐκεῖ ἐμείναμεν, ὄψον μὲν ἡμῖν καὶ σιτίον ἡ γῆ ὑπῆρχεν, ποτὸν δὲ τὸ γάλα τὸ ἐκ τῶν βοτρύων. βασιλεύειν δὲ τῶν χωρίων τούτων ἐλέγετο Τυρὼ ἡ Σαλμωνέως, μετὰ τὴν ἐντεῦθεν ἀπαλλαγὴν ταύτην παρὰ τοῦ Ποσειδῶνος λαβοῦσα τὴν τιμήν.

Μείναντες δὲ ἡμέρας ἐν τῇ νήσῳ πέντε τῇ ἕκτῃ ἐξωρμή- 4 σαμεν, αὔρας μέν τινος παραπεμπούσης, λειοκύμονος δὲ οὔσης τῆς θαλάττης· ὀγδόῃ δὲ ἡμέρᾳ πλέοντες οὐκέτι διὰ τοῦ γάλακτος, ἀλλ' ἤδη ἐν ἁλμυρῷ καὶ κυανέῳ

und blieben dreißig Tage darin, indem wir Feuer brannten und die Fische verzehrten; wir fanden sie beim Aufgraben. Als uns aber die Vorräte bereits ausgingen, verließen wir die Höhle, machten das eingefrorene Schiff flott, spannten das Segel aus und fuhren nun schlittenartig in glatter und sachter Fahrt auf dem Eis rutschend dahin. Am fünften Tag aber herrschte bereits warmes Wetter, das Eis schmolz und wurde wieder zu Wasser.

Nach einer Fahrt von etwa 300 Stadien stießen wir auf eine kleine und öde Insel, auf der wir Wasser einnahmen – es war uns nämlich bereits ausgegangen – und zwei wilde Stiere mit Pfeilen erlegten; dann fuhren wir weiter. Diese Stiere hatten die Hörner nicht auf dem Kopf, sondern unter den Augen, wie es Momos gefordert hatte. Bald geraten wir in ein Meer, nicht von Wasser, sondern von Milch; und eine weiße Insel voller Reben zeigte sich darin. Es war aber die Insel ein sehr großer und fester Käse, wie wir später, als wir hineinbissen, merkten, 25 Stadien im Umfang. Die Reben waren voller Trauben, wir bekamen jedoch, als wir sie zerdrückten, nicht Wein, sondern Milch aus ihnen zu trinken. Mitten auf der Insel war ein Tempel der Nereide Galatea, wie die Aufschrift kundtat, errichtet. Solange wir dort blieben, bot uns das Land Fische und Körnerfrucht, als Trank aber die Milch von den Trauben. Über diese Gegenden herrschte, wie es hieß, Tyro, des Salmoneus Tochter, die, nachdem sie das Diesseits (die Welt) verlassen, diese Auszeichnung von Poseidon bekommen hatte.

Nach einem fünftägigen Aufenthalt auf der Insel stachen wir am sechsten Tag in See, wobei auf unserer Fahrt der Wind günstig und das Meer nur leicht bewegt war. Am achten Tage, als wir nicht mehr durch die Milch fuhren, sondern bereits

ὕδατι, καθορῶμεν ἀνθρώπους πολλοὺς ἐπὶ τοῦ πελάγους διαθέοντας, ἅπαντα ἡμῖν προσεοικότας, καὶ τὰ σώματα καὶ τὰ μεγέθη, πλὴν τῶν ποδῶν μόνων· ταῦτα γὰρ φέλλινα εἶχον, ἀφ' οὗ δὴ οἶμαι καὶ ἐκαλοῦντο Φελλόποδες. ἐθαυμάσαμεν οὖν ἰδόντες οὐ βαπτιζομένους, ἀλλὰ ὑπερέχοντας τῶν κυμάτων καὶ ἀδεῶς ὁδοιποροῦντας. οἱ δὲ καὶ προσῄεσαν καὶ ἠσπάζοντο ἡμᾶς Ἑλληνικῇ φωνῇ· ἔλεγον δὲ καὶ εἰς Φελλὼ τὴν αὑτῶν πατρίδα ἐπείγεσθαι. μέχρι μὲν οὖν τινος συνωδοιπόρουν ἡμῖν παραθέοντες, εἶτα ἀποτραπόμενοι τῆς ὁδοῦ ἐβάδιζον εὔπλοιαν ἡμῖν ἐπευξάμενοι.

Μετ' ὀλίγον δὲ πολλαὶ νῆσοι ἐφαίνοντο, πλησίον μὲν ἐξ ἀριστερῶν ἡ Φελλώ, ἐς ἣν ἐκεῖνοι ἔσπευδον, πόλις ἐπὶ μεγάλου καὶ στρογγύλου φελλοῦ κατοικουμένη· πόρρωθεν δὲ καὶ μᾶλλον ἐν δεξιᾷ πέντε μέγισται καὶ ὑψηλόταται, καὶ πῦρ πολὺ ἀπ' αὐτῶν ἀνεκαίετο, κατὰ δὲ τὴν πρῷραν μία πλατεῖα καὶ ταπεινή, σταδίους ἀπέχουσα οὐκ ἐλάττους πεντακοσίων. ἤδη δὲ πλησίον τε ἦμεν, καὶ θαυμαστή τις αὔρα περιέπνευσεν ἡμᾶς, ἡδεῖα καὶ εὐώδης, οἵαν φησὶν ὁ συγγραφεὺς Ἡρόδοτος ἀπόζειν τῆς Εὐδαίμονος Ἀραβίας. οἷον γὰρ ἀπὸ ῥόδων καὶ ναρκίσσων καὶ ὑακίνθων καὶ κρίνων καὶ ἴων, ἔτι δὲ μυρρίνης καὶ δάφνης καὶ ἀμπελάνθης, τοιοῦτον ἡμῖν τὸ ἡδὺ προσέβαλλεν. ἡσθέντες δὲ τῇ ὀσμῇ καὶ χρηστὰ ἐκ μακρῶν πόνων ἐλπίσαντες κατ' ὀλίγον ἤδη πλησίον τῆς νήσου ἐγινόμεθα. ἔνθα δὴ καὶ καθεωρῶμεν λιμένας τε πολλοὺς περὶ πᾶσαν ἀκλύστους καὶ μεγάλους, ποταμούς τε διαυγεῖς ἐξιέντας ἠρέμα εἰς τὴν θάλατταν, ἔτι δὲ λειμῶνας καὶ ὕλας καὶ ὄρνεα μουσικά, τὰ μὲν ἐπὶ τῶν ᾐόνων ᾄδοντα, πολλὰ δὲ καὶ ἐπὶ τῶν κλάδων· ἀήρ τε κοῦφος καὶ εὔπνους περιεκέχυτο τὴν χώραν· καὶ αὖραι δέ τινες ἡδεῖαι πνέουσαι ἠρέμα τὴν ὕλην διεσάλευον,

in salzigem und dunkelblauem Wasser, sehen wir viele Menschen auf dem Meer einherlaufen, die in allem uns glichen, was Körper und Größe betrifft, mit einziger Ausnahme der Füße; diese hatten sie nämlich aus Kork, weshalb sie halt auch Korkfüßler hießen. Wir staunten, als wir sahen, daß sie nicht ins Wasser tauchten, sondern über die Wellen ragten und furchtlos wanderten. Sie näherten sich uns und begrüßten uns in griechischer Sprache; sie sagten aber auch, daß sie nach Phello (Korkland), ihrer Heimat, eilten. Bis zu einer gewissen Entfernung liefen sie neben uns einher und gaben uns so das Geleite, dann aber schwenkten sie ab und gingen weiter, nachdem sie uns gute Fahrt gewünscht hatten.

Bald kamen viele Inseln in Sicht, in der Nähe zur Linken das Korkland, dem jene zueilten, eine auf einem großen und runden Kork gelegene Ansiedlung, in der Ferne aber, und zwar mehr zur Rechten, fünf sehr große und sehr hohe Inseln, auf denen viel Feuer emporloderte, in der Richtung des Buges aber (also geradeaus) eine breite und niedrige Insel, nicht weniger als 500 Stadien entfernt. Kaum waren wir nahe, so umwehte uns ein seltsames Lüftchen, angenehm und duftend, wie nach dem Bericht des Geschichtsschreibers Herodot das Gesegnete Arabien duftet. Denn wie von Rosen, Narzissen, Hyazinthen, Lilien und Veilchen, außerdem von Myrten, Lorbeer und Weinblüte, so ein angenehmer Duft wehte uns entgegen. Wir waren davon entzückt, schöpften nach den langen Mühsalen gute Hoffnungen und kamen allmählich bereits der Insel nahe. Da gewahrten wir um die ganze Insel herum viele große Buchten ohne Brandung und Flüsse mit durchsichtigem Wasser, die mit sanftem Gefälle ins Meer mündeten, ferner Wiesen, Wälder und Singvögel, die teils an den Ufern sangen, viele auch auf den Zweigen. Und eine leichte, beim Atmen wohlige Luft bildete die Atmosphäre des Landes. Angenehme Lüftchen schüttelten in sachtem Wehen den Wald, so daß auch

ὥστε καὶ ἀπὸ τῶν κλάδων κινουμένων τερπνὰ καὶ συνεχῆ μέλη ἀπεσυρίζετο, ἐοικότα τοῖς ἐπ' ἐρημίας αὐλήμασι τῶν πλαγίων αὐλῶν. καὶ μὴν καὶ βοὴ σύμμικτος ἠκούετο ἄθρους, οὐ θορυβώδης, ἀλλ' οἷα γένοιτ' ἂν ἐν συμποσίῳ, τῶν μὲν αὐλούντων, τῶν δὲ ἐπᾳδόντων, ἐνίων δὲ κροτούντων πρὸς αὐλὸν ἢ κιθάραν. τούτοις 6 ἅπασι κηλούμενοι κατήχθημεν, ὁρμίσαντες δὲ τὴν ναῦν ἀπεβαίνομεν, τὸν Σκίνθαρον ἐν αὐτῇ καὶ δύο τῶν ἑταίρων ἀπολιπόντες. προϊόντες δὲ διὰ λειμῶνος εὐανθοῦς ἐντυγχάνομεν τοῖς φρουροῖς καὶ περιπόλοις, οἱ δὲ δήσαντες ἡμᾶς ῥοδίνοις στεφάνοις – οὗτος γὰρ μέγιστος παρ' αὐτοῖς δεσμός ἐστιν – ἀνῆγον ὡς τὸν ἄρχοντα· παρ' ὧν δὴ καθ' ὁδὸν ἠκούσαμεν ὡς ἡ μὲν νῆσος εἴη τῶν Μακάρων προσαγορευομένη, ἄρχοι δὲ ὁ Κρὴς Ῥαδάμανθυς. καὶ δὴ ἀναχθέντες ὡς αὐτὸν ἐν τάξει τῶν δικαζομένων ἔστημεν τέταρτοι. ἦν δὲ ἡ μὲν πρώτη δίκη 7 περὶ Αἴαντος τοῦ Τελαμῶνος, εἴτε χρὴ αὐτὸν συνεῖναι τοῖς ἥρωσιν εἴτε καὶ μή· κατηγορεῖτο δὲ αὐτοῦ ὅτι μεμήνοι καὶ ἑαυτὸν ἀπεκτόνοι. τέλος δὲ πολλῶν ῥηθέντων ἔγνω ὁ Ῥαδάμανθυς, νῦν μὲν αὐτὸν πιόμενον τοῦ ἐλλεβόρου παραδοθῆναι Ἱπποκράτει τῷ Κώῳ ἰατρῷ, ὕστερον δὲ σωφρονήσαντα μετέχειν τοῦ συμποσίου. δευτέρα δὲ ἦν κρίσις ἐρωτική, Θησέως καὶ Μενελάου 8 περὶ τῆς Ἑλένης διαγωνιζομένων, ποτέρῳ χρὴ αὐτὴν συνοικεῖν. καὶ ὁ Ῥαδάμανθυς ἐδίκασε Μενελάῳ συνεῖναι αὐτὴν ἅτε καὶ τοσαῦτα πονήσαντι καὶ κινδυνεύσαντι τοῦ γάμου ἕνεκα· καὶ γὰρ αὖ τῷ Θησεῖ καὶ ἄλλας εἶναι γυναῖκας, τήν τε Ἀμαζόνα καὶ τὰς τοῦ Μίνωος θυγατέρας. τρίτη δ' ἐδικάσθη περὶ προεδρίας Ἀλεξάνδρῳ τε 9 τῷ Φιλίππου καὶ Ἀννίβᾳ τῷ Καρχηδονίῳ, καὶ ἔδοξε προέχειν ὁ Ἀλέξανδρος, καὶ θρόνος αὐτῷ ἐτέθη παρὰ Κῦρον τὸν Πέρσην τὸν πρότερον. τέταρτοι δὲ ἡμεῖς 10

die Bewegung der Zweige liebliche Melodien fortwährend hervorbrachte, den Tönen vergleichbar, die an einsamen Orten die Querflöten von sich geben. Ferner hörte man ein wirres Geschrei, laut, aber nicht krawallartig, sondern wie es bei einem Gelage sich ergeben mag, wenn die einen Flöten spielen, andere dazu singen, einige aber zum Flöten- oder Leierspiel in die Hände klatschen. Durch all das bezaubert, landeten wir, verankerten das Schiff und stiegen aus, indem wir den Skintharos und zwei Gefährten darin zurückließen. Auf unserem Marsch über eine blühende Wiese stoßen wir auf ihre Grenzwächter, die uns mit Rosengirlanden fesselten – das ist bei ihnen die bedeutendste Fessel – und uns zu ihrem Herrscher brachten. Von ihnen hörten wir auf dem Weg, daß die Insel die sogenannte Insel der Seligen sei, über die der Kreter Rhadamanthys herrsche. Als wir nun zu ihm gebracht worden waren, bekamen wir in der Reihe der Gerichtsparteien den vierten Platz. Der erste Prozeß drehte sich um Aias, des Telamon Sohn, ob er mit den Heroen verkehren dürfe oder nicht; es wurde gegen ihn die Anklage erhoben, daß er verrückt gewesen sei und Selbstmord verübt habe. Schließlich entschied nach vielem Hin- und Herreden Rhadamanthys, jetzt müsse er zuerst Nieswurz trinken und dem Arzt Hippokrates aus Kos übergeben werden; später aber, wann er wieder zu Vernunft gekommen sei, dürfe er am Gelage teilnehmen. Die zweite Verhandlung war ein Liebesprozeß, in dem Theseus und Menelaos um die Helena prozessierten, mit wem von beiden sie leben solle. Und Rhadamanthys entschied, sie müsse mit Menelaos leben, da dieser auch so viele Mühsale und Gefahren um seiner Ehe willen ausgestanden habe; denn Theseus habe noch andere Frauen, die Amazone und die Töchter des Minos. An dritter Stelle wurde über den Vorrang entschieden zwischen Alexander, Philipps Sohn, und dem Karthager Hannibal, und zwar wurde der Vorrang dem Alexander zugesprochen und ihm ein Lehnstuhl neben den Perserkönig Kyros den Älteren hingestellt. An vierter Stelle

προσήχθημεν· καὶ ὁ μὲν ἤρετο τί παθόντες ἔτι ζῶντες ἱεροῦ χωρίου ἐπιβαίημεν· ἡμεῖς δὲ πάντα ἑξῆς διηγησάμεθα. οὕτω δὴ μεταστησάμενος ἡμᾶς ἐπὶ πολὺν χρόνον ἐσκέπτετο καὶ τοῖς συνέδροις ἐκοινοῦτο περὶ ἡμῶν. συνήδρευον δὲ ἄλλοι τε πολλοὶ καὶ Ἀριστείδης ὁ δίκαιος ὁ Ἀθηναῖος. ὡς δὲ ἔδοξεν αὐτῷ, ἀπεφήνατο, τῆς μὲν φιλοπραγμοσύνης καὶ τῆς ἀποδημίας, ἐπειδὰν ἀποθάνωμεν, δοῦναι τὰς εὐθύνας, τὸ δὲ νῦν ῥητὸν χρόνον μείναντας ἐν τῇ νήσῳ καὶ συνδιαιτηθέντας τοῖς ἥρωσιν ἀπελθεῖν. ἔταξαν δὲ καὶ τὴν προθεσμίαν τῆς ἐπιδημίας μὴ πλέον μηνῶν ἑπτά.

Τοὐντεῦθεν αὐτομάτων ἡμῖν τῶν στεφάνων περιρρυέντων ἐλελύμεθα καὶ εἰς τὴν πόλιν ἠγόμεθα καὶ εἰς τὸ τῶν Μακάρων συμπόσιον. αὐτὴ μὲν οὖν ἡ πόλις πᾶσα χρυσῆ, τὸ δὲ τεῖχος περίκειται σμαράγδινον· πύλαι δέ εἰσιν ἑπτά, πᾶσαι μονόξυλοι κινναμώμινοι· τὸ μέντοι ἔδαφος τὸ τῆς πόλεως καὶ ἡ ἐντὸς τοῦ τείχους γῆ ἐλεφαντίνη· ναοὶ δὲ πάντων θεῶν βηρύλλου λίθου ᾠκοδομημένοι, καὶ βωμοὶ ἐν αὐτοῖς μέγιστοι μονόλιθοι ἀμεθύστινοι, ἐφ᾽ ὧν ποιοῦσι τὰς ἑκατόμβας. περὶ δὲ τὴν πόλιν ῥεῖ ποταμὸς μύρου τοῦ καλλίστου, τὸ πλάτος πήχεων ἑκατὸν βασιλικῶν, βάθος δὲ ⟨ε΄⟩, ὥστε νεῖν εὐμαρῶς. λουτρὰ δέ ἐστιν αὐτοῖς οἶκοι μεγάλοι ὑάλινοι, τῷ κινναμώμῳ ἐγκαιόμενοι· ἀντὶ μέντοι τοῦ ὕδατος ἐν ταῖς πυέλοις δρόσος θερμή ἐστιν. ἐσθῆτι δὲ χρῶνται ἀραχνίοις λεπτοῖς, πορφυροῖς. αὐτοὶ δὲ σώματα μὲν οὐκ ἔχουσιν, ἀλλ᾽ ἀναφεῖς καὶ ἄσαρκοί εἰσιν, μορφὴν δὲ καὶ ἰδέαν μόνην ἐμφαίνουσιν, καὶ ἀσώματοι ὄντες ὅμως συνεστᾶσιν καὶ κινοῦνται καὶ φρονοῦσι καὶ φωνὴν ἀφιᾶσιν, καὶ ὅλως ἔοικε γυμνή τις ἡ ψυχὴ αὐτῶν περιπολεῖν τὴν τοῦ σώματος ὁμοιότητα περικειμένη· εἰ γοῦν μὴ ἅψαιτό τις, οὐκ ἂν ἐξελέγξειε μὴ εἶναι σῶμα τὸ ὁρώ-

wurden wir vorgeführt. Und er fragte uns, was uns eingefallen sei, noch bei Lebzeiten die heilige Gegend zu betreten; wir erzählten alles der Reihe nach. So ließ er uns denn abtreten, dachte lange nach und beriet sich mit seinen Beisitzern über uns. Beisitzer waren außer vielen anderen auch der gerechte Aristeides aus Athen. Sobald er einen Entschluß gefaßt hatte, entschied er, für unsere aus Abenteuerlust unternommene Reise sollten wir nach unserem Tod zur Rechenschaft gezogen werden, jetzt aber sollten wir eine bestimmte Zeit auf der Insel bleiben und mit den Heroen zusammenleben, dann aber abziehen. Sie setzten aber auch den Termin für die Beendigung unseres Aufenthaltes auf nicht später als sieben Monate fest.

Da fielen die Rosengirlanden (mit denen wir gefesselt waren) von selbst ab, wir waren von nun an frei und wurden in die Stadt zum Gelage der Seligen gebracht. Die Stadt selbst ist ganz aus Gold, die Umfassungsmauern aus Smaragd; Tore gibt es sieben, alle aus einem einzigen Stück Zimtholz, der Boden der Stadt und das Pflaster innerhalb der Mauer sind aus Elfenbein, Tempel aller Götter aus Beryll, in ihnen riesengroße Altäre aus einem einzigen Amethyst, auf denen sie ihre Hekatomben darbringen. Um die Stadt fließt ein Strom voll des schönsten Parfums, hundert königliche Ellen breit, ⟨fünf⟩ tief, so daß man leicht darin schwimmen kann. Als Bäder dienen ihnen große Häuser aus Glas, die mit Zimt geheizt werden. Statt des Wassers aber befindet sich in den Wannen heißer Tau. Als Kleidung gebrauchen sie zarte, dunkelviolette Spinnwebe. Sie selber haben keine Körper, sondern sind untastbar und fleischlos und weisen nur leibliche Gestalt und Form auf. Und obwohl sie körperlos sind, haben sie doch Bestand, bewegen sich, denken und geben Laute von sich und überhaupt sieht es aus, als ob ihre bloße Seele herumspazierte, äußerlich körperähnlich. Wenn einer also nicht hingriffe, würde er nicht daraufkommen, daß das, was er vor Augen hat, kein Körper

μενον· εἰσὶ γὰρ ὥσπερ σκιαὶ ὀρθαί, οὐ μέλαιναι. γηράσκει δὲ οὐδείς, ἀλλ' ἐφ' ἧς ἂν ἡλικίας ἔλθῃ παραμένει. οὐ μὴν οὐδὲ νὺξ παρ' αὐτοῖς γίνεται, οὐδὲ ἡμέρα πάνυ λαμπρά· καθάπερ δὲ τὸ λυκαυγὲς ἤδη πρὸς ἕω, μηδέπω ἀνατείλαντος ἡλίου, τοιοῦτο φῶς ἐπέχει τὴν γῆν. καὶ μέντοι καὶ ὥραν μίαν ἴσασιν τοῦ ἔτους· αἰεὶ γὰρ παρ' αὐτοῖς ἔαρ ἐστὶ καὶ εἷς ἄνεμος πνεῖ παρ' αὐτοῖς ὁ ζέφυρος. ἡ δὲ χώρα πᾶσι μὲν ἄνθεσιν, πᾶσι δὲ φυτοῖς ἡμέροις τε καὶ σκιεροῖς τέθηλεν· αἱ μὲν γὰρ ἄμπελοι δωδεκαφόροι εἰσίν καὶ κατὰ μῆνα ἕκαστον καρποφοροῦσιν· τὰς δὲ ῥοιὰς καὶ τὰς μηλέας καὶ τὴν ἄλλην ὀπώραν ἔλεγον εἶναι τρισκαιδεκαφόρον· ἑνὸς γὰρ μηνὸς τοῦ παρ' αὐτοῖς Μινῴου δὶς καρποφορεῖν· ἀντὶ δὲ πυροῦ οἱ στάχυες ἄρτον ἕτοιμον ἐπ' ἄκρων φύουσιν ὥσπερ μύκητας. πηγαὶ δὲ περὶ τὴν πόλιν ὕδατος μὲν πέντε καὶ ἑξήκοντα καὶ τριακόσιαι, μέλιτος δὲ ἄλλαι τοσαῦται, μύρου δὲ πεντακόσιαι, μικρότεραι μέντοι αὗται, καὶ ποταμοὶ γάλακτος ἑπτὰ καὶ οἴνου ὀκτώ.

Τὸ δὲ συμπόσιον ἔξω τῆς πόλεως πεποίηνται ἐν τῷ Ἠλυσίῳ καλουμένῳ πεδίῳ· λειμὼν δέ ἐστιν κάλλιστος καὶ περὶ αὐτὸν ὕλη παντοία πυκνή, ἐπισκιάζουσα τοὺς κατακειμένους. καὶ στρωμνὴν μὲν ἐκ τῶν ἀνθῶν ὑποβέβληνται, διακονοῦνται δὲ καὶ παραφέρουσιν ἕκαστα οἱ ἄνεμοι πλήν γε τοῦ οἰνοχοεῖν· τούτου γὰρ οὐδὲν δέονται, ἀλλ' ἔστι δένδρα περὶ τὸ συμπόσιον ὑάλινα μεγάλα τῆς διαυγεστάτης ὑάλου, καὶ καρπός ἐστι τῶν δένδρων τούτων ποτήρια παντοῖα καὶ τὰς κατασκευὰς καὶ τὰ μεγέθη. ἐπειδὰν οὖν παρίῃ τις ἐς τὸ συμπόσιον, τρυγήσας ἓν ἢ καὶ δύο τῶν ἐκπωμάτων παρατίθεται, τὰ δὲ αὐτίκα οἴνου πλήρη γίνεται. οὕτω μὲν πίνουσιν, ἀντὶ δὲ τῶν στεφάνων αἱ ἀηδόνες καὶ τὰ ἄλλα τὰ μουσικὰ ὄρνεα ἐκ τῶν πλησίον λειμώνων τοῖς στόμασιν

ist. Sie sind nämlich wie aufrecht stehende, nicht schwarze Schatten. Keiner altert, sondern bleibt in dem Alter, in dem er herkommt. Es wird ferner bei ihnen nicht Nacht, aber auch nicht strahlender Tag. Wie das Morgengrauen vor Tagesanbruch, wann die Sonne noch nicht aufgegangen ist, solches Licht herrscht in dem Land. Weiter kennen sie nur eine Jahreszeit; immer ist es nämlich Lenz bei ihnen und ein einziger Wind weht bei ihnen, der West. Das Land hat eine üppige Vegetation aller Arten von Blumen, aller Arten von Frucht- und Zierbäumen. Denn die Reben tragen zwölfmal, einmal in jedem Monat. Von den Granatapfel- und den gewöhnlichen Apfelbäumen sowie von den übrigen Fruchtbäumen heißt es, daß sie 13 mal tragen, in einem Monat nämlich, der bei ihnen nach Minos benannt ist, zweimal. Statt des Weizens bringen die Ähren auf ihren Spitzen fertiges Brot wie Pilze. Quellen gibt es bei ihnen im Umkreis der Stadt mit Wasser 365, außerdem mit Honig ebensoviele, mit Parfum 500, doch sind diese kleiner, auch sieben Milch- und acht Weinflüsse.

Der Platz des Gelages ist außerhalb der Stadt auf dem sogenannten Elysischen Gefilde hergerichtet. Das ist eine wunderschöne Wiese, um sie herum ein dichter Wald aus allerlei Bäumen, der die Teilnehmer am Gelage beschattet. Als Lagerstätte dient ihnen eine Unterlage aus Blumen, es bedienen sie und verabreichen ihnen alles die Winde, mit Ausnahme des Einschenkens. Das haben sie nämlich gar nicht nötig, vielmehr stehen um den Platz des Gelages große Bäume aus sehr durchsichtigem Glas und die Frucht dieser Bäume besteht aus Bechern, die nach Form und Größe mannigfache Unterschiede aufweisen. Wann also einer zum Gelage geht, pflückt er einen oder zwei Becher und stellt sie neben sich hin, sie füllen sich aber sofort mit Wein. So trinken sie, statt der Kränze aber pflücken ihnen die Nachtigallen und die anderen Singvögel auf den nahen Wiesen Blumen, fliegen dann damit über

ἀνθολογοῦντα κατανίφει αὐτοὺς μετ' ᾠδῆς ὑπερπετόμενα. καὶ μὴν καὶ μυρίζονται ὧδε· νεφέλαι πυκναὶ ἀνασπάσασαι μύρον ἐκ τῶν πηγῶν καὶ τοῦ ποταμοῦ καὶ ἐπιστᾶσαι ὑπὲρ τὸ συμπόσιον ἠρέμα τῶν ἀνέμων ὑποθλιβόντων ὕουσι λεπτὸν ὥσπερ δρόσον. ἐπὶ δὲ τῷ 15 δείπνῳ μουσικῇ τε καὶ ᾠδαῖς σχολάζουσιν· ᾄδεται δὲ αὐτοῖς τὰ Ὁμήρου ἔπη μάλιστα· καὶ αὐτὸς δὲ πάρεστι καὶ συνευωχεῖται αὐτοῖς ὑπὲρ τὸν Ὀδυσσέα κατακείμενος. οἱ μὲν οὖν χοροὶ ἐκ παίδων εἰσὶν καὶ παρθένων· ἐξάρχουσι δὲ καὶ συνᾴδουσιν Εὔνομός τε ὁ Λοκρὸς καὶ Ἀρίων ὁ Λέσβιος καὶ Ἀνακρέων καὶ Στησίχορος· καὶ γὰρ τοῦτον παρ' αὐτοῖς ἐθεασάμην, ἤδη τῆς Ἑλένης αὐτῷ διηλλαγμένης. ἐπειδὰν δὲ οὗτοι παύσωνται ᾄδοντες, δεύτερος χορὸς παρέρχεται ἐκ κύκνων καὶ χελιδόνων καὶ ἀηδόνων. ἐπειδὰν δὲ καὶ οὗτοι ᾄσωσιν, τότε ἤδη πᾶσα ἡ ὕλη ἐπαυλεῖ τῶν ἀνέμων καταρχόντων. μέγιστον δὲ δὴ πρὸς εὐφροσύνην ἐκεῖνο ἔχουσιν· πηγαί 16 εἰσι δύο παρὰ τὸ συμπόσιον, ἡ μὲν γέλωτος, ἡ δὲ ἡδονῆς· ἐκ τούτων ἑκατέρας πάντες ἐν ἀρχῇ τῆς εὐωχίας πίνουσιν καὶ τὸ λοιπὸν ἡδόμενοι καὶ γελῶντες διάγουσιν.

Βούλομαι δὲ εἰπεῖν καὶ τῶν ἐπισήμων οὕστινας παρ' 17 αὐτοῖς ἐθεασάμην· πάντας μὲν τοὺς ἡμιθέους καὶ τοὺς ἐπὶ Ἴλιον στρατεύσαντας πλήν γε δὴ τοῦ Λοκροῦ Αἴαντος (ἐκεῖνον δὲ μόνον ἔφασκον ἐν τῷ τῶν ἀσεβῶν χώρῳ κολάζεσθαι), βραβάρων δὲ Κύρους τε ἀμφοτέρους καὶ τὸν Σκύθην Ἀνάχαρσιν καὶ τὸν Θρᾷκα Ζάμολξιν καὶ Νομᾶν τὸν Ἰταλιώτην, καὶ μὴν καὶ Λυκοῦργον τὸν Λακεδαιμόνιον καὶ Φωκίωνα καὶ Τέλλον τοὺς Ἀθηναίους, καὶ τοὺς σοφοὺς ἄνευ Περιάνδρου. εἶδον δὲ καὶ Σωκράτη τὸν Σωφρονίσκου ἀδολεσχοῦντα μετὰ Νέστορος καὶ Παλαμήδους· περὶ δὲ αὐτὸν ἦσαν Ὑάκινθός τε ὁ

ihre Köpfe und lassen sie unter Gesang auf sie wie Schneeflocken herabfallen. Ferner parfumieren sie sich auf folgende Weise: dichte Wolken ziehen Parfum aus den Quellen und aus dem Fluß empor, stellen sich über den Platz des Gelages und lassen unter dem sachten Druck der Winde eine feine Essenz wie Tau regnen. Beim Mahle haben sie nur Ohr für Musik und Gesang, sie lassen sich besonders die Gedichte Homers vorsingen; er ist persönlich zugegen und schmaust mit ihnen, wobei er einen Ehrenplatz neben dem Odysseus hat. Die Chöre bestehen aus Knaben und Mädchen. Es leiten sie aber und singen selber mit Eunomos der Lokrer, Arion aus Lesbos, Anakreon und Stesichoros; denn auch diesen sah ich bei ihnen, da die Helena sich mit ihm wieder versöhnt hatte. Wann diese zu singen aufhören, tritt ein zweiter Chor auf, bestehend aus Schwänen, Schwalben und Nachtigallen. Sind auch diese fertig, dann flötet nur mehr der ganze Wald, wobei die Winde den Takt angeben. Sie haben eine Einrichtung, die sehr viel zur Fröhlichkeit beiträgt: es gibt zwei Quellen neben dem Platz des Gelages, eine Quelle des Lachens und eine der Wonne. Aus beiden trinken alle zu Beginn des Schmauses und bringen dann die übrige Zeit unter fröhlichem Scherzen hin.

Ich will nun sagen, welche von den hervorragenden Persönlichkeiten ich bei ihnen bemerkte: alle Halbgötter sowie die Teilnehmer am Feldzug gegen Ilion außer dem lokrischen Aias – von ihm allein hieß es, daß er am Ort der Gottlosen gezüchtigt wurde –, von Barbaren aber beide Kyros, den Skythen Anacharsis, den Thraker Zamolxis, den Italiker Numa, ferner den Lakedämonier Lykurg, die Athener Phokion und Tellos und die Weisen ohne Periander. Ich sah aber auch Sokrates, Sophroniskos' Sohn, mit Nestor und Palamedes plaudern. Um ihn befanden sich der Lakedaemonier Hyakinth,

Λακεδαιμόνιος καὶ ὁ Θεσπιεὺς Νάρκισσος καὶ Ὕλας καὶ ἄλλοι καλοί. καί μοι ἐδόκει ἐρᾶν τοῦ Ὑακίνθου· τὰ πολλὰ γοῦν ἐκεῖνον διήλεγχεν. ἐλέγετο δὲ χαλεπαίνειν αὐτῷ ὁ Ῥαδάμανθυς καὶ ἠπειληκέναι πολλάκις ἐκβαλεῖν αὐτὸν ἐκ τῆς νήσου, ἢν φλυαρῇ καὶ μὴ ἐθέλῃ ἀφεὶς τὴν εἰρωνείαν εὐωχεῖσθαι. Πλάτων δὲ μόνος οὐ παρῆν, ἀλλ' ἐλέγετο καὶ αὐτὸς ἐν τῇ ἀναπλασθείσῃ ὑπ' αὐτοῦ πόλει οἰκεῖν χρώμενος τῇ πολιτείᾳ καὶ τοῖς νόμοις οἷς συνέγραψεν. οἱ μέντοι ἀμφ' Ἀρίστιππόν τε καὶ Ἐπίκουρον 18 τὰ πρῶτα παρ' αὐτοῖς ἐφέροντο ἡδεῖς τε ὄντες καὶ κεχαρισμένοι καὶ συμποτικώτατοι. παρῆν δὲ καὶ Αἴσωπος ὁ Φρύξ· τούτῳ δὲ ὅσα καὶ γελωτοποιῷ χρῶνται. Διογένης μέν γε ὁ Σινωπεὺς τοσοῦτον μετέβαλεν τοῦ τρόπου, ὥστε γῆμαι μὲν ἑταίραν τὴν Λαΐδα, ὀρχεῖσθαι δὲ πολλάκις ὑπὸ μέθης ἀνιστάμενον καὶ παροινεῖν. τῶν δὲ Στωϊκῶν οὐδεὶς παρῆν· ἔτι γὰρ ἐλέγοντο ἀναβαίνειν τὸν τῆς ἀρετῆς ὄρθιον λόφον. ἠκούομεν δὲ καὶ περὶ Χρυσίππου ὅτι οὐ πρότερον αὐτῷ ἐπιβῆναι τῆς νήσου θέμις, πρὶν τὸ τέταρτον ἑαυτὸν ἐλλεβορίσῃ. τοὺς δὲ Ἀκαδημαϊκοὺς ἔλεγον ἐθέλειν μὲν ἐλθεῖν, ἐπέχειν δὲ ἔτι καὶ διασκέπτεσθαι· μηδὲ γὰρ αὐτὸ τοῦτό πω καταλαμβάνειν, εἰ καὶ νῆσός τις τοιαύτη ἐστίν. ἄλλως τε καὶ τὴν ἐπὶ τοῦ Ῥαδαμάνθυος, οἶμαι, κρίσιν ἐδεδοίκεσαν, ἅτε καὶ τὸ κριτήριον αὐτοὶ ἀνῃρηκότες. πολλοὺς δὲ αὐτῶν ἔφασκον ὁρμηθέντας ἀκολουθεῖν τοῖς ἀφικνουμένοις ὑπὸ νωθείας ἀπολείπεσθαι μὴ καταλαμβάνοντας καὶ ἀναστρέφειν ἐκ μέσης τῆς ὁδοῦ.

Οὗτοι μὲν οὖν ἦσαν οἱ ἀξιολογώτατοι τῶν παρόντων. 19 τιμῶσι δὲ μάλιστα τὸν Ἀχιλλέα καὶ μετὰ τοῦτον Θησέα. περὶ δὲ συνουσίας καὶ ἀφροδισίων οὕτω φρονοῦσιν· μίσγονται μὲν ἀναφανδὸν πάντων ὁρώντων καὶ γυναιξὶ καὶ ἄρρεσι, καὶ οὐδαμῶς τοῦτο αὐτοῖς αἰσχρὸν δοκεῖ·

der Thespier Narkissos, Hylas und andere männliche Schönheiten und mir schien er in den Hyakinth verliebt zu sein, wenigstens befaßte er sich mit ihm am meisten. Es hieß aber, Rhadamanthys zürne ihm und habe oft gedroht, ihn aus der Insel hinauszuwerfen, falls er weiter schwätze und nicht unter Verzicht auf seine Ironie schmausen wolle. Platon allein war nicht zugegen, sondern es hieß, daß er mit seinesgleichen in der von ihm erdichteten Stadt unter Verwendung der von ihm entworfenen Staatsverfassung und Gesetze hause. Aristipp und Epikur nebst ihresgleichen spielten bei ihnen die erste Rolle, da sie angenehm, willkommen und sehr trinkfeste Gesellschafter waren. Zugegen war auch der Phryger Äsop; ihn verwendeten sie als Spaßmacher. Diogenes von Sinope hatte so sehr seinen Charakter geändert, daß er die Hetäre Lais heiratete, oft im Zustand der Trunkenheit sich zum Tanz erhebt und im Rausch Ausschreitungen begeht. Von den Stoikern war niemand zugegen; es hieß, daß sie noch immer im Anstieg zur steilen Höhe der Tugend begriffen seien. Wir hörten auch von Chrysipp, daß er nicht früher die Insel betreten dürfe, bevor er zum viertenmal eine Nieswurzkur durchgemacht hätte. Von den Akademikern hieß es, sie wollten zwar kommen, hielten aber noch an sich und dächten weiter nach; denn sie könnten noch nicht einmal das erfassen, ob es eine solche Insel gäbe. Besonders fürchteten sie halt die Entscheidung des Rhadamanthys, da sie selbst die Entscheidungsmöglichkeit aufgehoben hatten. Viele von ihnen, sagte man, nehmen einen Anlauf und folgen den Hieherkommenden, bleiben aber aus Saumseligkeit zurück, ohne sie zu erreichen, und kehren mitten auf dem Wege um.

Das waren die nennenswertesten der Anwesenden. Am meisten ehren sie Achill, neben diesem Theseus. Über den Geschlechts- und Liebesverkehr denken sie so: Sie üben ihn offen vor aller Augen aus, Frauen und Männer, und das gilt bei ihnen keineswegs als Schande. Nur Sokrates schwur immer

μόνος δὲ Σωκράτης διώμνυτο ἦ μὴν καθαρῶς πλησιάζειν τοῖς νέοις· καὶ μέντοι πάντες αὐτοῦ ἐπιορκεῖν κατεγίνωσκον· πολλάκις γοῦν ὁ μὲν Ὑάκινθος ἢ ὁ Νάρκισσος ὡμολόγουν, ἐκεῖνος δὲ ἠρνεῖτο. αἱ δὲ γυναῖκές εἰσι πᾶσι κοιναὶ καὶ οὐδεὶς φθονεῖ τῷ πλησίον, ἀλλ' εἰσὶ περὶ τοῦτο μάλιστα Πλατωνικώτατοι· καὶ οἱ παῖδες δὲ παρέχουσι τοῖς βουλομένοις οὐδὲν ἀντιλέγοντες.

Οὔπω δὲ δύο ἢ τρεῖς ἡμέραι διεληλύθεσαν, καὶ προσελ- 20
θὼν ἐγὼ Ὁμήρῳ τῷ ποιητῇ, σχολῆς οὔσης ἀμφοῖν, τά τε ἄλλα ἐπυνθανόμην καὶ ὅθεν εἴη, λέγων τοῦτο μάλιστα παρ' ἡμῖν εἰσέτι νῦν ζητεῖσθαι. ὁ δὲ οὐδ' αὐτὸς μὲν ἀγνοεῖν ἔφασκεν ὡς οἱ μὲν Χῖον, οἱ δὲ Σμυρναῖον, πολλοὶ δὲ Κολοφώνιον αὐτὸν νομίζουσιν· εἶναι μέντοι γε ἔλεγεν Βαβυλώνιος, καὶ παρά γε τοῖς πολίταις οὐχ Ὅμηρος, ἀλλὰ Τιγράνης καλεῖσθαι· ὕστερον δὲ ὁμηρεύσας παρὰ τοῖς Ἕλλησιν ἀλλάξαι τὴν προσηγορίαν. ἔτι δὲ καὶ περὶ τῶν ἀθετουμένων στίχων ἐπηρώτων, εἰ ὑπ' ἐκείνου εἶεν γεγραμμένοι. καὶ ὃς ἔφασκε πάντας αὐτοῦ εἶναι. κατεγίνωσκον οὖν τῶν ἀμφὶ τὸν Ζηνόδοτον καὶ Ἀρίσταρχον γραμματικῶν πολλὴν τὴν ψυχρολογίαν. ἐπεὶ δὲ ταῦτα ἱκανῶς ἀπεκέκριτο, πάλιν αὐτὸν ἠρώτων τί δή ποτε ἀπὸ τῆς μήνιδος τὴν ἀρχὴν ἐποιήσατο· καὶ ὃς εἶπεν οὕτως ἐπελθεῖν αὐτῷ μηδὲν ἐπιτηδεύσαντι. καὶ μὴν κἀκεῖνο ἐπεθύμουν εἰδέναι, εἰ προτέραν ἔγραψεν τὴν Ὀδύσσειαν τῆς Ἰλιάδος, ὡς οἱ πολλοί φασιν· ὁ δὲ ἠρνεῖτο. ὅτι μὲν γὰρ οὐδὲ τυφλὸς ἦν, ὃ καὶ αὐτὸ περὶ αὐτοῦ λέγουσιν, αὐτίκα ἠπιστάμην· ἑώρων γάρ, ὥστε οὐδὲ πυνθάνεσθαι ἐδεόμην. πολλάκις δὲ καὶ ἄλλοτε τοῦτο ἐποίουν, εἴ ποτε αὐτὸν σχολὴν ἄγοντα ἑώρων· προσιὼν γὰρ ἄν τι ἐπυνθανόμην αὐτοῦ, καὶ ὃς προθύμως πάντα ἀπεκρίνετο, καὶ μάλιστα μετὰ τὴν δίκην, ἐπειδὴ

wieder, sein Verkehr mit den jungen Leuten sei rein moralisch. Jedoch erklärten sich alle gegen ihn und behaupteten, er schwöre einen Meineid; Hyakinth wenigstens und Narkiss gestanden es oft ein, er jedoch stritt es immer wieder ab. Die Frauen sind allen gemeinsam und keiner neidet sie seinem Nächsten, sondern sie sind gerade in dieser Hinsicht im höchsten Grad platonisch. Auch die Knaben stellen sich ohne Widerspruch jedem, der will, zur Verfügung.

Es waren noch nicht zwei oder drei Tage vergangen, so begab ich mich zum Dichter Homer, als wir beide Zeit hatten, und fragte ihn unter anderem auch, woher er sei, wobei ich bemerkte, daß bei uns diese Frage bis jetzt noch lebhaft erörtert werde. Er erwiderte, er wisse das selber sehr wohl, daß einige ihn für einen Chier halten, andere für einen Smyrnäer, viele für einen Kolophonier; er behauptete jedoch, ein Babylonier zu sein und bei seinen Mitbürgern nicht Homer, sondern Tigranes zu heißen; später habe er als Geisel bei den Griechen seinen Namen geändert. Außerdem fragte ich ihn wiederholt über die als unecht bezeichneten Verse, ob sie von ihm geschrieben seien. Er sagte immer wieder, alle stammen von ihm. Ich verdammte also die Grammatiker Zenodot, Aristarch und Genossen wegen ihrer zahlreichen frostigen Abhandlungen über diese Frage. Als ich darüber genügend Aufschluß bekommen hatte, fragte ich ihn wieder, warum er mit dem Zorn (des Achill die Ilias) begann. Und er antwortete, es sei ihm so in den Sinn gekommen, ohne daß er damit eine Absicht verband. Weiter wünschte ich auch das zu wissen, ob er die Odyssee früher als die Ilias schrieb, wie die meisten behaupten; er leugnete das. Daß er auch nicht blind war, was man von ihm ebenfalls behauptet, wußte ich sofort; ich sah's ja, so daß ich nicht einmal zu fragen brauchte. Oft tat ich das auch sonst, wenn ich einmal sah, daß er Zeit hatte: ich ging nämlich zu ihm und fragte ihn aus und er gab mir über alles bereitwillig Auskunft, besonders nachdem er seinen Prozeß

έκράτησεν· ήν γάρ τις γραφή κατ' αύτοΰ έπενηνεγμένη ύβρεως ύπό Θερσίτου έφ' οίς αύτόν έν τη ποιήσει έσκωψεν, και ένίκησεν ό "Ομηρος 'Οδυσσέως συναγορεύοντος.

Κατά δέ τούς αύτούς χρόνους τούτους άφίκετο καί Πυθα- 21 γόρας ό Σάμιος έπτάκις άλλαγείς καί έν τοσούτοις ζώοις βιοτεύσας καί έκτελέσας τής ψυχής τάς περιόδους. ήν δέ χρυσούς όλον τό δεξιόν ήμίτομον. καί έκρίθη μέν συμπολιτεύσασθαι αύτοίς, ένεδοιάζετο δέ έτι πότερον Πυθαγόραν ή Εύφορβον χρή αύτόν όνομάζειν. ό μέντοι 'Εμπεδοκλής ήλθεν μέν καί αύτός, περίεφθος καί τό σώμα όλον ώπτημένος· ού μήν παρεδέχθη καίτοι πολλά ίκετεύων.

Προϊόντος δέ τοΰ χρόνου ένέστη ό άγών ό παρ' αύτοίς 22 τά Θανατούσια. ήγωνοθέτει δέ 'Αχιλλεύς τό πέμπτον καί Θησεύς τό έβδομον. τά μέν ούν άλλα μακρόν άν είη λέγειν· τά δέ κεφάλαια τών πραχθέντων διηγήσομαι. πάλην μέν ένίκησεν Κάρανος ό άφ' 'Ηρακλέους 'Οδυσσέα περί τοΰ στεφάνου καταγωνισάμενος· πυγμή δέ ίση έγένετο 'Αρείου τοΰ Αίγυπτίου, ός έν Κορίνθω τέθαπται, καί 'Επειοΰ άλλήλοις συνελθόντων. παγκρατίου δέ ού τίθεται άθλα παρ' αύτοίς. τόν μέντοι δρόμον ούκέτι μέμνημαι όστις ένίκησεν. ποιητών δέ τή μέν άληθεία παρά πολύ έκράτει "Ομηρος, ένίκησεν δέ όμως 'Ησίοδος. τά δέ άθλα ήν άπασι στέφανος πλακείς έκ πτερών ταωνείων.

"Αρτι δέ τοΰ άγώνος συντετελεσμένου ήγγέλλοντο οί 23 έν τώ χώρω τών άσεβών κολαζόμενοι άπορρήξαντες τά δεσμά καί τής φρουράς έπικρατήσαντες έλαύνειν έπί τήν νήσον· ήγείσθαι δέ αύτών Φάλαρίν τε τόν 'Ακραγαντίνον καί Βούσιριν τόν Αίγύπτιον καί Διο-

gewonnen hatte; es war nämlich gegen ihn eine Klage wegen Beleidigung von Thersites eingebracht worden, weil er ihn in seiner Dichtung verspottet hatte. Und es siegte Homer, wobei Odysseus sein Anwalt war.

Zu dieser selben Zeit kam auch Pythagoras der Samier, nachdem er sieben Verwandlungen durchgemacht, in ebensovielen Lebewesen gelebt und den Kreislauf der Seele beendet hatte. Er war an der ganzen rechten Körperhälfte von Gold. Und es wurde die Entscheidung gefällt, er dürfe an ihrem Gemeinwesen teilnehmen, nur zweifelte man noch, ob man ihn Pythagoras oder Euphorbos nennen solle. Empedokles kam ebenfalls, über und über mit Brandwunden bedeckt und am ganzen Körper gebraten; er wurde aber trotz seiner inständigen Bitten nicht aufgenommen.

Im Verlaufe der Zeit kam der Termin, der bei ihnen üblichen Wettspiele, Thanatusien genannt. Die Leitung hatten Achill zum fünften und Theseus zum siebenten Male. Von allem übrigen zu reden, würde zu weit führen, bloß die Hauptsachen der Vorgänge will ich berichten. Im Ringkampf besiegte Karanos, ein Nachkomme des Herakles, den Odysseus im Wettbewerb um den Siegeskranz. Unentschieden blieb der Faustkampf des Ägypters Areios, der in Korinth bestattet ist, und des Epeios, die gegeneinander angetreten waren. Für das Pankration werden bei ihnen keine Preise ausgesetzt. Wer jedoch im Lauf siegte, habe ich nicht mehr in Erinnerung. Unter den Dichtern war in Wahrheit Homer weitaus allen anderen überlegen. Trotzdem trug den Sieg Hesiod davon. Siegespreise waren für alle ein aus Pfauenfedern geflochtener Kranz.

Kaum waren die Wettspiele zu Ende, so wurde gemeldet, die Ruchlosen, die an dem Strafort gezüchtigt werden, hätten ihre Fesseln gesprengt, die Wache überwältigt und seien nun im Anmarsch gegen die Insel. Ihre Anführer seien Phalaris von Akragas, der Ägypter Busiris, der Thraker Diomedes so-

μήδη τὸν Θρᾶκα καὶ τοὺς περὶ Σκίρωνα καὶ Πιτυοκάμπτην. ὡς δὲ ταῦτα ἤκουσεν ὁ Ῥαδάμανθυς, ἐκτάσσει τοὺς ἥρωας ἐπὶ τῆς ᾐόνος· ἡγεῖτο δὲ Θησεύς τε καὶ Ἀχιλλεὺς καὶ Αἴας ὁ Τελαμώνιος ἤδη σωφρονῶν· καὶ συμμίξαντες ἐμάχοντο, καὶ ἐνίκησαν οἱ ἥρωες Ἀχιλλέως τὰ πλεῖστα κατορθώσαντος. ἠρίστευσε δὲ καὶ Σωκράτης ἐπὶ τῷ δεξιῷ ταχθείς, πολὺ μᾶλλον ἢ ὅτε ζῶν ἐπὶ Δηλίῳ ἐμάχετο. προσιόντων γὰρ τεττάρων πολεμίων οὐκ ἔφυγε καὶ τὸ πρόσωπον ἄτρεπτος ἦν· ἐφ' οἷς καὶ ὕστερον ἐξῃρέθη αὐτῷ ἀριστεῖον, καλός τε καὶ μέγας παράδεισος ἐν τῷ προαστείῳ, ἔνθα καὶ συγκαλῶν τοὺς ἑταίρους διελέγετο, Νεκρακαδημίαν τὸν τόπον προσαγορεύσας. συλλαβόντες οὖν τοὺς νενικημένους καὶ δή- 24 σαντες ἀπέπεμψαν ἔτι μᾶλλον κολασθησομένους. ἔγραψεν δὲ καὶ ταύτην τὴν μάχην Ὅμηρος καὶ ἀπιόντι μοι ἔδωκεν τὰ βιβλία κομίζειν τοῖς παρ' ἡμῖν ἀνθρώποις· ἀλλ' ὕστερον καὶ ταῦτα μετὰ τῶν ἄλλων ἀπωλέσαμεν. ἦν δὲ ἡ ἀρχὴ τοῦ ποιήματος αὕτη·

νῦν δέ μοι ἔννεπε, Μοῦσα, μάχην νεκύων ἡρώων.

τότε δ' οὖν κυάμους ἑψήσαντες, ὥσπερ παρ' αὐτοῖς νόμος ἐπειδὰν πόλεμον κατορθώσωσιν, εἱστιῶντο τὰ ἐπινίκια καὶ ἑορτὴν μεγάλην ἦγον· μόνος δὲ αὐτῆς οὐ μετεῖχε Πυθαγόρας, ἀλλ' ἄσιτος πόρρω ἐκαθέζετο μυσαττόμενος τὴν κυαμοφαγίαν.

Ἤδη δὲ μηνῶν ἓξ διεληλυθότων περὶ μεσοῦντα τὸν 25 ἕβδομον νεώτερα συνίστατο πράγματα· Κινύρας ὁ τοῦ Σκινθάρου παῖς, μέγας ὢν καὶ καλός, ἤρα πολὺν ἤδη χρόνον τῆς Ἑλένης, καὶ αὐτὴ δὲ οὐκ ἀφανὴς ἦν ἐπιμανῶς ἀγαπῶσα τὸν νεανίσκον· πολλάκις γοῦν καὶ διένευον ἀλλήλοις ἐν τῷ συμποσίῳ καὶ προὔπινον καὶ μόνοι ἐξανιστάμενοι ἐπλανῶντο περὶ τὴν ὕλην. καὶ δή

wie die Räuber Skiron und Pityokamptes nebst Genossen. Als das Rhadamanthys hörte, stellt er die Heroen auf dem Strand in Schlachtordnung auf; ihre Führung hatten Theseus, Achill und Telamons Sohn Aias, der wieder bei gesunder Vernunft war. Der Zusammenstoß entwickelte sich zu einem längeren Kampf, in dem die Heroen den Sieg errangen, zu dem Achill das meiste beitrug. Es zeichnete sich aber auch Sokrates aus, der seinen Platz auf dem rechten Flügel hatte, und zwar noch viel mehr als zu Lebzeiten, damals, als er vor Delion kämpfte. Obwohl nämlich vier Feinde auf ihn losgingen, floh er nicht und verzog keine Miene. Dafür bekam er später als eine besondere Auszeichnung einen schönen großen Park in der Vorstadt, wo er seine Freunde versammeln und mit ihnen Gespräche führen konnte; Totenakademie benannte er den Ort. Sie verhafteten also die Besiegten und sandten sie nach erfolgter Feßlung zu noch härterer Bestrafung zurück. Auch diese Schlacht beschrieb Homer und gab mir bei seiner Abreise die Exemplare mit, um sie den bei uns lebenden Menschen zu bringen; aber später haben wir auch sie mit allem übrigen verloren. Der Anfang der Dichtung lautete folgendermaßen:

Künde mir, Muse, nunmehr den Kampf der toten Heroen.

Damals also feierten sie den Sieg durch ein Festmahl, das, wie es bei ihnen nach glücklicher Beendigung eines Krieges Brauch ist, aus gekochten Bohnen bestand. An diesem großen Fest nahm allein Pythagoras nicht teil, sondern blieb, ohne etwas davon zu essen, abseits sitzen, da er das Bohnenessen verabscheute.

Nachdem bereits sechs Monate vergangen waren, traten um die Mitte des siebenten ungewöhnliche Ereignisse ein. Kinyras, der Sohn des Skintharos, ein großer schöner Jüngling, war schon lange in Helena verliebt und dieser merkte man es deutlich an, daß sie den jungen Menschen wahnsinnig liebte; sie gaben doch einander oft Winke beim Gelage, tranken einander zu, standen auf und spazierten allein im Wald

ποτε ὑπ' ἔρωτος καὶ ἀμηχανίας ἐβουλεύσατο ὁ Κινύρας ἁρπάσας τὴν Ἑλένην – ἐδόκει δὲ κἀκείνῃ ταῦτα – οἴχεσθαι ἀπιόντας ἔς τινα τῶν ἐπικειμένων νήσων, ἤτοι ἐς τὴν Φελλὼ ἢ ἐς τὴν Τυρόεσσαν. συνωμότας δὲ πάλαι προσειλήφεσαν τρεῖς τῶν ἑταίρων τῶν ἐμῶν τοὺς θρασυτάτους. τῷ μέντοι πατρὶ οὐκ ἐμήνυσε ταῦτα· ἠπίστατο γὰρ ὑπ' αὐτοῦ κωλυθησόμενος. ὡς δὲ ἐδόκει αὐτοῖς, ἐτέλουν τὴν ἐπιβουλήν. καὶ ἐπειδὴ νὺξ ἐγένετο – ἐγὼ μὲν οὐ παρῆν· ἐτύγχανον γὰρ ἐν τῷ συμποσίῳ κοιμώμενος – οἱ δὲ λαθόντες τοὺς ἄλλους ἀναλαβόντες τὴν Ἑλένην ὑπὸ σπουδῆς ἀνήχθησαν. περὶ 26 δὲ τὸ μεσονύκτιον ἀνεγρόμενος ὁ Μενέλαος ἐπεὶ ἔμαθεν τὴν εὐνὴν κενὴν τῆς γυναικός, βοήν τε ἵστη καὶ τὸν ἀδελφὸν παραλαβὼν ἦλθε πρὸς τὸν βασιλέα τὸν Ῥαδάμανθυν. ἡμέρας δὲ ὑποφαινούσης ἔλεγον οἱ σκοποὶ καθορᾶν τὴν ναῦν πολὺ ἀπέχουσαν· οὕτω δὴ ἐμβιβάσας ὁ Ῥαδάμανθυς πεντήκοντα τῶν ἡρώων εἰς ναῦν μονόξυλον ἀσφοδελίνην παρήγγειλεν διώκειν· οἱ δὲ ὑπὸ προθυμίας ἐλαύνοντες περὶ μεσημβρίαν καταλαμβάνουσιν αὐτοὺς ἄρτι ἐς τὸν γαλακτώδη τοῦ ὠκεανοῦ τόπον ἐμβαίνοντας πλησίον τῆς Τυροέσσης· παρὰ τοσοῦτον ἦλθον διαδρᾶναι. καὶ ἀναδησάμενοι τὴν ναῦν ἁλύσει ῥοδίνῃ κατέπλεον. ἡ μὲν οὖν Ἑλένη ἐδάκρυέν τε καὶ ᾐσχύνετο καὶ ἀμφεκαλύπτετο, τοὺς δὲ ἀμφὶ τὸν Κινύραν ἀνακρίνας πρότερον ὁ Ῥαδάμανθυς, εἴ τινες καὶ ἄλλοι αὐτοῖς συνίσασιν, ὡς οὐδένα εἶπον, ἐκ τῶν αἰδοίων δήσας ἀπέπεμψεν ἐς τὸν τῶν ἀσεβῶν χῶρον μαλάχῃ πρότερον μαστιγωθέντας. ἐψηφίσαντο δὲ καὶ 27 ἡμᾶς ἐμπροθέσμως ἐκπέμπειν ἐκ τῆς νήσου τὴν ἐπιοῦσαν ἡμέραν μόνην ἐπιμείναντας.

Ἐνταῦθα δὴ ἐγὼ ἐποτνιώμην τε καὶ ἐδάκρυον οἷα ἔμελλον ἀγαθὰ καταλιπὼν αὖθις πλανηθήσεσθαι. αὐτοὶ

herum. Und einmal faßte unter dem Zwang der Liebe und weil er sich nicht anders zu helfen wußte, Kinyras den Entschluß, die Helena – die damit einverstanden war – zu entführen und schleunigst sich auf eine der nahen Inseln mit ihr zu begeben, entweder auf das Korkeiland oder auf das Käseland. Als Mitverschworene hatten sie seit langem drei meiner Gefährten, und zwar die verwegensten, beigezogen. Seinem Vater jedoch teilte er das nicht mit; er wußte ja, daß er von ihm daran gehindert werden würde. Im gegebenen Zeitpunkt führten sie den Anschlag durch. Und als es Nacht geworden war – ich war nicht zugegen; ich schlief nämlich gerade beim Gelage –, da nahmen sie die Helena heimlich an Bord und stachen eilig in See. Um Mitternacht aber wachte Menelaos auf, und wie er im Bett seine Gemahlin vermißte, erhob er ein Geschrei und ging mit seinem Bruder zum König Rhadamanthys. Beim Morgengrauen sagten die Späher, sie sähen das Schiff in großer Entfernung. So veranlaßte also Rhadamanthys fünfzig von den Heroen, sich in einem Einbaum aus Asphodillstengeln einzuschiffen, und trug ihnen die Verfolgung auf. Da sie eifrig ruderten, erwischten sie sie, mittags, als sie eben in die milchige Stelle des Ozeans in der Nähe der Käseinsel gerieten; so nahe waren sie daran gewesen zu entwischen. Das Schiff schleppten sie mittels einer Rosenkette in den Hafen zurück. Helena weinte, schämte sich und verhüllte sich von oben bis unten. Kinyras und Genossen fragte Rhadamanthys zuerst aus, ob sie noch andere Mitwisser hätten, wie sie das aber verneinten, ließ er sie zuerst mit Malven züchtigen und sandte sie dann mit Fesseln an den Schamteilen zur Stadt der Ruchlosen. Sie beschlossen aber, auch uns noch vor Ablauf des Termins von der Insel zu entlassen, nur den kommenden Tag sollten wir noch bleiben.

Da jammerte ich und weinte, angesichts der guten Dinge, die ich hier verlassen sollte, um mich wieder auf Irrfahrten

μέντοι παρεμυθοῦντο λέγοντες οὐ πολλῶν ἐτῶν ἀφίξεσθαι πάλιν ὡς αὑτούς, καί μοι ἤδη ἐς τοὐπιὸν θρόνον τε καὶ κλισίαν παρεδείκνυσαν πλησίον τῶν ἀρίστων. ἐγὼ δὲ προσελθὼν τῷ Ῥαδαμάνθυι πολλὰ ἱκέτευον εἰπεῖν τὰ μέλλοντα καὶ ὑποδεῖξαί μοι τὸν πλοῦν. ὁ δὲ ἔφασκεν ἀφίξεσθαι μὲν εἰς τὴν πατρίδα πολλὰ πρότερον πλανηθέντα καὶ κινδυνεύσαντα, τὸν δὲ χρόνον οὐκέτι τῆς ἐπανόδου προσθεῖναι ἠθέλησεν· ἀλλὰ δὴ καὶ δεικνὺς τὰς πλησίον νήσους – ἐφαίνοντο δὲ πέντε τὸν ἀριθμόν, ἄλλη δὲ ἕκτη πόρρωθεν – ταύτας μὲν εἶναι ἔφασκεν τῶν ἀσεβῶν, τὰς πλησίον, Ἀφ᾽ ὧν, ἔφη, ἤδη τὸ πολὺ πῦρ ὁρᾷς καιόμενον, ἕκτη δὲ ἐκείνη τῶν ὀνείρων ἡ πόλις· μετὰ ταύτην δὲ ἡ τῆς Καλυψοῦς νῆσος, ἀλλ᾽ οὐδέπω σοι φαίνεται. ἐπειδὰν δὲ ταύτας παραπλεύσῃς, τότε δὴ ἀφίξῃ εἰς τὴν μεγάλην ἤπειρον τὴν ἐναντίαν τῇ ὑφ᾽ ὑμῶν κατοικουμένῃ· ἐνταῦθα δὴ πολλὰ παθὼν καὶ ποικίλα ἔθνη διελθὼν καὶ ἀνθρώποις ἀμίκτοις ἐπιδημήσας χρόνῳ ποτὲ ἥξεις εἰς τὴν ἑτέραν ἤπειρον.

Τοσαῦτα εἶπεν, καὶ ἀνασπάσας ἀπὸ τῆς γῆς μαλάχης ῥίζαν ὤρεξέν μοι, ταύτῃ κελεύσας ἐν τοῖς μεγίστοις κινδύνοις προσεύχεσθαι· παρῄνεσε δὲ εἰ καί ποτε ἀφικοίμην ἐς τήνδε τὴν γῆν, μήτε πῦρ μαχαίρᾳ σκαλεύειν μήτε θέρμους ἐσθίειν μήτε παιδὶ ὑπὲρ τὰ ὀκτωκαίδεκα ἔτη πλησιάζειν· τούτων γὰρ ἂν μεμνημένον ἐλπίδας ἔχειν τῆς εἰς τὴν νῆσον ἀφίξεως.

Τότε μὲν οὖν τὰ περὶ τὸν πλοῦν παρεσκευασάμην, καὶ ἐπεὶ καιρὸς ἦν, συνειστιώμην αὐτοῖς. τῇ δὲ ἐπιούσῃ ἐλθὼν πρὸς Ὅμηρον τὸν ποιητὴν ἐδεήθην αὐτοῦ ποιῆσαί μοι δίστιχον ἐπίγραμμα· καὶ ἐπειδὴ ἐποίησεν, στήλην βηρύλλου λίθου ἀναστήσας ἐπέγραψα πρὸς τῷ λιμένι. τὸ δὲ ἐπίγραμμα ἦν τοιόνδε·

zu begeben. Sie trösteten mich aber persönlich mit den Worten, nach nicht vielen Jahren würde ich wieder zu ihnen kommen, und sie wiesen mir schon für die Zukunft einen Lehnstuhl und eine Lagerstätte neben den Besten an. Ich ging zu Rhadamanthys und bat ihn inständig, mir die Zukunft zu sagen und mir Anweisungen für die Fahrt zu geben. Er sagte, ich würde in meine Heimat kommen, aber erst nach vielen Irrfahrten und Gefahren, die Zeit meiner Rückkehr wollte er aber nicht mehr hinzufügen. Aber er zeigte auf die nahen Inseln – es waren fünf an Zahl sichtbar, außerdem eine sechste nur in der Ferne – diese nahen Inseln seien die der Ruchlosen, ,,wo du", sprach er, ,,schon das viele Feuer lodern siehst, die sechste dort aber ist die Stadt der Träume; nach dieser kommt die Insel der Kalypso, aber sie ist für dich noch nicht sichtbar. Wenn du an diesen vorbei bist, dann wirst du zu dem großen Festland gelangen, das dem von euch bewohnten gegenüberliegt. Da wirst du vieles erleben, verschiedene Völkerschaften durchwandern, dich bei ungeselligen Menschen aufhalten, dann aber wirst du mit der Zeit einmal zum anderen Kontinent kommen." So viel sprach er, dann zog er aus dem Boden eine Malvenwurzel, reichte sie mir und hieß mich, zu ihr in den größten Gefahren zu beten. Er riet mir aber, wenn ich einmal auf unsere Erde käme, weder im Feuer mit einem Schlachtmesser zu stochern noch Saubohnen zu essen noch mich mit einem über achtzehn Jahre alten Burschen einzulassen; dächte ich immer daran, so hätte ich Hoffnungen auf Rückkehr zur Insel der Seligen.

Da traf ich also meine Vorbereitungen für die Weiterfahrt und speiste hierauf, als es an der Zeit war, mit ihnen. Am folgenden Tag ging ich zum Dichter Homer und bat ihn, mir ein aus zwei Versen bestehendes Sinngedicht zu machen. Und nachdem er es gedichtet hatte, grub ich es in eine Säule aus Beryll ein, die ich beim Hafen errichtete. Das Sinngedicht lautete:

Λουκιανός τάδε πάντα φίλος μακάρεσσι θεοῖσιν
εἶδέ τε καὶ πάλιν ἦλθε φίλην ἐς πατρίδα γαῖαν.

Μείνας δὲ κἀκείνην τὴν ἡμέραν τῇ ἐπιούσῃ ἀνηγόμην 29 τῶν ἡρώων παραπεμπόντων. ἔνθα μοι καὶ Ὀδυσσεὺς προσελθὼν λάθρᾳ τῆς Πηνελόπης δίδωσιν ἐπιστολὴν εἰς Ὠγυγίαν τὴν νῆσον Καλυψοῖ κομίζειν. συνέπεμψε δέ μοι ὁ Ῥαδάμανθυς τὸν πορθμέα Ναύπλιον, ἵν' εἰ καταχθείημεν ἐς τὰς νήσους, μηδεὶς ἡμᾶς συλλάβοι ἅτε κατ' ἄλλην ἐμπορίαν καταπλέοντας.

Ἐπεὶ δὲ τὸν εὐώδη ἀέρα προϊόντες παρεληλύθειμεν, αὐτίκα ἡμᾶς ὀσμή τε δεινὴ διεδέχετο οἷον ἀσφάλτου καὶ θείου καὶ πίττης ἅμα καιομένων, καὶ κνῖσα δὲ πονηρὰ καὶ ἀφόρητος ὥσπερ ἀπὸ ἀνθρώπων ὀπτωμένων, καὶ ὁ ἀὴρ ζοφερὸς καὶ ὀμιχλώδης, καὶ κατέσταζεν ἐξ αὐτοῦ δρόσος πιττίνη· ἠκούομεν δὲ καὶ μαστίγων ψόφον καὶ οἰμωγὴν ἀνθρώπων πολλῶν. ταῖς μὲν οὖν 30 ἄλλαις οὐ προσέσχομεν, ᾗ δὲ ἐπέβημεν, τοιάδε ἦν· κύκλῳ μὲν πᾶσα κρημνώδης καὶ ἀπόξυρος, πέτραις καὶ τράχωσι κατεσκληκυῖα, δένδρον δ' οὐδὲν οὐδὲ ὕδωρ ἐνῆν· ἀνερπύσαντες δὲ ὅμως κατὰ τοὺς κρημνοὺς προῇμεν διά τινος ἀκανθώδους καὶ σκολόπων μεστῆς ἀτραποῦ, πολλὴν ἀμορφίαν τῆς χώρας ἐχούσης. ἐλθόντες δὲ ἐπὶ τὴν εἱρκτὴν καὶ τὸ κολαστήριον πρῶτα μὲν τὴν φύσιν τοῦ τόπου ἐθαυμάζομεν· τὸ μὲν γὰρ ἔδαφος αὐτὸ μαχαίραις καὶ σκόλοψι πάντη ἐξηνθήκει, κύκλῳ δὲ ποταμοὶ περιέρρεον, ὁ μὲν βορβόρου, ὁ δὲ δεύτερος αἵματος, ὁ δὲ ἔνδον πυρός, πάνυ μέγας οὗτος καὶ ἀπέρατος, καὶ ἔρρει ὥσπερ ὕδωρ καὶ ἐκυματοῦτο ὥσπερ θάλαττα, καὶ ἰχθῦς δὲ εἶχεν πολλούς, τοὺς μὲν δαλοῖς προσεοικότας, τοὺς δὲ μικροὺς ἄνθραξι πεπυρωμένοις· ἐκάλουν δὲ αὐτοὺς λυχνίσκους. εἴσοδος δὲ μία στενὴ διὰ 31 πάντων ἦν, καὶ πυλωρὸς ἐφειστήκει Τίμων ὁ Ἀθη-

Lukian sah dies alles als Freund der seligen Götter,
sah's und wiederum kehrt' er zurück zu den Lieben der Heimat.

Nachdem ich auch jenen Tag dort geblieben war, stach ich am folgenden in See, wobei mir die Heroen das Geleite gaben. Da kam auch Odysseus zu mir und gab mir heimlich, ohne daß es die Penelope merken konnte, einen Brief, um ihn der Kalypso auf der Insel Ogygia zu überbringen. Rhadamanthys schickte mir den Fährmann Nauplios mit, damit, wenn wir auf die Inseln verschlagen würden, niemand uns verhafte, da wir ja in anderen Geschäften führen.

Als wir die wohlriechende Luft auf der Weiterfahrt hinter uns hatten, empfing uns sogleich ein schrecklicher Gestank wie von zusammen verbranntem Asphalt, Schwefel und Pech, auch ein scheußlicher und unerträglicher Dampf wie von verbrannten Menschen und die Luft war düster und nebelig und Pechtropfen träufelten aus ihr herab. Wir hörten auch das Klatschen von Geißeln und das Wehgeschrei von vielen Menschen. An den übrigen Inseln landeten wir nicht, die aber, die wir betraten, war so: ringsum zur Gänze steil und schroff, voll rauher Felsen und Klippen; Baum gab es keinen darauf, auch kein Wasser. Gleichwohl krochen wir an den Hängen hinauf und gingen über einen dornigen Pfad voller Pfähle; die ganze Gegend bot einen häßlichen Anblick. Zum Gefängnis und Strafort gekommen, staunten wir zuerst über die natürliche Beschaffenheit des Ortes: der Boden selber war nämlich statt mit Blumen mit Messern und Pfählen überall bestanden und ringsum flossen Ströme, einer voller Kot, der zweite voller Blut, der innerste voller Feuer, dieser besonders groß und unüberschreitbar, und er floß doch wie Wasser und wogte wie das Meer, hatte auch viele Fische, von denen die einen Feuerbränden glichen, die kleinen aber feurigen Kohlen; man nannte sie Lämpchen. Es gab da nur einen einzigen schmalen allgemeinen Zugang und als Torwart stand der Athener Timon

ναῖος. παρελθόντες δὲ ὅμως τοῦ Ναυπλίου καθηγουμένου ἑωρῶμεν κολαζομένους πολλοὺς μὲν βασιλέας, πολλοὺς δὲ καὶ ἰδιώτας, ὧν ἐνίους καὶ ἐγνωρίζομεν· εἴδομεν δὲ καὶ τὸν Κινύραν καπνῷ ὑποτυφόμενον ἐκ τῶν αἰδοίων ἀπηρτημένον. προσετίθεσαν δὲ οἱ περιηγηταὶ καὶ τοὺς ἑκάστων βίους καὶ τὰς ἁμαρτίας ἐφ' αἷς κολάζονται· καὶ μεγίστας ἁπασῶν τιμωρίας ὑπέμενον οἱ ψευσάμενοί τι παρὰ τὸν βίον καὶ οἱ μὴ τὰ ἀληθῆ συγγεγραφότες, ἐν οἷς καὶ Κτησίας ὁ Κνίδιος ἦν καὶ Ἡρόδοτος καὶ ἄλλοι πολλοί. τούτους οὖν ὁρῶν ἐγὼ χρηστὰς εἶχον εἰς τοὐπιὸν τὰς ἐλπίδας· οὐδὲν γὰρ ἐμαυτῷ ψεῦδος εἰπόντι συνηπιστάμην. ταχέως οὖν 32 ἀναστρέψας ἐπὶ τὴν ναῦν – οὐ γὰρ ἐδυνάμην φέρειν τὴν ὄψιν – ἀσπασάμενος τὸν Ναύπλιον ἀπέπλευσα.

Καὶ μετ' ὀλίγον ἐφαίνετο πλησίον ἡ τῶν ὀνείρων νῆσος, ἀμυδρὰ καὶ ἀσαφὴς ἰδεῖν· ἔπασχε δὲ καὶ αὐτή τι τοῖς ὀνείροις παραπλήσιον· ὑπεχώρει γὰρ προσιόντων ἡμῶν καὶ ὑπέφευγε καὶ πορρωτέρω ὑπέβαινε. καταλαβόντες δέ ποτε αὐτὴν καὶ εἰσπλεύσαντες εἰς τὸν Ὕπνον λιμένα προσαγορευόμενον πλησίον τῶν πυλῶν τῶν ἐλεφαντίνων, ᾗ τὸ τοῦ Ἀλεκτρυόνος ἱερόν ἐστιν, περὶ δείλην ὀψίαν ἀπεβαίνομεν· παρελθόντες δὲ ἐς τὴν πόλιν πολλοὺς ὀνείρους καὶ ποικίλους ἑωρῶμεν. πρῶτον δὲ βούλομαι περὶ τῆς πόλεως εἰπεῖν, ἐπεὶ μηδὲ ἄλλῳ τινὶ γέγραπται περὶ αὐτῆς, ὃς δὲ καὶ μόνος ἐπεμνήσθη Ὅμηρος οὐ πάνυ ἀκριβῶς συνέγραψεν. κύκλῳ μὲν περὶ 33 πᾶσαν αὐτὴν ὕλη ἀνέστηκεν, τὰ δένδρα δέ ἐστι μήκωνες ὑψηλαὶ καὶ μανδραγόραι καὶ ἐπ' αὐτῶν πολύ τι πλῆθος νυκτερίδων· τοῦτο γὰρ μόνον ἐν τῇ νήσῳ γίνεται ὄρνεον. ποταμὸς δὲ παραρρεῖ πλησίον ὁ ὑπ' αὐτῶν καλούμενος Νυκτιπόρος, καὶ πηγαὶ δύο παρὰ τὰς πύλας· ὀνόματα καὶ ταύταις, τῇ μὲν Νήγρετος,

dabei. Gleichwohl passierten wir unter Führung des Nauplios und sahen da Strafen vieler Könige, aber auch vieler Privatleute, von denen wir einige erkannten. Wir sahen auch den Kinyras in geräuchertem Zustand bei den Schamteilen aufgehängt. Zur Erläuterung erzählten die Fremdenführer die Lebensläufe der einzelnen Personen und die Sünden, um derentwillen sie bestraft wurden. Die allergrößten Strafen erduldeten die, die während ihres Lebens gelogen, und die, die als Geschichtsschreiber sich gegen die Wahrheit versündigt hatten, unter denen sich auch der Knidier Ktesias befand, Herodot und viele andere. Bei ihrem Anblick hegte ich gute Hoffnungen für die Zukunft; ich war mir nämlich bewußt, keine Unwahrheit gesagt zu haben. Schnell kehrte ich zum Schiff zurück – ich konnte ja den Anblick nicht ertragen –, verabschiedete mich von Nauplios und fuhr weg.

Und nach kurzem zeigte sich in der Nähe die Insel der Träume, aber nur verschwommen und undeutlich zu sehen. Es erging ihr also so, wie es einem im Traum zu ergehen pflegt: sie wich nämlich vor uns immer weiter und weiter in die Ferne zurück. Als wir sie endlich erreicht hatten und in den Hafen, der nach dem Schlaf benannt ist, nahe den elfenbeinernen Toren eingefahren waren, wo das Heiligtum des Hahnes sich befindet, da gingen wir am späten Nachmittag ans Land. In die Stadt gekommen, sahen wir viele bunte Träume. Zuerst aber will ich von der Stadt sprechen, da niemand sonst über sie geschrieben, der aber, der allein ihrer gedachte, Homer, eine nicht sehr genaue Darstellung gegeben hat. Rings um die ganze Stadt ragt ein Wald auf, der Baumwuchs aber besteht aus hohem Mohn und Alraunwurzeln und darauf sitzt eine große Menge von Fledermäusen; das ist nämlich der einzige Vogel, der auf der Insel vorkommt. Ein Fluß fließt da in der Nähe vorbei, der bei ihnen Nachtwandler heißt, und Quellen gibt es zwei neben den Toren. Sie heißen: die eine die Schlaf-

τῇ δὲ Παννυχία. ὁ περίβολος δὲ τῆς πόλεως ὑψηλός τε καὶ ποικίλος, ἴριδι τὴν χρόαν ὁμοιότατος· πύλαι μέντοι ἔπεισιν οὐ δύο, καθάπερ Ὅμηρος εἴρηκεν, ἀλλὰ τέτταρες, δύο μὲν πρὸς τὸ τῆς Βλακείας πεδίον ἀποβλέπουσαι, ἡ μὲν σιδηρᾶ, ἡ δὲ ἐκ κεράμου πεποιημένη, καθ' ἃς ἐλέγοντο ἀποδημεῖν αὐτῶν οἵ τε φοβεροὶ καὶ φονικοὶ καὶ ἀπηνεῖς, δύο δὲ πρὸς τὸν λιμένα καὶ τὴν θάλατταν, ἡ μὲν κερατίνη, ἡ δὲ καθ' ἣν ἡμεῖς παρήλθομεν ἐλεφαντίνη. εἰσιόντι δὲ εἰς τὴν πόλιν ἐν δεξιᾷ μέν ἐστι τὸ Νυκτῷον – σέβουσι γὰρ θεῶν ταύτην μάλιστα καὶ τὸν Ἀλεκτρυόνα· ἐκείνῳ δὲ πλησίον τοῦ λιμένος τὸ ἱερὸν πεποίηται – ἐν ἀριστερᾷ δὲ τὰ τοῦ Ὕπνου βασίλεια. οὗτος γὰρ δὴ ἄρχει παρ' αὐτοῖς σατράπας δύο καὶ ὑπάρχους πεποιημένος, Ταραξίωνά τε τὸν Ματαιογένους καὶ Πλουτοκλέα τὸν Φαντασίωνος. ἐν μέσῃ δὲ τῇ ἀγορᾷ πηγή τίς ἐστιν, ἣν καλοῦσι Καρεῶτιν· καὶ πλησίον ναοὶ δύο, Ἀπάτης καὶ Ἀληθείας· ἔνθα καὶ τὸ ἄδυτόν ἐστιν αὐτοῖς καὶ τὸ μαντεῖον, οὗ προειστήκει προφητεύων Ἀντιφῶν ὁ τῶν ὀνείρων ὑποκριτής, ταύτης παρὰ τοῦ Ὕπνου λαχὼν τῆς τιμῆς. αὐτῶν μέντοι τῶν ὀνείρων οὔτε φύσις οὔτε ἰδέα ἡ αὐτή, 34 ἀλλ' οἱ μὲν μακροὶ ἦσαν καὶ καλοὶ καὶ εὐειδεῖς, οἱ δὲ μικροὶ καὶ ἄμορφοι, καὶ οἱ μὲν χρύσεοι, ὡς ἐδόκουν, οἱ δὲ ταπεινοί τε καὶ εὐτελεῖς. ἦσαν δ' ἐν αὐτοῖς καὶ πτερωτοί τινες καὶ τερατώδεις καὶ ἄλλοι καθάπερ ἐς πομπὴν διεσκευασμένοι, οἱ μὲν ἐς βασιλέας, οἱ δὲ ἐς θεούς, οἱ δὲ εἰς ἄλλα τοιαῦτα κεκοσμημένοι. πολλοὺς δὲ αὐτῶν καὶ ἐγνωρίσαμεν, πάλαι παρ' ἡμῖν ἑωρακότες, οἳ δὴ καὶ προσῄεσαν καὶ ἠσπάζοντο ὡς ἂν καὶ συνήθεις ὑπάρχοντες, καὶ παραλαβόντες ἡμᾶς καὶ κατακοιμίσαντες πάνυ λαμπρῶς καὶ δεξιῶς ἐξένιζον, τήν τε ἄλλην ὑποδοχὴν μεγαλοπρεπῆ παρασκευάσαντες

trunkene, die andere die Nächtliche. Die Stadtmauer ist hoch und bunt, dem Regenbogen an Farbe ganz ähnlich. Tore jedoch sind in der Mauer nicht zwei, wie Homer gesagt hat, sondern vier, zwei mit der Aussicht auf das Gefilde der Gefühllosigkeit, das eine aus Eisen, das andere aus Ton verfertigt, durch die, wie es hieß, ihre schrecklichen, blutigen und grausamen Träume wandeln, zwei mit der Aussicht auf den Hafen und das Meer, das eine aus Horn, das andere, jenes, durch das wir gekommen waren, aus Elfenbein. Beim Eingang in die Stadt liegt zur Rechten der Tempel der Nacht – sie verehren unter den Göttern diese und den Hahn am meisten; sein Tempel ist beim Hafen errichtet –, zur Linken die Burg des Schlafes. Dieser herrscht nämlich bei ihnen und hat zwei Statthalter zu Stellvertretern ernannt, den Schrekker, Eitelmanns Sohn, und den Reichmann, Faslers Sohn. Mitten auf dem Hauptplatz befindet sich eine Quelle, die Schlafsucht heißt, und in der Nähe zwei Tempel, des Truges und der Wahrheit. Da liegt auch das heilige Orakel, dem als Prophet der Traumdeuter Antiphon vorsteht, der diese Ehrenstelle vom Schlaf bekommen hat. Was jedoch die Träume selber betrifft, so war weder ihr Wesen noch ihre Form identisch, sondern die einen waren lang, schön und wohlgestaltet, die anderen klein und häßlich und einige golden, wie es schien, andere von niedrigem und geringem Wert. Es befanden sich unter ihnen auch abenteuerliche Flügelwesen und andere, die wie zu einem Festzug ausgerüstet waren, die einen zu Königen, andere zu Göttern, andere zu anderen derartigen Zwekken geschmückt. Viele von ihnen erkannten wir, da wir sie vor Jahren bei uns gesehen hatten; sie gingen auf uns zu, begrüßten uns als gute Bekannte, nahmen uns mit, schläferten uns ein und bewirteten uns recht glänzend und gewandt, indem sie uns nicht nur sonst eine großartige Aufnahme angedeihen ließen, sondern auch versprachen, uns zu Königen und

καὶ ὑπισχνούμενοι βασιλέας τε ποιήσειν καὶ σατράπας. ἔνιοι δὲ καὶ ἀπῆγον ἡμᾶς εἰς τὰς πατρίδας καὶ τοὺς οἰκείους ἐπεδείκνυον καὶ αὐθημερὸν ἐπανῆγον. ἡμέρας μὲν οὖν τριάκοντα καὶ ἴσας νύκτας παρ' αὐτοῖς ἐμείναμεν καθεύδοντες εὐωχούμενοι. ἔπειτα δὲ ἄφνω βροντῆς μεγάλης καταρραγείσης ἀνεγρόμενοι καὶ ἀναθορόντες ἀνήχθημεν ἐπισιτισάμενοι.

Τριταῖοι δ' ἐκεῖθεν τῇ Ὠγυγίᾳ νήσῳ προσσχόντες ἀπεβαίνομεν. πρότερον δ' ἐγὼ λύσας τὴν ἐπιστολὴν ἀνεγίνωσκον τὰ γεγραμμένα. ἦν δὲ τοιάδε·

> Ὀδυσσεὺς Καλυψοῖ χαίρειν. Ἴσθι με, ὡς τὰ πρῶτα ἐξέπλευσα παρὰ σοῦ τὴν σχεδίαν κατασκευασάμενος, ναυαγίᾳ χρησάμενον μόλις ὑπὸ Λευκοθέας διασωθῆναι εἰς τὴν τῶν Φαιάκων χώραν, ὑφ' ὧν ἐς τὴν οἰκείαν ἀποπεμφθεὶς κατέλαβον πολλοὺς τῆς γυναικὸς μνηστῆρας ἐν τοῖς ἡμετέροις τρυφῶντας· ἀποκτείνας δὲ ἅπαντας ὑπὸ Τηλεγόνου ὕστερον τοῦ ἐκ Κίρκης μοι γενομένου ἀνῃρέθην, καὶ νῦν εἰμι ἐν τῇ Μακάρων νήσῳ πάνυ μετανοῶν ἐπὶ τῷ καταλιπεῖν τὴν παρὰ σοὶ δίαιταν καὶ τὴν ὑπὸ σοῦ προτεινομένην ἀθανασίαν. ἢν οὖν καιροῦ λάβωμαι, ἀποδρὰς ἀφίξομαι πρὸς σέ.

ταῦτα μὲν ἐδήλου ἡ ἐπιστολή, καὶ περὶ ἡμῶν, ὅπως ξενισθῶμεν. ἐγὼ δὲ προελθὼν ὀλίγον ἀπὸ τῆς θαλάττης εὗρον τὸ σπήλαιον τοιοῦτον οἷον Ὅμηρος εἶπεν, καὶ αὐτὴν ταλασιουργοῦσαν. ὡς δὲ τὴν ἐπιστολὴν ἔλαβεν καὶ ἐπελέξατο, πρῶτα μὲν ἐπὶ πολὺ ἐδάκρυεν, ἔπειτα δὲ παρεκάλει ἡμᾶς ἐπὶ ξενίᾳ καὶ εἰστία λαμπρῶς καὶ περὶ τοῦ Ὀδυσσέως ἐπυνθάνετο καὶ περὶ τῆς Πηνελόπης, ὁποία τε εἴη τὴν ὄψιν καὶ εἰ σωφρονοίη, καθάπερ Ὀδυσσεὺς πάλαι περὶ αὐτῆς ἐκόμπαζεν· καὶ ἡμεῖς τοιαῦτα ἀπεκρινάμεθα, ἐξ ὧν εἰκάζομεν εὐφρανεῖσθαι αὐτήν.

Statthaltern zu machen. Einige führten uns in unsere Heimatländer, zeigten uns unsere Angehörigen und brachten uns an demselben Tag wieder zurück. Dreißig Tage also und die gleiche Zahl von Nächten blieben wir bei ihnen in verträumtem Wohlleben, hernach aber fuhr plötzlich ein gewaltiger Donnerschlag nieder, wir erwachten, sprangen auf und stachen in See, nachdem wir uns vorher verproviantiert hatten.

Von dort gelangten wir am dritten Tag zur Insel Ogygia, wo wir ausstiegen. Vorher machte ich den Brief auf und las dessen Inhalt:

> Odysseus grüßt Kalypso. Wisse, daß ich, sobald ich nach der Herstellung des Floßes von dir fortgefahren war, Schiffbruch erlitt und nur mit Mühe, von Leukothea gerettet, zum Lande der Phaiaken gelangte, von denen ich heim gesandt wurde. In der Heimat traf ich viele Freier meiner Frau, die auf meinem Besitz schwelgten. Sie alle tötete ich, wurde aber später von Telegonos, den mir Kirke geboren hatte, ums Leben gebracht. Und jetzt befinde ich mich auf der Insel der Seligen und bereue es sehr, das Leben bei dir und die Unsterblichkeit, die du mir in Aussicht stelltest, aufgegeben zu haben. Sobald ich also Gelegenheit dazu finde, werde ich davonlaufen und zu dir kommen.

Das besagte der Brief und außerdem stand darin von uns, daß wir bewirtet werden sollten. Ich hatte nur eine kurze Strecke vom Meer aus zurückgelegt, da fand ich die Grotte, so wie sie Homer geschildert hat, und sie selber bei der Wollarbeit. Als sie den Brief genommen und durchgelesen hatte, weinte sie zuerst lang, dann aber lud sie uns zu gastlicher Bewirtung ein, bereitete uns ein glänzendes Mahl und erkundigte sich angelegentlich um den Odysseus und die Penelope, wie sie aussähe und ob sie sittsam sei, wie Odysseus vor Jahren von ihr gerühmt hatte. Und wir gaben ihr solche Antworten, über die sie sich, wie wir dachten, freuen sollte.

Τότε μὲν οὖν ἀπελθόντες ἐπὶ ναῦν πλησίον ἐπὶ τῆς ἠόνος ἐκοιμήθημεν. ἕωθεν δὲ ἀνηγόμεθα σφοδρότερον 37 κατιόντος τοῦ πνεύματος· καὶ δὴ χειμασθέντες ἡμέρας δύο τῇ τρίτῃ περιπίπτομεν τοῖς Κολοκυνθοπειραταῖς. ἄνθρωποι δέ εἰσιν οὗτοι ἄγριοι ἐκ τῶν πλησίον νήσων ληστεύοντες τοὺς παραπλέοντας. τὰ πλοῖα δὲ ἔχουσι μεγάλα κολοκύνθινα τὸ μῆκος πήχεων ἑξήκοντα· ἐπειδὰν γὰρ ξηράνωσι τὴν κολόκυνθαν, κοιλάναντες αὐτὴν καὶ ἐξελόντες τὴν ἐντεριώνην ἐμπλέουσιν, ἱστοῖς μὲν χρώμενοι καλαμίνοις, ἀντὶ δὲ τῆς ὀθόνης τῷ φύλλῳ τῆς κολοκύνθης. προσβαλόντες οὖν ἡμῖν ἀπὸ δύο πληρωμάτων ἐμάχοντο καὶ πολλοὺς κατετραυμάτιζον βάλλοντες ἀντὶ λίθων τῷ σπέρματι τῶν κολοκυνθῶν. ἀγχωμάλως δὲ ἐπὶ πολὺ ναυμαχοῦντες περὶ μεσημβρίαν εἴδομεν κατόπιν τῶν Κολοκυνθοπειρατῶν προσπλέοντας τοὺς Καρυοναύτας. πολέμιοι δὲ ἦσαν ἀλλήλοις, ὡς ἔδειξαν· ἐπεὶ γὰρ κἀκεῖνοι ᾔσθοντο αὐτοὺς ἐπιόντας, ἡμῶν μὲν ὠλιγώρησαν, τραπόμενοι δὲ ἐπ' ἐκείνους ἐναυμάχουν. ἡμεῖς δὲ ἐν τοσούτῳ ἐπάραντες τὴν 38 ὀθόνην ἐφεύγομεν ἀπολιπόντες αὐτοὺς μαχομένους, καὶ δῆλοι ἦσαν κρατήσοντες οἱ Καρυοναῦται ἅτε καὶ πλείους — πέντε γὰρ εἶχον πληρώματα — καὶ ἀπὸ ἰσχυροτέρων νεῶν μαχόμενοι· τὰ γὰρ πλοῖα ἦν αὐτοῖς κελύφη καρύων ἡμίτομα, κεκενωμένα, μέγεθος δὲ ἑκάστου ἡμιτόμου εἰς μῆκος ὀργυιαὶ πεντεκαίδεκα.

Ἐπεὶ δὲ ἀπεκρύψαμεν αὐτούς, ἰώμεθα τοὺς τραυματίας, καὶ τὸ λοιπὸν ἐν τοῖς ὅπλοις ὡς ἐπίπαν ἦμεν ἀεί τινας ἐπιβουλὰς προσδεχόμενοι· οὐ μάτην. οὔπω γοῦν ἐδε- 39 δύκει ὁ ἥλιος, καὶ ἀπό τινος ἐρήμου νήσου προσήλαυνον ἡμῖν ὅσον εἴκοσι ἄνδρες ἐπὶ δελφίνων μεγάλων ὀχούμενοι, λῃσταὶ καὶ οὗτοι· καὶ οἱ δελφῖνες αὐτοὺς

Dann gingen wir also zum Schiff und legten uns in seiner Nähe auf den Strand schlafen. Als am frühen Morgen ein ziemlich heftiger Wind hereinbrach, stachen wir in See. Und so fuhren wir bei Sturm zwei Tage, am dritten aber stoßen wir auf die Kürbispiraten. Das sind wilde Menschen, die von den benachbarten Inseln aus die Vorüberfahrenden ausrauben. Sie haben große Fahrzeuge aus Kürbissen, sechzig Ellen lang. Wann sie nämlich den Kürbis ausgetrocknet haben, höhlen sie ihn aus, nehmen das Innere heraus und fahren dann damit, wobei sie Masten aus Rohr und statt der Segelleinwand das Kürbisblatt verwenden. Sie überfielen uns, bekämpften uns mit zwei Mannschaften und verwundeten viele von uns, indem sie statt der Steine mit den Kürbiskernen schossen. Als wir aber lang unentschieden kämpften, sahen wir gegen Mittag hinter den Kürbispiraten die Nußschiffer heransegeln. Sie waren gegenseitige Feinde, wie es sich zeigte. Kaum hatten nämlich jene ihre Ankunft bemerkt, so ließen sie uns stehen, machten eine Schwenkung und kämpften gegen sie. Wir aber zogen unterdessen unsere Segel auf, flohen und ließen sie kämpfen. Und es war klar, daß die Nußschiffer die Oberhand gewinnen würden, da sie nicht nur in der Überzahl waren – sie hatten nämlich fünf Mannschaften –, sondern auch von stärkeren Schiffen aus kämpften. Sie hatten nämlich als Fahrzeuge halbe leere Nußschalen, die Länge jeder Hälfte betrug fünfzehn Klafter.

Nachdem wir sie aus den Augen verloren hatten, beschäftigten wir uns mit der Pflege der Verwundeten und standen auch weiterhin meistens unter den Waffen, da wir immer irgendwelche Anschläge erwarteten; nicht mit Unrecht. Es war ja die Sonne noch nicht untergegangen, so zogen gegen uns von einer öden Insel etwa gegen zwanzig Mann heran, die auf großen Delphinen ritten, ebenfalls Räuber. Und die Del-

ἔφερον ἀσφαλῶς, καὶ ἀναπηδῶντες ἐχρεμέτιζον ὥσπερ ἵπποι. ἐπεὶ δὲ πλησίον ἦσαν, διαστάντες οἱ μὲν ἔνθεν, οἱ δὲ ἔνθεν ἔβαλλον ἡμᾶς σηπίαις ξηραῖς καὶ ὀφθαλμοῖς καρκίνων. τοξευόντων δὲ καὶ ἡμῶν καὶ ἀκοντιζόντων οὐκέτι ὑπέμενον, ἀλλὰ τρωθέντες οἱ πολλοὶ αὐτῶν πρὸς τὴν νῆσον κατέφυγον.

Περὶ δὲ τὸ μεσονύκτιον γαλήνης οὔσης ἐλάθομεν προσ- 40 οκείλαντες ἀλκυόνος καλιᾷ παμμεγέθει· σταδίων γοῦν ἦν αὕτη ἑξήκοντα τὸ περίμετρον. ἐπέπλεεν δὲ ἡ ἀλκυὼν τὰ ᾠὰ θάλπουσα οὐ πολὺ μείων τῆς καλιᾶς. καὶ δὴ ἀναπταμένη μικροῦ μὲν κατέδυσε τὴν ναῦν τῷ ἀνέμῳ τῶν πτερῶν, ᾤχετο δ' οὖν φεύγουσα γοεράν τινα φωνὴν προϊεμένη. ἐπιβάντες δὲ ἡμεῖς ἡμέρας ἤδη ὑποφαινούσης ἐθεώμεθα τὴν καλιὰν σχεδίᾳ μεγάλῃ προσεοικυῖαν ἐκ δένδρων μεγάλων συμπεφορημένην· ἐπῆν δὲ καὶ ᾠὰ πεντακόσια, ἕκαστον αὐτῶν Χίου πίθου περιπληθέστερον. ἤδη μέντοι καὶ οἱ νεοττοὶ ἔνδοθεν ἐφαίνοντο καὶ ἔκρωζον. πελέκεσιν γοῦν διακόψαντες ἓν τῶν ᾠῶν νεοττὸν ἄπτερον ἐξεκολάψαμεν εἴκοσι γυπῶν ἁδρότερον.

Ἐπεὶ δὲ πλέοντες ἀπείχομεν τῆς καλιᾶς ὅσον σταδίους 41 διακοσίους, τέρατα ἡμῖν μεγάλα καὶ θαυμαστὰ ἐπεσήμανεν· ὅ τε γὰρ ἐν τῇ πρύμνῃ χηνίσκος ἄφνω ἐπτερύξατο καὶ ἀνεβόησεν, καὶ ὁ κυβερνήτης ὁ Σκίνθαρος φαλακρὸς ἤδη ὢν ἀνεκόμησεν, καὶ τὸ πάντων δὴ παραδοξότατον· ὁ γὰρ ἱστὸς τῆς νεὼς ἐξεβλάστησεν καὶ κλάδους ἀνέφυσεν καὶ ἐπὶ τῷ ἄκρῳ ἐκαρποφόρησεν, ὁ δὲ καρπὸς ἦν σῦκα καὶ σταφυλαὶ μέλαιναι, οὔπω πέπειροι. ταῦτα ἰδόντες ὡς εἰκὸς ἐταράχθημεν καὶ ηὐχόμεθα τοῖς θεοῖς διὰ τὸ ἀλλόκοτον τοῦ φαντάσματος. οὔπω δὲ πεντακοσίους σταδίους διελθόντες εἴδομεν ὕλην 42 μεγίστην καὶ λάσιον πιτύων καὶ κυπαρίττων. καὶ ἡμεῖς

phine trugen sie sicher, hüpften empor und wieherten dabei wie Rosse. Als sie aber in der Nähe waren, teilten sie sich in zwei Reihen und beschossen uns von beiden Seiten mit trokkenen Tintenfischen und Krebsaugen. Als wir aber auf sie mit Bogen und Speeren schossen, hielten sie nicht mehr stand, sondern flohen, die meisten von ihnen verwundet, zu ihrer Insel.

Um Mitternacht stießen wir bei Meeresstille unversehens auf ein riesengroßes Eisvogelnest; es hatte sechzig Stadien im Umfang. Auf diesem schwamm, auf seinen Eiern brütend, der Eisvogel, nicht viel kleiner als sein Nest. Und als er nun aufflog, da hätte er durch den Luftzug seiner Flügel unser Schiff beinahe versenkt. Eilig entfloh er, indem er einen Klagelaut von sich gab. Als es nun nach und nach Tag wurde, betraten wir das Nest und schauten es uns an: es glich einem großen Floß und war aus großen Baumstämmen zusammengetragen; darin lagen auch fünfhundert Eier, von denen jedes einen größeren Fassungsraum hatte als ein Faß von Chios. Bereits waren auch die Jungen darin sichtbar und piepten. Wir zerschlugen eines von den Eiern mit Beilen und schälten ein noch nicht flügges Junges heraus, das stärker als zwanzig Geier war.

Als wir auf der Weiterfahrt etwa zweihundert Stadien vom Nest entfernt waren, da erschienen uns große, seltsame Wunderzeichen: die Gans am Heck machte nämlich plötzlich Flügelschläge und schrie auf, der Steuermann Skintharos, der bereits eine Glatze hatte, bekam wieder Haare und, was das allerseltsamste war, der Schiffsmast schlug aus, trieb Zweige und trug auf ihrer Spitze Früchte; diese bestanden in Feigen und schwarzen, noch nicht reifen Trauben. Über diesen Anblick waren wir, wie natürlich, bestürzt und beteten wegen der seltsamen Erscheinungen zu den Göttern. Wir hatten noch keine fünfhundert Stadien zurückgelegt, so sahen wir einen großen, dichten Wald von Fichten und Zypressen. Wir ver-

μὲν εἰκάσαμεν ἤπειρον εἶναι· τὸ δ' ἦν πέλαγος ἄβυσσον ἀρρίζοις δένδροις καταπεφυτευμένον· εἱστήκει δὲ τὰ δένδρα ὅμως ἀκίνητα, ὀρθὰ καθάπερ ἐπιπλέοντα. πλησιάσαντες δ' οὖν καὶ τὸ πᾶν κατανοήσαντες ἐν ἀπόρῳ εἰχόμεθα τί χρὴ δρᾶν· οὔτε γὰρ διὰ τῶν δένδρων πλεῖν δυνατὸν ἦν - πυκνὰ γὰρ καὶ προσεχῆ ὑπῆρχεν - οὔτε ἀναστρέφειν ἐδόκει ῥᾴδιον· ἐγὼ δὲ ἀνελθὼν ἐπὶ τὸ μέγιστον δένδρον ἐπεσκόπουν τὰ ἐπέκεινα ὅπως ἔχοι, καὶ ἑώρων ἐπὶ σταδίους μὲν πεντήκοντα ἢ ὀλίγῳ πλείους τὴν ὕλην οὖσαν, ἔπειτα δὲ αὖθις ἕτερον ὠκεανὸν ἐκδεχόμενον. καὶ δὴ ἐδόκει ἡμῖν ἀναθεμένους τὴν ναῦν ἐπὶ τὴν κόμην τῶν δένδρων - πυκνὴ δὲ ἦν - ὑπερβιβάσαι, εἰ δυναίμεθα, εἰς τὴν θάλατταν τὴν ἑτέραν· καὶ οὕτως ἐποιοῦμεν. ἐκδήσαντες γὰρ αὐτὴν κάλῳ μεγάλῳ καὶ ἀνελθόντες ἐπὶ τὰ δένδρα μόλις ἀνιμησάμεθα, καὶ θέντες ἐπὶ τῶν κλάδων, πετάσαντες τὰ ἰστία καθάπερ ἐν θαλάττῃ ἐπλέομεν τοῦ ἀνέμου προωθοῦντος ἐπισυρόμενοι· ἔνθα δὴ καὶ τὸ Ἀντιμάχου τοῦ ποιητοῦ ἔπος ἐπεισῆλθέ με - φησὶν γάρ που κἀκεῖνος.

τοῖσιν δ' ὑλήεντα διὰ πλόον ἐρχομένοισιν.

βιασάμενοι δὲ ὅμως τὴν ὕλην ἀφικόμεθα ἐς τὸ ὕδωρ, καὶ πάλιν ὁμοίως καθέντες τὴν ναῦν ἐπλέομεν διὰ καθαροῦ καὶ διαυγοῦς ὕδατος, ἄχρι δὴ ἐπέστημεν χάσματι μεγάλῳ ἐκ τοῦ ὕδατος διεστῶτος γεγενημένῳ, καθάπερ ἐν τῇ γῇ πολλάκις ὁρῶμεν ὑπὸ σεισμῶν γενόμενα διαχωρίσματα. ἡ μὲν οὖν ναῦς καθελόντων ἡμῶν τὰ ἱστία οὐ ῥᾳδίως ἔστη παρ' ὀλίγον ἐλθοῦσα κατενεχθῆναι. ὑπερκύψαντες δὲ ἡμεῖς ἑωρῶμεν βάθος ὅσον σταδίων χιλίων μάλα φοβερὸν καὶ παράδοξον· εἱστήκει γὰρ τὸ ὕδωρ ὥσπερ μεμερισμένον· περιβλέποντες δὲ ὁρῶμεν κατὰ δεξιὰ οὐ πάνυ πόρρωθεν γέφυραν

muteten nun, es sei Festland. Es war aber ein grundloses, mit wurzellosen Bäumen bewachsenes Meer. Die Bäume standen gleichwohl unbeweglich da, es sah so aus, als ob sie aufrecht auf uns zuschwämmen. Als wir uns genähert und das Ganze erfaßt hatten, waren wir in Verlegenheit, was wir tun sollten; denn weder war es möglich, durch die Bäume zu fahren — sie standen ja dicht und nahe beisammen —, noch schien es leicht, umzukehren. Ich stieg aber auf den größten Baum, spähte aus, wie es drüben aussehe, und sah, daß der Wald sich auf fünfzig Stadien oder etwas mehr erstrecke, hernach aber sich wieder ein anderer Teil des Ozeans anschließe. Und so beschlossen wir, das Schiff auf das Laub der Bäume hinauf zu setzen — es war ja dicht — und so womöglich zum anderen Meer hinüberzubringen. Und so taten wir auch: wir banden es an ein langes Seil, stiegen auf die Bäume, zogen es mit Mühe hinauf, setzten es auf die Zweige, spannten die Segel aus und fuhren wie auf dem Meer, von den Windstößen weitergeschleift. Da fiel mir der Vers des Dichters Antimachos ein; er sagt nämlich irgendwo:

Jene reisten dahin, sie kamen durch waldige Strecken.

Nachdem wir gleichwohl den Wald bewältigt hatten, kamen wir zum Wasser, ließen das Schiff wieder auf gleiche Weise herab und fuhren nun durch reines, durchsichtiges Wasser, bis wir auf einen großen Schlund gerieten, der sich infolge einer Spaltung des Wassers gebildet hatte, wie wir auf der Erde oft Klüfte infolge von Erdbeben entstanden sehen. Obwohl wir also die Segel herabließen, blieb unser Schiff doch nicht gleich stehen und wäre beinahe in den Schlund geraten. Als wir uns darüber bückten, sahen wir eine ganz schreckliche und seltsame Tiefe von etwa tausend Stadien; links und rechts stand nämlich das Wasser, wie wenn es gespalten wäre. Wie wir uns aber umsehen, bemerken wir rechts in nicht sehr weiter

ἐπεζευγμένην ὕδατος συνάπτοντος τὰ πελάγη κατὰ τὴν ἐπιφάνειαν, ἐκ τῆς ἑτέρας θαλάττης εἰς τὴν ἑτέραν διαρρέοντος. προσελάσαντες οὖν ταῖς κώπαις κατ' ἐκεῖνο παρεδράμομεν καὶ μετὰ πολλῆς ἀγωνίας ἐπεράσαμεν οὔποτε προσδοκήσαντες.

Ἐντεῦθεν ἡμᾶς ὑπεδέχετο πέλαγος προσηνὲς καὶ νῆ- 44 σος οὐ μεγάλη, εὐπρόσιτος, συνοικουμένη· ἐνέμοντο δὲ αὐτὴν ἄνθρωποι ἄγριοι, Βουκέφαλοι, κέρατα ἔχοντες, οἷον παρ' ἡμῖν τὸν Μινώταυρον ἀναπλάττουσιν. ἀποβάντες δὲ προῄειμεν ὑδρευσόμενοι καὶ σιτία ληψόμενοι, εἴ ποθεν δυνηθείημεν· οὐκέτι γὰρ εἴχομεν. καὶ ὕδωρ μὲν αὐτοῦ πλησίον εὕρομεν, ἄλλο δὲ οὐδὲν ἐφαίνετο, πλὴν μυκηθμὸς πολὺς οὐ πόρρωθεν ἠκούετο. δόξαντες οὖν ἀγέλην εἶναι βοῶν, κατ' ὀλίγον προχωροῦντες ἐπέστημεν τοῖς ἀνθρώποις. οἱ δὲ ἰδόντες ἡμᾶς ἐδίωκον, καὶ τρεῖς μὲν τῶν ἑταίρων λαμβάνουσιν, οἱ δὲ λοιποὶ πρὸς τὴν θάλατταν κατεφεύγομεν. εἶτα μέντοι πάντες ὁπλισάμενοι – οὐ γὰρ ἐδόκει ἡμῖν ἀτιμωρήτους περιιδεῖν τοὺς φίλους – ἐμπίπτομεν τοῖς Βουκεφάλοις τὰ κρέα τῶν ἀνῃρημένων διαιρουμένοις· φοβήσαντες δὲ πάντας διώκομεν, καὶ κτείνομέν γε ὅσον πεντήκοντα καὶ ζῶντας αὐτῶν δύο λαμβάνομεν, καὶ αὖθις ὀπίσω ἀναστρέφομεν τοὺς αἰχμαλώτους ἔχοντες. σιτίον μέντοι οὐδὲν εὕρομεν. οἱ μὲν οὖν ἄλλοι παρῄνουν ἀποσφάττειν τοὺς εἰλημμένους, ἐγὼ δὲ οὐκ ἐδοκίμαζον, ἀλλὰ δήσας ἐφύλαττον αὐτούς, ἄχρι δὴ ἀφίκοντο παρὰ τῶν Βουκεφάλων πρέσβεις ἀπαιτοῦντες ἐπὶ λύτροις τοὺς συνειλημμένους· συνίεμεν γὰρ αὐτῶν διανευόντων καὶ γοερόν τι μυκωμένων ὥσπερ ἱκετευόντων. τὰ λύτρα δὲ ἦν τυροὶ πολλοὶ καὶ ἰχθύες ξηροὶ καὶ κρόμμυα καὶ ἔλαφοι τέτταρες, τρεῖς ἑκάστη πόδας ἔχουσα, δύο μὲν

Entfernung eine vom Wasser gebildete Brücke, die die beiden Meere an der Oberfläche miteinander verband, indem das Wasser von dem einen Meer in das andere floß. Wir ruderten also darauf los und kamen mit vieler Mühe wider Erwarten auf die andere Seite.

Dort nahm uns ein ruhiges Meer mit einer nicht großen Insel auf, die leicht zugänglich und bewohnt war. Es hausten auf ihr aber wilde Menschen, Ochsenköpfler mit Hörnern, wie man bei uns den Minotauros abbildet. Nach unserer Landung gingen wir landeinwärts, um uns mit Wasser und womöglich mit Lebensmitteln zu versehen. Wir hatten nämlich keine mehr. Und Wasser allerdings fanden wir in der Nähe. Sonst aber zeigte sich nichts, nur hörte man in nicht großer Entfernung ein lautes Gebrüll. In der Meinung, es sei eine Rinderherde, marschierten wir allmählich weiter, bis wir auf die Menschen stießen. Als sie uns sahen, verfolgten sie uns und fangen drei meiner Gefährten, wir übrigen aber flohen zum Meer zurück. Hernach jedoch greifen wir alle zu den Waffen – wir dachten ja nicht daran, unsere Freunde ungerächt zu lassen – und überfallen die Ochsenköpfler, während sie das Fleisch der Getöteten zerteilten. Wir schrecken sie alle auf, verfolgen sie, töten etwa fünfzig, fangen zwei von ihnen lebend und kehren dann mit den Gefangenen wieder zurück. Nahrung fanden wir jedoch keine. Die anderen waren nun dafür, die Gefangenen abzuschlachten, ich war aber nicht dieser Ansicht, sondern ließ sie gefesselt bewachen, bis von den Ochsenköpflern Gesandte kamen mit der Forderung nach Auslieferung der Verhafteten gegen Lösegeld. Wir legten uns nämlich ihre Winke und ihr klägliches Gebrüll als Bitten aus. Das Lösegeld bestand in vielem Käse, trockenen Fischen, Zwiebeln und vier Hirschen, von denen jeder drei Füße hatte, nämlich zwei

τούς όπίσω, οί δέ πρόσω ές ένα συνεπεφύκεσαν. έπί τούτοις άποδόντες τούς συνειλημμένους καί μίαν ήμέραν έπιμείναντες άνήχθημεν.

Ήδη δέ ίχθύες τε ήμΐν έφαίνοντο καί όρνεα παρεπέτετο 45 καί άλλ' όπόσα γής πλησίον ούσης σημεία προφαίνεται. μετ' όλίγον δέ καί άνδρας είδομεν καινώ τώ τρόπω ναυτιλίας χρωμένους· αύτοί γάρ καί ναύται καί νήες ήσαν. λέξω δέ τού πλού τόν τρόπον· ύπτιοι κείμενοι έπί τού ύδατος όρθώσαντες τά αίδοία – μεγάλα δέ φέρουσιν – έξ αύτών όθόνην πετάσαντες καί ταίς χερσίν τούς ποδεώνας κατέχοντες έμπίπτοντος τού άνέμου έπλεον. άλλοι δέ μετά τούτους έπί φελλών καθήμενοι ζεύξαντες δύο δελφίνας ήλαυνόν τε καί ήνιόχουν· οί δέ προϊόντες έπεσύροντο τούς φελλούς. ούτοι ήμάς ούτε ήδίκουν ούτε έφευγον, άλλ' ήλαυνον άδεώς τε καί είρηνικώς τό είδος τού ήμετέρου πλοίου θαυμάζοντες καί πάντοθεν περισκοπούντες.

Έσπέρας δέ ήδη προσήχθημεν νήσω ού μεγάλη· κατω- 46 κείτο δέ ύπό γυναικών, ώς ένομίζομεν, Ελλάδα φωνήν προϊεμένων· προσήεσαν γάρ καί έδεξιούντο καί ήσπάζοντο, πάνυ έταιρικώς κεκοσμημέναι καί καλαί πάσαι καί νεάνιδες, ποδήρεις τούς χιτώνας έπισυρόμεναι. ή μέν ούν νήσος έκαλείτο Κοβαλούσσα, ή δέ πόλις αύτή Υδαμαργία. διαλαχούσαι δ' ούν ήμάς αί γυναίκες έκάστη πρός έαυτήν άπήγεν καί ξένον έποιείτο. έγώ δέ μικρόν ύπεκστάς – ού γάρ χρηστά έμαντευόμην – άκριβέστερόν τε περιβλέπων όρώ πολλών άνθρώπων όστά καί κρανία κείμενα. καί τό μέν βοήν ίστάναι καί τούς έταίρους συγκαλείν καί ές τά όπλα χωρείν ούκ έδοκίμαζον· προχειρισάμενος δέ τήν μαλάχην πολλά ηύχόμην αύτή διαφυγείν έκ τών παρόντων κακών. μετ' όλίγον

hintere, während die vorderen in einen zusammengewachsen waren. Für diese Gaben stellten wir die Verhafteten zurück, blieben noch einen Tag und stachen dann in See.

Bereits zeigten sich uns Fische, flogen Vögel vorüber und wurden alle anderen Anzeichen eines nahen Festlandes sichtbar. Bald darauf sahen wir auch Männer, die auf eine ungewöhnliche Art Schiffahrt trieben: sie selber waren nämlich zugleich Schiffer und Schiffe. Ich will die Art ihrer Fahrt beschreiben: rücklings auf dem Wasser liegend, hatten sie ihre Glieder aufgerichtet – sie haben aber große –, auf ihnen ein Segel ausgespannt, hielten in den Händen die Zipfel und segelten so vor dem Wind dahin. Andere hinter diesen hatten, auf Korken sitzend, zwei Delphine angespannt, peitschten sie vorwärts und lenkten sie durch Zügel. Diese aber schwammen vorwärts und schleppten die Korke nach. Sie taten uns weder etwas zuleid noch flohen sie vor uns, sondern fuhren furchtlos und friedlich weiter, indem sie die Form unseres Schiffes anstaunten und von allen Seiten betrachteten.

Als es bereits Abend wurde, gelangten wir zu einer nicht großen Insel. Sie wurde von Frauen, wie wir annahmen, die Griechisch sprachen, bewohnt. Sie kamen nämlich auf uns zu und bewillkommneten und begrüßten uns, alle recht hetärenhaft geschmückt, schön und jung, in bis zu den Füßen reichenden Hemden, die sie nachschleppten. Die Insel hieß Koboldeiland, die Stadt für sich Wassergeilstatt. Sie verteilten uns unter sich und eine jede nahm einen zu sich als ihren Gast. Da trete ich ein wenig zur Seite – ich ahnte nämlich nichts Gutes –, schaue mich genauer um und sehe die Gebeine und Schädel vieler Menschen herumliegen. Ein Geschrei zu erheben, die Freunde zusammenzurufen und zu den Waffen zu greifen, hielt ich nicht für passend. Ich nahm aber die Malvenwurzel hervor und betete inständig zu ihr, ich möchte dem bevorstehenden Unheil entrinnen. Bald aber sah ich, während

δὲ τῆς ξένης διακονουμένης εἶδον τὰ σκέλη οὐ γυναικός, ἀλλ' ὄνου ὁπλάς· καὶ δὴ σπασάμενος τὸ ξίφος συλλαμβάνω τε αὐτὴν καὶ δήσας περὶ τῶν ὅλων ἀνέκρινον. ἡ δέ, ἄκουσα μέν, εἶπεν δὲ ὅμως, αὐτὰς μὲν εἶναι θαλαττίους γυναῖκας Ὀνοσκελέας προσαγορευομένας, τροφὴν δὲ ποιεῖσθαι τοὺς ἐπιδημοῦντας ξένους. ἐπειδὰν γάρ, ἔφη, μεθύσωμεν αὐτούς, συνευνασθεῖσαι κοιμωμένοις ἐπιχειροῦμεν. ἀκούσας δὲ ταῦτα ἐκείνην μὲν αὐτοῦ κατέλιπον δεδεμένην, αὐτὸς δὲ ἀνελθὼν ἐπὶ τὸ τέγος ἐβόων τε καὶ τοὺς ἑταίρους συνεκάλουν. ἐπεὶ δὲ συνῆλθον, τὰ πάντα ἐμήνυον αὐτοῖς καὶ τά τε ὀστᾶ ἐδείκνυον καὶ ἦγον ἔσω πρὸς τὴν δεδεμένην· ἡ δὲ αὐτίκα ὕδωρ ἐγένετο καὶ ἀφανὴς ἦν. ὅμως δὲ τὸ ξίφος εἰς τὸ ὕδωρ καθῆκα πειρώμενος· τὸ δὲ αἷμα ἐγένετο.

Ταχέως οὖν ἐπὶ ναῦν κατελθόντες ἀπεπλεύσαμεν καὶ 47 ἐπεὶ ἡμέρα ὑπηύγαζε, τήν τε ἤπειρον ἀπεβλέπομεν εἰκάζομέν τε εἶναι τὴν ἀντιπέρας τῇ ὑφ' ἡμῶν οἰκουμένῃ κειμένην. προσκυνήσαντες δ' οὖν καὶ προσευξάμενοι περὶ τῶν μελλόντων ἐσκοποῦμεν, καὶ τοῖς μὲν ἐδόκει ἐπιβᾶσιν μόνον αὖθις ὀπίσω ἀναστρέφειν, τοῖς δὲ τὸ μὲν πλοῖον αὐτοῦ καταλιπεῖν, ἀνελθόντας δὲ ἐς τὴν μεσόγαιαν πειραθῆναι τῶν ἐνοικούντων. ἐν ὅσῳ δὲ ταῦτα ἐλογιζόμεθα, χειμὼν σφοδρὸς ἐπιπεσὼν καὶ προσαράξας τὸ σκάφος τῷ αἰγιαλῷ διέλυσεν. ἡμεῖς δὲ μόλις ἐξενηξάμεθα τὰ ὅπλα ἕκαστος καὶ εἴ τι ἄλλο οἷός τε ἦν ἁρπασάμενοι.

Ταῦτα μὲν οὖν τὰ μέχρι τῆς ἑτέρας γῆς συνενεχθέντα μοι ἐν τῇ θαλάττῃ καὶ παρὰ τὸν πλοῦν ἐν ταῖς νήσοις καὶ ἐν τῷ ἀέρι καὶ μετὰ ταῦτα ἐν τῷ κήτει καὶ ἐπεὶ ἐξήλθομεν, παρά τε τοῖς ἥρωσι καὶ τοῖς ὀνείροις καὶ τὰ τελευταῖα παρὰ τοῖς Βουκεφάλοις καὶ ταῖς Ὀνοσκελέαις· τὰ δὲ ἐπὶ τῆς γῆς ἐν ταῖς ἑξῆς βίβλοις διηγήσομαι.

meine Wirtin mich bediente, daß sie keine Frauenschenkel, sondern Eselhufe hatte. Da ziehe ich nun mein Schwert, fasse sie, feßle sie und fragte sie um alles aus. Sie aber sagte, zwar ungern, schließlich aber doch, sie seien Meerfrauen, Eselschenklerinnen genannt, die die bei ihnen sich aufhaltenden Fremden verspeisen. „Sobald wir sie nämlich", sprach sie, „trunken gemacht und uns mit ihnen ins Bett gelegt haben, überfallen wir sie im Schlaf." Als ich dies vernommen, ließ ich sie an Ort und Stelle gefesselt, stieg selbst aufs Dach und rief laut meine Gefährten zusammen. Als sie beisammen waren, teilte ich ihnen alles mit, zeigte ihnen die Gebeine und führte sie zur Gefesselten hinein. Sie aber wurde augenblicklich zu Wasser und blieb unsichtbar. Gleichwohl senkte ich mein Schwert zur Probe ins Wasser; dieses aber wurde zu Blut.

Wir kehrten also rasch zum Schiff zurück und segelten ab. Und als es nach und nach Tag wurde, erblickten wir das Festland und vermuteten, es sei das unserem Kontinent gegenüberliegende Festland. Wir verrichteten also kniefällig unsere Gebete und berieten uns über die Zukunft. Die einen waren dafür, nur zu landen, dann aber wieder zurückzukehren, die anderen traten dafür ein, das Schiff an Ort und Stelle zu lassen, ins Binnenland hinaufzusteigen und sich mit den Einwohnern einzulassen. Während wir also diese Erwägungen anstellten, überfiel uns ein heftiger Sturm und schmetterte das Schiff an die Küste, daß es zerschellte. Jeder ergriff hastig die Waffen und wenn er sonst etwas erwischen konnte, und so schwammen wir mit Mühe ans Land.

Das sind also meine Erlebnisse bis zum anderen Festland, auf dem Meer und während der Fahrt auf den Inseln, in der Luft, hernach im Walfisch, und nachdem wir wieder herausgekommen waren, bei den Heroen sowie bei den Träumen und schließlich bei den Ochsenköpflern und den Eselschenklerinnen. Die Erlebnisse auf dem (anderen) Kontinent werde ich in den folgenden Büchern erzählen.

ΦΙΛΟΨΕΥΔΗΣ
Η ΑΠΙΣΤΩΝ

ΤΥΧΙΑΔΗΣ. Ἔχεις μοι, ὦ Φιλόκλεις, εἰπεῖν τί ποτε ἄρα 1 τοῦτό ἐστιν ὃ τοὺς πολλοὺς εἰς ἐπιθυμίαν τοῦ ψεύδεσθαι προάγεται, ὡς αὐτούς τε χαίρειν μηδὲν ὑγιὲς λέγοντας καὶ τοῖς τὰ τοιαῦτα διεξιοῦσι μάλιστα προσέχειν τὸν νοῦν;

ΦΙΛΟΚΛΗΣ. Πολλά, ὦ Τυχιάδη, ἐστὶν ἃ τοὺς ἀνθρώπους ἐνίους ἀναγκάζει τὰ ψευδῆ λέγειν ἐς τὸ χρήσιμον ἀποβλέποντας.

ΤΥΧ. Οὐδὲν πρὸς ἔπος ταῦτα, φασίν, οὐδὲ περὶ τούτων ἠρόμην ὁπόσοι τῆς χρείας ἕνεκα ψεύδονται· συγγνώμης τοιγαροῦν οὗτοί γε, μᾶλλον δὲ καὶ ἐπαίνου τινὲς αὐτῶν ἄξιοι, ὁπόσοι ἢ πολεμίους ἐξηπάτησαν ἢ ἐπὶ σωτηρίᾳ τῷ τοιούτῳ φαρμάκῳ ἐχρήσαντο ἐν τοῖς δεινοῖς, οἷα πολλὰ καὶ Ὀδυσσεὺς ἐποίει τήν τε αὑτοῦ ψυχὴν ἀρνύμενος καὶ τὸν νόστον τῶν ἑταίρων. ἀλλὰ περὶ ἐκείνων, ὦ ἄριστε, φημὶ οἳ αὐτὸ ἄνευ τῆς χρείας τὸ ψεῦδος περὶ πολλοῦ τῆς ἀληθείας τίθενται ἡδόμενοι τῷ πράγματι καὶ ἐνδιατρίβοντες ἐπ' οὐδεμιᾷ προφάσει ἀναγκαίᾳ. τούτους οὖν ἐθέλω εἰδέναι τίνος ἀγαθοῦ τοῦτο ποιοῦσιν.

ΦΙΛ. Ἦ που κατανενόηκας ἤδη τινὰς τοιούτους, οἷς 2 ἔμφυτος ἔρως οὗτός ἐστι πρὸς τὸ ψεῦδος;

ΤΥΧ. Καὶ μάλα πολλοὶ τοιοῦτοι.

ΦΙΛ. Τί δ' οὖν ἄλλο ἢ ἄνοιαν χρὴ αἰτίαν εἶναι αὐτοῖς φάναι τοῦ μὴ ἀληθῆ λέγειν, εἴ γε τὸ χείριστον ἀντὶ τοῦ βελτίστου προαιροῦνται;

ΤΥΧ. Οὐδὲν τοῦτο· ἐπεὶ πολλοὺς ἄν ἐγώ σοι δείξαιμι συνετοὺς τἄλλα καὶ τὴν γνώμην θαυμαστοὺς οὐκ οἶδ'

DER LÜGENFREUND
ODER DER UNGLÄUBIGE

TYCHIADES. Kannst du mir, Philokles, sagen, was das ist, was den meisten das Verlangen zu lügen eingibt, so daß sie selber eine Freude haben, wenn sie nichts Vernünftiges reden, und denen, die solches erzählen, ihre besondere Aufmerksamkeit schenken?

PHILOKLES. Viele Umstände, Tychiades, nötigen einige Leute zu lügen, wenn sie den Nutzen im Auge haben.

TYCH. Das ist nicht gemeint, ich fragte auch nicht um die, die um des Nutzens willen lügen; diese verdienen ja Verzeihung, einige sogar Lob, alle diejenigen, die Feinde täuschten oder zur Rettung in Gefahren ein solches Mittel gebrauchten, wie ja viel derartiges Odysseus tat, um sein Leben zu retten und die Rückkehr seiner Gefährten zu ermöglichen. Aber über jene, mein lieber Freund, spreche ich, die ohne den nützlichen Zweck gerade die Lüge höher als die Wahrheit schätzen, aus beharrlicher Freude daran, ohne notwendigen Grund. Ich will also wissen, zu welchem guten Zweck sie das tun.

PHIL. Hast du schon einige bemerkt, die diese eingewurzelte Liebe zur Lüge haben?

TYCH. Ja, es gibt viele derartige Leute.

PHIL. Was soll man also sonst sagen, als daß Torheit sie veranlaßt, nicht die Wahrheit zu sagen, wenn sie wirklich das Schlechteste dem Besten vorziehen?

TYCH. Das ist nichts. Denn ich könnte dir viele zeigen, die, obwohl sie sonst gescheit sind und einen bewundernswerten

ὅπως ἑαλωκότας τούτῳ τῷ κακῷ καὶ φιλοψευδεῖς ὄντας, ὡς ἀνιᾶσθαί με, εἰ τοιοῦτοι ἄνδρες ἄριστοι τὰ πάντα ὅμως χαίρουσιν αὑτούς τε καὶ τοὺς ἐντυγχάνοντας ἐξαπατῶντες· ἐκείνους μὲν γὰρ τοὺς παλαιοὺς πρὸ ἐμοῦ σὲ χρὴ εἰδέναι, τὸν Ἡρόδοτον καὶ Κτησίαν τὸν Κνίδιον καὶ πρὸ τούτων τοὺς ποιητὰς καὶ τὸν Ὅμηρον αὐτόν, ἀοιδίμους ἄνδρας, ἐγγράφῳ τῷ ψεύσματι κεχρημένους, ὡς μὴ μόνον ἐξαπατᾶν τοὺς τότε ἀκούοντας αὐτῶν, ἀλλὰ καὶ μέχρις ἡμῶν διικνεῖσθαι τὸ ψεῦδος ἐκ διαδοχῆς ἐν καλλίστοις ἔπεσι καὶ μέτροις φυλαττόμενον. ἐμοὶ γοῦν πολλάκις αἰδεῖσθαι ὑπὲρ αὐτῶν ἔπεισιν, ὁπόταν Οὐρανοῦ τομὴν καὶ Προμηθέως δεσμὰ διηγῶνται καὶ Γιγάντων ἐπανάστασιν καὶ τὴν ἐν Ἅιδου πᾶσαν τραγῳδίαν, καὶ ὡς δι' ἔρωτα ὁ Ζεὺς ταῦρος ἢ κύκνος ἐγένετο καὶ ὡς ἐκ γυναικός τις ἐς ὄρνεον ἢ ἐς ἄρκτον μετέπεσεν, ἔτι δὲ Πηγάσους καὶ Χιμαίρας καὶ Γοργόνας καὶ Κύκλωπας καὶ ὅσα τοιαῦτα, πάνυ ἀλλόκοτα καὶ τεράστια μυθίδια παίδων ψυχὰς κηλεῖν δυνάμενα ἔτι τὴν Μορμὼ καὶ τὴν Λάμιαν δεδιότων. καίτοι τὰ μὲν 3 τῶν ποιητῶν ἴσως μέτρια, τὸ δὲ καὶ πόλεις ἤδη καὶ ἔθνη πολλὰ κοινῇ καὶ δημοσίᾳ ψεύδεσθαι πῶς οὐ γελοῖον; εἰ Κρῆτες μὲν τὸν Διὸς τάφον δεικνύντες οὐκ αἰσχύνονται, Ἀθηναῖοι δὲ τὸν Ἐριχθόνιον ἐκ τῆς γῆς ἀναδοθῆναί φασι καὶ τοὺς πρώτους ἀνθρώπους ἐκ τῆς Ἀττικῆς ἀναφῦναι καθάπερ τὰ λάχανα, πολὺ σεμνότερον οὗτοι τῶν Θηβαίων, οἳ ἐξ ὄφεως ὀδόντων Σπαρτούς τινας ἀναβεβλαστηκέναι διηγοῦνται. ὃς δ' ἂν οὖν ταῦτα καταγέλαστα ὄντα μὴ οἴηται ἀληθῆ εἶναι, ἀλλ' ἐμφρόνως ἂν ἐξετάζων ταῦτα Κοροίβου τινὸς ἢ Μαργίτου νομίζοι τὸ πείθεσθαι ἢ Τριπτόλεμον ἐλάσαι διὰ τοῦ ἀέρος ἐπὶ δρακόντων ὑποπτέρων ἢ Πᾶνα ἥκειν ἐξ' Ἀρκαδίας σύμμαχον ἐς Μαραθῶνα ἢ Ὠρείθυιαν ὑπὸ τοῦ

Verstand haben, von diesem Übel, ich weiß nicht wie, befangen und Lügenfreunde sind, so daß ich mich ärgere, wenn solche im ganzen vortreffliche Männer gleichwohl eine Freude daran haben, sich selbst und die, die mit ihnen verkehren, zu täuschen. Jene Alten vor mir (vor meiner Zeit) mußt du kennen, Herodot, Ktesias von Knidos und vor diesen die Dichter, ja Homer selber, hochgefeierte Männer, die sich der schriftlichen Lüge bedienten, so daß sie nicht nur ihre damaligen Zuhörer täuschten, sondern ihre Lüge in der Folge sich bis auf uns erstreckt, aufbewahrt in sehr schönen Worten und Versen. Mich beschleicht oft ein Gefühl der Scham für sie, wenn sie von der Kastrierung des Uranos erzählen, von den Fesseln des Prometheus, dem Aufstand der Giganten und von der ganzen Tragödie im Hades. Ferner, daß aus Liebe Zeus zum Stier oder Schwan wurde und daß jemand aus einer Frau in einen Vogel oder in eine Bärin verwandelt worden ist, außerdem von Fabelwesen wie Pegasos, Chimaira, den Gorgonen, den Kyklopen und dergleichen mehr; sehr seltsame Wundererzählungen, die die Gemüter von Knaben bezaubern können, die noch vor der Mormó und der Lamia Angst haben. Indes sind die Fabeln der Dichter vielleicht noch maßvoll, daß aber bereits Staaten und viele Völker öffentlich und von Staats wegen lügen, wie wäre das nicht lächerlich? Wenn die Kreter sich nicht schämen, das Grab des Zeus zu zeigen, die Athener sagen, Erichthonios sei aus der Erde emporgewachsen und die ersten Menschen seien aus Attika aufgeschossen wie das Gemüse, Märchen, die sich immerhin eher sehen lassen können als die der Thebaner, die erzählen, aus Drachenzähnen seien gewisse Männer, Sparten genannt, hervorgeschossen. Wer nun das, was doch lächerlich ist, nicht für wahr hält, sondern bei vernünftiger Prüfung meint, einem Koroibos oder Margites komme es zu, sich einreden zu lassen, Triptolemos sei auf einem geflügelten Drachengespann durch die Luft gefahren oder Pan von Arkadien als Bundesgenosse nach Marathon gekommen oder Oreithyia von Boreas geraubt worden, der ist

Βορέου ἁρπασθῆναι, ἀσεβὴς οὗτός γε καὶ ἀνόητος αὐτοῖς ἔδοξεν οὕτω προδήλοις καὶ ἀληθέσι πράγμασιν ἀπιστῶν· ἐς τοσοῦτον ἐπικρατεῖ τὸ ψεῦδος.

ΦΙΛ. Ἀλλ' οἱ μὲν ποιηταί, ὦ Τυχιάδη, καὶ αἱ πόλεις δὲ 4 ξυγγνώμης τυγχάνοιεν ἄν, οἱ μὲν τὸ ἐκ τοῦ μύθου τερπνὸν ἐπαγωγότατον ὂν ἐγκαταμιγνύντες τῇ γραφῇ, οὗπερ μάλιστα δέονται πρὸς τοὺς ἀκροατάς, Ἀθηναῖοι δὲ καὶ Θηβαῖοι καὶ εἴ τινες ἄλλοι σεμνοτέρας ἀποφαίνοντες τὰς πατρίδας ἐκ τῶν τοιούτων. εἰ γοῦν τις ἀφέλοι τὰ μυθώδη ταῦτα ἐκ τῆς Ἑλλάδος, οὐδὲν ἂν κωλύσειε λιμῷ τοὺς περιηγητὰς αὐτῶν διαφθαρῆναι μηδὲ ἀμισθὶ τῶν ξένων τἀληθὲς ἀκούειν ἐθελησόντων. οἱ δὲ μηδὲ μιᾶς ἕνεκα αἰτίας τοιαύτης ὅμως χαίροντες τῷ ψεύσματι παγγέλοιοι εἰκότως δοκοῖεν ἄν.

ΤΥΧ. Εὖ λέγεις· ἔγωγέ τοι παρ' Εὐκράτους ἥκω σοι τοῦ 5 πάνυ πολλὰ τὰ ἄπιστα καὶ μυθώδη ἀκούσας, μᾶλλον δὲ μεταξὺ λεγομένων ἀπιὼν ᾠχόμην οὐ φέρων τοῦ πράγματος τὴν ὑπερβολήν, ἀλλά με ὥσπερ αἱ Ἐρινύες ἐξήλασαν πολλὰ τεράστια καὶ ἀλλόκοτα διεξιόντος.

ΦΙΛ. Καίτοι, ὦ Τυχιάδη, ἀξιόπιστός τις ὁ Εὐκράτης ἐστὶ καὶ οὐδεὶς ἂν οὐδὲ πιστεύσειεν ὡς ἐκεῖνος οὕτω βαθὺν πώγωνα καθειμένος ἑξηκοντούτης ἀνήρ, ἔτι καὶ φιλοσοφίᾳ ξυνὼν τὰ πολλά, ὑπομείνειεν ἂν καὶ ἄλλου τινὸς ψευδομένου ἀκοῦσαι παρών, οὐχ ὅπως αὐτός τι τολμῆσαι τοιοῦτον.

ΤΥΧ. Οὐ γὰρ οἶσθα, ὦ ἑταῖρε, οἷα μὲν εἶπεν, ὅπως δὲ αὐτὰ ἐπιστώσατο, ὡς δὲ καὶ ἐπώμνυτο τοῖς πλείστοις παραστησάμενος τὰ παιδία, ὥστε με ἀποβλέποντα ἐς αὐτὸν ποικίλα ἐννοεῖν, ἄρτι μὲν ὡς μεμήνοι καὶ ἔξω εἴη

in ihren Augen ein gottloser Tor, weil er so augenscheinlich wahre Dinge nicht glaubt; so groß ist die Macht der Lüge.

PHIL. Aber den Dichtern und den Staaten, Tychiades, könnte man verzeihen, den einen, wenn sie den im Mythos liegenden Reiz, der besonders anziehend ist — was sie ihren Zuhörern gegenüber brauchen —, in ihre Schriftstellerei einmengen, den Athenern aber, den Thebanern und anderen, weil sie durch derartige Erzählungen ihre Heimat ehrwürdiger erscheinen lassen wollen. Denn wollte jemand Griechenland um diese Fabeln bringen, so müßten ihre Fremdenführer ohne weiteres verhungern, da die Fremden nicht einmal gratis die Wahrheit zu hören wünschen würden. Die aber, die aus keinem derartigen Anlaß gleichwohl ihre Freude an der Lüge haben, sie dürften einem mit Recht ganz lächerlich vorkommen.

TYCH. Du hast recht. Ich komme z. B. von dem bekannten Eukrates, nachdem ich viel Unglaubliches und Fabelhaftes anhören hatte müssen, vielmehr ging ich mitten während der Gespräche eilends fort, da ich das Übermaß in dieser Hinsicht nicht ertrug, sondern mich die Erinyen sozusagen verscheuchten, während Eukrates viel seltsame Wundergeschichten erzählte.

PHIL. Eukrates gehört, Tychiades, doch zu den glaubwürdigen Menschen und niemand könnte glauben, daß er, ein Sechziger mit einem so langen Bart, ein Mann, der außerdem sich viel mit Philosophie beschäftigt, auch nur einem Lügner zuhören könnte, geschweige denn, daß er selber derartiges wage.

TYCH. Du weißt ja nicht, was für Dinge er sprach, wie er sie bekräftigte, wie er das meiste beim Leben seiner Kinder mit einem Eid bestätigte, so daß ich, wenn ich ihn ansah, mir verschiedene Gedanken machte, bald, er sei verrückt und nicht bei Trost, bald, daß ich mir so lange Zeit nicht darüber

τοῦ καθεστηκότος, ἄρτι δὲ ὡς γόης ὢν ἄρα τοσοῦτον χρόνον ἐλελήθει με ὑπὸ τῇ λεοντῇ γελοῖόν τινα πίθηκον περιστέλλων· οὕτως ἄτοπα διηγεῖτο.

ΦΙΛ. Τίνα ταῦτα πρὸς τῆς Ἑστίας, ὦ Τυχιάδη; ἐθέλω γὰρ εἰδέναι ἥντινα τὴν ἀλαζονείαν ὑπὸ τηλικούτῳ τῷ πώγωνι ἔσκεπεν.

ΤΥΧ. Εἴωθα μὲν καὶ ἄλλοτε, ὦ Φιλόκλεις, φοιτᾶν πρὸς 6 αὐτόν, εἴ ποτε πολλὴν τὴν σχολὴν ἄγοιμι, τήμερον δὲ Λεοντίχῳ συγγενέσθαι δεόμενος — ἑταῖρος δέ μοι, ὡς οἶσθα — ἀκούσας παρὰ τοῦ παιδὸς ὡς παρ' Εὐκράτην ἕωθεν ἀπέλθοι νοσοῦντα ἐπισκεψόμενος, ἀμφοῖν ἕνεκα, ὡς καὶ τῷ Λεοντίχῳ συγγενοίμην κἀκεῖνον ἴδοιμι — ἠγνοήκειν γὰρ ὡς νοσοίη — παραγίνομαι πρὸς αὐτόν· εὑρίσκω δὲ αὐτόθι τὸν μὲν Λεόντιχον οὐκέτι — ἐφθάκει γάρ, ὡς ἔφασκον, ὀλίγον προεξεληλυθώς — ἄλλους δὲ συχνούς, ἐν οἷς Κλεόδημός τε ἦν ὁ ἐκ τοῦ Περιπάτου καὶ Δεινόμαχος ὁ Στωϊκὸς καὶ Ἴων (οἶσθα τὸν ἐπὶ τοῖς Πλάτωνος λόγοις θαυμάζεσθαι ἀξιοῦντα ὡς μόνον ἀκριβῶς κατανενοηκότα τὴν γνώμην τοῦ ἀνδρὸς καὶ τοῖς ἄλλοις ὑποφητεῦσαι δυνάμενον). ὁρᾷς οἵους ἄνδρας σοί φημι, πανσόφους καὶ παναρέτους, ὅ τι περ τὸ κεφάλαιον αὐτὸ ἐξ ἑκάστης προαιρέσεως, αἰδεσίμους ἅπαντας καὶ μονονουχὶ φοβεροὺς τὴν πρόσοψιν; ἔτι καὶ ὁ ἰατρὸς Ἀντίγονος παρῆν κατὰ χρείαν, οἶμαι, τῆς νόσου ἐπικληθείς. καὶ ῥᾷον ἐδόκει ἤδη ἔχειν ὁ Εὐκράτης καὶ τὸ νόσημα τῶν συντρόφων ἦν· τὸ ῥεῦμα γὰρ ἐς τοὺς πόδας αὖθις αὐτῷ κατεληλύθει. καθέζεσθαι οὖν με παρ' αὐτὸν ἐπὶ τῇ κλίνῃ ὁ Εὐκράτης ἐκέλευεν ἠρέμα ἐγκλίνας τῇ φωνῇ ἐς τὸ ἀσθενικόν, ὁπότε εἶδέ με, καίτοι βοῶντος αὐτοῦ καὶ διατεινομένου τι μεταξὺ εἰσιὼν ἐπήκουον. κἀγὼ μάλα πεφυλαγμένως, μὴ ψαύσαιμι τῶν ποδῶν αὐτοῦ,

klar geworden war, daß er ein Gauner ist, der sozusagen in der Löwenhaut einen lächerlichen Affen verhüllt. So seltsam waren seine Erzählungen.

PHIL. Bei der Hestia (Vesta), was waren das für Erzählungen, Tychiades; ich will nämlich wissen, welche Windbeutelei er unter einem solchen Bart verbarg.

TYCH. Ich bin auch sonst gewohnt, Philokles, ihn zu besuchen, wenn ich einmal viel Zeit habe. Heute aber wollte ich den Leontichos treffen – er ist, wie du weißt, ein Freund von mir –, da ich aber von seinem Diener gehört hatte, er sei in der Früh zu Eukrates gegangen, um ihm einen Krankenbesuch zu machen, so begebe ich mich zu ihm, aus zwei Gründen, um den Leontichos zu treffen und jenen zu besuchen – ich wußte nämlich nicht, daß er krank war –. Den Leontichos finde ich aber dort nicht mehr, er war nämlich, wie sie sagten, kurz vorher weggegangen, wohl aber viele andere, unter denen sich der Peripathetiker Kleodemos befand, der Stoiker Deinomachos und Ion – du kennst den, der Anspruch auf besondere Bewunderung als Kenner der Dialoge Platons erhebt, deren Sinn er allein gründlich verstehe und in deren Verständnis er auch andere einweihen könnte –. Siehst du, was für Männer ich dir nenne, ganz gescheite, lauter Tugendhelden – die Tugend ist ja gerade die Hauptlehre jeder philosophischen Sekte –, alle vielgefeiert und anscheinend beinahe unnahbar? Ferner war auch der Arzt Antigonos zugegen, wegen der Krankheit, glaube ich, berufen. Und dem Eukrates schien es schon besser zu gehen und sein Leiden gehörte zu den chronischen; das Rheuma war nämlich wieder zu seinen Füßen hinabgerutscht. Eukrates forderte mich also auf, neben ihm auf dem Sofa Platz zu nehmen, wobei er seiner Stimme, als er mich sah, einen sanften, seinem Schwächezustand entsprechenden Ausdruck verlieh, obwohl ich beim Eintritt ihn laut schreien hörte. Ich setzte mich in seiner Nähe recht behutsam nieder, um ja nicht seine Füße zu berühren, und brachte die gewöhn-

ἀπολογησάμενος τὰ συνήθη ταῦτα, ὡς ἀγνοήσαιμι νοσοῦντα καὶ ὡς, ἐπεὶ ἔμαθον, δρομαῖος ἔλθοιμι, ἐκαθεζόμην πλησίον. οἱ μὲν δὴ ἐτύγχανον ἤδη περὶ τοῦ νοσήματος τὰ μὲν ἤδη προειρηκότες, τὰ δὲ καὶ τότε διεξιόντες, ἔτι δὲ καὶ θεραπείας τινὰς ἕκαστος ὑποβάλλοντες· ὁ γοῦν Κλεόδημος· Εἰ τοίνυν, φησί, τῇ ἀριστερᾷ τις ἀνελόμενος χαμόθεν τὸν ὀδόντα τῆς μυγαλῆς οὕτω φονευθείσης, ὡς προεῖπον, ἐνδήσειεν εἰς δέρμα λέοντος ἄρτι ἀποδαρέντος, εἶτα περιάψειε περὶ τὰ σκέλη, αὐτίκα παύεται τὸ ἄλγημα. Οὐκ εἰς λέοντος, ἔφη ὁ Δεινόμαχος, ἐγὼ ἤκουσα, ἐλάφου δὲ θηλείας ἔτι παρθένου καὶ ἀβάτου· καὶ τὸ πρᾶγμα οὕτω πιθανώτερον· ὠκὺ γὰρ ἡ ἔλαφος καὶ ἔρρωται μάλιστα ἐκ τῶν ποδῶν. καὶ ὁ λέων ἄλκιμος μέν, καὶ τὸ λίπος αὐτοῦ καὶ ἡ χεὶρ ἡ δεξιὰ καὶ αἱ τρίχες ἐκ τοῦ πώγωνος αἱ ὀρθαὶ μεγάλ᾽ ἄ⟨ν⟩ δύναιντο, εἴ τις ἐπίσταιτο αὐτοῖς χρῆσθαι μετὰ τῆς οἰκείας ἐπῳδῆς ἑκάστῳ· ποδῶν δὲ ἴασιν ἥκιστα ἐπαγγέλλεται. Καὶ αὐτός, ἦ δ᾽ ὃς ὁ Κλεόδημος, οὕτω πάλαι ἐγίνωσκον ἐλάφου χρῆναι τὸ δέρμα εἶναι, διότι ὠκὺ ἔλαφος· ἔναγχος δὲ Λίβυς ἀνὴρ σοφὸς τὰ τοιαῦτα μετεδίδαξέ με εἰπὼν ὠκυτέρους εἶναι τῶν ἐλάφων τοὺς λέοντας. ἀμέλει, ἔφη, καὶ αἱροῦσιν αὐτὰς διώκοντες. ἐπῄνεσαν οἱ παρόντες ὡς εὖ εἰπόντος τοῦ Λίβυος. ἐγὼ δέ, Οἴεσθε γάρ, ἔφην, ἐπῳδαῖς τισι τὰ τοιαῦτα παύεσθαι ἢ τοῖς ἔξωθεν παραρτήμασι τοῦ κακοῦ ἔνδον διατρίβοντος; ἐγέλασαν ἐπὶ τῷ λόγῳ μου καὶ δῆλοι ἦσαν κατεγνωκότες μου πολλὴν τὴν ἄνοιαν, ἐπεὶ μὴ ἐπισταίμην τὰ προδηλότατα καὶ περὶ ὧν ἂν οὐδεὶς φρονῶν ἀντείποι μὴ οὐχὶ οὕτως ἔχειν. ὁ μέντοι ἰατρὸς Ἀντίγονος ἐδόκει μοι ἡσθῆναι τῇ ἐρωτήσει μου· πάλαι γὰρ ἠμελεῖτο, οἶμαι, βοηθεῖν ἀξιῶν τῷ Εὐκράτει μετὰ τῆς τέχνης οἴνου τε παραγγέλλων ἀπέχεσθαι καὶ λάχανα σιτεῖσθαι καὶ ὅλως ὑφαιρεῖν τοῦ τό-

lichen Entschuldigungen vor, daß ich von seiner Krankheit nichts wußte, und als ich davon erfuhr, eilends kam. Die Anwesenden hatten teils von der Krankheit bereits gesprochen, teils sprachen sie gerade davon, außerdem schlugen sie einige Heilverfahren vor; z. B. sprach Kleodemos: „Wenn also einer mit der Linken den Zahn der so, wie ich eben sagte, getöteten Spitzmaus vom Boden aufhebt, ihn in die eben einem Löwen abgezogene Haut bindet, dann damit die Schenkel umwickelt, so hört der Schmerz sofort auf." „Nicht in eine Löwenhaut", sprach Deinomachos, „so habe ich gehört, sondern in die einer noch nicht begatteten Hindin; und so ist es auch wahrscheinlicher. Schnell ist ja der Hirsch und seine Stärke beruht hauptsächlich auf den Füßen. Auch der Löwe ist zwar kräftig und sein Fett, seine rechte Tatze und die geraden (nicht gekrümmten) Haare seiner Mähne können wohl eine große Wirkung haben, falls einer diese Dinge zu gebrauchen verstünde mit einem für jedes geeigneten Zauberspruch; Heilung der Füße verheißt er jedoch am wenigsten." „Auch ich selber", sprach Kleodemos, „war ursprünglich dieser Meinung, es müsse eine Hirschhaut sein, weil der Hirsch ein schnelles Wesen ist. Kürzlich belehrte mich aber ein in solchen Dingen gescheiter Afrikaner zu der anderen Ansicht, indem er sagte, schneller als die Hirsche sind ja die Löwen; natürlich, sie verfolgen die Hirsche und holen sie ein." Die Anwesenden lobten die Worte des Afrikaners, ich hingegen sprach: „Glaubt ihr denn, daß derartiges durch Zaubersprüche oder äußere Anhängsel aufhört, wo doch das Übel drinnen sitzt?" Sie lachten über meine Worte und hielten mich offenbar für einen großen Toren, weil ich die augenscheinlichsten Tatsachen, die kein vernünftiger Mensch bestreiten könnte, nicht verstünde. Der Arzt Antigonos jedoch schien mir über meine Frage eine Freude zu haben, denn er fühlte sich halt von der Gesellschaft vernachlässigt, er, der doch dem Eukrates mit seiner Kunst helfen wollte, indem er ihm nahelegte, sich des Weines zu enthalten, Gemüse zu essen und überhaupt die Spannung zu verringern.

νου. ὁ γοῦν Κλεόδημος ὑπομειδιῶν ἅμα· Τί λέγεις, ἔφη, ὦ Τυχιάδη; ἄπιστον εἶναί σοι δοκεῖ τὸ ἐκ τῶν τοιούτων γίγνεσθαί τινας ὠφελείας ἐς τὰ νοσήματα; Ἔμοιγε, ἦν δ' ἐγώ, εἰ μὴ πάνυ τὴν ῥῖνα κορύζης μεστὸς εἴην, ὡς πιστεύειν τὰ ἔξω καὶ μηδὲν κοινωνοῦντα τοῖς ἔνδοθεν ἐπεγείρουσι τὰ νοσήματα μετὰ ῥηματίων, ὥς φατε, καὶ γοητείας τινὸς ἐνεργεῖν καὶ τὴν ἴασιν ἐπιπέμπειν προσαρτώμενα. τὸ δ' οὐκ ἂν γένοιτο, οὐδ' ἢν ἐς τοῦ Νεμείου λέοντος τὸ δέρμα ἐνδήσῃ τις ἑκκαίδεκα μυγαλᾶς ὅλας· ἐγὼ γοῦν αὐτὸν τὸν λέοντα εἶδον πολλάκις χωλεύοντα ὑπ' ἀλγηδόνων ἐν ὁλοκλήρῳ τῷ αὑτοῦ δέρματι. Πάνυ γὰρ 9 ἰδιώτης, ἔφη ὁ Δεινόμαχος, εἰ καὶ τὰ τοιαῦτα οὐκ ἐμέλησέ σοι ἐκμαθεῖν ὅντινα τρόπον ὠφελεῖ τοῖς νοσήμασι προσφερόμενα, καί μοι δοκεῖς οὐδὲ τὰ προφανέστατα ἂν παραδέξασθαι ταῦτα, τῶν ἐκ περιόδου πυρετῶν τὰς ἀποπομπὰς καὶ τῶν ἑρπετῶν τὰς καταθέλξεις καὶ βουβώνων ἰάσεις καὶ τἄλλα ὁπόσα καὶ αἱ γρᾶες ἤδη ποιοῦσιν. εἰ δὲ ἐκεῖνα γίγνεται ἅπαντα, τί δή ποτε οὐχὶ ταῦτα οἰήσῃ γίγνεσθαι ὑπὸ τῶν ὁμοίων; Ἀπέραντα, ἦν δ' ἐγώ, ξυμπεραίνῃ, ὦ Δεινόμαχε, καὶ ἥλῳ, φασίν, ἐκκρούεις τὸν ἧλον· οὐδὲ γὰρ ἃ φῂς ταῦτα δῆλα μετὰ τοιαύτης δυνάμεως γιγνόμενα. ἢν γοῦν μὴ πείσῃς πρότερον ἐπάγων τῷ λόγῳ, διότι φύσιν ἔχει γίγνεσθαι οὕτω, τοῦ τε πυρετοῦ καὶ τοῦ οἰδήματος δεδιότος ἢ ὄνομα θεσπέσιον ἢ ῥῆσιν βαρβαρικὴν καὶ διὰ τοῦτο ἐκ τοῦ βουβῶνος δραπετεύοντος, ἔτι σοι γραῶν μῦθοι τὰ λεγόμενά ἐστι. Σύ μοι δοκεῖς, ἦ δ' ὅς ὁ Δεινόμαχος, τὰ τοιαῦτα λέγων 10 οὐδὲ θεοὺς εἶναι πιστεύειν εἴ γε μὴ οἴει τὰς ἰάσεις οἷόν τε εἶναι ὑπὸ ἱερῶν ὀνομάτων γίγνεσθαι. Τοῦτο μέν, ἦν δ' ἐγώ, μὴ λέγε, ὦ ἄριστε· κωλύει γὰρ οὐδὲν καὶ θεῶν ὄν-

Kleodemos nun sagte lächelnd: „Was meinst du, Tychiades; scheint es dir unmöglich zu sein, daß sich aus solchen Mitteln irgendein Nutzen bei Krankheiten ergibt?" „Ja, ich müßte ganz stumpfsinnig sein", erwiderte ich, „um zu glauben, daß äußere Mittel, die mit inneren Krankheitsursachen in gar keiner Verbindung stehen, mit Zauberformeln, wie ihr sagt, und ein bißchen Hokuspokus wirksam sind und Heilung schicken, wenn man sie auflegt. Das wäre wohl nicht möglich, nicht einmal, wenn einer sechzehn ganze Spitzmäuse in die Haut des nemeischen Löwen bände. Ich z. B. habe oft den Löwen selbst vor Schmerzen in seiner eigenen ganzen Haut hinken sehen." „Du bist ein rechter Laie", sprach Deinomachos, „wenn dir nichts daran liegt zu lernen, auf welche Weise solche Mittel, wenn man sie auflegt, bei Krankheiten helfen, und es kommt mir vor, daß du wohl nicht einmal diese augenscheinlichsten Tatsachen gelten lassen willst, Befreiungen von periodischen Fiebern, Schlangenbeschwörungen, Heilungen von Geschwüren in der Schamgegend usw., derartiges, wie es auch die alten Weiber schon bewerkstelligen. Wenn aber alle jene Tatsachen geschehen, warum sollen nicht auch diese von den gleichen Mitteln ins Werk gesetzt werden?" „Dein Schluß, Deinomachos", sprach ich, „ist nicht folgerichtig und du stößt, wie es im Sprichwort heißt, mit einem Nagel den Nagel heraus; es ist ja auch nicht klar, daß die Tatsachen, von denen du sprichst, mit einer solcher Zauberkraft geschehen. Falls du also einen nicht logisch überzeugst, daß solches geschieht, weil es der Natur entspricht, indem das Fieber und die Geschwulst entweder vor einem göttlichen Namen oder einer barbarischen Formel Angst hat und deshalb aus der geschwollenen Drüse davonläuft, so bleiben deine Worte bloße Altweibermärchen." „Du scheinst mir", erwiderte Deinomachos, „wenn du solches sagst, auch nicht an die Existenz der Götter zu glauben, wenn du nicht meinst, daß die Heilungen von den heiligen Namen bewirkt werden können." „Sag das nicht, mein Bester", sprach ich, „es hindert ja nichts anzunehmen,

των όμως τά τοιαύτα ψευδή είναι. έγώ δέ καί θεούς σέβω καί ιάσεις αυτών όρώ καί ἃ εὖ ποιούσι τούς κάμνοντας υπό φαρμάκων καί ιατρικής άνιστάντες· ό γοῦν Ἀσκληπιός αὐτός καί οἱ παῖδες αὐτοῦ ἤπια φάρμακα πάσσοντες ἐθεράπευον τούς νοσοῦντας, οὐ λέοντας καί μυγαλᾶς περιάπτοντες. Ἔα τοῦτον, ἔφη ὁ Ἴων, ἐγὼ δέ ὑμῖν θαυ- 11
μάσιόν τι διηγήσομαι. ἦν μέν ἐγώ μειράκιον ἔτι ἀμφί τά τετταρακαίδεκα ἔτη σχεδόν· ἧκε δέ τις ἀγγέλλων τῷ πατρί Μίδαν τόν ἀμπελουργόν, ἐρρωμένον ἐς τά ἄλλα οἰκέτην καί ἐργατικόν, ἀμφί πλήθουσαν ἀγοράν ὑπό ἐχίδνης δηχθέντα κεῖσθαι ἤδη σεσηπότα τό σκέλος· ἀναδοῦντι γάρ αὐτῷ τά κλήματα καί ταῖς χάραξι περιπλέκοντι προσερπύσαν τό θηρίον δακεῖν κατά τόν μέγαν δάκτυλον, καί τό μέν φθάσαι καί καταδῦναι αὖθις ἐς τόν φωλεόν, τόν δέ οἰμώζειν ἀπολλύμενον ὑπ' ἀλγηδόνων. ταῦτά τε οὖν ἀπηγγέλλετο καί τόν Μίδαν ἑωρῶμεν αὐτόν ἐπί σκίμποδος ὑπό τῶν ὁμοδούλων προσκομιζόμενον, ὅλον ᾠδηκότα, πελιδνόν, μυδῶντα, τήν ἐπιφάνειαν ὀλίγον ἔτι ἐμπνέοντα. λελυπημένῳ δή τῷ πατρί τῶν φίλων τις παρών, Θάρρει, ἔφη, ἐγώ γάρ σοι ἄνδρα Βαβυλώνιον τῶν Χαλδαίων, ὥς φασιν, αὐτίκα μέτειμι, ὃς ἰάσεται τόν ἄνθρωπον. καί ἵνα μή διατρίβω λέγων, ἧκεν ὁ Βαβυλώνιος καί ἀνέστησε τόν Μίδαν ἐπῳδῇ τινι ἐξελάσας τόν ἰόν ἐκ τοῦ σώματος, ἔτι καί προσαρτήσας τῷ ποδί τεθνηκυίας παρθένου λίθον ἀπό τῆς στήλης ἐκκόψας. καί τοῦτο μέν ἴσως μέτριον· καίτοι ὁ Μίδας αὐτός ἀράμενος τόν σκίμποδα, ἐφ' οὗ ἐκεκόμιστο, ᾤχετο ἐς τόν ἀγρόν ἀπιών. τοσοῦτον ἡ ἐπῳδή ἐδυνήθη καί ὁ στηλίτης ἐκεῖνος λίθος. ὁ δέ καί ἄλλα ἐποίησε θεσπέσια 12
ὡς ἀληθῶς· ἐς γάρ τόν ἀγρόν ἐλθών ἕωθεν ἐπειπών

daß trotz der Existenz der Götter derartige Erzählungen Lügen sind. Ich verehre die Götter und sehe ihre Heilungen sowie die Wohltaten, die sie den Kranken erweisen, indem sie sie durch Medizinen und durch die Heilkunst wieder auf die Beine bringen. Asklepios z. B. selber und seine Jünger kurierten die Kranken durch Auflegung sachter Heilmittel, ohne daß sie Löwen und Spitzmäuse herumwickelten." „Laß ihn stehen", sprach Ion, „ich will euch etwas Wunderbares erzählen. Ich war noch ein etwa vierzehnjähriges Bürschchen, da kam jemand mit der Meldung zu meinem Vater, der Winzer Midas, ein im übrigen kräftiger und arbeitsfähiger Sklave, sei um ungefähr 11 Uhr von einer Otter gebissen worden und liege nun da mit dem bereits brandig gewordenen Schenkel. Als er nämlich die Reben aufband und um die Pfähle wickelte, sei das Tier aus seinem Loch herausgekrochen und habe ihn in die große Zehe gebissen, dann sei es rasch in seinem Loch wieder verschwunden; der Gebissene jammere und vergehe vor Schmerzen. Dies wurde gemeldet und den Midas sahen wir selber, wie er auf einer Tragbahre von seinen Mitsklaven gebracht wurde, ganz aufgeschwollen, fahl im Gesicht, anscheinend nur mehr wenig atmend, ein lebender Leichnam. Zu meinem darüber betrübten Vater sagte ein Freund, der zugegen war: ‚Sei getrost, ich werde dir sofort einen Babylonier, einen von den Chaldäern, wie es heißt, holen, der den Menschen heilen wird.' Und um nicht ein langes und breites zu machen, der Babylonier kam und stellte den Midas wieder auf die Beine, indem er durch einen Zauberspruch das Gift aus dem Körper entfernte und außerdem an dem Fuß einen Stein befestigte, den er aus dem Grabstein einer verstorbenen Jungfrau ausgemeißelt hatte. Und das ist freilich noch nichts Besonderes. Indes, Midas selber nahm die Tragbahre, auf der er gebracht worden war, auf seine Schultern und ging eilends aufs Feld. So groß war die Wirkung des Zauberspruches und jenes Steines von der Grabsäule. Der Babylonier tat noch andere, wirklich außerordentliche Dinge: er ging auf das Feld

ἱερατικά τινα ἐκ βίβλου παλαιᾶς ὀνόματα ἑπτά, θείῳ καὶ δᾳδὶ καθαγνίσας τὸν τόπον περιελθὼν ἐς τρίς, ἐξήλασεν ὅσα ἦν ἑρπετὰ ἐντὸς τῶν ὅρων. ἧκον οὖν ὥσπερ ἑλκόμενοι πρὸς τὴν ἐπῳδὴν ὄφεις πολλοί, καὶ ἀσπίδες καὶ ἔχιδναι καὶ κεράσται καὶ ἀκοντίαι, φρῦνοί τε καὶ φύσαλοι, ἐλείπετο δὲ εἷς δράκων παλαιός, ὑπὸ γήρως, οἶμαι, ἐξερπύσαι μὴ δυνάμενος παρακούσας τοῦ προστάγματος· ὁ δὲ μάγος οὐκ ἔφη παρεῖναι ἅπαντας, ἀλλ' ἕνα τινὰ τῶν ὄφεων τὸν νεώτατον χειροτονήσας πρεσβευτὴν ἔπεμψεν ἐπὶ τὸν δράκοντα, καὶ μετὰ μικρὸν ἧκε κἀκεῖνος. ἐπεὶ δὲ συνηυλίσθησαν, ἐνεφύσησε μὲν αὐτὰ ὁ Βαβυλώνιος, τὰ δὲ αὐτίκα μάλα κατεκαύθη ἅπαντα ὑπὸ τῷ φυσήματι, ἡμεῖς δὲ ἐθαυμάζομεν. Εἰπέ 13 μοι, ὦ Ἴων, ἦν δ' ἐγώ, ὁ ὄφις ὁ πρεσβευτὴς ὁ νέος ἄρα καὶ ἐχειραγώγει τὸν δράκοντα ἤδη, ὡς φῇς, γεγηρακότα, ἢ σκίπωνα ἔχων ἐκεῖνος ἐπεστηρίζετο; Σὺ μὲν παίζεις, ἔφη ὁ Κλεόδημος, ἐγὼ δὲ καὶ αὐτὸς ἀπιστότερος ὤν σου πάλαι τὰ τοιαῦτα – ᾤμην γὰρ οὐδενὶ λόγῳ δυνατὸν γίγνεσθαι ἂν αὐτὰ πιστεῦσαι – ὅμως ὅτε τὸ πρῶτον εἶδον πετόμενον τὸν ξένον τὸν βάρβαρον – ἐξ Ὑπερβορέων δὲ ἦν, ὡς ἔφασκεν – ἐπίστευσα καὶ ἐνικήθην ἐπὶ πολὺ ἀντισχών. τί γὰρ ἔδει ποιεῖν αὐτὸν ὁρῶντα διὰ τοῦ ἀέρος φερόμενον ἡμέρας οὔσης καὶ ἐφ' ὕδατος βαδίζοντα καὶ διὰ πυρὸς διεξιόντα καὶ σχολῇ καὶ βάδην; Σὺ ταῦτα, ἦν δ' ἐγώ, εἶδες, τὸν Ὑπερβόρεον ἄνδρα πετόμενον ἢ ἐπὶ τοῦ ὕδατος βεβηκότα; Καὶ μάλα, ἦ δ' ὅς, ὑποδεδεμένον γε καρβατίνας, οἷα μάλιστα ἐκεῖνοι ὑποδοῦνται. τὰ μὲν γὰρ σμικρὰ ταῦτα τί χρὴ καὶ λέγειν, ὅσα ἐπεδείκνυτο ἔρωτας ἐπιπέμπων καὶ δαίμονας ἀνάγων καὶ νεκροὺς ἑώλους ἀνακαλῶν καὶ τὴν Ἑκάτην αὐτὴν ἐναργῆ παριστὰς καὶ τὴν Σελήνην κατασπῶν; ἐγὼ γοῦν διηγήσομαι ὑμῖν ἃ εἶδον γιγνόμενα ὑπ' αὐ- 14

in der Früh, sprach dabei aus einem alten Buch sieben heilige kultische Namen, reinigte den Ort mit Schwefel und Kienspänen, indem er ihn dreimal umkreiste, und vertrieb dadurch alle Schlangen innerhalb des Gebietes. Es kamen also wie genötigt durch den Zauberspruch viele Schlangen verschiedener Art, auch Kröten. Nur eine alte Schlange blieb zurück, da sie halt vor Alter aus ihrem Loch nicht herauskriechen konnte und den Befehl überhört hatte. Der Magier aber erklärte, daß nicht alle erschienen seien, bestimmte eine von den Schlangen, u. zw. die jüngste zur Gesandtin und schickte sie zu der Schlange und nach kurzer Zeit kam auch sie. Als sie aber versammelt waren, hauchte sie der Babylonier an, sie aber verbrannten sofort unter der Einwirkung seines Hauches, so daß wir alle erstaunten." „Sag mir, Ion", sprach ich, „führte die junge Schlange als Gesandtin die Schlange, die nach deiner Behauptung bereits alt war, bei der Hand oder stützte sich jene auf einen Stock?" „Du scherzt", sprach Kleodemos, „ich jedoch, der ich in solchen Dingen vorher gleichfalls, u. zw. noch mehr als du, ungläubig war – ich meinte nämlich, unter keinen Umständen könne man glauben, diese Dinge seien möglich – gleichwohl aber, als ich zum ersten Male den Fremden aus dem Barbarenland fliegen sah – aus der Hyperboreer war er, wie er sagte –, wurde ich gläubig und umgestimmt nach langem Widerstreben. Denn was hätte ich tun sollen, wo ich mit eigenen Augen ihn durch die Luft bei Tag fliegen, auf dem Wasser schreiten und durch das Feuer hindurchgehen sah, u. zw. langsam und schrittweise?" „Du sahst das", sprach ich, „den Hyperboreer fliegen oder auf dem Wasser schreiten?" „Ja gewiß", erwiderte er, „mit Bauernschuhen an den Füßen, wie sie jene besonders gerne tragen. Denn was soll man von diesen Kleinigkeiten auch nur reden, die er produzierte, indem er Liebschaften bewirkte, Geister aus der Unterwelt heraufbrachte, längst verstorbene Tote ins Leben rief, die Hekate selber deutlich erscheinen ließ und die Mondgöttin vom Himmel auf die Erde herabzog? Ich will euch also er-

τοῦ ἐν Γλαυκίου τοῦ Ἀλεξικλέους· ἄρτι γὰρ ὁ Γλαυκίας τοῦ πατρὸς ἀποθανόντος παραλαβὼν τὴν οὐσίαν ἠράσθη Χρυσίδος τῆς Δημέου θυγατρός, ἐμοὶ δὲ διδασκάλῳ ἐχρῆτο πρὸς τοὺς λόγους, καὶ εἴ γε μὴ ὁ ἔρως ἐκεῖνος ἀπησχόλησεν αὐτόν, ἅπαντα ἂν ἤδη τὰ τοῦ Περιπάτου ἠπίστατο, ὃς καὶ ὀκτωκαιδεκαέτης ὢν ἀνέλυε καὶ τὴν φυσικὴν ἀκρόασιν μετεληλύθει ἐς τέλος· ἀμηχανῶν δὲ ὅμως τῷ ἔρωτι μηνύει μοι τὸ πᾶν. ἐγὼ δὲ ὥσπερ εἰκὸς ἦν διδάσκαλον ὄντα, τὸν Ὑπερβόρεον ἐκεῖνον μάγον ἄγω πρὸς αὐτὸν ἐπὶ μναῖς τέτταρσι μὲν τὸ παραυτίκα – ἔδει γὰρ προτελέσαι τι πρὸς τὰς θυσίας – ἑκκαίδεκα δέ, εἰ τύχοι τῆς Χρυσίδος. ὁ δὲ αὐξομένην τηρήσας τὴν σελήνην – τότε γὰρ ὡς ἐπὶ τὸ πολὺ τὰ τοιαῦτα τελεσιουργεῖται – βόθρον τε ὀρυξάμενος ἐν αἰθρίῳ τινὶ τῆς οἰκίας περὶ μέσας νύκτας ἀνεκάλεσεν ἡμῖν πρῶτον μὲν τὸν Ἀλεξικλέα τὸν πατέρα τοῦ Γλαυκίου πρὸ ἑπτὰ μηνῶν τεθνεῶτα· ἠγανάκτει δὲ ὁ γέρων ἐπὶ τῷ ἔρωτι καὶ ὠργίζετο, τὰ τελευταῖα δὲ ὅμως ἐφῆκεν αὐτῷ ἐρᾶν. μετὰ δὲ τὴν Ἑκάτην τε ἀνήγαγεν ἐπαγομένην τὸν Κέρβερον καὶ τὴν Σελήνην κατέσπασε πολύμορφόν τι θέαμα καὶ ἄλλοτε ἀλλοῖόν τι φανταζόμενον· τὸ μὲν γὰρ πρῶτον γυναικείαν μορφὴν ἐπεδείκνυτο, εἶτα βοῦς ἐγένετο πάγκαλος, εἶτα σκύλαξ ἐφαίνετο. τέλος δ' οὖν ὁ Ὑπερβόρεος ἐκ πηλοῦ Ἐρώτιόν τι ἀναπλάσας, Ἄπιθι, ἔφη, καὶ ἄγε Χρυσίδα. καὶ ὁ μὲν πηλὸς ἐξέπτατο, καὶ μετὰ μικρὸν δὲ ἐπέστη κόπτουσα τὴν θύραν ἐκείνη καὶ εἰσελθοῦσα περιβάλλει τὸν Γλαυκίαν ὡς ἂν ἐμμανέστατα ἐρῶσα καὶ συνῆν ἄχρι δὴ ἀλεκτρυόνων ἠκούσαμεν ᾀδόντων. τότε δὴ ἥ τε Σελήνη ἀνέπτατο ἐς τὸν οὐρανὸν καὶ ἡ Ἑκάτη ἔδυ κατὰ τῆς γῆς καὶ τὰ ἄλλα φάσματα ἠφανίσθη καὶ τὴν Χρυσίδα ἐξεπέμψαμεν περὶ αὐτό που σχεδὸν τὸ λυκαυγές. εἰ 15

zählen, was, wie ich sah, von ihm im Hause des Glaukias, Sohnes des Alexikles, bewirkt wurde. Glaukias, der nach dem eben erfolgten Tode seines Vaters sein Vermögen geerbt hatte, verliebte sich in Chrysis, die Tochter eines Demeas. Mich hatte er zum Lehrer für die Wissenschaften, und wenn ihn nicht die Liebe vom Studium abgezogen hätte, so würde er bereits alle peripatetischen Lehren verstehen, der sogar mit achtzehn Jahren schwierige Fragen löste und Aristoteles' Physik bis zum Ende durchstudiert hatte. Da ihm aber gleichwohl sein Liebesverhältnis Sorge bereitete, teilt er mir alles mit. Ich bringe natürlich, war ich doch sein Lehrer, jenen Zauberer aus dem Hyperboreerland zu ihm um 4 Minen (= 400 Drachmen) Vorschuß – es galt ja eine Anzahlung für die Opfer zu leisten – um 16, wenn er die Chrysis bekäme. Der Zauberer wartete auf den zunehmenden Mond – dann nämlich geht solches meist glücklich vonstatten –, grub eine Grube unter freiem Himmel im Bereich des Hauses um Mitternacht und rief uns zunächst den Vater des Glaukias, Alexikles, der vor sieben Monaten gestorben war, ins Leben. Der Alte war über das Liebesverhältnis unwillig und zornig, schließlich aber erlaubte er es ihm. Hernach führte der Magier die Hekate herauf, die den Kerberos mitbrachte, und zog die Mondgöttin vom Himmel herab, ein vielgestaltiger Anblick, der alle Augenblicke anders aussah; denn zuerst zeigte sie sich in weiblicher Gestalt, dann wurde sie eine wunderschöne Kuh, dann erschien sie als Hündin. Zuletzt formte der Hyperboreer eine Statuette des Eros aus Ton und sprach: ‚Geh fort und bring die Chrysis'. Die Statuette flatterte fort und bald trat jene zur Tür, klopfte, ging hinein und umarmte den Glaukias, anscheinend ganz wahnsinnig in ihn verliebt; und sie blieb bei ihm, bis wir die Hähne krähen hörten. Da flatterte die Mondgöttin zum Himmel empor, tauchte die Hekate unter die Erde und verschwanden die übrigen Erscheinungen. Die Chrysis ließen wir hinaus ungefähr zur Zeit der Morgendämmerung. Wenn du das, Tychiades, gesehen hättest, wür-

ταῦτα εἶδες, ὦ Τυχιάδη, οὐκ ἂν ἔτι ἠπίστησας εἶναι πολλὰ ἐν ταῖς ἐπῳδαῖς χρήσιμα. Εὖ λέγεις, ἦν δ' ἐγώ· ἐπίστευον γὰρ ἄν, εἴ γε εἶδον αὐτά· νῦν δὲ συγγνώμη, οἶμαι, εἰ μὴ τὰ ὅμοια ὑμῖν ὀξυδερκεῖν ἔχω. πλὴν ἀλλ' οἶδα γὰρ τὴν Χρυσίδα, ἣν λέγεις, ἐραστὴν γυναῖκα καὶ πρόχειρον· οὐχ ὁρῶ δὲ τίνος ἕνεκα ἐδεήθητε ἐπ' αὐτὴν τοῦ πηλίνου πρεσβευτοῦ καὶ μάγου τοῦ ἐξ Ὑπερβορέων καὶ Σελήνης αὐτῆς, ἣν εἴκοσι δραχμῶν ἀγαγεῖν ἐς Ὑπερβορέους δυνατὸν ἦν. πάνυ γὰρ ἐνδίδωσι πρὸς ταύτην τὴν ἐπῳδὴν ἡ γυνὴ καὶ τὸ ἐναντίον τοῖς φάσμασι πέπονθεν· ἐκεῖνα μὲν γὰρ ἦν ψόφον ἀκούσῃ χαλκοῦ ἢ σιδήρου, πέφευγε – καὶ ταῦτα γὰρ ὑμεῖς φατε – αὕτη δὲ ἂν ἀργύριόν που ψοφῇ, ἔρχεται πρὸς τὸν ἦχον. ἄλλως τε καὶ θαυμάζω αὐτοῦ τοῦ μάγου, εἰ δυνάμενος αὐτὸς ἐρασθῆναι πρὸς τῶν πλουσιωτάτων γυναικῶν καὶ τάλαντα ὅλα παρ' αὐτῶν λαμβάνειν, ὁ δὲ τεττάρων μνῶν πάνυ σμικρολόγος ὢν Γλαυκίαν ἐπέραστον ἐργάζεται. Γελοῖα ποιεῖς, ἔφη ὁ Ἴων, ἀπιστῶν ἅπασιν. ἐγὼ γοῦν ἡδέως ἂν ἐροίμην σε, τί περὶ τούτων φῂς ὅσοι 16 τοὺς δαιμονῶντας ἀπαλλάττουσι τῶν δειμάτων οὕτω σαφῶς ἐξᾴδοντες καὶ τὰ φάσματα. καὶ ταῦτα οὐκ ἐμὲ χρὴ λέγειν, ἀλλὰ πάντες ἴσασι τὸν Σύρον τὸν ἐκ τῆς Παλαιστίνης, τὸν ἐπὶ τούτων σοφιστήν, ὅσους παραλαβὼν καταπίπτοντας πρὸς τὴν σελήνην καὶ τὼ ὀφθαλμὼ διαστρέφοντας καὶ ἀφροῦ πιμπλαμένους τὸ στόμα ὅμως ἀνίστησι καὶ ἀποπέμπει ἀρτίους ἐπὶ μισθῷ μεγάλῳ ἀπαλλάξας τῶν δεινῶν· ἐπειδὰν γὰρ ἐπιστὰς κειμένοις ἔρηται ὅθεν εἰσεληλύθασιν εἰς τὸ σῶμα, ὁ μὲν νοσῶν αὐτὸς σιωπᾷ, ὁ δαίμων δὲ ἀποκρίνεται ἑλληνίζων ἢ βαρβαρίζων ἢ ὅθεν ἂν αὐτὸς ᾖ ὅπως τε καὶ ὅθεν ἐπῆλθεν ἐς τὸν ἄνθρωπον· ὁ δὲ ὅρκους ἐπάγων, εἰ δὲ μὴ πεισθείη, καὶ ἀπειλῶν ἐξελαύνει τὸν δαίμονα. ἐγὼ γοῦν

dest du nicht mehr ungläubig sein und leugnen, daß die Zaubersprüche zu vielem nutz sind." „Du hast Recht," erwiderte ich, „ich würde nämlich glauben, wenn ich diese Dinge gesehen hätte; so aber verzeiht mir halt, wenn ich den gleichen Dingen gegenüber nicht so scharfsichtig bin wie ihr. Jedoch von der Chrysis, die du meinst, weiß ich, daß sie ein verliebtes und leicht zugängliches Frauenzimmer ist. Ich sehe ja nicht, weshalb ihr für sie den tönernen Gesandten brauchtet, den Magier aus dem Hyperboreerland, und die Mondgöttin selber, für sie, die man um 20 Drachmen zu den Hyperboreern hätte bringen können. Das Frauenzimmer ist nämlich sehr anfällig für diesen Zauber und ihr passiert das Gegenteil von dem, was Gespenstern widerfährt. Falls nämlich jene den Klang von Kupfer oder Eisen hören, fliehen sie – und das ist ja eure Behauptung –, diese aber geht, falls irgendwo Silber klimpert, dem Klang nach. Übrigens wundere ich mich über den Magier selber, wenn er, der sich doch Liebe von den reichsten Frauen verschaffen und dafür ganze Talente bekommen hätte können, für vier Minen als rechter Schmutzian dem Glaukias Liebe verschafft." „Du bist ein Witzbold," sprach Ion, „wenn du allem den Glauben versagst. Ich möchte dich gern fragen, was du über alle die sagst, die die Besessenen von ihren Schrecken befreien, indem sie so deutlich auch die Gespenster austreiben. Und das brauche ich nicht zu sagen, sondern alle kennen den Syrer aus Palästina, den Meister in diesen Dingen, wie viele Kranke, die vor der Heilung beim Mondschein niederfallen, die Augen verdrehen und deren Mund sich mit Schaum füllt, er gleichwohl auf die Beine bringt und gesund entläßt, nachdem er sie um hohen Lohn von ihren Schrecken befreit. Er tritt nämlich zu den Liegenden hin und fragt die Geister, woher sie in den Körper gekommen sind, und der Kranke selber schweigt, der Geist aber antwortet griechisch oder syrisch oder sonst in der Sprache seiner Heimat, wie und woher er in den Menschen gekommen ist. Der Magier beschwört ihn, droht ihm, wenn er nicht folgt, und

και είδον εξιόντα μέλανα και καπνώδη την χροιάν. Ου μέγα, ην δ' εγώ, τα τοιαύτά σε οράν, ώ Ίων, ώ γε και αι ίδέαι αύται φαίνονται, ας ο πατήρ ύμων Πλάτων δείκνυσιν, άμαυρόν τι θέαμα ως προς ημάς τους αμβλυώττοντας. Μόνος γαρ Ίων, έφη ο Εύκράτης, τα 17 τοιαύτα είδεν, ούχι δε και άλλοι πολλοί δαίμοσιν εντετυχήκασιν οι μεν νύκτωρ, οι δε μεθ' ημέραν; εγώ δε ούχ άπαξ, άλλα μυριάκις ήδη τα τοιαύτα τεθέαμαι· και το μεν πρώτον εταραττόμην προς αυτά, νυν δε δη υπό του έθους ούδέν τι παράλογον οράν μοι δοκώ, και μάλιστα εξ ου μοι τον δακτύλιον ο Άραψ έδωκε σιδήρου του εκ των σταυρών πεποιημένον και την επωδήν εδίδαξε την πολυώνυμον, εκτός ει μη κάμοί απιστήσεις, ώ Τυχιάδη. Και πώς αν, ην δ' εγώ, απιστήσαιμι Εύκράτει τω Δείνωνος σοφώ ανδρί και μάλιστα ελευθερίως τα δοκούντά οι λέγοντι οίκοι παρ' αύτώ επ' εξουσίας; Το γούν περί του ανδριάντος, η δ' ος ο Εύκράτης, άπασι 18 τοις επί της οικίας όσαι νύκτες φαινόμενον και παισί και νεανίαις και γέρουσι τούτο ου παρ' εμού μόνον ακούσειας αν, αλλά και παρά των ημετέρων απάντων. Ποίου, ην δ' εγώ, ανδριάντος; Ούχ εώρακας, έφη, εισιών εν τη αυλή ανεστηκότα πάγκαλον ανδριάντα, Δημητρίου έργον του ανθρωποποιού; Μών τον δισκεύοντα, ην δ' εγώ, φης τον επικεκυφότα κατά το σχήμα της αφέσεως, απεστραμμένον εις την δισκοφόρον, ηρέμα οκλάζοντα τω ετέρω, εοικότα ξυναναστησομένω μετά της βολής; Ούκ εκείνον, η δ' ός, επεί των Μύρωνος έργων εν και τούτό έστιν ο δισκοβόλος, ον λέγεις· ουδέ τον παρ' αυτόν φημι, τον διαδούμενον την κεφαλήν τη ταινία, τον καλόν, Πολυκλείτου γαρ τούτο έργον. αλλά τους μεν επί τα δεξιά εισιόντων άφες, εν οίς και τα Κριτίου και

treibt so den Geist aus. Ich sah sogar Geister aus den Kranken ausfahren, schwarz und rußig." „Das ist nichts Besonderes", sprach ich, „Ion, daß du derartiges siehst, dem doch die Ideen selber erscheinen, auf die euer Vater Platon hinweist, für uns Schwachsichtige ein dunkler Anblick." „Sah denn Ion allein", sprach Eukrates, „derartiges, sind nicht auch viele andere Dämonen (Geistern) begegnet, teils des Nachts, teils bei Tag. Ich habe nicht bloß einmal, sondern unzählige Male derartiges geschaut. Und zuerst war ich darüber bestürzt, jetzt aber glaube ich infolge der Gewohnheit nichts Außerordentliches mehr zu sehen und besonders, seitdem mir der Araber den aus dem Eisen eines der zu Hinrichtungen verwendeten Kreuze verfertigten Ring gegeben und mir den vielnamigen Zauberspruch beigebracht hat. Außer du würdest auch mir den Glauben versagen, Tychiades." „Und wie könnte ich ihn", erwiderte ich, „einem Eukrates, Sohn des Deinon, versagen, einem so gescheiten Mann, und besonders da er freimütig seine Ansichten daheim mit der Autorität eines Hausherrn äußert?" „Zum Beispiel von der Erscheinung betreffs der Bildsäule," sprach Eukrates, „einer Erscheinung, die alle Hausgenossen jede Nacht sehen, Knaben, Jünglinge und Greise, von ihr könntest du nicht nur von mir hören, sondern auch von allen unseren Hausgenossen." „Betreffs welcher Bildsäule?" sprach ich. „Hast du", erwiderte er, „beim Eintritt in den Hof nicht eine wunderschöne Statue stehen sehen, ein Werk des Bildhauers Demetrios?" „Du meinst doch nicht den Diskoswerfer", erwiderte ich, „der in der Haltung des Abwurfes gebückt ist, dem Mädchen zugewendet, das ihm die Scheibe gebracht hat, das eine Knie sacht gebeugt, dem man aber anmerkt, daß er sich gleichzeitig mit dem Wurf aufrichten wird?" „Nicht den", sprach er, „das ist ja eines von den Werken des Myron, der Diskoswerfer, den du meinst; auch nicht den neben ihm meine ich, der sein Haupt mit einer Binde umwindet, den schönen – das ist nämlich ein Werk des Polyklet –. Sondern laß die Statuen zur Rechten – wenn man eintritt –

Νησιώτου πλάσματα ἕστηκεν, οἱ τυραννοκτόνοι. σὺ δὲ εἴ τινα παρὰ τὸ ὕδωρ τὸ ἐπιρρέον εἶδες προγάστορα, φαλαντίαν, ἡμίγυμνον τὴν ἀναβολήν, ἠνεμωμένον τοῦ πώγωνος τὰς τρίχας ἐνίας, ἐπίσημον τὰς φλέβας, αὐτοανθρώπῳ ὅμοιον, ἐκεῖνον λέγω, Πέλιχος ὁ Κορίνθιος στρατηγὸς εἶναι δοκεῖ. Νὴ Δί', ἦν δ' ἐγώ, εἶδόν τινα ἐπὶ 19 τὰ δεξιὰ τοῦ Κρόνου ταινίας καὶ στεφάνους ξηροὺς ἔχοντα, κεχρυσωμένον πετάλοις τὸ στῆθος. Ἐγὼ δέ, ὁ Εὐκράτης ἔφη, ἐκεῖνα ἐχρύσωσα, ὁπότε μ' ἰάσατο διὰ τρίτης ὑπὸ τοῦ ἠπιάλου ἀπολλύμενον. Ἦν γὰρ καὶ ἰατρός, ἦν δ' ἐγώ, ὁ βέλιστος οὗτος Πέλιχος; Ἔστι καὶ μὴ σκῶπτε, ἦ δ' ὃς ὁ Εὐκράτης, ἤ σε οὐκ εἰς μακρὰν μέτεισιν ὁ ἀνήρ· οἶδα ἐγὼ ὅσον δύναται οὗτος ὁ ὑπὸ σοῦ γελώμενος ἀνδριάς. ἢ οὐ νομίζεις τοῦ αὐτοῦ εἶναι καὶ ἐπιπέμπειν ἠπιάλους οἷς ἂν ἐθέλῃ, εἴ γε καὶ ἀποπέμπειν δυνατὸν αὐτῷ; Ἵλεως, ἦν δ' ἐγώ, ἔστω ὁ ἀνδριὰς καὶ ἤπιος οὕτως ἀνδρεῖος ὤν. τί δ' οὖν καὶ ἄλλο ποιοῦντα ὁρᾶτε αὐτὸν ἅπαντες οἱ ἐν τῇ οἰκίᾳ; Ἐπειδὰν τάχιστα, ἔφη, νὺξ γένηται, ὁ δὲ καταβὰς ἀπὸ τῆς βάσεως, ἐφ' ᾗ ἕστηκε, περιθεῖ ἐν κύκλῳ τὴν οἰκίαν καὶ πάντες ἐντυγχάνομεν αὐτῷ ἐνίοτε καὶ ᾄδοντι, καὶ οὐκ ἔστιν ὅντινα ἠδίκησεν· ἐκτρέπεσθαι γὰρ χρὴ μόνον· ὁ δὲ παρέρχεται μηδὲν ἐνοχλήσας τοὺς ἰδόντας. καὶ μὴν καὶ λούεται τὰ πολλὰ καὶ παίζει δι' ὅλης τῆς νυκτός, ὥστε ἀκούειν τοῦ ὕδατος ψοφοῦντος. Ὅρα τοίνυν, ἦν δ' ἐγώ, μὴ οὐχὶ Πέλιχος ὁ ἀνδριάς, ἀλλὰ Τάλως ὁ Κρὴς ὁ τοῦ Μίνως ᾖ· καὶ γὰρ ἐκεῖνος χαλκοῦς τις ἦν τῆς Κρήτης περίπολος. εἰ δὲ μὴ χαλκοῦ, ὦ Εὔκρατες, ἀλλὰ ξύλου ἐπεποίητο, οὐδὲν αὐτὸν ἐκώλυεν οὐ Δημητρίου ἔργον εἶναι, ἀλλὰ τῶν Δαιδάλου τεχνημάτων· δραπετεύει γοῦν, ὡς φής, ἀπὸ τῆς βάσεως καὶ οὗτος. Ὅρα, ἔφη, ὦ Τυχιάδη, μή 20 σοι μεταμελήσῃ τοῦ σκώμματος ὕστερον. οἶδα ἐγὼ οἷα

außer Betracht, unter denen auch die Bildwerke des Kritios und Nesiotes stehen, die Tyrannenmörder. Wenn du aber neben dem Springbrunnen einen sahst, mit vorquellendem Bauch, glatzköpfig, vom Überwurf nur halb bedeckt, einige Barthaare im Winde flatternd, mit hervortretenden Adern, das leibhaftige Ebenbild eines Menschen, den meine ich; Pelichos, der korinthische Feldherr, scheint es zu sein." „Ja, beim Zeus," erwiderte ich, „ich sah ihn rechts von Kronos; er hatte Binden, trockene Kränze und vergoldete Metallplättchen an der Brust." „Ich habe sie", sprach Eukrates, „vergoldet, als er mich vom Wechselfieber, das mir arg zusetzte, heilte." „War denn", erwiderte ich, „dieser gute Pelichos auch ein Arzt?" „Er ist es und spotte nicht", sprach Eukrates, „sonst wird der Mann sich bald an dir rächen; ich weiß, was die von dir verspottete Statue vermag. Oder glaubst du nicht, daß dieselbe Fieber nach Belieben über einen kommen lassen kann, wenn sie davon auch befreien kann?" „Gnädig und huldvoll," erwiderte ich, „soll mir die Statue sein, wenn sie so männlich ist! Was seht ihr sie also auch sonst tun, ihr alle im Hause?" „Sobald es Nacht geworden ist", erwiderte er, „steigt sie vom Sockel, auf dem sie steht, herab, läuft im Haus im Kreis herum und wir alle begegnen ihr, manchmal, wie sie gerade singt; und sie hat noch niemand etwas zuleide getan, man muß ihr nur ausweichen, dann geht sie vorbei, ohne die, die sie sehen, zu belästigen. Ja sie badet auch meistens und unterhält sich damit die ganze Nacht, so daß man das Geräusch des Wassers hört." „Schau also", erwiderte ich, „am Ende ist die Statue nicht Pelichos, sondern der Kreter Talos, der Diener des Minos; denn auch jener, der in Kreta die Runde machte, war aus Erz. Wäre sie aber nicht aus Erz, sondern aus Holz verfertigt, so würde nichts im Wege sein, daß sie nicht ein Werk des Demetrios ist, sondern eines von den Kunstwerken des Daidalos. Auch diese läuft ja, wie du sagst, von ihrem Sockel davon." „Sieh zu, Tychiades", sprach er, „daß du deinen Spott nicht später zu bereuen hast.

ἔπαθεν ὁ τοὺς ὀβολοὺς ὑφελόμενος, οὓς κατὰ τὴν νουμηνίαν ἑκάστην τίθεμεν αὐτῷ. Πάνδεινα ἐχρῆν, ὁ Ἴων ἔφη, ἱερόσυλόν γε ὄντα. πῶς δ' οὖν αὐτὸν ἠμύνατο, ὦ Εὔκρατες; ἐθέλω γὰρ ἀκοῦσαι, εἰ καὶ ὅτι μάλιστα οὑτοσὶ Τυχιάδης ἀπιστήσει. Πολλοί, ἦ δ' ὅς, ἔκειντο ὀβολοὶ πρὸς τοῖν ποδοῖν αὐτοῦ καὶ ἄλλα νομίσματα ἔνια ἀργυρᾶ πρὸς τὸν μηρὸν κηρῷ κεκολλημένα καὶ πέταλα ἐξ ἀγρύρου, εὐχαί τινος ἢ μισθὸς ἐπὶ τῇ ἰάσει ὁπόσοι δι' αὐτὸν ἐπαύσαντο πυρετῷ ἐχόμενοι. ἦν δὲ ἡμῖν Λίβυς τις οἰκέτης, κατάρατος, ἱπποκόμος· οὗτος ἐπεχείρησε νυκτὸς ὑφελέσθαι πάντα ἐκεῖνα καὶ ὑφείλετο καταβεβηκότα ἤδη τηρήσας τὸν ἀνδριάντα. ἐπεὶ δὲ ἐπανελθὼν τάχιστα ἔγνω περισεσυλημένος ὁ Πέλιχος, ὅρα ὅπως ἠμύνατο καὶ κατεφώρασε τὸν Λίβυν· δι' ὅλης γὰρ τῆς νυκτὸς περιῄει ἐν κύκλῳ τὴν αὐλὴν ἄθλιος ἐξελθεῖν οὐ δυνάμενος ὥσπερ ἐς λαβύρινθον ἐμπεσών, ἄχρι δὴ κατελήφθη ἔχων τὰ φώρια γενομένης τῆς ἡμέρας. καὶ τότε μὲν πληγὰς οὐκ ὀλίγας ἔλαβεν ἁλούς, οὐ πολὺν δὲ ἐπιβιοὺς χρόνον κακὸς κακῶς ἀπέθανε μαστιγούμενος, ὡς ἔλεγε, κατὰ τὴν νύκτα ἑκάστην, ὥστε καὶ μώλωπας ἐς τὴν ἐπιοῦσαν φαίνεσθαι αὐτοῦ ἐπὶ τοῦ σώματος. πρὸς ταῦτα, ὦ Τυχιάδη, καὶ τὸν Πέλιχον σκῶπτε κἀμὲ ὥσπερ τοῦ Μίνωος ἡλικιώτην παραπαίειν ἤδη δόκει. Ἀλλ', ὦ Εὔκρατες, ἦν δ' ἐγώ, ἔστ' ἂν χαλκὸς μὲν ὁ χαλκός, τὸ δὲ ἔργον Δημήτριος ὁ Ἀλωπεκῆθεν εἰργασμένος ᾖ, οὐ θεοποιός τις, ἀλλ' ἀνθρωποποιὸς ὤν, οὔποτε φοβήσομαι τὸν ἀνδριάντα Πελίχου, ὃν οὐδὲ ζῶντα πάνυ ἐδεδίειν ἀπειλοῦντά μοι. ἐπὶ τούτοις Ἀντίγονος ὁ ἰατρὸς εἶπε· Κἀμοί, ὦ Εὔκρατες, Ἱππο-

Ich weiß, was dem Dieb der Obolen widerfahren ist, die wir ihm bei jedem Neumond hinlegen." „Ganz Furchtbares," sagte Ion, „hätte ihm widerfahren sollen, da er sich an heiligem Gut vergriff. Wie rächte sich nun, Eukrates, die Statue des Pelichos; ich will's nämlich hören, auch wenn dieser Tychiades es noch so sehr bestreiten sollte." „Es lagen", sprach er, „viele Obolen zu seinen Füßen und einige andere Münzen, aus Silber, waren mit Wachs an seinen Schenkel geklebt, sowie Metallplättchen aus Silber, als Gelübde von jemand oder als Lohn für die Heilung von jenen, die um seinetwillen vom Fieber befreit worden waren. Wir hatten aber einen afrikanischen Sklaven, einen verruchten Gauner, seinem Beruf nach ein Roßknecht. Dieser versuchte des Nachts alle jene Münzen zu entwenden und er entwendete sie auch, indem er darauf paßte, bis die Statue von ihrem Sockel herabgestiegen war. Nachdem aber Pelichos nach seiner Rückkunft bemerkt hatte, daß er beraubt worden war, schau, wie er sich rächte und den Afrikaner entlarvte: durch die ganze Nacht mußte nämlich der Unselige um den Hof im Kreise herumgehen, ohne den Ausgang zu finden, als ob er in ein Labyrinth geraten wäre, bis er, als es Tag geworden war, mit seinem Diebsgut ertappt wurde. Und da bekam er nicht wenige Schläge, lebte aber nicht mehr lange darnach, sondern fand als schlimmer Bösewicht einen schlimmen Tod, da er jede Nacht, wie er sagte, gezüchtigt wurde, so daß sogar Schwielen noch am folgenden Tag an seinem Körper sichtbar waren. Im Hinblick darauf spotte, Tychiades, über den Pelichos und meine von mir, ich sei wie ein Altersgenosse des Minos bereits schwachsinnig." „Aber, Eukrates", erwiderte ich, „solange das Erz Erz ist und das Kunstwerk der Athener Demetrios aus dem Gau Alopeke ausgeführt hat, kein Verfertiger von Götterbildern, sondern von Menschenbildern, werde ich niemals vor der Statue des Pelichos Angst haben, den ich nicht einmal bei Lebzeiten sonderlich fürchten würde, wenn er mir drohte." Darauf sagte der Arzt Antigonos: „Auch ich habe, Eukrates, eine

κράτης έστι χαλκοΰς όσον πηχυαΐος τό μέγεθος, ός μόνον έπειδάν ή θρυαλλίς άποσβη, περίεισι τήν οίκίαν όλην έν κύκλω ψοφών καί τάς πυξίδας άνατρέπων καί τά φάρμακα συγχέων καί τήν θύραν περιτρέπων, καί μάλιστα έπειδάν τήν θυσίαν ύπερβαλώμεθα, ήν κατά τό έτος έκαστον αύτω θύομεν. Άξιοΐ γάρ, ήν δ' έγώ, καί Ιπποκράτης ήδη ό ίατρός θύεσθαι αύτω καί άγανακτεΐ, ήν μή κατά καιρόν έφ' ίερών τελείων έστιαθη; όν έδει άγαπάν, εί τις έναγίσειεν αύτω ή μελίκρατον έπισπείσειεν ή στεφανώσειε τήν κεφαλήν.

Άκουε τοίνυν, έφη ό Εύκράτης, τούτο μέν καί έπί μαρ- 22 τύρων, ό πρό έτών πέντε είδον· έτύγχανε μέν άμφί τρυγητόν τό έτος όν, έγώ δέ άμφί τόν άγρόν μεσούσης τής ήμέρας τρυγώντας άφείς τούς έργάτας κατ' έμαυτόν είς τήν ύλην άπηειν μεταξύ φροντίζων τι καί άνασκοπούμενος. έπεί δ' έν τω συνηρεφεΐ ήν, τό μέν πρώτον ύλαγμός ήκούετό μοι κυνών, κάγώ είκαζον Μνάσωνα τόν υίόν, ώσπερ είώθει, παίζειν καί κυνηγετεΐν είς τό λάσιον μετά τών ήλικιωτών παρελθόντα. τό δ' ούκ είχεν ούτως, άλλά μετ' όλίγον σεισμού τινος άμα γενομένου καί βοής οίον έκ βροντής γυναίκα όρώ προσιούσαν φοβεράν, ήμισταδιαίαν σχεδόν τό ύψος· είχε δέ καί δάδα έν τη άριστερα καί ξίφος έν τη δεξια όσον είκοσάπηχυ, καί τά μέν ένερθεν όφιόπους ήν, τά δέ άνω Γοργόνι έμφερής, τό βλέμμα φημί καί τό φρικώδες τής προσόψεως, καί άντί τής κόμης τούς δράκοντας βοστρυχηδόν περιέκειτο είλουμένους περί τόν αύχένα καί έπί τών ώμων ένίους έσπειραμένους. όράτε, έφη, όπως έφριξα, ώ φίλοι, μεταξύ διηγούμενος; καί άμα λέγων έδείκνυεν ό Εύκράτης τάς έπί τού πήχεως τρίχας πάσιν όρθάς ύπό τού φόβου. οί μέν ούν άμφί τόν Ίωνα καί τόν Δει- 23

eherne Statue, einen Hippokrates, ungefähr eine Elle hoch, der nur wann der Docht ausgelöscht ist, im ganzen Haus im Kreis herumgeht, wobei er Lärm macht, die Arzneibüchsen umwirft, die Medizinen durcheinandermischt und die Tür auf- und zuschlägt, besonders wann wir das Opfer aufgeschoben haben, das wir ihm alle Jahre darbringen." „Es verlangt nämlich", sprach ich, „schon der Arzt Hippokrates ein Opfer und ist empört, wenn man ihm nicht zur rechten Zeit einen ausgiebigen Opferschmaus darbringt, er, der doch zufrieden sein sollte, wenn ihm einer ein Totenopfer weiht oder ein Melikraton (Trank aus Honig und Milch) spendet oder das Haupt der Statue bekränzt."

„Höre also", sprach Eukrates, „u. zw. vor Zeugen, was ich vor fünf Jahren sah. Es war gerade um die Zeit der Lese; ich ließ die Arbeiter zu Mittag auf dem Feld bei der Lese und ging in den Wald für mich unter Gedanken und Grübeleien. Als ich im Dickicht war, hörte ich zunächst ein Hundegebell und ich vermutete, mein Sohn Mnason sei, wie er es gewohnt war, zur Unterhaltung mit Altersgenossen auf die Jagd ins Dickicht gegangen. Das verhielt sich aber nicht so, sondern nach kurzem gab es ein Erdbeben und ein Getöse, wie von einem Donner. Da sehe ich eine schreckhafte Frauengestalt nahen, ungefähr ein halbes Stadion hoch. Eine Fackel hatte sie in der Linken und ein etwa zwanzig Ellen langes Schwert in der Rechten. Unten hatte sie Schlangenfüße, oben glich sie (ich meine ihren Blick und ihr furchtbares Aussehen) einer Gorgone und statt des Haares hatte sie Schlangen, die sich lockenartig um ihren Hals ringelten, zum Teil mit ihren Windungen sogar auf die Schultern herabreichten. Seht ihr, Freunde", sprach er, „wie es mich bei der Erzählung schaudert?" Und gleichzeitig zeigte Eukrates, wie die Haare auf seinem Ellbogen sich infolge der Angst sträubten. Ion nun, Deinomachos und Kleodemos sahen mit offenem Mund unverwandt auf ihn, Greise, die sich gewissermaßen von ihm bei der Nase herum-

νόμαχον καὶ τὸν Κλεόδημον κεχηνότες ἀτενὲς προσεῖ-
χον αὐτῷ γέροντες ἄνδρες, ἑλκόμενοι τῆς ῥινός, ἠρέμα
προσκυνοῦντες οὕτως ἀπίθανον κολοσσόν, ἡμισταδι-
αίαν γυναῖκα, γιγάντειόν τι μορμολύκειον. ἐγὼ δὲ
ἐνενόουν μεταξὺ οἷοι ὄντες αὐτοὶ νέοις τε ὁμιλοῦσιν ἐπὶ
σοφίᾳ καὶ ὑπὸ πολλῶν θαυμάζονται μόνῃ τῇ πολιᾷ
καὶ τῷ πώγωνι διαφέροντες τῶν βρεφῶν, τὰ δ' ἄλλα
καὶ αὐτῶν ἐκείνων εὐαγωγότεροι πρὸς τὸ ψεῦδος. ὁ 24
γοῦν Δεινόμαχος· Εἰπέ μοι, ἔφη, ὦ Εὔκρατες, οἱ κύνες
δὲ τῆς θεοῦ πηλίκοι τὸ μέγεθος ἦσαν; Ἐλεφάντων, ἦ δ'
ὅς, ὑψηλότεροι τῶν Ἰνδικῶν, μέλανες καὶ αὐτοὶ καὶ
λάσιοι πιναρᾷ καὶ αὐχμώσῃ τῇ λάχνῃ. ἐγὼ μὲν οὖν
ἰδὼν ἔστην ἀναστρέψας ἅμα τὴν σφραγῖδα, ἥν μοι ὁ
Ἄραψ ἔδωκεν, εἰς τὸ εἴσω τοῦ δακτύλου· ἡ Ἑκάτη δὲ
πατάξασα τῷ δρακοντείῳ ποδὶ τοὔδαφος ἐποίησε
χάσμα παμμέγεθες, ἡλίκον ταρτάρειον τὸ βάθος· εἶτα
ᾤχετο μετ' ὀλίγον ἁλλομένη ἐς αὐτό. ἐγὼ δὲ θαρσήσας
ἐπέκυψα λαβόμενος δένδρου τινὸς πλησίον πεφυκότος,
ὡς μὴ σκοτοδινιάσας ἐμπέσοιμι ἐπὶ κεφαλήν· εἶτα ἑώρων τὰ ἐν Ἅιδου ἅπαντα, τὸν Πυριφλεγέθοντα, τὴν
λίμνην, τὸν Κέρβερον, τοὺς νεκρούς, ὥστε γνωρίζειν
ἐνίους αὐτῶν· τὸν γοῦν πατέρα εἶδον ἀκριβῶς αὐτὰ
ἐκεῖνα ἔτι ἀμπεχόμενον, ἐν οἷς αὐτὸν κατεθάψαμεν. Τί
δὲ ἔπραττον, ὁ Ἴων ἔφη, ὦ Εὔκρατες, αἱ ψυχαί; Τί
ἄλλο, ἦ δ' ὅς, ἢ κατὰ φῦλα καὶ φρήτρας μετὰ τῶν φίλων
καὶ συγγενῶν διατρίβουσιν ἐπὶ τοῦ ἀσφοδέλου κατα-
κείμενοι. Ἀντιλεγέτωσαν οὖν ἔτι, ἦ δ' ὃς ὁ Ἴων, οἱ
ἀμφὶ τὸν Ἐπίκουρον τῷ ἱερῷ Πλάτωνι καὶ τῷ περὶ
τῶν ψυχῶν λόγῳ. σὺ δὲ μὴ καὶ τὸν Σωκράτην αὐτὸν
καὶ τὸν Πλάτωνα εἶδες ἐν τοῖς νεκροῖς; Τὸν Σωκράτην
ἔγωγε, ἦ δ' ὅς, οὐδὲ τοῦτον σαφῶς, ἀλλὰ εἰκάζων ὅτι
φαλακρὸς καὶ προγάστωρ ἦν· τὸν Πλάτωνα δὲ οὐκ

führen ließen und im stillen einem so unwahrscheinlichen Koloß, einer ein halbes Stadion hohen Frau, einem riesenhaften Schreckbild, ihre Verehrung bezeigten. Ich machte mir unterdessen Gedanken darüber, was das doch für Männer sind, die mit jungen Leuten verkehren, um ihnen Weisheit beizubringen, und von vielen bewundert werden, obwohl sie sich nur durch ihr graues Haar und ihren Bart von den kleinen Kindern unterscheiden, ja im übrigen sogar anfälliger für die Lüge sind als jene. Deinomachos nun sprach: „Sag mir, Eukrates, wie groß waren die Hunde der Göttin?" „Größer als die indischen Elefanten", erwiderte dieser, gleichfalls schwarz, mit zottigem, schmutzigem und struppigem Wollhaar. Als ich das sah, blieb ich stehen und drehte zugleich den Ring, den mir der Araber gegeben hatte, nach der Innenseite des Fingers. Da stampfte die Hekate mit ihrem Schlangenfuß auf den Boden und schuf dadurch eine sehr große Kluft, so tief, daß sie bis zum Tartaros reichte. Dann sprang sie bald selbst eilends hinein. Da faßte ich Mut und bückte mich darüber, nachdem ich einen Baum, der in der Nähe gewachsen war, erfaßt hatte, um nicht schwindlig zu werden und kopfüber hineinzufallen. Dann sah ich alles im Hades, den Pyriphlegethon, den See, den Kerberos und die Toten, so daß ich einige von ihnen erkannte; z. B. meinen Vater sah ich, genau noch mit jenen selben Kleidern angetan, mit denen wir ihn bestattet hatten." „Was taten, Eukrates", sprach Ion, „die Seelen?" „Was sonst", erwiderte dieser, „als daß sie mit ihren Freunden und ihren Verwandten verkehren, gesondert nach Stämmen und Verbänden, und auf der Asphodeloswiese liegen." „Es sollen also", sprach Ion, „die Epikureer dem heiligen Platon widersprechen und dem, was er von den Seelen sagt. Du sahst doch nicht am Ende den Sokrates selber und den Platon unter den Toten?" „Den Sokrates", erwiderte er, „auch nicht deutlich, aber ich vermutete, daß er es war, weil der betreffende glatzköpfig war und einen vorquellenden Bauch hatte. Den Platon

ἐγνώρισα· χρὴ γάρ, οἶμαι, πρὸς φίλους ἄνδρας τἀληθῆ λέγειν. ἅμα γοῦν ἔγωγε ἅπαντα ἀκριβῶς ἑώρακα, καὶ τὸ χάσμα συνέμυε καί τινες τῶν οἰκετῶν ἀναζητοῦντές με, καὶ Πυρρίας οὗτος ἐν αὐτοῖς, ἐπέστησαν οὔπω τέλεον μεμυκότος τοῦ χάσματος. εἰπέ, Πυρρία, εἰ ἀληθῆ λέγω. Νὴ Δί', ἔφη ὁ Πυρρίας, καὶ ὑλακῆς δὲ ἤκουσα διὰ τοῦ χάσματος καὶ πῦρ τι ὑπολάμπειν ἀπὸ τῆς δᾳδός μοι ἐδόκει. Κἀγὼ ἐγέλασα ἐπιμετρήσαντος τοῦ μάρτυρος τὴν ὑλακὴν καὶ τὸ πῦρ. ὁ Κλεόδημος δέ· Οὐ καινά, 25 εἶπεν, οὐδὲ ἄλλοις ἀόρατα ταῦτα εἶδες, ἐπεὶ καὶ αὐτὸς οὐ πρὸ πολλοῦ νοσήσας τοιόνδε τι ἐθεασάμην· ἐπεσκόπει δέ με καὶ ἐθεράπευεν Ἀντίγονος οὗτος. ἑβδόμη μὲν ἦν ἡμέρα, ὁ δὲ πυρετὸς οἷος καύσωνος σφοδρότερος. ἅπαντες δέ με ἀπολιπόντες ἐπ' ἐρημίας ἐπικλεισάμενοι τὰς θύρας ἔξω περιέμενον· οὕτως γὰρ ἐκέλευσας, ὦ Ἀντίγονε, εἴ πως δυνηθείην εἰς ὕπνον τρέπεσθαι. τότε οὖν ἐφίσταταί μοι νεανίας ἐγρηγορότι πάγκαλος λευκὸν ἱμάτιον περιβεβλημένος, εἶτα ἀναστήσας ἄγει διά τινος χάσματος ἐς τὸν Ἅιδην, ὡς αὐτίκα ἐγνώρισα Τάνταλον ἰδὼν καὶ Τιτυὸν καὶ Σίσυφον. καὶ τὰ μὲν ἄλλα τί ἂν ὑμῖν λέγοιμι; ἐπεὶ δὲ κατὰ τὸ δικαστήριον ἐγενόμην – παρῆν δὲ καὶ ὁ Αἰακὸς καὶ ὁ Χάρων καὶ αἱ Μοῖραι καὶ αἱ Ἐρινύες – ὁ μέν τις ὥσπερ βασιλεύς (ὁ Πλούτων μοι δοκεῖ) καθῆστο ἐπιλεγόμενος τῶν τεθνηξομένων τὰ ὀνόματα, οὓς ἤδη ὑπερημέρους τῆς ζωῆς συνέβαινεν εἶναι. ὁ δὲ νεανίσκος ἐμὲ φέρων παρέστησεν αὐτῷ· ὁ δὲ Πλούτων ἠγανάκτησέ τε καὶ πρὸς τὸν ἀγαγόντα με· Οὔπω πεπλήρωται, φησί, τὸ νῆμα αὐτῷ, ὥστε ἀπίτω. σὺ δὲ δὴ τὸν χαλκέα Δημύλον ἄγε· ὑπὲρ γὰρ τὸν ἄτρακτον ἤδη βιοῖ. κἀγὼ ἄσμενος ἀναδραμὼν αὐτὸς μὲν ἤδη ἀπύρετος ἦν, ἀπήγγελλον δὲ ἅπασιν ὡς τεθνήξεται Δημύλος· ἐν γειτόνων δὲ ἡμῖν ᾤκει

erkannte ich nicht; zu Freunden muß man halt die Wahrheit sagen. Kaum hatte ich alles genau gesehen, so schloß sich der Schlund und einige Sklaven, die mich suchten – und der Pyrrhias da unter ihnen – traten herzu, als sich der Schlund noch nicht vollkommen geschlossen hatte. Sprich, Pyrrhias, ob ich die Wahrheit sage." „Ja, beim Zeus", erwiderte Pyrrhias, „und ich hörte ein Gebell durch den Schlund und ein Feuerschein schien mir von der Fackel zu leuchten." Und ich mußte lachen, weil der Zeuge als Zugabe noch das Gebell und den Feuerschein dazutat. Kleodemos aber sagte: „Nichts Neues, was du da sagst, nichts, was nicht auch andere gesehen haben, denn ich habe ebenfalls, als ich vor nicht langer Zeit erkrankt war, so etwas geschaut. Es machte mir damals Krankenvisiten unser Antigonos. Es war der siebente Tag, das Fieber, an dem ich litt, besonders heftig. Alle hatten mich allein gelassen, die Türen geschlossen und warteten draußen; so hattest es du, Antigonos, angeordnet, um zu versuchen, ob ich vielleicht dadurch einschlafen könnte. Da tritt nun zu mir in wachem Zustand ein wunderschöner Jüngling, mit einem weißen Gewande bekleidet, heißt mich aufstehen und führt mich dann durch einen Schlund in den Hades, wie ich sofort erkannte, als ich den Tantalos sah, den Tityos und den Sisyphos. Und was soll ich euch das übrige erzählen? Nachdem ich zum Unterweltsgericht gekommen war – zugegen waren auch Aiakos, Charon, die Moiren (Parzen) und die Erinyen –, da saß jemand da wie ein König – Pluton, glaub' ich, war es – und las die Namen derer durch, die sterben sollten, weil sie bereits ihre Lebenszeit überschritten hatten. Der Jüngling stellte mich eilends ihm vor; Pluton aber ward unwillig und sagt zu dem, der mich gebracht hatte: ‚Sein Gespinst ist noch nicht voll, drum soll er fortgehen. Du hole den Schmid Demylos; er lebt nämlich bereits über seine Zeit.' Und ich lief froh wieder hinauf und war bereits ohne Fieber, allen aber meldete ich, daß Demylos bald tot sein werde; er wohnte nämlich in unserer Nachbarschaft und war ebenfalls krank, wie gemeldet

νοσῶν τι καὶ αὐτός, ὡς ἀπηγγέλλετο. καὶ μετὰ μικρὸν ἠκούομεν οἰμωγῆς ὀδυρομένων ἐπ' αὐτῷ. Τί θαυμα- 26 στόν; εἶπεν ὁ Ἀντίγονος· ἐγὼ γὰρ οἶδά τινα μετὰ εἰκοστὴν ἡμέραν ἢ ᾗ ἐτάφη ἀναστάντα, θεραπεύσας καὶ πρὸ τοῦ θανάτου καὶ ἐπεὶ ἀνέστη τὸν ἄνθρωπον. Καὶ πῶς, ἦν δ' ἐγώ, ἐν εἴκοσιν ἡμέραις οὔτε ἐμύδησε τὸ σῶμα οὔτε ἄλλως ὑπὸ λιμοῦ διεφθάρη; εἰ μή τινά γε Ἐπιμενίδην σύ γε ἐθεράπευσας. ἅμα ταῦτα λεγόντων 27 ἡμῶν ἐπεισῆλθον οἱ τοῦ Εὐκράτους υἱοὶ ἐκ τῆς παλαίστρας, ὁ μὲν ἤδη ἐξ ἐφήβων, ὁ δὲ ἕτερος ἀμφὶ τὰ πεντεκαίδεκα ἔτη, καὶ ἀσπασάμενοι ἡμᾶς ἐκαθέζοντο ἐπὶ τῆς κλίνης παρὰ τῷ πατρί· ἐμοὶ δὲ εἰσεκομίσθη θρόνος. καὶ ὁ Εὐκράτης ὥσπερ ἀναμνησθεὶς πρὸς τὴν ὄψιν τῶν υἱέων, Οὕτως ὀναίμην, ἔφη, τούτων – ἐπιβαλὼν αὐτοῖν τὴν χεῖρα – ὡς ἀληθῆ, ὦ Τυχιάδη, πρός σε ἐρῶ. τὴν μακαρῖτίν μου γυναῖκα τὴν τούτων μητέρα πάντες ἴσασιν ὅπως ἠγάπησα, ἐδήλωσα δὲ οἷς περὶ αὐτὴν ἔπραξα οὐ ζῶσαν μόνον, ἀλλ' ἐπεὶ καὶ ἀπέθανε, τόν τε κόσμον ἅπαντα συγκατακαύσας καὶ τὴν ἐσθῆτα, ᾗ ζῶσα ἔχαιρεν. ἑβδόμῃ δὲ μετὰ τὴν τελευτὴν ἡμέρᾳ ἐγὼ μὲν ἐνταῦθα ἐπὶ τῆς κλίνης ὥσπερ νῦν ἐκείμην παραμυθούμενος τό γε πένθος· ἀνεγίνωσκον γὰρ τὸ περὶ ψυχῆς τοῦ Πλάτωνος βιβλίον ἐφ' ἡσυχίας· ἐπεισέρχεται δὲ μεταξὺ ἡ Δημαινέτη αὐτὴ ἐκείνη καὶ καθίζεται πλησίον ὥσπερ νῦν Εὐκρατίδης οὑτοσί, δείξας τὸν νεώτερον τῶν υἱέων· ὁ δὲ αὐτίκα ἔφριξε μάλα παιδικῶς καὶ πάλαι ἤδη ὠχρὸς ἦν πρὸς τὴν διήγησιν. Ἐγὼ δέ, ἦ δ' ὃς ὁ Εὐκράτης, ὡς εἶδον, περιπλακεὶς αὐτῇ ἐδάκρυον ἀνακωκύσας· ἡ δὲ οὐκ εἴα βοᾶν, ἀλλ' ᾐτιᾶτό με, ὅτι τὰ ἄλλα πάντα χαρισάμενος αὐτῇ θάτερον τοῖν σανδάλοιν χρυσοῖν ὄντοιν οὐ κατακαύσαιμι, εἶναι δὲ αὐτὸ ἔφασκε παραπεσὸν ὑπὸ τῇ κιβωτῷ, καὶ διὰ τοῦτο ἡμεῖς

wurde. Und bald hörten wir, wie sie die Totenklage um ihn anstimmten." „Was ist da wunder?" sprach Antigonos; „ich kenne einen, der am zwanzigsten Tag, nachdem er bestattet worden war, auferstand; ich habe den Menschen vor seinem Tod und, nachdem er wieder auferstanden war, behandelt". „Und wie", sprach ich, „war in zwanzig Tagen sein Leib weder in Fäulnis übergegangen noch verhungert? Außer du hast einen Epimenides behandelt." Während dieser Gespräche, die wir führten, kamen die beiden Söhne des Eukrates aus der Ringschule heim, der eine bereits erwachsen, der andere etwa fünfzehn Jahre alt; nachdem sie uns begrüßt hatten, setzten sie sich auf dem Sofa neben ihrem Vater nieder; für mich wurde ein Lehnstuhl gebracht. Und als ob sich Eukrates beim Anblick seiner Söhne an den folgenden Vorfall erinnert hätte, sprach er: „So wahr ich Glück mit diesen haben möchte" – wobei er seine Hand auf sie legte –, „ist das, was ich zu dir, Tychiades, sagen werde, wahr. Alle wissen, wie sehr ich meine selige Frau, die Mutter dieser beiden Söhne, geliebt habe, ich habe das ja durch mein Verhalten ihr gegenüber gezeigt, nicht nur während ihres Lebens, sondern auch nachdem sie gestorben war: Ich habe nämlich ihren ganzen Schmuck mit der Leiche verbrannt und das Kleid, an dem sie bei Lebzeiten ihre Freude hatte. Am siebten Tage nach ihrem Ende lag ich hier wie jetzt auf dem Sofa und suchte mich in meiner Trauer zu trösten; ich las nämlich in aller Ruhe Platons Buch über die Seele. Da kommt mittlerweile die Verstorbene Demainete selber herein und setzt sich in meiner Nähe nieder, wie jetzt Eukratides da" – wobei er auf den jüngeren Sohn zeigte; der aber schauderte sogleich recht kindlich zusammen, war übrigens bereits früher blaß in Erwartung der Erzählung –. „Wie ich sie sah", fuhr Eukrates fort, „umarmte ich sie, weinte und schluchzte, sie aber ließ mich nicht laut sein, sondern machte mir Vorwürfe: zwar hätte ich ihr sonst allen Gefallen erwiesen, aber die eine von den beiden goldenen Sandalen hätte ich nicht verbrannt, sie sei aber, wie sie sagte, unter die Truhe

ούχ εύρόντες θάτερον μόνον έκαύσαμεν. έτι δέ ημών διαλεγομένων κατάρατόν τι κυνίδιον υπό τη κλίνη ον Μελιταΐον ύλάκτησεν, ή δέ ήφανίσθη προς τήν ύλακήν· τό μέντοι σανδάλιον ηύρέθη υπό τη κιβωτω και κατεκαύθη ύστερον. έτι άπιστεϊν τούτοις, ώ Τυχιάδη, άξιον 28 έναργέσιν ούσι και κατά τήν ήμέραν έκάστην φαινομένοις; Μά Δί', ήν δ' εγώ· επεί σανδάλω γε χρυσώ ές τάς πυγάς ώσπερ τά παιδία παίεσθαι άξιοι αν είεν οί άπιστοϋντες και ούτως άναισχυντοϋντες προς τήν άλήθειαν.

Έπί τούτοις ό Πυθαγορικός 'Αρίγνωτος είσήλθεν, ό 29 κομήτης, ό σεμνός άπό τοϋ προσώπου (οίσθα τόν άοίδιμον επί τη σοφία, τόν ιερόν επονομαζόμενον). κάγώ μέν ώς είδον αυτόν, άνέπνευσα, τοϋτ' εκείνο ήκειν μοι νομίσας, πέλεκύν τινα κατά τών ψευσμάτων· επιστομιεΐ γάρ αυτούς, έλεγον, ό σοφός άνήρ ούτω τεράστια διεξιόντας, και τό τοϋ λόγου, θεόν άπό μηχανής έπεισκυκληθήναί μοι τοϋτον ώμην υπό τής Τύχης, ό δέ επεί έκαθέζετο ύπεκστάντος αύτω τοϋ Κλεοδήμου, πρώτα μέν περί τής νόσου ήρετο, και ώς ράον ήδη έχειν ήκουσε παρά τοϋ Εύκράτους· Τί δέ, έφη, τό προς αυτούς φιλοσοφείτε; μεταξύ γάρ είσιών επήκουσα, καί μοι δοκεϊτε εις καλόν διατεθήσεσθαι τήν διατριβήν. Τί δ' άλλο, είπεν ό Εύκράτης, ή τουτονί τόν άδαμάντινον πείθομεν – δείξας εμέ – ήγεΐσθαι δαίμονάς τινας είναι καί φαντάσματα καί νεκρών ψυχάς περιπολεΐν υπέρ γής καί φαίνεσθαι οίς άν έθέλωσιν. εγώ μέν ούν ήρυθρίασα καί κάτω ένευσα αίδεσθείς τόν 'Αρίγνωτον. ό δέ· "Όρα, έφη, ώ Εύκρατες, μή τοϋτό φησι Τυχιάδης, τάς τών βιαίως άποθανόντων μόνας ψυχάς περινοστεΐν,

gefallen und deshalb hätten wir sie nicht gefunden und nur die eine verbrannt. Während wir noch miteinander sprachen, bellte ein verfluchtes Malteserhündchen, das sich unter dem Sofa befand, sie aber verschwand beim Gebell. Die Sandale jedoch wurde unter der Truhe gefunden und später verbrannt. Steht es noch dafür, Tychiades, diesen augenscheinlichen Tatsachen, die jeden Tag vorkommen, den Glauben zu versagen?"
„Nein, beim Zeus", erwiderte ich, „denn mit einer goldenen Sandale auf den Hintern geschlagen zu werden wie die kleinen Kinder verdienen wohl die, die nicht glauben wollen und sich so unverschämt gegen die Wahrheit betragen."

Hernach kam der Pythagoreer Arignotos herein, der Mann mit dem langen Haar, ehrwürdig nach seinem Äußeren – du kennst den wegen seiner Weisheit gefeierten Mann, der den Beinamen ‚der Heilige' hat. Und wie ich ihn sah, atmete ich auf, in der Meinung, jetzt sei gerade das gekommen, was ich brauche, gewissermaßen eine Axt gegen die Lügen; der weise Mann, meinte ich, werde ja allen, die solche Wunder erzählen, den Mund stopfen, und ich glaubte, vom Schicksal sei er mir, wie es im Sprichwort heißt, als ein Deus ex machina gesendet worden. Als er sich setzte – wobei ihm Kleodemos Platz machte –, fragte er zuerst um die Krankheit, und wie er von Eukrates hörte, daß es ihm bereits besser gehe, sagte er: „Was für philosophische Gespräche führt ihr miteinander? Beim Hereingehen hörte ich nämlich zu und es kommt mir vor, es wird sich herausstellen, daß ihr die Unterhaltung in richtige Bahnen gelenkt habt." „Was sonst", erwiderte Eukrates, „als das: diesen stahlharten Menschen" – wobei er auf mich zeigte – „suchen wir zu dem Glauben zu bekehren, daß es irgendwelche Dämonen (Geister) gibt und daß Gespenster und Seelen von Toten auf Erden umherwandeln und nach Belieben einigen erscheinen." Ich errötete und senkte den Blick zu Boden aus Scheu vor Arignotos. Der aber sprach: „Schau, Eukrates, ob nicht Tychiades das meint, daß bloß die Seelen von solchen, die ein gewaltsames Ende gefunden

οἷον εἴ τις ἀπήγξατο ἢ ἀπετμήθη τὴν κεφαλὴν ἢ ἀνεσκολοπίσθη ἢ ἄλλῳ γέ τῳ τρόπῳ τοιούτῳ ἀπῆλθεν ἐκ τοῦ βίου, τὰς δὲ τῶν κατὰ μοῖραν ἀποθανόντων οὐκέτι· ἢν γὰρ τοῦτο λέγῃ, οὐ πάνυ ἀπόβλητα φήσει. Μὰ Δί᾽, ἦ δ᾽ ὃς ὁ Δεινόμαχος, ἀλλ᾽ οὐδὲ ὅλως εἶναι τὰ τοιαῦτα οὐδὲ συνεστῶτα ὁρᾶσθαι οἴεται. Πῶς λέγεις, 30 ἦ δ᾽ ὃς ὁ Ἀρίγνωτος, δριμὺ ἀπιδὼν ἐς ἐμέ, οὐδέν σοι τούτων γίγνεσθαι δοκεῖ, καὶ ταῦτα πάντων, ὡς εἰπεῖν, ὁρώντων; Ἀπολογῇ, ἢν δ᾽ ἐγώ, ὑπὲρ ἐμοῦ, εἰ μὴ πιστεύω, διότι μηδὲ ὁρῶ μόνος τῶν ἄλλων· εἰ δὲ ἑώρων, καὶ ἐπίστευον ἂν δηλαδὴ ὥσπερ ὑμεῖς. Ἀλλά, ἦ δ᾽ ὅς, ἢν ποτε ἐς Κόρινθον ἔλθῃς, ἐροῦ, ἔνθα ἐστὶν ἡ Εὐβατίδου οἰκία, καὶ ἐπειδάν σοι δειχθῇ παρὰ τὸ Κράνειον, παρελθὼν ἐς ταύτην λέγε πρὸς τὸν θυρωρὸν Τίβειον, ὡς ἐθέλοις ἰδεῖν ὅθεν τὸν δαίμονα ὁ Πυθαγορικὸς Ἀρίγνωτος ἀνορύξας ἀπήλασε καὶ πρὸς τὸ λοιπὸν οἰκεῖσθαι τὴν οἰκίαν ἐποίησε. Τί δὲ τοῦτο ἦν, ὦ Ἀρίγνωτε; 31 ἤρετο ὁ Εὐκράτης. Ἀοίκητος ἦν, ἦ δ᾽ ὅς, ἐκ πολλοῦ ὑπὸ δειμάτων, εἰ δέ τις οἰκήσειεν, εὐθὺς ἐκπλαγεὶς ἔφευγεν ἐκδιωχθεὶς ὑπό τινος φοβεροῦ καὶ ταραχώδους φάσματος. συνέπιπτεν οὖν ἤδη καὶ ἡ στέγη κατέρρει, καὶ ὅλως οὐδεὶς ἦν ὁ θαρρήσων παρελθεῖν ἐς αὐτήν. ἐγὼ δὲ ἐπεὶ ταῦτα ἤκουσα, τὰς βίβλους λαβών – εἰσὶ δέ μοι Αἰγύπτιαι μάλα πολλαὶ περὶ τῶν τοιούτων – ἧκον ἐς τὴν οἰκίαν περὶ πρῶτον ὕπνον ἀποτρέποντος τοῦ ξένου καὶ μόνον οὐκ ἐπιλαμβανομένου, ἐπεὶ ἔμαθεν οἷ βαδίζοιμι, εἰς προῦπτον κακόν, ὡς ᾤετο. ἐγὼ δὲ λύχνον λαβὼν μόνος εἰσέρχομαι, καὶ ἐν τῷ μεγίστῳ οἰκήματι καταθεὶς τὸ φῶς ἀνεγίνωσκον ἡσυχῇ χαμαὶ καθεζόμενος· ἐφίσταται δὲ ὁ δαίμων ἐπί τινα τῶν πολλῶν

haben, herumgehen, wie z. B. wenn einer sich erhängte oder geköpft oder gekreuzigt wurde oder auf eine andere solche Art aus dem Leben schied, die Seelen derer aber, die eines natürlichen Todes gestorben sind (wörtlich: gemäß dem Schicksal), nicht mehr. Falls er nämlich das meint, würde er nichts sehr Verwerfliches sagen." „Nein, beim Zeus", sprach Deinomachos, sondern er meint, daß es so etwas überhaupt nicht gebe oder körperlich gesehen werde." „Wie meinst du", erwiderte Arignotos mit einem finsteren Blick auf mich, „dir scheint nichts von diesen Dingen vorzukommen, und das, wo doch alle sozusagen sie sehen." „Du hältst eine Verteidigungsrede für mich", antwortete ich, „wenn ich's nicht glaube, weil ich's allein nicht sehe; würde ich's sehen, so würde ich offenbar glauben wie ihr." „Aber", erwiderte er", falls du einmal nach Korinth kommst, frage, wo das Haus des Eubatides ist, und wann man es dir neben dem Kraneion gezeigt hat, gehe hin und sage zu dem Torwart Tibeios, du wollest den Platz sehen, wo der Pythagoreer Arignotos den Geist ausgegraben und vertrieben und dadurch in Hinkunft das Haus bewohnbar gemacht hat." „Was war das, Arignotos?" fragte Eukrates. „Das Haus war seit langem wegen schrecklicher Vorkommnisse unbewohnbar, sooft aber jemand einzog, floh er sogleich entsetzt, von einem fürchterlichen Schreck erregenden Gespenst verjagt. Es war also bereits dem Einsturz nahe und Stücke fielen vom Dach herab und niemand brachte überhaupt mehr den Mut auf, dort einzuziehen. Als ich davon hörte, nahm ich die Zauberbücher – ich habe sehr viele ägyptische über solche Dinge – und begab mich zum Haus zur Zeit des ersten Schlafes, obwohl mich mein Gastfreund davon beinahe handgreiflich abzuhalten versuchte, als er erfahren hatte, wohin ich ging, ins augenscheinliche Verderben, wie er meinte. Ich nehme eine Laterne, gehe allein hin, stellte das Licht in dem größten Gemach auf den Boden und las, auf dem Boden sitzend, aus einem Zauberbuch vor. Da tritt der Geist zu mir, da er glaubt, er sei zu einem gewöhnlichen Men-

ἥκειν νομίζων καὶ δεδίξεσθαι κἀμὲ ἐλπίζων ὥσπερ τοὺς ἄλλους αὐχμηρὸς καὶ κομήτης καὶ μελάντερος τοῦ ζόφου, καὶ ὁ μὲν ἐπιστὰς ἐπειρᾶτό μου πανταχόθεν προσβάλλων, εἴ ποθεν κρατήσειε, καὶ ἄρτι μὲν κύων ἄρτι δὲ ταῦρος γιγνόμενος ἢ λέων. ἐγὼ δὲ προχειρισάμενος τὴν φρικωδεστάτην ἐπίρρησιν αἰγυπτιάζων τῇ φωνῇ συνήλασα κατᾴδων αὐτὸν εἴς τινα γωνίαν σκοτεινοῦ οἰκήματος· ἰδὼν δὲ αὐτὸν οἷ κατέδυ, τὸ λοιπὸν ἀνεπαυόμην. ἕωθεν δὲ πάντων ἀπεγνωκότων καὶ νεκρὸν εὑρήσειν με οἰομένων καθάπερ τοὺς ἄλλους προελθὼν ἀπροσδόκητος ἅπασι πρόσειμι τῷ Εὐβατίδῃ, εὐαγγελιζόμενος αὐτῷ ὅτι καθαρὰν καὶ ἀδείμαντον ἤδη ἕξει τὴν οἰκίαν οἰκεῖν. παραλαβὼν οὖν αὐτόν τε καὶ τῶν ἄλλων πολλούς – εἵποντο γὰρ τοῦ παραδόξου ἕνεκα – ἐκέλευον ἀγαγὼν ἐπὶ τὸν τόπον, οὗ καταδεδυκότα τὸν δαίμονα ἑωράκειν, σκάπτειν λαβόντας δικέλλας καὶ σκαφεῖα, καὶ ἐπειδὴ ἐποίησαν, εὑρέθη ὅσον ἐπ' ὀργυιὰν κατορωρυγμένος τις νεκρὸς ἕωλος μόνα τὰ ὀστᾶ κατὰ σχῆμα συγκείμενος. ἐκεῖνον μὲν οὖν ἐθάψαμεν ἀνορύξαντες, ἡ οἰκία δὲ τὸ ἀπ' ἐκείνου ἐπαύσατο ἐνοχλουμένη ὑπὸ τῶν φασμάτων.

Ὡς δὲ ταῦτα εἶπεν ὁ Ἀρίγνωτος, ἀνὴρ δαιμόνιος τὴν σοφίαν καὶ ἅπασιν αἰδέσιμος, οὐδεὶς ἦν ἔτι τῶν παρόντων ὃς οὐχὶ κατεγίγνωσκέ μου πολλὴν τὴν ἄνοιαν τοῖς τοιούτοις ἀπιστοῦντος, καὶ ταῦτα Ἀριγνώτου λέγοντος. ἐγὼ δὲ ὅμως οὐδὲν τρέσας οὔτε τὴν κόμην οὔτε τὴν δόξαν τὴν περὶ αὐτοῦ· Τί τοῦτ', ἔφην, ὦ Ἀρίγνωτε, καὶ σὺ τοιοῦτος ἦσθα ἡ μόνη ἐλπὶς τῆς ἀληθείας, καπνοῦ μεστὸς καὶ ἰνδαλμάτων; τὸ γοῦν τοῦ λόγου ἐκεῖνο, ἄνθρακες ἡμῖν ὁ θησαυρὸς πέφηνας. Σὺ δέ, ἦ δ' ὃς ὁ Ἀρί-

schen gekommen, und hofft, auch mich wie die andern schrecken zu können. Er hatte ein verwildertes Aussehn und lange Haare, auch war er schwärzer als das Dunkel. Und als er zu mir getreten war, fiel er mich von allen Seiten an und versuchte mich dadurch zu überwältigen; bald wurde er ein Hund, bald ein Stier oder Löwe. Ich suchte mir die schauerlichste Zauberformel aus und trieb ihn durch fortwährende Beschwörung in ägyptischer Sprache in einen Winkel eines dunklen Gemaches. Als ich gesehen hatte, wo er unter dem Boden verschwunden war, hörte ich fernerhin auf. Am frühen Morgen, als alle mich bereits aufgegeben hatten und glaubten, sie würden mich tot wie die übrigen finden, komme ich, allen unvermutet, zum Vorschein und gehe zu Eubatides mit der frohen Botschaft, er werde nunmehr rein und gespensterfrei das Haus haben und bewohnen können. Ich nahm also ihn und viele andere mit – sie schlossen sich nämlich wegen des seltsamen Vorfalles gerne an –, führte sie zu dem Platz, wo ich den Geist unter dem Boden verschwinden gesehen hatte, und forderte sie auf, mit Krampen und Grabscheiten zu graben. Und als sie es getan hatten, wurde ungefähr eine Klafter unter dem Boden ein längst verstorbener Toter gefunden, dessen Gebeine allein noch die menschliche Gestalt andeuteten. Jenen also gruben wir aus und bestatteten ihn, das Haus aber hörte von jener Zeit an auf, von Gespenstern heimgesucht zu werden."

Wie aber das Arignotos gesprochen hatte, ein von allen gefeierter Mann von dämonischer Weisheit, da gab es unter den Anwesenden niemand mehr, der mich nicht großer Torheit bezichtigt hätte, weil ich solchen Dingen den Glauben versagte, und das, wo ein Arignotos sie erzählte. Ich aber hatte gleichwohl keine Angst, weder vor seinem langen Haar noch vor seinem Ruf, den er genoß, und sprach: „Was ist das, Arignotos? Auch du, die einzige Hoffnung der Wahrheit, warst ein solcher, voller Rauch und Phantastereien? Hier gilt also das Sprichwort: der Schatz, auf den wir hofften, hat sich uns

γνωτος, εἰ μήτε ἐμοὶ πιστεύεις λέγοντι μήτε Δεινομάχῳ ἢ Κλεοδήμῳ τουτῳὶ μήτε αὐτῷ Εὐκράτει, φέρε εἰπὲ τίνα περὶ τῶν τοιούτων ἀξιοπιστότερον ἡγῇ τἀναντία ἡμῖν λέγοντα; Νὴ Δί', ἦν δ' ἐγώ, μάλα θαυμαστὸν ἄνδρα τὸν Ἀβδηρόθεν ἐκεῖνον Δημόκριτον, ὃς οὕτως ἄρα ἐπέπειστο μηδὲν οἷόν τε εἶναι συστῆναι τοιοῦτον, ὥστε, ἐπειδὴ καθείρξας ἑαυτὸν ἐς μνῆμα ἔξω πυλῶν ἐνταῦθα διετέλει γράφων καὶ συντάττων καὶ νύκτωρ καὶ μεθ' ἡμέραν καί τινες τῶν νεανίσκων ἐρεσχηλεῖν βουλόμενοι αὐτὸν καὶ δειματοῦν στειλάμενοι νεκρικῶς ἐσθῆτι μελαίνῃ καὶ προσωπείοις ἐς τὰ κρανία μεμιμημένοις περιστάντες αὐτὸν περιεχόρευον ὑπὸ πυκνῇ τῇ βάσει ἀναπηδῶντες, ὁ δὲ οὔτε ἔδεισε τὴν προσποίησιν αὐτῶν οὔτε ὅλως ἀνέβλεψε πρὸς αὐτούς, ἀλλὰ μεταξὺ γράφων· Παύσασθε, ἔφη, παίζοντες· οὕτω βεβαίως ἐπίστευε μηδὲν εἶναι τὰς ψυχὰς ἔτι ἔξω γενομένας τῶν σωμάτων. Τοῦτο φῄς, ἦ δ' ὃς ὁ Εὐκράτης, ἀνόητόν τινα ἄνδρα καὶ τὸν Δημόκριτον γενέσθαι, εἴ γε οὕτως ἐγίγνωσκεν. ἐγὼ δὲ ὑμῖν καὶ ἄλλο διηγήσομαι αὐτὸς 33 παθών, οὐ παρ' ἄλλου ἀκούσας· τάχα γὰρ ἂν καὶ σύ, ὦ Τυχιάδη, ἀκούων προσβιβασθείης πρὸς τὴν ἀλήθειαν τοῦ διηγήματος. ὁπότε γὰρ ἐν Αἰγύπτῳ διῆγον ἔτι νέος ὤν, ὑπὸ τοῦ πατρὸς ἐπὶ παιδείας προφάσει ἀποσταλείς, ἐπεθύμησα ἐς Κοπτὸν ἀναπλεύσας ἐκεῖθεν ἐπὶ τὸν Μέμνονα ἐλθὼν ἀκοῦσαι τὸ θαυμαστὸν ἐκεῖνο ἠχοῦντα πρὸς ἀνίσχοντα τὸν ἥλιον. ἐκείνου μὲν οὖν ἤκουσα οὐ κατὰ τὸ κοινὸν τοῖς πολλοῖς ἄσημόν τινα φωνήν, ἀλλά μοι καὶ ἔχρησεν ὁ Μέμνων αὐτὸς ἀνοίξας γε τὸ στόμα ἐν ἔπεσιν ἑπτά, καὶ εἴ γε μὴ περιττὸν ἦν, καὶ αὐτὰ ἂν ὑμῖν εἶπον τὰ ἔπη. κατὰ δὲ τὸν 34

als Kohlen erwiesen." „Wenn du aber", erwiderte Arignotos,
„weder meinen Erzählungen glaubst noch dem Deinomachos
oder Kleodemos hier noch selbst einem Eukrates, welchen
Mann, sag, hältst du für glaubwürdiger in diesen Dingen,
wenn er das Gegenteil von unseren Ansichten behauptet?"
„Beim Zeus", sprach ich, „einen sehr bewundernswerten
Mann der Vorzeit, Demokrit von Abdera, der so sehr also
davon überzeugt war, daß nichts derartiges körperlich werden
kann, so daß er, als er sich in einem Grabmal außerhalb der
Tore (von Abdera) eingeschlossen hatte, wo er die Zeit mit
Schreiben und Schriftstellerei zubrachte bei Nacht und bei
Tag, und einige von den jungen Leuten, die ihn necken und
schrecken wollten, sich als Tote mit schwarzer Kleidung und
Totenschädeln nachgebildeten Masken kostümiert hatten und
ihn umtanzten, wobei sie unter wiederholtem Aufstampfen
aufsprangen, daß er also weder vor ihrer Verstellung eine
Angst bekam noch überhaupt aufblickte, sondern unter dem
Schreiben sprach: ‚Hört auf zu scherzen'; so fest glaubte er,
daß die Seelen ein Nichts seien, sobald sie den Bereich der
Körper verlassen." „Damit meinst du", erwiderte Eukrates,
„daß ein unvernünftiger Mann auch Demokrit gewesen ist,
wenn er wirklich so dachte. Ich will euch aber etwas anderes
erzählen, das ich selbst erlebt, nicht von einem anderen gehört habe; vielleicht könntest auch du, Tychiades, wenn du
es hörst, dich der Wahrheit der Erzählung anschließen. Zur
Zeit nämlich, da ich als noch junger Mann in Ägypten lebte,
vom Vater zum Zwecke des Studiums dorthin geschickt, da
wünschte ich nach Koptos hinaufzufahren, von dort zum
Memnon zu gelangen und jene wunderbaren Töne zu hören,
die er bei Sonnenaufgang von sich gibt. Ich hörte also von
ihm nicht wie das gewöhnliche Volk einen undeutlichen Ton,
sondern mir zu Ehren öffnete Memnon sogar seinen Mund und
weissagte mir in sieben Hexametern, und wenn es nicht meiner
Ansicht nach nicht zur Sache gehörte, so hätte ich euch die
Hexameter wörtlich mitgeteilt. Bei der Fahrt stromaufwärts

ἀνάπλουν ἔτυχεν ἡμῖν συμπλέων Μεμφίτης ἀνὴρ τῶν ἱερογραμματέων, θαυμάσιος τὴν σοφίαν καὶ τὴν παιδείαν πᾶσαν εἰδὼς τὴν Αἰγυπτίων· ἐλέγετο δὲ τρία καὶ εἴκοσιν ἔτη ἐν τοῖς ἀδύτοις ὑπόγειος ᾠκηκέναι μαγεύειν παιδευόμενος ὑπὸ τῆς Ἴσιδος. Παγκράτην, ἔφη, λέγεις, ὁ Ἀρίγνωτος, ἐμὸν διδάσκαλον, ἱερὸν ἄνδρα, ἐξυρημένον, ἐν ὀθονίοις, νοήμονα, οὐ καθαρῶς ἑλληνίζοντα, ἐπιμήκη, σιμόν, πρόχειλον, ὑπόλεπτον τὰ σκέλη. Αὐτόν, ἦ δ' ὅς, ἐκεῖνον τὸν Παγκράτην· καὶ τὰ μὲν πρῶτα ἠγνόουν ὅστις ἦν, ἐπεὶ δὲ ἑώρων αὐτόν, εἴ ποτε ὁρμίσαιμεν τὸ πλοῖον, ἄλλα τε πολλὰ τεράστια ἐργαζόμενον καὶ δὴ καὶ ἐπὶ κροκοδείλων ὀχούμενον καὶ ξυννέοντα τοῖς θηρίοις, τὰ δὲ ὑποπτήσσοντα καὶ σαίνοντα ταῖς οὐραῖς, ἔγνων ἱερόν τινα ἄνθρωπον ὄντα, καὶ κατὰ μικρὸν φιλοφρονούμενος ἔλαθον ἑταῖρος αὐτῷ καὶ συνήθης γενόμενος, ὥστε πάντων ἐκοινώνει μοι τῶν ἀπορρήτων· καὶ τέλος πείθει με τοὺς μὲν οἰκέτας ἅπαντας ἐν τῇ Μέμφιδι καταλιπεῖν, αὐτὸν δὲ μόνον ἀκολουθεῖν μετ' αὐτοῦ, μὴ γὰρ ἀπορήσειν ἡμᾶς τῶν διακονησομένων. καὶ τὸ μετὰ τοῦτο οὕτω διήγομεν. ἐπειδὴ δὲ ἔλθοιμεν εἴς τι καταγώριον, λαβὼν ἂν ὁ 35 ἀνὴρ τὸν μοχλὸν τῆς θύρας ἢ τὸ κόρηθρον ἢ καὶ τὸ ὕπερον περιβαλὼν ἱματίοις ἐπειπών τινα ἐπῳδὴν ἐποίει βαδίζειν τοῖς ἄλλοις ἅπασιν ἄνθρωπον εἶναι δοκοῦντα· τὸ δὲ ἀπελθὸν ὕδωρ τε ἐπήντλει καὶ ὠψώνει καὶ ἐσκεύαζε καὶ ἐς πάντα δεξιῶς ὑπηρέτει καὶ διηκονεῖτο ἡμῖν· εἶτα δὲ ἐπειδὴ ἅλις ἔχοι τῆς διακονίας, αὖθις κόρηθρον τὸ κόρηθρον ἢ ὕπερον τὸ ὕπερον ἄλλην ἐπῳδὴν ἐπειπὼν ἐποίει ἄν. τοῦτο ἐγὼ πάνυ ἐσπουδακὼς οὐκ εἶχον ὅπως ἐκμάθοιμι παρ' αὐτοῦ· ἐβάσκαινε γὰρ αὐτοῦ, καίτοι πρὸς τὰ ἄλλα προχειρότατος ὤν. μιᾷ δέ ποτε ἡμέρᾳ λαθὼν ἐπήκουσα τῆς ἐπῳδῆς (ἦν δὲ τρισύλλαβος)

fuhr zufällig mit uns ein Mann aus Memphis, einer von den ägyptischen Schriftgelehrten, bewundernswürdig ob seiner Weisheit und ein genauer Kenner der ägyptischen Bildung; es hieß von ihm, er habe dreiundzwanzig Jahre in den der Allgemeinheit unzugänglichen Räumen unter der Erde gewohnt, wo er von der Isis herangebildet wurde." „Den Pankrates meinst du", sprach Arignotos, „meinen Lehrer, einen heiligen Mann, geschoren, in linnenen Kleidern, gedankenvoll, nicht rein griechisch sprechend, schlank, stülpnasig, mit aufgeworfenen Lippen und dünnen Schenkeln." „Ja, ihn selber", erwiderte er, „jenen Pankrates. Und zuerst wußte ich nicht, wer er war, als ich aber, wenn wir einmal anlegten, sah, wie er nicht nur viele andere Wunder tat, sondern sogar auf Krokodilen ritt und mit den Tieren schwamm, die vor ihm sich duckten und mit den Schweifen wedelten, da erkannte ich, daß es ein heiliger Mann war, und allmählich wurde ich unbewußt durch freundliches Benehmen sein Vertrauter, so daß er mich an allen Geheimnissen teilnehmen ließ. Und schließlich überredete er mich, alle Diener in Memphis zurückzulassen und ganz allein ihm zu folgen, uns würde es ja nicht an Leuten fehlen, die uns bedienen sollten. Und so lebten wir auch hernach. Sooft wir in eine Herberge kamen, nahm der Mann den Türriegel oder den Besen oder auch den Stößel (Mörserkeule), bekleidete das Ding und bewirkte durch eine Zauberformel, daß es ausschritt und allen anderen ein Mensch zu sein schien. Es ging aus, schöpfte Wasser, kaufte Lebensmittel ein, bereitete Speisen und war uns für alles ein geschickter Diener und Handlanger. Dann aber, sooft er von der Dienstleistung genug hatte, machte er durch eine andere Zauberformel den Besen wieder zum Besen oder den Stößel zum Stößel. Das konnte ich, obwohl ich mir viele Mühe gab, von ihm nicht erlernen; er wollte es mir nämlich vorenthalten, wenngleich er sonst sehr entgegenkommend war. An einem Tag aber hörte ich heimlich den Zauberspruch – er war dreisilbig –, indem ich mich in der Nähe im Dunkel versteckte.

σχεδὸν ἐν σκοτεινῷ ὑποστάς. καὶ ὁ μὲν ᾤχετο ἐς τὴν ἀγορὰν ἐντειλάμενος τῷ ὑπέρῳ ἃ ἔδει ποιεῖν. ἐγὼ δὲ 36 ἐς τὴν ὑστεραίαν ἐκείνου τι κατὰ τὴν ἀγορὰν πραγματευομένου λαβὼν τὸ ὕπερον σχηματίσας, ὁμοίως ἐπειπὼν τὰς συλλαβάς, ἐκέλευον ὑδροφορεῖν. ἐπεὶ δὲ ἐμπλησάμενος τὸν ἀμφορέα ἐκόμισε, Πέπαυσο, ἔφην, καὶ μηκέτι ὑδροφόρει, ἀλλ' ἴσθι αὖθις ὕπερον· τὸ δὲ οὐκέτι μοι πείθεσθαι ἤθελεν, ἀλλ' ὑδροφόρει ἀεί, ἄχρι δὴ ἐνέπλησεν ἡμῖν ὕδατος τὴν οἰκίαν ἐπαντλοῦν. ἐγὼ δὲ ἀμηχανῶν τῷ πράγματι – ἐδεδίειν γὰρ μὴ ὁ Παγκράτης ἐπανελθὼν ἀγανακτήσῃ, ὅπερ καὶ ἐγένετο – ἀξίνην λαβὼν διακόπτω τὸ ὕπερον εἰς δύο μέρη· τὰ δέ, ἑκάτερον τὸ μέρος, ἀμφορέας λαβόντα ὑδροφόρει καὶ ἀνθ' ἑνὸς δύο μοι ἐγεγένηντο οἱ διάκονοι. ἐν τούτῳ καὶ ὁ Παγκράτης ἐφίσταται καὶ συνεὶς τὸ γενόμενον ἐκεῖνα μὲν αὖθις ἐποίησε ξύλα, ὥσπερ ἦν πρὸ τῆς ἐπῳδῆς, αὐτὸς δὲ ἀπολιπών με λαθὼν οὐκ οἶδ' ὅποι ἀφανὴς ᾤχετο ἀπιών. Νῦν οὖν, ἔφη ὁ Δεινόμαχος, οἶσθα κἂν ἐκεῖνο, ἄνθρωπον ποιεῖν ἐκ τοῦ ὑπέρου; Νὴ Δί', ἦ δ' ὅς, ἐξ ἡμισείας γε· οὐκέτι γὰρ εἰς τὸ ἀρχαῖον οἷόν τέ μοι ἄγειν αὐτό, ἢν ἅπαξ γένηται ὑδροφόρος, ἀλλὰ δεήσει ἡμῖν ἐπικλυσθῆναι τὴν οἰκίαν ἐπαντλουμένην.

Οὐ παύσεσθε, ἦν δ' ἐγώ, τὰ τοιαῦτα τερατολογοῦντες 37 γέροντες ἄνδρες; εἰ δὲ μή, ἀλλὰ κἂν τῶν μειρακίων τούτων ἕνεκα εἰς ἄλλον καιρὸν ὑπερβάλεσθε τὰς παραδόξους ταύτας καὶ φοβερὰς διηγήσεις, μή πως λάθωσιν ἡμῖν ἐμπλησθέντες δειμάτων καὶ ἀλλοκότων μυθολογημάτων. φείδεσθαι οὖν χρὴ αὐτῶν μηδὲ τοιαῦτα ἐθίζειν ἀκούειν, ἃ διὰ παντὸς τοῦ βίου ἐνοχλήσει συνόντα καὶ ψοφοδεεῖς ποιήσει ποικίλης τῆς δεισιδαιμονίας ἐμπι-

Und er ging auf den Markt, nachdem er dem Stößel aufgetragen hatte, was es zu tun gab. Am folgenden Tag, während jener auf dem Markt etwas zu tun hatte, nahm ich den Stößel, staffierte ihn aus — wobei ich die Silben gleichermaßen dazu sprach — und befahl ihm, Wasser zu holen. Nachdem er aber den großen Krug (die Amphore) voller Wasser gebracht hatte, sprach ich: ‚Höre gleich auf und bring nicht mehr Wasser, sondern sei wieder ein Stößel.' Er wollte mir aber nicht mehr folgen, sondern brachte immer mehr Wasser, bis er uns damit das Haus angefüllt hatte. In meiner Verlegenheit nun — ich fürchtete nämlich, Pankrates würde nach seiner Rückkunft zürnen, was auch der Fall war — nahm ich eine Axt und zerschlug den Stößel in zwei Teile. Jede Hälfte nahm aber einen großen Krug und brachte Wasser und statt eines hatte ich zwei Diener bekommen. Unterdessen kommt auch Pankrates zurück, und als er begriffen hatte, was geschehen war, machte er jene wieder zu Hölzern, wie sie es vor dem Zauberspruch gewesen waren, er selbst aber verließ mich heimlich und entschwand eilends, ich weiß nicht wohin." „Jetzt also", sprach Deinomachos, „kannst du wenigstens das, einen Menschen aus dem Stößel machen." „Ja, beim Zeus", erwiderte er, „allerdings nur zur Hälfte; in den alten Zustand könnte ich ihn nämlich nicht mehr versetzen, falls er einmal ein Wasserträger geworden ist, sondern uns müßte das Haus unter Wasser gesetzt werden, wenn immer neues Wasser dazukommt."

„Werdet ihr", sprach ich, „als alte Männer nicht mit solchen Wundererzählungen aufhören? Wenn schon nicht, so verschiebt doch wenigstens um dieser jungen Leute wegen diese widersinnigen und schreckhaften Erzählungen auf eine andere Zeit, damit sie nicht unbewußt mit Schreckbildern und seltsamen Fabeln erfüllt werden. Man muß nämlich auf sie Rücksicht nehmen und sie nicht gewöhnen, derartiges zu hören, was sie ihr ganzes Leben hindurch beunruhigen, ihnen nicht entschwinden, sie bei jedem Geräusch erschrecken und mit mannigfachen Formen der Gottesfurcht erfüllen würde."

πλάντα. Εὖ γε ὑπέμνησας, ἦ δ' ὃς ὁ Εὐκράτης, εἰπὼν 38 τὴν δεισιδαιμονίαν. τί γάρ σοι, ὦ Τυχιάδη, περὶ τῶν τοιούτων δοκεῖ, λέγω δὴ χρησμῶν καὶ θεσφάτων καὶ ὅσα θεοφορούμενοί τινες ἀναβοῶσιν ἢ ἐξ ἀδύτων ἀκούεται ἢ παρθένος ἔμμετρα φθεγγομένη προθεσπίζει τὰ μέλλοντα; ἢ δηλαδὴ καὶ τοῖς τοιούτοις ἀπιστήσεις; ἐγὼ δὲ ὅτι μὲν καὶ δακτύλιόν τινα ἱερὸν ἔχω Ἀπόλλωνος τοῦ Πυθίου εἰκόνα ἐκτυπούσης τῆς σφραγῖδος καὶ οὗτος ὁ Ἀπόλλων φθέγγεται πρὸς ἐμέ, οὐ λέγω, μή σοι ἄπιστόν τι δόξω περὶ ἐμαυτοῦ μεγαλαυχεῖσθαι· ἃ δὲ ἐν Ἀμφιλόχου γε ἤκουσα ἐν Μαλλῷ, τοῦ ἥρωος ὕπαρ διαλεχθέντος μοι καὶ συμβουλεύσαντος ὑπὲρ τῶν ἐμῶν, καὶ ἃ εἶδον αὐτός, ἐθέλω ὑμῖν εἰπεῖν, εἶτα ἑξῆς ἃ ἐν Περγάμῳ εἶδον καὶ ἤκουσα ἐν Πατάροις· ὁπότε γὰρ ἐξ Αἰγύπτου ἐπανῄειν οἴκαδε ἀκούων τὸ ἐν Μαλλῷ τοῦτο μαντεῖον ἐπιφανέστατόν τε καὶ ἀληθέστατον εἶναι καὶ χρᾶν ἐναργῶς πρὸς ἔπος ἀποκρινόμενον οἷς ἂν ἐγγράψας τις εἰς τὸ γραμματεῖον παραδῷ τῷ προφήτῃ, καλῶς ἔχειν ἡγησάμην ἐν παράπλῳ πειραθῆναι τοῦ χρηστηρίου καί τι περὶ τῶν μελλόντων συμβουλεύσασθαι τῷ θεῷ. ἔτι τοῦ Εὐκράτους λέγοντος 39 ἰδὼν οἷ τὸ πρᾶγμα προχωρήσειν ἔμελλε καὶ ὡς οὐ μικρᾶς ἐνήρχετο τῆς περὶ τὰ χρηστήρια τραγῳδίας, οὐ δοκεῖν οἰηθεὶς δεῖν μόνος ἀντιλέγειν ἅπασιν, ἀπολιπὼν αὐτὸν ἔτι διαπλέοντα ἐξ Αἰγύπτου εἰς τὴν Μαλλόν – καὶ γὰρ συνίειν ὅτι μοι ἄχθονται παρόντι καθάπερ ἀντισοφιστῇ τῶν ψευσμάτων – Ἀλλ' ἐγὼ ἄπειμι, ἔφην, Λεόντιχον ἐπιζητήσων· δέομαι γὰρ αὐτῷ τι συγγενέσθαι. ὑμεῖς δὲ ἐπεὶ οὐχ ἱκανὰ ἡγεῖσθε τὰ ἀνθρώπινα εἶναι, καὶ αὐτοὺς ἤδη τοὺς θεοὺς καλεῖτε συνεπιληψο-

„Recht hast du daran getan", sprach Eukrates, „daß du die Gottesfurcht erwähnt hast. Denn was denkst du, Tychiades, von solchen Dingen, ich meine Orakel, Weissagungen, alle lauten Kundgebungen gewisser gottbegeisterter Männer oder Verlautbarungen, die man aus dem Innern von Tempeln vernimmt oder die eine Jungfrau in Versen kündet, durch die sie die Zukunft weissagt? Oder wirst du offenbar auch solchen Dingen den Glauben versagen? Was mich jedoch betrifft, so sage ich nicht – damit es dir nicht vorkomme, ich rühme mich einer unglaublichen Sache bezüglich meiner Person –, also ich sage nicht, daß ich einen heiligen Ring mit dem eingravierten Bild des pythischen Apollo habe und daß dieser Apollo zu mir spricht. Was ich aber im Heiligtum des Amphilochos zu Mallos hörte, wo der Heros mit mir in wachem Zustande sich besprach und mir über meine Angelegenheiten Ratschläge erteilte, und was ich selber sah, das will ich euch erzählen, hernach anschließend, was ich in Pergamon sah und in Patara hörte. Als ich nämlich aus Ägypten heimkehrte, hörte ich, daß die Orakelstätte in Mallos durch die Wahrheit ihrer Weissagungen besonders glänzte und daß das dortige Orakel deutlich und wörtlich auf alles antworte, was man schriftlich dem Orakelpriester übergebe. Es schien mir also gut, bei der Vorbeifahrt es mit dem Orakel zu versuchen und sich mit dem Gott über die Zukunft zu beraten." Noch während der Worte des Eukrates, als ich sah, worauf die Sache hinauslaufen würde und daß er die keineswegs kurze Erörterung des Trauerspiels rücksichtlich der Orakel anschnitt, kam ich zur Ansicht, ich allein dürfe nicht allen widersprechen, und so verließ ich ihn, als er noch von Ägypten nach Mallos segelte – ich sah ja ein, daß ihnen meine Anwesenheit unangenehm war, da ich ihre Lügen zu widerlegen suchte –. „Aber ich gehe fort", sagte ich, „um den Leontichos aufzusuchen; ich muß nämlich mit ihm zusammentreffen. Ihr aber ruft, da nach eurer Ansicht die menschlichen Dinge nicht genügen, nunmehr selbst die Götter, daß sie euch bei euren Fabeleien

μένους ὑμῖν τῶν μυθολογουμένων· καὶ ἅμα λέγων ἐξῄειν. οἱ δὲ ἄσμενοι ἐλευθερίας λαβόμενοι εἱστίων, ὡς τὸ εἰκός, αὐτοὺς καὶ ἐνεφοροῦντο τῶν ψευσμάτων.

Τοιαῦτά σοι, ὦ Φιλόκλεις, παρὰ Εὐκράτει ἀκούσας ἥκω νὴ τὸν Δία ὥσπερ οἱ τοῦ γλεύκους πιόντες ἐμπεφυσημένος τὴν γαστέρα ἐμέτου δεόμενος. ἡδέως δ' ἄν ποθεν ἐπὶ πολλῷ ἐπριάμην ληθεδανόν τι φάρμακον ὧν ἤκουσα, ὡς μή τι κακὸν ἐργάσηταί με ἡ μνήμη αὐτῶν ἐνοικουροῦσα· τέρατα γοῦν καὶ δαίμονας καὶ Ἑκάτας ὁρᾶν μοι δοκῶ.

ΦΙΛ. Καὶ αὐτός, ὦ Τυχιάδη, τοιοῦτόν τι ἀπέλαυσα τοῦ 40 διηγήματος· φασί γέ τοι μὴ μόνον λυττᾶν καὶ τὸ ὕδωρ φοβεῖσθαι ὁπόσους ἂν οἱ λυττῶντες κύνες δάκωσιν, ἀλλὰ κἄν τινα ὁ δηχθεὶς ἄνθρωπος δάκῃ, ἴσα τῷ κυνὶ δύναται τὸ δῆγμα, καὶ τὰ αὐτὰ κἀκεῖνος φοβεῖται. καὶ σὺ τοίνυν ἔοικας αὐτὸς ἐν Εὐκράτους δηχθεὶς ὑπὸ πολλῶν ψευσμάτων μεταδεδωκέναι κἀμοὶ τοῦ δήγματος· οὕτω δαιμόνων μοι τὴν ψυχὴν ἐνέπλησας.

ΤΥΧ. Ἀλλὰ θαρρῶμεν, ὦ φιλότης, μέγα τῶν τοιούτων ἀλεξιφάρμακον ἔχοντες τὴν ἀλήθειαν καὶ τὸν ἐπὶ πᾶσι λόγον ὀρθόν, ᾧ χρωμένους ἡμᾶς οὐδὲν μὴ ταράξῃ τῶν κενῶν καὶ ματαίων τούτων ψευσμάτων.

helfen sollen." Und mit diesen Worten ging ich fort. Sie aber hatten damit freie Hand bekommen und bewirteten sich, wie es natürlich war, gern mit Lügen und taten sich daran gütlich.

Jetzt bin ich da, nachdem ich dir, Philokles, bei Eukrates solche Dinge gehört habe, beim Zeus mit aufgeblähtem Bauch, wie die, die süßen Most getrunken haben; es reizt mich zum Brechen. Gern würde ich um hohen Preis ein Mittel kaufen, das mich das, was ich gehört habe, vergessen ließe, damit die Erinnerung daran, wenn sie sich festsetzt, nicht ein Übel hervorrufe; es kommt mir nämlich vor, ich sehe Wunder, Geister und Hekateerscheinungen.

PHILOKLES. Ich habe ebenfalls, Tychiades, einen solchen Profit von deinem Bericht gehabt. Es heißt ja, daß nicht bloß alle von wütenden Hunden Gebissenen wütend und wasserscheu sind, sondern daß auch, wenn der gebissene Mensch einen beißt, der Biß dieselbe Wirkung wie der des Hundes hat und daß jener ebenfalls wasserscheu ist. Und du scheinst also, selber im Hause des Eukrates von vielen Lügen gebissen, mich mit diesem Biß angesteckt zu haben; so hast du mir die Seele mit Geistern erfüllt.

TYCH. Aber seien wir getrost mein lieber Freund, da wir als wichtiges Gegengift gegen solche Dinge die Wahrheit haben und das vernünftige Denken in allem; gebrauchen wir das, so wird uns sicherlich keine von diesen leeren und nichtigen Lügen beunruhigen.

ΠΕΡΙ ΤΗΣ ΠΕΡΕΓΡΙΝΟΥ ΤΕΛΕΥΤΗΣ

Λουκιανὸς Κρονίῳ εὖ πράττειν. Ὁ κακοδαίμων 1 Περεγρῖνος ἢ ὡς αὐτὸς ἔχαιρεν ὀνομάζων ἑαυτὸν Πρωτεύς, αὐτὸ δὴ ἐκεῖνο τὸ τοῦ Ὁμηρικοῦ Πρωτέως ἔπαθεν· ἅπαντα γὰρ δόξης ἕνεκα γενόμενος καὶ μυρίας τροπὰς τραπόμενος τὰ τελευταῖα ταῦτα καὶ πῦρ ἐγένετο· τοσούτῳ ἄρα τῷ ἔρωτι τῆς δόξης εἴχετο. καὶ νῦν ἐκεῖνος ἀπηνθράκωταί σοι ὁ βέλτιστος κατὰ τὸν Ἐμπεδοκλέα, παρ' ὅσον ὁ μὲν κἂν διαλαθεῖν ἐπειράθη ἐμβαλὼν ἑαυτὸν εἰς τοὺς κρατῆρας, ὁ δὲ γεννάδας οὗτος τὴν πολυανθρωποτάτην τῶν Ἑλληνικῶν πανηγύρεων τηρήσας πυρὰν ὅτι μεγίστην νήσας ἐνεπήδησεν ἐπὶ τοσούτων μαρτύρων καὶ λόγους τινὰς ὑπὲρ τούτου εἰπὼν πρὸς τοὺς Ἕλληνας οὐ πρὸ πολλῶν ἡμερῶν τοῦ τολμήματος. πολλὰ τοίνυν δοκῶ μοι ὁρᾶν σε γελῶντα ἐπὶ τῇ κο- 2 ρύζῃ τοῦ γέροντος, μᾶλλον δὲ καὶ ἀκούω βοῶντος οἷά σε εἰκὸς βοᾶν, ὦ τῆς ἀβελτερίας ὦ τῆς δοξοκοπίας, ὦ – τῶν ἄλλων ἃ λέγειν εἰώθαμεν περὶ αὐτῶν. σὺ μὲν οὖν πόρρω ταῦτα καὶ μακρῷ ἀσφαλέστερον, ἐγὼ δὲ παρὰ τὸ πῦρ αὐτό, καὶ ἔτι πρότερον ἐν πολλῷ πλήθει τῶν ἀκροατῶν εἶπον αὐτά, ἐνίων μὲν ἀχθομένων, ὅσοι ἐθαύμαζον τὴν ἀπόνοιαν τοῦ γέροντος· ἦσαν δέ τινες οἳ καὶ αὐτοὶ ἐγέλων ἐπ' αὐτῷ. ἀλλ' ὀλίγου δεῖν ὑπὸ τῶν Κυνικῶν ἐγώ σοι διεσπάσθην ὥσπερ ὁ Ἀκταίων ὑπὸ τῶν κυνῶν ἢ ὁ ἀνεψιὸς αὐτοῦ ὁ Πενθεὺς ὑπὸ τῶν Μαινάδων. 3

Ἡ δὲ πᾶσα τοῦ δράματος διασκευὴ τοιάδε ἦν· τὸν μὲν ποιητὴν οἶσθα οἷός τε ἦν καὶ ἡλίκα ἐτραγῴδει παρ' ὅλον τὸν βίον ὑπὲρ τὸν Σοφοκλέα καὶ τὸν Αἰσχύλον. ἐγὼ δὲ ἐπεὶ τάχιστα εἰς τὴν Ἦλιν ἀφικόμην, διὰ τοῦ γυμνασίου ἀλύων ἐπήκουον ἅμα Κυνικοῦ τινος

DAS LEBENSENDE DES PEREGRINOS

Lukian grüßt den Kronios. Der unglückselige Peregrinos oder wie er sich selbst zu nennen liebte, Proteus, hat nun dasselbe wie der homerische Proteus erlitten: nachdem er um des Ruhmes willen alles geworden war und unzählige Wandlungen durchgemacht hatte, ist er jetzt zum Schluß auch Feuer geworden; von einer so großen Ruhmesliebe war er beseelt. Und jetzt ist dir dieser Held nach dem Vorbild des Empedokles verkohlt, nur mit dem Unterschied, daß der eine, als er sich in die Krateröffnungen (des Ätna) stürzte, verborgen zu bleiben versuchte, dieser Ehrenmann aber auf die besuchteste der griechischen Festversammlungen wartete, einen möglichst großen Scheiterhaufen aufschichtete und dann vor so vielen Zeugen hineinsprang, nachdem er wenige Tage vor dem Wagnis einige Worte darüber an die Griechen gerichtet hatte. Es kommt mir vor, ich höre dich herzlich lachen über den Stumpfsinn des Alten, vielmehr höre ich dich sogar begreiflicherweise ausrufen: O die Torheit, o die Ruhmsucht, o – usw., was wir eben darüber zu sagen pflegen. Du sagst das also in der Ferne und bei weitem sicherer, ich aber sprach es unmittelbar neben dem Feuer und noch früher in einer großen Menge der Zuhörer, von denen einige sich ärgerten, diejenigen, die den Wahnwitz des Alten bewunderten; es gab aber auch einige, die ebenfalls darüber lachten. Aber ich wäre dir beinahe von den Kynikern zerrissen worden wie Aktaion von seinen Hunden oder sein Vetter Pentheus von den Mänaden.

Die ganze Inszenierung des Dramas war folgende: du kennst dessen ‚Dichter‘, was das für ein Mensch war und wie er während seines ganzen Lebens Tragödie spielte über den Sophokles und den Aischylos hinaus. Nachdem ich nach Elis gekommen war, hörte ich, als ich durch das Gymnasium herumstreifte, gleichzeitig einen Kyniker mit lauter und rauher

μεγάλη και τραχεία τη φωνή τα συνήθη ταύτα και εκ τριόδου την άρετήν έπιβοωμένου και άπασιν άπαξαπλώς λοιδορουμένου, είτα κατέληξεν αύτώ ή βοή ές τον Πρωτέα· και ώς αν οιός τε ω, πειράσομαί σοι αύτα έκείνα απομνημονεύσαι ώς έλέγετο. σύ δε γνωριεΐς δηλαδή πολλάκις αύτοίς παραστάς βοώσι. Πρωτέα γάρ 4 τις, έφη, κενόδοξον τολμά λέγειν, ώ γη και ήλιε και ποταμοί και θάλαττα και πατρώε Ήράκλεις, Πρωτέα τον έν Συρία δεθέντα, τον τη πατρίδι άνέντα πεντακισχίλια τάλαντα, τον από της 'Ρωμαίων πόλεως έκβληθέντα, τον του 'Ηλίου έπισημότερον, τον αύτώ άνταγωνίσασθαι τώ 'Ολυμπίω δυνάμενον; άλλ' ότι διά πυρός έξάγειν του βίου διέγνωκεν έαυτόν, εις κενοδοξίαν τινές τούτο άναφέρουσιν. ού γάρ 'Ηρακλής ούτως; ού γάρ 'Ασκληπιός και Διόνυσος κεραυνώ; ού γάρ τα τελευταία 'Εμπεδοκλής εις τους κρατήρας;

Ώς δε ταύτα είπεν ό Θεαγένης — τούτο γάρ ό κεκρα- 5 γώς έκείνος έκαλείτο — ήρόμην τινά τών παρεστώτων, τί βούλεται το περί του πυρός ή τί 'Ηρακλής και 'Εμπεδοκλής προς τον Πρωτέα. ό δέ· Ούκ εις μακράν, έφη, καύσει έαυτόν ό Πρωτεύς 'Ολυμπίασι. Πώς, έφην, ή τίνος ένεκα; είτα ό μεν έπειράτο λέγειν, έβόα δε ό Κυνικός, ώστε αμήχανον ήν άλλου άκούειν. έπήκουον ούν τά λοιπά έπαντλούντος αύτού και θαυμαστάς τινας υπερβολάς διεξιόντος κατά τού Πρωτέως· τον μεν γάρ Σινωπέα ή τον διδάσκαλον αύτού 'Αντισθένη ουδέ παραβάλλειν ήξίου αύτώ, άλλ' ουδέ τον Σωκράτη αυτόν, έκάλει δε τον Δία έπι την άμιλλαν. είτα μέντοι έδοξεν αύτώ ίσους πως φυλάξαι αυτούς και ούτω κατέπαυε τον λόγον· Δύο γάρ ταύτα, έφη, ό βίος άριστα 6 δημιουργήματα έθεάσατο, τον Δία τον 'Ολύμπιον και

Stimme die Tugend mit den üblichen und trivialen Ausdrükken anpreisen und einfach auf alles schimpfen, dann ging zum Schluß sein Geschrei auf den Proteus über. Und so weit ich es imstande bin, werde ich gerade jene Worte, wie sie gesprochen wurden, dir aus der Erinnerung wiederzugeben versuchen; du wirst sie sicherlich erkennen, da du oft bei ihrem Geschrei dabei gewesen bist. „Den Proteus nämlich", sprach er, „wagt einer ruhmsüchtig zu nennen. O Erde und Sonne und Flüsse und Meer und unser (der Kyniker) Patron Herakles, einen Proteus, der in Syrien im Kerker war, der seiner Vaterstadt 5000 Talente überließ, der aus der Römerstadt ausgewiesen wurde, der glänzender ist als die Sonne, der mit dem Olympier (Zeus) selber sich messen könnte? Aber daß er beschlossen hat, sich selber durch das Feuer aus dem Leben zu befördern, das führen einige auf Ruhmsucht zurück. Hat denn nicht Herakles so geendet? Nicht Asklepios und Dionysos durch den Blitz? Hat denn nicht schließlich Empedokles in die Krateröffnungen (des Ätna) sich gestürzt?"

Als das Theagenes sprach – so hieß nämlich jener Schreihals –, da fragte ich einen von den Dabeistehenden, was der Hinweis auf das Feuer bedeute oder was Herakles und Empedokles mit dem Proteus zu tun haben. Der aber erwiderte: „In Kürze wird sich Proteus in Olympia verbrennen." „Wieso", sagte ich, „oder warum?" Dann versuchte dieser zu sprechen, der Kyniker schrie aber weiter, so daß es unmöglich war, einen anderen zu hören. Ich hörte also hin, wie er das übrige dazutat und wunderliche Übertreibungen über den Proteus vorbrachte. Den Sinopeer nämlich oder dessen Lehrer Antisthenes hielt er nicht einmal für würdig, sie mit ihm zu vergleichen, ja selbst den Sokrates nicht, und er rief den Zeus an, sich mit ihm zu messen; dann jedoch deuchte es ihm recht, sie beide einander gleichwertig zu lassen und so beendete er seine Rede: „Diese zwei Schöpfungen hat nämlich als die besten die Welt geschaut, den olympischen Zeus und Proteus; Künstler und Schöpfer des einen ist Pheidias, des andren die

Πρωτέα, πλάσται δὲ καὶ τεχνῖται τοῦ μὲν Φειδίας, τοῦ δὲ ἡ φύσις. ἀλλὰ νῦν ἐξ ἀνθρώπων εἰς θεοὺς τὸ ἄγαλμα τοῦτο οἰχήσεται ὀχούμενον ἐπὶ τοῦ πυρὸς ὀρφανοὺς ἡμᾶς καταλιπόν. ταῦτα ξὺν πολλῷ ἱδρῶτι διεξελθὼν ἐδάκρυε μάλα γελοίως καὶ τὰς τρίχας ἐτίλλετο ὑποφειδόμενος μὴ πάνυ ἕλκειν, καὶ τέλος ἀπῆγον αὐτὸν λύζοντα μεταξὺ τῶν Κυνικῶν τινες παραμυθούμενοι.

μετὰ δὲ τοῦτον ἄλλος εὐθὺς ἀναβαίνει οὐ περιμείνας 7 διαλυθῆναι τὸ πλῆθος, ἀλλ' ἐπ' αἰθομένοις τοῖς προτέροις ἱερείοις ἐπέχει τῶν σπονδῶν· καὶ τὸ μὲν πρῶτον ἐπὶ πολὺ ἐγέλα καὶ δῆλος ἦν νειόθεν αὐτὸ δρῶν, εἶτα ἤρξατο ὧδέ πως· Ἐπεὶ ὁ κατάρατος Θεαγένης τέλος τῶν μιαρωτάτων αὐτοῦ λόγων τὰ Ἡρακλείτου δάκρυα ἐποιήσατο, ἐγὼ κατὰ τὸ ἐναντίον ἀπὸ τοῦ Δημοκρίτου γέλωτος ἄρξομαι. καὶ αὖθις ἐγέλα ἐπὶ πολύ, ὥστε καὶ ἡμῶν τοὺς πολλοὺς ἐπὶ τὸ ὅμοιον ἐπεσπάσατο. εἶτα ἐπιστρέψας ἑαυτόν· Ἤ τί γὰρ ἄλλο, ἔφη, ὦ ἄνδρες, 8 χρὴ ποιεῖν ἀκούοντα μὲν οὕτω γελοίων ῥήσεων, ὁρῶντα δὲ ἄνδρας γέροντας δοξαρίου καταπτύστου ἕνεκα μονονουχὶ κυβιστῶντας ἐν τῷ μέσῳ; ὡς δὲ εἰδείητε οἷόν τι τὸ ἄγαλμά ἐστι τὸ καυθησόμενον, ἀκούσατέ μου ἐξ ἀρχῆς παραφυλάξαντος τὴν γνώμην αὐτοῦ καὶ τὸν βίον ἐπιτηρήσαντος· ἔνια δὲ παρὰ τῶν πολιτῶν αὐτοῦ ἐπυνθανόμην καὶ οἷς ἀνάγκη ἦν ἀκριβῶς εἰδέναι αὐτόν. τὸ γὰρ τῆς φύσεως τοῦτο πλάσμα καὶ δημιούργημα, 9 ὁ τοῦ Πολυκλείτου κανών, ἐπεὶ εἰς ἄνδρας τελεῖν ἤρξατο, ἐν Ἀρμενίᾳ μοιχεύων ἁλοὺς μάλα πολλὰς πληγὰς ἔλαβε καὶ τέλος κατὰ τοῦ τέγους ἁλόμενος διέφυγε ῥαφανῖδι τὴν πυγὴν βεβυσμένος· εἶτα μειράκιόν τι ὡραῖον διαφθείρας τρισχιλίων ἐξωνήσατο παρὰ τῶν γονέων τοῦ παιδὸς πενήτων ὄντων μὴ ἐπὶ τὸν ἁρμοστὴν ἀπαχθῆναι τῆς Ἀσίας. ταῦτα καὶ τὰ τοιαῦτα ἐάσειν μοι 10

Natur. Aber jetzt wird dieses Musterbild bald von den Menschen zu den Göttern mittels des Feuers sich begeben und uns als Waisen zurücklassen." Nachdem er dies mit vielem Schweiß vorgebracht hatte, weinte er recht lächerlich und zupfte an seinen Haaren, wobei er aber acht gab, nicht zu stark an ihnen zu ziehen. Unter Schluchzen brachten ihn schließlich einige Kyniker weg, die ihn zu trösten versuchten. Nach diesem steigt sofort ein anderer hinauf (auf das Podium), ohne zu warten, bis sich die Ansammlung auflöste, sondern er goß gewissermaßen die Libation auf das noch brennende Opfer. Und zuerst lachte er lang, man sah es ihm an, daß er es von Herzen tat. Dann begann er etwa folgendermaßen: „Nachdem der verfluchte Theagenes den Schluß seiner verruchten Worte die Tränen des Heraklit bilden ließ, will ich im Gegenteil mit dem Lachen des Demokrit beginnen." Und wieder lachte er lange, so daß er die meisten von uns ebenfalls dazu brachte. Dann machte er kehrt und sprach: „Was muß man nämlich sonst tun, ihr Männer, wenn man so lächerliche Phrasen hört und sieht, wie alte Männer um des bißchen verabscheuenswerten Ruhmes willen beinahe vor dem Publikum Purzelbäume schlagen? Damit ihr wißt, was für ein Musterbild das ist, das verbrannt werden soll, hört mir zu, der ich von Anfang an auf seine Geisteshaltung acht gegeben und auf sein Leben aufgepaßt habe; einiges erfuhr ich auch von seinen Mitbürgern, und von denen, die notwendigerweise ihn genau kennen mußten. Dieses von der Natur geschaffene Musterbild, der leibhaftige Kanon des Polyklet, wurde nämlich, kaum war er mannbar geworden, in Armenien beim Ehebruch ertappt, bekam dafür recht viele Prügel und entging schließlich dadurch, daß er vom Dach sprang, der Strafe für den Ehebruch. Dann verführte er ein hübsches Bürschchen, erkaufte sich aber von den Eltern des Jungen, die arme Leute waren, um 3000 Drachmen die Vergünstigung, nicht vor den Statthalter von Kleinasien gebracht zu werden. Jedoch ich denke, ich werde von diesen und derartigen Dingen absehen; er war ja noch ein ungeformter Ton

δοκῶ· πηλός γάρ ἔτι ἄπλαστος ἦν καὶ οὐδέπω ἐντελὲς ἄγαλμα ὑμῖν δεδημιούργητο. ἃ δὲ τὸν πατέρα ἔδρασε καὶ πάνυ ἀκοῦσαι ἄξιον· καίτοι πάντες ἴστε καὶ ἀκηκόατε ὡς ἀπέπνιξε τὸν γέροντα οὐκ ἀνασχόμενος αὐτὸν ὑπὲρ ἑξήκοντα ἔτη ἤδη γηρῶντα. εἶτα ἐπειδὴ τὸ πρᾶγμα διεβεβόητο, φυγὴν ἑαυτοῦ καταδικάσας ἐπλανᾶτο ἄλλοτε ἄλλην ἀμείβων. ὅτεπερ καὶ τὴν θαυμαστὴν 11 σοφίαν τῶν Χριστιανῶν ἐξέμαθε περὶ τὴν Παλαιστίνην τοῖς ἱερεῦσι καὶ γραμματεῦσιν αὐτῶν ξυγγενόμενος. καὶ τί γάρ; ἐν βραχεῖ παῖδας αὐτοὺς ἀπέφηνε προφήτης καὶ θιασάρχης καὶ ξυναγωγεὺς καὶ πάντα μόνος αὐτὸς ὤν· καὶ τῶν βίβλων τὰς μὲν ἐξηγεῖτο καὶ διεσάφει, πολλὰς δὲ αὐτὸς καὶ ξυνέγραφε, καὶ ὡς θεὸν αὐτὸν ἐκεῖνοι ἡγοῦντο καὶ νομοθέτῃ ἐχρῶντο καὶ προστάτην ἐπέγραφον· τὸν μέγαν γοῦν ἐκεῖνον ἔτι σέβουσι τὸν ἄνθρωπον τὸν ἐν τῇ Παλαιστίνῃ ἀνασκολοπισθέντα, ὅτι καινὴν ταύτην τελετὴν εἰσήγαγεν ἐς τὸν βίον. τότε 12 δὴ καὶ συλληφθεὶς ἐπὶ τούτῳ ὁ Πρωτεὺς ἐνέπεσεν εἰς τὸ δεσμωτήριον, ὅπερ καὶ αὐτὸ οὐ μικρὸν αὐτῷ ἀξίωμα περιεποίησε πρὸς τὸν ἑξῆς βίον καὶ τὴν τερατείαν καὶ δοξοκοπίαν, ὧν ἐρῶν ἐτύγχανεν. ἐπεὶ δ' οὖν ἐδέδετο, οἱ Χριστιανοὶ συμφορὰν ποιούμενοι τὸ πρᾶγμα πάντα ἐκίνουν ἐξαρπάσαι πειρώμενοι αὐτόν. εἶτ' ἐπεὶ τοῦτο ἦν ἀδύνατον, ἥ γε ἄλλη θεραπεία πᾶσα οὐ παρέργως, ἀλλὰ σὺν σπουδῇ ἐγίγνετο· καὶ ἕωθεν μὲν εὐθὺς ἦν ὁρᾶν παρὰ τῷ δεσμωτηρίῳ περιμένοντα γρᾴδια, χήρας τινὰς καὶ παιδία ὀρφανά, οἱ δὲ ἐν τέλει αὐτῶν καὶ συνεκάθευδον ἔνδον μετ' αὐτοῦ διαφθείραντες τοὺς δεσμοφύλακας· εἶτα δεῖπνα ποικίλα εἰσεκομίζετο καὶ λόγοι ἱεροὶ αὐτῶν ἐλέγοντο καὶ ὁ βέλτιστος Περεγρῖνος – ἔτι γὰρ τοῦτο ἐκαλεῖτο – καινὸς Σωκράτης ὑπ' αὐτῶν ὠνομάζετο. καὶ μὴν κἀκ τῶν ἐν Ἀσίᾳ πόλεων ἔστιν 13

und euch noch nicht als vollkommenes Musterbild geformt. Was er aber seinem Vater antat, das zu vernehmen steht sehr dafür. Ihr alle wißt ja und habt gehört, daß er den Greis erwürgte, da er nicht ertrug, daß er bereits über sechzig Jahre alt war. Dann verurteilte er sich, als die Tat ruchbar geworden war, zum Exil und streifte auf der Welt durch verschiedene Länder herum. Zu dieser Zeit erlernte er auch die wunderliche Weisheit der Christen, nachdem er in Palästina mit ihren Priestern und Schriftgelehrten verkehrt hatte. Und was soll ich sagen? In kurzem brachte er es dahin, daß sie wahre Kinder waren gegen ihn, der in einer Person ihr Prophet, ihr Religionsvorstand, ihr Oberhaupt und alles selber war. Und von ihren Schriften erklärte er und kommentierte er einige, viele verfaßte er auch selber und in ihren Augen war er ein Gott, sie gebrauchten ihn als Gesetzgeber und bezeichneten ihn als ihren Vorsteher. Sie verehren ja noch jenen großen Menschen, der in Palästina gekreuzigt wurde, weil er diese neue Religion in die Welt brachte. Damals nun wurde Proteus deswegen sogar verhaftet und ins Gefängnis geworfen, was ihm aber gerade für das weitere Leben nicht geringe Wertschätzung verschaffte, Aufschneiderei und Ruhmsucht, Dinge, nach denen er eben strebte. Als er nun im Gefängnis war, hielten das die Christen für ein Unglück und setzten alle Hebel in Bewegung, um ihn loszubekommen. Dann wurde, da das nicht möglich war, seine Pflege im übrigen zur Gänze nicht nebenbei, sondern mit Eifer durchgeführt und gleich am frühen Morgen konnte man beim Gefängnis alte Weiblein warten sehen, einige Witwen und Waisenkinder, die Vorsteher der Christen schliefen sogar drinnen mit ihm, da sie die Gefängniswärter bestochen hatten. Dann wurden vielerlei Speisen hineingebracht und heilige Schriften derselben vorgetragen und der Held Peregrinos – so hieß er noch – wurde von ihnen ein neuer Sokrates genannt. Ja sogar von den Städten Kleinasiens kamen einige, von den Christengemeinden gesendet, um zu helfen, seine Sache zu vertreten und den Mann zu

ὧν ἧκόν τινες, τῶν Χριστιανῶν στελλόντων ἀπὸ τοῦ κοινοῦ, βοηθήσοντες καὶ ξυναγορεύσοντες καὶ παραμυθησόμενοι τὸν ἄνδρα. ἀμήχανον δέ τι τὸ τάχος ἐπιδείκνυνται, ἐπειδάν τι τοιοῦτον γένηται δημόσιον· ἐν βραχεῖ γάρ, ἀφειδοῦσι πάντων. καὶ δὴ καὶ τῷ Περεγρίνῳ πολλὰ τότε ἧκε χρήματα παρ' αὐτῶν ἐπὶ προφάσει τῶν δεσμῶν καὶ πρόσοδον οὐ μικρὰν ταύτην ἐποιήσατο· πεπείκασι γὰρ αὑτοὺς οἱ κακοδαίμονες τὸ μὲν ὅλον ἀθάνατοι ἔσεσθαι καὶ βιώσεσθαι τὸν ἀεὶ χρόνον, παρ' ὃ καὶ καταφρονοῦσι τοῦ θανάτου καὶ ἑκόντες αὐτοὺς ἐπιδιδόασιν οἱ πολλοί· ἔπειτα δὲ ὁ νομοθέτης ὁ πρῶτος ἔπεισεν αὐτοὺς ὡς ἀδελφοὶ πάντες εἶεν ἀλλήλων, ἐπειδὰν ἅπαξ παραβάντες θεοὺς μὲν τοὺς Ἑλληνικοὺς ἀπαρνήσωνται, τὸν δὲ ἀνεσκολοπισμένον ἐκεῖνον σοφιστὴν αὐτῶν προσκυνῶσι καὶ κατὰ τοὺς ἐκείνου νόμους βιῶσι. καταφρονοῦσιν οὖν ἁπάντων ἐξ ἴσης καὶ κοινὰ ἡγοῦνται ἄνευ τινὸς ἀκριβοῦς πίστεως τὰ τοιαῦτα παραδεξάμενοι. ἢν τοίνυν παρέλθῃ τις εἰς αὐτοὺς γόης καὶ τεχνίτης ἄνθρωπος καὶ πράγμασι χρῆσθαι δυνάμενος, αὐτίκα μάλα πλούσιος ἐν βραχεῖ ἐγένετο ἰδιώταις ἀνθρώποις ἐγχανών. πλὴν ἀλλ' ὁ Περεγρῖνος ἀφείθη 14 ὑπὸ τοῦ τότε τῆς Συρίας ἄρχοντος, ἀνδρὸς φιλοσοφίᾳ χαίροντος, ὃς συνεὶς τὴν ἀπόνοιαν αὐτοῦ καὶ ὅτι δέξαιτ' ἂν ἀποθανεῖν, ὡς δόξαν ἐπὶ τούτῳ ἀπολίποι, ἀφῆκεν αὐτὸν οὐδὲ τῆς κολάσεως ὑπολαβὼν ἄξιον. ὁ δὲ ἐς τὴν οἰκείαν ἐπανελθὼν καταλαμβάνει τὸ περὶ τοῦ πατρῴου φόνου ἔτι φλεγμαῖνον καὶ πολλοὺς τοὺς ἐπανατεινομένους τὴν κατηγορίαν. διήρπαστο δὲ τὰ πλεῖστα τῶν κτημάτων παρὰ τὴν ἀποδημίαν αὐτοῦ καὶ μόνοι ὑπελείποντό οἱ ἀγροὶ ὅσον εἰς πεντεκαίδεκα τάλαντα· ἦν γὰρ ἡ πᾶσα οὐσία τριάκοντά που ταλάντων ἀξία, ἣν ὁ γέρων κατέλιπεν, οὐχ ὥσπερ ὁ παγγέ-

trösten. Sie legen aber eine unglaubliche Schnelligkeit an den Tag, wann etwas derartiges die Gemeinde trifft; kurz gesagt, sie kennen da kein Sparen. So kamen auch dem Peregrinos damals aus dem Grunde seiner Haft viele Gelder von ihnen zu und er verschaffte sich daraus kein geringes Einkommen. Die Unglückseligen sind ja überzeugt, daß sie überhaupt unsterblich sein und ewig leben werden, im Hinblick worauf sie den Tod verachten und die meisten sich freiwillig opfern. Dann hat ihr erster Gesetzgeber sie überzeugt, daß sie einander Brüder seien, wann sie einmal die Vorschriften der (heidnischen) Religion übertreten und die hellenischen Götter verleugnet haben, jenen ihren gekreuzigten Sophisten aber verehren und nach seinen Vorschriften leben. Sie verachten also alles gleichermaßen und halten es für Gemeingut, da sie solche Ansichten ohne genauen Beweis übernommen haben. Falls nun ein geschickter Gauner, der die Verhältnisse auszunützen imstande ist, zu ihnen kommt, wird er in kurzem sehr reich und lacht den naiven Leuten ins Gesicht. Jedoch Peregrinos wurde von dem damaligen Statthalter von Syrien freigelassen, einem Mann, der an der Philosophie seine Freude hatte, den Wahnwitz des Peregrinos begriff und sich darüber klar war, daß er wohl den Tod hinnehmen würde, um deswegen Ruhm zu hinterlassen; und so ließ er ihn frei, ohne ihn auch nur einer Strafe für würdig zu erachten. Als Peregrinos in seine Heimat zurückgekehrt war, findet er das Gerücht vom Vatermord noch frisch und viele, die ihm mit der Anklage drohten. Die meisten seiner Besitzungen waren während seiner Reise geplündert worden und es blieben ihm nur Ländereien im Werte von ungefähr fünfzehn Talenten. Es war nämlich der ganze Besitz, den der Alte hinterlassen hatte, etwa dreißig Talente wert, nicht wie der lächerliche Theagenes behauptet hatte, 5000. Um soviel könnte man nämlich nicht einmal die ganze Stadt der Parianer nebst fünf ihrer benachbarten Städte mitsamt ihren Einwohnern, ihrem Vieh und dem übrigen Inventar verkaufen. Aber noch waren die An-

λοιος Θεαγένης ἔλεγε πεντακισχιλίων· τοσούτου γὰρ οὐδὲ ἡ πᾶσα τῶν Παριανῶν πόλις πέντε σὺν αὐτῇ τὰς γειτνιώσας παραλαβοῦσα πραθείη ἂν αὐτοῖς ἀνθρώποις καὶ βοσκήμασι καὶ τῇ λοιπῇ παρασκευῇ. ἀλλ' ἔτι 15 γε ἡ κατηγορία καὶ τὸ ἔγκλημα θερμὸν ἦν, καὶ ἐῴκει οὐκ εἰς μακρὰν ἐπαναστήσεσθαί τις αὐτῷ, καὶ μάλιστα ὁ δῆμος αὐτὸς ἠγανάκτει χρηστόν, ὡς ἔφασαν οἱ ἰδόντες, γέροντα πενθοῦντες οὕτως ἀσεβῶς ἀπολωλότα. ὁ δὲ σοφὸς οὗτος Πρωτεὺς πρὸς ἅπαντα ταῦτα σκέψασθε οἷόν τι ἐξεῦρε καὶ ὅπως τὸν κίνδυνον διέφυγε· παρελθὼν γὰρ εἰς τὴν ἐκκλησίαν τῶν Παριανῶν – ἐκόμα δὲ ἤδη καὶ τρίβωνα πιναρὸν ἠμπείχετο καὶ πήραν παρήρτητο καὶ τὸ ξύλον ἐν τῇ χειρὶ ἦν καὶ ὅλως μάλα τραγικῶς ἐσκεύαστο – τοιοῦτος οὖν ἐπιφανεὶς αὐτοῖς ἀφεῖναι ἔφη τὴν οὐσίαν, ἣν ὁ μακαρίτης πατὴρ αὐτῷ κατέλιπε, δημοσίαν εἶναι πᾶσαν. τοῦτο ὡς ἤκουσεν ὁ δῆμος, πένητες ἄνθρωποι καὶ πρὸς διανομὰς κεχηνότες, ἀνέκραγον εὐθὺς ἕνα φιλόσοφον, ἕνα φιλόπατριν, ἕνα Διογένους καὶ Κράτητος ζηλωτήν. οἱ δὲ ἐχθροὶ ἐπεφίμωντο, κἂν εἴ τις ἐπιχειρήσειε μεμνῆσθαι τοῦ φόνου, λίθοις εὐθὺς ἐβάλλετο. ἐξῄει οὖν τὸ δεύτερον πλανησόμενος, ἱκανὰ 16 ἐφόδια τοὺς Χριστιανοὺς ἔχων, ὑφ' ὧν δορυφορούμενος ἐν ἅπασιν ἀφθόνοις ἦν. καὶ χρόνον μέν τινα οὕτως ἐβόσκετο, εἶτα παρανομήσας τι καὶ ἐς ἐκείνους – ὤφθη γάρ τι, ὡς οἶμαι, ἐσθίων τῶν ἀπορρήτων αὐτοῖς – οὐκέτι προσιεμένων αὐτὸν ἀπορούμενος ἐκ παλινῳδίας ἀπαιτεῖν ᾤετο δεῖν παρὰ τῆς πόλεως τὰ κτήματα, καὶ γραμματεῖον ἐπιδοὺς ἠξίου ταῦτα κομίσασθαι κελεύσαντος βασιλέως. εἶτα τῆς πόλεως ἀντιπρεσβευσαμένης οὐδὲν ἐπράχθη, ἀλλ' ἐμμένειν ἐκελεύσθη οἷς ἅπαξ διέ-

klage und die Beschuldigung frisch und es schien, daß in Kürze jemand gegen ihn auftreten werde. Und am meisten war gerade das Volk empört, da sie um den nach der Aussage derer, die ihn persönlich kannten, biederen Greis trauerten, der ein so ruchloses Ende gefunden hatte. Schaut nun, welches Mittel dieser gescheite Proteus angesichts all dieser Umstände ausfindig machte und wie er der Gefahr entging: er trat nämlich in der Versammlung der Parianer auf – bereits hatte er lange Haare, war mit einem schmutzigen Philosophenmantel bekleidet, hatte einen Ranzen an seiner Seite hängen und den Knüttel in den Händen, überhaupt war er ganz wie ein tragischer Schauspieler ausstaffiert –, in solchem Aufzug also erschien er vor ihnen und erklärte, den Besitz, den ihm sein seliger Vater hinterlassen habe, zur Gänze dem Volk zu überlassen. Wie das das Volk hörte, arme Leute, die auf Verteilung erpicht waren, da riefen sie sogleich laut, er allein sei ein Philosoph, er allein ein Freund der Heimat, er allein ein Nacheiferer des Diogenes und Krates. Seinen Feinden war damit der Mund gestopft, und wenn einer es gewagt hätte, des Mordes zu gedenken, so wäre er sofort mit Steinen beworfen worden. Er ging also fort, um das zweitemal hin- und herzureisen, wobei er als ausreichende Wegzehrung die Christen hatte, die zu ihm hielten, so daß er in Hülle und Fülle lebte. Und einige Zeit nährte er sich so, dann aber verging er sich auch gegen sie – er wurde nämlich, wie ich glaube, gesehen, wie er eine der bei ihnen verbotenen Speisen aß – und wurde daher zu ihrer Gemeinschaft nicht mehr zugelassen. Als er sich nun deshalb in Not befand, glaubte er seine Schenkung widerrufen und von der Stadt die Besitzungen zurückverlangen zu sollen. Er machte also an den Kaiser eine Eingabe, in der er diese Besitzungen auf Befehl des Kaisers wiederzubekommen verlangte. Da aber darauf die Stadt eine Gegeneingabe einbrachte, kam nichts zustande, sondern er erhielt den Befehl, sich mit dem zu bescheiden, was er einmal, ohne daß ihn jemand zwang, verfügt hatte. Hernach fand

γνω μηδενός καταναγκάσαντος. τρίτη ἐπὶ τούτοις ἀποδημία εἰς Αἴγυπτον παρὰ τὸν Ἀγαθόβουλον, ἵναπερ τὴν θαυμαστὴν ἄσκησιν διηςκεῖτο, ξυρόμενος μὲν τῆς κεφαλῆς τὸ ἥμισυ, χριόμενος δὲ πηλῷ τὸ πρόσωπον, ἐν πολλῷ δὲ τῶν περιεστώτων δήμῳ ἀναφλῶν τὸ αἰδοῖον καὶ τὸ ἀδιάφορον δὴ τοῦτο καλούμενον ἐπιδεικνύμενος, εἶτα παίων καὶ παιόμενος νάρθηκι εἰς τὰς πυγὰς καὶ ἄλλα πολλὰ νεανικώτερα θαυματοποιῶν.

ἐκεῖθεν δὲ οὕτω παρεσκευασμένος ἐπὶ Ἰταλίαν ἔπλευσε καὶ ἀποβὰς τῆς νεὼς εὐθὺς ἐλοιδορεῖτο πᾶσι καὶ μάλιστα τῷ βασιλεῖ πρᾳότατον αὐτὸν καὶ ἡμερώτατον εἰδώς, ὥστε ἀσφαλῶς ἐτόλμα· ἐκείνῳ γάρ, ὡς εἰκός, ὀλίγον ἔμελε τῶν βλασφημιῶν καὶ οὐκ ἠξίου τὸν φιλοσοφίαν ὑποδυόμενόν τινα κολάζειν ἐπὶ ῥήμασι καὶ μάλιστα τέχνην τινὰ τὸ λοιδορεῖσθαι πεποιημένον. τούτῳ δὲ καὶ ἀπὸ τούτων τὰ τῆς δόξης ηὐξάνετο· παρὰ γοῦν τοῖς ἰδιώταις καὶ περίβλεπτος ἦν ἐπὶ τῇ ἀπονοίᾳ, μέχρι δὴ ὁ τὴν πόλιν ἐπιτετραμμένος ἀνὴρ σοφὸς ἀπέπεμψεν αὐτὸν ἀμέτρως ἐντρυφῶντα τῷ πράγματι, εἰπὼν μὴ δεῖσθαι τὴν πόλιν τοιούτου φιλοσόφου. πλὴν ἀλλὰ καὶ τοῦτο κλεινὸν αὐτοῦ καὶ διὰ στόματος ἦν ἅπασιν, ὁ φιλόσοφος διὰ τὴν παρρησίαν καὶ τὴν ἄγαν ἐλευθερίαν ἐξελαθείς· καὶ προσήλαυνε κατὰ τοῦτο τῷ Μουσωνίῳ καὶ Δίωνι καὶ Ἐπικτήτῳ καὶ εἴ τις ἄλλος ἐν περιστάσει τοιαύτῃ ἐγένετο. οὕτω δὴ ἐπὶ τὴν Ἑλλάδα ἐλθὼν ἄρτι μὲν Ἠλείοις ἐλοιδορεῖτο, ἄρτι δὲ τοὺς Ἕλληνας ἔπειθεν ἀντάρασθαι ὅπλα Ῥωμαίοις, ἄρτι δὲ ἄνδρα παιδείᾳ καὶ ἀξιώματι προὔχοντα, διότι καὶ ἐν τοῖς ἄλλοις εὖ ἐποίησε τὴν Ἑλλάδα καὶ ὕδωρ ἐπήγαγε τῇ Ὀλυμπίᾳ καὶ ἔπαυσε δίψει ἀπολλυμένους τοὺς πανη-

seine dritte Reise statt, und zwar nach Ägypten zu Agathobulos, wo er die wunderliche Askese übte, wobei er sich das Haupt zur Hälfte scheren ließ, sich das Gesicht mit Lehm beschmierte, inmitten einer zahlreichen Menge von Herumstehenden sich schamlos betrug und dadurch die sogenannte Gleichgültigkeit bekundete, ferner sich mit einer Rute auf den Hintern schlagen ließ – und selber solche Schläge erteilte – und noch viele andere noch albernere und wunderlichere Streiche verübte. So hergerichtet, segelte er von dort nach Italien und schimpfte gleich nach seiner Landung auf alle und am meisten auf den Kaiser, von dem er wußte, daß er sehr milde und sanft war, so daß sein Wagnis ohne Gefahr war. Dem Kaiser lag ja natürlich nur wenig an den Schmähungen, auch hielt er es unter seiner Würde, den, der sich unter den Deckmantel der Philosophie – mochte es damit stehen wie immer – ducke, auf Grund von Worten zu bestrafen, und besonders den, der das Schmähen gewissermaßen zu einer Fertigkeit gemacht hatte. Aber auch davon stieg sein Ruhm, bei den Laien wenigstens war er sogar auf Grund seines Wahnwitzes angesehen, bis ihn der Stadtpräfekt, ein weiser Mann, auswies, da er maßlos in dem Ding (den Schmähungen) schwelgte, mit der Begründung, die Stadt brauche keinen solchen Philosophen. Jedoch trug auch dies zu seinem Ruhme bei und war er in aller Mund, er, der Philosoph, der wegen seiner Offenheit und seines allzugroßen Freimutes ausgewiesen worden sei; und in dieser Hinsicht reichte er an einen Musonios, Dion und Epiktet heran, und wenn sonst einer in eine solche Lage gekommen war. Als er so nach Griechenland gekommen war, schmähte er bald die Eleer, bald suchte er die Griechen zu überreden, gegen die Römer die Waffen zu erheben, bald beschimpfte er einen Mann, der hervorragte durch Bildung und Wertschätzung, weil er, der auch sonst Griechenland Wohltaten erwiesen hatte, auch eine Wasserleitung in Olympia erbaute und dadurch der Gefahr des Verdurstens der Teilnehmer an der Festversammlung ein Ende setzte. Nach seiner Meinung ver-

γυριστάς, κακώς ήγόρευεν ώς καταθηλύναντα τούς Έλληνας, δέον τούς θεατάς τών 'Ολυμπίων διακαρτερεῖν διψώντας καί νή Δία γε καί ἀποθνήσκειν πολλούς αὐτών ὑπό σφοδρών τών νόσων, αἴ τέως διά τό ξηρόν τοῦ χωρίου ἐν πολλῷ τῷ πλήθει ἐπεπόλαζον· καί ταῦτα ἔλεγε πίνων τοῦ αὐτοῦ ὕδατος. ὡς δὲ μικροῦ κατέλευσαν αὐτόν ἐπιδραμόντες ἅπαντες, τότε μέν ἐπί τόν Δία καταφυγών ὁ γενναῖος εὕρετο μή ἀποθανεῖν. ἐς δέ τήν 20 ἑξῆς 'Ολυμπιάδα λόγον τινά διά τεττάρων ἐτών συνθείς τών διά μέσου ἐξήνεγκε πρός τούς Έλληνας ἔπαινον ὑπέρ τοῦ τό ὕδωρ ἐπαγαγόντος καί ἀπολογίαν ὑπέρ τῆς τότε φυγῆς. ἤδη δὲ ἀμελούμενος ὑφ' ἀπάντων καί μηκέθ' ὁμοίως περίβλεπτος ὤν — ἕωλα γάρ ἦν ἅπαντα καί οὐδέν ἔτι καινουργεῖν ἐδύνατο, ἐφ' ὅτῳ ἐκπλήξει τούς ἐντυγχάνοντας καί θαυμάζειν καί πρός αὐτόν ἀποβλέπειν ποιήσει, οὗπερ ἐξ ἀρχῆς δριμύν τινα ἔρωτα ἐρών ἐτύγχανε — τό τελευταῖον τοῦτο τόλμημα ἐβουλεύσατο ⟨τό⟩ περί τῆς πυράς, καί διέδωκε λόγον ἐς τούς Έλληνας εὐθύς ἀπ' 'Ολυμπίων τών ἔμπροσθεν ὡς ἐς τοὐπιόν καύσων ἑαυτόν. καί νῦν αὐτά ταῦτα θαυ- 21 ματοποιεῖ, ὥς φασι, βόθρον ὀρύττων καί ξύλα συγκομίζων καί δεινήν τινα τήν καρτερίαν ὑπισχούμενος. ἐχρῆν δέ, οἴμαι, μάλιστα μέν περιμένειν τόν θάνατον καί μή δραπετεύειν ἐκ τοῦ βίου· εἰ δέ καί πάντως διέγνωστό οἱ ἀπαλλάττεσθαι, μή πυρί μηδέ τοῖς ἀπό τῆς τραγῳδίας τούτοις χρῆσθαι, ἀλλ' ἕτερόν τινα θανάτου τρόπον, μυρίων ὄντων, ἑλόμενον ἀπελθεῖν. εἰ δέ καί τό πῦρ ὡς Ἡράκλειόν τι ἀσπάζεται, τί δή ποτε οὐχί κατά σιγήν ἑλόμενος ὄρος εὔδενδρον ἐν ἐκείνῳ ἑαυτόν ἐνέπρησε μόνος ἕνα τινά οἷον Θεαγένη τοῦτον Φιλοκτήτην παραλαβών; ὁ δέ ἐν 'Ολυμπίᾳ τῆς πανηγύρεως πληθού-

weichlichte er dadurch die Griechen, hätten doch die Zuschauer bei den olympischen Spielen standhaft dürsten und beim Zeus ihrer viele sogar an den heftigen Krankheiten sterben sollen, die bis dahin wegen der Trockenheit des Ortes bei der großen Menge (der Zuschauer) herrschten. Und das sagte er, obwohl er von demselben Wasser trank. Wie aber alle auf ihn einstürmten und ihn beinahe gesteinigt hätten, da nahm der Biedermann seine Zuflucht zum Zeus und fand so seine Rettung vor dem Tod. Für die nächste Olympiade verfaßte er in der vierjährigen Zwischenzeit eine Rede, die er den Griechen zur Kenntnis brachte; sie enthielt ein Lob dessen, der die Wasserleitung erbaut hatte, und eine Verteidigung seiner damaligen Flucht. Als sich aber bereits die ganze Welt um ihn nicht mehr kümmerte und er nicht mehr in gleichem Maße angesehen war – alles war ja schal und er konnte keine neuen Streiche mehr verüben, um die, die mit ihm zusammentrafen, zu verblüffen und sich bei ihnen Bewunderung und Ansehen zu verschaffen, wonach er eben von Anfang an ein leidenschaftliches Verlangen hatte –, da ersann er schließlich dieses Wagnis rücksichtlich des Scheiterhaufens und verbreitete unter den Griechen gleich von den früheren olympischen Spielen an ein Gerede, er werde künftig sich selbst verbrennen. Und jetzt sucht er gerade diesen wunderlichen Vorsatz auszuführen, indem er, wie es heißt, eine Grube gräbt, Holz zusammenträgt und eine unheimliche Standhaftigkeit verspricht. Er sollte halt vor allem auf den Tod warten und nicht aus dem Leben davonlaufen; wenn er aber schon durchaus beschlossen hätte, aus der Welt zu scheiden, hätte er nicht das Feuer und diese Mittel aus der Tragödie verwenden, sondern eine andere Todesart – deren es doch unzählige gibt – wählen und so dahinscheiden sollen. Wenn er aber auch das Feuer als etwas Herakleisches lieb hat, warum hat er dann nicht in aller Stille sich einen baumreichen Berg ausgewählt und auf jenem sich allein verbrannt unter Zuziehung eines Individuums, wie es dieser Theagenes ist, gewissermaßen sein Philoktet? So wird er aber

σης μόνον ούκ επί σκηνής όπτήσει εαυτόν, ούκ άνάξιος ών μά τον 'Ηρακλέα, εί γε χρή καί τους πατραλοίας καί τους άθέους δίκας διδόναι τών τολμημάτων· καί κατά τούτο πάνυ όψε δράν αυτό έοικεν, όν έχρήν πάλαι ές τόν του Φαλάριδος ταύρον έμπεσόντα τήν άξίαν άποτετικέναι, άλλά μή άπαξ χανόντα πρός τήν φλόγα έν άκαρεί τεθνάναι. καί γάρ αύ καί τόδε οί πολλοί μοι λέγουσιν, ώς ούδείς όξύτερος άλλος θανάτου τρόπος τού διά πυρός· άνοίξαι γάρ δεί μόνον τό στόμα καί αύτίκα τεθνάναι. τό μέντοι θέαμα έπινοείται, οίμαι, ώς σεμνόν, έν 22 ίερώ χωρίω καιόμενος άνθρωπος, ένθα μηδέ θάπτειν όσιον τούς άλλους άποθνήσκοντας. άκούετε δέ, οίμαι, ώς καί πάλαι θέλων τις ένδοξος γενέσθαι, έπεί κατ' άλλον τρόπον ούκ είχεν έπιτυχείν τούτου, ένέπρησε τής 'Εφεσίας 'Αρτέμιδος τόν νεών. τοιούτόν τι καί αύτός έπινοεί, τοσούτος έρως τής δόξης έντέτηκεν αύτώ. καίτοι 23 φησίν ότι ύπέρ τών άνθρώπων αύτό δρά, ώς διδάξειεν αύτούς θανάτου καταφρονείν καί έγκαρτερείν τοίς δεινοίς. έγώ δέ ήδέως άν έροίμην ούκ έκείνον άλλ' ύμάς, εί καί τούς κακούργους βούλοισθε άν μαθητάς αύτού γενέσθαι τής καρτερίας ταύτης καί καταφρονείν θανάτου καί καύσεως καί τών τοιούτων δειμάτων. άλλ' ούκ άν εύ οίδ' ότι βουληθείητε. πώς ούν ό Πρωτεύς τούτο διακρινεί καί τούς μέν χρηστούς ώφελήσει, τούς δέ πονηρούς ού φιλοκινδυνοτέρους καί τολμηροτέρους άποφανεί; καίτοι δυνατόν έστω ές τούτο μόνους άπαντή- 24 σεσθαι τούς πρός τό ώφέλιμον όψομένους τό πράγμα. ύμάς δ' ούν αύθις έρήσομαι, δέξαισθ' άν ύμών τούς παίδας ζηλωτάς τού τοιούτου γενέσθαι; ούκ άν είποιτε. καί τί τούτο ήρόμην, όπου μηδ' αύτών τις τών μαθητών αύτού ζηλώσειεν άν; τόν ούν Θεαγένη τούτο μά-

in Olympia vor der zahlreich besuchten Festversammlung in aller Öffentlichkeit (wörtlich: beinahe auf der Bühne) sich braten, beim Herakles allerdings nicht unverdientermaßen, sollten doch die Vatermörder sowohl als auch die Gottlosen für ihre Schandtaten büßen. Und in dieser Hinsicht scheint er es zu spät zu tun, wo er doch schon längst in den Stier des Phalaris hätte geworfen und die verdiente Strafe erleiden sollen, aber nicht bloß einmal den Mund für die Flamme auftun und im Nu tot sein sollte. Denn auch das sagen mir die meisten, daß keine Todesart schneller ist als der Feuestod; man brauche nämlich bloß den Mund zu öffnen und sogleich sei man tot. Das Schauspiel jedoch, an das er denkt, ist halt in seinen Augen etwas Ehrwürdiges, als Mensch an einem heiligen Ort verbrannt zu werden, wo die Religion die übrigen Toten nicht einmal zu bestatten erlaubt. Ihr habt aber halt gehört, daß auch in der Vorzeit einer, der berühmt werden wollte, da er dies auf eine andere Weise nicht erlangen konnte, den Tempel der ephesischen Artemis in Brand steckte. So etwas hat er ebenfalls im Sinn, so sehr ist die Liebe zum Ruhm bei ihm eingewurzelt. Doch behauptet er, daß er das im Interesse der Menschen tut, um sie zu lehren, den Tod zu verachten und in Schrecknissen standhaft zu sein. Ich möchte gerne nicht ihn, sondern euch fragen, ob ihr wollt, daß auch die Übeltäter seine Schüler in dieser Standhaftigkeit werden und von ihm Tod, Verbrennung und derartige Schrecknisse verachten lernen sollen. Aber ich weiß recht gut, ihr wollt wohl nicht. Wie soll also da Proteus einen Unterschied in dieser Hinsicht herbeiführen und den Guten nützen, die Schlechten aber nicht zu gefahrliebenderen und waghalsigeren Individuen machen? Indes es soll möglich sein, daß sich nur die darauf verlegen, die dabei den Nutzen im Auge haben würden. Euch werde ich also wieder fragen, wäret ihr damit einverstanden, daß euere Söhne so etwas nachahmen? Ihr würdet wohl nein sagen. Und warum frage ich darum, wo doch selbst niemand von seinen Schülern es nachahmen möchte? Dem Theagenes also

λιστα αἰτιάσαιτο ἄν τις, ὅτι τἄλλα ζηλῶν τἀνδρὸς οὐχ ἕπεται τῷ διδασκάλῳ καὶ συνοδεύει παρὰ τὸν Ἡρακλέα, ὥς φησιν, ἀπιόντι, δυνάμενος ἐν βραχεῖ πανευδαίμων γενέσθαι συνεμπεσὼν ἐπὶ κεφαλῆς ἐς τὸ πῦρ. οὐ γὰρ ἐν πήρᾳ καὶ βάκτρῳ καὶ τρίβωνι ὁ ζῆλος, ἀλλὰ ταῦτα μὲν ἀσφαλῆ καὶ ῥᾴδια καὶ παντὸς ἂν εἴη, τὸ τέλος δὲ καὶ τὸ κεφάλαιον χρὴ ζηλοῦν καὶ πυρὰν συνθέντα κορμῶν συκίνων ὡς ἔνι μάλιστα χλωρῶν ἐναποπνιγῆναι τῷ καπνῷ· τὸ πῦρ γὰρ αὐτὸ οὐ μόνον Ἡρακλέους καὶ Ἀσκληπιοῦ, ἀλλὰ καὶ τῶν ἱεροσύλων καὶ ἀνδροφόνων, οὓς ὁρᾶν ἔστιν ἐκ καταδίκης αὐτὸ πάσχοντας. ὥστε ἄμεινον τὸ διὰ τοῦ καπνοῦ· ἴδιον γὰρ καὶ ὑμῶν ἂν μόνων γένοιτο. ἄλλως τε ὁ μὲν Ἡρακλῆς, εἴπερ ἄρα καὶ ἐτόλμησέ τι τοιοῦτον, ὑπὸ νόσου αὐτὸ ἔδρασεν ὑπὸ τοῦ Κενταυρείου αἵματος, ὥς φησιν ἡ τραγῳδία, κατεσθιόμενος, οὗτος δὲ τίνος αἰτίας ἕνεκεν ἐμβάλλει φέρων ἑαυτὸν εἰς τὸ πῦρ; νὴ Δί', ὅπως τὴν καρτερίαν ἐπιδείξηται καθάπερ οἱ Βραχμᾶνες· ἐκείνοις γὰρ αὐτὸν ἠξίου Θεαγένης εἰκάζειν, ὥσπερ οὐκ ἐνὸν καὶ ἐν Ἰνδοῖς εἶναί τινας μωροὺς καὶ κενοδόξους ἀνθρώπους. ὅμως δ' οὖν κἂν ἐκείνους μιμείσθω· ἐκεῖνοι γὰρ οὐκ ἐμπηδῶσιν ἐς τὸ πῦρ, ὡς Ὀνησίκριτος ὁ Ἀλεξάνδρου κυβερνήτης ἰδὼν Κάλανον καόμενόν φησιν, ἀλλ' ἐπειδὰν νήσωσι, πλησίον παραστάντες ἀκίνητοι ἀνέχονται παροπτώμενοι, εἶτ' ἐπιβάντες κατὰ σχῆμα καίονται οὐδ' ὅσον ὀλίγον ἐντρέψαντες τῆς κατακλίσεως. οὗτος δὲ τί μέγα, εἰ ἐμπεσὼν τεθνήξεται συναρπασθεὶς ὑπὸ τοῦ πυρός; οὐκ ἀπ' ἐλπίδος μὴ ἀναπηδήσεσθαι αὐτὸν καὶ ἡμίφλεκτον, εἰ μή, ὅπερ φασί, μη-

könnte man das am meisten vorwerfen, daß er, der doch in allem übrigen den Mann nachahmt, seinem Lehrer nicht folgt und mit ihm zum Herakles, wie dieser sagt, die Reise unternimmt, obwohl er in kurzem den Gipfel der Glückseligkeit erreichen könnte, wenn er kopfüber mit ihm sich ins Feuer stürzte. Denn nicht im Ranzen, im Stecken und im Philosophenmantel besteht die Nachahmung, sondern das ist sicher und leicht und käme jedermann zu, das Ende aber und die Hauptsache muß man nachahmen, einen Scheiterhaufen aus möglichst grünen Scheitern von Feigenbäumen aufschichten und am Rauch ersticken. Das Feuer an und für sich kommt ja nicht bloß einem Herakles und Asklepios zu, sondern auch den Tempelräubern und den Mördern, die man kraft des Urteils den Feuertod erleiden sieht. Drum wäre besser der Tod durch den Rauch; das wäre ja eine Eigenart, die nur euch zukäme. Und vollends hat Herakles, wenn er also wirklich etwas derartiges wagte, infolge einer Krankheit es getan, da an seinem Leib das Kentaurenblut, wie die Tragödie sagt, zehrte, dieser aber – aus welchem Grunde stürzt er sich ins Feuer? Beim Zeus, um mit der Standhaftigkeit sich zu brüsten, wie die Brachmanen; mit jenen nämlich wünschte Theagenes ihn zu vergleichen, als ob es nicht möglich wäre, daß es auch in Indien einige törichte und von eitler Ruhmsucht beseelte Leute gibt. Gleichwohl aber soll er wenigstens jene nachahmen. Jene nämlich springen nicht ins Feuer hinein, wie Onesikritos, der Steuermann Alexanders des Gr., sagt, der die Selbstverbrennung des Kalanos gesehen hat, sondern sobald sie den Scheiterhaufen aufgeschichtet haben, treten sie nahe heran und lassen sich unbeweglich seitlich versengen, dann steigen sie mit Anstand hinauf und lassen sich verbrennen, ohne auch nur ein wenig ihre Lage zu verändern. Was ist da aber Großes dabei, wenn dieser sich ins Feuer stürzen, sofort von ihm ergriffen und getötet werden wird? Es ist nicht ausgeschlossen, daß er auch halb verbrannt aufspringen wird, außer er wird – wie es eben heißt – darauf schauen, daß der

χανήσεται βαθεΐαν γενέσθαι καὶ ἐν βόθρῳ τὴν πυράν. εἰσὶ δ' οἳ καὶ μεταβάλλεσθαί φασιν αὐτὸν καί τινα ὀνείρατα διηγεῖσθαι, ὡς τοῦ Διὸς οὐκ ἐῶντος μιαίνειν ἱερὸν χωρίον. ἀλλὰ θαρρείτω τούτου γε ἕνεκα· ἐγὼ γὰρ διομοσαίμην ἂν ἦ μὴν μηδένα τῶν θεῶν ἀγανακτήσειν, εἰ Περεγρῖνος ⟨κακὸς⟩ κακῶς ἀποθάνοι. οὐ μὴν οὐδὲ ῥᾴδιον αὐτῷ ἔτ' ἀναδῦναι· οἱ γὰρ συνόντες Κύνες παρορμῶσι καὶ συνωθοῦσιν ἐς τὸ πῦρ καὶ ὑπεκκάουσι τὴν γνώμην οὐκ ἐῶντες ἀποδειλιᾶν, ὧν εἰ δύο συγκατασπάσας ἐμπέσοι εἰς τὴν πυράν, τοῦτο μόνον χάριεν ἐργάσαιτο. ἤκουον δὲ ὡς οὐδὲ Πρωτεὺς ἔτι καλεῖσθαι ἀξιοῖ, ἀλλὰ Φοίνικα μετωνόμασεν ἑαυτόν, ὅτι καὶ φοῖνιξ τὸ 'Ινδικὸν ὄρνεον ἐπιβαίνειν πυρᾶς λέγεται πορρωτάτω γήρως προβεβηκώς. ἀλλὰ καὶ λογοποιεῖ καὶ χρησμούς τινας διέξεισι παλαιοὺς δή, ὡς χρεὼν εἶναι δαίμονα νυκτοφύλακα γενέσθαι αὐτόν, καὶ δῆλός ἐστι βωμῶν ἤδη ἐπιθυμῶν καὶ χρυσοῦς ἀναστήσεσθαι ἐλπίζων. καὶ μὰ Δία οὐδὲν ἀπεικὸς ἐν πολλοῖς τοῖς ἀνοήτοις εὑρεθήσεσθαί τινας τοὺς καὶ τεταρταίων ἀπηλλάχθαι δι' αὐτοῦ φήσοντας καὶ νύκτωρ ἐντετυχηκέναι τῷ δαίμονι τῷ νυκτοφύλακι. οἱ κατάρατοι δὲ οὗτοι μαθηταὶ αὐτοῦ καὶ χρηστήριον, οἶμαι, καὶ ἄδυτον ἐπὶ τῇ πυρᾷ μηχανήσονται, διότι καὶ Πρωτεὺς ἐκεῖνος ὁ Διός, ὁ προπάτωρ τοῦ ὀνόματος, μαντικὸς ἦν. μαρτύρομαι δὲ ἦ μὴν καὶ ἱερέας αὐτοῦ ἀποδειχθήσεσθαι μαστίγων ἢ καυτηρίων ἢ τινος τοιαύτης τερατουργίας ἢ καὶ νὴ Δία τελετήν τινα ἐπ' αὐτῷ συστήσεσθαι νυκτέριον καὶ δᾳδουχίαν ἐπὶ τῇ πυρᾷ. Θεαγένης δὲ ἔναγχος, ὥς μοί τις τῶν ἑταίρων ἀπήγγειλε, καὶ Σίβυλλαν ἔφη προειρηκέναι περὶ τούτων· καὶ τὰ ἔπη γὰρ ἀπεμνημόνευεν·

Scheiterhaufen tief und in einer Grube errichtet werde. Es gibt manche, die behaupten, er ändere sein Vorhaben und erzähle einige Träume, als ob Zeus es nicht zulasse, eine heilige Stätte zu beflecken. Aber diesbezüglich soll er nur getrost sein; ich könnte schwören, daß keiner von den Göttern es übel nehmen würde, wenn der schlechte Proteus ein schlechtes Ende nähme. Jedoch ein Zurück ist für ihn nicht leicht möglich: die Kyniker nämlich, die bei ihm sind, treiben ihn an, konzentrieren ihre Bemühungen auf das Feuer, befeuern seinen Geist und lassen ihn nicht verzagt sein; würde er, wenn er in den Scheiterhaufen springt, zwei von ihnen mit hinab ziehen, so wäre das der einzige hübsche Zug von ihm. Ich hörte wiederholt, daß er auch Proteus nicht mehr zu heißen wünscht, sondern sich Phönix umbenannt hat, weil es auch vom Phönix, dem indischen Vogel, heißt, er besteige im höchsten Greisenalter einen Scheiterhaufen. Aber er fabelt auch und führt gewisse Weissagungen an — alte natürlich —, er müsse ein nächtlicher Dämon werden, und es ist klar, daß es ihn bereits nach Altären gelüstet und er goldene Statuen zu bekommen hofft. Und beim Zeus, es ist gar nicht unwahrscheinlich, daß sich in der großen Zahl der unvernünftigen Leute einige finden werden, die behaupten werden, sie seien durch ihn vom Wechselfieber befreit worden und wären des nachts dem nächtlichen Dämon begegnet. Diese seine verfluchten Schüler werden halt beim Scheiterhaufen eine Orakelstätte und ein Heiligtum errichten lassen, weil jener Proteus, Sohn des Zeus, der Stammvater des Namens, mit Weissagung begabt war. Ich behaupte aber, wahrlich auch Priester werden zu seinen Ehren ernannt werden für Geißelungen oder Brandmarkungen oder eine andere derartige Gaukelei oder es wird auch, beim Zeus, eine nächtliche Feier zu seinen Ehren gestiftet werden und ein Fackelfest beim Scheiterhaufen. Theagenes aber sagte kürzlich, wie mir einer von seinen Gefährten mitteilte, auch die Sibylla habe darüber geweissagt; auch die Verse zitierte er nämlich aus dem Gedächtnis:

ἀλλ' ὁπόταν Πρωτεὺς Κυνικῶν ὄχ' ἄριστος ἁπάντων
Ζηνὸς ἐριγδούπου τέμενος κάτα πῦρ ἀνακαύσας
ἐς φλόγα πηδήσας ἔλθῃ ἐς μακρὸν Ὄλυμπον,
δὴ τότε πάντας ὁμῶς, οἳ ἀρούρης καρπὸν ἔδουσι,
νυκτιπόλον τιμᾶν κέλομαι ἥρωα μέγιστον
σύνθρονον Ἡφαίστῳ καὶ Ἡρακλῆϊ ἄνακτι.

ταῦτα μὲν Θεαγένης Σιβύλλης ἀκηκοέναι φησίν. ἐγὼ 30
δὲ Βάκιδος αὐτῷ χρησμὸν ὑπὲρ τούτων ἐρῶ· φησὶ δὲ
ὁ Βάκις οὕτω σφόδρα εὖ ἐπειπών·

ἀλλ' ὁπόταν Κυνικὸς πολυώνυμος ἐς φλόγα πολλὴν
πηδήσῃ δόξης ὑπ' ἐρινύι θυμὸν ὀρινθείς,
δὴ τότε τοὺς ἄλλους κυναλώπεκας, οἵ οἱ ἕπονται,
μιμεῖσθαι χρὴ πότμον ἀποιχομένοιο λύκοιο.
ὃς δέ κε δειλὸς ἐὼν φεύγῃ μένος Ἡφαίστοιο,
λάεσσιν βαλέειν τοῦτον τάχα πάντας Ἀχαιούς,
ὡς μὴ ψυχρὸς ἐὼν θερμηγορέειν ἐπιχειρῇ
χρυσῷ σαξάμενος πήρην μάλα πολλὰ δανείζων,
ἐν καλαῖς Πάτραισιν ἔχων τρὶς πέντε τάλαντα.

τί ὑμῖν δοκεῖ, ἄνδρες; ἆρα φαυλότερος χρησμολόγος ὁ
Βάκις τῆς Σιβύλλης εἶναι; ὥστε ὥρα τοῖς θαυμαστοῖς
τούτοις ὁμιληταῖς τοῦ Πρωτέως περισκοπεῖν ἔνθα ἑαυτοὺς
ἐξαερώσουσι· τοῦτο γὰρ τὴν καῦσιν καλοῦσι.»

Ταῦτ' εἰπόντος ἀνεβόησαν οἱ περιεστῶτες ἅπαντες· 31
Ἤδη καιέσθωσαν ἄξιοι τοῦ πυρός. καὶ ὁ μὲν κατέβη
γελῶν, »Νέστορα δ' οὐκ ἔλαθεν ἰαχή«, τὸν Θεαγένη,
ἀλλ' ὡς ἤκουσε τῆς βοῆς, ἧκεν εὐθὺς καὶ ἀναβὰς ἐκεκράγει
καὶ μυρία κακὰ διεξῄει περὶ τοῦ καταβεβηκότος·
οὐ γὰρ οἶδα ὅστις ἐκεῖνος ὁ βέλτιστος ἐκαλεῖτο. ἐγὼ δὲ
ἀφεὶς αὐτὸν διαρρηγνύμενον ἀπῄειν ὀψόμενος τοὺς
ἀθλητάς· ἤδη γὰρ οἱ Ἑλλανοδίκαι ἐλέγοντο εἶναι ἐν τῷ
πλεθρίῳ. ταῦτα μέν σοι τὰ ἐν Ἤλιδι. ἐπεὶ δὲ ἐς τὴν 3

Proteus, weitaus der beste der Kyniker, wann er im Haine
Zeus' des Donnerers sich ein loderndes Feuer entzündet,
In die Flamme sich stürzt und kommt zum weiten Olympos,
Sollen ihn alle zugleich, die der Erde Früchte genießen,
Als nachtwandelnden Heros verehren, so lautet mein Auftrag,
Würdig der gleichen Verehrung, wie Herakles und wie Hephaistos.

Das behauptet Theagenes von der Sibylla gehört zu haben. Ich aber will ihm eine Weissagung des Bakis darüber sagen; Bakis' folgende Weissagung paßt sehr gut dazu:

Ein vielnamiger Mann, ein Kyniker, wählt er sich selber
Reichliches Feuer zum Tod, aus schnöder Ruhmsucht im Herzen,
Sollen die übrigen kynischen Füchse dort, die ihm zur Seite,
Stracks nachahmen den Tod des von hinnen gegangenen Wolfes.
Wer aber feig sich scheut vor Hephaistos' wütendem Feuer,
Steinigen sollen ihn gleich als Feigling alle Achäer,
Daß er nicht, kalt im Herzen, zu hitzige Reden versuche,
Voll mit Gold seinen Ranzen gestopft durch reichlichen Wucher,
Er, der fünfzehn Talente besitzt im reizenden Patrai.

Was dünkt euch, ihr Männer? Ist Bakis etwa ein schlechterer Weissager als die Sibylle? Drum ist es für diese wunderlichen Begleiter des Proteus bereits an der Zeit, sich umzusehen, wo sie verdunsten sollen – so bezeichnen sie nämlich die Verbrennung."

Als er das gesprochen hatte, schrien alle Herumstehenden auf: „Bereits sollen sie verbrannt werden, sie verdienen ja das Feuer." Und er stieg lachend von der Rednerbühne herab, ‚Nestor aber vernahm das Geschrei', nämlich Theagenes, und kam, wie er es hörte, sofort, stieg hinauf, schrie und erzählte unzählige schlechte Dinge von dem, der herabgestiegen war – ich weiß nämlich nicht, wie der gute Mann hieß. Ich aber ließ den Theagenes mit seinem großen Stimmaufwand stehen und ging fort, um die Ringer zu sehen; es hieß nämlich, daß die Kampfrichter bereits im Stadion waren. Das trug sich in

Ὀλυμπίαν ἀφικόμεθα, μεστὸς ἦν ὁ ὀπισθόδομος τῶν κατηγορούντων Πρωτέως ἢ ἐπαινούντων τὴν προαίρεσιν αὐτοῦ, ὥστε καὶ εἰς χεῖρας αὐτῶν ἦλθον οἱ πολλοί, ἄχρι δὴ παρελθὼν αὐτὸς ὁ Πρωτεὺς μυρίῳ τῷ πλήθει παραπεμπόμενος κατόπιν τοῦ τῶν κηρύκων ἀγῶνος λόγους τινὰς διεξῆλθε περὶ ἑαυτοῦ τὸν βίον τε ὡς ἐβίω καὶ τοὺς κινδύνους οὓς ἐκινδύνευσε διηγούμενος καὶ ὅσα πράγματα φιλοσοφίας ἕνεκα ὑπέμεινε. τὰ μὲν οὖν εἰρημένα πολλὰ ἦν· ἐγὼ δὲ ὀλίγων ἤκουσα ὑπὸ πλήθους τῶν περιεστώτων. εἶτα φοβηθεὶς μὴ συντριβείην ἐν τοσαύτῃ τύρβῃ, ἐπεὶ καὶ πολλοὺς τοῦτο πάσχοντας ἑώρων, ἀπῆλθον μακρὰ χαίρειν φράσας θανατιῶντι σοφιστῇ τὸν ἐπιτάφιον ἑαυτοῦ πρὸ τελευτῆς διεξιόντι. πλὴν τό γε τοσοῦτον ἐπήκουσα· ἔφη γὰρ βούλεσθαι 33 χρυσῷ βίῳ χρυσῆν κορώνην ἐπιθεῖναι· χρῆναι γὰρ τὸν Ἡρακλείως βεβιωκότα Ἡρακλείως ἀποθανεῖν καὶ ἀναμιχθῆναι τῷ αἰθέρι. καὶ ὠφελῆσαι, ἔφη, βούλομαι τοὺς ἀνθρώπους δείξας αὐτοῖς ὃν χρὴ τρόπον θανάτου καταφρονεῖν· πάντας οὖν δεῖ μοι τοὺς ἀνθρώπους Φιλοκτήτας γενέσθαι. οἱ μὲν οὖν ἀνοητότεροι τῶν ἀνθρώπων ἐδάκρυον καὶ ἐβόων· Σῴζου τοῖς Ἕλλησιν, οἱ δὲ ἀνδρωδέστεροι ἐκεκράγεισαν· Τέλει τὰ δεδογμένα· ὑφ' ὧν ὁ πρεσβύτης οὐ μετρίως ἐθορυβήθη ἐλπίζων πάντας ἕξεσθαι αὐτοῦ καὶ μὴ προήσεσθαι τῷ πυρί, ἀλλὰ ἄκοντα δὴ καθέξειν ἐν τῷ βίῳ. τὸ δὴ τελεῖν τὰ δεδογμένα πάνυ ἀδόκητον αὐτῷ προσπεσὸν ὠχριᾶν ἔτι μᾶλλον ἐποίησε, καίτοι ἤδη νεκρικῶς τὴν χροιὰν ἔχοντι, καὶ νὴ Δία καὶ ὑποτρέμειν, ὥστε κατέπαυσε τὸν λόγον. ἐγὼ δέ, εἰκά- 34 ζεις, οἶμαι, πῶς ἐγέλων· οὐδὲ γὰρ ἐλεεῖν ἄξιον ἦν οὕτω δυσέρωτα τῆς δόξης ἄνθρωπον ὑπὲρ ἅπαντας, ὅσοι τῇ αὐτῇ ποινῇ ἐλαύνονται. παρεπέμπετο δὲ ὅμως ὑπὸ

Elis zu. Als wir aber nach Olympia kamen, war der hintere Raum des Tempels voller Leute, die den Proteus teils anklagten, teils sein Vorhaben lobten, so daß die meisten von ihnen miteinander sogar handgemein wurden, bis Proteus selbst im Gefolge einer zahllosen Menge dazukam und hinter dem Wettkampf der Herolde einige Worte über sich sprach, indem er das Leben, das er geführt und die Gefahren, die er bestanden hatte, schilderte und welche Scherereien er wegen der Philosophie zu erdulden hatte. Es waren viele Worte, die er sprach, ich hörte jedoch infolge der Menge der herumstehenden Leute nur wenige. Dann ging ich fort, aus Furcht ich könnte in einem so großen Trubel gequetscht werden — da ich tatsächlich viele das erleiden sah — und ließ den sterbelustigen Sophisten stehen, der vor seinem Ende seine eigene Grabrede hielt. Jedoch soviel vernahm ich: er sagte nämlich, er wolle auf ein goldenes Leben eine goldene Spitze setzen; wer herakleisch gelebt habe, müsse auch herakleisch sterben und sich mit dem Äther vermengen. „Auch nützen will ich", sprach er, „den Menschen, indem ich ihnen zeige, auf welche Weise man den Tod verachten muß; alle Menschen müssen sich als meine Philoktete erweisen." Die unvernünftigen unter den Leuten weinten und riefen: „Erhalte dich den Griechen!", die mannhafteren aber schrien laut: „Vollende, was du beschlossen hast!", was bei dem alten Mann keine geringe Bestürzung verursachte, da er gehofft hatte, alle würden sich an ihn hängen und ihn nicht dem Feuertod preisgeben, sondern wider seinen Willen auf der Welt zurückhalten. Da offenbar der Gedanke, das Beschlossene zu vollenden, ganz unerwartet über ihn hereingebrochen war, veranlaßte das eine noch größere Blässe bei ihm — obwohl er bereits totenblaß war — und, beim Zeus, ein Zittern, so daß er die Rede beendete. Ich — du kannst dir halt denken, wie ich lachte; es stand ja nicht dafür, Mitleid zu fühlen mit einem Menschen, der von einer so unglücklichen Liebe zum Ruhm mehr als alle jene erfüllt war, die von derselben Furie gepeinigt werden. Er wurde aber

πολλῶν καὶ ἐνεφορεῖτο τῆς δόξης ἀποβλέπων ἐς τὸ πλῆθος τῶν θαυμαζόντων, οὐκ εἰδὼς ὁ ἄθλιος ὅτι καὶ τοῖς ἐπὶ τὸν σταυρὸν ἀπαγομένοις ἢ ὑπὸ τοῦ δημίου ἐχομένοις πολλῷ πλείους ἕπονται. καὶ δὴ τὰ μὲν Ὀλύμ- 35 πια τέλος εἶχε, κάλλιστα Ὀλυμπίων γενόμενα ὧν ἐγὼ εἶδον, τετράκις ἤδη ὁρῶν. ἐγὼ δέ – οὐ γὰρ ἦν εὐπορῆσαι ὀχήματος ἅμα πολλῶν ἐξιόντων – ἄκων ὑπελειπόμην. ὁ δὲ ἀεὶ ἀναβαλλόμενος νύκτα τὸ τελευταῖον προειρήκει ἐπιδείξασθαι τὴν καῦσιν· καί με τῶν ἑταίρων τινὸς παραλαβόντος περὶ μέσας νύκτας ἐξαναστὰς ἐπῄειν εὐθὺ τῆς Ἁρπίνης, ἔνθα ἦν ἡ πυρά· στάδιοι πάντες οὗτοι εἴκοσιν ἀπὸ τῆς Ὀλυμπίας κατὰ τὸν ἱππόδρομον ἀπιόντων πρὸς ἕω. καὶ ἐπεὶ τάχιστα ἀφικόμεθα, καταλαμβάνομεν πυρὰν νενησμένην ἐν βόθρῳ ὅσον ἐς ὀργυιὰν τὸ βάθος. δᾷδες ἦσαν τὰ πολλὰ καὶ παρεβέβυστο τῶν φρυγάνων, ὡς ἀναφθείη τάχιστα. καὶ ἐπειδὴ 36 ἡ σελήνη ἀνέτελλεν – ἔδει γὰρ κἀκείνην θεάσασθαι τὸ κάλλιστον τοῦτο ἔργον – πρόεισιν ἐκεῖνος ἐσκευασμένος ἐς τὸν αἰεὶ τρόπον καὶ ξὺν αὐτῷ τὰ τέλη τῶν Κυνῶν, καὶ μάλιστα ὁ γεννάδας ὁ ἐκ Πατρῶν δᾷδα ἔχων, οὐ φαῦλος δευτεραγωνιστής· ἐδᾳδοφόρει δὲ καὶ ὁ Πρωτεύς. καὶ προσελθόντες ἄλλος ἀλλαχόθεν ἀνῆψαν τὸ πῦρ μέγιστον ἅτε ἀπὸ δᾴδων καὶ φρυγάνων· ὁ δέ – καί μοι πάνυ ἤδη πρόσεχε τὸν νοῦν – ἀποθέμενος τὴν πήραν καὶ τὸ τριβώνιον καὶ τὸ Ἡράκλειον ἐκεῖνο ῥόπαλον ἔστη ἐν ὀθόνῃ ῥυπώσῃ ἀκριβῶς. εἶτα ᾔτει λιβανωτόν, ὡς ἐπιβάλοι ἐπὶ τὸ πῦρ, καὶ ἀναδόντος τινὸς ἐπέβαλέ τε καὶ εἶπεν ἐς τὴν μεσημβρίαν ἀποβλέπων – καὶ γὰρ καὶ τοῦτο τῶν πρὸς τὴν τραγῳδίαν ἦν, ἡ μεσημβρία – Δαίμονες μητρῷοι καὶ πατρῷοι δέξασθέ με εὐμενεῖς. ταῦτα

gleichwohl von vielen geleitet und genoß seinen Ruhm in vollen Zügen, indem er auf die Menge seiner Bewunderer blickte, der Unglückliche, der nicht wußte, daß denen, die zur Kreuzigung geführt werden, oder denen, auf die der Henker seine Hand gelegt hat, noch viel mehr Leute folgen. Und schon hatten die olympischen Spiele ihr Ende gefunden – die schönsten, die ich sah, was bereits zum vierten Male der Fall war –. Ich aber mußte wider Willen zurückbleiben – es war ja unmöglich, ein Fahrzeug zu bekommen, da viele zugleich abreisten. Er aber schob immer die Nacht auf, schließlich jedoch hatte er vorhergesagt, die Verbrennung öffentlich zu veranstalten. Und da mich einer meiner Gefährten mitnahm, stand ich um Mitternacht auf und ging geradewegs auf Harpina zu, wo der Scheiterhaufen war – es sind im ganzen zwanzig Stadien, wenn man von Olympia in der Richtung des Hippodroms gegen Osten geht –. Und als wir hinkamen, finden wir einen Scheiterhaufen in einer etwa eine Klafter tiefen Grube aufgeschichtet. Es waren meist Kienholzscheiter und Reisig war in die Fugen gestopft, damit der Scheiterhaufen schnellstens in Brand gerate. Und als der Mond aufging – auch er sollte dieses schönste Werk sehen –, tritt jener auf, ausstaffiert wie immer, und mit ihm die Spitzen der Kyniker und besonders der Biedermann aus Patrai mit einer Fackel, kein schlechter zweiter Schauspieler. Eine Fackel trug auch Proteus. Und sie traten von verschiedenen Seiten zum Scheiterhaufen und entzündeten das Feuer, das sehr groß wurde, da es ja in Kienholzscheitern und Reisig seine Nahrung fand. Er aber – und paß mir nunmehr recht auf – legte seinen Ranzen, seinen schäbigen Mantel, und jene Herakleskeule ab und trat hin in einem vollkommen schmutzigen Linnen. Dann verlangte er Weihrauch, um ihn auf das Feuer zu werfen, tat es auch, als ihm jemand einigen reichte, und sprach, gegen Mittag (Süden) blickend – denn auch das gehörte zu den Zügen, die an die Tragödie erinnern sollten, der Mittag –: „Mütterliche und väterliche Götter nehmt mich gnädig auf!" Nach diesen

εἰπὼν ἐπήδησεν ἐς τὸ πῦρ, οὐ μὴν ἑωρᾶτό γε, ἀλλὰ περιεσχέθη ὑπὸ τῆς φλογὸς πολλῆς ἠρμένης.

Αὖθις ὁρῶ γελῶντά σε, ὦ καλὲ Κρόνιε, τὴν καταστρο- 37 φὴν τοῦ δράματος. ἐγὼ δὲ τοὺς μητρῴους μὲν δαίμονας ἐπιβοώμενον μὰ τὸν Δί' οὐ σφόδρα ᾐτιώμην, ὅτε δὲ καὶ τοὺς πατρῴους ἐπεκαλέσατο, ἀναμνησθεὶς τῶν περὶ τοῦ φόνου εἰρημένων οὐδὲ κατέχειν ἠδυνάμην τὸν γέλωτα. οἱ Κυνικοὶ δὲ περιστάντες τὴν πυρὰν οὐκ ἐδάκρυον μέν, σιωπῇ δὲ ἐνεδείκνυντο λύπην τινὰ εἰς τὸ πῦρ ὁρῶντες, ἄχρι δὴ ἀποπνιγεὶς ἐπ' αὐτοῖς· 'Ἀπίωμεν, φημί, ὦ μάταιοι· οὐ γὰρ ἡδὺ τὸ θέαμα ὠπτημένον γέροντα ὁρᾶν κνίσης ἀναπιμπλαμένους πονηρᾶς. ἢ περιμένετε ἔστ' ἂν γραφεύς τις ἐπελθὼν ἀπεικάσῃ ὑμᾶς οἵους τοὺς ἐν τῷ δεσμωτηρίῳ ἑταίρους τῷ Σωκράτει παραγράφουσιν; ἐκεῖνοι μὲν οὖν ἠγανάκτουν καὶ ἐλοιδοροῦντό μοι, ἔνιοι δὲ καὶ ἐπὶ τὰς βακτηρίας ᾖξαν. εἶτα ἐπειδὴ ἠπείλησα ξυναρπάσας τινὰς ἐμβαλεῖν εἰς τὸ πῦρ, ὡς ἂν ἕποιντο τῷ διδασκάλῳ, ἐπαύσαντο καὶ εἰρήνην ἦγον. ἐγὼ δὲ ἐπανιὼν ποικίλως, ἑταῖρε, πρὸς ἐμαυτὸν 38 ἐνενόουν, τὸ φιλόδοξον οἷόν τί ἐστιν ἀναλογιζόμενος, ὁ μόνος οὗτος ὁ ἔρως ἄφυκτος καὶ τοῖς πάνυ θαυμαστοῖς εἶναι δοκοῦσιν, οὐχ ὅπως ἐκείνῳ τἀνδρὶ καὶ τἄλλα ἐμπλήκτως καὶ ἀπονενοημένως βεβιωκότι καὶ οὐκ ἀναξίως τοῦ πυρός. εἶτα ἐνετύγχανον πολλοῖς ἀπιοῦσιν ὡς 39 θεάσαιντο καὶ αὐτοί· ᾤοντο γὰρ ἔτι καταλήψεσθαι ζῶντα αὐτόν· καὶ γὰρ καὶ τόδε τῇ προτεραίᾳ διεδέδοτο, ὡς πρὸς ἀνίσχοντα τὸν ἥλιον ἀσπασάμενος – ὥσπερ ἀμέλει καὶ τοὺς Βραχμᾶνάς φασι ποιεῖν – ἐπιβήσεται τῆς πυρᾶς. ἀπέστρεφον δ' οὖν τοὺς πολλοὺς αὐτῶν λέγων ἤδη τετελέσθαι τὸ ἔργον, οἷς μὴ καὶ τοῦτ'

Worten sprang er ins Feuer, wurde aber nicht mehr gesehen, sondern von der Flamme umfangen, die reichlich emporschoß.

Wieder sehe ich dich lachen, guter Kronios, über die Katastrophe des Dramas. Als er die mütterlichen Götter anrief, nahm ich ihm das, beim Zeus, nicht sonderlich übel, als er aber sich auch an die väterlichen wandte, konnte ich in Erinnerung an das, was von seinem Mord erzählt wurde, nicht einmal das Lachen zurückhalten. Die Kyniker aber, die sich um den Scheiterhaufen gestellt hatten, weinten allerdings nicht, sondern bezeigten still eine gewisse Betrübnis, indem sie fortwährend ins Feuer sahen, bis ich, über sie aufs äußerste empört, sage: „Gehen wir fort, ihr Toren; es ist ja das Schauspiel nicht angenehm, einen gebratenen Greis zu sehen und dabei die Nase von üblem Geruch vollzubekommen. Oder wartet ihr, bis ein Maler herkommt und euch abbildet, wie man neben Sokrates seine Freunde im Gefängnis abbildet? Jene nun waren zornig und schimpften auf mich, einige stürmten sogar zu den (von ihnen abgelegten) Stöcken. Nachdem ich ihnen aber gedroht hatte, einige zu fassen und ins Feuer zu schleudern, damit sie ihrem Lehrmeister folgten, hörten sie dann auf und gaben Ruhe. Auf dem Heimwege machte ich mir, mein Freund, verschiedene Gedanken, indem ich erwog, was für ein Ding die Ruhmesliebe ist, diese einzige auch für scheinbar sehr bewundernswürdige Männer unvermeidliche Liebe, geschweige denn für jenen Mann, der auch im übrigen verrückt, wahnwitzig und des Feuers nicht unwürdig gelebt hatte. Dann begegnete ich' vielen, die auf dem Wege waren, um ebenfalls Zuseher zu sein; sie glaubten nämlich, sie würden ihn noch am Leben antreffen. Denn auch das Gerücht war am vorhergehenden Tag verbreitet worden, er werde beim Aufgang der Sonne nach ihrer Begrüßung – wie ja auch die Brachmanen tun sollen – den Scheiterhaufen besteigen. Durch die Mitteilung, das Werk sei bereits vollbracht, veranlaßte ich die meisten von ihnen, ihre Absicht aufzugeben, außer sie

αὐτὸ περισπούδαστον ἦν, κἂν αὐτὸν ἰδεῖν τὸν τόπον καί τι λείψανον καταλαμβάνειν τοῦ πυρός. ἔνθα δή, ὦ ἑταῖρε, μυρία πράγματα εἶχον ἅπασι διηγούμενος καὶ ἀνακρίνουσι καὶ ἀκριβῶς ἐκπυνθανομένοις. εἰ μὲν οὖν ἴδοιμί τινα χαρίεντα, ψιλὰ ἂν ὥσπερ σοὶ τὰ πραχθέντα διηγούμην, πρὸς δὲ τοὺς βλᾶκας καὶ πρὸς τὴν ἀκρόασιν κεχηνότας ἐτραγῴδουν τι παρ' ἐμαυτοῦ, ὡς ἐπειδὴ ἀνήφθη μὲν ἡ πυρά, ἐνέβαλε δὲ φέρων ἑαυτὸν ὁ Πρωτεύς, σεισμοῦ πρότερον μεγάλου γενομένου σὺν μυκηθμῷ τῆς γῆς, γὺψ ἀναπτάμενος ἐκ μέσης τῆς φλογὸς οἴχοιτο ἐς τὸν οὐρανὸν ἀνθρωπίνῃ μεγάλῃ τῇ φωνῇ λέγων „ἔλιπον γᾶν, βαίνω δ' ἐς Ὄλυμπον." ἐκεῖνοι μὲν οὖν ἐτεθήπεσαν καὶ προσεκύνουν ὑποφρίττοντες καὶ ἀνέκρινόν με, πότερον πρὸς ἕω ἢ πρὸς δυσμὰς ἐνεχθείη ὁ γύψ· ἐγὼ δὲ τὸ ἐπελθὸν ἀπεκρινάμην αὐτοῖς. ἀπελθὼν δὲ ἐς τὴν 40 πανήγυριν ἐπέστην τινὶ πολιῷ ἀνδρὶ καὶ νὴ τὸν Δί' ἀξιοπίστῳ τὸ πρόσωπον ἐπὶ τῷ πώγωνι καὶ τῇ λοιπῇ σεμνότητι, τά τε ἄλλα διηγουμένῳ περὶ τοῦ Πρωτέως καὶ ὡς μετὰ τὸ καυθῆναι θεάσαιτο αὐτὸν ἐν λευκῇ ἐσθῆτι μικρὸν ἔμπροσθεν καὶ νῦν ἀπολίποι περιπατοῦντα φαιδρὸν ἐν τῇ ἑπταφώνῳ στοᾷ κοτίνῳ τε ἐστεμμένον· εἶτ' ἐπὶ πᾶσι προσέθηκε τὸν γῦπα, διομνύμενος ἦ μὴν αὐτὸς ἑωρακέναι ἀναπτάμενον ἐκ τῆς πυρᾶς, ὃν ἐγὼ μικρὸν ἔμπροσθεν ἀφῆκα πέτεσθαι καταγέλωτα τῶν ἀνοήτων καὶ βλακικῶν τὸν τρόπον. ἐννόει 41 τὸ λοιπὸν οἷα εἰκὸς ἐπ' αὐτῷ γενήσεσθαι, ποίας μὲν οὐ μελίττας ἐπιστήσεσθαι ἐπὶ τὸν τόπον, τίνας δὲ τέττιγας οὐκ ἐπᾴσεσθαι, τίνας δὲ κορώνας οὐκ ἐπιπτήσεσθαι καθάπερ ἐπὶ τὸν Ἡσιόδου τάφον, καὶ τὰ τοιαῦτα. εἰκόνας μὲν γὰρ παρά τε Ἠλείων αὐτῶν παρά τε τῶν ἄλ-

legten auch darauf Wert, wenigstens den Ort selbst zu sehen und irgendeinen Rest des Feuers zu erwischen. Da hatte ich, mein Freund, unzählige Scherereien mit meinen Berichten allen gegenüber, die mich ausfragten und sich genau erkundigten. Sooft ich also einen geistreichen Menschen sah, erzählte ich ihm das Vorgefallene ohne Ausschmückung so wie dir. Für die Dummköpfe aber und die, die etwas Neues zu hören erpicht waren, bauschte ich es aus eigenem etwas tragisch auf, daß, nachdem der Scheiterhaufen entzündet worden war und sich Proteus eilends hineingestürzt hatte, es zuerst ein großes Erdbeben mit einem dumpfen unterirdischen Donner gegeben habe, dann aber sei mitten aus der Flamme ein Geier im Nu zum Himmel geflogen, der mit lauter menschlicher Stimme sagte: „Ich verließ die Erde, ich gehe zum Olymp." Jene nun waren ganz weg, bezeigten schaudernd ihre Verehrung und fragten mich aus, ob gegen Osten oder gegen Westen der Geier geflogen sei, ich aber erwiderte ihnen, was mir gerade in den Sinn kam. Als ich zur Festversammlung fortgegangen war, kam ich dazu, wie ein grauhaariger und – beim Zeus! – nach seinem Äußeren, wegen seines Bartes und seines sonstigen ehrwürdigen Aussehens, vertrauenswürdiger Mann unter anderem auch das von Proteus erzählte, daß nach der Verbrennung er ihn in weißem Gewande kurz vorher gesehen und jetzt in der Halle mit dem siebenfachen Echo gelassen habe, wo er heiter und mit einem Kranz aus Zweigen des wilden Ölbaumes geschmückt lustwandelte. Zu allem fügte er noch den Geier hinzu, wobei er schwur, er selbst habe ihn wahrhaftig aus dem Scheiterhaufen auffliegen gesehen, den Geier, den ich kurz vorher zur Verspottung der unvernünftigen und dummen Leute hatte fliegen lassen. Denke dir, was da in Zukunft wahrscheinlich ihm zu Ehren geschehen wird, welche Bienen sich nicht an dem Platz einfinden, welche Zikaden da nicht zirpen, welche Krähen nicht hinflattern werden, wie zum Grab des Hesiod, u. dgl. Denn Bildsäulen werden ihm – das weiß ich – von den Eleern selber

λων Ἑλλήνων, οἷς καὶ ἐπεσταλκέναι ἔλεγεν, αὐτίκα μάλα οἶδα πολλὰς ἀναστησομένας. φασὶ δὲ πάσαις σχεδὸν ταῖς ἐνδόξοις πόλεσιν ἐπιστολὰς διαπέμψαι αὐτὸν διαθήκας τινὰς καὶ παραινέσεις καὶ νόμους· καί τινας ἐπὶ τούτῳ πρεσβευτὰς τῶν ἑταίρων ἐχειροτόνησε νεκραγγέλους καὶ νερτεροδρόμους προσαγορεύσας.

Τοῦτο τέλος τοῦ κακοδαίμονος Πρωτέως ἐγένετο, ἀνδρός, ὡς βραχεῖ λόγῳ περιλαβεῖν, πρὸς ἀλήθειαν μὲν οὐδεπώποτε ἀποβλέψαντος, ἐπὶ δόξῃ δὲ καὶ τῷ παρὰ τῶν πολλῶν ἐπαίνῳ ἅπαντα εἰπόντος ἀεὶ καὶ πράξαντος, ὡς καὶ ἐς πῦρ ἁλέσθαι, ὅτε μηδὲ ἀπολαύειν τῶν ἐπαίνων ἔμελλεν ἀναίσθητος αὐτῶν γενόμενος. ἓν ἔτι σοι προσδιηγησάμενος παύσομαι, ὡς ἔχῃς ἐπὶ πολὺ γελᾶν· ἐκεῖνα μὲν γὰρ πάλαι οἶσθα εὐθὺς ἀκούσας μου ὅτε ἥκων ἀπὸ Συρίας διηγούμην, ὡς ἀπὸ Τρῳάδος συμπλεύσαιμι αὐτῷ καὶ τήν τε ἄλλην τὴν ἐν τῷ πλῷ τρυφὴν καὶ τὸ μειράκιον τὸ ὡραῖον, ὃ ἔπεισε κυνίζειν, ὡς ἔχοι τινὰ καὶ αὐτὸς Ἀλκιβιάδην, καὶ ὡς ἐπιταραχθείημεν τῆς νυκτός· ἐν μέσῳ τῷ ἀγῶνι γνόφου καταβάντος καὶ κῦμα παμμέγεθες ἐγείραντος ἐκώκυε μετὰ τῶν γυναικῶν ὁ θαυμαστὸς καὶ θανάτου κρείττων εἶναι δοκῶν. ἀλλὰ μικρὸν πρὸ τῆς τελευτῆς, πρὸ ἐννέα σχεδόν που ἡμερῶν, πλεῖον, οἶμαι, τοῦ ἱκανοῦ ἐμφαγὼν ἤμεσέ τε τῆς νυκτὸς καὶ ἑάλω πυρετῷ μάλα σφοδρῷ. ταῦτα δέ μοι Ἀλέξανδρος ὁ ἰατρὸς διηγήσατο μετακληθεὶς ὡς ἐπισκοπήσειεν αὐτόν· ἔφη οὖν καταλαβεῖν αὐτὸν χαμαὶ κυλιόμενον καὶ τὸν φλογμὸν οὐ φέροντα καὶ ψυχρὸν αἰτοῦντα πάνυ ἐρωτικῶς, ἑαυτὸν δὲ μὴ δοῦναι· καίτοι εἰπεῖν ἔφη πρὸς αὐτὸν ὡς εἰ πάντως θανάτου δέοιτο, ἥκειν αὐτὸν ἐπὶ τὰς θύρας αὐτόματον, ὥστε καλῶς ἔχειν ἕπεσθαι μηδὲν τοῦ πυρὸς δεόμενον·

und von den übrigen Griechen (an die er sogar Sendschreiben gerichtet zu haben erklärte) sofort in großer Zahl errichtet werden. Man behauptet, er habe so ziemlich an alle berühmten Städte so etwas wie sein Testament, Ermahnungen und Vorschriften als Sendschreiben geschickt; zu diesem Zweck hatte er einige von seinen Gefährten bestimmt, die er Totenboten und Unterweltsläufer benannte.

Das war das Ende des unglückseligen Proteus, eines Mannes, der, um es kurz zu sagen, niemals auf die Wahrheit sah, sondern, um Ruhm und Lob bei der großen Menge zu ernten, alles stets sagte und tat, so daß er sogar ins Feuer sprang, als er keinen Genuß mehr von Lobsprüchen haben sollte, da er gegen sie abgestumpft worden war. Bevor ich schließe, will ich dir noch eines erzählen, damit du lange lachen kannst. Von jenen Ereignissen nämlich weißt du schon längst, da du davon gleich nach meiner Ankunft aus Syrien von mir (der ich sie dir erzählte) gehört hast, wie ich von der Troas (Landschaft um Troja) an mit ihm auf demselben Schiff fuhr und von seiner sonstigen Schwelgerei auf der Fahrt, besonders aber von dem schönen Bürschchen, das er zum kynischen Leben beredet hatte – damit er ebenfalls einen Alkibiades habe –, und wie wir während der Nacht in Aufregung gerieten: mitten in der Todesgefahr, als eine dunkle Wolke sich gesenkt und eine übergroße Woge verursacht hatte, da heulte er mit den Frauen, er, der bewundernswerte und anscheinend dem Tode überlegene Mann. Aber kürzlich vor seinem Ende, etwa neun Tage vorher, da erbrach er des Nachts – weil er halt mehr, als recht war, genossen hatte – und wurde von einem recht heftigen Fieber ergriffen. Dies erzählte mir der Arzt Alexander, den er holen ließ, um sich von ihm untersuchen zu lassen. Der sagte also, er habe ihn angetroffen, wie er sich auf dem Boden wälzte, die Fieberhitze nicht ertragen konnte und recht gierig kaltes Wasser verlangte; er habe es ihm aber nicht gegeben. Indes habe er zu ihm gesagt, wenn er durchaus des Todes bedürfe, komme er von selber zu seiner Tür, es sei also

τὸν δ' αὖ φάναι· 'Αλλ' οὐχ ὁμοίως ἔνδοξος ὁ τρόπος γένοιτ' ἂν πᾶσι κοινὸς ὤν.

Ταῦτα μὲν ὁ 'Αλέξανδρος. ἐγὼ δὲ οὐδ' αὐτὸς πρὸ πολλῶν ἡμερῶν εἶδον αὐτὸν ἐγκεχρισμένον, ὡς ἀποδακρύσειε τῷ δριμεῖ φαρμάκῳ. ὁρᾷς; οὐ πάνυ τοὺς ἀμβλυωποῦντας ὁ Αἰακὸς παραδέχεται. ὅμοιον ὡς εἴ τις ἐπὶ σταυρὸν ἀναβήσεσθαι μέλλων τὸ ἐν τῷ δακτύλῳ πρόσπταισμα θεραπεύοι. τί σοι δοκεῖ ὁ Δημόκριτος, εἰ ταῦτα εἶδε; κατ' ἀξίαν γελάσαι ἂν ἐπὶ τῷ ἀνδρί. καίτοι πόθεν εἶχεν ἐκεῖνος τοσοῦτον γέλωτα; σὺ δ' οὖν, ὦ φιλότης, γέλα καὶ αὐτός, καὶ μάλιστα ὁπόταν τῶν ἄλλων ἀκούῃς θαυμαζόντων αὐτόν.

gut, ihm zu folgen, ohne daß er des Feuers bedürfe. Der aber habe geantwortet: „Aber wenn die Todesart allgemein ist, könnte sie nicht gleichermaßen berühmt werden."

So weit Alexander. Ich selber sah ihn – auch vor nicht vielen Tagen –, wie er sich eingeschmiert hatte, um durch das scharfe Mittel das Tränen zu verlieren. Siehst du? Die Triefäugigen (und daher Schwachsichtigen) nimmt Aiakos (einer der Totenrichter) nicht gern. Das ist dasselbe, wie wenn einer, der gekreuzigt werden soll, eine Verletzung der Zehe behandeln wollte. Was dünkt dir, hätte Demokrit getan, wenn er das gesehen hätte? Er hätte über den Mann gelacht, so wie er es verdient hätte. Indes er hätte gar nicht genug lachen können. Du also, mein lieber Freund, lache ebenfalls und am meisten, wann du hörst, wie ihn die andern bewundern.

ANHANG
Lukian und seine Schriften

K. Mras, Die Überlieferung Lucians, Sitzber. d. k. Akad. d. Wiss. in Wien, phil. hist. Kl., 167. Bd., 7. Abhdlg. (1911).

R. Helm, Pauly-Wissowa, Realenzyklopädie der Altertumswissenschaft (RE) Bd. XIII, Spalte 1728 ff.

J. Schwartz, Biographie de Lucien de Samosate. Bruxelles 1965 (Coll. Latomus 83).

A. Benegiamo, Luciano letterato, satirista, construttore. Galatina 1967.

Lukian (Λουκιανός, das ist Lucianus)[1] stammte aus der syrischen, von Griechen und Römern Samosata genannten Stadt[2] der römischen Provinz Kommagene (nördlich von Syrien zwischen Kilikien und Mesopotamien). Geburts- und Todesjahr sind unbekannt, ebenso der Name seines Vaters. Aus seinen Werken können wir schließen, daß er um 120 n. Chr. geboren wurde und nach 180 n. Chr. noch gelebt hat. Das Corpus seiner Schriften umfaßt 80 Stücke. Er lebte in der Zeit der sogenannten zweiten Sophistik als einer ihrer Hauptvertreter. Der Laie verbindet mit dem Wort Sophist in Erinnerung an Platos Kampf gegen die Sophisten einen geringschätzigen Nebensinn. Gilt dieser nur vom platonischen Gesichtspunkt aus, so gilt er überhaupt nicht für die sogenannte Zweite Sophistik, die im 2. Jahrhundert n. Chr. ihre Blüte hatte[3]. Man kann diese Zeit als eine Art griechischer Renaissance bezeichnen. Wie Götterfeste, Tempel und andere Bauten wiederhergestellt oder neu gestiftet wurden, besonders in Athen, aber auch in anderen griechischen Städten, so wurden die alten klassischen Schriftsteller wieder eifrig studiert. Die Sophisten dieser Epoche zogen als Wanderredner durch das römische Reich (Lukian z. B. durch Klein-

---

[1] Sein lateinischer Name in fremdsprachlicher, syrischer Landschaft entspricht dem in der Kaiserzeit bei den Griechen und Asiaten aufgekommenen Brauch, sich Namen des herrschenden römischen Volkes beizulegen (man denke an den Apostel Paulus).

[2] Syrisch wie noch heute Schamschat. Lukian gesteht öfter in seinen Schriften, als Nichtgrieche (Barbar) geboren zu sein, z. B. im Fischer K. 19, wo er von sich sagt: „Syrer ... einer von den Anwohnern des Euphrat" und weiter sich als Barbar seiner Abkunft nach bezeichnet.

[3] Zur Sophistik im allg. s. H. v. Arnim, Leben und Schriften des Dio von Prusa, Berlin 1898 (1. Kap., S. 4 ff.); zur Zweiten Sophistik E. Norden, Die antike Kunstprosa, I. Bd., 4. Abdruck, Leipzig-Berlin 1923, S. 351 ff.; E. Rohde, Der griechische Roman und seine Vorläufer, Leipzig 1900^2, S. 310 ff.

asien, Makedonien, Griechenland, Italien und Gallien) und hielten Prunkreden bei Einweihungen von Tempeln und Empfängen kaiserlicher Beamter oder gar des Kaisers selber, aber auch ohne diese besonderen Anlässe vor einem hör- und schaulustigen Publikum, vor dem sie in feierlichem Aufzug mit weißem oder purpurnem, wallendem Gewande, eleganten Schuhen, eine Buchrolle in der Hand, von Bedienten gefolgt, auftraten (vgl. Lukians „Rednerlehrer" K. 15f.; s. auch „Traum" 16). Man kann sie mit Fug und Recht als Virtuosen bezeichnen, die sich des von der Natur gegebenen Instrumentes, der Stimme, bedienten. Ihr Vortrag artete häufig in Modulation, ja Gesang aus (s. ebenda „unverschämter Gesang"; „Pseudologista" K. 7 sagt Lukian von einem Sophisten, daß er beim Vortrag modulierte). Wie demgemäß sich ihre Sprache in Rhythmen bewegte, so setzten sie auch den Körper in tanzmäßige Bewegungen oder liefen im Affekt auf der Tribüne hin und her. In ihren Vorträgen legten die Sophisten die Früchte ihres Studiums (παιδεία), ein zwar vielseitiges aber häufig oberflächliches Wissen, zur Schau; die παιδεία, die sie stets im Munde führten, bekam so geradezu die Bedeutung „rhetorische Bildung, Rhetorik" (vgl. „Traum" K. 9—13). Übrigens machte Lukian hierin eine rühmliche Ausnahme. Er verfügte nämlich nicht nur über eine wirklich gediegene, auf umfangreicher Literaturkenntnis beruhende Bildung, sondern auch über eine große künstlerische Begabung, die er der Familie seiner Mutter verdankte (s. „Traum" K. 2 u. 7), und über ausgebreitete Kenntnisse der Werke der Bildhauerei und Malerei.

Den „Traum" hat der Dichter in seiner Heimat Samosata anläßlich eines Besuches als berühmter Mann vorgetragen. Die anderen in diesem Bande enthaltenen Stücke gehören Lukians bester Zeit (etwa 160—170 n. Chr.) an und sind anscheinend in Griechenland geschrieben, wohl in Athen (s. die Anspielungen im Ikaromenipp), in welcher Stadt er sich, wie aus seinen Schriften hervorgeht, wiederholt und längere Zeit aufgehalten hat. Gerade dort gab es ja im Winter wie für Fremdenführer so auch für Vortragskünstler viel Geld zu verdienen; wurde doch das damals sonst so stille Athen in der kühleren Jahreszeit von reichen römischen Touristen belebt (man denke an A. Gellius', Lukians Zeitgenossen, „Noctes Atticae"). Wenn Lukian in den „Wahren Geschichten" (II 17) König Numa auf die Insel der Seligen versetzt, so erklärt sich das wohl als Verbeugung vor römischem Publikum, ebenso wenn er im 12. „Totengespräch" dem Scipio den Vorrang vor Hannibal zuspricht.

Erläuterungen

Der Traum

K. Mras, Lucian, der Traum oder Lucians Lebensgang und Ikaromenipp oder die Himmelsreise, Wien 1904, S. 18—20.

Der „Traum" ist eine sogenannte προλαλιά, d. h. eine einem längeren Vortrag vorangeschickte λαλιά (Plauderei; wir haben von ihm noch mehrere andere Laliai und Prolaliai). Er hielt diese Prolalia (Traum) in seiner Vaterstadt (s. den Schluß), wohin er als bereits berühmter Mann — natürlich nur vorübergehend — zurückgekehrt war. Die Technik dieses Stückes entspricht genau den Vorschriften, die ein Rhetor (Rednerlehrer und Stilist) im Traktat Περί ἐπιδεικτικῶν (Festreden) bezüglich der Laliai gibt[1]): Nachdem er die Laliai als sehr nützlich für einen Sophisten bezeichnet hat (S. 388, Z. 16ff.), sagt er: Die Lalia sei zwanglos (S. 391, Z. 19); sie soll kurz sein (S. 399, Z. 25); betreffs des Inhaltes bemerkt er, man solle auch Träume fingieren (S. 390, Z. 4); er faßt endlich speziell die nach der Rückkehr in die Vaterstadt gehaltene Lalia ins Auge (S. 394, Z. 13ff.).

3 Die Alten waren sehr darauf bedacht, für Unternehmungen sich günstige Tage auszusuchen und die ungünstigen (ἡμέραι ἀποφράδες, dies nefasti) zu vermeiden; Hesiod „Werke und Tage" v. 767ff. gibt mehrere geeignete Tage an.
Ein sehr altes Sprichwort: dimidium facti, qui coepit, habet (Horaz Epist. I, 2, 40) „Frisch gewagt ist halb gewonnen".

5,5 Homer, Il. II 56f. (Worte des Agamemnon).

6 Die folgende Erzählung ist eine Nachahmung der bekannten von Xenophon („Erinnerungen an Sokrates" II, 1, 21—34) aufgenommenen Allegorie „Der junge Herakles am Scheidewege" des Sophisten Prodikos von Keos (eines Zeitgenossen des Sokrates). Dort streiten Ἀρετή und Κακία um den jungen Herakles.

8 Phidias (dessen Meisterhand wir noch heute an den Skulpturen des Parthenon bewundern können): Lu-

---

[1]) Überliefert ist der Traktat unter dem Namen des Menandros (Spenge', Rhet. Graeci 3. Bd.).

kian erwähnt hier das Kolossalbild des Zeus in Olympia. — Polyklet, Haupt der argivischen Bildhauerschule; erwähnt wird hier seine Herastatue in Argos. — Myron, Böoter; von seinem Diskoswerfer sind Kopien erhalten. — Praxiteles, Athener des 4. Jhdt. v. Chr.; eine Originalarbeit des Künstlers ist der herrliche, 1877 in Olympia gefundene Hermes mit dem Dionysosknaben auf dem Arme.

11 Ehrensitze: Gemeint ist hier und in 13 mit προεδρία die Auszeichnung des Vorsitzes bei den öffentlichen Veranstaltungen, d. h. das Recht im Theater in der ersten Reihe Platz nehmen zu dürfen; diese war nämlich für obrigkeitliche Personen und Priester bestimmt, die nicht auf Sitzstufen, sondern auf marmornen Stühlen saßen, wie man jetzt noch im Dionysostheater in Athen sehen kann.

12 Demosthenes war der Sohn eines Messerschmiedes. — Aeschines' Mutter Glaukothea war Vorsteherin von Privatmysterien; bei solchen orgiastischen Kulten wurde die Handpauke gebraucht (seiner Mutter diente der junge Aeschines als Ministrant). — Sokrates: In seiner Jugend wie sein Vater Bildhauer, schuf er die drei bekleideten Grazien (Χάριτες), die sich noch zu Lukians Zeit auf der Akropolis befanden. Bruchstücke derselben wurden dort vor einigen Jahrzehnten ausgegraben. Da dieselben aufs genaueste (sogar in den Maßverhältnissen) mit einem in Rom befindlichen fast unversehrten Relief aus griechischem Marmor übereinstimmen, ist letzteres als eine getreue Kopie des Originals anzusehen. (Abbildung bei A. Baumeister, Denkmäler des klass. Altertums, Bd. 1, S. 375).

15 Triptolemos, ein attischer Heros, erhielt von Demeter einen Drachenwagen, auf dem er über die Erde hinfuhr, um den Ackerbau und die damit verbundene Kultur auf der Welt zu verbreiten. Übrigens dürfte für Lukian auch Plato, Phaedr. K. 26 Vorbild gewesen sein.

17 Zu den drei Nächten vgl. das 10. Göttergespräch. — Xenophon, Anabasis III, 1, 11; übrigens sagt Xenophon zwar nicht, daß er diesen Traum seinen Kameraden erzählte, doch ist dies ja selbstverständlich.

Götter-, Seegötter- und Totengespräche

K. Mras, Die Überlieferung Lucians, Sitzber. d. k. Akad. d. Wiss. in Wien, phil. hist. Kl., 167. Bd., 7. Abhdlg. (1911), S. 49—57.

R. Helm, Lucian und Menipp, Leipzig 1906 (Totengespräche S. 175ff.; Götter- und Seegöttergespräche S. 177ff.; Ikaromenipp S. 80ff.).

Diese hübschen Stücke stehen unter dem Einfluß eines gewissen Menippos, eines kynischen Philosophen und Schriftstellers aus Gadara in Palästina (3. Jhdt. v. Chr.). Seine Werke[1]), zur Zeit Lukians bereits verschollen, aber von ihm, wie er selbst sagt „ausgegraben" („Zweimal Angeklagter" K. 33), boten ihm für seine satirische Schriftstellerei mannigfache Anregung. Die Eigenart der Schriftstellerei des Menipp bestand in der Mischung von Ernst und Scherz (σπουδογέλοιον) und in der oftmaligen Unterbrechung prosaischer Partien durch besonders zu parodistischen Zwecken eingestreute Verse (letztere Eigentümlichkeit tritt freilich in den hier behandelten Stücken weniger hervor als in anderen Werken Lukians z. B. im „Tragischen Zeus"[2]). Man beachte, daß Lukian wie Menipp Syrer war, also einem Volk angehörte, das nach dem Zeugnis des Herodian (eines Geschichtsschreibers des 3. Jhdt. n. Chr., der ebenfalls Syrer war; die Stelle steht in seiner Kaisergeschichte II 10, 7) das Talent geistreichen Scherzes und Spottes besaß. Daraus kann man also die Tendenz oder vielmehr das Fehlen jeder Tendenz in den Stücken, die wir hier behandeln, erkennen. Lukian war allerdings nicht gerade religiös veranlagt, aber eine absichtliche Bekämpfung des Götterglaubens lag ihm fern. Das Richtige hat schon Bayle in seinem Dictionnaire historique et critique III[5] Amsterdam 1740 unter „Périers" gesehen, indem er sagt, Lukian habe nicht die Absicht gehabt, die heidnische Religion als solche zu bekämpfen, sondern nur seine Neigung zur

---

[1]) Erhalten ist davon nur ein wirkliches Zitat bei Athenäus (einem Schriftsteller des 3. Jhdt. n. Chr.) Buch XIV 664e; ein anderes bei Diogenes Laërtios (ebenfalls 3. Jhdt. n. Chr.) VI 29 ist kein direktes Zitat, sondern eine Inhaltsangabe (Menipp in der „Versteigerung des Diogenes": zu diesem Titel vergleiche man Lukians Schrift Βίων πρᾶσις; mit Menipps Νέκυια (Diogen. L. VI 101) Lukians Μένιππος ἢ Νεκυομαντεία).

[2]) Andere Nachahmer Menipps, die uns seine Eigenart veranschaulichen, sind Seneca in seiner „Apocolocyntosis" und Varro in den „Saturae Menippeae", letztere zwar nur bruchstückweise erhalten, aber es sind nicht weniger als 575 (worunter auch umfangreiche) Fragmente.

Satire befriedigt, ein Urteil, das Wieland in seiner Übersetzung mit Unrecht zu bestreiten sucht (Lucians von Samosata sämtliche Werke, 1. Teil der Übersetzung, Wien u. Prag 1797, S. XXXI)[1]). Aber etwas hat seltsamerweise bisher noch niemand beobachtet. Lukian hat zwei bemerkenswerte Zeitgenossen und Landsleute, Oinomaos (von Gadara wie Menipp, Kyniker wie dieser) und Tatian (Τατιανός). Oinomaos griff in seiner Γοήτων φώρα (Entlarvung der Gauner) das griechische Orakelwesen und Apollo, dessen Repräsentanten, aufs heftigste an (Große Bruchstücke bei Eusebius, Praeparatio evangelica V.B., K. 19—36 u. VI. B. K. 7; zu Apollo sagt er: „Du ruchlosester und unverschämtester Seher" V 20, 4). Tatian (der aus einem Sophisten Christ geworden war) wendet sich in seiner „Rede an die Hellenen" gegen die griechische Kultur und Wissenschaft und nennt sich am Schluß mit Stolz ὁ κατὰ βαρβάρους φιλοσοφῶν (d. h. Anhänger der orientalischen Religion des Christentums). Von diesen dreien erweist sich Lukian als am meisten von griechischem Geist durchdrungen. Allein hätte er wie ein echter Grieche gefühlt, so würde er nie das 21. Totengespräch mit der niederträchtigen Verhöhnung des Sokrates geschrieben haben (Sokrates voll feiger Angst angesichts des Todes, entgegen jeder historischen Wahrheit!); die Gemeinheit wird nicht geringer, wenn er etwa dazu die Anregung von Menipp erhalten haben sollte. In den drei genannten Männern kündigt sich das Erwachen des syrischen Nationalgefühls an (negativ: im Gegensatz zum Griechentum). Dreihundert Jahre später hat sich Syrien in Anlehnung an die griechische Bildung eine eigene Literatur geschaffen, die syrische Nation steht fertig da.

Ich bemerke noch, daß ich mich in der Reihenfolge der einzelnen Gespräche an die in den bisherigen Ausgaben übliche anschließe, weil sie sich durch inhaltliche Zusammenhänge empfiehlt. Sie weicht freilich von den Reihenfolgen beider Klassen unser Lukianhandschriften ab.

Über Nachahmungen der Götter- u. Totengespräche s. R. Helm, Lucian und Menipp S. 2f. Ich hebe hervor: Hans Sachs, Charon mit den abgeschiedenen Geistern (nach dem 10. Totengespräch); Goethe in der gegen Wieland gerichteten Farce „Götter, Helden und Wieland"; und füge hinzu: Boileau, Les héros de roman. Dialogue à manière de Lucien (satirisch); Fontenelle, Dialogues des morts (unterhaltend, nicht satirisch).

---

[1]) S. auch Wielands Werke (Berlin 1879), 37. Teil, S. 364 ff.; Lukian ... nach der Übersetzung von C. M. Wieland bearbeitet und ergänzt von Hanns Floerke, 1. Bd., S. 24 ff.

Göttergespräche

1, 2 Prometheus unterdrückt absichtlich „deinem Vater Kronos antatest", dem bekanntlich nach der griech. Mythologie sein Sohn Zeus das Weltregiment abnahm. Eine sogenannte Aposiopese (lat. z. B. quos ego — Vergil, Aeneis I 135; österreichisch: Wårt, di' wir' i'!); in diesen Gesprächen öfters.

2, 1 Nach Hesiods „Theogonie" v. 116 ff. sind nach dem Chaos Gaia nebst dem Tartaros und Eros („der der schönste unter den unsterblichen Göttern") die ältesten Gottheiten. Da aber Gaia die Mutter des Iapetos (und der übrigen Titanen) ist (s. v. 132 ff.), ist Eros älter als Iapetos.
Zum Satyr bei Antiope, zum Stier bei Europa, zum Goldregen bei Danaë, zum Schwan bei Leda, zum Adler bei Ganymed.

3, 1 s. 20, 6.

4, 2 Gargaron: eine Kuppe des Idagebirges in der trojanischen Landschaft.

5, 2 Zum Goldregen, Satyr, Stiers. die Anm. zu 2, 1

6, 3 Gattin des Ixion: Dia, Tochter des Deïoneus.

7, 1 Zu Iapetos s. die Anm. zu 2, 1.

7, 3 Zum Gürtel der Aphrodite s. Homer, Ilias XIV, 214 ff.

9, 2 Nysa: Dieser wohl aus dem Namen des Dionysos abgeleitete Name einer mythischen Gegend wird schon von Homer (Ilias VI, 133) erwähnt; im 26. homerischen Hymnos (auf Dionysos) heißt es (v. 1ff.): Dionysos..., den die schönlockigen Nymphen... auf Nysas Gefilden aufzogen.

10, 1 Über die Erzeugung des Herakles in dreifacher Nacht s. „Traum" 17, Plautus' „Amphitruo" (nach dem Vorbild einer griech. Komödie) und (nach Plautus' Stück) Molières „Amphitryon".

11, 1 Endymion: s. Ikaromenipp K. 13 Ende. — das assyrische Bürschchen: Adonis. — Phersephatta: streng attische Namensform (noch strenger Pherrephatta) der Persephone oder Phersephone (s. „Totengespräche" 23, 3); lat. Proserpina.

13, 2 Zum Zauberhemd, das dem Herkules aus Eifersucht seine Gemahlin Deianira schickte, s. Sophokles' „Trachinierinnen". — Wahnsinn: s. Euripides' und Senecas „Rasenden Herkules".— Paieon: nach Homer

Anhang 513

(s. Il. V 899f.) der Götterarzt. — Asklepios früher als Herakles gestorben: s. Hieronymus-Eusebius „Chronik", Ausgabe von R. Helm S. 13: „es lebten später als 200 Jahre nach Kekrops Äskulap, Kastor u. Pollux, Herkules"; ebenso Eusebius in der „Praeparatio Evangelica" X, 9, 9.

14, 2 Zum Hyakinthosmythos: s. Kap. 2 des nächsten Gespräches. — Blume: Nach der Ansicht der Alten waren diese dunklen Blumen (Gartenrittersporn oder Schwertlilie?) mit dem Klagelaut AI-AI (Weh, weh!) gezeichnet; s. Ovid „Metamorphosen" X 215f.

15, 1 stramme Gestalt und Lyra: Anspielungen auf Hermes als Schutzpatron der Turn- und Ringschulen (Gymnasien und Palästren) und als den Erfinder der Lyra; zu letzterer s. jetzt besonders Sophokles' vor einigen Jahrzehnten neugefundenes Satyrspiel Ἰχνευταί „Die Spürhunde".

15, 2 Kränze, nämlich von Lorbeer und von Hyazinthen (oder besser gesagt Rittersporn).

15, 3 Fesseln: s. das 17. Gespräch.

16, 1 s. das 15. Gespräch.

16, 2 Artemis als Geburtsgöttin (Eileithyia).

17, 1 Zugrunde liegt Homer, Odyssee VIII 266—342. Man beachte aber, daß bei Homer bloß Hermes den bei Lukian am Schluß des Gespräches erwähnten Wunsch äußert, bei diesem hingegen Hermes denselben Wunsch bei Apollo voraussetzt und am Schluß des 15. Gespräches ihn dazu geradezu äußern läßt.

18, 1 Von der eigenen Mutter zerrissen: Gemeint ist Pentheus, s. Ovid „Metamorphosen" III 711ff. und Euripides' Βάκχαι „Bacchantinnen".

20, 1 Erwähnt wurde das Urteil des Paris erst in den von einem gewissen Stasinos verfaßten Kypria, einem nicht erhaltenen nachhomerischen Epos im sogenannten Epischen Kyklos. Die 2 Verse der Ilias (XXIV v. 29f.), in denen darauf angespielt wird, gelten mit Recht als Einschub. — Zum Apfel der Eris s. das 5. „Seegöttergespräch".

20, 2 Momos: s. „Ikaromenipp" 31 und „Wahre Geschichten" II 3.

20, 8 Argos: s. das 3. Gespräch.

20, 10 „Weißarmig" und „kuhäugig" sind bei Homer gewöhnliche Beiwörter der Hera. — Zaubergürtel der Aphrodite: s. 7, 3.

514 Anhang

21, 1   Anspielung auf Ilias VIII, 18 ff.
21, 2   Götteraufstand: s. Ilias I, 399 ff.
22, 3   Pan bei Marathon: s. Herodot VI 105 und Euripides „Ion" v. 492 ff.
23, 1   Hermaphrodit: s. 15, 2.
24, 2   Kinder der Leda: Kastor und Polydeukes (Pollux); s. 26 und das 1. „Totengespräch".
24, 2   Söhne der Alkmene und Semele: Herakles und Dionysos. — Irrtum Lukians: Europa ist Kadmos' Schwester, Agenors Tochter (das Richtige hat er „Seegöttergespr." 15, 1).
25, 3   Bernstein: s. Ovid „Metam." II v. 340 ff. Über diese Sage macht sich Lukian in einer seiner hübschen Prolaliai (Einleitungen zu Vorträgen) lustig: Περὶ τοῦ ἠλέκτρου ἢ τῶν κύκνων (vom Bernstein oder von den Schwänen).
26, 1   Kastor und Polydeukes: s. 24, 2 und das 1. Totengespräch. — das halbe Ei: der spartanische Helm. Ei: das der Leda, s. 20, 14.
26, 2   Artemis als Geburtsgöttin: s. 16, 2. — Die Dioskuren erscheinen bei Seestürmen, s. den homer. Hymnus auf sie (XXXIII) v. 6 ff.

Seegöttergespräche

1   Das aus dem 9. Gesang der Odyssee bekannte Abenteuer.
3, 2   Vereinigung von Arethusa und Alpheios: s. Ovid „Metam." v. 573 ff.
4   Proteus als Verwandlungskünstler vor Menelaos: s. Odyssee IV v. 455—458; von seiner Verwandlung in Feuer ist v. 418 die Rede.
5   Gewissermaßen die Vorgeschichte zum 20. „Göttergespräch".
6, 3   Danaiden: sie müssen Wasser in ein durchlöchertes Faß in der Unterwelt schöpfen zur Strafe dafür, daß sie ihre Vettern getötet haben, die zu heiraten sie von ihrem Oheim gezwungen worden waren; s. „Totengespräch" 11, 4.
7, 1   s. da 3. „Göttergespräch". — Io: Isis; Epaphos: Apis.
7, 2   Hundsgesicht: richtiger Schakalgesicht; gemeint ist Anubis, s. „Ikaromenipp" 24 Ende.

Anhang 515

8, 1   Melikertes: Palaimon. — Delphine aus Menschen: s. Ovid „Metam." III v. 671ff.
9, 1   s. den Anfang des vorhergehenden Gespräches. Ino ist zur Seegöttin Leukothea geworden.
11, 1   Xanthos: ein Flüßchen in der Landschaft von Troja. Dem Gespräch liegt Ilias, XXI v. 212—384 zugrunde.
11, 2   Achill ist der Sohn der Meermaid Thetis.
12, 1   Danaë; ihr Sohn Perseus.
13, 1   s. Odyssee XI v. 235—252.
14, 1   Zu Danaë und Perseus s. das 12. Gespräch.
15, 1   Agenor, Vater der Europa (falsch „Göttergespräche" 24, 2)

Totengespräche

1   Diogenes, der bekannte Kyniker (kynisch, griechisch κυνικός, eigentlich hündisch, von κύων Hund); Lukian nennt in diesen Gesprächen als Kyniker außer Menipp den Antisthenes, den Stifter dieser Sekte, Schüler des Sokrates, Diogenes, Schüler des Antisthenes, und Krates von Theben, Schüler des Diogenes. Vorbild und Schutzpatron der Sekte war Herakles.
1, 1   Kastor und Polydeukes s. „Göttergespräche" 24, 2 u. 26. — Kraneion: Hain mit einem Gymnasion in Korinth. — Lykeion: Hain mit einem Gymnasion in Athen, Lehrstätte des Aristoteles; s. „Ikaromenipp" 21 Ende. — Hekate: gespenstige Unterweltsgöttin, besonders an Kreuzwegen verehrt (die im Aberglauben aller Völker gespenstige Bedeutung haben); Hekatemahl s. 22, 3.
1, 2   Hörner und Krokodile: zwei beliebte Trugschlüsse. Was du nicht verloren hast, hast du. Hörner hast du nicht verloren, folglich hast du sie. — Ein Krokodil, das am Ufer einer Mutter ihr Kind geraubt hat, verspricht, es ihr zurückzugeben, wenn sie der Wahrheit gemäß die Frage beantworte, ob das Krokodil ihr das Kind zurückgeben wird; sie verliert es auf jeden Fall, ob sie ja oder nein sagt. s. Lukian Βίων πρᾶσις („Versteigerung der Lebensberufe" K. 22).
1, 3   Obolos: bekanntlich die übliche Beigabe der Toten für den Fährmann Charon in der Unterwelt; s. den Schluß des 1. Gespräches und 22, 1.
3, 1   Amphilochos: s. „Lügenfreund" 38.

4, 1 **Drachme**: griech. Münzeinheit = 6 Obolen.
5, 2 **Ioleos**: s. Ovid „Metamorphosen" IX v. 394—401.
7, 1 **Tithonos**: s. homer. Hymnus auf Aphrodite (IV) v. 218—240.
9, 4 **Nireus**: s. 25, 1.
10, 11 Menipp soll durch **Selbstmord** geendet haben.
10, 13 **Rad**: Strafe des Ixion; **Felsen**: Strafe des Sisyphos; **Geier**: Strafe des Tityos.
11, 1 Il. XXIII v. 724. — **Chaldäer**: s. zu „Lügenfreund" 11.
11, 4 Töchter des **Danaos**: s. zum Schluß des 6. Seegöttergespräches. — **Obolos**: s. 1, 3 u. 22, 1.
12 Für den griechischen Chauvinismus war Alexander d. Gr. der größte Feldherr aller Zeiten; sogar Hannibal selber soll sich so geäußert haben (Livius, XXXV 14). In den „Wahren Geschichten" (II 9) spricht Lukian dem Alexander den ersten, dem Hannibal den zweiten Rang zu, ohne Erwähnung Scipios. Daß er an unserer Stelle Scipio d. Ält. den 2. Rang zuerkennt, tut er ohne Zweifel mit Rücksicht auf römische Zuhörer, auf die er bei der Vorlesung dieser Gespräche rechnete; man beachte aber, daß er ihn mit wenigen Zeilen abtut und ihm keine Rede in den Mund legt. Übrigens verwechselt er den älteren Scipio (Zerstörer Karthagos!) mit dem jüngeren ebenso wie Horaz, Od. IV 8 v. 17 bis 19 (welche Verse Schulfüchse, die offenbar bei Horaz die Geschichtskenntnisse eines braven Abiturienten voraussetzten, dem Horaz absprechen wollten).
12, 2 Unterfeldherr meines **Bruders**: Verwechslung Hasdrubals, des Schwagers des Hannibal, mit seinem gleichnamigen Bruder. — **Ringe nach Scheffeln**: nach der Schlacht bei Kannä, s. Livius XXIII 12, 1f. — **Ammons Sohn**: s. 13, 1.
12, 7 s. zu 12, Titel.
13 Diogenes und Alexander starben in demselben Jahr (323 v. Chr.).
13, 6 **Nieswurz**: antikes Mittel gegen Wahnsinn, s. 17, 2, „Wahre Gesch." II, 7 u. 18.   **Lethe**: Fluß im Hades, dessen Wasser Vergessenheit (was das Wort heißt) bewirkte; s. 23, 2. — **Kleitos**: s. 14, 3.
14, 2 Der von Xenophon in seiner Anabasis beschriebene Kriegszug der Zehntausend (401 u. 400 v. Chr.).
15, 1 Gemeint ist Hom., Od. XI v. 488—491.
15, 2 Ilias IX v. 319.

Anhang 517

16 Das Gespräch ist ein Spott auf Hom. Od. XI v. 601 bis 607.
17 Das Gespräch zielt auf Hom. Od. XI v. 582—592.
17, 2 Nieswurz: s. 13, 6.
18, 1 Nireus: s. 25, 1.
18, 2 Ilias III v. 157.
19 s. 23.
20, 1 Dionysos Kolonatas: so lese ich an der Hand der Hss. der B-Klasse, die πρὸς Διονύσου κωλοάνου οὐ κωτοβάτου bieten (πρὸς Δ. κωλοάνου κατωβάτου N; die Hss. der Γ-Klasse πρὸς τοῦ Πλούτωνος [πρὸς τοῦ Πλάτωνος Γ von 1. Hand]). Hier hat sich Lukian einmal, gegen seine Gewohnheit, eine gelehrte Anspielung erlaubt (oder hat er sie von Menipp übernommen?): der Dionysos Kolonatas wurde nämlich auf dem Taygeton verehrt, von dessen Vorgebirge Tainaron aus man sich einen Abstieg zur Unterwelt dachte (daher die Glosse oder Variante κωτοβάτου, richtig καταιβάτου = der Hinabsteigende). S. Pausanias (Kunstschriftsteller im 2. Jahrh. n. Chr.) III 13, 7.
20, 2 Kraftlose Häupter: Od. X v. 521 u. v. 536, XI v. 49.
20, 3 Euphorbos: s. „Wahre Gesch." II 21 u. Ovid „Metam." XV v. 160f. — Goldener Oberschenkel: s. „Wahre Gesch." ebda. — Den Pythagoreern war der Genuß von Bohnen streng untersagt; es war bei ihnen der hexametrische Spruch im Umlauf:

ἶσόν τοι κυάμους τρώγειν κεφαλάς τε τοκήων

20, 4 Empedokles: s. „Ikaromenipp" 13, „Wahre Gesch." II 21 u. Horaz „De arte poetica" v. 464—466.
21, 1 Hunde = Kyniker, s. zu 1, 1.
21, 2 würdig deiner Sippe: der Kyniker
22, 1 Obolos: s. 1, 3 u. 11, 4.
22, 3 Hekatemahl: aus billigen Speisen, z. B. aus Eiern bestehend, als Opfergabe an Kreuzwegen hingestellt, s. 1, 1.
23 s. das 19. Gespräch.
23, 2 Lethe: s. 13, 6.
23, 3 Phersephone: s. zu Göttergespr. 11, 1.
24 Mausolos, dem Namen nach persischer Satrap (in Wahrheit fast unabhängiger König) von Karien. Ihm ließ nach seinem Tod (352 v. Chr.) seine Schwester und Gemahlin Artemisia in Halikarnass, der Haupt-

stadt von Karien, ein prächtiges Grabmal (Mausoleum nach ihm benannt) errichten, an dessen Herstellung die hervorragendsten Künstler jener Zeit beteiligt waren und das fortan zu den Wunderwerken der antiken Welt zählte. Auf der Spitze standen auf einem Viergespann die Statuen des Mausolos und seiner Gemahlin. Beide befinden sich jetzt (nebst anderen Resten des Grabmales) im Britischen Museum in London. Wer die Statue des Mausolos gesehen hat, wird den Eindruck, den dieses Kunstwerk macht, nie vergessen. Da fallen auf: Die ungriechischen Gesichtszüge, die reiche ebenfalls ungriechische Gewandung, die ungriechische Haar- u. Barttracht (das Haar fällt in starken Strähnen über den Nacken herab), der scharfe Blick und der seltsame Ausdruck des Gesichtes, dessen Typ ebenso wie die Form des Schnurrbartes stark an slawische Typen erinnert, alles in allem: eine stattliche, schöne und wahrhaft königliche Erscheinung; Lukian hat recht wenn er sagt: καὶ καλὸς ἦν καὶ μέγας (er kannte natürlich das Grabmal aus eigener Anschauung; ja es drängt sich sogar der Gedanke auf, daß er das Gespräch unter dem Eindruck einer Besichtigung desselben geschrieben hat, s. 2 ὁ δὲ τάφος — τοὺς ξένους). Eine gute Abbildung bei M. Sauerlandt, Griech. Bildwerke Nr. 73. Weniger gut erhalten ist die Statue seiner Schwester und Gemahlin; vor allem ist ihr Gesicht beschädigt.

25, 1 Spitzkopf: Il. II v. 219. — Nireus: Il. II v. 673; der Ausdruck ἀλαπαδνός (schwach) mit dem § 2 Nireus' Schädel bezeichnet wird, wird bei Homer von ihm selber gebraucht: v. 675.

27, 3 Mit der Erzählung von Arsakes vgl. man „Hetärengespräche" 13, 1—3 (die Ähnlichkeit mit „Schiff" 37 ist nur ganz vage). — Kappadokier: gemeint ist ohne Zweifel Eumenes, dem nach Alexanders Tod Kappadokien zufiel, wo er auch bestattet wurde (s. Cornelius Nepos, Eumenes 2, 2 u. 13, 4). —

27, 7 Ein attisches Talent = 60 Minen = 6000 Drachmen.

28, 1 Lynkeus: s. „Ikaromenipp" 12 (Ende).

28, 2 s. Euripides, Medea v. 230—251.

28, 3 Aëdon (Philomele): s. Hom. Od. XIX v. 518—523 u. Ovid „Metam." VI v. 438—674; Daphne: Ovid ebda. I v. 452—567; Kallisto: ebda, II v. 468 bis

Anhang 519

488. — Streit des Zeus u. der Hera: s. die Ausgabe der Gedichte des Hesiod von Rzach frg. 162, S. 191f.

29, 1 Geht auf Hom. Od. XI v. 543—564 (aber Odysseus steigt nicht in die Unterwelt hinab).

30 Dieser Sostratos ist ohne Zweifel der urwüchsige Naturbursche, der sich, wegen seiner Kraft Herakles genannt, zu Lukians Zeit im Grenzgebiet von Attika und Böotien herumtrieb. Eine (nicht erhaltene) Biographie von ihm hat Lukian geschrieben s. „Leben des Demonax" K. 1, wo er ihn kurz charakterisiert. Noch interessanter aber sind die Mitteilungen des Philostratos (Schriftsteller des 3. Jhdt. nach Chr.) aus einem Brief des Herodes Attikos (2. Jhdt. n. Chr.), eines hochgebildeten Sophisten, der zu den reichsten und mächtigsten Männern seiner Zeit gehörte. Wir erfahren da viel vom Aussehen des Sostratos, seiner Lebensweise, seinen Taten und seinen naiven Ansichten über die griechische Kultur. Räuber wird er zwar weder im Demonax noch bei Philostratos genannt. Aber es liegt auf der Hand, daß dieser Naturbursche, der ohne festen Beruf herumzog, vom Raub lebte. Dem steht nicht die Tatsache entgegen, daß er bei den Bauern wegen guter Ratschläge, die er ihnen erteilte, Agathion hieß. Er wird eben den Kleinen geholfen und die Großen geschädigt haben, ganz so wie unser Grasl, der 1815 in den niederösterreichischen Vierteln ober und unter dem Manhartsberg sein Unwesen trieb und dessen Andenken heute noch dort fortlebt. Die naive Verantwortung des Sostratos gegenüber dem Minos sieht aus wie ein Seitenstück zu seinen naiven Äußerungen gegenüber dem Herodes. Ja, das σοφιστής τις εἶναι δοκεῖς hat sogar seine Parallele in φιλοσοφοῦντα δὲ αὐτὸν ἰδὼν (wegen seiner gescheiten Antworten) ὁ Ἡρώδης bei Philostratos.

Die Stelle des Philostratos („Lebensbeschreibungen der Sophisten" 2. Buch α [Herodes Att.] K. VII, Ausgabe von Kayser II. Bd. S. 60, Z. 29 ff.) ist von Wieland im Anhang zum Demonax übersetzt worden.

Ikaromenipp

Finden wir den Kyniker Menipp in den Totengesprächen sowie in der Nekyomantie (dem Totenorakel) im Reich des „Zeus der Unterwelt", so spricht er hier im Himmel mit dem Zeus des Olymp. Daß in diesem Dialog, von dem Wieland mit Recht sagt, es sei über ihn der Geist des Aristophanes unter allen Lukianischen Stücken am reichsten ausgegossen, Lukian eine Schrift (oder mehrere Schriften) des Menipp benützt hat, ist schon deshalb wahrscheinlich, weil die historischen Beispiele nur bis gegen die Mitte des 3. Jhdt. v. Chr., also bis zur Lebenszeit des Menipp, reichen (s. R. Helm, Lucian und Menipp S. 96—100). Doch berücksichtigt Lukian natürlich auch die Verhältnisse seiner eigenen Zeit (so in der Schilderung des Treibens der Philosophen und in Anspielungen auf den Aberglauben). Das Motiv der Himmelfahrt ist zwar alt (s. Helm ebendort S. 102f.; es genüge, hier auf die Himmelsreise des Trygaios auf einem Mistkäfer, in Aristophanes' Frieden, hinzuweisen), aber Lukian denkt dabei auch an die zu seiner Zeit so außerordentlich gesteigerte Lust an phantastischen Erzählungen über fabelhafte Reisen (wovon in den Vorbemerkungen zu den „Wahren Geschichten" ausführlicher die Rede sein soll).

Verfaßt und vorgetragen wurde der Dialog, wie die lokalen Anspielungen zeigen, jedenfalls in Athen (Helms Gründe für Olympia, S. 112—114, fallen m. E. nicht ins Gewicht).

Die Szenerie ist folgende: Der Schriftsteller versetzt uns mitten in das Selbstgespräch des Menipp. Er ist soeben von seiner Himmelsreise, deren Veranlassung im folgenden dargelegt wird, auf die Erde (nach Athen, s. K. 10 Ende, 11 Anfang und 34) zurückgekehrt und rechnet nunmehr die Wegstrecken und Etappen nach, die er zurückgelegt hat. Ein Freund, der ihm lauschend nachgeht, kann sich über ihn nicht genug wundern. Von demselben aufgefordert, erzählt der Philosoph seine Reise, die er als ein zweiter Ikaros (daher Ἰκαρομένιππος) über die Wolken hinaus (Ὑπερνέφελος) unternommen hat.

1 Stadion = 185 Meter.
2 Parasange: ein persisches Maß (jetzt noch bei den Persern Färsäng oder Färsäch) = 30 Stadien. — διιπετής (so lautet die homerische Form) ein von Homer gebrauchtes Beiwort, wird hier mit spöttischer Beziehung auf Menipps Großtuerei verwendet. Man halte sich dabei die

armselige Tracht und die Verwahrlosung eines Kynikers vor Augen. — Ganymed: s. das 4. „Göttergespräch".
4 Wer sich für die folgenden skizzenhaften Anspielungen auf philosophische Lehren interessiert, lese R. Helms Bemerkungen, a. a. O. S. 83—87.
7 Die Sonne eine glühende Steinmasse: Ansicht des Anaxagoras (5. Jhdt. v. Chr.); s. 20 (Ende).
8 Die Welt ungeworden: Ansicht der Eleaten (Hauptvertreter Xenophanes, Parmenides u. Zenon im 6. u. 5. Jhdt. v. Chr.) — Schöpfer: Besonders Plato. — Wer 1. einen Schöpfer annimmt, muß 2. auch angeben, woher er kam und wo er sich postierte. Nun ist aber die Annahme des Raumes (wie die der Zeit) vor der Entstehung der Welt unmöglich; also ist die Annahme 2 und daher auch 1 unmöglich. — Unzählige Welten nahm Epikur (im Anschluß an Demokrit) an, dagegen vertrat Aristoteles die Ansicht von einer Welt (bei Plato ist die Welt der Ideen streng von der der sinnlich wahrnehmbaren Dinge geschieden). — Krieg, der Vater aller Dinge: Heraklit von Ephesos im 6./5. Jhdt.
9 Die Zahl als Gott: Ansicht der Pythagoreer. — Schwur bei Hunden usw.: so schwur Sokrates nach der Überlieferung, um die Namen der Götter nicht zu entweihen. — Nur einem Gott teilten die Weltherrschaft zu die Eleaten, Plato und Aristoteles. — Eine Vielheit von Göttern, die unbekümmert um die Vielheit der Welten im ewigen Genuß ihrer selbstgenügsamen Ruhe dahinleben, hat Epikur angenommen. — Die Unterscheidung von Göttern verschiedenen Ranges fand erst in den Jahrhunderten nach Christus bei einigen philosophischen Sekten ihre Ausbildung. — Die Gottheit unkörperlich: Ansicht z. B. des Plato und des Aristoteles. — Die Theorie von der göttlichen Vorsehung wurde besonders von den Stoikern ausgebildet. — Ohne Vorsehung: gemeint sind die Epikureer.
10 Hochdonnernd: ein von Homer dem Zeus beigelegtes Beiwort. — Wohlbebärtet: Homer gebraucht dieses Beiwort von Löwen; zur Sache s. K. 5 (Anfang). — Hom. Od. IX 302.
11 Parnes: ein Waldgebirge nördl. von Athen; Hymettos: ein Gebirge im Südosten von Athen. — Geraneia: ein Gebirge zwischen Megara und Korinth. — Pholoë und Erymanthos: arkadische Gebirge. — Hochflieger: Hom. Beiwort des Adlers. — Reisige Thraker: Il. XIII v. 4f.

12 Eine kolossale eherne Statue des Sonnengottes (gegen 33 m hoch) am Eingang des Hafens der Stadt Rhodos (wie jetzt an der Einfahrt des Hafens von New York das kolossale Standbild der Freiheit), ein Werk des Bildhauers Chares. Nach nur 66jähr. Bestand wurde es durch das heftige Erdbeben des Jahres 222 v. Chr. umgestürzt. Die Trümmer wurden im 7. Jh. n. Chr. von einem arabischen Feldherrn an einen Juden verkauft, der Hunderte von Kamelen damit belud. — Der hochberühmte, in mehreren Stockwerken auf der kleinen, Alexandrien vorgelagerten Insel Pharos von dem Baumeister Sostratos von Knidos im Anfang des 3. Jhdt. v. Chr. errichtete Leuchtturm bestand aus weißem Marmor und war angeblich gegen 170 m hoch; auf seiner Spitze wurde ein weithin sichtbares Feuer unterhalten. Mit dem rhodischen Koloß zu den „Sieben Weltwundern" gerechnet, war er das Vorbild jedes antiken Leuchtturms, so daß sein Name als Appellativum in die romanischen Sprachen überging (frz. phare, ital. faro = Leuchtturm). Derselbe stand fast 1600 Jahre. Erst im 14. Jhdt. scheint er gänzlich eingestürzt zu sein. — lebenspendende Erde: homerische Phrase. — Lynkeus: s. „Totengespräche" 28, 1.
13 Empedokles: s. „Totengespräche" 20, 4, „Wahre Geschichten" II 21. — Hom. Od. XVI 187. — Endymion: s. das 11. Göttergespräch.
15 Ptolemaios Philadelphos (285—274 v. Chr.), König von Ägypten, nach ägypt. Sitte mit seiner Schwester Arsinoë verheiratet. — Lysimachos: Begleiter Alexanders d. Gr. und später König von Thrakien, wurde von seiner Gemahlin Arsinoë gegen seine eigenen Kinder aus erster Ehe, so gegen seinen trefflichen ältesten Sohn Agathokles, gehetzt. Der Sachverhalt ist also bei Lukian gerade ins Gegenteil verkehrt. — Antiochos von Syrien (3. Jhdt. v. Chr.) liebte seine Stiefmutter Stratonike. Als er infolge der Aussichtslosigkeit seiner Liebe dahinsiechte, trat ihm sein Vater die Stratonike ab. — Alexander, Tyrann von Pherä, wurde von seiner Gattin Thebe 358 v. Chr. ums Leben gebracht. Wie man sieht, verknüpft hier Lukian Ereignisse des 3. Jhdt. mit einem des 4. Offenbar hat er sich (oder schon Menipp?) in der Zeit des Tyrannen Alexander geirrt. Auch das nächste Ereignis gehört noch ins 4. Jhdt. — Antigonos, König von Makedonien, verheiratete seinen Sohn Demetrios (mit dem Beinamen Poliorketes) um 320 v. Chr. mit der um

einige Jahre älteren Phila. Aber von dem, was Lukian hier berichtet, ist sonst nichts bekannt. — Auf keinen der drei Könige von Pergamon, die den Namen Attalos trugen, paßt das hier von Lukian Erzählte. Was hier vom Orient erzählt wird, ist reine Erdichtung unter Benützung der Namen, die als persische bekannt sind, wie Arsakes und Arbakes. Erdichtet sind auch die Erzählungen über die Philosophen (16. K.), und zwar die Tatsachen einschließlich der Namen.

16 Schild des Achilles: 18. Gesang der Ilias. — Die Geten waren ein thrakisches, kriegerisches Volk, das zu beiden Seiten der Donau und der Theiss (Tisia) wohnte. Bekanntlich lag der Verbannungsort Ovids (der sogar die getische Sprache erlernte) im Gebiet dieses Volkes. — geißeln: mit komischer Beziehung auf das Fest der Ἄρτεμις Ὀρθία, an dem in Sparta die Knaben blutig gepeitscht wurden. — Prozessieren war eine Hauptleidenschaft der Athener, von Aristophanes in der Komödie Σφῆκες („Die Wespen"; in dieser Kostümierung, mit langen Stacheln zur Bezeichnung der Grimmigkeit, tritt der Chor der Richter auf) gegeißelt.

18 Acharnai in der Kephisosebene von Attika. — 1000 Plethren (876 qkm) sind bei der Kleinheit Attikas nicht bloß eine arge Übertreibung, sondern geradezu eine Unmöglichkeit. — Kynosuria: Kynuria (wie die üblichere Namensform lautete) lag an der Grenze von Lakonien und Argolis und war daher lange zwischen den Spartanern und Argivern strittig, bis beide Völker zu einem verabredeten Kampf je 300 Mann entsandten, von denen auf argivischer Seite zwei, auf spartanischer nur einer übrigblieb (Mitte des 6. Jhdt. v. Chr.) — Pangaion: bekanntes goldhaltiges Gebirge in Makedonien.

19 Myrmidonen: die hier angedeutete Sage behandelt ausführlich Ovid „Metam." VII 627ff. Der Name Myrmidonen wurde vom Volk albernerweise von μύρμηξ (Ameise) abgeleitet. — Hom., Il. I v. 222.

20 Mond bewohnt: Behauptung z. B. der Pythagoreer und des Anaxagoras. — Sonne: s. zu K. 7.

21 Die Stoa poikile, die „bunte Halle" (so hieß sie wegen der darin befindlichen Wandmalereien): der von den Stoikern in Athen bevorzugte Aufenthaltsort. — In den Wandelgängen des Lykeion (s. zu „Totengespräch" 1, 1) lehrten Aristoteles und seine Nachfolger, nach den περίπατοι Peripatetiker genannt.

22 Hom. Od. X v. 98. — **Klopfen**: Eine Reminiszenz an Aristophanes „Frieden" V. 179 ff.

23 Zeus fragt hier mit der Phrase, deren sich in der Odyssee Personen Fremden gegenüber bedienen, zuerst I v. 170 (Telemach-Athene). — **Otos und Ephialtes**: Beide Riesen, nach ihrem Nährvater Aloeus Aloiden genannt, drohten den Himmel zu erstürmen, wurden aber noch vor ihrer Mannbarkeit durch Apolls Geschosse erlegt: Hom. Od. XI v. 307 ff.

24 Es verdient als interessant hier angemerkt zu werden, daß das dem πέρυσι (im Sanskrit **parut**) indoeuropäisch vollkommen entsprechende altdeutsche Wort **ferd** (Adjektiv ferdig) noch jetzt bei den österreichischen Bauern lebendig ist: ὁ πέρυσι χειμών = der ferdige Winter; ὁ πέρυσιν οἶνος = der ‚Ferdige' (im Gegensatz zum ‚Heurigen'). — Die **Nachkommen des Pheidias** waren zu φαιδρυνταί der berühmten Statue des Zeus in Olympia bestimmt worden, d. h. sie hatten für die Reinhaltung und Konservierung des Götterbildes zu sorgen. — Das **Zeusfest** (τὰ Διάσια) war in Athen ehedem zu Ehren des Ζεῦς Μειλίχιος (des ‚Milden'; es fiel nämlich in den Anfang der schönen Jahreszeit) gefeiert worden. Aber von der Epoche der Diadochen an erlosch allmählich diese Feier, bis Kaiser Hadrian, ein warmer Freund der Hellenen, an den in Athen noch heute manche Altertümer erinnern, im Verein mit einigen gesinnungsverwandten Männern, wie dem reichen Sophisten Herodes Attikos, die religiösen Feste und Bauten der Athener glanzvoll wiederherstellte. Lukian wahrt hier und im folgenden die Zeit Menipps. — Der **Tempel des Olympischen Zeus** in Athen in der Nähe des Ilissos war zwar schon von dem Tyrannen Peisistratos begonnen worden, seine Vollendung kam aber nach einigen vergeblichen Versuchen erst 129 n. Chr. durch das Eingreifen Hadrians zustande. Zu Lukians Zeit also war er vollendet. Im Laufe der Zeiten wurde er wieder zur Ruine. Jetzt sind von ihm außer den Unterbauten noch 16 Säulen vorhanden. — Viel zitierter **Anfang des Lehrgedichtes** Φαινόμενα καὶ Διοσημεῖα (Sternerscheinungen und Wetterzeichen) des Dichters Aratos aus dem 3. Jhdt. v. Chr. — **Pisa** in Elis mit dem Tempelbezirk Olympia; s. zu „Peregrinos". — **Anubis** s. „Seegöttergespräche" 7, 2. — **Chrysipp**: berühmtester Stoiker (3. Jhdt. v. Chr.); s. „Wahre Geschichten" II 18.

Anhang 525

25 Hom., Il. XVI 250 (aber τῷ δ' für ἀλλ') — Akademiker: Gemeint ist nicht die alte Schule Platos, sondern die skeptisch orientierte, sogenannte Mittlere Akademie des 3. u. 2. Jhdt. v. Chr., deren Hauptvertreter Arkesilaos, Karneades und Kleitomachos waren. Der im folgenden genannte Pyrrhon von Elis (ein jüngerer Zeitgenosse des Aristoteles) war reiner Skeptiker.
26 Hermodoros: s. K. 16.
27 Korybanten: Begleiter der phrygischen Naturgöttin Κυβέλη ('Ρείa oder 'Ρέα). In ihrem Gefolge befand sich auch ihr Geliebter, der schöne Jüngling Attes (s. „Göttergespräche" 12, 1). — Sabazios: mit Dionysos identifiziert. Der Satiriker Menipp bekommt bezeichnenderweise den Platz neben Gottheiten der Zügellosigkeit. — Herakles galt in der Komödie als starker Esser (s. Aristophanes' „Vögel"). — Die μαινίδες sind den Sardellen ähnlich; sie heißen heute noch bei den Venezianern menole. — Eine κοτύλη ist der 12. Teil eines Chus (Kanne), ungefähr $3/10$ l. — Ambrosia und Nektar: Il. V v. 341. — Kordax: eine Art Cancan.
28 Hom. Il. II V. 1f.; für ἐμέ heißt es bei Homer Δία.
29 Last der Erde: Hom. Il. XVIII v. 104. — Stoiker, Peripatetiker: s. zu K. 21. — sieben Drachmen: Berechnungen anzustellen ist natürlich müßig, da die damalige Kaufkraft des Geldes eine ganz andere war als heutzutage. Gemeint ist übrigens offenbar das Spielhonorar des 3. Schauspielers (Tritagonisten).
30 Schmutz der Pfennigstücke ablecken; d. h. sie sind so arge Geizhälse, daß sie jedes schmutzige Obolenstück liebkosen, bevor sie es ausgeben. — Hom. Il. II v. 202.
31 Die Vermeidung warmer Bäder war ungewöhnlich und fiel auf. Schon Aristophanes rügte an den Sokratikern, daß „niemand von ihnen je in eine Badeanstalt ging, um zu baden" („Wolken"'v. 835ff.). Wie sehr sich im Altertum mit der Vorstellung des Bades die der Wärme verband, dafür gibt es einen interessanten Beleg im Rumänischen (auf den m. E. bisher noch niemand hingewiesen hat): Scăldá heißt „baden" (u. zw. gleichgültig, bei welcher Temperatur). Das Wort kommt wie das ital. scaldare (das aber „erwärmen" bedeutet) vom volkslatein. excaldare. — Momos: Der Tadelgott (die personifizierte Schmähsucht) nach Hesiods „Theogonie" v. 214 ein Sohn der Nacht; vgl. „Göttergespräche" 20, 2 und „Wahre Geschichten" II 3.

33 Abgrund: Lukian mag dabei an den bekannten (heute noch vorhandenen) Erdschlund in Athen gedacht haben, in den Verbrecher gestürzt wurden, obwohl ihm das βάραθρον die homerischen Verse Ilias VIII v. 13f. eingaben (βέρεθρον = βάραθρον). — In diesen vier Monaten: Für die Erklärung dieser Stelle beachte man, daß, wie der Zusammenhang zeigt, auf die vier Monate unmittelbar das Frühjahr folgt. Lukian dachte also an Ende November oder Anfang Dezember, wozu K. 26 Ende „bei den Griechen soll es schneien" stimmt (in den Wintermonaten ruhen die Gewitter; im Süden sind Gewitterzeiten Frühling und Herbst). Moïse Du Soul (Moses Solanus) wird also recht haben, wenn er unter der „heiligen Monatszeit" (ἱερομηνία) den Dezember versteht und an die Saturnalien, die in diesem Monat gefeiert wurden, denkt. Damals begingen ja viele vornehme Römer als Touristen ihr Saturnalienfest in Athen und Lukian wird unter den Sophisten, die bei solchen Gelegenheiten Vorträge hielten und Geld verdienten, nicht gefehlt haben (s. meine Vorbemerkungen zu Lukians Schriftstellerei). — Hom. Il. I v. 528. —
34 Kyllenier: so genannt, weil Hermes auf dem Gebirge Kyllene in Arkadien geboren war. — Der Kerameikos (d. h. Töpfermarkt), durch ein Doppeltor (Dipylon) der athenischen Stadtmauer in einen inneren und einen äußeren geschieden. Am Ende des äußeren Kerameikos befand sich die Akademie, wo also viele Philosophen zu treffen waren. — Stoa poikile: s. zu K. 21.

Wahre Geschichten

Da dieses Werk Lukians zu den satirischen Romanen gehört, seien hier einige Bemerkungen über den griechischen Roman vorausgeschickt. Seine Wurzeln sind weitverzweigt und reichen weit zurück. Schon in der Odyssee (das Wesen des Odysseus ist gewissermaßen das Symbol des Griechentums, das es mit der Wahrheit nie sehr genau genommen hat) finden wir nicht bloß abenteuerliche Berichte (s. Lukians Urteil darüber I 3) in den Erzählungen vor Alkinoos, die die Wahrheit für sich beanspruchen (die Gesänge 9—12), sondern auch absichtlich erlogene Erzählungen des Odysseus (vor Eumaios, Gesang XIV v. 191—359 und vor Penelope, Gesang XIX v. 106—307). Daß sich sehr früh Einflüsse des Orients geltend gemacht hatten, war von vornherein anzu-

Anhang 527

nehmen und liegt jetzt klar zutage, seitdem unter den Papyri von Elephantine in Ägypten Reste einer aramäischen Übersetzung der romanhaften Geschichte des Achikar (auf die im biblischen Buch Tobias [Tobit] angespielt wird) gefunden worden sind, die einen assyrisch-babylonischen Ursprung dieses Romans nahelegen. Vermittlerin zwischen Ost und West war Ionien mit seiner beweglichen und geistig regsamen griechischen (auf asiatische Volksstämme aufgepfropften) Bevölkerung. Die Tendenz, politischen Idealen dadurch Nachdruck zu verleihen, daß man sie in der Vergangenheit verwirklicht darstellte, ließ Staatsromane entstehen, wie Xenophons Kyrupädie und Platos Kritias. Durch Alexanders d. Gr. Züge nach dem Osten und die daran sich anschließenden Unternehmungen von Handelsleuten und Abenteurern erweiterte sich der Gesichtskreis der Griechen und verstärkte sich ihr ohnehin reges Interesse für den geheimnisvollen Orient. So gab der arabische Kaufmann Iambulos in griechischer Sprache eine phantastische Darstellung seines siebenjährigen Aufenthaltes in einem kommunistischen Gemeinwesen in der Nähe des Äquators (von Diodor, einem Historiker zur Zeit des Augustus, im II. Buch seines Geschichtswerkes K. 55—60 exzerpiert; s. Lukians Urteil über Iambulos I 3). Spätere Reiseromane vereinigen das Motiv abenteuerlicher Reisen mit dem Liebesmotiv: bekannt sind uns durch Auszüge, die der gelehrte Patriarch von Konstantinopel Photios (†891) in sein Sammelwerk Βιβλιοθήκη aufgenommen hat, Antonios Diogenes' (1. oder 2. Jhdt. n. Chr.) 24 Bücher über die *„Wunderdinge jenseits von Thule"* (Codex 166 bei Photios; *Erotici scriptores*, hgg. von Hirschig, Paris, F. Didot S. 507ff.) und Iamblichos', eines Syrers, *„Babylonische Geschichten"* in 35 Büchern, von denen die ersten 16 bei Photios (Codex 94; *Erotici scriptores* S. 515ff.) im Auszug vorliegen. Das für den späteren Roman unerläßliche Liebesmotiv hatte schon in der Novelle seinen Platz gehabt (deren mehrere bereits bei Herodot vorkommen, darunter die hübsche Geschichte vom Schatz des Rampsinit, Buch II, K. 121). Eine Sammlung pikanter Geschichten hatte in hellenistischer Zeit ein gewisser Aristeides verfaßt (*„Milesische Geschichten"*). Daß der Roman aber die Vollkommenheit erreicht hat, die ihn in der Kaiserzeit charakterisiert, verdankt er dem Einfluß der sogenannten Neuen Komödie (Hauptvertreter Menandros im 4. Jhdt. v. Chr., von dessen Werken jetzt große Teile wieder vorliegen), einer Literaturgattung, die ihrerseits wieder von dem großen Tragiker des

5. Jhdt. Euripides die Häufung spannender Geschehnisse und die wirkungsvolle Darstellung unerwarteten Umschwungs (περιπέτεια) sowie des Wiedererkennens einander nahestehender Personen gelernt hat. Und was das Gewand betrifft, in dem der Roman erscheint, so wurde ihm das von der ausgebildeten, ja überkultivierten Rhetorik angepaßt. Auf die Beeinflussung durch das Drama weist schon die griechische Bezeichnung für Roman hin (διήγημα) δραματικόν, d. h. dramatische Erzählung (oder geradezu δρᾶμα)[1]). Die uns erhaltenen griechischen Romane gehören zwar der Kaiserzeit an, doch beweist der wohl dem 1. Jhdt. v. Chr. zuzuweisende Ninosroman, daß der eigentliche Roman schon in die hellenistische Zeit zurückreicht.

Moderne Werke und Abhandlungen über den antiken Roman:

A. Chassang: Histoire du roman et de ses rapports avec l'histoire dans l'antiquité grecque et latine, 1862 (von der Pariser Akademie preisgekrönt). *E. Rohde,* Der Griechische Roman und seine Vorläufer, 1876 1. Aufl., seitdem mehrere Neuauflagen; *derselbe:* Zum griech. Roman, Kleine Schriften, 11. Bd. Nr. XIX S. 9 bis 39 und XX S. 40—42; *E. Schwartz,* Fünf Vorträge über den griechischen Roman 1896; *W. Schmid,* Der griechische Roman, Neue Jahrbücher für das klass. Altertum 1904, S. 465 ff.; *R. Helm,* Der antike Roman (Handbuch der griech. u. latein. Philologie 1948).

I. Buch

2 Uns ist die Möglichkeit, die Anspielungen zu erkennen, infolge des Unterganges dieser Werke genommen.

3 Ktesias: Zeitgenosse des Xenophon, Leibarzt am persischen Hof, schrieb Περσικά („Persische Geschichten") und 'Ινδικά („Indische Geschichten"). Beide Werke lagen noch Photios vor, der von ihnen Auszüge gibt (Codex 72, S. 35—45 u. S. 45—50). Lukians Worte beziehen sich wahrscheinlich auf Ktesias' Versicherung (bei Photios S. 49 f.): „obwohl Ktesias diese Fabeldinge erzählt, behauptet er, die volle Wahrheit zu schreiben, indem er

---

[1]) So leitet Photios sein Exzerpt aus Jamblichos mit den Worten ein (S. 71 der Ausgabe von J. Bekker): Ἀνεγνώσθη Ἰαμβούλου δραματικόν, ἔρωτας ὑποκρινόμενον (auch dieses Zeitwort ist ein Fachausdruck der Bühne: „*schauspielern, als Schauspieler darstellen*"); und das aus Antonios Diogenes (S. 109): Ἀνεγνώσθησαν Ἀντωνίου Διογένους τῶν ὑπὲρ Θούλην ἀπίστων λόγοι κδ'. δραματικὸν οἱ λόγοι.

Anhang 529

hinzufügt, daß er die Dinge teils auf Grund eigener Anschauung niederschreibe, teils auf Grund von Erkundigungen von Augenzeugen". — Iambulos: s. meine Vorbemerkungen zu den „Wahren Geschichten".
5 Kalpe auf europäischer Seite (Gibraltar) und Abila auf afrikanischer (bei den Römern eine Militärkolonie Ad Septem Fratres, „Zu den sieben Brüdern", daher heute noch arabisch Sebda und spanisch Céuta).
7 Stadion: s. zu „Ikaromenipp" 1. — Säule: Ähnlich hatte Euemeros in der 1. Hälfte des 3. Jhdt. v. Chr. fingiert, auf einer Insel im Indischen Ozean eine goldene Säule entdeckt zu haben, auf der Zeus außer seinen Taten auch die des Uranos aufgezeichnet hatte (Diodor, V. 46). — ein Plethron = $^1/_6$ Stadion = rund 30 m.
8 Daphne: s. „Göttergespräche" 15, 2.
11 Endymion: s. das 11. „Göttergespräch".
13 Hierin liegt gewiß eine boshafte Anspielung auf einen Berufsgenossen Lukians aus Kappadokien.
16 Plethron: s. zu K. 7. — Malve: s. II 26, 28 u. 46. Über die Malve als Heil- und Wunderpflanze s. RE (Realenzyklopädie der klass. Altertumswissenschaft) XIV 1, Sp. 923f. (Steier).
17 Sarpedon: Il. XVI v. 459f.
18 Rhodischer Koloß: s. Ikaromenipp K. 12 und die Anmerkung dazu.
20 Sommerer: ein in Niederösterreich öfter vorkommender Bauernname.
22 Geburt aus der Wade: Offenbar eine Travestie auf das alberne Märchen von Dionysos' Geburt aus Zeus' Oberschenkel (s. das 9. „Göttergespräch"). — γαστροκνημία heißt einfach die Wade (wegen ihrer bauchigen Form), aber da γαστήρ nicht bloß Bauch sondern auch speziell Mutterleib bedeutet, erklärt sich daraus der Witz Lukians.
29 Wolkenkuckucksheim: die aus Aristophanes','‚Vögeln" bekannte Phantasiestadt, die auf den Vorschlag zweier Athener hin die Vögel gründen. — κορώνη Krähe. — κόττυφος Drossel.
30 Der Phallus, als das Symbol der Zeugungskraft der Natur, genießt heute noch in Indien (dort lingam genannt) religiöse Verehrung. Dasselbe war im Altertum in Syrien, Lukians Heimat, der Fall. Er handelt darüber in der religions- und kulturgeschichtlich überaus wichtigen Schrift Περί Συρίης θεοῦ („Über die syrische Göttin"). Es

gab dort 30 Klafter (gegen 54 m) hohe Phallussäulen (s. K. 28 der erwähnten Schrift).
37 Fünfundzwanzig: 2 Gefährten hatte Lukian ja bei dem Abenteuer mit den Rebenweibern verloren (K. 8). — Wollte man pedantisch sein, so müßte man sagen, es waren eigentlich 26 (der Tod des Steuermann erfolgte ja erst später), da nach K. 5 Lukian in die Zahl der 50 nicht eingeschlossen war. Aber wer wollte dem Autor eines so reizenden Werkes mit solcher Pedanterie an den Leib rücken?
38 Pelamos: von πηλαμύς,, eine Thunfischart.
42 Windkentaure: eigentlich Aioloskentaure, aber Aiolos ist eben Gott der Winde.

II. Buch

3 Momos: der Gott des Tadels, s. „Göttergespräche" 20, 2 und „Ikaromenipp" 31. Was er am Stier auszusetzen fand, wird auch in Lukians „Nigrin" K. 32 erwähnt. Dasselbe sagt Babrios (ein Fabeldichter der Kaiserzeit) in der 59. Fabel v. 8f. — Galateia kommt von Gala (Milch); über sie s. das 1. „Seegöttergespräch". — Tyro kommt von τυρός „Käse"; über sie s. das 13. „Seegöttergespräch".
5 Herodot 3. Buch, K. 113. — Griechen und Römer teilten Arabien in Ἀραβία Πετραία (Arabia Petraea, Hauptstadt Petra in der Nähe der Sinaihalbinsel), Ἀραβία Εὐδαίμων (Arabia Felix, das gesegnete Arabien wegen der Spezereien, besonders des Weihrauchs) und Ἀραβία Ἔρημος (Arabia Deserta, der wüste Teil des Landes). Mit der nun folgenden Schilderung der Insel der Seligen mag man Pindars 2. Olympisches Siegeslied v. 67—82 (109—136) vergleichen, doch ist die Ähnlichkeit nicht groß, am ehesten noch v. 77—82 (127—136), wo es heißt: „Wo die Insel der Seligen ozeanische Lüfte umwehen" und im folgenden von dem Blumenreichtum die Rede ist; auch ist Rhadamanthys dort Totenrichter (v. 82=136); aber die Verse 67f. (109—111) „in gleichen Nächten stets, in gleichen Tagen Sonne habend" sagen anderes als Lukian im 12. Kapitel. — Gemeint sind (offenbar als Weihgeschenke an Hirtengottheiten wie Pan und die Nymphen) aufgehängte Querflöten, in die der Wind bläst), also sogenannte Äolsharfen.
7 Aias: s. das 29. „Totengespräch". — Nieswurz: s. zu „Totengespräch" 13, 6.

Anhang 531

8 Antiope oder Hippolyte. — Phaidra und Ariadne.
9 **Alexander und Hannibal**: s. das 12. „Totengespräch" und die Anmerkung dazu.
11 Die königliche (d. h. persische) Elle umfaßte 27 Zoll, (die gemeine Elle bloß 24; s. Herodot I 178) also faßt genau ein halbes Meter.
12 Zu dieser Stelle bemerkt ein mittelalterlicher Scholiast (S. 21 der Ausgabe der Scholien von H. Rabe) „Er spottet über die Wunderdinge, die es jenseits Thule geben soll." Allein in dem von Photios mitgeteilten Auszug aus dem Roman des Antonios Diogenes (s. meine Vorbemerkungen zu den „Wahren Geschichten") steht nichts dergleichen.
15 **Eunomos**: Kitharöde aus dem epizephyrischen Lokroi in Süditalien, eine fast mythische Persönlichkeit. — Arion: s. das 8. „Seegöttergespräch". — Anakreon: lyrischer Dichter (Mitte des 6. Jhdt. v. Chr.). — Stesichoros: griech. Chorlyriker auf Sizilien (7./6. Jhdt. v. Chr.). Nach der Sage erblindete er, weil er die Helena in einem Lied beleidigt hatte, erhielt aber nach einem poetischen Widerruf (παλινῳδία) sein Augenlicht wieder (s. Platons „Phaidros" K. 20, 243 ab).
17 **Aias gezüchtigt**: wegen seines Frevels an Kassandra und dadurch an Athene. — der römische König Numa Pompilius. — Phokion: berühmter, charaktervoller athenischer Feldherr und Staatsmann (4. Jhdt. v. Chr.). — Tellos: von Herodot I 30 vor Kroisos zu den Glücklichen gerechnet. — Periander: der bekannte Tyrann von Korinth. Er fehlt deshalb, weil sein Lebensbild neben vielen Lichtseiten auch viele Schattenseiten aufweist (Gewalttaten sowohl gegen seine Untertanen als auch gegen seine eigene Familie). — Hyakinth: s. das 14. „Göttergespräch" und 15, 2. — Als Schönheiten sind Hyakinth und Narkissos auch im 18. „Totengespräch" (§ 1) genannt. — Das zielt auf zwei Werke Platons, „Staat" und „Gesetze".
18 **Aristippos** von Kyrene, Schüler des Sokrates, Stifter der Schule der Hedoniker; seine Lehre: nur die Lust sei ein unbedingtes Gut. — Chrysipp: Der zweite Begründer der Stoa (3. Jhdt. v. Chr.; der eigentliche Begründer war Zeno von Kittion); s. „Ikaromenipp" 24. — Nieswurz: s. K. 7 und „Totengespräche" 13, 6 und 17, 2. — Akademiker: s. zu „Ikaromenipp" 25.
19 **Vor aller Augen**: Hier liegt wohl, wie ein mittelalterlicher Erklärer (Scholiast) bemerkt (H. Rabe, Ausgabe

der Scholien zu Lukian S. 22) eine Anspielung auf Herodot (III 101) vor, der dasselbe von den Indern behauptet. — Ein Hieb auf Platos Lehre von der Weibergemeinschaft („Staat" 5. B., K. 7f.). Man sieht hier wieder einmal die Albernheit eines modernen Schlagwortes. Lukian versteht unter platonischer Liebe gerade das Gegenteil von dem, was manche Moderne sich darunter vorstellen. Dieses Schlagwort ist ebenso lebensfremd wie das von der „ägyptischen Finsternis" (vom hellsten Sonnenland Ägypten!).

20 Smyrna, Kolophon und Chios werden in den aus hellenistischer Zeit stammenden Biographien Homers als seine Geburtsstädte nebeneinander genannt, s. *Vitae Homeri et Hesiodi*, hgg. von U. v. Wilamowitz (Kleine Texte für Vorlesungen und Übungen 137. Heft): 2. Vita § 4, aus einer anderen Fassung § 2; 3. Vita S. 26 Z. 6; 4. Vita S. 28, Z. 15; 5. Vita S. 29, Z. 5f. — Babylonier: Das zielt auf Fabeleien, die über Homers Herkunft aus dem Orient, ja sogar aus Ägypten, im Umlauf waren. So hielt ihn für einen Chaldäer die Grammatikerschule von Pergamon. Noch weiter geht Lukian in seinem Spott im „Hahn" K. 17: zur Zeit des trojanischen Krieges sei (infolge der Seelenwanderung) Homer ein Kamel im Baktrerland gewesen. — ὅμηρος bedeutet Geisel: s. 2. Vita § 3 (Homer wollte den Smyrnäern als Geisel dienen); 3. Vita S. 26, 11f. (Homer als Geisel der Smyrnäer bei den Chiern); 6. Vita S. 31, 26 (Geisel der Lesbier beim Perserkönig); 7. Vita S. 33, 23 (Geisel der Smyrnäer bei den Kolophoniern); „Wettstreit Homers und Hesiods" § 3 derselben Ausgabe (sein Vater Geisel der Kyprier bei den Persern). — Odyssee früher als die Ilias verfaßt: Gerade das Gegenteil ist richtig: auch im Altertum galt die Odyssee für später als die Ilias, s. den anonymen Autor Περὶ ὕψους („Über Erhabenheit des Stiles") K. 9, § 11—13. Aber Lukian versichert uns ja, daß in den „Wahren Geschichten" nur die Behauptung von ihm wahr ist, daß er lügt: I 4. — Homers Blindheit (davon stamme auch sein Name; mehrere alberne Etymologien in dieser Hinsicht): s. 1. Vita § 8 und § 13; 2. Vita S. 22, 15ff.; 3. Vita S. 26, 13f; 6. Vita S. 31, 26ff.; „Wettstreit" § 3. — Thersites: Im 2. Gesang der Ilias, v. 212—277; s. das 25. „Totengespräch".

21 In Lukians „Hahn" steckt Pythagoras' Seele in diesem Tier und erzählt von seinen Erlebnissen mit verschiedenen

Tier- und Menschenleibern (K. 19f.). S. den Schluß von Platos Staat (B. X, K. 16), wo der Philosoph auf Grund pythagoreischer Vorstellungen den Kreislauf der Seelen vom Himmel zur Erde und umgekehrt durch verschiedene Menschen- und Tierleiber hindurch schildert. — Von Gold: komische Übertreibung dessen, was bloß von Pythagoras' Oberschenkel behauptet wurde, s. „Totengespräch" 20, 3, das auch zum folgenden zu vergleichen ist. — Empedokles: s. „Ikaromenipp" K. 13.

22 Thanatusien: Die Bildung dieses Namens ist nicht ohne Interesse: Die Insel der Seligen ist ein Totenheim θανατοῦντα (kontrahiert aus θανατόεντα); davon bildet Lukian das Adjektiv θανατούσιος wie 'Ραμνούσιος von 'Ραμνοῦς (Flecken in Attika, eigentlich ein Ort, wo der Judendornstrauch, ῥάμνος, vielfach vorkommt). — Karanos: Gründer der makedonischen Dynastie. — Areios: unbekannt. — Epeios siegt bei Homer, Il. XXIII v. 665—699 im Faustkampf über Euryalos. — Pankration: eine Verbindung von Ring- und Faustkampf. — Lukian hat hier den Ausgang des obenerwähnten Wettstreites des Homer und Hesiod vor Augen, wo es § 13 der zitierten Ausgabe heißt, daß die Griechen (in Chalkis auf Euböa) nach Beendigung des Wettkampfes den Homer priesen und für ihn den Sieg beanspruchten, daß aber der König aus pazifistischen Erwägungen den Siegeskranz dem Hesiod zusprach („Es sei gerecht, daß der siege, der zu Ackerbau und Friede auffordere, nicht der, der von Kriegen und Morden erzähle").

23 Der Thraker Diomedes: nicht zu verwechseln mit Diomedes, Tydeus' Sohn. Der Thrakerkönig Diomedes war durch seine wilden Stuten berüchtigt, denen er Fremde zum Fraß vorwarf. — Delion: s. Plato, Gastmahl. K. 36.

24 Bohnen: s. „Totengespräch" 20, 3.

25 Kinyras: ein gewissermaßen „redender' erotischer Name: der durch die Liebesdichtung der Alexandriner bekannte kyprische König Kinyras zeugte mit seiner eigenen Tochter Myrrha den Adonis (s. Ovid, „Metam." X v. 298 ff.).

26 Malve: s. I 16, wo vom Malvengift die Rede ist, und die Anmerkung dazu, ferner II 28 und 46.

27 Großes Festland: Der Hoffnung, daß dereinst jenseits der Säulen des Herkules ein Kontinent würde entdeckt werden, hat Seneca in den berühmten Versen seiner „Medea" Ausdruck verliehen, 375—379: „Kommen wird eine Zeit in späten Jahrhunderten, wo der Ozean die Bande

der Welt erweitern, wo die Erde eine ungeheure Erweiterung erfahren, wo das Meer neue Länder aufdecken, wo Thule nicht mehr das Ende der Welt sein wird." Diese Verse waren Columbus bekannt und regten ihn an. Ich sah 1931 zu Sevilla in der Biblioteca Colombina unter Büchern, die er zum Unterricht zweier jüngerer Brüder verwendete, den Libro de Profecias, in dem fol. 59ᵛ diese Stelle Senecas steht, mit eigenhändigen Anmerkungen des Columbus (in einer Mischsprache aus Spanisch und Italienisch).

28 **Malve**: s. I 16, II 26 und 46. Hier wie im folgenden spottet Lukian über pythagoreische Lehren, s. Iamblichos, „Leben des Pythagoras" § 109: Er gebot auch, sich der Malve zu enthalten usw. — Zu den einzelnen Vorschriften s. das eben zitierte Werk § 227, wo als Beleg für symbolische (allegorisch aufzufassende) Vorschriften der Pythagoreer angeführt wird: πῦρ μαχαίρῃ μὴ σκάλευε; dieser Satz besage: Reize einen Zornigen nicht noch mehr.

29 **Nauplios**: nach Apollonios' von Rhodos (3. Jhdt. v. Chr.) Ἀργοναυτικά I v. 134 und 138 ein vortrefflicher Seefahrer, Kamerad der Argonauten.

31 **Timon**: der bekannte Sonderling und Menschenfeind, den schon Aristophanes erwähnt. Lukian hat ein Werk nach ihm benannt, in neuerer Zeit Shakespeare; vgl. auch Ferd. Raimunds „Der Alpenkönig und der Menschenfeind" II 5. — **Ktesias**: s. zu I 3.

32 **Elfenbeinern** erklärt sich nur aus dem homerischen Wortspiel. Nach Homer (Od. XIX v. 560ff.) gibt es nämlich zweierlei Träume, die aus zweierlei Pforten der Unterwelt kommen. Die eine Pforte ist aus Elfenbein (ἐλέφαντι) verfertigt und die Träume, die durch diese kommen, täuschen (ἐλεφαίρονται). — **Homer**: an der eben zitierten Stelle.

33 Gemeint ist der Sophist **Antiphon** (5. Jhdt. v. Chr.), der auch über Traumdeutung (Περὶ κρίσεως ὀνείρων) geschrieben hat. Von seinem philosophischen Werk Ἀλήθεια („Wahrheit") ist vor etwa vierzig Jahren in einem ägyptischen Papyrus ein sehr großes Stück mit sehr interessantem Inhalt gefunden worden.

35 **Kalypso** und **Leukothea**: Odyssee, 5. Gesang. — **Heimkehr**: Od., 13. Ges. — **Freier**: Od., Ges. 17—21. — **Freiermord**: Od., 22. Ges. — **Telegonos**: spätere Sage, in einem nicht erhaltenen Epos Τηλεγόνεια, das zum sogenannten Epischen Kyklos gehörte, behandelt.

Anhang   535

36 Kalypsos Grotte: vgl. Odyssee V v. 59—73.
41 Solche Verzierungen am Bug und am Heck kann man jetzt noch in den Häfen des Mittelmeeres sehen.
42 Antimachos v. Kolophon: Dichter eines Epos und von Elegien, 5. Jhdt. v. Chr. Dieser Vers stand wohl in seinem berühmten (verlorenen) Epos „Thebais" (*Epicorum Graecorum fragmenta*, hgg. von Kinkel, frg. 62). Daß Lukian diesen Vers nicht etwa selber erfunden hat, geht daraus hervor, daß er auch in einem Scholion zu Nikandros' „Theriaka" zitiert wird. Dort erfahren wir auch, daß Antimachos hier unter πλόος einen Marsch zu Fuß verstand.
46 Κοβαλοῦσσα: reich an κόβαλοι (Kobolden). — Ὑδαμαργία lese ich statt Ὑδαμαρδία. Der erste Bestandteil ist ὑδα- von ὕδωρ (vgl. ὑδαλέος, ὑδαρός, ὑδαρής), der zweite μαργία „Geilheit". Man beachte, daß in mittelalterlicher Aussprache μαργια und μαρδια fast gleich klangen. — Malven: s. zu I 16, außerdem II 26 und 28.
47 Zu den Schlußworten: ein mittelalterlicher Scholiast macht dazu die treffende Bemerkung (S. 24 der Ausgabe von Rabe): „Auch das Ende ist ganz erlogen mit dem Versprechen, das jeder Grundlage entbehrt."

Lügenfreund

Goethe hat seine bekannte Ballade „Der Zauberlehrling", 1797 gedichtet, der 1788 erschienenen Übersetzung C. M. Wielands entnommen, s. *Die Quellen von Schillers und Goethes Balladen*, zusammengestellt von Albert Leitzmann (73. Bändchen der Kleinen Texte für Vorlesungen und Übungen, 1911), S. 32—34, wo er Bd. I, S. 191—194 der Wielandschen Originalausgabe zitiert. An dem Reim ‚Besen — gewesen' fand Goethe offenbar solchen Gefallen, daß er ihn in 4 Strophen verwendet (in der siebenten umgekehrt ‚gewesen — Besen'). Diesem zuliebe ist aus dem Stößel Lukians (K. 36 f.) ein Besen geworden.

1 Tychiades: so oder Lykinos nennt sich Lukian in den Gesprächen, in denen er selber auftritt. Bei Tychiades denkt er offenbar an ὁ τυχών der erste Beste, also gewissermaßen „Person X". — Odysseus: Od. I v. 5.
2 Über Ktesias s. zu „Wahre Geschichten" I 3. — Chimaira, Gorgonen, Mormó und Lámia: Schreckgestalten der griech. Mythologie. Über Chimaira („vorn

ein Löwe, hinten ein Drache, in der Mitte eine Ziege")
s. Homer, Il. VI v. 180—182; Gorgonen gab es drei; mit
Mormó und Lámia schreckte man die Kinder (von ersterer
sagt es Xenophon „Griech. Geschichte" IV 4, 17).

3 Koroibos und Margites: sprichwörtliche Dummköpfe
der griechischen Volkssage.

11 Chaldäer: wegen der Ausbildung der Astrologie in Babylonien bei den Chaldäern heißen so die, die aus der Konstellation der Gestirne die Zukunft deuten zu können vorgaben, s. auch Totengespräch" 11, 1.

13 Hyperboreer: fabelhaftes Volk im Norden.

18 Demetrios, berühmter athenischer Bildhauer aus dem
Ende des 5. Jhdt. v. Chr. — Myron: s. zum „Traum" 8. —
Polyklet: s. zu derselben Stelle. — Kritios und Nesiotes: athenischer Bildhauer aus dem Anfang des 5. Jhdt.
v. Chr.

19 Daidalos: sagenhafter athenischer Bildhauer, angeblich
Zeitgenosse des Theseus; Erfinder der ausschreitend dargestellten Standbilder.

22 Ein halbes Stadion: s. zu Ikaromen. 1. — Gorgone:
s. zu K. 2.

25 Der vertauschte Tote: ähnliche Erzählungen liest
man öfters in der antiken Literatur, s. E. Rhode, Psyche
II. Bd.³ (1903) S. 363f., Anm. 3. Es ist ganz unpassend,
von einem Schwankmotiv zu sprechen, denn die Erzähler
(unter diesen Plutarch!!) nehmen ihre Berichte durchaus
ernst. Aus eigener Lektüre kenne ich außer dieser Stelle:
Plutarch „Über die Seele" (ein nur durch Eusebius,
Praepar. Evang. XI 36, 1, erhaltenes Bruchstück) und
Gregorius Magnus „Dialogi" IV B., K. 36f.

26 Epimenides: Kretischer Wundertäter des 6. Jhdt.
v. Chr., der viele Jahre schlafend in einer Höhle zugebracht haben soll.

27 Platons Buch über die Seele: so wurde im Altertum
oft sein Dialog „Phaidon" genannt. — Malteserhündchen waren in der Kaiserzeit bei den Damen ebenso beliebt wie in der 1. Hälfte des 19. Jhdt. die Bologneserhündchen.

30 Kraneion: s. zu „Totengespräch" 1, 1.

31 Etwas Ähnliches von einem durch einen Philosophen bewohnbar gemachten Haus (aber in Athen) erzählt der
jüngere Plinius in seinen Briefen: VII 27, 4—11.

38 Gottesfurcht: das bedeutet δεισιδαιμονία in gutem Sinne
(in dem es der gläubige Eukrates faßt); Tychiades (Lukian)

hingegen hat es in schlechtem (damals überwiegend üblichem) Sinn gebraucht: Aberglaube. — Orakel des Amphilochos in Mallos (an der Südküste von Kleinasien, in Kilikien): s. das 3. „Totengespräch". — Patara: auch diese Stadt lag an der Südküste von Kleinasien (in Lykien).

Lebensende des Peregrinos

Die Selbstverbrennung des Peregrinos Proteus ist historisch beglaubigt: s. Hieronymus-Eusebius, Chronik (VII. Bd. der Werke des Eusebius im Corpus der Berliner Kirchenväterausgabe, hgg. von R. Helm, 1. Teil [Leipzig 1913] S. 204): Unter dem Jahr 2181 Abrahams (= 165 n. Chr.) steht: „Bei Pisa (= in Olympia) hat sich selbst der Philosoph Peregrinus auf einen Scheiterhaufen geworfen, den er aus Hölzern zusammengesetzt und dann in Brand gesteckt hatte." Lukians Schrift (die einzige unter seinen Schriften) ist also datierbar, offenbar unter dem noch frischen Eindruck des Ereignisses in der zweiten Hälfte desselben Jahres abgefaßt. In Athen, wo Peregrinos in einer Hütte außerhalb der Stadt eine zeitlang wohnte (echt kynisch!), war er oft von A. Gellius, dem Verfasser der „Noctes Atticae", besucht worden; dieser nennt ihn einen ernsten und charakterfesten Mann (virum gravem et constantem) und berichtet über eine seiner Unterredungen mit ihm (N. A. XII, 11), deren Thema lautete, der Weise dürfe nicht sündigen, auch wenn Götter und Menschen davon nichts wissen sollten.

Zum Verständnis der Schrift sei einiges zur Topographie von Olympia vermerkt: Olympia war keine Stadt, sondern ein heiliger Tempelbezirk, ursprünglich außerhalb der Stadt Pisa (die jedoch schon im 7. Jhdt v. Chr. vollständig zerstört und nicht wieder aufgebaut wurde). Das im 3. und am Schluß des 31. Kapitels genannte Elis ist nicht die Landschaft, in der Olympia liegt, sondern deren gleichnamige (erst im 5. Jhdt. v. Chr. gegründete) Hauptstadt. Im 35. K. nennt Lukian noch einen Ort ῾Άρπινα, nach seiner Angabe 20 Stadien (also nicht ganz 4 km) von Olympia entfernt.

1 Empedokles: s. „Totengespräch" 20, 4, „Ikaromenipp" 13, „Wahre Geschichten" II 21.
2 Aktaion: s. „Göttergespräch" 16, 2. — Pentheus: s. zu „Göttergespräch" 18, 1.
4 Asklepios wurde, weil er sogar Verstorbene auferweckte, von Zeus mit dem Blitz erschlagen. — Dionysos wurde

nicht durch den Blitz getötet, vielmehr wurde ihm durch diesen gewissermaßen zur Geburt verholfen, s.,,Göttergespräch" 9, 2.
5 Sinopeer: Diogenes der bekannte Kyniker.
7 Beachte, daß für Lukian bereits typisch waren „der weinende Heraklit" und „der lachende Demokrit".
13 Wer an eine bestimmte Persönlichkeit (etwa den Apostel Paulus) denkt, verkennt die Mentalität eines gebildeten Griechen der damaligen Zeit, der sich folgende Gedanken macht: wie die Athener ihren ersten Gesetzgeber in Solon hatten, die Spartaner in Lykurg, ebenso müssen auch die Christen einen ersten Gesetzgeber gehabt haben.
14 Parianer: Einwohner von Parion, einer Stadt an der Propontis.
17 Die sogenannte Gleichgültigkeit: gegen alles Menschliche, ein stoischer (kynischer) Grundsatz.
18 Der Kaiser ist Antoninus Pius (138—161 n. Chr.). — Musonios, Stoiker, von Kaiser Nero im Jahre 65 verbannt. Excerpte aus seinen Schriften sind noch vorhanden. — Dion, der bekannte Schriftsteller (dessen Werke noch erhalten sind) wurde unter Kaiser Domitian verbannt. — Epiktet, stoischer Philosoph kynischer Schattierung, aus dem Sklavenstande hervorgegangen, ebenfalls unter Kaiser Domitian verbannt. Seine von Arrian aufgezeichneten Vorträge sind uns auf diese Weise erhalten.
19 Erbauer der Wasserleitung: gemeint ist Herodes Atticus; s. zum 30. „Totengespräch".
21 Philoktet: begleitete den Herakles zu seiner Selbstverbrennung auf dem Berg Oeta. — Stier des Phalaris: dieser Tyrann von Akragas (Agrigentum) im 6. Jhdt. v. Chr. soll zu Hinrichtungen einen glühend gemachten ehernen Stier verwendet haben.
22 Der nichtgenannte Zerstörer des Tempels der ephesischen Artemis hieß Herostratos (4. Jhdt. v. Chr.).
25 Der Kentaure ist Nessos. Ein mit dessen Blut als Liebeszauber getränktes Gewand sendet Deianira, Herakles' Gattin, diesem, um seine Liebe zurückzugewinnen. S. auch zu „Göttergespräch" 13, 2.
28 Irrtum Lukians: Proteus galt als Poseidons Sohn.
31 Hom. Il. XIV v. 1.
39 Ein unbekannter Tragikervers, offenbar des Euripides (merkwürdigerweise von A. Nauck in seine Sammlung *Tragicorum Graecorum fragmenta* 1889[2] nicht aufgenommen).

41 Bienen: Lukian dachte dabei wohl an das, was von Plato erzählt wurde: als Platos Eltern, um ein Opfer auf dem Hymettos darzubringen, das kleine Kind auf den Boden gelegt hatten, flogen Bienen herzu und füllten ihm den Mund mit Honigwaben (s. Olympiodoros, Neuplatoniker des 6. Jhdt., 1. Kap. seines „Leben Platons"). Auch dem kleinen Pindar sollen Bienen Honig auf die Lippen geträufelt haben.

45 Demokrit: s. zum 7. K.

Zur Textgestaltung

Lukian wurde im Altertum nur dreimal erwähnt, war also wenig bekannt. Im späteren Altertum waren von seinen Werken zwei Ausgaben in Umlauf, eine größere, die alle ihm zugeschriebenen Schriften enthielt (80 Stücke), und eine kleinere mit seinen schönsten (hauptsächlich dialogischen) Werken. Um 900 n. Chr. tauchten, anscheinend im östlichen Kleinasien (also in der Nachbarschaft seiner Heimat), mindestens zwei Vertreter dieser Ausgaben auf. Damit begann die Beliebtheit dieses Schriftstellers (vor allem aus sprachlichen Gründen, weil er als Muster attischer Sprache galt, obwohl er, durch ein halbes Jahrtausend von den Klassikern getrennt, begreiflicherweise manche Verstöße gegen den echten Atticismus hat, so in der Verwendung des Optativs). Die aufgefundenen Handschriften wurden fleißig kopiert, aber der Text seiner Werke machte seit der Erstausgabe (1496, Florenz) infolge der Übernahme von Lesarten aus minderwertigen Hss. Rückschritte, besonders im verflossenen Jahrhundert, als die Hs. A in Görlitz (in der Bibliotheca Milichiana) entdeckt und wegen ihrer schönen Schrift ins frühe Mittelalter versetzt wurde, während man heute weiß, daß sie erst in der zweiten Hälfte des 15. Jhdt. von einem gewissen Joannes Rhosos geschrieben wurde und zudem die Abschrift einer anderen Hs. (C) war (sie ist in den Wirren des letzten Krieges zugrunde gegangen, *s. Scriptorium*, VI 2, 1952, S. 312). Nur eine einzige Ausgabe des 19. Jhdt. wurde vollendet, die von C. Jacobitz, Leipzig 1836—1841 (kleinere Ausgabe in der Bibliotheca Teubneriana). Von ihr gilt aber besonders der von mir beklagte verhängnisvolle Irrtum, übrigens teilweise auch von den unvollendeten Ausgaben von Fr. Fritzsche (Rostock 1860—1882) und von J. Sommerbrodt (Berlin 1886—1899). Die neue Teubnerausgabe von Nils Nilén, die mustergültig zu werden versprach, blieb leider im 19. Stück stecken.

Über die Schicksale der Werke Lukians vergleiche man meine Abhandlung *Die Überlieferung Lucians* (Sitzungsber. der kais. Akademie der Wiss. in Wien, Philos.-hist. Klasse, 167. Bd., 7. Abh. 1911).

Führer der Hss., welche die größere antike Ausgabe vertreten, ist Γ (Codex Vaticanus 90, 10. Jhdt.), Führer der Hss., welche die kleinere antike Ausgabe vertreten, B (Vindobon. 123, 10./11. Jhdt., in der Wiener Nationalbibliothek).

Der Γ-Klasse gehören in den hier von mir behandelten Stücken außer Γ an:

Φ (Laurent. C. S. 77, in Florenz),
Ω (Marcianus 434, in Venedig; beide Hss. 10./11. Jhdt.),
X (Palatinus 73, 12./13. Jhdt., in der vatikan. Bibl.),
V (Vaticanus 89, 14./15. Jhdt.),
H (Vindob. 114, 14./15. Jhdt., in der Wiener Nat. Bibl.).

Zur B-Klasse gehören (außer B):

Ψ (Marc. 436, 14. Jhdt., in Venedig),
N (Parisinus 2957, 15. Jhdt., Paris, Bibliothèque Nat.),
P (Vaticanus 76, 15./16. Jhdt.),
𝔄 (Vatic. 87, 14. Jhdt.),
𝔙 (Palatinus 174, 14./15. Jhdt., in der vatik. Bibl.),
R (Laurentianus 57. 28, 15. Jhdt., in Florenz).

Minderwertige Hss. sind:

C (Paris. 3011, 14. Jhdt., Bibliothèque Nat.; daraus der oben erwähnte Kodex A abgeschrieben),
F (Guelferbytanus fol., 14./15. Jhdt., in Wolfenbüttel)

und die beiden von R. Wünsch zum Philopseudes verglichenen Hss. 𝔉 (Vatic. 1325, 15. Jhdt.) und f^R (Vatic. 86, aus derselben Zeit).

* = *die Hs. vor der Korrektur*
< = *läßt (lassen) aus*
⟨ ⟩ Ergänzung (in den Handschriften nicht vorhanden)
[ ] Tilgung.

Traum

Die Überlieferung ist zweistämmig

2 ἔχων] τυχών A (Beleg für die Minderwertigkeit dieser Hs.; doch wurde diese Lesart, mit δεξιᾶς, von den Herausgebern angenommen).

4 τὴν νύκτα ὅλην] τὴν σκυτάλην Steigerthal und Sommerbrodt.

Für die **Götter-, Seegötter- und Totengespräche**, *deren Überlieferung zweistämmig ist*, verfüge ich über voll-

Anhang 541

ständige Kollationen (teils von mir selbst angelegt, teils mir von N. Nilén übermittelt) folgender Hss.:

Γ-Klasse:

Γ (die vier von sehr junger Hand am Schluß der Hs. erneuerten Blätter, auf denen der verloren gegangene Schluß des 25. und das ebenfalls verlorene 26. Göttergespräch ergänzt worden waren, wurden in einer anderen vatikanischen Hs. gefunden und 1918 wieder in Γ eingefügt, s. *Script.*: S. 317), Ω, M (Paris. 2954, 14. Jhdt., Bibl. Nat.), L (Laurent. 57. 51, 11. Jhdt., in Florenz; in den Seegöttergesprächen allerdings zur B-Kl. neigend), I (Urbinas 118, 13./14. Jhdt., in Urbino; in den Totengesprächen 13—25 gehört er meist zur Γ-Kl.; das im 16./17. Jhdt. verfertigte Supplement ist gehört, wie die von Nilén durchgeführte Kollation der beiden ersten Totengespräche beweist, zur B-Klasse), R, Y (Upsaliensis 14, 13./14. Jhdt., in Upsala); außerdem hat N. Nilén einige Totengespräche mit X kollationiert.

B-*Klasse:*

B, Φ (enthält von alter Hand nur einen Teil der Totengespräche, u. zw. nach der B-Klasse, die Götter- und Seegöttergespräche überhaupt nicht), N, P, Ψ; dazu kommen noch die Lesarten von 𝔄 in der Ausgabe von Fritzsche.

Die hier von mir vorgelegte Ausgabe der Götter-, Seegötter- und Totengespräche ist zusammen mit der der Hetärengespräche (*Kleine Texte für Vorlesungen und Übungen* Nr. 160, Berlin 1930) die erste moderne Ausgabe der sogenannten Dialogi minores dieses Autors.

Ich behalte die bisher übliche Reihenfolge der Einzelgespräche bei.

Göttergespräche

5, 2 Ἰδαῖον (richtig) Γ-Kl.] εἰκαῖον B-Kl.
    ὁτὲ δὲ B-Kl.] ἐνίοτέ γε Γ-Kl.
4 καταπεμπτέος (richtig) B-Kl.] κατάπεμπτος Γ-Kl.
6, 5 ποιήσει (*die Schande wird sich gegen mich richten*, vgl. Plato, Phaidon 117 b οὕτως αὐτὸ ποιήσει *wird von selber wirken*) B-Kl.] ἥξει Γ-Kl.
14, 2 τὴν ὑπεροψίαν B-Kl.] τ. ὑ. ταῦτα εἰργάσατο Γ-Kl.
15, 1 χαλκέα τὴν τέχνην (von Vulkan) B-Kl.] τέχνην ἔχοντα βάναυσον Γ-Kl.
16, 1 ὁ χωλὸς ὅμως (von demselben) B-Kl.] εἰ καὶ χ. ἀλλ' ὅμως Γ-Kl.

542 Anhang

20, 13 μελῶν (Körperglieder) Γ-Kl.] μερῶν B-Kl.
εὖ οἶδα Γ-Kl.] οἶδα B-Kl.
15 συμπαροῦσα δεήσομαι Γ-Kl.] συμπαροῦσα, δεήσομαι δὲ καὶ B-Kl.
21, 1 καταπονήσειν B-Kl.] καταβαρήσειν Γ-Kl. (s. *Mras, Die Überliefer. Luc.* S. 176).
2 φημί Γ-Kl.] εὐφήμει B-Kl. (s. ebendort).
22, 3 ἀνὰ τὸ Παρθένιον ἔχω B-Kl.] < Γ-Kl.
23, 1 ἰᾷ B-Kl.] θεραπεύεις Γ-Kl.
24, 1 κλισίαν (= triclinium, vgl. Amores 12) B-Kl.] ἐκκλησίαν (!!) Γ-Kl.; s. ebendort S. 177.

Seegöttergespräche

1, 2 ποιμαίνων B-Kl.] ποιμὴν ὢν Γ-Kl.
3, 2 ξυναναμίγνυσο] συναναμίγνυσο Γ-Kl. συναλία (ξυναυλία) μίγνυσο B-Kl.
4, 3 ἐπίσημος B-Kl.] φανερὸς Γ-Kl.; s. ebendort S. 174
5, 2 κρίναι (vor κακῶς) B-Kl. δικάσειε(ν) Γ-Kl.
διαιτητὴς B-Kl.] δικαστὴς Γ-Kl.; s. ebendort S. 175
6, 3 ποιήσω (richtig, vgl. Göttergespr. 14,2 ἄνθος ἀναδοῦναι τὴν γῆν ἐποίησα) Γ-Kl.] ἐάσω B-Kl.
8, 2 πολλάκις μετεπέμπετο αὐτὸν B-Kl.] πολλὰ ἐδωρήσατο πολλάκις (< αὐτὸν) Γ-Kl.; s. ebd. S. 175.
ἔτι (zu ἔφη), ἀλλὰ Mras] ἐπαλλὰ B, ἀλλὰ Γ-Kl. und jüngere Hss. der B-Kl.
9, 2 ἀσφαλῶς B-Kl.] καλῶς Γ-Kl.; s. ebd. S. 175.
11, 2 ἐν τῇ καμίνῳ Γ-Kl.] < B-Kl.
12, 2 πάππῳ B-Kl.] πατρὶ Γ-Kl.; s. ebd. S. 175.
14, 4 πλὴν ὅτι οὕτως ἂν ἤλγησεν Mras] πλὴν ἤλγ. Γ-Kl., ὅτι οὕτως ἂν ἤλγ. B-Kl.
15, 2 εὐκαμπὴς B-Kl.] εὐκαμπῆ Γ-Kl.
4 ἐπεὶ δὲ ἐπέβη τῇ νήσῳ B-Kl.] ἐπὶ δὲ τῆς νήσου Γ-Kl.; s. ebd. S. 175f.

Totengespräche

4, 1 παραλογιζόμενον ἐν τῷ πλήθει Γ-Kl.] παραλ. B-Kl.
10, 5 τίς εἶ B-Kl.] < Γ-Kl.; τίς ἂν τυγχάνοις C A (aus 4 Anfang). Am Schluß dieses Gespräches + ἀκριβῶς (< beide Klassen) 𝔄 vor ὁ, C A nach βίος
12, 3 δίαιταν τὴν Μηδικὴν μετεδιῄτησεν (so beide Klassen)] Stephanus + ἐς vor δίαιταν, aber dieses ist, wie Fritzsche zur Stelle richtig bemerkt, innerer Akkusativ.
4 Ἰσσὸν B-Kl.] Ἴστρον (!!) Γ-Kl.

Anhang 543

13, 1 εἶναι B-Kl.] εἶναι υἱόν Γ-Kl.
ἆρα—Φιλίππου B-Kl.] < Γ-Kl.
14, 3 'Αλλ' οὐ Γ-Kl.] 'Αλλὰ B-Kl.
διαστήσας (richtig) B-Kl.] διασπάσας Γ-Kl.
5 λειποψυχοῦντα B-Kl.] ἀποψύχοντα Γ-Kl.
6 συνίης L] συνῇις B συνιεὶς Γ συνῇς Ω N συνίεις φ συνήσεις Ψ 𝔄 R Fritzsche, Sommerbrodt.
16, 3 ἀτὰρ B-Kl.] ἀλλὰ γὰρ Γ-Kl.
ἐξεπίτηδες Γ-Kl.] οὕτως B-Kl.
5 ἐν Οἴτῃ Γ-Kl.] ἐλύθη B-Kl.
συνὼν B-Kl.] σύνεστιν (unmöglich wegen καταγελῶ) Γ-Kl.
20, 1 Διονύσου Κολωνάτου (s. Pausanias, III 13, 7) Mras] Δ. κωλοάνου οὐ κωτοβάτου B-Kl. (< οὐ N), τοῦ Πλούτωνος Γ-Kl. (Γ* τοῦ Πλάτωνος).
2 ἐκεῖνος δὲ Ξέρξης Γ-Kl.] οὗτος Ξ. vor οὗτος δὲ Κρ. B-Kl.
6 λοιπὰ Fritzsche, *Quaestiones Lucianeae* p. 128] πολλὰ Hss.
21, 1 προσίεσθα B-Kl.] προσιέναι καὶ οὐ πάνυ δεδιέναι Γ-Kl.; vgl. ebd. S. 172.
ἑκὼν Bekker] δοκῶν Hss.
22, 1 ἔσῃ Γ-Kl.] < B-Kl.
2 μόνος τῶν ἄλλων ἐπιβατῶν B-Kl.] τῶν ἄλλων ἐγὼ μόνος (oder ἐγὼ μ. τ. ἄλλων) ὀδυρομένων Γ-Kl.; s. ebd. S. 171 f.
πρὸς πορθμέα (vgl. die sprichwörtliche Wendung οὐδὲν πρὸς Διόνυσον) B-Kl.] πρὸς τὰ πορθμεῖα Γ-Kl.
3 παρὰ τοῦ Αἰακοῦ B-Kl.] < Γ-Kl.
οὐδενὸς αὐτῷ μέλει Γ-Kl.] < B-Kl.
23, 2 Οὐ — πώποτε B-Kl.] < Γ-Kl. (1 Zeile übersprungen, s. ebd. S. 173).
26, 2 ἀτελεῖς Γ-Kl.] ἀνεπιδεεῖς B-Kl.; s. ebd. S. 172.
περιστῇ Γ-Kl.] περιπέσῃ (durch das vorhergehende περιπίπτῃς veranlaßt) B-Kl.
27, 1 παγγέλοια ἐρεῖν B-Kl.] ἑωρακέναι π. Γ-Kl.
2 'Ισμηνόδωρος an 2 Stellen (richtig) B-Kl.] Μηνόδωρος an diesen 2 Stellen B-Kl.; s. ebd.
ἃ νεογνὰ Γ-Kl.] τὰ ν. ἃ B-Kl.; s. ebd.
3 προεξορμήσας Γ-Kl.] ὑπεξορμ. (durch das folgende ὑποστὰς veranlaßt) B-Kl.
7 Πειραιῶς Γ-Kl.] Πίσης B-Kl.; s. ebd. S. 173.
ὑπονοῶν ἀεὶ βιώσεσθαι ὁ μάταιος B-Kl.] εἰς ἀεὶ β. ὁ μ. νομίζων Γ-Kl.
9 (am Schluß) ἀπόδρασιν (richtig) B-Kl.] ἀποδράσειν Γ-Kl.; s. ebd.

28, 1 ὅμοια ἡμῖν τὰ ὄμματα, κεναὶ μόναι χῶραι αὐτῶν Γ-Kl.] ἡμῖν ὅμοια τὰ ὄ. κενά, μόνον δὲ αἱ χ. αὐτ. B-Kl.
ἀνήρ B-Kl.] ἄρρην Γ-Kl.
2 ὅμως Γ-Kl.] ὅλως B-Kl.
μόριον B-Kl.] χωρίον (χόριον) Γ-Kl.; s. ebd. S. 172.
ἀπετάθησαν Γ-Kl.] ἀπεστάθησαν B-Kl.
30, 2 κομίσας Γ-Kl.] πεμφθείς B-Kl.; s. ebd. S. 173.

Ikaromenipp

Auch hier ist die Überlieferung zweistämmig. Das Stück fehlt in B.

1 ὑποξενίζοντος die Ausgaben] -ντας Hss.
5 περὶ τ. ὅλων Fritzsche] περὶ τῶν λόγων Hss.
6 ⟨καὶ διαστήματα⟩ Mras; eine Ergänzung ist nötig wegen τε] καὶ σχήματα die Ausg.; < Hss.
9 πολλούς — διελόμενοι B-Kl.] < Γ-Kl.; s. ebd. S. 161.
10 ὑπερέττων Pellet, Hercher, Fritzsche] ὑπηρετῶν Hss.
12 ἐς αὐτὸ ἀτενές Mras] ἐς τὸ ἀτενές (ἀσθενές 1 Hs.) Hss.
16 δεκαζομένους Fritzsche] δικαζομένους (aus δικαζομένων ein paar Zeilen oberhalb) Hss.
ἐπαιτοῦντας Lehmann] ἀπαιτοῦντας Hss.
18 Κυνοσουρίαν] Κυνουρίαν (wie der richtige Name lautet) Palmerius, Fritzsche.
19 εἶναι (εἰκός, nämlich ἐστιν) B-Kl.] ἦν (falsch) Γ-Kl.; s. ebd.
21 ὑπό Gesner (Gegensatz ἐπὶ σκηνῆς *in der Öffentlichkeit;* ὑπὸ σκ. *im Geheimen*)] ἐπί Hss.
22 ἀπέκρυπτον (Γ hat o über ε vor ν) Bekker] ἀπέκρυπτεν Hss. Vgl. Wahre Geschichten II 38.
24 Ὀλυμπίειον Cobet] Ὀλύμπειον oder -ιον Hss.
φιλόκαινον Γ-Kl.] φιλόνεικον B-Kl.; s. ebd.
ἐπὶ ταῦτα die Ausgaben] ἐπὶ ταύτας Hss.
28 φύσειε B-Kl.] φύσεις Γ (—CEIC aus —CEIE), φύει die übrigen Hss. der Γ-Kl.
29 ἐοικότες Γ-Kl.] ἐμφερεῖς B-Kl.; s. ebd.
34 τοῦ Μενίππου B-Kl.] τουτουί Μ. Γ-Kl.

Wahre Geschichten

Die Überlieferung ist zweistämmig. Beide Bücher fehlen in B.

I

Titel: Ἀληθῶν διηγημάτων Γ (die jüngeren Hss. derselben Klasse ἀληθινῶν διηγημ.)] Ἀληθοῦς Ἱστορίας B-Kl.; ebenso in der Überschrift des II. Buches.

Anhang 545

1 ἀσχολουμένοις (richtig) Γ] ἠσκημένοις die übrigen Hss.
  ἀνιέναι Γ-Kl.] ἀνεῖναι B-Kl.
2 ἀνάπαυσις B-Kl.] ἀνάγνωσις Γ-Kl.
6 πνεύματι B-Kl.] πνέοντι Γ-Kl.
8 ἐπεφύκεσαν Γ-Kl.] ἦσαν B-Kl.
12 ἀποστεῖλαι (richtig) Γ-Kl.] παραγγεῖλαι B-Kl.
16 ἐπ' ὀλίγον B-Kl.] ὀλίγον Γ-Kl.
18 ἀτάκτως Ed. Schwartz] ἀτάκτοις Γ-Kl., < B-Kl.
20 ῥητοῦ ἕκαστον χρήματος (*einen jeden Gefangenen um ein verabredetes Lösegeld*) Γ-Kl.] ῥητῶν ἕκαστον χρημάτων B-Kl.
23 κάπτουσι (richtig) 1 Hs. der B-Kl.] λάπτουσι die übrigen Hss.
   ἕδραις Γ-Kl.] πυγαῖς B-Kl.; s. ebd. S. 155.
26 θαῦμα Γ-Kl.] θέαμα B-Kl.; s. ebd.
30 εὐδίᾳ (ἐν εὐδ. πλεύσαντες) Γ-Kl.] ὕδατι B-Kl.
34 καὶ αὔτανδροι καταποθέντες Γ-Kl.] < B-Kl.
   ἁλμυρὰ B-Kl.] < Γ-Kl.
37 ἐξοπλισάμενοι Γ-Kl. und 1 Hs. der B-Kl.] ἐξαυλισάμενοι die übrigen Hss. der B-Kl.
38 κύτος (richtig) Wesseling] κῆτος die Hss.

II

3 πάνυ B-Kl.] < Γ-Kl.
5 πνέουσαι Γ-Kl.] διαπν. (δια durch das folgende διεσάλευον verursacht) B-Kl.
  ἐπᾳδόντων Rohde] ἐπαινούντων Hss.
6 εὐανθοῦς Γ] εὐανθοῦντος die übrigen Hss.
7 ἔγνω ὁ 'Ραδάμανθυς Γ-Kl.] ὁ 'Ρ. ἀπεφαίνετο B-Kl.; s. ebd.
11 βάθος δὲ < ε' > (nämlich πήχεων) E. Schwartz] βάθος δὲ Hss.
16 ἑκατέρας (richtig) B-Kl.] ἑκατέρων Γ-Kl.
20 μάλιστα (nach τοῦτο) B-Kl. und 1 Hs. der Γ-Kl.] γὰρ μ. die übrigen Hss. der Γ-Kl.
   εἶεν γεγραμμένοι Cobet] εἰσὶν ἐγγεγρ. Γ, εἰσὶ γεγρ. die übrigen Hss.
   ἄν τι B-Kl. und 1 Hs. der Γ-Kl.] τι Γ-Kl. und 1 Hs. der B-Kl.
21 τοὺς αὐτοὺς χρόνους τούτους B-Kl. und 1 Hs. der Γ-Kl.] τ. αὐτ. χρ. die übrigen Hss. der Γ-Kl.
22 Κάρανος Gronov] Κάρος (2 Hss. Κῦρος) Hss.
26 ἀμφεκαλύπτετο Γ-Kl.] ἀνεκαλ. oder ἐνεκαλ. B-Kl.
27 ἐποτνιώμην Γ] ἠνιώμην die übrigen Hss.
   παρεδείκνυσαν B-Kl.] ἐπεδ. Γ-Kl.
   ὑφ' ὑμῶν (richtig, vgl. K. 47) du Soul] ὑφ' ἡμῶν Hss.
32 ἔπασχε B-Kl. und 1 Hs. der Γ-Kl.] εἶχε die übrigen Hss. der Γ-Kl.
36 ἐπελέξατο B-Kl.] ὑπεδέξατο Γ-Kl. ἐδέξατο 1 Hs. der B-Kl.

41 σταφυλαί μέλαιναι, ούπω πέπειροι B-Kl.] -η, -να, ούπω-ρος Γ-Kl.
43 ού πάνυ πόρρωθεν Γ-Kl.] < B-Kl.
44 πρόσω ἐς ἕνα B-Kl.] πρόσω Γ-Kl.
45 ἐπεσύροντο B-Kl.] ἐπεφέρον(το) Γ-Kl.
46 Κοβαλοῦσσα E. Schwartz] ἐκβαλοῦσα Γ καβαλ(λ)οῦσα die übrigen Hss.
'Υδαμαργία Mras] 'Υδαμαρδία Hss.
ὑπ⟨εκ⟩στὰς (vgl. Philopseudes 29) Mras] ὑποστὰς Hss.
συνευνασθεῖσαι B-Kl. und 1 Hs. der Γ-Kl.] συνευνηθεῖσαι die übrigen Hss. der Γ-Kl.
ἔσω (εἴσω) B-Kl. und 1 Hs. der Γ-Kl.] ἔξω die übrigen Hss. der Γ-Kl.

Lügenfreund

Die von Prof. Richard Wünsch für eine Ausgabe angelegten Kollationen folgender Hss. habe ich übernommen: ΓVH𝔄𝔙R𝔍f[R]; außerdem hatte ihm N. Nilén die Kollationen übersendet von N (vollständig) und Φ, P, M, α (Erstausgabe), von diesen vier nur teilweise. In B ist diese Schrift nicht vorhanden.

Die Überlieferung ist zweistämmig: Γ-Kl.: ΓVHΦMα, B-Kl.: N𝔄P𝔙; unzuverlässig und minderwertig R, 𝔍 und f[R].
1 τοῦ ψεύδεσθαι Γ-Kl.] τοῦ ψεύδους B-Kl.
 φασίν Γ-Kl.] < B-Kl.
 συγγώμης τοιγαροῦν Γ-Kl.] συγγνωστοὶ γὰρ B-Kl.
 δεινοῖς Γ-Kl.] δείπνοις B-Kl.; s. ebd. S. 165.
2 ῏Η που Γ-Kl.] ῏Η οὐ B-Kl.
 πολλοί Γ-Kl.] π. εἰσὶν B-Kl.
 εἴ — προαιροῦνται Γ-Kl.] < B-Kl.
 Οὐδὲν Γ-Kl.] Οὐδὲν οὐδὲ B-Kl.
3 ἀναφῦναι Γ-Kl.] ἀναδοθῆναι wie in der vorhergehenden Zeile B-Kl.
4 ἀποφαίνοντες Γ-Kl.] ἀποφαίνονται B-Kl.
 ἐθελησόντων (richtig) B-Kl.] ἐθελησάντων Γ-Kl.
5 ἔγωγέ τοι παρ' B-Kl.] ἐγὼ γὰρ παρὰ Γ-Kl.
 διεξιόντος (richtig) B-Kl.] — τες Γ-Kl.
 ἀξιόπιστός τις (ὁ) B-Kl. (N hat ὁ)] ἀξ. ὁ Γ-Kl.
7 χαμόθεν B-Kl.] χαμαὶ Γ-Kl.
8 Ἔμοιγε — τὰ νοσήματα Γ-Kl.] < B-Kl. wegen Gleichklang (τὰ νοσήματα — τὰ νοσήματα); s. ebd. S. 165
9 ὠφελεῖ (richtig) B-Kl.] ὁμιλεῖ(ν) Γ-Kl.
11 (τὴν) ἐπιφάνειαν Γ-Kl.] ἐπιπολῆς B-Kl.
12 ἱερατικά Γ-Kl.] ἱερά B-Kl.; s. ebd.

ἐξήλασεν Γ-Kl.] ἐξεκάλεσεν B-Kl.
μὴ δυνάμενος Γ-Kl.] οὐ δυνηθεὶς B-Kl.
14 λυκαυγές (bei Luk. noch *Hahn* 33 und *Wahre Geschichten* II 12) Γ-Kl.] λυκόφως (nach Eustathios, edit. Rom. I p. 449 zu Ilias IV 101 vulgär) B-Kl.
18 ξυναναστησομένῳ B-Kl.] συναντησομένῳ Γ-Kl.
καὶ Νησιώτου Ross] τοῦ N. die Hss. außer N, τὰ Νησ. N
19 εἰδόν τινα Γ-Kl.] < B-Kl.
ἀνήρ Γ-Kl.] δαίμων B-Kl.
ἢ οὐ — ὁ ἀνδριὰς Γ-Kl.] < B-Kl.
περιθεῖ B-Kl.] περίεισιν (aus 20 περιῄει) Γ-Kl.
ἐντυγχάνομεν B-Kl.] ἐντυγχάνουσιν Γ-Kl.
20 ἤδη Γ-Kl.] οἶμαι B-Kl.
Δημήτριος ὁ 'Αλ. εἰργασμένος ᾗ Γ-Kl.] Δημητρίου (τοῦ) 'Αλ. -νον ᾗ B-Kl.
21 ἤδη ὁ ἰατρὸς B-Kl.] < Γ-Kl.
22 ἠκούετό μοι B-Kl.] ἐγένετο Γ-Kl.
περιέκειτο Γ-Kl.] καθεῖτο B-Kl.
24 βάθος B-Kl.] μέγεθος (durch das vorhergehende παμμέγεθες verursacht) Γ-Kl.
σκοτοδινιάσας B-Kl.] σκοτοδινήσας Γ-Kl.
25 ἤδη (nach μὲν) B-Kl.] < Γ-Kl.
26 ἐθεράπευσα B-Kl.] ἐθεράπευες Γ-Kl.
28 ὥσπερ B-Kl.] ὡς Γ-Kl.
29 τὸ πρὸς αὑτοὺς (αὐτοὺς) Γ-Kl.] πρὸς ἀλλήλους B-Kl.
φιλοσοφεῖτε B-Kl.] ἐφιλ. Γ-Kl.
δοκεῖτε Γ-Kl.] ἐδοκεῖτε B-Kl.
διατεθήσεσθαι Γ-Kl.] διατίθεσθαι B-Kl.
'Ορα B-Kl.] ἆρα Γ-Kl.
φήσει Γ-Kl.] φησι B-Kl.
30 ἀπολογῇ(ι) ΓΦ Η ἀπολόγει VR 𝔉 ἀπολελόγησθε N 𝔄 𝔅 ἀπολελόγηται f^R
  ει
Τίβειον V Τιβιον f^R Τίβιον die übrigen Hss;.; vgl. Menander, Heros 21, 28, Perinthia 3.
ἀνορύξας Γ-Kl.] ἀνοίξας B-Kl.
31 εἰσὶ — τοιούτων Γ-Kl.] < B-Kl.
σκοτεινοῦ Γ-Kl.] μικροῦ τινος B-Kl.
πρόσειμι Γ-Kl.] προσέρχομαι B-Kl.
εὐαγγελιζόμενος αὐτῷ Γ-Kl.] εὖ ἀγγέλλων (< αὐτῷ) B-Kl.
παραλαβὼν οὖν Γ-Kl.] καὶ π. B-Kl.
ἀγαγὼν Γ-Kl.] ἀναγαγὼν B-Kl.
32 αἰδέσιμος Γ-Kl.] θεσπέσιος εἶναι δοκῶν B-Kl.
λέγοντι B-Kl.] < Γ-Kl.
νεκρικῶς Γ-Kl.] νεκροῖς ἐμφερῶς (-ρεῖς) B-Kl.; s. ebd. S. 165.

33 τάχα B-Kl.] ταχὺ Γ-Kl.
τοῦ διηγήματος Γ-Kl.] τῆς διηγήσεως B-Kl.
ὁπότε B-Kl.] ὅτε Γ-Kl.
ἀποσταλείς Γ-Kl.] σταλείς B-Kl.
γε τὸ B-Kl.] τε τὸ oder τὸ allein Γ-Kl.
καὶ αὐτὰ B-Kl.] αὐτὰ Γ-Kl.
34 ἱερογραμματέων Fritzsche und Dindorf] ἱερῶν γραμματέων Γ-Kl. ἱερῶν γραμμάτων B-Kl.
Αἰγυπτίων du Soul] Αἰγύπτιον Hss.
ἐν ὀθονίοις B-Kl.] ἀεὶ Γ-Kl.
νοήμονα, οὐ Γ-Kl.] < B-Kl.
ὄντα B-Kl.] εἶναι Γ-Kl.
35 ἐπειδὴ δὲ ἔλθοιμεν B-Kl. (N ἐπεὶ δὲ)] ἐπειδὰν δ' ἤλθομεν Γ-Kl.
τι καταγώγιον Γ-Kl.] τινὰ κατάλυσιν B-Kl.
ἀπελθὸν ΦV (ἀπελθὼν Γ ὑπελθόν H)] ἀπιὸν B-Kl.
ἐπήντλει B-Kl.] ἐμπίπλη Γ-Kl.
ἂν (iterativ) B-Kl.] < Γ-Kl.
ἐβάσκαινε Γ-Kl.] ἐφθόνει B-Kl.-; s. ebd. S. 166.
36 ἐγεγένηντο οἱ διάκονοι Hss. (ἐγένοντο nur N)
ἦν B-Kl.] κἂν Γ-Kl.
37 παύσεσθε Γ* ΦΝΑ] παύεσθε Γcorr. R fR Hͫ παύσασθε 𝔅
μυθολογημάτων Γ-Kl.] μύθων B-Kl.
ἐθίζειν B-Kl.] ἐρεθίζειν (!) Γ-Kl.
38 προθεσπίζει B-Kl.] θεσπίζει(ν) Γ-Kl.
ἄπιστόν τιMras]ἀπιστοῦντι ΝΑ𝔅 ἄπιστον ΓΦVH (ἀπιστῶν R𝔷fR)
γε (richtig) A] τε die übrigen Hss.
ὕπαρ διαλεχθέντος Larcher] ὑπερδιαλ. Hss.
εἶναι B-Kl.] < Γ-Kl.
περὶ — ἔτι < ΝΑ𝔅.
39 ἔτι Γ¹ΦVHNΑ𝔅fR] ταῦτα ἔτι Γ²R𝔷.
μικρᾶς B-Kl.] περὶ μ. (falsch) Γ-Kl.
δοκεῖν οἰηθείς δεῖν B-Kl.] δοκιμάσας Γ-Kl.
ἐπιζητήσων Γ-Kl.] ἀναζ. B-Kl.
εἶναι Γ-Kl.] < B-Kl.
μυθολογουμένων (vgl. K. 37 μυθολογημάτων) Γ-Kl.] μύθων B-Kl.
40 τοῦ διηγήματος (vgl. K. 33) Γ-Kl.] τῆς διηγήσεως B-Kl.
ψευσμάτων Γ-Kl.] φασμάτων B-Kl.

Der Tod des Peregrinos Proteus

Ich selber habe Γ, Χ, A und H (beginnt erst mit -λει καὶ τοὺς Βραχμᾶνας K. 39; alles übrige herausgerissen) kollationiert. Lionello Levi benützte in seiner Ausgabe (Berlin 1892) folgende Hss.: Γ, V, X, ω (Supplement von Ω, 15. Jahrh.; aus ω ist der Marcianus 435 abgeschrieben), A, 𝔅, F.

Die Überlieferung ist einstämmig, d. h. diese Schrift war ursprünglich bloß in der Γ-Kl. vorhanden. In B fehlt sie (herausgerissen), ebenso in N, stand aber in der Vorlage dieser Hs., wurde jedoch vom Schreiber von N aus religiösen Bedenken übergangen, wie er selber fol. 126ʳ zum Titel der Fugitivi vermerkt.

3 δράματος Faber] πράγματος Hss.
ἁλύων (vgl. Seegöttergespr. 13, 1) Schäfer] αὐτῶν (αὐτὸν 1 Kodex) Hss.
11 αὐτὸς καὶ (richtig, s. ebd. S. 116) alle Hss. außer A𝔅 (beide καὶ αὐτὸς)
13 κἀκ Dindorf] καὶ Hss.
τάχος (richtig, s. ebd.) alle Hss. außer 𝔄𝔅 (beide πάθος).
ἐποιήσατο (richtig) die neueren Ausgaben] -σαντο die Hss.
17 διηϲκεῖτο] διήϲκητο nur in minderwertigen Hss.
ἀδιάφορον die Ausgaben] ἀδιάφθορον Hss.
18 τὸν (vor φιλοσοφίαν, zu ὑποδυόμενον gehörig) Γ𝔄𝔅] τὴν XωF.
αὐτοῦ alle Hss. außer 𝔄𝔅 (beide αὐτῷ)
19 εὕρετο Γω] εὗρε τὸ die übrigen Hss.
20 ⟨τὸ⟩ Halm] < Hss.
21 Ἡράκλειόν τι (richtig) X²F] Ἡρακλειόν τις ΓX¹ 𝔄ω Ἡράκλειον 𝔅.
25 ἐντρέψαντες (richtig, vgl. *Quomodo historia conscrib. sit* 15, ebenfalls ὀλίγον ἐντρέψας und *Pseudologista* 14) alle Hss.]
ἐκτρ. seit Faber alle Ausgaben, auch die Levis.
26 κακὸς κακῶς Fritzsche (vgl. Philopseud. 20)] die Hss. teils κακὸς allein, teils κακῶς allein.
ἐργάσαιτο (Optat. indirekter Rede) die Hss.] ἂν ἐργ. seit Jacobitz die Herausgeber.
27 ὡς (vor χρεὼν) zur Einleitung indirekter Rede, wie ὅτι schon bei Plato, also nicht mit Bekker εἴη (statt εἶναι) zu schreiben, oder mit Levi εἶναι einzuklammern.
32 τό γε Gronov] τότε Hss.
35 ἐν βόθρῳ (vgl. K. 25 Schluß) Fritzsche] ἐν βάθει Hss.
36 τῶν (nach τοῦτο) X²𝔄𝔅] τὸ ΓX¹ωF.
38 ποικίλως ἑταῖρε ΓXVMFω] ποικίλως ὦ γενναῖε 𝔅R ποικίλα ἕτερα 𝔄 ποικίλα ὦ ἑταῖρε Fritzsche; s. ebd. S. 117.
39 ἐπιβήσεται ΓX] ἐπιβήσεσθαι die übrigen Hss.
τοῦτ' αὐτὸ jüngere Hss.] ταυτὸ ΓX¹
40 καταγέλωτα Fritzsche] καταγελῶντα Hss.
41 ἐπάϲεϲθαι Wyttenbach] ἐπάγεϲθαι oder ἐπαγαγέϲθαι Hss.
43 ἀγῶνι (*Gefahr*) Hss.] Αἰγαίῳ nach M² die Erstausgabe (1496) und danach alle Herausgeber vor Levi; s. ebd. S. 117f.
45 ἀμβλυωποῦντας] ἀμβλυώττοντας 𝔄𝔅.

PERSONEN- UND SACHREGISTER

(Abkürzungen: Tr = Traum, G = Göttergespräche, S = Seegöttergespräche, T = Totengespräche, Ik = Ikaromenippos, WG = Wahre Geschichten, L = Lügenfreund, P = Lebensende des Peregrinos)

Abila WG I 5
Acharnai Ik 18
Achill, Sohn der Thetis S 11, 2
Adonis G 11, 1
Aëdon (Philomele) T 28, 3
Aeolsharfen WG II 5
Aeschines Tr 12
Agathokles, Sohn des Lysimachos Ik 15
Aias der Lokrer WG II 17
Aias der Telamonier T 29, WG II 7
Akademie, Mittlere Ik 25, WG II 18
Aktaion G 16, 2, P 2
Alexander d. Gr. T 12, 13, WG II 9
Alexander von Pherai Ik 15
Aloiden Ik 23
Ammon T 12, 2 und 13, 1
Amphilochos T 3, 1, L 38
Anakreon WG II 15
Anaxagoras Ik 7 und 20
Antigonos, König von Makedonien Ik 15
Antimachos (Frg. 62 Kinkel) WG II 42
Antiochos von Syrien Ik 15
Antiope WG II 8
Antiphon der Sophist WG II 33
Antisthenes T 1
Antoninus Pius Kaiser P 18
Anubis S. 7, 2, Ik 24
Aphrodite: ihr Zaubergürtel G 7, 3 und 20, 10
Apollonios Rhodios, Argonautika 134 und 138 WG II 29

Aposiopese G 1, 2
Arabia WG II 5
Aratos, Sternerscheinungen und Wetterzeichen 2 f. IK 24
Arbakes Ik 15
Areios Ägypter WG II 22
Ares: seine und der Aphrodite Fesselung durch Hephaist G 15, 3 und 17
Arethusa und Alpheios S 3, 2
Argos G 3 und 20, 8
Ariadne WG II 8
Arion S 8, WG II 15
Aristippos von Kyrene WG II 18
Aristophanes: Frieden 179ff. Ik 22; Wespen Ik 16
Arsakes T 27, 3f.; ein anderer Ik 15
Artemis: als Geburtsgöttin G 16, 2 und 26, 2
Asklepios G 13, 2, P 4
Athener: ihre Prozeßsucht Ik 16
Attalos Ik 15
Attes, Geliebter der Kybele G 12, 1, Ik 27

Babrios 59, 8f. WG II 3
barathron Ik 33
Bernstein G 25, 3

Chaldäer T 11, 1, L 11
Chimaira L 2
Chrysipp Ik 24, WG II 18
Columbus WG II 27

Daidalos L 19
Danaë S 12, 1 und 14, 1
Danaiden S 6, 3, T 11, 4
Daphne G 15, 2, T 28, 3, WG I 8
Deianira: ihr Zauberhemd G 13, 2, P 25
Deisidaimonia: Doppelsinn L 38
Delphine aus Menschen G 8, 1
Demetrios, Sohn des Königs Antigonos Ik 15
Demetrios Bildhauer L 18
Demokrit der lachende P 7 und 45
Demosthenes Tr 12
Dia, Gattin des Ixion G 6, 3
Dio Chrysostomus P 18
Diogenes Antonios, Romanschriftsteller: Vorbemerkungen zu den WG und WG II 12
Diogenes der Kyniker T 1, 13, P 5
Diomedes der Thraker WG II 23
Dionysos: seine Geburt 9. G; Travestie WG I 22; P 4
Dionysos Kolonatas T 20, 1
Drachme = 6 Obolen T 4, 1

Ei: das halbe = der spartanische Helm G 26, 1
Elis Stadt P 3 und 31
Elle die königliche (persische) WG II 11
Empedokles T 20, 4, Ik 13, WG II 21, P 1
Endymion G 11, 1, Ik 13, WG I 11
Epaphos-Apis S 7, 1
Epeios WG II 22
Epiktet P 18
Epimenides L 26
Eris: ihr Apfel G 20, 1, 5. S
Erymanthos Ik 11
Euemeros WG I 7
Eumenes T 27, 3
Eunomos WG II 15
Euphorbos; s. unter Pythagoras

Euripides: Ion 492ff. G 22, 3; Medea 230—251 T 28, 2
Europa G 24, 2 (falsch), S 15, 1 (richtig)

„ferd" Ik 24 (Anhang)

Galatea 1. S, WG II 3
Ganymed 4. G und Ik 2
Gargaron G 4, 2
gastroknemia WG I 22
Geraneia Ik 11
Gesetzgeber: der erste der Christen P 13
Geten Ik 16
Gleichgültigkeit gegen alles Menschliche: stoisch-kynischer Grundsatz P 17
Goethe: seine Ballade Der Zauberlehrling: Vorbemerkungen zum Lügenfreund
Gorgonen L 2 und 22
Gott, Götter, göttliche Vorsehung Ik 9
Gregorius Magnus, Dialogi IV 36f: L 25

Hannibal T 12, WG II 9
Harpina P 35
Hasdrubal T 12, 2
Hekate T 1, 1
Hekatemahl T 1, 1 und 22, 3
Hephäst G 15 und 16, 1
Hera: ‚weißarmig' und ‚kuhäugig' bei Homer G 20, 10
Herakles' Geburt Tr 17, 10. G; starker Esser Ik 27
Heraklit der weinende P 7
Hermaphrodit G 15, 2; 23. 1
Hermes G 15, 2; Kyllenier Ik 34
Hermodoros Epikureer Ik 16 und 26
Herodes Atticus: s. zum 30. T und P 19

Herodot: I 30 WG II 117; III 101 WG II 18; III 113 WG II 5; VI 105 G 22, 3
Herostratos P 22
Hesiod: *Theog.* 116ff G 2, 1 und 7, 1; Frg. 162 Rzach T 28, 3
Hieromenia Ik 33
Hippolyte WG II 8
Homer: Geburt, Abkunft und angebliche Blindheit WG II 20
Vitae Homeri und Certamen Homeri et Hesiodi (Ausgabe von U. von Wilamowitz): verschiedene Stellen zitiert zu WG II 20; Certamen § 13 WG II 22. Zitate oder Anspielungen:
Ilias: I 222 Ik 19, 399ff. G 21, 2, 528 Ik 33; II 1f. Ik 28, 56f. Tr 5, 202 Ik 30, 219 T 25, 1, 673—675 T 25, 1; III 157 T 18, 2; V 341 Ik 27; VI 180 bis 182 L 2; VIII 13f. Ik 33, 18ff. G 21, 1; IX 319 T 15, 2; XIII 4f. Ik 11; XIV 1 P 31, 214ff. G 7, 3; XVI 250 Ik 25, 459f. WG I 17; 18. Gesang Ik 16, 104 Ik 29; XXI 212 bis 384: 11. S; XXIII 665 bis 699 WG II 22, 724 T 11, 1.
Odyssee: IV 455—458 4. S; Inhalt des V. Ges. WG II 35, 59—73 WG II 36; IX 105 bis 542 1. S, 302 Ik 10; X 98 Ik 22, 521 und 536 T 20, 2; XI 49 T 20, 2, 235—252 S 13, 1, 307ff. Ik 23, 488—491 T 15, 1, 543—564 T 29, 1, 582—592 T 17, 601—607 T 16; XIII: Inhalt dieses Ges. WG II 35; XVI 187 Ik 13; Inhalt der Ges. XVII bis XXI WG II 35; XIX 518 bis 523 T 28, 3, 560ff. WG II 32; Inhalt des XXII. Ges. WG II 35. Homerische Phrasen Ik 2 (διιπετής), hochdonnernd und wohlbebärtet Ik 10, Hochflieger Ik 11, ferner Ik 12 und 23
Homer. Hymn.: IV 218 bis 240 T 7, 1, XXXIII, 6f. G 26, 2
Horaz: Carm. IV 218—240 T 12; De arte poët. 464—466 T 20, 4
Hörnerschluß T 1, 2
Hunde (κύνες) = Kyniker T 1, 1 und 21, 1
Hyakinth G 14, 2; 15, 2; T 18, 1, WG II 17
Hydamargia WG II 46
Hymettos Ik 11
Hyperboreer L 13

Iamblichos, Leben des Pythagoras 109 und 227 WG II 28
Iambulos: Vorbemerkungen zu den WG und WG I 3
Ino-Leukothea S 8, 1 und 9, 1
Io G 3, 1 und 20, 6, S 7, 1 (Io-Isis)
Ioleos T 5, 2

Kallisto T 28, 3
Kalpe WG I 5
Kappadokien WG I 13
Karanos WG II 22
Kastor und Pollux G 24, 2 und 26, 1. T
Kerameikos Ik 34
Kinyras WG II 25
Kleitos T 13, 6 und 14, 3
Kobalussa WG II 46
Koloß der rhodische Ik 12, WG I 18

Kontinent jenseits der Säulen des
 Herakles WG II 27
Kordax Ik 27
Koroibos L 3
Koronos WG I 29
Korybanten Ik 27
Kottyphion WG I 29
Kotyle Ik 27
Kraneion T 1, 1, L 30
Krates T 1
Kritios L 18
Krokodilschluß T 1, 2
Ktesias WG I 3, II 31, L 2
Kynosuria Ik 18

Lámia L 2
Leda G 20, 14 und 26, 1
Lethe T 13, 6 und 23, 2
Livius XXIII 12, 1f. T 12, 2;
 XXXV 14 T 12
Lukian: seine Überlieferung: s.
 zu den Vorbemerkungen zu
 seiner Schriftstellerei im allgemeinen. Seine umfassende
 Kenntnis der alten Literatur:
 s. ebda. L. und Menipp: s. zu
 den Vorbemerkungen zu den
 Götter-, Seegötter- und Totengesprächen. Keine absichtliche
 Verspottung des Götterglaubens: s. diese Vorbemerkungen.
 Reihenfolge seiner Dialogi minores: s. ebda. Nachahmungen
 seiner Götter- und Totengespräche: s. ebda.
 Werke: Βίων πρᾶσις 22: T 1, 2;
 Demonax 1 T 30; *Hahn* 19 f.
 WG II 21; *Hetärengespräche*
 13, 1—3 T 27, 3 f.; *Nigrin* 32
 WG II 3; *Über die syrische
 Göttin* 28 WG I 30; WG II 9 T 12
Lykeion T 1, 1, Ik 21
Lynkeus T 28, 1, Ik 12
Lysimachos Ik 15

mainides = menole Ik 27
Mallos L 38
Malteserhündchen L 27
Malve WG I 16, II 26, 28, 46
Margites L 3
Mausolos T 24
Megara G 13, 2
Melikertes = Palaimon S 8, 1
Menippos: s. unter Lukian; sein
 Selbstmord T 10, 11
Momos G 20, 2, Ik 31, WG
 II 3
Mond bewohnt Ik 20
Mormɔ L 2
Musonios P 18
Myrmidonen Ik 19
Myron Tr 8, L 18

Narkissos T 18, 1, WG II 17
Nauplios WG II 29
Nephelokokkygia WG I 29
Nepos Cornelius, Eumen. 2, 2 und
 13, 4 T 27, 3
Nesiotes L 18
Nessos P 25 (s. auch G 13, 2)
Nieswurz T 13, 6; 17, 2; WG II 7
 und 18
Nireus T 9, 4; 18, 1; 25, 1
Numa Pompilius WG II 17
Nysa G 9, 2

Obolos: Totenbeigabe T 1, 3;
 11, 4; 22, 1
Olympia: s. die Vorbemerkungen
 zum P
Olympiodor, Leben Platos 1:
 P 41
Ovid, Metamorph. I 452—567
 und II 468—488 T 28, 3;
 III 671 ff. S 8, 1; V 573 ff. S 3,
 2; VI 438—674 T 28, 3; VII
 627 ff. Ik 19; IX 394—401 T 5,
 2; X 298 ff. WG II 25; XV 160 f.
 T 20, 3

Paieon G 13, 2
Pankration WG II 22
Parasange Ik 2
Parianer = Einwohner von Parion P 14
Parnes Ik 11
Patara L 38
Pausanias III 13, 7 T 20, 1
Pelamos WG I 38
Pentheus G 18, 1, P 2
Peregrinos Proteus: seine Selbstverbrennung historisch beglaubigt: s. die Vorbemerkungen zum P; traf in Athen mit A. Gellius zusammen: s. ebda.
Periander WG II 17
Περὶ ὕψους 9, § 11—13 WG II 20
Perseus S 12, 1 und 14, 1
Phaedra WG II 8
Phalaris P 21
Phallus WG I 30
Pharos Ik 12
Phersephatta G 11, 1 = Phersephone T 23, 3 = Persephone (Proserpina)
Phidias Tr 8
Philoktet P 21
Philosophen: ihr Gehaben Ik 21, 29, 30; Vermeidung warmer Bäder Ik 31; bebärtet Ik 5 und 10; ihre Lehren Ik 5—9
Philostratos, Leben der Sophisten, 2. Buch α K. VII Kayser T 30
Phokion WG II 17
Phološ Ik 11
Pindar: Bienenwunder P 41; Ol. II 67—82 (109—136) WG II 5
Pisa in Elis mit dem Tempelbezirk Olympia Ik 24 und zum P
Plato: Bienenwunder P 41. Weibergemeinschaft WG II 19. Werke: Gastmahl 36 WG II 23;

Phaidon = Buch über die Seele L 27; Phaidros 20 WG II 15; Staat X 16 WG II 21; Staat und Gesetze WG II 17
Plethron WG I 7, 16
Plinius, Epist. VII 27, 4—11 L 31
Plutarch Über die Seele (Euseb. Praeparatio Evang. XI 36, 1) L 25
Polyklet Tr 8, L 18
Praxiteles Tr 8
Prohedria Tr 11 und 13
Protesilaos T 19 und 23
Proteus S 4, P 28
Ptolemaios Philadelph. Ik 15
Pyrrhon von Elis Ik 25
Pythagoras und Pythagoreer; Euphorbos T 20, 3, WG II 21; goldener Oberschenkel T 20, 3, WG II 21; Genuß von Bohnen untersagt T 20, 3, WG II 24; Spott über pythagoreische Lehren WG II 28

Roman: hieß διήγημα δραματικόν oder bloß δραματικόν: s. die Vorbemerkungen zu den WG

Sabazios = Dionysos Ik 27
Schauspielerhonorar (für den Tritagonisten?) Ik 29
Schiffe; Verzierungen an ihrem Heck WG II 41
Scholiast WG II 46
Scipio Maior T 12, 7
Seneca, Medea 375—379 WG II 27
Sokrates Tr 12; im Kampf vor Delion WG II 23
Sommerer WG I 20
Sonne: eine glühende Steinmasse Ik 7 und 20
Sophistik: die S. im allgemeinen: s. zu den Vorbemerkungen über

Lukians Schriftstellerei im allgemeinen; die 2. Sophistik: s. ebda; das Auftreten dieser Sophisten: s. ebda
Sostratos T 30
Sparta: Geißelung der Knaben Ik 16
Sprichwort Tr 3
Stadion Ik 1, WG I 7, L 22
Stesichoros WG II 15
Stoa, poikile Ik 21, 34
Strafen in der Unterwelt T 10, 13
Stratonike Ik 15

Talent (attisches) T 27, 7
Telegoneia WG II 35
Tellos WG II 17
Thanatusia WG II 22
Thebe, Gemahlin des Alexander von Pherai, Ik 15
Thersites: seine Klage gegen Homer WG II 20

Timon der Menschenfeind WG II 31
Tithonos T 7, 1
Tote: der vertauschte T. L 25
Tragikervers: ein unbekannter P 39
Triptolemos Tr 15
Tychiades L 1
Tyro 13. S, WG II 3

Welt: Entstehung der Welt und Anzahl der Welten Ik 8

Xanthos S 11, 1
Xenophon: seine *Anabasis* im allgemeinen T 14, 2; III 1, 11 Tr 17; Comment. II 1, 21—34 Tr 6ff.; Griech. Geschichte IV 4, 17 L 2

Zeus: seine Verwandlungen G 2, 1 S 5, 2. Zeusfest (Diasia) in Athen Ik 24. Tempel des Olympischen Z. in Athen Ik 24

NACHWORT

Den Text habe ich nach eigenem Urteil auf Grund meiner Kenntnis der Überlieferung dieses Autors gestaltet; sollten doch ich und R. Helm N. Niléns stecken gebliebene Ausgabe bei Teubner vollenden (eine Aufgabe, deren Verwirklichung durch den ersten Weltkrieg leider verhindert wurde).

Die mit Recht gerühmte Übersetzung C. M. Wielands (des besten Gräcisten unter unsern Klassikern) — 1788 zum erstenmal erschienen — sah ich mit Ausnahme der beiden letzten Stücke ein, ohne meine Selbständigkeit aufzugeben. Zum „Lügenfreund" aber und zum „Lebensende des Peregrinos" sah ich sie überhaupt nicht ein.

Zu den Anmerkungen sei bemerkt, daß ich nur voraussichtlich ganz Unbekanntes berücksichtige und gewisse allgemeine Kenntnisse, vor allem in der Mythologie, voraussetze. Übrigens erklärt sich Lukian gewissermaßen selber. Öfter kehren nämlich Personen und Gedanken wieder, und wo eine Stelle keine erschöpfende Auskunft gibt, wird diese häufig von einer anderen Stelle geboten.

Wien, im Jänner 1954

Dr. Karl Mras
Ord. Universitätsprofessor
wirkliches Mitglied der
Österr. Akademie der Wissenschaften